牛尾三千夫著作集1

神楽と神がかり

名著出版

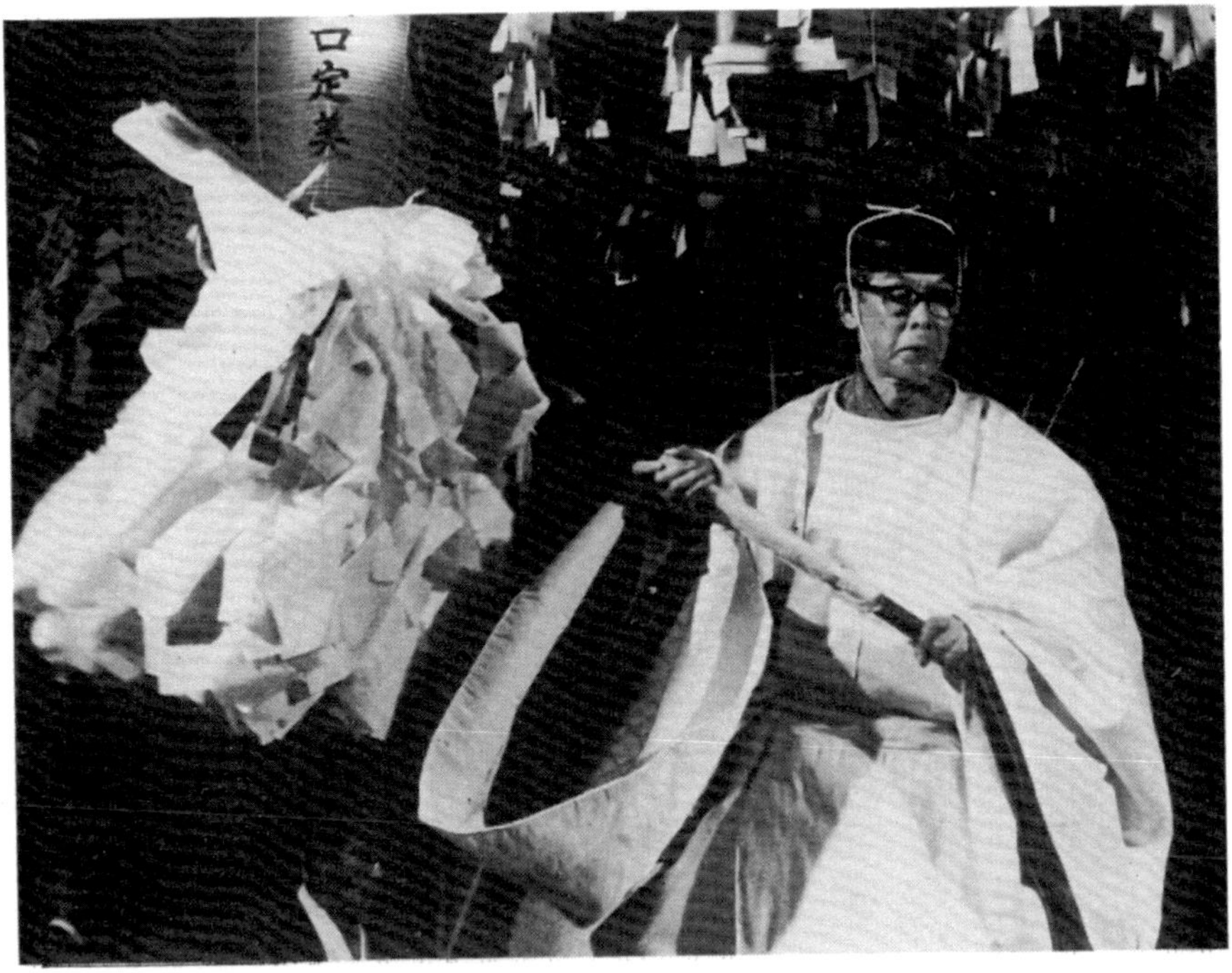

大元神楽　山勧請（注連主―著者）　撮影　須藤　功

大元神楽　神がかり

上　昭和42年11月３日
　　邑智郡桜江町八《や》戸《と》
下　昭和42年11月４日
　　那賀郡旭町山ノ内

撮影　いずれも萩原秀三郎

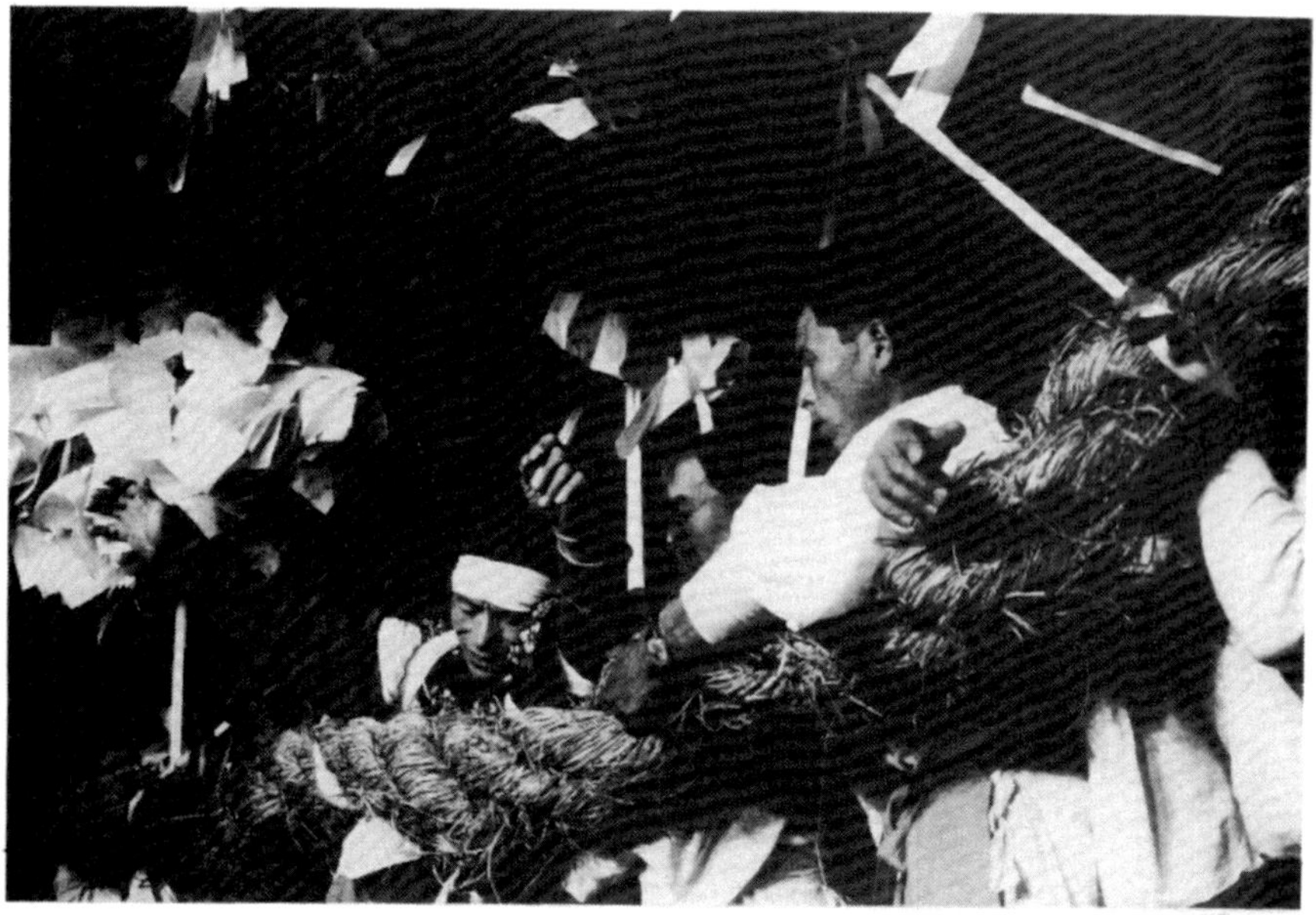

比婆荒神神楽　大神楽

昭和47年12月１日～３日
比婆郡東城町粟田　小室名
撮影　いずれも萩原秀三郎

上　小当屋に於ける土公神《ろつくう》遊び
下　大当屋の門田《かどた》に於ける龍押《たつお》し

次頁上　荒神の舞遊び　神がかり
　　下　灰神楽　宝廻し

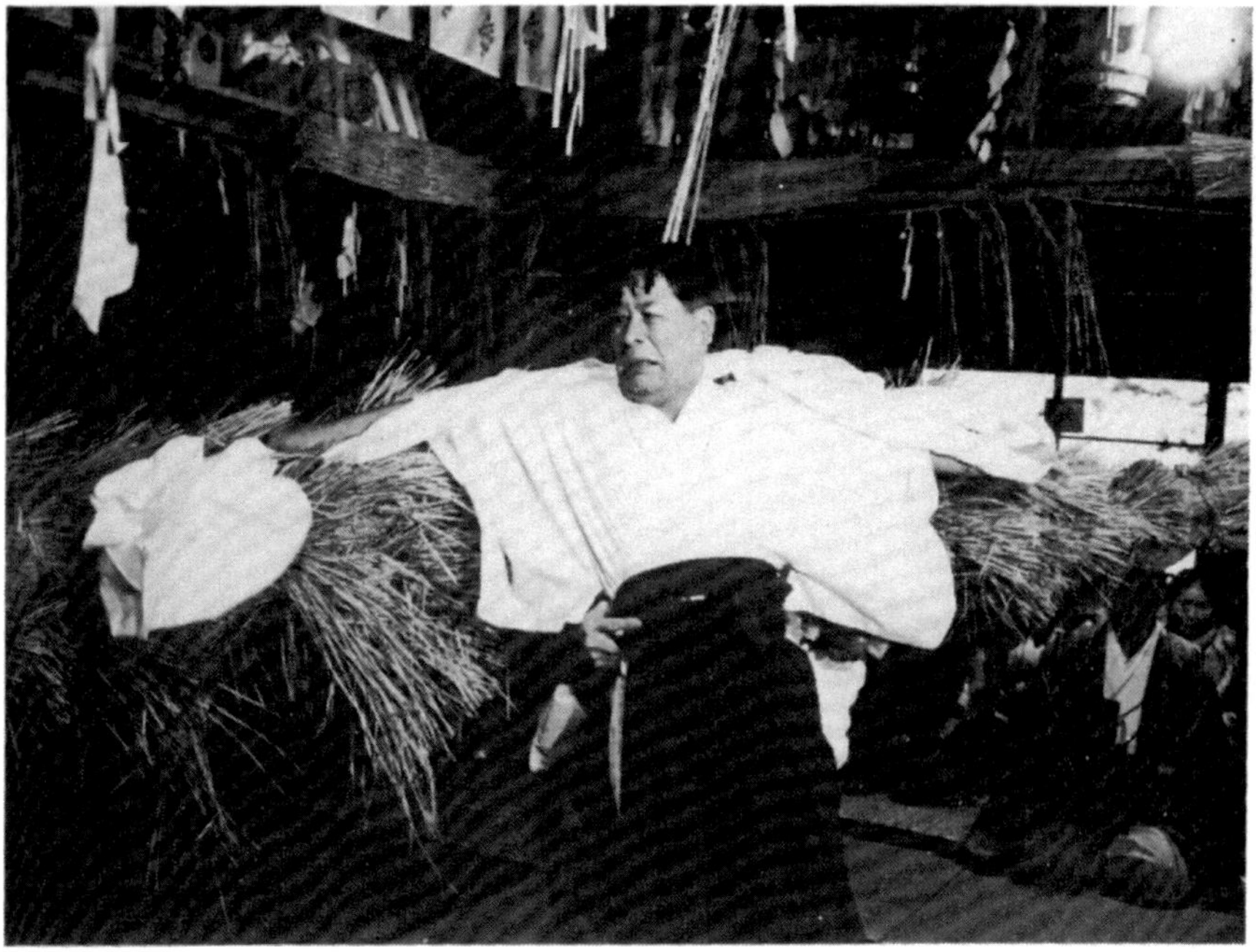

序歌

若宮遊び

古への　若宮遊び　松神樂
生きながら
　死してある　身の
　　日々のさびしさ
荒神の　松にのぼりて
燈をともす
　卽ち、神に
近づくらしも
神の憑く、人となゝりそ、

若くして、
命を絶《タチ》し
人ぞ戀しき

昭和五十六年十二月十二日　備後東城町竹森、
岡田名の荒神々樂「御戸開き」を拜して

時移りて、
新靈《ミタマ》は祖靈《カミ》となり給ふ。
風花散り來
荒神の森

目次

第二部　荒神神楽とその周辺

第三部　安芸・備後の神楽

図表 資料 目録

序章

第一部　大元神楽とその周辺

第二部　荒神神楽とその周辺

第三部　安芸・備後の神楽

第四部　周防の神楽

序章

一

私は明治四十年四月五日に、大元神楽を伝承して来た、石見国邑智郡市山村（現桜江町市山）飯尾山の社家に生まれた。兄がいたため家を継ぐ必要はなく、幼少の頃から神楽は見ていたが、兄の如く祖父から神楽の伝授を受けることもなく、父から太鼓の打ち方を教わる必要もなく過ごして来たのであるが、私が中学校を卒業する直前に兄が急逝したために、やむなく昭和四年四月、国学院大学神道部に入学した。この年、私の入学のあとさきの四月十日に折口信夫先生の『古代研究』の第一部民俗学篇第一が大岡山書店から発刊された。続いて同月二十五日に第二部国文学篇が、翌年六月二十日に民俗学篇第二が発刊された。

国学院大学では毎週木曜日の午後四時から郷土研究会が行なわれており、私もこの会に出ていろいろな方々にお逢いすることが出来た。早川孝太郎さんもよくこの会に出席されていたが、昭和五年四月に『花祭』上下二冊の大冊を、柳田先生の序文と折口先生の跋文を附して、岡書院から刊行された。この『花祭』の大冊を手に取って見た瞬間の驚きは今も忘れることが出来ない。この世の中にこんな美しい本があるのかと、一枚々々頁をめくりながら感激した。扉に挿入された現地の写真も美しいが、手がきのスケッチの麗しさは、流石に大和絵の画家であることを思わせた。

早川さんの『花祭』発刊を契機に、西角井正慶先生も亦、神楽の本を出すための準備に入られた。私は大学卒業後、西角井先生の上目黒の仮寓にお世話になり、先生の『神楽研究』の資料整理や原稿浄書のお手伝いをした。西角井先生の神楽のお仕事が進むにつれて、折口先生は北野博美さんを連れて時々上目黒の家に来られることがあった。

『神楽研究』は、折口先生の序文を載せて、昭和九年五月十日、壬生書院から刊行された。黒地布装、菊判、六五〇頁の大冊である。

折口先生は、早川さんの『花祭』には花祭・雪祭の意味するものを、そして下巻の資料から、設楽神楽が明治以前には三日三夜にわたって行なわれたことを縷々述べられたが、西角井先生の本の序文では、かぐらと云うことはどう云うことであるかを説かれた。それは神座を意味するものであると定義付けられた。この神座説は今も有力な学説となっていることを思うと、『神楽研究』の発刊も亦、一つの大きな意義を持つものであった。

私は家庭の事情からやむなく昭和九年五月七日夜、『神楽研究』発刊を直前にして、石見の生家に帰ったため、西角井先生と悦びを共にすることが出来なかった。帰郷旬日後送られて来た大冊を手にして思うことは、この本の扉の先生の序歌と武蔵大宮の御生家の辺りの欅の大木の若葉をわたる薫風のことであった。そして永年の労苦から解放されたであろう先生の御姿であった。

本田安次博士の『山伏神楽・番楽』が昭和十七年十一月に斎藤報恩会から、『霜月神楽之研究』が昭和二十九年一月に明善堂書店から、その後、『日本の民俗芸能』五冊の第一巻の『神楽』が昭和四十年九月に河竹繁俊氏の序文を附して木耳社から刊行された。本田博士の神楽研究ほど、その研究範囲の広く、そして研究および資料蒐集の厖大なことは、先人未曾有のことである。神楽研究者のその学恩を蒙ることは計り知れないことである。

折口先生の『日本芸能史ノート』は、先生の死後、昭和三十二年六月に中央公論社から刊行されたが、この本には、巻初の「海の神の芸能」「山の神の芸能」に続いて、もどき、神楽と神遊びと、神楽の時、神楽の採物、花と扇など、先生の神楽に関する学説が述べられている。折口学芸能史を知るためには必読の一巻である。

日本の神楽研究は、早川さんの『花祭』刊行後既に五十余年の歳月が過ぎたが、近年（昭和五十四年）になって我々の仲間の石塚尊俊氏が『西日本諸神楽の研究』を慶友社から刊行されて、里神楽の研究に新風を寄せられた。

そして一昨年（昭和五十八年）十二月には、畏友岩田勝氏が名著出版から『神楽源流考』を上梓されて、人々を驚かした。それはあまりの早業であったからである。主題とする処は中国地方に限られているが、資料を踏まえて堂々たる論理によって、藩政前期から遡って中世後期に及ぶ神楽の態様を彷彿されたからである。

日本の神楽研究は、以上の方々以外に、各地の研究者によって、その地方々々の神楽を取りまとめ論究され、又、資料として提供されたものに、次のようなものがある。

四国の土佐物部川流域のいざなぎ流神楽については、吉村淑甫氏が『土佐民俗』第八・九号（昭和三十九年）に「いざなぎ流神道祭文集」の見出しで発表せられ、引き続き七回にわたって連載された。又、高木啓夫氏は『いざなぎ流御祈禱』を昭和五十四年三月に、同第二集の病人祈禱編を昭和五十五年八月に、共に物部村教育委員会から刊行された。この他、吉村千頴・小松和彦・千葉徳爾氏等がその研究成果を発表されている。

九州では、柳田先生の『後狩詞記』の取材地である宮崎県椎葉地方の神楽は、隣接する米良の銀鏡神楽と共に、本田先生の大著『神楽』に詳述されているが、昭和五十五年十二月に椎葉神楽が国の記録作成等の措置を講ずべき無形民俗文化財として選択されたため、本田安次先生を団長として、早稲田大学演劇博物館の方々が中心となられて一五名の研究者によって、向こう三ヶ年間調査研究がなされた。既に二冊の椎葉神楽報告書が刊行され、最終の第三冊が昭和五十九年三月に刊行された。

この椎葉神楽の調査者には、芸能研究者以外に、民俗音楽・食制・衣服などの研究者も交えて行なわれていることは、神楽研究の新しい企てとして注目したい。調査員の一人である早稲田大学演劇博物館学芸員の渡辺伸夫氏の椎葉神楽に寄せる情熱は、洵にすさまじいものである。これだけ物に打ち込む勇気と愛着があるならば、屹度いい成果を期待出来るであろう。

亡くなった宮本常一氏が企画され、日本観光文化研究所から月刊で出されている『あるく・みる・きく』の第二〇〇号（昭和五十八年十月）は、「日向国の米良山の生活史」の特集号であるが、この中に須藤功氏が「寄り来る「めんさま」」と題して、銀鏡神楽に触れておられ、美しい「恵みをもたらす天の舞」の写真が出ている。なお、須藤氏は日本観光文化研究所編の「日本人の生活と文化」12の『神々と遊び』（昭和五十七年）の第二章に「銀鏡神楽の嘯」と題して、三一頁にわたる採訪記を寄せられている。今までの神楽研究は神楽そのものだけに焦点を当てているが、実際の神楽研究は神楽と共にその地の生活誌にまで及ぼさないと、完全な神楽研究とは云えないのではなかろうか。こうした意味で、『あるく・みる・きく』の本号などは、今後の参考となる資料であろう。

宮崎県には今一つ高千穂神楽がある。この神楽は高千穂の夜神楽として早くから世に知れわたった神楽であり、既に柳宏吉氏の「高千穂の夜神楽」（『日向の民俗芸能』第二輯、昭和三十五年、所収）、倉林正次氏の「高千穂神楽」（『高千穂・阿蘇』、昭和三十五年、所収）などを始めとして、多くの研究発表者がある。

本田先生の『神楽』の高千穂神楽の条（六一六頁）に見える「御神楽御神屋申立」（安政三年〈一八五六〉写本）浅ヶ部伝および雲厰の立哥・起逢・舞下し等の詞章や神楽歌は、古態を伝承したものと思われる。中国地方の弓神楽・荒神神楽の詞章とも関係のあるものである。

大分県中津市の植野神楽には、湯立神楽・神阪神楽・年回神楽の三神楽があるが、この中の年回神楽では霊前御先・御霊迎えなどの霊祭神楽が行なわれてきたことが、大分県教育委員会刊行の『大分県の民俗芸能』㈡（昭和四十三年）に見えている。しかし詳しいことは記していない。現在浄土神楽や霊祭神楽などは殆ど絶滅して、往昔はどのようなことが行なわれていたのか、我々は知りたく思う。県在住の方で調査報告されることを希ってやまない。
霊祭神楽のことは今一つ、対馬の資料を鈴木棠三氏が「対馬叢書」の中に収録するのだと云われ、私は先年同家へ一泊してお世話になった夜、その資料の一部を披見したことがある。それは霊祭祝詞でもあり、浄土神楽風の祭文でもあった。対馬には今も弓神楽が行なわれ、神子・法者によって祭文が誦まれているかと思う。速やかにこの埋もれた資料を世に出して頂きたいと思う。

東北地方の神楽については、本田先生以外では、森口多里氏の『岩手県民俗芸能誌』（昭和四十六年）に、山伏神楽・大乗神楽・社風神楽の三項に分類したものを詳細記されている。

昭和五十五年と同五十六年に名著出版から刊行された『山岳宗教史研究叢書』の第一四巻と第一五巻には、次の方々が各地の神楽研究論文を寄せていられる。

黒森神楽と陸中の修験芸能　森口　多里
大出神楽について　類家英一郎
蔵王修験と山伏神楽　森口　雄稔
奥三河の神楽・花祭考　武井　正弘（以上、第一四巻）
出雲神楽と大元神楽　石塚　尊俊
荒神神楽と山陽道の神楽　三浦　秀宥
備後の荒神神楽について　牛尾三千夫
備後霊祭神楽と山岳芸能　西田　啓一
土佐の山伏神楽と修験道文化　高木　啓夫
「いざなぎの祭文」と「山の神の祭文」　小松　和彦

高千穂神楽とその周辺　　山口　保明
椎葉の霜月神楽　　武井　正弘（以上、第一五巻）

資料として見るべきものは、錦正社刊行の、先に挙げた森口多里氏の『岩手県民俗芸能誌』以下、永田衡吉氏の『神奈川県民俗芸能誌』（昭和四十三年）、倉林正次氏の『埼玉県民俗芸能誌』（昭和四十五年）、桑山太市氏の『新潟県民俗芸能誌』（昭和四十七年）、尾島利雄氏の『栃木県民俗芸能誌』（昭和四十八年）、喜多慶治氏の『兵庫県民俗芸能誌』（昭和五十二年）、本田安次氏の『東京都民俗芸能誌』上・下巻（昭和五十九年・六十年）などに、それぞれ該当地方の神楽資料が紹介されている。その中でも本田先生の『東京都民俗芸能誌』下巻は、東京都離島の神楽資料を紹介されたもので、興味津々たる魅力あるものである。

この外の資料集としては、三一書房版の『日本庶民文化史料集成』第一巻、神楽・舞楽篇（昭和四十九年）には日本各地のものが収録されているが、その大半は中国地方の神楽資料である。又、昭和五十七年九月、広島県比婆郡東城町教育委員会から刊行された『比婆荒神神楽』には、三一書房版に収載されなかった荒神神楽の新資料が収録されている。

神楽の入門書としては、これまで多くの刊行書がある。その二、三を挙げると、芸能史研究会編「日本の古典芸能」1『神楽―古代の歌舞とまつり―』（昭和四十四年、平凡社）があり、昭和三十三年に刊行された郡司正勝氏の『郷土芸能』（創元選書）と、三隅治雄氏の同年刊行の『郷土芸能』（「無形文化財全書」第八巻、大同書院）がある。又、昭和三十七年には本田安次氏の『民俗芸能』（教養文庫、社会思想社）が刊行されている。又、有精堂の「講座日本の民俗」8に『芸能』（昭和五十四年）があり、弘文堂刊の「講座日本の民俗宗教」第六巻に『宗教民俗芸能』（昭和五十四年）がある。

昭和四十五年三月、文化庁によって刊行された無形文化財記録の芸能篇1『民俗芸能―神楽―』は、毎年行なわれてきた全国民俗芸能大会、ブロック別民俗芸能大会に於いて公開された民俗芸能に、緊急調査を行なった神楽系のものをまとめて編集されたもので、写真を挿入して説明がなされており、全国神楽の鳥瞰図のようなものである。神楽の紹介を掲載した雑誌は、古くは『民俗芸術』を始め、『芸能復興』(のちの『民俗芸能』)、『芸能』『まつり』『まつり通信』などがある。

萩原秀三郎氏の写真集『神がかり』は昭和五十二年一月、国書刊行会から「フォークロアの眼」1として刊行された。神楽その他の神事芸能に於ける神がかりを執拗に追って取材した貴重な写真集である。何年に一度しかない神がかり行事を居ながらにして見ることが出来るものである。巻末には「シャマニズムと神がかり」と云う論文が附せられている。この外にも神楽の写真集はいろいろあるが、神楽面の権威後藤淑氏と萩原秀三郎氏との共著『古能』はB4変型判、二〇〇頁の大冊で、昭和四十五年六月に河出書房新社から発刊されたもので、後藤氏が「能と民俗芸能」について記され、萩原氏が「古能の記録」についてあとがきせられている。又、昭和五十年十一月に淡交社から刊行された『神楽面』はA4判、カラー九六頁、本文一六〇頁の大冊で、本田安次氏が「神楽と面」、田中義廣氏が「神楽紀行」を書かれ、写真はすべて三村幸一氏の作品である。

獅子舞については、私は一切触れなかったが、本田氏の大著『神楽』に多く紹介され、又、「古野清人著作集」第六巻の『日本の宗教民俗』(三一書房、昭和四十八年)は、すべて獅子舞の研究で終始したものである。関東地方の三匹獅子については、小島美子女史が民俗写真集「フォークロアの眼」5の『獅子の平野』の巻末に「三匹獅子舞のしくみと成り立ち」と云う論文を寄せられている。

以下、中国地方各地の神楽を概観して見よう。

中国地方の神楽分布図

（日本観光文化研究所
『あるく みる きく』201号より）

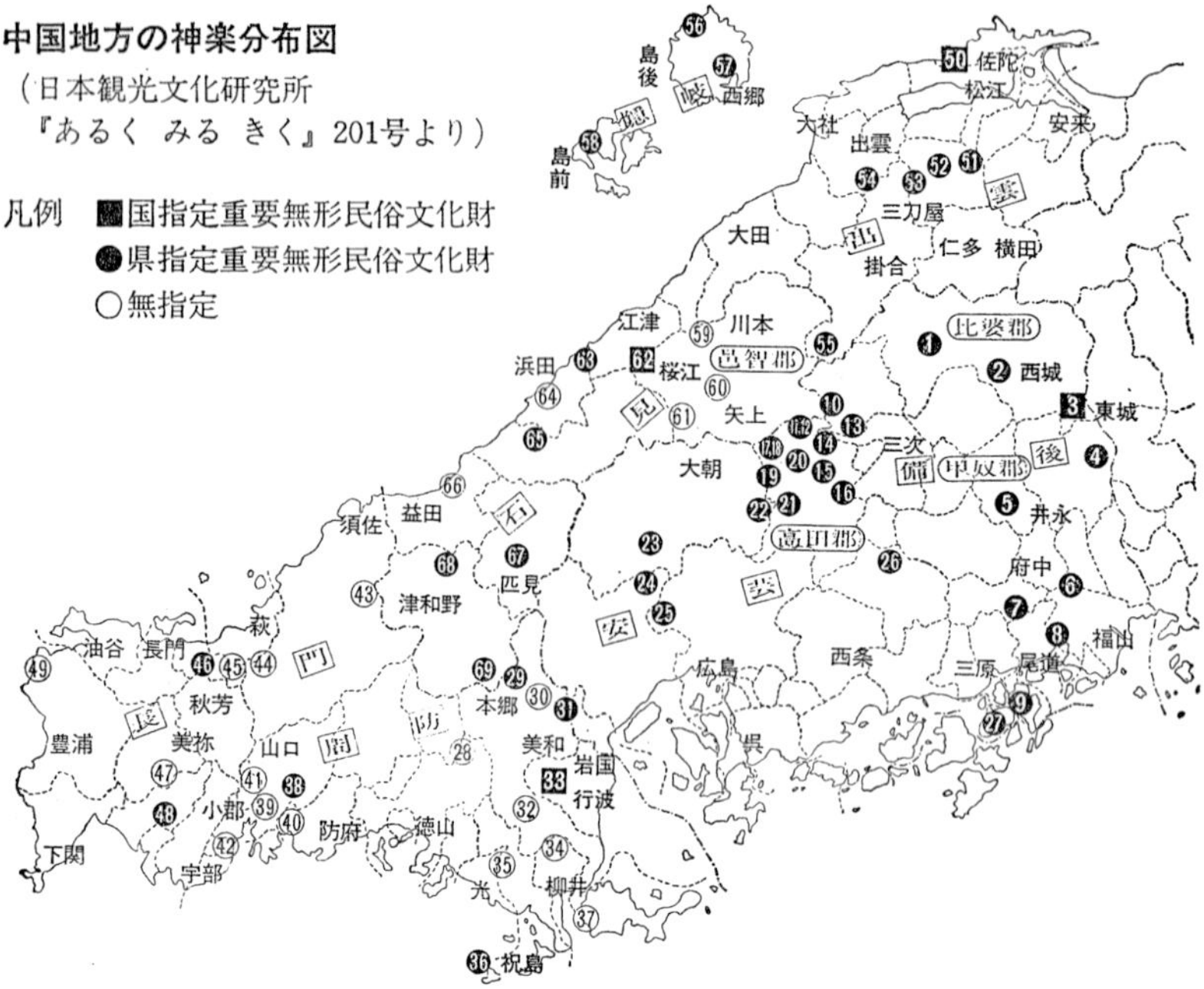

備後国（広島県）

1 ●比婆郡高野町・比和町　比婆斎庭神楽
2 ●比婆郡西城町　神弓祭
3 ■比婆郡東城町　比婆荒神神楽
4 ●神石郡豊松村　神殿神楽
5 ●甲奴郡上下町井永　弓神楽
6 ●府中市・芦品郡新市町　備後府中荒神神楽
7 ●御調郡御調町白太　御調神楽
8 ●福山市本郷町　本郷神楽
9 ●因島市中庄町　中庄神楽
10 ●双三郡作木村伊賀和志　伊賀和志神代神楽

安芸国（広島県）

11 ●高田郡高宮町川根　梶矢神楽団
12 ●高田郡高宮町川根　山根神楽団
13 ●高田郡高宮町佐々部　佐々部神楽
14 ●高田郡高宮町羽佐竹　羽佐竹神楽
15 ●高田郡高宮町来女木　来女木神楽
16 ●高田郡高宮町原田　原田神楽
17 ●高田郡美土里町生田　青神楽団
18 ●高田郡美土里町生田　川角山八幡神楽
19 ●高田郡美土里町桑田　桑田神楽団
20 ●高田郡美土里町北　西尾山八幡神楽
21 ●高田郡美土里町本郷　津間八幡神楽
22 ●山県郡千代田町有田　有田神楽団
23 ●山県郡加計町加計　湯立神楽
24 ●佐伯郡湯来町水内　水内神楽団
25 ●広島市安佐南区沼田町吉田　阿戸神楽団
26 ●賀茂郡豊栄町安宿　豊栄神楽
27 ●豊田郡瀬戸田町名荷　名荷神楽

周防国（山口県）

28○徳山市須金・一升谷　須磨白砂舞
29●玖珂郡本郷村大字本谷　山代本谷神楽舞
30○玖珂郡美和町釜ヶ原　釜ヶ原神楽
31●玖珂郡美和町大字北中山　山代白羽神楽
32○玖珂郡周東町長野　長野神楽舞
33■岩国市行波　岩国行波の神舞
34○柳井市伊陸　伊陸の神舞
35○熊毛郡大和町　石城神楽舞
36●熊毛郡上関町祝島　祝島の神舞神事
37○大島郡大島町日見　日見神楽舞
38●山口市大字上小鯖　小鯖代神楽舞
39○山口市大字鋳銭司　鋳銭司代神楽
40○防府市大字台道　繁枝神社代神楽舞
41○吉敷郡小郡町岩屋　熊野神社岩戸神楽舞
42○吉敷郡阿知須町小古郷区　阿知須代神楽

長門国（山口県）

43○阿武郡阿東町大字嘉年　厄神舞
44○阿武郡川上村字遠谷　川上神楽舞
45○萩市大字木間　木間神代の舞
46●大津郡三隅町瀧坂　瀧坂神楽舞
47○美祢市東厚保町堀越　磐戸舞
48●厚狭郡楠町万倉　岩戸神楽舞
49○豊浦郡豊北町大字神田大川客神社　みかがみ神楽舞

出雲国（島根県）

50■八東郡鹿島町佐陀宮前　佐陀神能
51●大原郡大東町海潮　海潮山王寺神楽
52●大原郡大東町幡屋　大原神職神楽
53●大原郡木次町槻の屋　槻の屋神楽
54●出雲市見々久町　見々久神楽
55●飯石郡赤来町赤名　奥飯石神職神楽

隠岐国（島根県）

56●隠岐郡五箇村久見　島後久見神楽
57●隠岐郡西郷町原田　島後原田神楽
58●隠岐郡西ノ島町　隠岐島前神楽

石見国（島根県）

59○邑智郡川本町三原　三原神楽
60○邑智郡石見町矢上　矢上神楽
61○邑智郡瑞穂町市木　桜尾神楽
62■邑智郡桜江町市山　大元神楽
63●浜田市下有福町　有福神楽
64○浜田市長浜　長浜神楽
65●那賀郡三隅町井野　井野神楽
66○益田市久城　久城神楽
67●美濃郡匹見町　三葛神楽
68●鹿足郡日原町柳村　柳神楽
69●鹿足郡六日市町　抜月神楽

注＝この分布図に示してないが、備中地方（岡山県）には備中神楽社中が数十社あり、中国地方では神楽の盛んな地域である。

二

1　島根県の神楽

島根県には出雲・石見・隠岐の三国があるが、隠岐の神楽は暫くおき、出雲と石見では、方言と風俗習慣の違うように、その構成曲目も違い、又、衣裳・音楽等も異なるので、誰が見ても同系のものでないことが知れる。

出雲神楽は佐陀神能の影響を受けたものが大部分で、それが佐田から遠ざかるにつれて、佐陀神楽の曲目にないものが含まれている。例えば出雲飯石郡の須佐神楽には佐陀神能にない五行がある。

出雲に引き換えて石見の神楽は混然としている。大体に海岸部の神楽と山間部の神楽とは大別出来るが、現状は山間部にも海岸部からの八調子神楽が輸入されて、昔の古風さは一年々々失われてゆく有様で、我々のような者は時には目をそむけたい時がある。

石見の神楽には、六調子と八調子があるが、八調子は明治以後に考案された新しい神楽の囃子である。大庭良美氏が『山陰民俗』第二九号（昭和五十二年十月）に寄稿せられた「石見神楽雑記」によると、那賀郡漁山《いさり》村の国学者藤井宗雄が、石見神楽の革新に立ち上がったのは明治十七年で、これに賛同したのは附近の神職で、それは長浜村の牛尾梓、日脚村の山根楫取、周布村の牛尾伊織、内村の中村高安・牛尾身濯、井野村の串崎正道らであったと云われる。その頃から六調子神楽から八調子神楽へ漸次移行して、八調子で長浜地方を中心としたものを「西音《にしね》」と称し、浜田以東を「東音《ひがしね》」と称した。そして六調子は依然として山間部に行なわれたと云う。

しかし八調子の神楽で海岸部が一色に塗りつぶされたように云う人もあるが、私は昭和十四年、浜田若宮町の石田春昭先生宅で、周布村日脚の牛尾寿太郎老人に逢い、その時の話で、自分は六調子の神楽でしか舞えないと云われた。又、昭和三十九年、那賀郡有福神楽の県指定調査の際、老人達は今の八調子では舞えない、自分達は六調子で習ったものであると云われたから、現在のように八調子一色に塗りつぶされたのは近年のことである。

石見部で現在県指定の神楽は、

1 井野神楽（昭和三十七年六月十二日指定） 那賀郡三隅町井野
2 有福神楽（昭和三十九年五月二十六日指定） 浜田市下有福町
3 柳神楽（昭和四十三年六月七日指定） 鹿足郡日原町柳村
4 三葛《みかずら》神楽（昭和五十年八月十二日指定） 美濃郡匹見町三葛
5 抜月神楽（昭和五十六年六月九日指定） 鹿足郡六日市町

右の五ヶ処であるが、これらはいずれも六調子神楽で、八調子神楽は一ヶ処もない。そして有福神楽以外は、自村の秋祭に奉納するだけで、他村へ出かけて演舞するようなことは少ないから、依然として古風が保たれているのである。有福などは指定の際は六調子であったが、今は八調子になって指定曲目以外のものを得意として売り物にしている。こうなるともう指定の意義はなくなる。

石見神楽の海岸部のものは、今は殆ど新風の八調子となり、儀式舞は殆ど無視して、能舞のそれも激しい舞のみを主として、衣裳に金をかけ、その重たい衣裳を着て、八咫の大蛇を一疋から二疋とし、最近では八頭十頭と出して得意としている。全くショウ化した。こんなものはもう神楽とは私達は思っていないが、その熱心さだけは益々盛んになって学童の神楽にまで及んでいる。

舞衣裳に巨額の金をかけるのは、石見海岸部と芸州地方の神楽であるが、このようなことが真の神楽でないことを、文

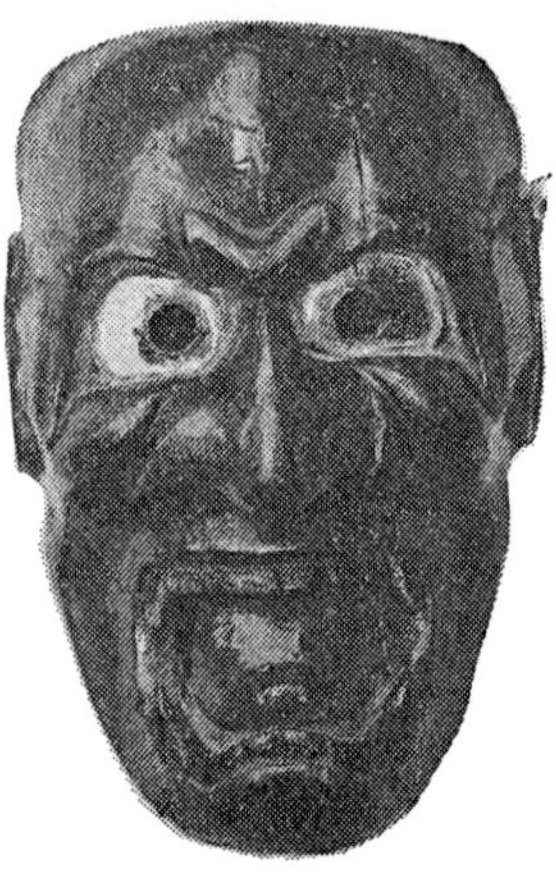

鬼面（鹿足郡日原町柳神楽面）
永正三年（1506）徹叟作の銘がある
大庭良美氏提供

化評論家は声を大にして注意を促してもらいたいと思う。

本当に昔のままの神楽を演じている神楽組の中には、素晴らしい舞振りを今に伝承している処がある。その二、三を申すなら、鹿足郡日原町柳村の「柳神楽」がその一つである。ここには県指定の神楽面一九点の中に、永正三年（一五〇六）の徹叟作の鬼面がある。そして明治初年頃調製された友禅模様の舞衣などは、その紅い色の美しさは百年後の今でも褪せてはおらず、このような素晴らしい衣裳をまとって、方一間の雲の下で二人の舞子が舞衣の袖を大きく打ち返して静かに舞う様は、これが昔の儀式舞であったことを我々に思わせるものであった。舞衣裳などと云うものは、その着付けをいかに美しく見せるかにある。赤・青・黄・紫、そして黒と白の色をどのように組み合わせたら美しく見えるかは、永年の経験から知ることが出来るのである。

美濃郡匹見町三葛と云う処は、六〇戸ばかりの山奥の聚落で、渡辺・大谷・斎藤の三氏に分かれ、それぞれに師匠寺が三ヶ寺昔はあったと云われる。浜田藩の最西の領地で、「三葛の構え」と称して重視せられた処である。

昭和四十九年八月二十八日「三葛神楽」の県指定調査に行き、「貴船」の演舞を見た。下京の女に扮した大谷菊市氏の、まことに鬼気迫ると云うのはこのような演技を云うのであろうか。貴船の鬼女に扮してこれだけの優れた演舞は県下に他にはないであろう。いつか七日市の高尻へ行って舞われた時、これを見ていた地元の婦人が失神せられたと云う話があるそうである（渡辺友千代氏談）。

私の祖父も貴船の鬼女はお箱の一つで、代々家に伝わった貴船の面が今もあるが、この貴船の鬼女の囃子は難しく、私の父の太鼓でなければ祖父は舞わなかったそうである。

〽からすみの焼えたつほどに思へども　煙立たねばしるしとぞなし

〽くものいにあれたる駒はつなぐとも　二道かくる殿はたのまじ

この神楽歌を歌う時の太鼓のはやしは、この貴船の時にのみある、「貴船のなげき」と称して、下京の女が鬼女と化して夫を呪い殺さんとする場面である。もう今では貴船の鬼女など舞うことの出来る人は恐らく何人もいないであろう。そうした意味からでも、大谷菊市氏の演技は三葛神楽だけでなく、石見神楽の至宝と云うべきものであろう。

石見地方で最も遅く県指定になった鹿足郡六日市町の抜月神楽には、式年神楽に「山舞」と云う神事式がある。ここに掲げた渡辺友千代氏の挿画でその舞殿風景は知ることが出来ると思うが、最初から雲竹に龍蛇を結び付けてあり、その真下に米俵が置かれ、これに四本の白布が結ばれている。そして米俵の頂には神幣を挿し、四周に氏子幣が挿されている。四人出でて右手に輪鈴、左手に幣を持って舞う。次に太刀を抜き四人共内側に向かって、左手で米俵の白布を持ち、米俵が浮き上がる程度に四方に引っ張り、太刀を前後に振りながら「ヤーマイレ」の掛け声を繰り返す内に、米俵は自然に動き出す。すると神主は祭壇に向かって礼拝を繰り返しながら御幣で三方に置かれた御幣を吊る所作をすれば、神主の幣に黒の幣串がくっつく。側で見ていた下見子の役の者がこれを神主から受け取って「ゴサイシンが乗り移った」ことを舞子に

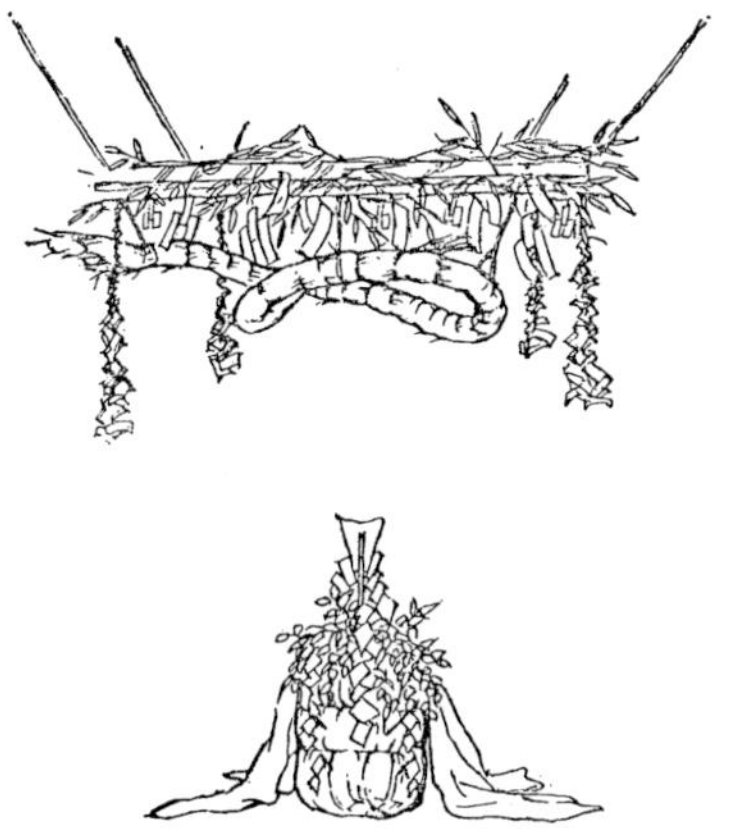

抜月神楽 山舞の舞殿(鹿足郡六日市町抜月)
渡辺友千代氏画

知らせると、舞は激しさを増しているので、俵は舞殿から浮き上がった様となり、神が乗り移ったことを知ると、舞子は雲竹に吊り下げられている龍蛇の紐を太刀で切り落とす。刀を腰に収めて、幣と鈴で一さし舞って終わる。

この「山舞」は、山口県玖珂郡地方の河内神の式年祭である「山〆神楽」でも見られるが、石見地方では抜月神楽だけに現在伝承されているもので、河内神祭祀の神がかりの形式であった。

2　山口県の神楽

山口県の神楽は、国指定の「岩国市行波《ゆかば》の神舞」を始めとして、県指定のものには次の六ヶ処がある。

1　岩戸神楽舞（厚狭郡楠町二道祖谷）
2　山代白羽神楽（玖珂郡美和町大字北中山）
3　山代本谷神楽舞（玖珂郡本郷村大字本谷）
4　瀧坂神楽舞（大津郡三隅町瀧坂）
5　祝島の神舞（熊毛郡上関町祝島）
6　小鯖代神楽舞（山口市大字上小鯖）

県指定以外で主要な神楽と思われるものには、次のようなものがある。

7　厄神舞（阿武郡阿東町大字嘉年《かね》下）
8　日見神楽舞（大島郡大島町大字日見）
9　長野神楽舞（玖珂郡周東町長野）
10　伊陸《いかち》の神舞（柳井市大字伊陸）
11　釜ヶ原神楽（玖珂郡美和町釜ヶ原）

12 石城神楽舞（熊毛郡大和町）
13 須磨白砂舞（徳山市須金・一升谷）
14 岩戸神楽舞（吉敷郡小郡町岩屋）
15 磐戸舞（美祢市東厚保町堀越）
16 岩戸神舞（美祢郡秋芳町別府）
17 みかがみ神楽舞（豊浦郡豊北町神田）
18 木間神代の舞（萩市大字木間）
19 川上神楽舞（阿武郡川上村字遠谷）
20 兎渡谷《とどろく》神楽（大津郡三隅町兎渡谷）

以上列記した神楽のうち、「岩国市行波の神舞」「祝島の神舞」のほか、「山代白羽神楽」「釜ヶ原神楽」は「山〆神楽」として、各々本文に紹介したので触れないこととする。

荒神の松登り（岩国市行波）
加藤寶氏撮影

山口県周防・長門の二国のうち、番号1 13 15 16などの岩戸系神楽は一二曲目のものが多く、着面して舞うことは少ない。これに比して4 18 19 20などは、いずれも二十四番形式の神楽である。この外に、十二番形式・二十四番形式に該当しないものもあるが、大体に神楽曲目数は多くはないのが現状である。

山口県の神楽のうち、神殿を野外に舗設して大仕掛けに行なう式年神楽である「岩国市行波の神舞」「祝島の神舞」「伊陸の式年神楽」「長野神楽」などは別として、年々氏神の祭礼に奉納する

伊陸の神舞　神楽場全景（柳井市伊陸）
柳井市教育委員会提供

伊陸の神舞　松登り（伊陸）
柳井市教育委員会提供

神楽は頗る素朴である。天蓋飾りなどもさして目立たず、衣裳なども簡素である。神事舞が主で能舞は極めて少ない。殊に岩戸神楽系のものは、古く修験の徒の参与せしものの伝授と語り継がれている処が多いが、その舞振りの象徴的であるものが、どれだけの古態を伝えるものであるかは疑問とする処である。修験の参与があるならば、簡素の舞振りと、又一方に散楽的のものをも伝授していたのではなかろうか。

式年神楽のことを「願舞」と云っている処は、山口県にも何ヶ処かある。国指定の「岩国市行波の神舞」でも、善ノ綱は願舞の気持ちを表わしているものである。又、「祝島の神舞」の荒神舞に於ける舞添神楽も願舞である。ここに記す阿武郡阿東町嘉年の「厄神舞」は一名願舞の名で通っており、只一つの曲目だけ舞い続ける願舞である。それは願舞だけを繰り返し舞って神がかりするものである。

願掛けをするものは病気平癒の祈願が最も多いが、その他の祈願をする者もある。

毎年厄神舞―願舞の行なわれるのは、旧暦十月子丑の夜、須賀神社の例祭当夜、境内にある神楽殿で行なわれる。神楽殿は願舞を奉仕する舞人二人と、笛・太鼓・合調子の奏楽三人、計五人あるだけで、一般の観覧者は境内で立見するのである。私は昨年（昭和五十九年）秋の例祭日に、山口県文化課の豊田和典、島根県美濃郡匹見町の渡辺友千代、山口女子大学の伊藤芳枝の三氏と連れ立って拝観した。

須賀神社はさして大きくはないが、杉の巨木が立ち込めて流石に神厳の趣があった。

立願の舞は舞人二人神前に正座して、立願者の氏名・年齢・干支・願の本意を奉告し、各々の初穂料を舞人の懐に入れ

神舞の神殿（玖珂郡周東町西長野）
岩田勝氏撮影

長野の神舞　神降し（西長野）
神殿の真ん中に湯立の釜が見える　岩田勝氏撮影

岩戸の神舞　弓の舞（美祢郡秋芳町別府壬生神社）
佐々部啓晴氏撮影

て舞うのである。舞人の衣裳は、白衣・袴・格衣・白足袋・烏帽子に、「笠の神」と称して、五色の色紙二〇枚位を重ねて烏帽子の上に被り、顎の処に紐を掛けて括り付ける。この異様な姿は願舞—一名チャンチキ舞の人目を引くものである。採物は太刀・鈴・扇である。楽人は白衣・袴・烏帽子・白足袋姿である。

舞い方は、山口県教育委員会発行の『山口県文化財概要』に記されているので、それによると次の如くである。

舞の順序は、五調子・鈴合せ・掛歌・空拍子・扇の手・太刀こぎ・くずし・舞納めの順である。

㈠五調子　左右足を交互に上げる。足を上げる時、太刀および鈴を持つ手を振るようにして上げる。交互に行なって五回目左足を下ろした時、右足から一歩前に飛び出て拝礼の姿となる。拝礼を二回行ない、もとの位置に復す。同じ動作を一節より五節まで行なう。

㈡鈴合せ　太刀を小脇に抱え込み、右足を左足の外側に踏み出し、次に左足を右足の外側に踏み出す。足を踏み出す時、鈴を上下に振る。三回行ない、向かい合って双方一歩前に出て太刀と鈴をかざすようにして互いに合わせる。一歩後退してもとの位置に復す。同じ動作を一節より五節まで行なう。

㈢掛歌　鈴合せを終わり、向かい合って立つ。楽人によって掛歌を歌う。この間は舞人は向かい合っている。

〽白鷺が松にとまつて羽根休め　又ぞや神の二世にぞすむ

〽八つ橋を七つならべて八つかけて　中なる橋は神の乗り橋

㈣空拍子　掛歌が終わると、舞人は向かい合って太刀を左上方にかざしつつ、右廻りして三回跳び、三回左廻りしてもとの位置に復す。同じ動作を一節より五節まで行なう。空拍子終わり、鈴と扇を持ち換える。

㈤扇の手　太刀を小脇に抱え、右手に扇を持ち、太刀の上下を交互に左右に振る。足は左右交互に上げる。五回目を終わると太刀と扇を体の前に揃え、一回廻りつつ前に一歩飛び出し、一回転して又もとの位置に復す。一節より五節まで行ない、終わって扇と鈴を持ち換える。

㈥太刀こぎ　正面に向かい太刀先を床面に付け、鈴を左右に五回振り、次に鈴を大きく振り上げ太刀先まで振り下げる。二回目に太刀の先を持って一緒に持ち上げ、大きく振り上げ、右廻りして次の節に変わる。同じ動作を一節より五節まで行なう。

㈦くずし　太刀と鈴を持ち、左足を上げる時、両手を左方に、右足を上げる時、両手を右方に五回振る。行なった後、両手を前方に揃え一歩前へ飛び出し、左廻りしながらもとの位置に返る。一節より五節まで行なう。

㈧舞納め　五調子を一節行ない、正座して拝礼舞を終わる。

この夜私達が祭場に入った時は、境内に斎燈が盛んに燃やされ、世話人は舞殿に近付かず遠くから拝観するようにと何

嘉年の厄神舞　棒を採物に跳るように舞う
以下 豊田和典氏撮影

神がかって舞台から飛び降りる

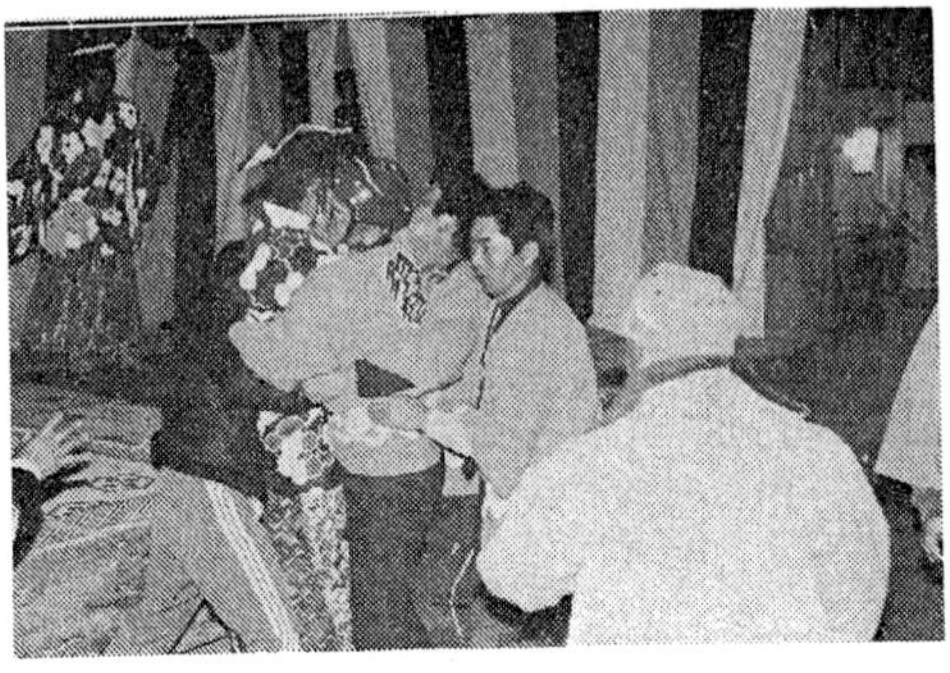

腰抱きが抱きかかえて別室で休ませる

回も注意された。それは舞いながら何時「のりがうつる」か分からないので、用心のために云われたのである。

一回の神楽の半ば過ぎる頃になると、観衆は「エーマイノー、エーマイノー、チャンチキマイノー、エーマイノー」と囃し立てる。かくするうちに舞太夫は両手両足を激しく震わせ、遂に失神して舞台から観衆の方へ飛び降りる。その時手に持つ太刀（今は樫の棒）を投げ飛ばすので、怪我をするから遠くから見るように云われたのである。

神楽場の前方に屈強な青年が五、六人待機して居り、すかさず「ノリガウツタ」―神がかりすること―太夫を取り押さえて「神上げ幣」を頂かせて、別室へ連れて行って寝かせる。しかし十分もすると正気付いて出て来るのである。こんなに早く神かがりから正気付くのを、これまでの私の体験からして不思議でならなかった。私は自分一人で別室に行って神がかりした舞子の様子を見た。そして正気に返った舞子と話もしてみたが、又、二、三番先には舞うのだと云って舞殿の方へ行くのであった。私達のように、神がかりするためには何日も潔斎するようなことはないらしかった。

私が今宵の神がかり様が意に沿わないでいた矢先に、今度は舞太夫二人共、同時に神がかりしたのであった。その時の激しさは見ていて身震いする程であった。口から吐き出す息の音が、「シュー」と大きく音を発して続くように聞こえた。神がかりした者が境内より外へ飛び出したら全速力で走るから、後から追い付く事は到底出来ない。昔は、一里も一里半も走って生雲《いくも》の田の中へ首を突っ込んで死んだこともあると云われる。又、神社の石段を駆け上がって本殿前の杉の大木の根で倒れて死んだこともあったと云われる。今夜のように一度に二人とも神がかりするような場合には、警固の者以外の観衆の手助けがなければ、境外へ飛び出ることもあり得るのである。

このように神がかりするのを見て、立願者は「おみくじが上った」と云って喜ぶのである。又、嘉年地区の人々は、豊年万作と悪魔退散の兆しだと云って喜ぶのである。

しかしこのような願舞が式年祭ではなく、毎年執行されながら、地区以外の神楽研究者の間にあまり知られていないのは何故であろうか。心ある方々の拝観されんことを切望する。

立願者へは、舞人が烏帽子の上に被っている「笠の神」—半紙と色紙二〇枚位を重ねたもの—を短冊形に切って一枚位が与えられる。旅先の立願者には郵送する。

この外、大津郡三隅町兎渡谷《とどろく》神楽でも神がかりが行なわれる。私は昭和五十一年九月十六日、同町の八幡宮例祭に行なわれる「腰輪踊り」の調査に行き、当日午前中八幡宮社殿で奉納された「兎渡谷神楽」を拝観し、特に御願いして「神がかり」を拝観することが出来た。

神がかりをするのには、太刀や棒を採物とする舞は危険なので、なるべく幣や扇や鈴を採物とする舞の時に行なうのだとのことで、この時は二人舞の帯舞の時に行なわれた。神がかりする人には、前以て相当量の神酒を呑ましておくことが必要だと云われた。帯舞が半分位終わった時、四人の介添役に伴われて神がかりする人を舞の中に入れる。介添役は各々四方の角に座して待機する。神がかりする人も舞の中で帯舞の所作をして舞うと、大勢の舞子達四方から取り巻き手を打って囃し立てる。暫く以上の如く繰り返し行なわれたが、一向に神がかりする気配がないので、一旦中止となる。

神がかりする人に再度神酒を呑まして、初めの酒で酔いが廻ったのを見届けると、前回通り舞の中に連れ込み、今度はやや喧騒を感ずる程手を打って囃し続けると、大声を発して倒れんとする処を、すかさず四方の介添役出でて神がかりせる人を掬うようにして抱きかかえて、神殿下まで運んで行った。私も氏子総代の許しを乞うて近くまで進み、烈しい息遣いに驚くと共に、凡そ三十分後に正気付かれたのを見て安心したのであった。神がかりする人は、隣の瀧坂でも数年前は二、三人あったとのことであるが、皆物故されて、現在は兎渡谷にも右の人が一人しかいないとのことである。

最後に、あまり世に知られていない同族神楽が、徳山市北部および錦町の山中にある。

昔、源平合戦に追われた平家方の一族広実左近頭が、前記山中の須金地区田原・北山地方や、錦町広瀬地区の向畑などを開墾して、一族の祖となり、現在向畑には左近頭を祀る小祠がある。古くは須金地区に広実姓四五軒、向畑側に二五軒、合計七〇軒を擁して、須金は子年、向畑は午年に式年申し神楽を執行して、広実同族一統の祭祀が行なわれた。

昭和五十九年は子年であったので、須金側が当番で、向畑側は客分であった。

十二月八・九両日、須金地区で行なわれた同族申し神楽が、十二月十三日夜テレビ放送されたものを拝観したが、現在ではもう昔の面影はなかった。同族も減少して須金側二四戸、向畑側三戸のものが、この四百五十年続いた祭りに参加していた。ただ、古来この同族申し神楽には一切女性の参加を許さなかったこと、徹夜の飲食の接待などは古習を重んじていたが、神楽は二、三番が舞われただけであった。翌日夕刻別れ際に渡される大釜の焦げを家路の土産にする慣わしは、懐かしいものであったが、六年先の午年、向畑側の申し神楽の執行の有無を危ぶんで話しながら帰り行く古老達の後ろ姿は寂しいものであった。

3　広島県の神楽

広島県の神楽の分布状態は、『広島県史』民俗篇に既にその概観を述べたものを本文に収録したので、ここではそれに記さなかった二、三のことを拾録しておきたい。

備後三原地方を中心に広く見られる式年の妙見神楽については、昭和五十五年三月二十二・二十三日に、三原市福寄で行なわれたものを、鈴木正崇・田地春江・渡辺友千代氏等と参観したが、ただ一回だけであって、これまで数次にわたって調査された田地春江女史の報告が、「備後三原地方の妙見信仰」（『日本民俗学』第一三〇号、昭和五十五年八月）、「妙見神楽見聞記」（『広島民俗』第一九号、昭和五十八年二月）にあり、又、渡辺友千代氏のものが「備後三原地方の妙見神楽について」（『日本民俗学』第一三九号、昭和五十七年一月）にあり、そして『三原市史』民俗編の中にも妙見神楽の項で概説されているので、私は当夜拝観した二、三のことを書き記しておきたい。

前夜祭は二十二日夜八時から行なわれた。斎主は糸崎神社の下西禰宜が奉仕せられ、神楽人は三原市沼田町の中迫政一氏以下六人の方々によって演舞された。頭屋の二間を舞殿とし、その一間に天蓋飾りをして、その下で最初の四番の入舟・水汲み・種蒔き・嫁の飯盛が次々演ぜられたが、最初の入舟の胡子の役の者が竹竿に酒と米袋を吊して担って出て来るが、その酒は徳利ではなく一升瓶であった。そして米もビニール袋に入れたものであった。二番目の水汲みでは桶を使用せずバケツであった。

妙見神楽　頭屋の屋敷に建てられた八注連（竹柱松）
（三原市中之町千川）渡辺友千代氏撮影

式年神楽に於いて最も厳粛に行なわなければならないこれらの神具に対して、何故、神楽太夫等は無神経であるのであろうか。そして翌日本祭の造花曳きの最中に、曳綱が切れて造花は畳の上に落ちたが、これをどうするでもなくまた天井の青竹に通して神事は続けられた。地元の人々もこの様を見て別にかれこれ非難する人もなかったのを私は傍らから見ていたが、これと同じようなことが一昨年（昭和五十八年）四月二日・三日の山口県岩国市行波の式年神舞の際にもあった。この時は当日のフィナーレとも云うべき松登り「八関の舞」が始まらんとする矢先に、二つ吊されてあった天蓋の一つが偶然にも床上に落ちた。この時どう処置されるのかと見ていたら、舞子頭の安村寿夫氏が進み出て、「諸神勧請」の清めの舞を舞われた。それは不吉を祓うためであった。神楽神事の上で人々に感動を与えるためにはこれだけの心掛けがなければ真の神楽師とは云われないのではなかろうか。

私は先年、三原市中之町千川の賀羅加波神社の社殿を祭場として行なわれた「平田株」の妙見神楽を拝観した渡辺友千代氏の話を聞き、また当日の写真な

妙見刀による託宣（千川）　渡辺友千代氏撮影

布くぐりの神遊び（三原市糸崎町）
田地春江氏撮影

どを見た感じでは、流石に妙見神楽の伝承の古さと云うものを思わせたが、今度の福寄の神楽では感銘する処が少なかった。妙見神楽では、妙見三神御神託の前に「花揃えの唱文」が長々と語られるのが、他の神楽では見られないものの一つであるが、今度は行なわれなかった。このような曲目もこのまま泯んでしまうことは洵に惜しまれるものである。

妙見神楽の御神体として取り扱われている妙見刀が三振あるのは、往古では一振りの太刀であったろう。名頭即ち株頭たる本家筋の表徴として伝来していたものであったと思われる。それが本家筋一軒の秘伝ならず、他に分家筋二軒にも伝来したことは、家々の盛衰とも関るものでもあったかも知れない。それよりも数字の上の妙見三体の信仰から影響されたことが思われる。「思気《しき》霊奇遊《みさきあそび》」の次の歌などもこのことに関っているのではなかろうか。

〽夜イニ初テ遊セバユウツ、星ヲモテ遊
〽夜中ニ初テ遊セバ四ソウノ星ヲモテ遊
〽明時初テ遊セバ明星ボシヲモテ遊

終わりに当夜祭の最終に狂言系の能舞「枡屋お連」が二時間余を費やして演ぜられた。配役は、佐々木兵衛の息平左（谷

川春夫―豊栄町安宿）、お連（福光正明―本郷町舟木）、人足（横山清―河内町）、鍛冶屋主人（中迫政一―三原市沼田町）、手間の者（西田久雄―大和町大草）、大蛇（西元清―三原市皆実町）であった。

枡屋お連は、石州津和野に於いて幕末頃あった悲恋物語を能狂言風に創作されたもので、広く盆踊り唄にも歌われたものである。当夜の舞振りはそれぞれ専門とする方々の熱演で、久々に我々参観者を酔わせてくれた。お連の怨霊が大蛇と化して、江戸の亀井侯屋敷に居るかつての恋人を殺さんと、隅田川を泳ぎ渡り行く演技などは素晴らしいもので、能舞だけは見ごたえのあるものであった。

注　福寄では、前夜祭で神事能は、入舟・水汲み・種蒔き・嫁の飯盛の四番であったが、昭和五十二年四月三十日に三原市木原町赤石で行なわれた妙見神楽では、宿恵比須・入船・水汲み・福の種蒔き・嫁の飯盛の五番の能が行なわれているから、本来は五番であったことが知れる。この五番の神事能は、荒神神楽の最終に行なわれる「灰神楽」に似たものである。

広島県下の神楽研究は、岩田勝氏の『神楽源流考』は別として、我々を刺激し、感動させるものはこれまで余り見られなかった。早く東城高校に永年在職せられた難波宗朋氏の手掛けられた『備後神楽史料』第一集がその先駆をなすものである。そして荒神神楽研究に黎明を与えた「杤木家神楽資料」の発見者でもあった。私などは早い機会にこのことを聞いて、難波先生の案内で杤木一之宮司を訪ねて閲覧させて頂いていたので、この神楽資料の主要のものを三一書房の『日本庶民文化史料集成』の第一巻に山路興造氏らを煩わして翻刻し、世に知らせることが出来たのであった。

備後甲奴郡上下町井永八幡神社の田中重雄宮司は、弓神楽の保持者として有名であるが、昨年（昭和五十九年）五月、同町郷土史研究会から刊行せられた『上下町神社と祭り』は、同町内の神社祭祀を始め、若宮祭祀資料・神楽関係資料などが多く紹介されており、近来の名著である。これによって甲奴郡地方の神楽史を知ることが出来ることは、我々にとって計り知れぬ学恩であった。

蛇頭（比婆郡西城町白根孝穂宮司家所蔵）

そして同氏が『広島民俗』第一八号（昭和五十七年八月）に発表された「五行祭盛衰記」と、『広島民俗論集』（昭和五十九年）に寄せられた「備後神楽の能舞」は、これまで誰も言及しなかった空白を穴埋めされた貴重な論述であった。

昭和五十年七月十一・十二日、国立劇場に於いて、「神楽の面芝居」が公開され、備後賀茂郡豊栄町安宿の岡田寅一氏社中一行が、備後神楽の「清めの舞」と「播州皿屋敷」と「卜部六郎武夜叉」を上演されて世の注目を浴びる処となった。

田中宮司の前記の「備後神楽の能舞」によると、神能一六曲、古典能二三曲、狂言能二三曲、合計六二曲があり、この外、不明のものを合すると、優に七〇曲はあるとのことである。備後内海側にこのように多くの能舞が創作されたのは何故か、又、五行祭があれだけの長時間を費やして本手神楽師によって競演されたのかの問題は、今後も田中氏の論文に並行して論究されねばならぬ問題である。

これは何も広島県内に限ったことではないが、式年神楽式に於ける神殿の飾り付けの美しさは、今の内に民具学者によって注意を寄せて頂きたいと思う。

比婆荒神神楽・豊松神楽・斎庭神楽・豊栄神楽・弓神楽・神弓祭等の白蓋を始め、千道・なげし張り、幣形などの紙型の保存など、今の内に現地を訪れて保存蒐集しなければ、これだけの、芸術品とでも云うべき資料は間もなく不明となるであろう。

なお、神楽面や、古い舞衣裳なども調査研究すべきことである。西城町の白山比咩神社の白根孝穂宮司家に秘蔵されている蛇頭は、現在は使用せられないものであるが、今の蛇胴の出来る前の大蛇が如何なる形を表徴していたかを知る貴重なものである。この蛇頭は現在木箱に入れて保存されているが、毎年秋祭りの神楽の夜には箱の中で音をたてて騒ぐと云われ、神酒を供えてその騒ぎを止めさす慣わしだと話された。現在の長い蛇胴よりも、この白根宮司家に伝わる、人の丈程の蛇頭で舞う方が、どれだけ恐ろしく見る人々に思わせたか、我々には分かるように思われてならない。

高田郡美土里町本郷の佐々木順三氏は、神楽に詳しい方であるが、先年同町内の神楽を県指定とするための調査に行った際話されたのであるが、今は使用しない舞衣裳の数点が陳列されていて、ここにある草木染めの、花鳥・たばね熨斗・紋様など染め抜いたものなどの衣裳は、岩戸開きの舞に着たものであるが、この衣裳を着せてもらえるようになるまでには、舞子となって以来十年経なければ着られなかったと云う。これらの美しい草木染めの舞衣裳を着た夜の興奮は生涯忘れることが出来なかったと語られた。このような話はここだけの話ではなく、それだけ物を大切に取り扱ったのである。近刊の『椎葉神楽調査報告書』第三集に、高橋春子女史が、「椎葉神楽の衣裳」と題して一二〇頁の調査報告を掲載されている。早川孝太郎の大著『花祭』には舞いながらのスケッチが美しく描かれているので、その当時如何なる衣裳を着ていたかを知ることが出来る。このような側面からの調査研究も早い時期にすべき問題の一つであろう。

4　岡山県の神楽

備前吉備津彦神社所蔵の文明二年（一四七〇）六月二十八日の御田植祭に行なわれた御神事神楽の記録に、荒神神楽の祖型とも思われるものが窺われる。それは次のようなものである。

御神前ニ而御子さほ御役申上事

十一番　地さい仕候事　　津高郡建部ノ内 大夫やく

九二〻　しはい入仕候事　　赤坂郡大夫相舞　小さほやく
　付だいのまい

八三〻　つるぎやすミ　　和気郡大夫共ニ　同役人

六四〻　みてくら遊　　岩生郡二人　同役人
　ミしめにわあそひとてあまたの役也　　邑久郡大夫共ニ

七五〻　御つな遊　　女にても不苦候　　同役人
　是ハ神分ト申さほうを存候へハいかやうのものも不苦候　　三野郡

四六〻　神むかい　　女にても可調候　　大夫役人
　是ハあまり位はなく候共いかにもかふしやのものゝ役也　　津高郡

三七〻　のつとのまい　　かうへの大夫
　付太わう五人のわうし
　初心ノ者ニ而も不苦候ミこ衆かへても　　下代中野郡

五八〻　地之あそび　　同人役
　付天人きさきもんぜん但へいハ小さほ役
　神道ノ内ニ御へいの役ハ大事之物なるニヨリ無学ノ者ハ不仕候　　児島郡大人共ニ

二九〻　へいさかきのもんとう　　同断役
　付山の神但へいハ小さほノ役
　かやうニ初心ノ者せめて不苦候
　御幣同前ニ大事ノ役若キ者ハ不仕候　　上道郡

一十〻　天照大神まい　　をたみノ役
　是ハいかやうの初心ノ者ニ而も不苦候　　上東郡

拾一〻しやしゝノまい　　大夫役
　付りどうのくち

以上国中の手子共召つれ如此調へ申候
一御湯立ハ御祈念次第之もの也
右御神事かくら大かた如此調可申上候
文明弐年六月拾一日
社務代（花押）
建部権神子（花押）
児島郡
惣之一（花押）
三野郡ひらせ之郷
やしや御子（花押）
津高郡馬屋之郷
かうへ左右衛門大夫（花押）
上道郡かちの郷
おたみ兵衛之介（花押）
三野郡内中嶋
三野々こんから（花押）
邑久郡内
はぢの大夫（花押）
上東郡内
中之郡大夫（花押）
一宮政所様

右引用の吉備津彦神社の御田植祭に行なわれた御神事神楽については、岩田勝氏が『神楽源流考』第一二章の「荒神祭祀にみる招迎と鎮送」の項で詳論していられるので、私は深入って述べることは致さないが、ここに見る御神事神楽にはまだ能舞などは見られなく、神楽の祭式としての最小限度のもののみを具備して構成されたものである。従って二段形式のものでも三段形式のものでもなかったのである。この祖型的な神事神楽式としては、慶長十年（一六〇五）二月十七日に行なわれた「備中阿賀郡水田郷郡大明神二月祭」の荒神神楽も、番数は多くなっているが同型のものである。

昭和五十八年十二月、中公新書として刊行された神崎宣武氏の『吉備高原の神と人』の第三章「荒神の式年祭」に引用していられる天明八年（一七八八）の「八ヶ市三宝荒神御神楽帳」には次のような役指が見られる。

一神主　神崎出雲守
当番　甚兵衛
一清目　三宅右膳
一御座清女　野内左中
一御祓　藤井岩尾
一申上　宮田津守
一神向　田中主膳
　藤井小源治
一祝詞　藤井帯刀
一先払　藤井岩尾
一大王　藤井筑後守
一四神央子
一中央　宮田直記

一剣舞　　酉年甚兵衛
一託　　　藤井岩尾
一星明神　　宮田津守
一両ゑびす　乃うちさちゆう
以下諸神神楽
舞納　注連五王　　藤井帯刀

この神楽は近在の社家達による社家神楽であった。神楽の式目は文明二年（一四七〇）の吉備津彦神社の御田植祭の式目を大体に於いて踏襲していることが知れる。ここにはまだ能舞は見られなかった。

終わりに記されている、星明神と両ゑびすは、八日市の高星神社と市守神社の祭神を勧請したものである由。

江草進著『備中平川の神殿神楽』記載の、安永六年（一七七七）川上郡平川村安田で閏十一月四日に本神楽の行なわれた記録では、

二日の晩より　前申神楽
三日　きりかざり　神遊び
四日晩　本神楽
五日朝　綱入れ　荒神納め
六日　へっつい遊び

とあり、既に備後の「比婆荒神神楽」の現今行なわれている如き前神楽・本神楽・へっつい遊びの三段構成の神楽が、平川地方にも行なわれていたことが知れる。この年代は西林国橋が備中神楽の改革を行なったと云われる化政期（一八〇四―一二九）の三十年前後以前のことである。従って西林国橋が創作したと伝えられている岩戸・国譲り・八重垣の三神能は、

平川村の当時にはまだなかった時代で、この安永時の神楽に能舞を舞っていたかどうかは不明である。しかし備後側の安永期の役指帳には何番かの能舞が見られるので、平川村でも既に本神楽の夜、一宮能・お多福・玉藻前などが舞われていたのではないかとも思われる。

昭和五十四年二月に国の重要無形民俗文化財の指定を受けた「備中神楽」は、その指定所在地は、岡山県川上郡・阿哲郡・小田郡・後月郡・上房郡・新見市・総社市・高梁市の三市五郡の広範囲に及んでいる。そしてこの範囲内に神楽社は凡そ二〇団体がある由。一社の人員は七人を限度として構成されていると云う。

備中神楽　焼石による神がかり・託宣
（小田郡芳井町）

備中神楽の解説書には色々あるが、分かり易く書かれたものに、山根堅一氏の『備中神楽』（岡山文庫、日本文教出版、昭和四十七年）がある。専門の写真家三人のものを集めて、その写真と並行しての備中神楽史とも云うべく、頗る便宜な文庫本である。先に引用した中公新書の神崎宣武氏の『吉備高原の神と人』は氏の郷村である小田郡美星町を中心として書かれたもので、高原の土と水、氏神の秋祭り、荒神の式年祭、株の祭りと家祈禱、の四部構成のものであるが、第三章の荒神の式年祭については、同氏は同町黒忠の社家の出であるから、所蔵の神楽資料など引用して論述していられ、この間の附近の神楽が如何なるものであったかを知ることが出来る。

今一つ、昨年（昭和五十九年）三月、文化庁の助成によって、地域伝承活動事業（総社市・矢掛町・芳井町・美星町）の実施で刊行された、神崎宣武編『備中神楽の研究―歌と語りから―』は、北山社・美栄社の神楽人によって実演されたものを記録活字化されたもので、現在演舞されている神楽がどのようなものであるかを知らせるものである。

備中神楽の五行は、まだ能舞の行なわれなかった時代には、神楽の中心であった。その五行が近年次第に簡略化されて重要視されない嫌いがあるが、これが一方、美星町などでは恐らく二時間以上も費やして語られるのだと思われる。最初の舞い出しから万古大王の幕入りが終わる頃になると、その詞章は文語体から日常の口語体となり、万歳の掛け合いと変わりない場面さえある。現代の人々にはこの方が分かり易く人気があるのだと思われるが、一昔前の人達はどのような思いで見ていられることであろうか。

美作地方の神楽は、以前は久世町北町の「神雄社」や落合町津田地区などに神楽社があったとのことであるが、近年はその活動が姿を消すのではないかと、三浦秀宥氏が和歌森太郎編の『美作の民俗』(昭和三十八年)で報告していられる。

岡山県の神楽研究の先鞭となったものは、江草進の『備中平川の神殿神楽』(昭和三十八年)であるが、本格的研究の始まったのは岡山民俗学会の土井卓治・三浦秀宥・佐藤米司氏等からである。特に三浦秀宥氏は「岡山県の荒神」の論文を発表されて(『日本民俗学』第二巻四号、昭和三十年三月)以来、荒神信仰、ミサキ信仰、および荒神神楽の諸問題に取り組まれて我々を刺激下さった。そして今一人は川上郡備中町の山根堅一氏であった。氏は備中神楽成羽保存会会長として多くの神楽に親しまれていたので、神楽そのものの諸記録を残して頂いた功績の人であった。

芸能・学問の研究として、『岡山民俗』の柳田賞受賞記念特集(昭和五十八年)に執筆せられた岩田勝氏の「取神離し」や、三浦秀宥氏の「上原大夫と上原祈禱をめぐる習俗」などは、今後の神楽研究に新しい一つの方向を示したものと云えるであろう。

5 鳥取県の神楽

鳥取県の神楽は、藩政期には各地に行なわれていたのではないかと思われるが、明治以後は獅子舞だけは盛んであったが、神楽には見るべきものがない。鳥取県教育委員会発行の『郷土の民俗芸能』(昭和四十四年)に掲載されているのは、日野郡日南町の「神戸上《かとのかみ》神代神楽」と、同郡江府町下蚊屋の「下蚊屋《さがりかや》荒神神楽」の二ヶ処である。前者は廃藩置県によって逃避して来た松江藩士錦織豊重より伝授せられたと云われる。後者は五十年ばかり以前、美作地方から伝授せられたものと云われ、これまた新しいものである。能舞の中に大山能・玉藻前・筑波山などを伝えている。笛はなく太鼓の囃子だけである。

このように県内に神楽組がなかったので、秋から初冬へかけての祭りには、備後・備中地方の神楽社の人々が求めに応じて廻国したのであった。比婆荒神神楽社の藤原元美氏の話では、自分達の若かった頃には、大八車に道具を積んで伯耆地方へ年間八十日は出かけたと云われた。地元に神楽社が発展しなかった理由はどこにあったか、この問題も再考する必要があると思われる。

第一部　大元神楽とその周辺

第一章　大元神楽に於ける託宣の古儀

一

昭和二十七年に無形文化財に選定された、島根県邑智郡諸方に残る大元神楽は、それまでに詳しい記録が発表されたこともなく、又、二、三の学者以外には世人の注視も薄く、ただこの地方の農民の間に式年の神楽として根強い信仰をもって今に伝来したものである。

元来、中国地方両山麓に見られる大田植や鑪《たたら》が、信仰と経済と、そして芸能の三要素を持ったあの大掛かりな組織化をみたのは、おおよそ足利室町の時代を下るまいと思われる。神楽も亦、まさしくこれの範疇を出ずる事はなく、大田植・鑪・神楽の三課題は、いずれもその中心をなすものは相互に深く絡み合った信仰の跡が窺われる。

我々が日常親しく大元さんと呼んでいるこの神様は、今でも神木に祀られているものが多く、現在社殿を有するものはいずれも近世に於ける変化である。しかし中には、一村の鎮守としていたもので、明治に入って村社に指定されて公の取り扱いを受けるようになったものもあるけれども、以前は多く旧制の村々には必ず一ヶ処や二ヶ処は祀られてきていたものであって、村のうぶすなの社とはまた別な意味の信仰の対象となっていたように思われる。

現在、大元神の所在分布は、出雲西南部から石見一円にかけて、さらに周防の玖珂郡に及んでいると思われる。荒神信仰は備中・美作辺から備後・伯耆にかけて、殊に出雲に於いては民間信仰の大きな部面をなす俗神の一つで、これが大元

大元神楽の現行地と昔の神楽組の範囲
（『重要無形文化財　邑智郡大元神楽』より，山路興造氏作図）

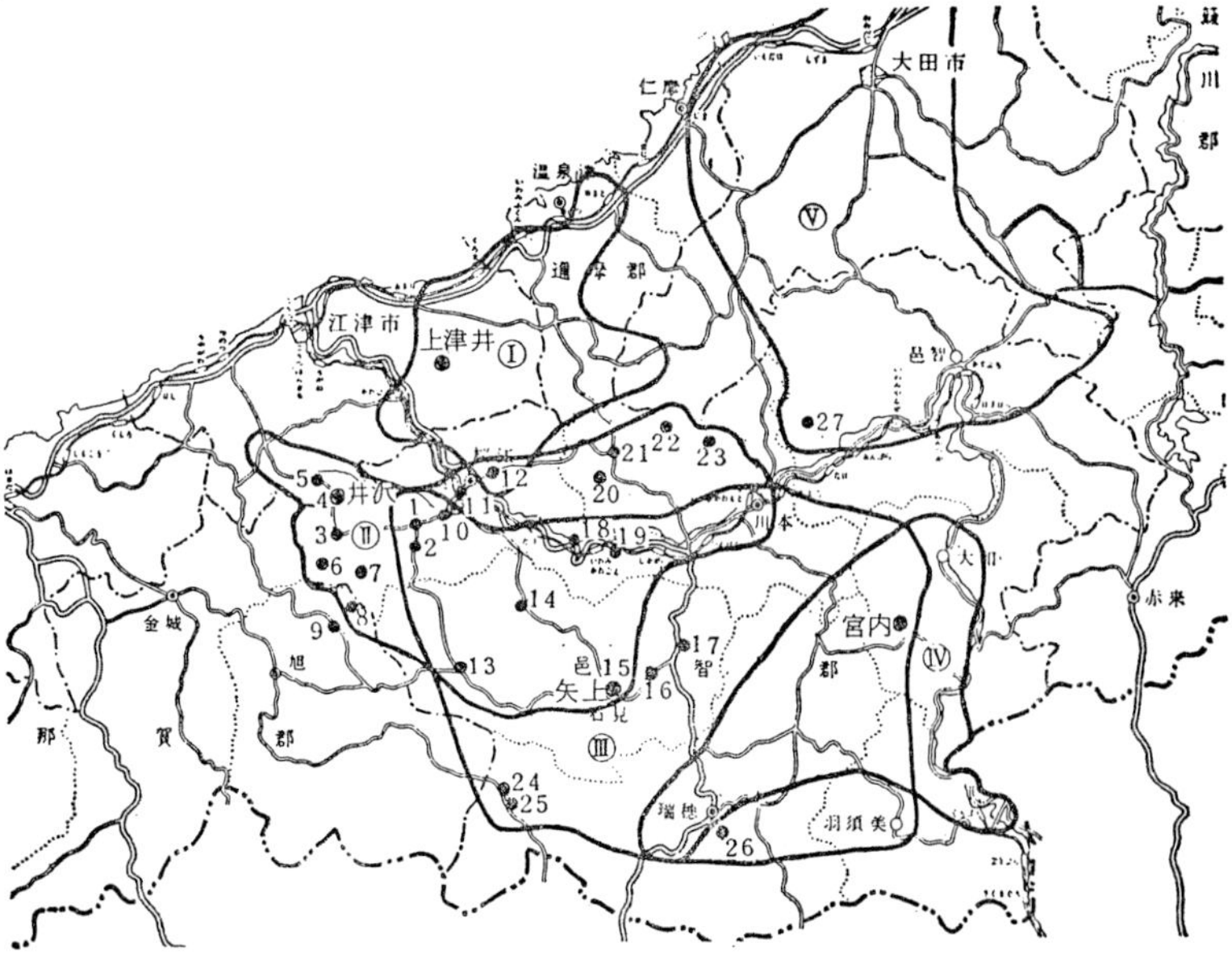

大元神楽執行に参集した神職による神楽組

Ⅰ　江津市上津井の神楽（明和八年の神楽帳による）

Ⅱ　旧長谷村井沢（現江津市）の神楽（天保十年執行の神楽帳による）

Ⅲ　石見町矢上の神楽（天明元年執行の神楽帳による）

Ⅳ　大和町布施宮内の神楽（明治五年執行の神楽帳による）

Ⅴ　江戸の初期元和元年の史料にある神楽組（大元舞熱書之事による）

大元神楽現行地一覧

1　桜江町市山
2　〃　江尾
3　〃　長谷
4　江津市井沢
5　〃　清見
6　桜江町勝地
7　〃　八戸
8　旭　町山内
9　〃　木田
10　桜江町小田
11　桜江町川戸
12　〃　住郷
13　石見町日貫
14　〃　日和
15　〃　矢上
16　〃　中野
17　〃　井原
18　桜江町大貫
19　〃　渡
20　川本町古市
21　川本町南佐木
22　〃　湯谷
23　〃　三俣
24　瑞穂町下市木
25　〃　上市木
26　〃　亀谷
27　邑智町地頭所

信仰と別系統のものでないことは近く証明せられる日があると思う。精密に比較すれば類似点は多々あるが、この信仰の表徴をなすものの中に、いずれも龍蛇の形をかたどった藁製の蛇をもってすることがある。出雲に多い荒神様は、アラブル神と読むべき神の信仰と云うよりも、名称は異なるけれども、年神や田の神のような一種の農神としての性格を多分に持ったものであり、大元神の性格に余程近い神である。それは、これから記さんとする大元神楽が、美作・備中・備後地方の荒神神楽と殆ど同じ系統の神楽であり、出雲の佐陀神能と称せられるものも、神能と云っている一連の能がかった神楽を分かり易くするために分離させておくならば、荒神神楽や石見の大元神楽と同じように、主要部分を占める神事芸であるからである。

かくの如く、今後荒神信仰に関する研究課題は、大元神楽や荒神神楽の丹念な採集と記録によって、その神の性格は一段と明瞭になっていくに違いない。

なお、隠岐島に残っている島前・島後の両神楽は、これまた大元神楽と同系をなすものであり、九州の佐伯神楽や宮崎県東臼杵郡に伝わっている綱神楽式などにも深い関連があるかと思われる。

二

大元神楽は毎年行なわれるものでなく、四年・五年・七年・十三年と云うように、村によってその年限は一様ではない。毎年行なわれないのは、村の秋祭りの夜の里神楽などに比して、大掛かりな神楽であり、従って多額の祭費を必要とする故をもって、何年目に一度と云う定めになったものと思われる。石見の邑智郡内の村(旧村名による)に例をとると、日和《ひわ》村は四年目、矢上《やがみ》村・中野村・日貫《ひぬい》村は五年目、三谷村・三原村・市山村・長谷《ながたに》村は七年目、谷住郷《たにじゅうごう》村は十三年目に一度と云う定めになっており、神楽費も、矢上町は六〇〇戸で一二石、日貫村は四〇〇戸で八石と云う村々から、長谷村字山ノ内のわずか三〇戸足らずの処に至るまで、その神楽費にはそれぞれの村々で古くからの不文律がある。矢上町は玄米一二石、日貫村は八石の神楽と云われ、長谷村の山ノ内ではわずか三〇戸に満たない処から、一戸の出費は米一俵から最低一斗を必要としている。市木村などでは以前は人間一人に対して米何合、牛馬犬猫鶏に至るすべての家畜に対しても祭費が課せられていた。

大元神楽は霜月に行なわれる。それは必ず新穀をもって神を祭ることが条件となっているからである。どうしたわけか、年々の祭日は霜月のただ一度だけであって、備中・美作・備後地方の荒神祭のように、年に三度あるいは二度の祭日を有していない。これは式年の神楽式にその信仰が集中された故なのか、それとも別に年初の祈年祭をうぶすなの神社に於いて行なうようになったことからの変化であるかは、今の処、不明である。

大元神楽　神殿架け（邑智郡石見町矢上）

神楽を行なう場所は、明治以前は野外であったが、今では神の森に臨時の祭場を作るか、又はうぶすなの社殿を使用している。神殿《こうどの》はまた舞殿《まいどの》とも称し、おおむね二間四方の広さで、ここを中心として四方に桟敷を架ける。桟敷は古来から桟敷割りと云うものが定められ、一定の場所以外に立ち入ることは固く禁ぜられている村が多い。

なお、大元神楽式全般と神楽に入用な祭具調度や神饌の品目などは、次章の「大元神楽式」に記すところを参照して頂きたい。

三

大元神楽は古来より神職のみによって行なわれてきた（邑智郡吾郷《あごう》村天津神社蔵の元和元乙卯〈一六一五〉八月の「大元舞熟書之事」には、当時のこの地方の神主神楽組の取り定めの記事が見える）。神楽式の主目たる託宣の作法に於いて神がかりする者

天蓋曳き（邑智郡桜江町八戸）
萩原秀三郎氏撮影

は、これ亦神職中にあっても託太夫と称する世襲の家柄があった。この辺の神楽組では、那賀郡有福《ありふく》村の門家、同じく松川村の村穂家がその家柄であった。又、この託太夫の腰を抱きすくめている腰抱きの役は、邑智郡谷住郷村の本山家であった。

しかるに明治年間に入って神社の取り扱いが内務省の所管となるや、神楽に於ける託宣神事は、これを固く禁止したため、神楽式は著しく形式的なものとなり、神がかりの古儀はいつしか忘れ去られんとする状態となり、わずか二、三の村々に於いて内密にこの託宣の秘法を伝承して来ていたにすぎないのであった。この故に、託宣のない神楽のことを柴託《しばだく》と云い、本託《ほんだく》と云っているのは、神がかりして神の声を正目に拝することが出来る神楽の謂である。

さて、舞殿の有様は上掲の写真によって想像出来ると思うが、天井裏に青竹数十本を組み合わせた雲手を作り、それに縄にはさげた色紙の幣を垂れ、さらにその雲手に一三の枠を吊す。中央のものは六角形で、残りの一二の枠は一尺四方のもので、枠の周囲には鳥居や海波や朝日・餅・神瓶などの形を半紙一枚に彫り抜いた紙飾りを貼り、枠の内側の中央に重《おも》り米と云う玄米三、四合入りの袋を結び付け、これと一緒に結んだ麻綱を雲手の上に二本張り渡したスベリ竹と称する青竹の上を潜らせて、それぞれ南と西の柱に分けて引き締めて結んでおく。他の諸神楽に見られるような陰陽道の思想が大元神楽にも濃厚に織り込まれているので、中央の六角形の枠には黄なる旗に埴安比売命と記し、東青・南赤・西白・北黒と、それぞれ方角と色と神名を示す旗を垂らす。

山ノ俵二俵のうち、一俵は元山《もとやま》と称して東方の柱にくくり付けて大元神の神座とし、他の一俵は端山《はやま》と称して西方の柱に結んで、この方は大元神以外の地主神などの神座とする。両方の俵にはミサキ幣数十本と榊の葉を挿す。元山の前には託縄を置き、さらに机や案などを用意しておく。

神楽は夕刻から開始されるが、これより先、七五三《しめ》主《ぬし》は神楽奉仕者の参集を求めて所役を定め、これを役指帳に記載して、祝儀・足袋・煙草・懐紙などを全員に渡し、酒盃して挨拶をする。

便宜上、明治以降に行なわれた大元神楽の役指帳から神楽式次第を記しておく。

一　荒神祭《こうじんまつり》、二　清湯立、三　四方堅《がため》、四　太鼓口《どうのくち》、五　潮祓、六　岩戸、
七　山勧請《やまかんじょう》、八　神殿入《こうどのいり》、九　献供、十　奉幣、十一　祝詞、
十二　先ヅ剣舞、十三　帯　同先、十四　手艸　同先、
十五　神武、十六　八衢、十七　祝詞、十八　鍾馗、十九　羯鼓、二十　天女刹面《きりめ》、二十一　御座《ござ》、二十二　塵輪《じんりん》、
二十三　中ノ舞　天蓋　祝詞、二十四　夜食、
二十五　鈴合、二十六　左久佐雷、二十七　八十神、二十八　八咫、
二十九　両太刀、三十　武御名方、三十一　伎禰、三十二　蛭子、
三十三　貴船、三十四　関山、三十五　保食、三十六　天神、
三十七　綱貫《つなぬき》、三十八　黒塚、三十九　五龍王、四十　六所舞、
四十一　御《み》綱祭《つなまつり》、四十二　前祝詞、四十三　成就神楽、

なお、他の役指帳には、この外に、衆来・神一会・佐陀・風宮・加茂などの曲目も見えている。

以上のように、明治末年頃までの神楽役指帳には、非常に多くの曲目が神事的なものと雑楽的なものとが交互に組み合わされて

山ノ俵（八戸）
萩原秀三郎氏撮影

注連主（著者）の山勧請（邑智郡桜江町小田）
桜江町教育委員会提供

いる。古くはこれだけ多くの番組が夕刻から早暁にかけての時間中には到底全部終了させることは想像出来ないのであって、現今では右の曲目の半数も終わらぬうちに夜は明けてしまうのである。これは恐らく単調な神事的なものよりも変化の多い雑楽の方が次第に喜ばれるようになり、新しい曲目が次々に増加挿入されたのであろう。

四

佐陀神能などで七座の神事と云っているものは、大元神楽に於いても前段に奏せられている。先ず荒神祭りに始まり、次いで湯立神事を行なう。四方堅め・潮祓と共に清め祓いの行事であり、太鼓口は出雲地方の入啓《いりもうし》に当たる始楽である。

岩戸に次いで行なわれる山勧請（写真参照）は七五三主の所役で、一束幣《いっそくへい》を捧持して大元神を元山の山ノ俵に、その他の神々を端山の山ノ俵に招神する儀式で、当初の神事中最も敬重を要するものである。続いて、神殿《こうどの》入り・大祓連読・献饌・奉幣・祝詞・拝礼の順序をもって一応前段の行事は終了する。

夜食の前に行なわれる中ノ舞・天蓋・祝詞は一続きのもので、かつては神楽式の中心となるべき神事であったと思われる。しかるに思考の推移は時代によって複雑化し易く、ここに云う天蓋行事は、天龍川流域の雪祭り・花祭りなどに見るびゃっけまたは衣笠に当たるもので、隠岐国では玉蓋と云っている。

中ノ舞は、最初一人の小男が幣と扇を持って静かに天蓋の下で舞っている。そのうち、次の天蓋の行事が始まる。神楽歌に合わせて天蓋を静かに上下に引く。神名を唱えながら、中央と四方の天蓋を順次に上下に引き、次第に急調子に引く。

舞人は幣と扇を捨てて、剣をかざしながら四方八方に乱れ飛ぶ天蓋の下を巧みに舞い納める。私の祖父の話では、中ノ舞は小さい男であることが第一条件だったと云っていた。そして天蓋の乱れ飛ぶ中を剣をかざして舞う間に神がかりするものであったと思われる。即ち、天蓋の下で舞う小さい男は神の出現を意味し、神の声を発する託宣の神事であったのだと思う。

それが、いつしか神がかりの方法手段に変化を見、託綱を使用するようになったため、中ノ舞はその形式のみを残し、一方、天蓋は一種の見もののような行事となり、もともとただ一つのものであったのが、陰陽道の考えから、十二ヶ月また閏年の十三ヶ月を意味して、数多くの小さな天蓋を吊すに至ったのだと思われる。これらの証明は、隠岐島の神楽が大元神楽と共に古色を存しているが故に、比較して見れば自然に理解出来ることである。

五

託綱（八戸）
萩原秀三郎氏撮影

前書きが冗長になってしまったことをお詫びして、以下、大元神楽式の骨髄ともなっている神遊びの作法、託宣の儀式について記録しておきたい。

現在、神職以外の農民の手によってこの古式を行なっている処として、私の奉仕社のある集落と、この集落に隣れる那賀郡の二、三の集落がある。恐らくこれらの村々以外には、大元神楽に於ける託宣の秘事を今になお残存している処はないであろう。私の奉仕社のある集落とは、邑智郡長谷村大字八戸《やと》と山ノ内（現桜江町八戸、那賀郡旭町山ノ内）であるが、この集落は明治以後託宣の神事を厳禁されながらも、現今に至るまで七年に一度の神楽には内密に行なって来たもので、このような集落がある故をもって託宣の古儀は細々ながらも今に伝承し来ったわけである。

今ここに山ノ内の伝承者藤本房一氏等の手控を列記する。

○託太夫選定の方法

一、託太夫候補者は各人の希望により定め大体十人までとす。
二、候補者十名までの鬮を作り本鬮を引く順番を定む。
三、託太夫は三名にして一二三番と順位を定め置く。
四、託縄及御綱祭に奉仕するものは大体託太夫候補者十名にて行ふ。
五、託太夫候補者は自ら希望するも家人の反対あれば絶対出来ない事。
六、犬年生れのものは託太夫候補になる事を得ず。

○潔　斎

一、託太夫に選定されたるものは祭日前七日間潔斎すること。
二、毎朝早朝水垢離し大元さんへ参詣する事。
三、火の忌を厳にし死火産火近づかず、万一自家に死人出産ありたる時は直ちに託太夫の資格を失ふものなり。
四、別火するを本意とすれど難しき時は別室にて家人より食事就寝を絶つ事。
五、四足を食はざる事。
六、禁酒する事。
七、他人より煙草の火をもらはぬ事。
八、子女に近づかぬ事。

九、村外に出かけぬ様心掛け荒仕事をせぬ事。
十、其他すべて穢れより遠ざかり謹慎してゐる事。
○綱貫の次第
一、勧請幣捧持者　一名　礼服
二、綱貫奉仕者　七名　白衣　袴
三、腰抱　二名　右同
四、以上十名にて謹行し綱貫はみさき山を歌ひ乍ら高殿に入り元山より端山を拝し順次五方を立てること。
五、一束幣は常に龍頭につけ絶対に離さず舞ふこと。
六、託縄を元山より端山に引渡す時は龍頭を少し上に向け必ず左より巻く事。
七、一束幣は龍頭に一緒に巻きつける事。
○御綱祭
一、先づ一番託太夫を中に入れ七名のもの各々手に御崎幣を持つて天蓋の下にて楽に合せてみさき山を歌ひ乍ら舞ふ、各人楽の急調子なるに及びすれちがひ様に御崎幣を託太夫の肩にあてる事、かくする程にいよ〳〵急調子に入り囃したてて託太夫を中にはさみ胴上げの如くせり立てること。
二、かくする事繰返す内託太夫は神懸りするものなり、一番太夫神懸りせざる時は二番太夫を一番太夫通り前記の作法を行ふ、二番太夫せざる時は三番太夫を行ふ。
三、神がゝりしたる時は腰だき二人にて支へ尻餅つかざる様にする事肝要なり。
四、神明帳読上ぐる者　一名　礼服
御神託お伺ひする者　一名　礼服

この役選定に慎重を要す。

五、託太夫神懸りありたる時は直ちに五龍王を舞ふ。

六、神がゝりしたる時は直ちに託縄にさばらす事、又まき米にて払ふこと。

七、神名帳を読上げる事。

八、御伺ひは作柄災難などの他はあまりいろ〳〵な事をお伺ひしない事。

九、御伺ひ言は前以て定めておく事肝要なり。

十、託宣の行事終りても神懸りとけざる時は七五三主神返しの咒法を行ふ事、七五三主行はざれば他の神主をして行はしむ。

十一、託宣者への礼として山ノ俵一俵及び金銭相当額を与へる事。

附記

神楽式に本託を行ふ場合は村落民一心同体（肌が合ふと云ふ言葉が昔よりの通用語なり）である事先決なり、わづかなりとも折悪しきことあらば絶対に託宣なきこと古来よりの言伝へなり、又高殿の敷物は一切新調の畳を用ゐる事、託宣終るまでは女子を一切高殿内へ入れぬ事、汚れを遠ざけて手足口中等清水にてよく洗ひおく事勿論なり。

以上の条文は備忘のための書き留めにすぎないので、実際の場に臨んではなかなか細かい用意を必要とするのである。

六

右の藤本氏の手控と邑智郡三谷村故湯浅速雄翁の遺書『神楽舞伝記』六冊に、私の祖父の書き留めた「御神楽勤仕之次第」なども参考として、神遊びの作法、託宣の祭式を筆録する。

綱貫《つなぬき》に入るに先だちて屋外の斎燈を盛んにもやすこと。七五三主は全奉仕者を点検し、改めて塩水にて身体を清むる事。役指帳記載の通り所役はこれまでとぐろを巻かしてあつた託綱の結びを解く。この故に綱貫（写真参照）は一名注連起しの行事とも云へり。

奏楽は、トントン、トゴスク、トントンの調子にて太鼓を打ち出せば、頭を持つ者は、左手にて龍頭の先端より一尺五、六寸の処を握り、右手はそれより二尺離れて持つこと。以下二番三番と順次に右左々々と並び、最後の者は託綱の末尾を固く握りゐて離すこと決してなきこと。

太鼓を打ち出せば、花取りは、

綱貫（八戸）
萩原秀三郎氏撮影

〽みさき山、下りつ上りつ、石ずりに、袴が破《や》れて、着替へ給はれ

の神楽哥を歌ひ乍ら高殿に入る。

先づ東方元山を拝し、次で西方端山を拝して、続いて南方北方を拝し、更に元山を拝す。みさきやまの哥の次ぎには、

〽幣立つるこゝも高天原なれば　集りたまへ四方の神々
〽東青南は赤く西白に　北黒中は黄なりとぞ知る
〽大元のゆくへはいづく左四つ　右九つに中は十六
〽万代と祈りおさむるこの村に　悪魔はよせじさよにふらしよや

これらの哥をうたひ、五方を立て、再び元山を拝する頃に至れば、太鼓の調子を漸次速めてゆく。之に伴ひ龍頭を持つ花取りは足を速めて小走りに浮き腰となる。いよ／＼太鼓急調子に打てば、頭の者は動作を大にして、やゝ走らんとする気持にて高殿を大きく小さく左に廻り、更に右に廻り、もう一度右に廻

り、左に大きく廻る。この間龍尾を持つものは絶えず小走りに前後左右を見てゐる事肝要なり。龍頭と衝突すべからず。転げるべからず。頭と末尾は常に呼吸を見計ひ進退すべきなり。

〽静かなれしづかなれよと池の面　浪なき池に鴛鴦ぞすむ

と、太鼓より掛哥出づれば、託縄は結べるものゝ自然にほどけるが如く、龍頭は東方に、龍尾は西方に真一文字に引延べる。この時一祭員すばやく白木綿を天蓋の中央どころを見計ひ、木綿の中程を天蓋の青竹に通して、東西に延べ、託綱を吊りあげる。

而して次六所舞に入り、一束幣を捧持せる者を先頭にして、以下の祭員はミサキ幣を一本づつ手に持ち、花取りは、

〽夜明けをば鶴の羽伏せにさも似たり　夜はもとじろになると思へば

の哥にて高殿に出で来る。一番託太夫この中に交る。次いで、

〽あらうれしあらよろこばしこれやこの　舞ひ奉る栄えましませ

〽出雲には神はあれども鈴がない　かわらけ瓶《すゞ》で神遊びせむ

〽おりたまへ降居の御座には綾をはえ　錦をならべ御座とふましよや

〽榊葉をみふねにつくりて沖に浮け　神風そろへ神迎へせむ

神楽哥第三第四頃より太鼓急調子となり、託太夫を中に置きて、各自託太夫とすれちがひ様に、ミサキ幣をもて託太夫の肩を打つ。みさき山の歌にていよ〳〵急調子となり、各人調子を揃て哥声を高くし、小さく前方へ向つて跳ね出す。調子クライマックスに達せんとする時を見て、一同託太夫に向つて胴上げする如く強く体を打ちつける。かくする内神懸りあれば、名状すべからざる叫び声を発し、体は二、三尺宙に飛び上れり。瞬間満場水を打ちたるごとき静けさにかへる。腰抱きすばやく託太夫の腰をだきて、尻餅つかざるやう腰を抱きすくめる。一方楽屋にて用意して待機し居れる五龍王高殿に出て舞ふ。五龍王舞ひ納むや天蓋の託縄を低く下し、託縄を結べる木綿の中央をして、託太夫の顎にあて、丁度首を

吊りたる如き形となして、両手を託綱にかけさしておく。託宣をお伺ひする者託縄を中にして託太夫と向ひ合ひ、捧持せる一束幣の先端が託太夫の烏帽子にふれる如くにして託宣を待つ。

七

この時、一祭員が、しづかなれの歌に続いて、

〽まゐりては神の社にくまをまく　まく米《くま》ごとに悪魔退く

と歌いながら、四方八方に向かって米を打つ。

七五三主が神名帳を披いて、

〽先づ以て、招き奉り坐せ奉る、この里の、大元大明神の、幸魂奇魂、今夜ぞ斎く

と唱える。他の祭員は一斉に、

〽今年《ことし》の、今月《このつき》、今日《このひ》の、今時《このとき》、神楽の、斎庭《ゆには》で、神遊びしよう

と、託縄を揺りながら唱え返す。

七五三主はさらに、

〽藤本ノ房一が、斎《いつ》き祭る、地主神の、幸魂奇魂、今夜《こよひ》ぞ、斎く

と唱えると、祭員たちはまた一斉に、

〽今年の、今月、今日の、今時、神楽の斎庭で、神遊びしよう

と繰り返す。

かくして、この村落の神々を残らず招神し終われば、託宣を伺う者、

〽恐る〱大元様にお伺ひ申上げます。来年の作柄はいかゞでございませうか

すると、託太夫は、よろしいとか、早稲がよいとか、晩稲が悪いとか、大雨が何月に降るとか、不作とか、日照りが続くとか云うような言葉を、今にも呼吸が絶えんとする者の如くに切れぎれに声を発する。託太夫は思い出したように跳び上がるから、腰抱きは尻餅をつかさせぬように、又託縄を跳び越さぬように注意する。尻餅をつけば神がかりの状態を失い、託縄を跳び越せば託太夫は死ぬと云われているからである。

次には、近い将来にこの村に何か災難がありましょうかと伺えば、災難があれば、どの方角に火難があるとか、何月に洪水があるとか、流行病があるとか云うような神託がある。するとどうすればその難を避けることが出来ましょうかなどと問い返すと、何々すればよろしいとかの託宣がある。お伺いは、思い付きで何でも尋ねるようなことは固く禁じてある。くだくだしく余り長いことはお伺いしてはならない。

神がかり（昭和42年11月４日，那賀郡旭町山ノ内）萩原秀三郎氏撮影

お伺いが終われば、それでは元山にお帰りくださいと申し上げると、ばたりと倒れるか、又は瞬間正気に返る。しかし元山にお帰りくださいと申し上げても、依然として神がかりの状態を続けて荒らびる時には、七五三主は「ウチハラヒ」と云う秘咒を行なう。すると、見る間に短い驚きの声を発して正気付く。託宣の神事の終了と同時に、満場一同は大元様を拝むと称して、二拍手して拝礼する。まことに神秘なる一瞬時である。

この時又一祭員が、

〽末むすぶしづの小田巻くりかへし　昔を今になすよしもがな

と歌えば、次いで副斎主が早祝詞を奏上し、七五三主以下一同が元山の前に着座して大祓を連読し、成就神楽によって神楽式は千秋万歳と、ここにめでたく終了するのである。

第二章　大元神楽式

大元神楽式とは、大元神《おおもとがみ》の式年祭に於ける神事式の謂である。

今日大元神は村々に於ける聚落の神として、一種の農耕神的なものとして祀られているが、かつて古くは一族一門の祖霊神として祀られてきたものと思われる。そのことは今日一村一集落の信仰の対象となっても、なおその信仰の範囲は、その祭地近在の数軒ないし数十軒の家々が昔ながらに年々の祭りを行なう処が多いことによっても知ることが出来る。

そのことには備後・備中地方に於ける荒神信仰ほどの古風さは見られないが、これらの地方の村々の名《みよう》を単位に一族一門の祖霊神として祀った本山荒神の信仰と同じような変遷の過程を経てきたものなのであろう。

備後・備中地方の荒神信仰は、中世以来の名を単位として成立したもので、一族一門の本家筋である名頭《みようかしら》の権威は、本山荒神・本池水神・種池・苗代田を有することであった。これら一族一門は同じ垣内の内に住み、名頭を中心として親和協力して日々の生活を営んできたのであった。人死して三十三年を経過したら、その霊魂は清まって、一族一門の祖霊の鎮まれる本山荒神に加入することが出来るものと信じられていた。その新霊達が祖霊に加入する三十三年目の神楽が荒神神楽なのであって、前神楽・本神楽・灰神楽と、古くは四日四夜にわたる神楽が行なわれたのである。現在では、それが三日二夜となり、さらに二日一夜と短縮して行なわれ、その古風さは次第に失われつつあるが、その基づく処は、祖先神として、以後子孫の祭りを享けることが可能となる神事儀式なのであった。

今一つ、石見の鹿足郡の一部から周防玖珂郡の山代地方に行なわれている山〆《やまじめ》神楽と云う、村々の水源に祀られている河内神の年限神楽がある。河内神の信仰も亦、大元神の信仰と似たものがあり、河内神の神木に龍蛇を巻いて祀ることも同じである。

大元神楽には藩政期と今日とを比較すればかなりの相異が見られる。このことは第五章の役指帳などによって詳しく判るので、ここには述べないが、恐らくかつて野舞台で行なっていた時代には、一夜だけの神楽ではなく、二日一夜の神楽であったと思われる。徳川中期の役指帳に記載されてある曲目数が四五もあるのを見ても、これだけの曲目を一夜に終えることは不可能であるからである。

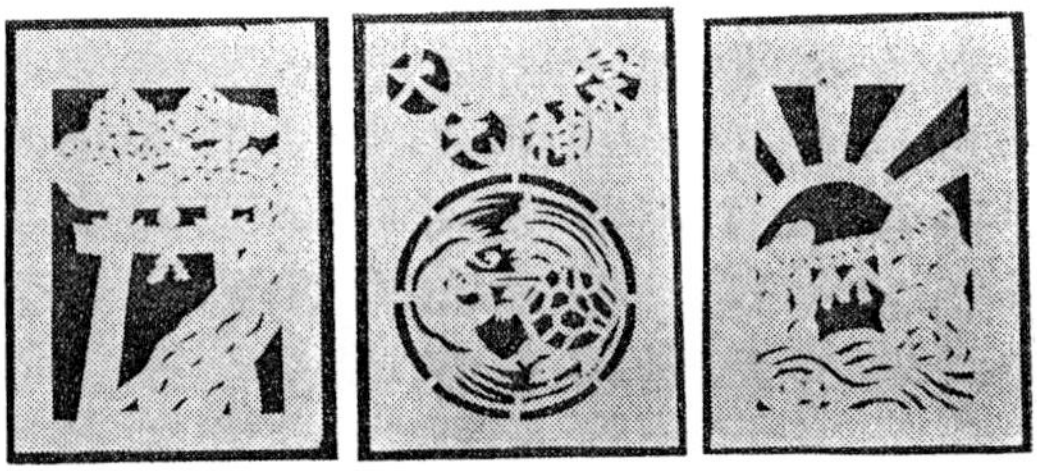

大元神楽　天蓋飾り

大元神楽　長押張り

左上が春，左下が夏，右上が秋，右下が冬

以下に記載するところは、いずれも昨今の神楽を対象とするものであることを承知願いたい。

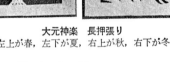

一　神殿の飾り付け

神殿《こうどの》の広さは二間四方のものが普通とされ、その天井下に青竹およそ二〇本を組み合わせて一間半四方の雲手を作り、それに縄に五色の幣をはせたのを縦横に曳き廻らせ、雲手にはさらに一尺四方の枠一二個を吊す。そして中央には六角形の万蓋と称する枠を吊す。

これらの枠には、神瓶・餅・鯉・燕子・鳥居・朝日・海波などを彫り抜いた楮半紙の切り紙を色紙で裏打ちしたものを、一枠に四枚ずつ、中央の枠には六枚を貼る。それぞれの枠の内側中央にある引き綱には重り米三合ばかりを袋に包んだものを結び付け、その引き綱を雲手を通し、さらに雲手の上部に横渡しした三本のすべり竹の上を通して、神殿の両側の柱に引き結んでおく。

又、東南西北と中央の枠には、次のように神名を書いた小旗を重り米に結んで垂らす。

東方青色　句々奴智命
南方赤色　迦久槌命
西方白色　金山彦命
北方黒色　水波乃売命
中央黄色　埴安比売命

四方のなげしには、東方―春（桜）、南方―夏（扇又は花菖蒲）、西方―秋（菊又は紅葉に鹿）、北方―冬（笹に雪又は笹に水鳥）などの、四季を表わした彫り紙を一〇枚程度張り巡らす。

そして、東方元山の柱と西方端山の柱にそれぞれ籾三斗入りの俵（山ノ俵）をくくり付け、これにミサキ幣を数限りなく挿し、榊柴をも挿し添える。東方元山の俵を大元神の神座とし、西方端山の俵は地主神などの小神の神座とする。

二　祭具調度品

一　託縄　七尋半　新藁ニテ作ルコト
二　背コウジ　一ッ　託縄ヲ作ル時ソノ藁ノ袴ニテ作ルコト　託縄ヲ背負ウノニ用ユ
三　山ノ俵　二俵　籾各三斗入リ
四　勧請幣　串長サ四尺　姫竹二本ガラミ　本冠リ　半紙一束ヲ五段下リニ切ルコト
五　ミサキ幣　長サ一尺二寸　カキナガシ

六　荒神幣　串長サ三尺三本　横冠リ　半紙三枚宛三段ニ切ルコト
七　天蓋枠十三　雲竹二十本　天蓋綱麻縄十三本　天蓋飾リ彫物半紙一枚ノ大キサ枚数五十四枚　天蓋旗五流　重リ米
　三升　天蓋小縄六十尋
八　四季彫物　四十枚
九　湯立釜　薪一駄　青笹四本　注連縄二間　榊枝
十　茣座表　一枚　薦二枚
十一　白木綿　二反
十二　幣帛　紅白絹　各三尺五寸
十三　奉幣串　二本　長サ三尺
十四　神名帳及ビ神楽役指帳
十五　楮半紙十束　色紙五百枚　奉書百枚　水引百本
十六　大榊二本　各々六尺　幣帛用及ビ祓串用榊二本　玉串用榊三十本
十七　足袋　煙草　懐紙　手帛　各奉仕者人数分

三　神饌品目

神酒七升、洗米五升、籾一升、紅白鏡餅四升、木葉餅約五十、海魚（鯛・鰤・鱵）、川魚（鯉・鮎）、野鳥、水鳥、海藻干物類（海苔・昆布・寒天・干瓢・晒豆腐・豆麹など）、貝類（鮑・栄螺）、野菜（大根・蕪子・山芋・里芋・人参・葱・牛蒡・百合根・山葵・生姜・蓮根・松茸・椎茸）、果実（柿・蜜柑・橙・梨・林檎・葡萄・栗）、大豆、小豆、粟、黍、蕎麦、繭、麻糸、半紙、木炭、菓子、塩、清水

神饌台数は古来三三台を用意することが義務付けられている。昨今では一年も前から用意すべく心掛けなければ入手出来ないものがある。

昭和五十六年三月の大元神楽現地公開の後に上京し、国立劇場勤務の西角井正大氏に逢った際、氏は当夜の神饌のことに触れられ、自分はこれまで各地の祭儀を見てきたが、大元神楽式のような美事な神饌は初めて見たと云われた。

四　大元神楽式

大元神楽式の役指《やくざし》は、役指帳の記載通りに行なわれるが、事前に加勤神職一同の話し合いによって決定される。大正初年頃までは神職だけの神楽式であったから、それぞれ誰が何役と何役を受け持つと云うように、暗黙のうちに定まることが多かったから、役指のためにもめるようなことはまずなかったと思われる。役指が定まると、役指帳に署名して、これを注連主に渡すと、ここで誓いの酒が出て、祝儀・足袋・煙草・手帛・懐紙などが渡されるのである。

備後・備中地方では、この役指帳を青竹に結んで一さし舞うことになっている。これは七座の神事の一つで、役指の舞と云われ、同時に加勤奉仕者に小銭を紙に包んだのが渡される。この指紙《さすがみ》の舞が終わると、投指についての不平不満は一切聞き入れぬ定めである。

神楽式の順序次第は、出雲の佐陀神能のように、七座の神事・式三番・能舞と云ったようなはっきりとした定めはないが、その七座の神事に当たるものは、四方堅《しほうがため》・太鼓口《どうのくち》・潮祓《しおはらい》・清湯立《きよめゆたて》・荒神祭《こうじんまつり》・山勧請《やまかんじょう》などである。

今日残っている各地の役指帳を見ると、神楽式の最初に行なわれる四方堅は、大正以前には舞われていなかったようである。私の処の記録によると、大正三甲寅年に行なわれた邑智郡長谷村井沢（現江津市井沢）の大元神楽に於いてこの四方堅が舞われていたことが知られる。

今は能舞とされている岩戸も、もとは神饌・奉幣よりも前に舞われている。

このように、大正期以前と現在とではいろいろと相違する点が見られる。しかしここではそれらの相違についてこれ以上言及することは避け、以下では現今の神事式次第を述べることとする。

五　清湯立

境内の清浄な処に湯釜を据え、四方に青竹を立て、注連縄を巡らす。薪を焚いて湯釜に湯をたぎらせておく。神殿の元山の前に高机を置き、神酒・洗米・鏡餅三台を供える。その前に案を置き、小敷に洗米を入れ、傍らに御幣とミサキ幣に榊一枝を置く。おかぐらの囃しで、祓主と支取二名が浄衣姿で元山の前に着座して御禊祓を奏上し、終わって、祓主は御幣を右手に取り、左手を上に掛け、左右左と振り、右手を上に掛け、右左右と振り、右手を下に掛け、左右左と振り、御幣を左肩に荷って伏す。

支取二名はミサキ幣を持ち、祓主のなすままを見て、同じ所作をする。

祓主は頭を起こし、御幣を左の手に持ち、右手に洗米を握って立ち、御幣を先向けにして洗米を撒きつつ右に廻り、神前に回り向かって、右手を御幣串の下に掛けて右左と振り、左横にして三歩進み、三歩退いて、伏す（三歩進みて戴き、三歩退き戴くべし。足踏み出るは御幣の頭の方たるべし。引足は御幣の下と心得べし）。

頭を起こし、御幣を右手に取り、左手に洗米を握り、立って洗米を撒きつつ左に廻り、神前に向き、御幣を右向きに持ち、三歩進み、三歩退いて、伏す。

頭を起こし、御幣を左手に取り、右手に洗米を握り、立って洗米を撒きつつ少し進む。御幣を左右左と振り、御幣先を上に向け両手に持って歌を掛ける。鼓より次ぐ。祓主は返し歌を畢わると共に揖をして、立ちながら祝詞を奏す。祝詞が畢わると、鼓より歌う。祓主が次に返す。歌が畢わると、共に伏拝する。神歌は次の哥などを歌う。

〽幣立つるここも高天原なれば　集り給へ四方の神々

大元神楽各年代演目一覧（宝暦〜昭和）

①明和八年 上津井		②天明元年 矢上	③天明二年 波積	④文政八年 矢上	⑤天保十年 井沢
勧　請		荒神祭	勧　請	清姅湯立	神殿入
太鼓（太鼓口）		道場湯立	太　鼓	荒神祭	山勧請
塩掃（潮祓）		神殿入	塩　掃	神殿入	太鼓口
剣　舞	四	神勧道師	神　供	山勧請	座　付
神向（神迎）	七	太鼓口	奉　幣	大皷口	潮　祓
帯・手草	八	座　付	剣　舞	塩　祓	磐　戸
御　座	十	潮　祓	御　座	座　付	御神供
柴	九	磐　戸	神　向	岩　戸	剣　舞
天　女	五	神　供	勝鼓切女	御神供	帯
尊　神	六	奉　幣	八　幡	捧　幣	手　草
神　供		祝　詞	陰陽行法	祝　詞	八　衢
奉　幣		剣　舞	帯・手草	剣　舞	天　女
鈴　合		手　草	柴	手　草	尊　神
岩　戸	十二	柴	天　女	帯	御　座
太　刀	二十	天　女	尊　神	柴	諸神勧請
鍾馗大臣		尊　神	鈴　合	天　女	鍾　馗
勝鼓切女	十三	衆　来	恵比須	尊　神	羯　鼓
天　祝	十一	御　座	佐　陀	初祝詞	喜利面
恵比須	十八	勧　請	天　蓋	羯　鼓	皇　后
陰陽行儀	十六	刹　面	折　居	天　女	折居（天蓋引）
神功皇后	十五	鍾　馗	岩　戸	刹　面	祝　詞
大諄辞	十四	初祝詞	十　羅	商馗（鍾馗）	鈴　合
八　戸	十九	賀　茂	王子違	御　座	恵比須
佐　陀	廿四	皇　后	六　所	勧　請	注連起（綱貫）
天　神	廿三	降　居	綱　貫	衆　来	貴　船
竹生島		祝　詞	御神託	皇　后	八　咫
折　居	廿二	中之舞		降　居	両太刀
天　蓋	廿一	鈴　合		祝　詞	神一会（神名帳）
十　羅		天　神		中之舞	天　神
王　子		神一会		鈴　合	関　山
六　処		恵比須		神一会	黒　塚
綱起（綱貫）		両太刀		貴　船	風　宮
御託宣		八　咫		天　神	五龍王
		貴　船		加　茂	前祝詞
		風　宮		八　咫	御神宣
		佐　陀		両太刀	
		黒　塚		佐　陀	
		注連起（綱貫）		注主貫（綱貫）	
		御綱之舞		五龍王	
		五龍王		御　崎	
		御注連祭		神　送	
		（六祝詞・六所）		黒　塚	
				関　山	
				恵美須	

⑪宝暦十一年 和木	⑩昭和五十年 八戸	⑨大正十一年 市山	⑧明治五年 布施	⑦文久元年 三原	⑥安政六年 市木
（前文脱）	四方堅	四方堅	神殿入	荒神祭	清女湯立
尊人（尊神）	清湯立	幸神祭	禊導師	御湯立	荒神祭
御座	荒神祭	山勧請	太鼓口	神殿清女	神殿入
荒平	潮祓	神殿入	座付	神殿入	導師
初祝詞	山勧請	祓式	潮祓	山勧請	太鼓口
切女	神殿入	太鼓口	磐戸	神祇太鼓（太鼓口）	床着（座付）
八幡	献饌	神於呂志（潮祓）	注連起	座付	潮祓
大祝詞	大祓連読	窟戸	御崎揃	潮祓	窟戸
天蓋	奉幣	献膳	奉幣	天岩門	御神供
折居	祝詞奏上	奉幣	剣舞	剣舞	捧幣
恵美須	玉串	祝詞	於比（帯）	手草	祝詞
天神	撤饌	各拝礼	手草	勝古（羯鼓）	剣舞
佐陀	休憩	撤饌	八衢	切女	帯
十羅	太鼓口	脱服休憩	初祝詞	鍾馗	手草
岩戸	岩戸	剣舞	塵輪	荒神	八衢
鈴合	弓八幡	弓八幡	鍾馗	塵輪	初祝詞
八咫	剣舞	神武	御座	天蓋	羯鼓
黒塚	天神	羯鼓	勧請	御座	天女
王子	御座	天女・刹面	皇后	太祝詞	刹面
綱貫	天蓋引	塵輪	降居	四剱	塵輪
御神託	夜食	御座	祝詞	八十神	御座
同御崎	山ノ大王	神功皇后	鈴合	根堅州国	勧請
将軍殿舞	羯鼓	鍾馗	神一会	天神	衆来
恵美須祭	天女・刹面	夜食	羯鼓	貴船	鍾馗
御鎮	神武	天蓋	天女	川上猛	皇后
	綱貫	鈴合	刹面	黒塚	折居
	託宣	蛭子	恵美須	神武天皇	祝詞
	四剣	八咫	天神	八咫	中之舞
	蛭子	天神	八咫	両剣	鈴合
	鍾馗	貴船	両太刀	関山	神一会
	塵輪	前山	貴船	綱貫	恵美須
	御綱祭	武御名方	黒塚	六所	八咫
	神送り	黒塚	風之宮	五龍王	両刀
		綱貫	五龍王	御神宣	天神
		両太刀	六所舞	神諠祝詞	貴船
		五龍王	神送	鎮斎	佐陀
		六所舞			注連起
		御綱祭			加茂
		拝礼			関山
		神送			黒塚
					風宮
					五龍王
					六所舞
					御崎祭 神送

へ参りては神の社に久米をまく　撒く久米ごとに悪魔退ぞく

次に、祓主は座したままで居り、支取は湯かき幣を持ち、右手に洗米を握って立ち、湯釜に進行する。洗米を撒いて揖をなし、幣先に湯をつけて五方を拝する。幣紙を串に巻き付けて、一の哥を歌う。御文字を湯釜に書く。

次に、二の哥を唱う。畢わって、拍手、揖して本座に復する。次いで湯花を献げる。

一の哥へ熊野なる谷の清水を御湯にたて　我立ちよらば氷とぞなる

二の哥へおもしろや水は湯となる熊野なる　この湯の花を神に手向くる

六　荒神祭

清湯立後の祭壇をそのまま使用する。神饌を取り替え、高机の前に三本の荒神幣と神楽鈴を置く。

浄衣の祭員三名がおかぐらの楽で着座し、御禊祓の奏上が終わると、各々前方の荒神幣と鈴を取り、トンツク、トントンの楽に合わせて鈴を振り振り、荒神幣を左右左と振り、平伏する。

次に、右左右と振り、三度目に左右左と振り、初回と同じ所作をし、終わると、中央の祭員が次の意のような祝詞を奏上する。

掛巻母恐伎迦具土大神乎始米諸々乃荒神霊之神等乃御前爾何某爾代里何々恐美々々毛白左久今日乎生日乃足日止撰定米氐此里乃大元神乃何年爾一度乃大神楽仕奉爾依氐庭火焚久火能保乃荒比波更也豊乃明止照須燈火乃猛比諸神等乃荒

御霊乃祟利賜不事無久今夜乃御神楽元末清久美志久仕奉志米賜閉止御食御酒捧奉氐乞祈申事状乎平介久安介久聞食止恐美恐美毛白寸

右の祝詞は暗誦によって行ない、終わって、幣を立て置き、再拝拍手して、おかぐらの楽で退下する。

この荒神幣は直ちに大元神の神木の前に挿し立てる定めになっている。

七　山勧請

山勧請は注連主の大役である。潔斎し、手水を済ませ、衣冠束帯で奉仕する。注連主の着座する場所には青茣座を敷く。

先ず参殿楽で元山の前に進み、着座して再拝拍手が終わると、御禊祓・六根清浄祓を奏上し、口中にて今宵注連主を奉仕することを奏上し、めでたく感応成就、千秋万歳に至るよう祈念して、再度再拝拍手する。終わると、膝行して正中の左側に行き、正中に向かって待機する。支取が一束幣を捧持して、注連主と向き合って片膝立てて着座する。注連主は一束幣に向かって再拝拍手し、終わると、右膝を立てながら支取から一束幣を受け取る。この時、支取は幣の頭の向きを変えながら注連主に渡す。終わると、支取も亦、注連主のなしたように一束幣に向かって再拝拍手して退下する。

次に、注連主は一束幣を捧持して元山の前に進み平座する。幣を右の手に取り、左手を右手の上に掛け、後じさり三歩して直向持、小揖して左右左と振り、小揖して右手を上に左手を下に取り替えて右左右と振り、小揖して左手を上に右手を下に取り替えて左右左と振り、左に荷って伏拝する。

体を発して幣の頭を左にして左膝を立てて小揖し、右足から立ち上がり、後じさりする。程よい処まで何歩と限りはない。立ち留まって小揖し（小揖のときは幣を頂く）、直ちに元に戻り、左向きに幣を取り替え、幣を両手で差し出し、左足から進み、神前で小揖し、中央まで後じさりし（足数に限りはない）、小揖して、幣を左に荷って伏拝する。

次に、体を発し、幣を右に取り替え、右膝を立てて小揖し、左足から立ち上がり、後じさりして小揖し、右に廻って元に戻り、廻転して左に廻って元に戻り、幣を右に取り替え、幣を差し出し、右足から神前に進み、小揖して、中央まで後じさりし、小揖して、幣を右に荷って伏拝する。

次に三回目は、体を発して幣を左に取り替え、左膝を立てて右足から立ち、後じさりして小揖し、左に廻り元に廻転して右に廻り、幣を左向けに取り替えて差し出し、左足から神前に進み、小揖して、中央まで後じさりし、小揖して、伏拝する。

次に、体を発して幣を横にして小揖し、左膝を立てて右足から立ち上がり、廻転して端山に向き、小揖して後じさりすること、前に同じ。端山が終われば、元山の方を向き、一揖して左右と廻り、廻り戻りの処で一揖して、神前の左側に立着して、加勤祭員の向幣をなす。向幣は相対した時に左右左と小振りをなし、真向きに幣を持ったまま一揖する。

向幣が終わると、列席の中に出て、左右と廻って神前に向かって一揖して進み、上座の祭員の方へ横向きに座し、左膝を立てて両手で幣を差し上げて待つ。祭員はその前に座し、二拝懐笏拍手して受け取り、直ちに幣を左向きに取り替え、左膝を立てて幣を差し上げて居る。注連主は少し後じさりして、持笏二拝拍手して退下する。

祭員は受け取った幣を神前に立て置き、持笏して一揖なし、一同共に立拝、座拝、拍手して、大祓を連読する。終わると、幣を左に取り、左右左、右左右、左右左と三度ずつ三度小振りして、幣を直向きにして、頭を垂れ、左の意を祈念する。

此度年季大祭大御神楽仕奉ニ依テ、種々ナル事ノ洩ル事ナク落ル事ナク、本末清ク美シク里内穏ニ五穀成就、

祈念の後、幣を左に荷って伏拝する。

体を発して幣を神前に立て置き、座拝、拍手、立拝して復席し、注連主が出て来るのを見計らい、幣を左向きに取り、両手で差し出し、左膝を立てて待つ。

注連主は幣の前に座し、二拝懐笏拍手し、少し進んで幣を受け取り、直ちに左向きに取り直し、両手で幣を差し出し、左膝を立てて彼人二拝拍手する。
注連主は幣を胸に付け、神前に向き直り、幣を真向にし、揖をして退下する。
祭員一同、順次退下する。

八　奉　幣

祭員二名、上席の者は青幣を取り、下席の者は白幣を取る。

大元神楽　献饌・奉幣
岩田勝氏撮影

先ず神前に進み、深揖して置笏し、御幣の串の下を右の手で取り、左の手を串の中程から少し上に掛け、御幣の頭を神前に向け、小揖して、御幣の頭を左横にして戴き、臍の処に引き付け（左を少し上げ、右を少し下げる）、左膝を起こし、右足を立つ（立体の姿勢）。

御幣を戴き、再度臍の処に引き付け、左右左と進行し、立体して幣を戴き、又、臍に付け、右左右と退歩し、立体して幣を戴き、直ちに幣を左の肩に荷い、左足を折り、右足を引いて伏す。伏して「遠神笑給」と三度唱える。

畢わって、幣を真直に起こし、左の手を少し下げると同時に右の手を上に取り替え、体を起こし、右足を進めて膝を起こし、幣を右横にして戴き、臍の処の体に引き付け（右を少し上げ、左を少し下げる）、右足を立つ（立体の姿勢）。幣を戴き、又臍に付け、右左右と進行し、立体して幣を戴き、又臍に付け、左右左と退歩し、立体して幣を戴き、直ちに幣を右の肩に荷って、右足を折り、左足を引いて伏す（唱言、前の如し）。

畢わって、御幣を真直に起こし、左の手を上せると同時に右の手を下に持ち替えて、身体を起こし、右足を進めて膝を起こし、幣を左横にして戴き、臍の処の体に引き付け（左を少し上げ、右を少し下げる）、右足を立つ（立体の姿勢）。幣を戴き、又臍に付け、左右左と進行し、立体して幣を戴き、又臍に付け、右左右と退歩し、立体して幣を戴き、直ちに幣を左の肩に荷い、左足を折り、右足を引いて伏す（唱言、前の如し）。

畢わって、座し、御幣の頭を前に向け、捧奉意をもって揖をし、神前正中より少し左側と右側に立て置き、持笏深揖して退歩する。

御幣の持ち方は、始終左の手を御幣より離してはならない。

九　天蓋曳き

天蓋は亦、一限降居《おりい》とも称する。山勧請・綱貫・御綱祭と共に、神楽式の中でも最も重要にして、慎重細心の注意を払って行なうべき神事式である。従って、神事の最中に曳綱がもつれるようなことがあれば凶年と云い伝えられ、不吉とされる。その故に天蓋曳きの役は重役とされ、熟練の祭員がこれに当たるのである。又、天蓋を遊ばせるためには奏楽の関ることが大きい。いくら天蓋を上手に曳こうとしても、太鼓の調子がこれに伴わなければ曳けないものである。双方両者の呼吸が一体となってこそ、神が遊んでいるように見えるのである。

天蓋は古来夜食の前後に行なわれる。天明元年（一七八一）の矢上の役指帳には、降居・祝詞・中之舞・鈴合と続き、天保十年（一八三九）の井沢の役指帳では、折居・祝詞・鈴合と、安政六年（一八五九）の下市木の役指帳には、折居・祝詞・中之舞・鈴合と、文久元年（一八六一）の三原の役指帳には、天蓋・御座・太祝詞と、明治五年の布施の役指帳には、降居・祝詞・鈴合と、大正十一年の市山の役指帳には、夜食・天蓋・鈴合とあり、子の刻を過ぎて、丑満時に行なわれる。

現在は九個の天蓋を三人で曳くが、大正初年頃までは一三個の天蓋を一人で曳いていた例がある。大正十一年の市山の神楽で谷住郷村の教職中村武一郎がそうであった。この外に、天明元年の矢上の神楽に松島山城守が、安政三年の同じく矢上で斎木但馬守が一人で曳いていた。二人で曳いた例は文久元年の三原の神楽で三浦主計と村穂求馬とが、天保十年の矢上の神楽で高子土佐守と近重某とが曳いたことが、それぞれ役指帳に見えている。

さて、天蓋行事はおかぐらの囃しで始まる。注連主を中にしてその両脇に一人ずつの祭員が舞殿に向かって着座すると、支取三人が出て、天蓋綱を柱から解いて渡す。再拝拍手して受け取り、支取も同じく再拝拍手して退下する。ここで太鼓は一旦打ち切る。

ややあって、太鼓はスットコトコトコ、トコトコトン、トコ、スッテコ、スッテン、スッテンテンの調子に変わると共に、太鼓方から次の掛哥を出す。

〽降り給へ、降りの御座には、綾をはへ、錦を並べ、御座とふませうや（第一哥）

〽幣立つる、ここも高天の、原なれば、集り給へ、四方の神々（第二哥）

〽大元の、神のゆくへは、左四つ、右九つで、中は十六（第三哥）

太鼓の掛哥が始まると、天蓋の綱を静かに緩めて下ろす所作に移る。太鼓方が掛哥の上句を取り、曳手は下の句を付ける。次に太鼓方と曳手と再度下の句を唱和する。かくすること、第二哥、第三哥とも同じであるが、第二哥から第三哥に移るに従い、漸次太鼓の調子を速める。曳綱の上下も次第に速めて、天蓋は上下な

天蓋引き（邑智郡桜江町八戸）
萩原秀三郎氏撮影

らず左右にも少しは飛ぶくらいに操作する。第三哥の下句を唱和する頃には、静かに上下のみして、哥が終わると太鼓も打ち切りとする。

次に太鼓方から、

〽謹請東方より掛け奉る社壇には

これに答えて、東方の天蓋の綱を緩めながら、

〽謹請東方句々奴智命の社あらはす

と返しながら、天蓋を二、三回上下させて、然る後、雲竹に曳き上げる。このような操作を、西方・南方・北方・中央と順次繰り返し行なう。

西方は金山彦命、南方は迦久土命、北方は水波乃売命であるが、中央の万蓋の場合は、注連主は四方の天蓋を操作するのよりも一段と声を張り上げて、慎重に扱わなければならない。太鼓方の唱言を受けて、

〽中央黄龍王埴安比売命の社あらはす

と答えながら、二、三回上下した後、雲竹の音がするくらいにやや強く曳き上げる。

以上が終わると、次に天蓋を遊ばせる操作に移る。掛哥は次のような哥による。

〽あらうれし、あらよろこばし、これやこの、舞い奉る、栄えましませ（第四哥）

〽東青、南は赤く、西白に、北黒、中は黄なりとぞ云ふ（第五哥）

〽天蓋の、緑の糸を、引く時は、とけよやほどけ、結ばれの糸（第六哥）

〽みさき山、下りつ登りつ、石ずりに、袴が破《や》れて、着替へ給はれ（第七哥）

〽静かまれ、静かまれよと、池の水、波なき池に、おしどりぞ住む（第八哥）

太鼓は第四哥から第五哥に移る頃から次第に調子を速めていく。第六哥に移ると、上下曳きから前後左右に曳くのであ

るが、四方の天蓋と中央の万蓋は始終反対の操作をすることが肝要である。そして左右の曳手は各々四本ずつの持綱があるので、この綱を二本と二本または三本と一本に分けて曳かなければ美事な曳き方は出来ない。最も華やかに曳けるのは中央の万蓋である。曳綱が一本であるから両手で操作出来るので、上下前後左右に遠くまで飛ばすことが出来る。

ここで最も注意を要することは、他の綱と縺れぬように曳くことである。いくら上手に曳いていても、一旦縺れると終わりである。縺れた時には、太鼓方は第六哥を繰り返し歌い、太鼓の調子も一時落とすことである。そして二人して縺れた場合には、一方は綱を小細工せずにいることである。縺らかした方の曳手の綱を静かに元に巻き戻すような操作をしたら、大抵の場合、縺れは解けるものである。縺れた綱の解けた場合の、これを見ていた人々の安堵は言葉に表わせない歓喜と讃嘆である。縺れが解けると、今一度みさき山の神歌で前にも増して遊ばせることが出来るもので、まさしく神の遊行飛翔せるが如き一瞬時を見ることが出来る。

みさき山の哥を終えると、太鼓の調子を静めて、第八哥を歌う。〽波なき池に、おしどりぞ住む、ですべての天蓋を引き上げて終わる。

支取が出て綱を引き取る前に再拝拍手し、綱を渡すと、注連主以下は再拝拍手して、退下する。太鼓はおかぐらを打って終わる。

一〇　綱　貫

綱貫《つなぬき》は一名注連起《しめお》こしとも云う。注連主を除いた全祭員が参加して行なう。

綱貫に入るに先立って屋外の斎燈を盛んに燃やす。注連主は全奉仕者を点検し、改めて塩水で身体を清める。役指帳に記載の通りに所役は神前に安置された託綱の縄を解く。

トントン、トコスク、トントンの調子で太鼓を打ち出せば、頭を持つ花取りは左手で龍頭の先端から一尺五、六寸の処

綱貫（那賀郡旭町山ノ内）
萩原秀三郎氏撮影

を握り、右手はそれより二尺離れて持つ。以下、二番・三番と順次に右左右左と並び、最後の者は託綱の末尾を固く握っていて、決して離してはならない。

太鼓を打ち出すと、花取りは、

〽夜あけをば、鶴の羽ぼしに、さも似たり、夜はもと白に、な
　るぞうれしき

の神楽歌を歌いながら神殿に入る。先ず東方元山を拝し、次いで西方端山を拝し、続いて南方・北方を拝し、さらに元山を拝する。

次に、

〽この御座に参る心は山の端に　月待ち得たる心地こそすれ
〽注連の内まだ入りまさぬ神あらば　こがねの注連を越えてましませ
〽この村に悪魔はよせじ魔はよせじ　よせじがゆゑに神を請じる
〽東青南は赤く西白に　北黒中は黄なりとぞ知る
〽大元のゆくへはいづく左四つ　右九つで中は十六
〽みさき山下りつ上りつ石ずりに　袴が破れて着替へ給はれ

これらの哥を歌い、五方を立て、再び元山を拝する頃に至れば、太鼓の調子を漸次速めていく。これに伴い、龍頭を持つ花取りは足を速めて浮き腰となる。いよいよ太鼓を急調子に打てば、頭の者は動作を大にして、やや走ろうとする気持ちで神殿を大きく小さく左に廻り、さらに右に廻り、もう一度右に廻り、左に大きく廻る。この間、龍尾を持つ者は絶えず小走りに前後左右を見ていることが肝要である。龍頭と衝突すべからず、転げるべからず。頭と末尾は常に呼吸を見計

らい進退すべきである。
〽静かまれ静かまれよと池の面　浪なき池に鴛鴦ぞすむ
と、太鼓から掛哥が出ると、託綱を結べるものが自然にほどけるがように、龍頭は東方に、龍尾は西方にして、真一文字に引き延べる。この時、祭員の一人は天蓋の中央を見計らって白木綿の中程を天蓋の青竹に素早く通し、東西に延べて託綱を吊り上げる。

一一　六所舞・御綱祭

明治以前の役指帳を見ると、綱貫・六所舞・御綱祭・御神宣は神楽式の終末に一続きに行なわれている。綱貫だけを切り離して行なうようになったのは新しいことである。そのような意味からして、神がかりが行なわれたのは最終の行事であった。

ここでは、現在行なっている二分方式のものを記述する。

六所舞は、一束幣を捧持する花取りの後へ、注連主が斎服に威儀を正して伍し、助勤の神職全員がミサキ幣を手にしてこれに従う。太鼓が以下の神哥を唱しながら神職側と掛け合う。

〽大元の神の行方は左四つ　右九つに中は十六（第一哥）
〽あられしあらよろこばしやこれやこの　舞奉る栄えましませ（第二哥）
〽氏子をば神こそ守れ千代までも　皆岡山の米となるまで（第三哥）
〽夜明けをば鶴の羽干しにさも似たり　夜は元白になるぞうれしき（第四哥）
〽若しふらば親とたのみし三笠山　雨もらさじの柏木の森（第五哥）
〽しづかまれしづかまれよと池の水　波なき池におしどりぞすむ（第六哥）

御綱祭　注連主が神名帳によって神勧請する（小田）
岩田勝氏撮影

〽しづやしづしづの小田巻くりかへし　昔を今になすよしもがな（第七哥）

六所舞に託太夫のいる時は、列の中程に入れる。花取りは、元山・端山と五方を拝し終わると、第五哥の次には〽御崎山の歌を、次第に調子を速めながら歌い、託太夫の肩を交互に突き、また抱きかかえるような所作をする。一方、花取りは、右廻り二回すれば左廻りは一回にして止め、最後は右廻りばかりを激しく廻り込み、託太夫を輪の中に入れて持ち上げる。かくするうちに神がかりすれば、すかさず腰抱きが出て、託太夫の腰を抱く。直ちに雲竹に吊られた託綱を胸の高さに下ろして、神がかりした託太夫を託綱の中央に誘導し、両手を綱に掛けさせる。

注連主以下、交互に散米行事に移り、

〽参りては神の社に米を撒く　まく米ごとに悪魔退ぞく

の神哥を反唱する。

注連主、神名帳によって神勧請する。終わると、一束幣を捧持した一人が託太夫と向かい合って、大元神から神宣を聞く。

神宣が終わると、太鼓側から、

〽末結ぶしづの小田巻くり返し　昔を今になすよしもがな

の神哥を歌うと、注連主は打ち払いの秘法によって神返しを行なう。これと同時に、参拝者一人残らず大元神へ再拝拍手する。

託太夫が別室に赴くと、注連主以下、元山柱の前に正座して大祓を連読し、注連主は天下泰平万民安泰五穀豊穣牛馬安全千秋万歳万々歳の祝言を大唱し、成就神楽で舞い納める。

一二　神迎えと神送り

大元神を祀る神木は一名祝木《いわいぎ》とも云う。現在は小祠・社殿のこれに代わるものが多くなったが、しかし古くからの御神木に今なお祀る処も各地にある。

石見地方で神木として有名なものは、鹿足郡日原町畑の大元社の樹齢四百年と云われる樟の大木で、天然記念物に指定されている。桜江町内でも、八戸の大元社の神木の椋の木は、これ亦三百年以上の樹齢と云われ、町指定の記念物とされている。町内小田の大元社の神木はタブの大木で、側の樗の木の花咲く五月頃はまことに美しい景観である。羽須美村宇津井の大元社の神木は椿の古木であったが、現在は枯死して小祠に代わった由。同雪田の大元社のものは樅の大木であると云う。

大元神の祭地（小田）
桜江町教育委員会提供

大元神迎え（小田）
桜江町教育委員会提供

大元神の祭地は、小山の上、又は谷川のほとりなど、いずれも聖地とされた処に祀られてきた。小祠のために、明治以後は氏神社に合祀されたものも多いが、一方、昔ながらの祭地に今なお祀られているものも亦多くある。

式年祭の神楽が祭地の近くで執行される場合は別に問題はないが、やや離れた氏神の神殿や民家で行なわれる場合には、神楽開始前にお迎え申し上げなければならない。この場合、神職二、三人・奏楽人・氏子総代・奉供要員など、数十人の者が、御神酒などを持参して、街道を清めながら、提燈で明し、笛太鼓で囃し、龍蛇を舁ぎ、舞殿へお迎えするのである。式年神楽が千秋万歳とめでたく打ち上げとなると、昔は氏子の中の定められた者が、託綱に一束幣を挿し立てて、特別に調製された背コウジを背中に当てて、大元山までお送りする習わしであった。

なお、大元送りのことについて、邑智郡石見町日和《ひわ》の三浦正大氏の父君正景翁が、同家の文書に見える資料として、私に知らせてくださった。

文政元年の定め書の中に左の一項あり、参考に書き送り申候、

九月十七日朝（神楽の翌朝）大元山へ御綱担料として米四斗出し可申事、

附り、先年は御綱を大元山へ牛に担せ送り、其牛は村中百姓中飼居牛鬮取に致、鬮に落候牛に御綱担せ行き、牛は其儘大宮司家へ収申由の処、右様にては村方費多く故、神明へ御断申上、米四斗にて相定め申候由、古老口々に伝へ今以里人氏子申処書残し置申候、以上、

このことについては、私の仮説であるが、かつて古くは大元祭儀に際して、牛を犠牲《いけにえ》として供饌したことがあった名残を意味するものではないかと思っている。市山の大元神楽でも、藩政期には、神楽年になると人や牛が居らなくなるため、一時神楽を中止していた時代のあったことを、私の祖父は語っていた。

川本町三原の湯浅発祥氏所蔵文書の、文化十癸酉年（一八一三）に記された、大元大明神注連主湯浅蔵人正にあてられた「相渡申一札之叓」の中に、

一、牛代　是も三百文之料物ヲ以御断申来リ候

と見えている。神楽と牛の問題については今後追究すべきことである。

閑話休題。大元山に託綱を送れば、神饌を供し、鎮祭祝詞を奏上して、龍蛇を神木に巻き、一束幣、ミサキ幣を挿し立てて、終祭の御神酒開きをして退場する例である。

第三章　大元神楽に於ける神がかりと託宣

一

大元神楽に限らず、式年の神楽に於いては、清浄な地に神殿《こうどの》を舗設して、注連主以下が潔斎して神々を勧請し、最上の神饌を供して、夜もすがら歌舞音曲を奏し、夜のしらじら明けに至れば、託太夫をして神がからしめて神の声をきき、明日から後の生活の指針とすることが本来の目的とするところであった。

大元神楽は、昭和五十四年二月三日付の官報告示により重要無形民俗文化財の指定を受け、同月二十四日、東京虎ノ門共済会館に於いて指定証書の交付式が行なわれた。このことによって昭和五十四年度以降、向こう三ヶ年間に国費等の補助金により、伝承者の養成、現地公開、記録作成およびその刊行を実施することとなった。そのため、その第二年度である昭和五十六年三月二十一・二十二日の両日にわたって島根県邑智郡桜江町小田の八幡宮社殿を神殿として現地公開を実施することとなった。

二月に入って、本田安次先生から、今度の大元神楽現地公開の実況を早稲田大学演劇博物館でビデオ撮影したいからよろしく頼むと云う来簡に接し、二月二十一日には同博物館の板谷徹氏が予備調査に来られた。

今度の現地公開をビデオに撮影されることになって、我々が一番困ったことは、果たして神がかりの託宣が可能であるかと云うことであった。現時点で神がかりの託宣が行なわれている処は、私の氏子範囲内で二ヶ処と邑智郡外で二ヶ処程度しかなく、今度公開する小田ではこれまで一度も神がかりがあったことはなく、そのような集落で行なうと云うことが先ず第一の危惧であった。招神する大元神も地元の大元神だけでなく、郡内全域にわたることになるから、神がかりする託太夫の選出にもいろいろ支障がある。託太夫は候補者を三名出すのが慣例であるが、今度は神がかることは難しいと思われるので、神がかりの場面はただ撮影するために形式だけをすることとした。

しかし、いくら形式だけを行なうからと云っても、託太夫を務めるのは全然素人の者には難しいことなので、神がかりした経験がある、八戸《やと》の人で最近私の住む市山へ移住してきた湯浅政一氏（大正六年十一月十一日生まれ）に託太夫をお願いすることにし、二月十四日夜に拙宅に招いて改めてお願いし、承諾してもらった。同氏は、引き受けた以上は潔斎して奉仕することを約束された。

舞殿などの準備には三月十七日から取り掛かり、前日の二十日の午前中には完了した。

託太夫の湯浅政一氏は一週間前から潔斎に入り、毎朝隣の小田の大元社と八幡宮へ社参し、仕事も休み、ただひたすら心身の清浄を保って、その日を待っていた。

注連主を奉仕する私も託太夫と同様に潔斎に入り、前日の朝からは一切の飲食を断って精進した。

三月二十一日の彼岸の中日は曇り日で、雨になるとの予報であった。

午後五時、大元神迎えに出発する頃から小雨が落ち出したが、幸いにこの小雨は清めの雨であった。地元の小田の大元神の氏子は紋付袴姿で行列に参加し、五時四十分頃、一束幣を先頭にして、神職・託太夫・氏子総代以下が続々と斎場に到着し、大元神はひとまず八幡宮の社殿の前へ安置して、夕食のために一時間の休憩とした。

早稲田大学演劇博物館の館員と撮影班の人々九名は既に前日に来町して、機材の据え付けその他の諸準備を完了されていた。

弓八幡の鬼（邑智郡桜江町八戸）
萩原秀三郎氏撮影

当日の神楽は三十三番を上演することにしていたが、神がかりすることは不可能に近いと思っていたので、現地公開ではあるが、遠来の学者研究者の方々には特に御案内することを差し控えた。それは先年八戸に於いて国の選択芸能としての現地公開を行なった際に、神がかり託宣が不成功に終わったことによるからでもあった。しかし、文化庁その他から聞かれて見学に来られた方々は三〇名ばかりあった。東京からは萩原龍夫・西角井正大・小島美子・樋口昭・渡辺伸夫・北潟喜久・大貫紀子・村山道宣・鈴木正崇・福島邦夫・島崎良・神田より子、京都の山路興造、岡山の岩田勝、広島の佐々木順三・田地春江の諸氏が来られた。

神楽は、正七時に市山小学校四年生四名の四方堅から始めた。続いて、清湯立・荒神祭・潮祓と進み、注連主の大役である山勧請に入り、神殿入・献饌・大祓連読・奉幣・祝詞奏上・玉串奉奠・撤饌と終わって、午後十時、前半の儀式を終了した。

休憩の間に注連主と桜江町の町長・教育長の挨拶があり、十時十五分に太鼓口から再開された。その次の磐戸舞からは村々の神楽組の人々によって演じられた。弓八幡・劔舞・御座と続く。御座舞は儀式舞の重要な曲目で、邑智郡川本町三谷の湯浅茂武宮司が永年奉仕されていたが、病気のため今度は氏の二男の弘興君に伝授されて、後継者の出来たことを喜んだ。御座舞は跳ぶだけなら誰でも舞えるが、前段の御座をかづく所作が難しいのである。

御座が終わって、午前一時頃に天蓋曳きに移った。元来天蓋は一三個のものであるが、現今では九個で行ない、中央を注連主、その両脇に一名ずつ神職が着座して各々四本ずつ天蓋の綱を持って曳くのである。天蓋は神楽の曲目中でも最も神聖なものとされ、熟練を要するもので、天蓋の綱が縺れることは不吉とされているため、用意周到細心に曳かねばならぬものである。

太鼓の囃しに神歌を掛け合いながら、先ず東方の綱から静かに下ろす。続いて、西方・南方・北方と下ろし、終わって、注連主の中央黄龍王埴安比売命の綱を下ろす。終わると、太鼓の囃しは初め静かに、次第に調子を速めて、九本の綱は緩く又は激しく曳いて前後左右に揺り動かし、しばらく曳いた後、一旦引き上げて静止する。次に早調子の太鼓となり、注連主は装束の袖を脱いで、

御座（邑智郡桜江町小田）湯浅弘興氏
桜江町教育委員会提供

〽みさき山、下りつ上りつ、石ずりに、袴が破れて、着替へ給はれ

の神歌で、九個の天蓋は、遠く近く、前後左右、緩急自在に遊ばせる。遊ばせるうち、私の中央の万蓋と北方と西方の中間の天蓋の綱とが二巻き縺れた。私は困ったことになったと思っていると、左座の三浦宮司がその縺れを早く解こうと焦ったために更に四巻きに縺れた。これを見ていた太鼓側にいた人が飛んで出てその縺れを解こうとしたが、これを制する人があり、その人は出ることをやめた。私は太鼓方に、

〽天蓋のみどりの糸を曳く時は、とけよや、ほどけ、結ばれの糸

の歌を歌うように命じた。この神歌の二度目の繰り返しに入った時、全く不思議に四巻きに縺れた糸がほどけた。その時に誰か拍手する人があったが、その瞬間、すさまじい勢いで私の烏帽子をはね飛ばして、大声で私の持つ万蓋の曳綱を握る者があった。烏帽子を飛ばした時は、咄嗟に酒酔いの仕業かと思った

神がかり（昭和56年３月22日，小田）
桜江町教育委員会提供

が、見ると、託太夫が飛び出して来たのである。全く予期せぬことであったので、私を始め他の神職たちも真青になった。中央の一本の綱では力が入らぬので、託太夫は素早く右側の四本の綱の方へ移った。腰抱きの役は古瀬宮司に定めてあったが、この時は太鼓方へ廻っていた。この夜神がかりがあるとは誰も思っていなかったし、それでも綱貫か御綱祭りの時ならばその処置も素早く出来たろうが、天蓋曳きが八分通り終わった処での咄嗟の神がかりであったから、近くにいた若い神職四名が出て託太夫の腰を抱いた。他の神職数名して元山の柱から端山の柱へと託綱を引き渡した。この間、七分くらいを要したと云う。天蓋綱を握り締めたままの託太夫を託綱の藁蛇の方へ引き寄せた。大元神の御託宣をお伺いする者も定めてはあったが、未経験者ではこの場合処置に困ると云うので、取りあえず注連主の私がお伺いすることにした。

その間、託太夫は息も切れるかと思う程の息遣いで、その絶叫は身震いがする程であった。満場水を打ったような静けさである。

岡山から見学に来られた岩田勝氏の後日の手紙では、自分は帰宅してから録音テープを聞いて分かったが、託太夫が飛び出した直後からテープレコーダーが故障したのか、はたりと音が止まったと思ったら、四〇秒後に又音が出だした。四〇秒間は祭場に何一つ音のするものはなかったということが知れた、とのことであった。この時の大元神の託宣のことは、邑智郡大元神楽保存会編『邑智郡大元神楽』（邑智郡桜江町教育委員会、昭和五十七年）の岩田勝氏の「大元神楽現地公開見学記」に詳しい。

打米をして祭場を祓い清めて、一束幣を託太夫の頭上にかざして、「恐る恐る大元様にお伺い申し上げます。今宵の神楽はいかが思し召しでしょうか」。

すると、託太夫の口から、

ホオーオ、エエ（良い）、オオ、オホ、オオ、ホントニ……。

と託宣があった。以下、年の豊凶、火難水難、その他をお伺いして終わった。

注連主の「打祓い」の秘法の後、託太夫の肩を二度打つと、瞬きして正気に返った。数人して抱きかかえて本殿前へ運び、寝かせた。

これまでは神がかりした場合には顔色は鬼のように赤黒くなるのに、今度は顔面蒼白となった。このようなことは珍しいことであった。皆の話を聞くと、神がかりする前から蒼白い顔になっていたと云い、終わって本殿の前に寝かせたのを見た人は死人のように血の気はなくなっていたと云う。私も鎮めの歌の終わるまでは夢を見ていたような気持ちであったが、神がかりが出来たことで大任を果たせたような安らかさを覚えた。

託宣が終わって、夜半二時頃から、手草・山の大王・羯鼓刹面・神武・鍾馗・鈴鹿山・蛭子・天神の後、綱貫となったが、綱貫は既に託太夫を入れて行なう必要がなくなったので、形だけのものを行なった。

次の小田の神楽社中の鈴合せ（四剱）は実に美事な太刀捌きの儀式舞で、これだけの演技の出来る処は島根県内にはないであろう。今宵の白眉とも云うべきものであった。

次に黒塚・塵輪と舞い終わって、六所舞・御綱祭りと、最終の神事式で神名帳を読み上げて、

天下泰平、万民安泰、五穀豊穣、牛馬安全、千秋万歳万々歳

と、注連主の唱言の後、午前六時半、成就神楽の打ち上げで、めでたく大元神楽の現地公開は終了した。

続いて大元神送りに移り、御神木に託綱を巻いて祭具を納め、神饌を供して鎮祭祝詞を奏上し、一同拝礼して七時半に八幡宮へ帰り、神酒頂戴して散会した。

二

私が神職を拝命して初めて注連主として大元神楽を奉仕したのは、昭和二十四年十一月三日の邑智郡桜江町八戸《やと》と翌四日の那賀郡旭町山ノ内の大元社の式年祭に於いてであった。八戸のその夜のことは、かつて『島根民俗』復刊第二号（昭和二十六年二月）の「大元神楽式に於ける神がかりについて」に書いている。ここにこの一文を転載する。

大元神楽式に於いてはその主体が神がかりにあったことは云うまでもないことであるが、明治の大御代になってこれを禁止されてから、久しい間神楽はただ骨ぬきの形式だけのものになってしまったため、村によってはもはやその面影すら窺うことが出来ない状態で、出雲では奥飯石の村々、石見では邑智郡・那賀郡の山村でわずかにその古影を伝承しているにすぎない。

大元神の式年の神楽が毎年の秋祭りの神楽に比して数倍の魅力を持つゆえんはどこにあったか。それは、七年に一度、十三年目に一回という、式年の特殊神事であったことによって、久しく待ち佗びる神楽であったこと、殊に年老いた人たちにとっては、一年先あるいは二年先の神楽式の日まで生きていたい、その夜の興奮のシーンを拝むことによってこの世の涯を満足したいという念願があったのである。だから、神楽の終わった朝の安堵感にはまた一種のかなしみが湧いてくることをもよく知っていたのであった。しかしこれは老いた人たちの心境であって、祭りの夜の興奮はなんといっても神がかり、即ちこの地方で云う託《たく》に憑く場面を目のあたりに拝することが出来たからであった。

私は昭和二十四年と二十五年を通じて七社の大元祭りを奉仕し、神がかりの有様を拝する機会を五度持ったので、その状景を記しておきたい。

現在、邑智郡・那賀郡の各地に大元神楽式は残っているけれども、その中心となるべき神がかりの秘事を伝承して来ている処は、私の奉仕社所在の村とそれに隣れる那賀郡木田村（現旭町木田）のわずかの地域だけではないかと思う。とりわけ邑智郡長谷村山ノ内（現旭町山ノ内）は戸数わずかに三〇戸の集落で、この山ノ内に於いてだけは明治以後現在に至るまで七年に一度、一回も怠ることなく大元神楽を執行して来ており、その都度内密に本託（神がかりを行なう神楽のこと）を行なって来たのであった。これは私の祖父がこの山ノ内の越毛と云う家の老人に伝授したものであって、その老人がまた少数の人に口伝しておいたものを今に伝承しているのである。

昭和二十四年十一月三日の晩に八戸で、四日の晩に山ノ内の大元神楽式を執行した。八戸は山ノ内に隣れる集落で、戸数約五〇戸。今までにもその都度内密で本託を行なったのであるが、いつも失敗ばかりして、もう三十有余年一度も成功したことはなかったのである。これは一つには神職であった私の父が本託を行なうことを厳禁していたので、託に憑かないようにその秘法を行なうときに邪魔するものと集落の一同から思われていたらしい。八戸は非常に神信心の厚いところであったが、昭和十八年以来の両三度の大水害と敗戦の結果によって、信仰心はとみに薄らいで来ていたのであった。八戸では、今度の神楽で本託が失敗に終わったら、その責任は私にあると云うのであった。私は八戸の代表者と神楽を執行することについては相談を受けたのであるが、私は何も本託を行なうことについて邪魔はしない、全くの白紙の状態で臨むから、そちらで万事落度のないようにやってほしい。そちらの落度で失敗に終わってもその責任は私にはない。ただ一言云っておきたいことは、潔斎を厳にすることと清浄な神饌神具を用意することである、これだけは堅く守るようにと、注意しておいた。そして又、神が満足されるような方法をとらなければ、いくらあせっても到底託に憑くことはない。八戸の人たち皆が肌を揃えて祭りを行なうことが先決事であると云うことまで付け加えて云わざるを得なかった。

十一月三日は毎年きまったように青い空が澄み切って、これ以上秋の美しい日はないと云う程のよい天気になるのが昔からの通り言葉で、この日も予期にたがわず、一日中どこかで菊の匂いが空気にまじっているような、気持ちの爽やかな日であった。

その夜八時前、氏子一同は大元社に参集して、私が行くのを待っていた。暗がりの中にも皆極度に緊張しているらしい様子が察せられ、今夜はきっと神がかりがあるに違いないと云う予感がしたので、同職の一人に、君はどう思うかと尋ねて見た。「さあね、私も初めてですのでよくわかりませんが、随分皆真剣ですね」と答えた。

大元社の社殿が狭いので、今宵の神楽はここから五、六町先の八幡様の境内までこれから御神幸を願うのである。用意万端整うと、炬火二本だけを残して、すべての灯りが消された。神幸は粛々として、星月夜の小川の道に沿うて、やがて八幡宮の社殿に到着した。社殿にはすでに八戸の人達を始め、隣村からの人達で身動きもできないほどにぎっしりと詰まっていた。普段は白足袋などはかない若者達が真剣な顔をして正座しているのがかえっておかしく見えたりしたが、何事も小声にしか受け答えしていなかった。

十二時過ぎ、所定の神事を済ませて、神職一同は頭屋へ帰り、ひとまず休憩することにした。しかし私だけはすぐ引き返して、群集にまじって、いつ神がかりの状態に入っても、その処置に困らないだけの心構えをしていた。

二時頃であったろうか、六所舞が済んで、注連起しにかかるや、全く突然に舞殿をゆるがすような狂声が起こった。それは予期していたよりも余りの早さで、舞子衆も面喰らった。又、祭場の群衆達は初めて見る神がかりの正体にかたずを呑んだ。瞬間、水をうったような静けさに返った。一同、どう処置してよいものか当惑した。矢つぎ早やに狂声が起こり、舞殿の上を二、三尺も飛びはねる。一人の若者がころげるようにして外に出て行った。(私が頭屋にいるものと思って、呼びに行ったのである。)それでも、咄嗟の間に託綱は元山の柱から端山の柱へと引き渡された。一人の腰抱きでは間に合わず、二、三人して託太夫の腰を抱いているけれども、二、三尺飛び跳ねる都度、腰抱き達も一緒に飛び上っている。顔色は充血して赤黒く、目は全く坐っている。呼吸するたびに全身が波打つ。

かく見るうちに、東西に引き渡した大注連の中央まで託太夫を連れて行った。そして両手を託綱の上にかけさせ、これ以上荒びさせぬように腰抱きがしっかり腰を抱きすくめた（腰抱きの任務は重大である。託太夫が尻餅をつくと神がかりの状態を失い、又、託綱を飛び越えると死ぬと云い伝えられている）。

氏子総代の一人が、半紙一束を切って造った勧請幣を奉持して託綱を挟んで向かい合いに立ち、その幣の先端を託太夫の烏帽子に触れるように奉持しながら、誘導訊問の形で神託が行なわれた。

「恐る恐る大元大明神様におたずね申しあげます。来年の作柄はいかがでございましょうか。」「良い」とただ一言あったのみ。次に、「大元様の御祭日は十一月三日でございますが、これを四月三日に変更したらと、氏子一同相談していますが、御神意はいかがでございましょうか。」その答えは、「四月三日もよいが、十一月三日を決して忘れるなよ。」最後の「忘れるなよ」という言葉には非常に力がこもっていた（後日、この神託によって祭日変更の話は取り止めとなった）。

それから「神主は牛尾楯夫、牛尾三千夫の子孫代々の者に奉仕させ。」この言葉は私には意外であった。それは全然おたずねしなかった事柄であったし、霊媒なるものが、私の父の名は知っていたかも知れないが、今度初めて奉仕する私の名前まで知っているとは想像出来なかったからである。疑うにも疑えない託宣であった。

以上の外にもまだ訊ねることは半紙にしたためていたようであったが、咄嗟に起こった余りのはげしい振舞いに、これ以上神がかりの状態を続けさせることを気にしてか、もうこれで元山に帰ってもらうと、二、三の者が言い出した。そして神殿にいた私の処へ元山に返して下さいと言って来た。私はこうした場面に初めて臨んだので、はたして一度でうまく神返しできるかどうか、やや不安な気持ちを持って舞殿へ降りて行った。神返しの秘法は「打払い」と称して、祖父からも、又、父からも一通り聞いていたので、その通りの作法を行なうと、「あっ」と云う声を発して、託太夫は正気に返った。その瞬間、群集は誰に始まったか知らないが、託太夫の大元様に向かって、威儀を正し、一同拍手拝礼した。それは期待に酬いられたと云う安堵とともに、神々しい一瞬時であった。

未明の御綱祭りが終わって、夜が全く明けてから、託に憑いた男は私の処へ来て礼を述べて帰った。中屋敷と云う家の者で、二七、八歳くらいであろうか。その若者の後から、一人の舞子が山ノ俵*を背負ってついて行くのがしばらく見えていた。

＊山ノ俵　籾三斗俵で、大元神の神座とするもので、東方元山の柱に安置し、御崎幣三六本が挿してある。祭事終了後、神がかりした男の所得となる。

三

八戸から山一つ越すと山ノ内である。山ノ内には天明六丙午年（一七八六）の書き留めに既に大元神楽執行の記事が見えるから、現在まで絶えることなく行なわれた唯一の土地である。前項に述べておいたように、明治初年に神職の託宣行事を禁ぜられた際に、私の祖父はこの山ノ内の越毛と云う家の大屋某にその秘儀を伝授しておいたので、山中の七年に一度のことである故に、隠れて託宣を行なってきたのである。

同地の細野一利氏の記憶によると、今までに神がかりした人は次の通りである。

昭和十二年　朝広屋の藤本清重さんの父
昭和十八年　潜石と云う家で行なったが不成功
昭和二十四年　藤本作市
昭和三十年　藤本和雄、原と云う家にいた人
昭和三十六年　ウツラの孝さん、樋口重義さんの長男
昭和四十二年　私（細野一利）

山ノ内は鑪谷・峠谷・細野谷の三つの谷が寄り合った集落で、約三〇戸からなっている。元来ここの大元社は細野谷一二戸だけの大元社なのであった。鑪谷は勝地の大元社の刀祢内であり、峠谷の家々は八戸の大元社の刀祢下であった。昭

和十八年に神がかりが不成功に終わったのは、舞頭屋が鑪谷で行なわれたし、託太夫を鑪谷や峠谷から選定していたから、細野谷の大元神が喜ばれなかったのであろうと、私に教えてくれた人があった。祖霊大元神がその子孫にあらざる者に神がかりするはずがないと云うことを知り、以後、細野谷以外の者は託太夫になることを遠慮させることとなった。

昭和三十六年十一月四日に行なわれた山ノ内の大元神楽には、本田安次・萩原龍夫両教授に山路興造君らが見学に来られたが、その夜の託太夫三人にはいずれも神がかりがなく、一同楽屋に入って悄然たる態であった。このままで終わらせるとすれば、折角見に来られた先生方にも不本意なことで、私は舞子達が行なった神がかりの方式とは違った方法で指揮しようと思って、神職と舞子を督励して、六所舞による神がかりの方式を採った。舞子達が行なった方式は、藁蛇を延えて、その中に託太夫を入れ、神歌を唱し太鼓の調子を速めて行なうものであったが、私が採った方式は、龍蛇を天蓋の雲竹に結び付け、その下で先頭の花取りが勧請幣を奉持し、その余の者はミサキ幣を手にして、託太夫を中に入れ、神歌を唱して太鼓に合わせて、東方元山を拝し、西方端山を拝して、五方を立て、次第に太鼓を速めて、最初右廻り三回、左廻り二回、次に右廻り三回、左廻り一回、最後に右廻りだけを次第に速めて、遂には目の廻るほどの速さで廻り、ミサキ幣で託太夫を突き、揺り上げる方式であった。かくして託太夫に神が憑いたので、急いで天蓋に結び付けた藁蛇を下ろして、託太夫を綱の中央に誘導し、腰抱きが託太夫の腰を抱き、氏子総代が勧請幣を託太夫の頭上に奉持して神託を受けた。その時、お尋ねしなかったことを申された。それは、常日頃大元社の掃除が悪いことと、拝殿内に炭俵を積んでいるのは誰か、物置小屋の代わりにするとは不届き千万であると咎められたことであった。皆はこれを聞いて、誰だ、誰だと云っていたが、おおよそ誰が置いているのかは察しがつくので、余り非難はしなかったが、翌朝直ちに炭俵は社外へ運び出された。

昭和四十二年十一月四日には三笠宮様が東大の小口偉一教授と共に、旭町木田に続いて、山ノ内の神楽を見に来られた。この時には細野一利氏が神がかりした。一見笑っているような表情で、これが果たして神がかりしているのかと不審に思

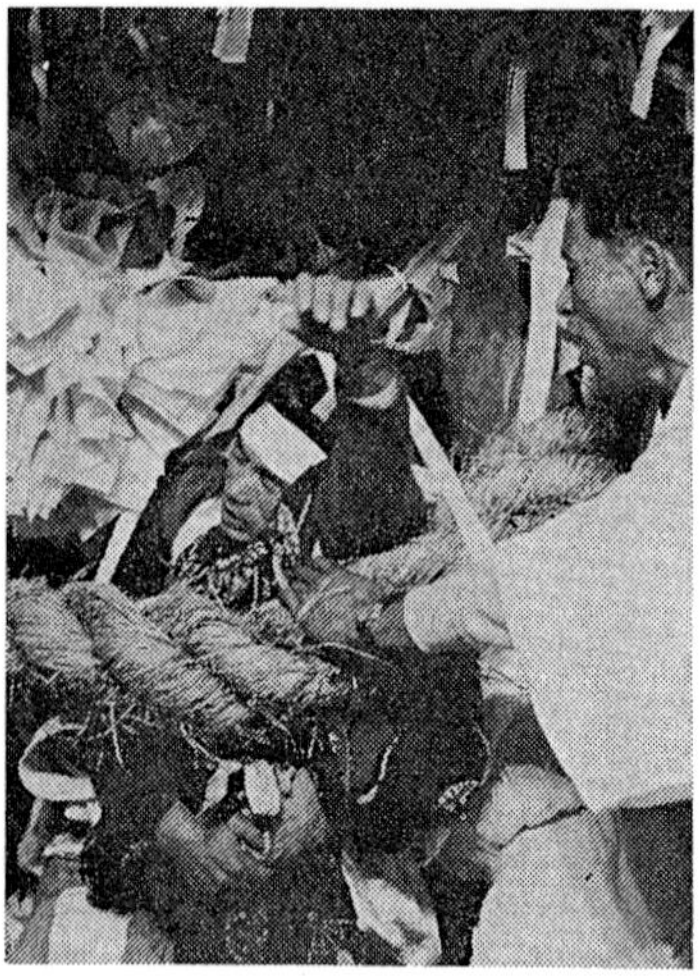

神がかり（昭和42年11月4日，那賀郡旭町山ノ内）萩原秀三郎氏撮影

い見る人もあったが、昔から山ノ内の大元さんは女神で、いつ神がかかったのか注意して見ていないと判らぬと云われる。これに対して、八戸の大元神は男神で、荒く大声を発して荒々しいことは人々の周知のことである。萩原秀三郎氏の写真集『神がかり』（国書刊行会、昭和五十二年）にこの両方の神がかりした写真が収録されているので、比較して見られると一目瞭然とする。

　この夜の託宣には火難があることのお知らせがあった。後日、年数を置かぬ間に託太夫を務めた細野一利氏の家が全焼した。しかしその後新築せられて、現在家業は繁栄している。

四

　昭和二十五年十一月十九日に清見（現在江津市に編入）で大元神楽があった。この時には予期しない時に予期しない人に神がかりがあって、私達は当屋の嘉戸氏宅へ帰って休憩していたが、矢継ぎ早に使いの者が来て、早く来て下さらないと憑いた人が死ぬると云います、と云うのであった。手を洗い口を漱いで急いで行って見ると、神がかりしたのは天野賢信と云う常にはもの数の少ない正直な人であった。しきりに大声で叫んでいることをよくよく聞くと、元来清見地区には三社の大元神があるのに、一社だけの祭りしかしないのはけしからんと云うのであった。この地の大元社は大正の初年に隣の井沢の村社へ合祀されたものであったが、戦後に清見の旧社地に社殿を新造して復旧されたものである。従って、復旧された大元社は一柱とばかり思っており、三処に祀られているようなことは私はつゆ知らなかったのである。以後は必ず三社のお祭りを怠らず申し上げますとお誓いして、今夜の処は大元神はこれ以上荒ぶることはなく、元山へお帰りして頂いた。後日になって古文書を調べたところ、大元社は託宣通り、小原田・鍛治屋・瀧尻の三処に祀られていたことが判り、寛文元年丑（一六六一）六月の記録によると、浜田藩から年々の祭祀料として米四斗ずつ、三処合わせて一石二斗が支給されていたことが分明した。

又、昭和二十四年十一月十九日夜の江尾の大元社の式年神楽でも、託太夫以外の者に神がかりがあって、市山八幡宮へ合祀されている我（江尾の大元神）を再びこの地に復旧鎮座せよとの託宣があった。これによって、翌春に新しい社地に社殿を建てて鎮祭した。

昭和四十二年十一月二日夜、旭町木田で大元神楽が執行され、三笠宮様が見学にお越しになったので、佐々田実氏の要請で、私も殿下の御話の御相手をするために参上したが、その翌夜は八戸の大元神楽式であったから、夜が明けるのを待って帰宅した。

この十一月三日夜の八戸の大元神楽には、東京からは山路興造・萩原秀三郎・吉川周平・苅谷親紀好、名古屋から田中義廣の各氏が参観に来られた。

この時もあらかじめ選出されていた三人の託太夫のいずれにも神が憑かなかった。ところが、八戸の氏子総代としてなにくれと指揮していた湯浅政一氏が、まだ綱貫の行事にも移らぬ、天蓋曳きの最中に、楽屋の中で大声を発して神がかりしたのであった。その時楽屋に居合わせた数人が託に憑いた湯浅総代の腰を抱いて、楽屋から飛び出さぬように必死に抱き止めるが、又しても二、三尺一緒に跳び上がる。託憑いた表情は、目の玉は座って動かず、赤黒くなった顔は鬼のように恐ろしい形相であった。一方、舞殿では予定していた次の能舞は取りやめて、五龍王に取り掛かり、五龍王も一応舞ったことにして、急いで託綱を東西の柱に張り渡して、託太夫を綱の中央まで誘導出来るように準備した。託綱は白木綿を天蓋の雲竹の中央から結んで東西に曳き、その白木綿を託綱に通して元山から端山まで曳き渡し、一方は龍頭に結び、一

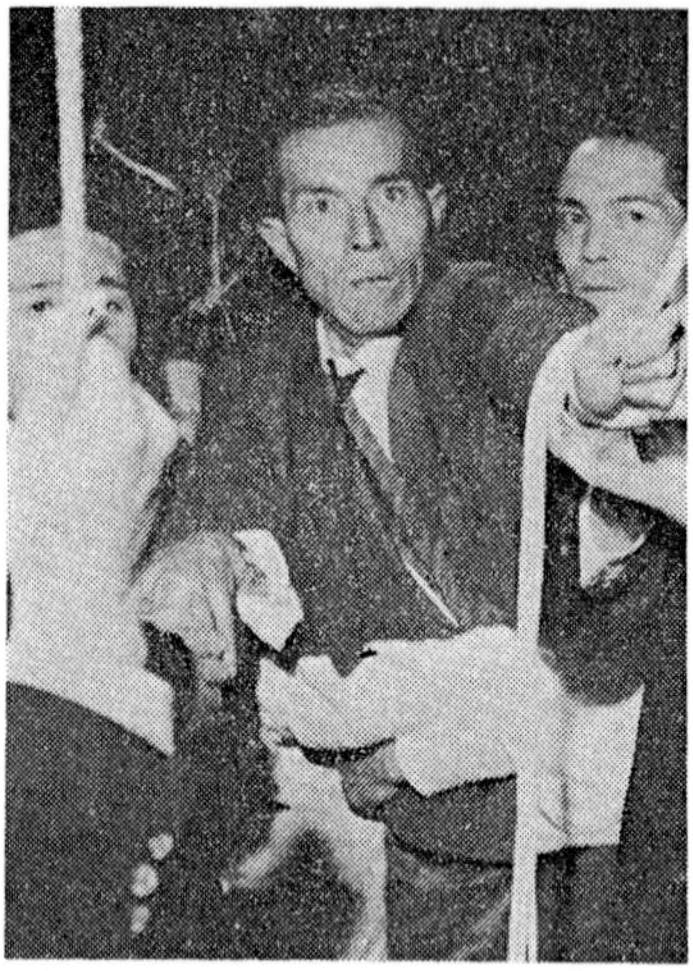

神がかり（昭和42年11月３日，八戸）①
萩原秀三郎氏撮影

神がかり（昭和42年11月３日，八戸）②
萩原秀三郎氏撮影

方は龍尾に結ぶ仕掛けとするのである。

大元神が憑いた湯浅総代は洋服を着ていたので、急いで白衣袴烏帽子に着替えさせねばならなかった。

私は斎服を着用する暇はないので、浄衣のままで神明帳を読み上げた。神明帳の地主神を招神する間も絶えず絶叫し、荒び跳びはねるので、腰抱きは汗だくだくである。私もこれまで託太夫の神憑きの顔を何回も見たことがあるが、この時の託太夫ほど恐ろしい形相を見たことはなかった。

その夜の託宣は次のように下された。

七年の祭りは我が氏子によって心ゆくまで祭りをしようものぞ。我が威徳の続く限り守ろうものぞ。

この時の参観の方達は、八戸には旅館がないので、数軒の農家に分宿してもらったが、後に吉川周平氏夫人になられた苅屋親紀好さんは氏子総代の湯浅政一氏方へ泊めてもらっていたのであるが、湯浅氏に神がかりした鬼のような容相を見て、恐ろしくて到底朝になっても置いた荷物などは取りに行くことが出来ない、私達神職の処で朝食を食べさせてほしいと云われるのであった。他日、東京で逢った時、自分はあの時から一ヶ月ばかりはあの夜の神憑きの顔が眼前にちらついて、落ち着くことが出来なかったと云われた。この話によっても、当夜の託太夫の恐ろしい容相を知ることが出来るであろう。当夜の神がかりの写真は、さきに触れた萩原秀三郎氏の写真集『神がかり』にも掲載されている（これらの写真は本書にも収載させて頂いた）。

私が私の奉仕社以外の処で神がかりを拝したのは、先にも述べた昭和四十二年十一月二日夜の旭町木田で行なわれた大元神楽に於いてであった。同地の佐々田実氏のお誘いで参上し、三笠宮様にお話し申し上げたが、木田では二宮正則神主ただ一人の奉仕で、舞子達が協力して祭事の手伝いをするのであった。

ここの神がかりした人は若者ではなかった。やや遠くで、顔などはよく判らなかったが、相当の暴れようで、棚の神饌物などが落ちるような騒ぎであった。託太夫が氏子に予知することを「剣の先で知らせる」と云うようなことが聞こえた。昔は神がかりするのに剣をかざして舞う方法があったのである。

備後三原地方の妙見神楽でも、妙見三神御託宣のときの神歌に、

〽人は皆剣の先の久米にこそ　千歳の命も永く久しく

と云う歌が見える。

次の話は木田の古老からの聞き書きである。

先年、この木田で行なわれた神楽で白角の西田某に神がかりがあったが、その時は八幡宮の社殿で行なわれたので、大元神ではなくて八幡神が憑かれたことがあった。

ある年の神楽では籤外の渡辺某に神がかりがあり、平素は酒も飲まぬおとなしい人であったが、御殿の方から飛び出し、口が裂け眉が逆立って、その鬼のような容相は、これを正視する者がなかったと云うことである。

旭町白角の神楽では、見物に来た人に神が憑いたが、その人は、家に寝かせてある子供を連れに帰って来る、と傍らの人に告げて外に出たが、すぐに子供を背負って来たので皆びっくりしたと云う。どんなに全速力で走って帰っても、往復

と云う。
に三十分はかかるのに、十分足らずで子供を連れて来た。その子供を背中から下ろした瞬間に大声を発して神がかりした

次の資料は、那賀郡旭町の旭中学校一年二組の久保均君が、昭和五十六年十一月二十三日に行なわれた文化祭に「国指定重要民俗文化財大元神楽」と云う題で発表した作文の一部を抄出したものである。

昭和五十三年、重富で行なわれた託舞では、託選で託太夫になった人が帰宅したら、すぐ託がつきました。そしてすぐその人を柱にくくりつけて、酒を飲ませ、式年祭まで眠らせておきました。そして神事を予定より早く始め、綱貫の舞をしないで、すぐ託宣をしました。これは重富の大元神は託太夫に早くつくといわれているからです。

次に木田では、小学生ぐらいの子が、稲をかける「はで」の上で託舞のときに歌う「みさき山」の歌を歌ったら託がつき、大さわぎになったという話を聞いたことがあります。

以上、神がかりと託宣について、私が奉仕した場合とその他二、三の聞き書きをも併記したが、神がかりはかねて選出しておいた託太夫をしてなさしめるものと、その場に居合わせた者に突然に憑く場合との二通りのものがある。これまでの実例からして、神の召す人は神の悦ぶ正直な人でなければ神がかりすることはあり得ない。

なお、託太夫の選出の方法や綱貫・御綱祭に於ける神がからせる方法を記録した、那賀郡旭町山ノ内の故藤本房一の手控えを本書第一部第一章の「大元神楽に於ける託宣の古儀」に掲載しておいたので、併せて参照して頂きたい。

第四章　私の村の大元神楽

私の村━島根県邑智郡市山村（現桜江町）で、今から六十三年前の大正十一年十一月二十五日夜に行なわれた、大元神楽式年祭がどのようにして執行されたか、その執行記録の一部を記す。

先ず、十一月三日、氏子総代会を社務所で開催する。出席者は市山村長山崎九市以下、市山地区六名、江尾地区三名、後山地区三名の計一三名が出席し、協定事項は次の通りであった。

執行日は十一月二十五日夜と決定、神楽費は一〇〇円以上とし、市山地区七〇円、江尾地区二〇円、後山地区一三円とする。神楽費寄附世話役は石津助治以下六名とし、十一月六日夜、世話人会を開催し、市山地区は第一組から六組まで三名ずつを選び計一八人、江尾・後山両区は氏子総代兼務として各々三名ずつ、合計二四人が集合して、寄附締め切り期日は十一月二十日限りとする。この外、桟敷は二十五日村内総出夫して行ない、当日各自斎燈木を持参すること。神楽舞は神職のみで行なうこと。託綱は市山・江尾・小一山より一本ずつ調製し、山ノ俵は市山・江尾より一俵ずつ出すこと。天蓋綱は一三本、舞衣裳は市山・江尾の神楽団のものを使用すること、などが当夜取り定められた。

十一月八日、加勤神職依頼の通知を左の神職に出す。

森脇直（祖式村）・森山直枝（邇摩郡福光村）・静間千秋（日貫村）・河野忠夫（那賀郡跡市村）・湯浅好文（三谷村）・山口武一郎（三原村）・中村清一郎（谷住郷村）・舟津五郎（谷住郷村）・早弓景巳（谷住郷村）・斎木熊人（市木村）・本山佐織（谷住郷村）・寺本周市（日和村）・菅原芳（三原村）の計一三名

二十五日朝から村内総出夫にて桟敷掛けが行なわれた。藩政期の神楽では七ヶ村の氏子が集まったので、その桟敷割りも古来一定の定めがあったが、明治以後は井沢・清見・長谷・八戸の四ヶ村は自村の大元社で神楽を行なうようになって不参加となった。現在は市山・江尾・後山の三地区だけで行なわれるので、江尾・後山両区は往昔通りの桟敷割りが踏襲せられ、市山地区六区だけで籤引きで各々桟敷を決めることになっている。

桟敷が架けられると、殿内では神殿の飾り付けが行なわれる。これは手馴れた神職三名と使用人三、四人の者が手助けして行なわれる。天蓋飾りをする者以外にまた神饌調度を行なう者も三名ぐらいを必要とする。

神饌調度で一番苦労するのは鳥と海魚である。鳥は野鳥と水鳥両用を必要とするから、八方の猟師に依頼して当日までに入手しなければならないが、この時は遂に水鳥は入手出来ず、一羽の山鳥と二羽の雉子しか求められなかった。海魚は那賀郡黒松海岸から平常行商に来る西吉豊太に頼んで、大鯛三尾・大鰤二尾・鱵・アワビ・サザエ等が届けられている。この時の神饌台数は三八台であった。氏子の家々からは、鏡餅・米・果物・野菜などが供えられ、この内鏡餅を供えた家は七七軒あった。町内の旦那衆は神酒・米・餅・蠟燭などを供膳するのが昔からの慣わしである。

当時、私は浜田中学校一年に在学中であったので、その日の午後の授業の済むのを待って、八里の山道を歩いて帰ったのであるが、私の家は山の上にあるのでまだ電燈がなかった。それが今度の神楽を好機に電線が引かれて、神社と拙家に電燈が点ったのである。この晩夜遅く家に帰って家の中の余りに明るいのに驚いたことを今思い出すのである。

当時は、まだ神楽は昔のままの晴れの儀式であったから、夕食は、本膳・二の膳を出して加勤神職を款待するのが往古からの慣わしであった。一同着座して配膳が終わると、注連主の挨拶があり、謝儀・煙草・足袋・手帛・半紙がそれぞれ渡されて、当夜の役指帳が読み上げられる。役指帳が読み上げられると当夜の役割にかれこれ云うことはもう出来ない定めである。

七年に一度の式年神楽時には、各家々でも障子を張り替え、畳替えなどして、親類縁者を招待し、夜食を携えて神楽場に早くから来て、神楽の開始を待つのであった。特に子供達は明るい内から境内に来て走り廻っていた。このようにして期待の神楽は行なわれるのであった。

陽のすっかり暗くならぬ間に、小一山・江尾両地区の大元神迎えが行なわれる。若手の神職と奏楽人が手分けして迎えに行く。笛太鼓で囃して迎えて来るのである。この行列の後に大勢の子供が付いて来るのである。

当夜の役指帳を見ると、次の如くである。

先四方堅・幸神祭・山勧請・神殿入・祓式・太鼓口・神降・岩戸・献膳・奉幣・祝詞・拝礼・撤饌・脱服休憩

先剣舞・弓八幡・神武・羯鼓・天女刹面・轆輪・御座・神功皇后・鍾馗・夜食・天蓋・鈴合・蛭子・八咫・天神・貴船・前山祝詞師・武御名方・黒塚・綱貫・両太刀・五龍王・六所舞・御綱祭・祝詞・拝礼・神送・退下（この役指帳は第五章の「大元神楽関係資料」にある）

この大正十一年に行なわれた大元神楽式は、神職神楽としての最後の神楽であったので、郡内外の舞手を集めて行なわれた。各々永年自分の得意とする舞を舞ってきた人達が集ったのである。私の祖父牛尾菅麿と永年手をつないできた三谷村の湯浅速雄、三原村の湯浅重愛老達は、老齢のため参加出来なかったが、谷住郷村の本山佐織は岩戸の鈿女だけしか舞われない人であった。恰幅のよい人であったので姫には不向きのように思われたが、そうではなく、舞われる手振りは艶やかで美しかった。私の祖父牛尾菅麿はこの年七十二歳であったが、太鼓口・岩戸の児屋根命・剣舞・刹面の王子・鈴合・蛭子・貴船の鬼女・山の大王の八番の番組に出演している。これらの曲目は神楽舞の中で最も難しい演技のものばかりで、お前舞え、と命ぜられたら、誰しも一度は尻ごみするものである。「太鼓口」のことでは、幼い私によく話していた。自分と、当夜は不参であったが三谷村の湯浅速雄とは、連れ立って他郡の神楽へただ「太鼓口」一番だけ所望されて行ったことが何回かあった。「太鼓口」は神楽式の神降しの始楽であるから、序・破・急の三段階に仕組まれている。一種の恍惚の状態にあるような気持ちになって撥捌きをしなければ観衆を魅了することは出来ない。そのためには永年の習

貴船の鬼女の面（邑智郡桜江町市山牛尾家伝来のもの）

練がなければ一朝一夕に出来るものでない。日露戦争後、那賀郡木田村の神楽に湯浅速雄と二人で行った時、先方の小囃子と調子が合わないので、中止して夜道を帰っていると、木田の佐々田の大旦那が引き止めに来られたので、旦那の顔を立てて引き返して、小囃子なしで大胴だけで二人でやったことがある。その時、中の調子が終わる頃から祭場は水を打ったような静けさとなり、第三段の後の手のサンヨ調子に入って、

〽丹波すだれを巻いつ下いつ待つ夜にや来いで　待たぬ夜に来るハリヤドウドウ

の歌を歌いながら、一人が立って撥を振り、袖を翻して舞う段に入ると、一変して今度は拍手の音が鳴りやまなくなった。最終に二人連れ立って入合いで舞い納めた時は、自分達も酔ったような気持ちになった。このことがあって以後、何回か木田の神楽へ行ったが、ここは山深い村であったので、その当時も内密で神がかり託宣を行なっていた。

当夜注連主を奉仕した私の父牛尾楯夫は五十三歳であった。父は舞は舞えなかったが、太鼓の名手と云われ、自他共に許す仲であった。

当夜祖父が舞った「貴船」の下京の女の鬼女は、見ている者に鬼気迫る身の毛のよだつ程のものを感ぜさすためには、この「貴船」の一曲だけにある、「貴船の嘆き」と云う調子を打たなければならない。祖父は「貴船」を舞うには楯夫の太鼓でなければ、他の者の太鼓では舞えないと云っていた。

〽からすみの燃え立つほどに思へども　煙りたたねばしるしとぞなし

〽くものいに荒れたる駒はつなぐとも　二道かくる殿はたのまじ

〽足駄はき枝なき木には登るとも　二道かくる殿はたのまじ

〽川の瀬に金輪を据ゑて火をともし　二道かくる殿はたのまじ

右四首の歌を歌う間の囃子が、「貴船の嘆き」の囃子である。鬼女の呪いの所作と太鼓の嘆きの囃子とが渾然一体とならなければ、人々を感動さすことは出来ない。人々の前に感動さす舞い振りを一度でも示したなら、その人の演技は後の世長く語り伝えられるのである。

当夜は又、神の演技と鬼の演技に郡内にその人ありと云われた、神の演技は市木村の斎木熊人、鬼の演技は祖式村の森脇直と三谷村の湯浅好文である。

私の兄牛尾範夫は当年十九歳で、太鼓口・剣舞・神功皇后・鈴合の四番へ出ている。祖父と父と兄と、親子三代奉仕しているわけである。父は太鼓のみで舞は舞わないので、この兄に牛尾家の神楽を伝承させようと力を入れていたのである。

今一人、十七歳の静間知照は隣村日貫村の静間千秋の次男で、静間家も長兄一夫はもうこの年には亡くなって居なかったのである。知照はこの夜父に連れられて来て「神降し」を舞っているが、この大正十一年に行なわれた神楽の奉仕者の中で現在唯一人の生存者である。

大元神楽式では、上手下手は別問題として、全曲目何でも舞える人が四、五人は居らなければならぬことが昔からの定めである。三原村の山口武一郎、三谷村の湯浅采女、住郷村の中村清一郎・舟津五郎・早弓景巳、日和村の寺本周市等がこれに該当する人達であった。

神楽式は午後八時開始、先ず四方堅・荒神祭に次いで、注連主の大役山勧請が行なわれる。東西の柱に括り付けられた山ノ俵、東方の元山に大元神を、西方の端山に村内の神々を招神する儀式で、注連主は衣冠束帯威儀を正して、一束幣を奉持して行なう。この祭式によって、祭場を静め、人々を感動さすだけの迫力がなければならない。同じことを何回も繰り返して行なうため、起居進退、幣の捌きが難しい。山勧請が終わると神殿入りとなる。神殿入りは当夜の加勤神職全員が席次に従って一人々々出でて、東西の山ノ俵を拝して後、注連主と向き合って迎え幣をする儀式であるが、一種の顔見世であり、大勢の参観者から品定めされることにもなるのである。

神殿入りが済むと太鼓口で、私の祖父と兄が大胴を打ち、三谷の湯浅好文と日和の寺本周市が小囃子に廻ってなされた。次の神降しは十七歳の静間知照の一人舞である。この頃から神降しを舞ったのだから、神降しの舞の名手と称されるのも宜なるかなと云うことになるのである。

次の岩戸開きは俗に五役と称され、神楽舞の中で最も重要視せられるものである。山口県地方では岩戸開きは最終の曲目となっているが、大元神楽式では前半の神事の中に編曲されている。日の神・児屋根・太玉・鈿女・手力男と、それぞれその舞い振りに特徴があるので、舞う人の体つきから、発声の仕方、太鼓の囃子の変化に至るまで、細心の心配りを必要とするものである。岩戸の五役に奉仕すると云うことは、神楽人の最高の栄誉でもあるのである。当夜の配役は、日の神が斎木熊人、児屋根が牛尾萱麿、太玉が舟津五郎、鈿女命が本山佐織、そして勇壮無類の手力男を湯浅好文が奉仕した。これだけの役者を揃えて岩戸開きが舞われたことは、恐らくこの大正十一年の神職神楽が最後であったろう。岩戸の次に、献膳が行なわれた。当夜の神饌台数は三八台調製されたが、大勢の神職によって繰り出される神饌の中の大鯛・大鰤を見て驚き、山鳥・雉子の長い尾羽根を見て歓声を上げるのである。

献膳に引き続いて、奉幣行事・祝詞奏上・玉串拝礼・撤饌して前半の儀式を終わり、脱服休憩となる。

前半の儀式が済むと、次には先ず剣舞が行なわれる。剣舞と鈴合せの二番は儀式舞の花だと云われる。剣舞は採物に剣を持たないのに、どうして剣舞の名称があるかは不明であるが、古くは採物は笠だったので笠舞と称していたことを祖父は私に語ったことがある。

剣舞も三段階に構成された四人舞である。

一、初段は幣による四方堅。

二、歌による、扇と鈴の手で、掛歌に合わせてそれぞれの手を出して舞う、この舞の中心部分である。

三、扇と鈴の連舞で、二人歌によって組み合わせを変え、扇をかざしながらいとも優雅に舞い上げるのが、この舞の生命である。

一七首の和歌を唱詠するのであるが、その和歌はいずれも中世の匂いのするものである。初段の掛歌三首は雨を詠じたもので、これによって採物の一つが笠であったことが知れる。

〽津の国や和田の岬にしぐれ来て　笠持ちながらぬるゝ袖かな

〽大空の雲のけしきはよけれども　あま夜の星は月かさをめす

〽もしふらばおやとたのみの三笠山　あめもらさじのかしはでのもり

この剣舞の優雅さを他地方のものと比較するなら、それは備後東城町地方の荒神神楽の七座の「神迎へ」の舞である。この方は衣冠束帯の四人連舞であるが、次々変わりゆく太鼓の調子と舞の手の美しさは、例えようもない艶麗なものである。大元神楽と荒神神楽のこれらの舞の手は、いずれも中世来の面影を今に伝来しているものであろうか。

剣舞が終わると、子供達が待ちに待った能舞の鬼の出る舞が始まる。弓八幡・神武・塵輪・鍾馗などである。これらの修羅ものの間に羯鼓・天女刹面が舞われている。

羯鼓は滑稽な所作で舞わなければならぬので、難しい舞の一つである。前半の採物は幣と扇で、被っている面は潮吹きの口のやや横向きに作られたもので、従って言立の声もくぐもる場合を必要とする。小刻みにやや早足に前後し、幣返しも尋常にはしない。すべておどけた所作を必要とする。笑いと云うものが神楽の中に仕組まれていることを知らされる舞の一つである。後段の小太鼓一つを採物として舞う段になると、一層笑いを誘う所作をする。太鼓を高く据え低く据えて舞う場合の、眼頭に手をこまねいて太鼓に見入る所作などは素人に出来ない伝承の技術である。よく街頭で子供達が羯鼓の真似をして遊んでいるのを見ることがあるが、それだけこの舞のおかしさが幼い童児達をも魅了しているのであろう。以上の羯鼓は三谷村の湯浅釆女によって舞われたが、これに引き続く天女刹面は、天女が日和の寺本周市、刹面は私の祖父菅麿が舞った。

先ず天女。着面して採物は扇と鈴で一さし舞う。衣裳は下は緋袴、上は金襴、刹面ノ王子は大口に金襴の衣裳。昔は金襴の衣裳は、太鼓口と岩戸の児屋根と太玉、そしてこの天女刹面以外には着なかったものである。高価な品であったので着せなかったのである。天女刹面が連舞になると太鼓の囃子は変わり、優雅な曲となる。笛の音の引き立つ時である。

次に天女と刹面の相互の言立となる。

刹面　それ神といつぱ　天地未分の初より虚空円満におわします　是は則一元の神　五行別像のそのことわりはいかに

天女　木火土金水　青黄赤白黒の色をへて　五体の神と現はれたり

刹面　さあてはやしには

天女　雲の声

刹面　かつこたいこは

天女　しようこのおと

刹面　みなかみかぜのみなもとは

天女　しきなみよするいせのみや

刹面　さあらば和歌をあけたまへ　千早振神楽のけしき面白や

幕内より　おもひいてたるはつせ川　なみの太鼓を打んとて　さておとひめの舞の袖

剎面　かさすやなみの太皷のひようしを揃てとう〳〵と　ふむ足音に鳴雷をふみとゝろかし　あめもはら〳〵晴やらん

最後の処の「太皷のひようしを揃てとう〳〵と」の処では神姫二人向き合って反閇の所作をする。この反閇の所作のあるのは大元神楽式ではこの天女剎面だけである。

修羅物の代表的のものは㠙輪と鍾馗である。寝ていた子供達が起こされる時間である。㠙輪は鬼が大中小と三匹出る。鍾馗は一匹である。しかし今晩の㠙輪の鬼は二匹であった。大鬼が湯浅好文、小鬼が湯浅采女で、神は寺本周市と石田庄市郎である。小鬼は先に出て舞うが、大鬼は外から栈敷の中を通って舞殿に入って来るのが習わしである。栈敷の中をあちこち渡り歩くので、持って来た夜食の重箱を踏まれまいと騒々しくなる。そして誰かの手によって竹筒に詰められた煙硝に火が付けられて、シュウシュウと音を出し、やがて舞殿は煙に包まれる。その中に鬼が入って、四、五分間はその煙と匂いで呼吸を止めていなければならない。ここで四人が立ち廻りした後に相方の言立が行なわれる。鬼の言立の「オーワレハ、コレ」と云う大きなくぐもった声が面下から出されると、その声を聞くと人々は神楽の醍醐味を感ずるのである。言立が終わると大鬼は雲竹の中に隠れ、小鬼が退治されるまでは下りて来ないのである。鬼舞の所作は鷹揚に立ち廻らなければならぬし、始終腰を折った姿でいなければならない。それに大きな面を被っているので呼吸も苦しいから、非常な体力がなければ舞えないのである。㠙輪の大鬼を舞った人には必ず何人何十人かの人々から花が打たれる。当分の煙草代には困らないだけの花が出る。これは鍾馗の鬼でも同じことである。

次の鍾馗は鬼舞として前出の㠙輪と双璧をなすものである。㠙輪の大鬼は大まかに舞うが鍾馗の方の鬼は黒色面で、㠙輪の鬼の赤い面は上下に長くして口を大きく開いている。舞殿を廻るにしても小刻みに、どちらかと云うと始終俯き加減に舞うから鬼気相迫ると云う感じである。言立の声の出しようも、長く引っ張って発声するから、息絶えだえに聞こえる処がある。当夜の鬼は祖式村の森脇直であり、鍾馗大臣は市木村の斎木熊人であった。この二人の名演技を見せるために、森脇直は一〇里の道を歩いて来たのであった。

鍾馗が済むと、次は夜食となる。神職奏楽人は社務所に引き上げ、参観者は各々持参の重箱を開いて酒盛りをする。境内に一斗鍋に湯をたぎらせてその中へ一升徳利、二升徳利をつけて酒の燗をする。社務所での夜食料理は、盛込・吸物・酢物・寿司などである。

次の「天蓋曳き」は、操者は中村清一郎一人で一三本の綱を操作したのである。昔も一人で天蓋を曳いた記録が皆無ではないが、多くの場合二人である。それが現在では九本の綱を三人で曳いているのである。中村清一郎などは全くの神技と云うべきであろう。昔はこの時「中の舞」と云うのがあり、小男が太刀をかざして天蓋の下で舞う間に神がかりしたこともあったと云われるが、現在では警察の監視が厳しいので神がかりは禁ぜられている。

山の大王（邑智郡桜江町小田）
桜江町教育委員会提供

次の「鈴合」は他地方では、「剣舞」とか「四剣」とか称するが、大元神楽式では「鈴合」と云っている。凡そ一時間も要する儀式舞の花形である。花取りさえ名人がいればこれを見て舞えるものであるが、各自の剣の切先を右側の人が握って廻りながら東と南、西と北と二人ずつとなり、剣を飛び越え、又剣の下を潜りなどして舞う様は、修験の徒らの参与があったのではないかと思わしめるものである。

この「鈴合」は祖父菅麿と兄範夫、三谷村の湯浅好文と日和村の寺本周市の四人が奉仕しているが、次の蛭子でも亦祖父が大神を舞い、市木村の斎木熊人が神主に扮している。そしてその次の八咫、次の天神の二番の後の「貴船」と「貴船」の後の「前山・祝詞師」の前山、俗に山の大王の二番に亦祖父は出演しているのである。このことはただ神楽が好きだと云うことだけで舞えるものではあるまい。前後六番のうち四番出演することは当年七十二歳の老叟のよくすることではなかったと思われる。それが敢えて率先して問題の多い演目に出て舞ったことは、神職神楽としての有終の美を飾らんとしたことにあったのだと思われる。

前山・祝詞師は俗に「山の大王」と称している舞で、山の神の大王に神饌を奉る舞であるが、山の神の発する山言葉が給仕役の祝詞師に解せられぬため、それを理解するため色々苦労する場面を演じて、見る者に笑いが止まらないのである。このような土臭い笑いの神楽が佐陀神能などには見られないのである。この舞の言立は第六章の「西石見山村の神楽」の山の大王の項によられたい。

次の神話劇「武御名方」は今ではもう舞われなくなった舞の一つであるが、この時、武御名方には湯浅好文が扮し、武甕槌命には寺本周市が扮している。武御名方の勇壮無比の舞振りに武甕槌命のこれを受けて流す妙技は、殊に千引岩を投げ合う時の真剣な演技は参観者に深い感銘を与えるものである。

次の黒塚は熊野の法印と強力二人、那須野ヶ原を一見せんと旅立ち、那須野ヶ原なる一柴の戸を訪ねて一夜の宿を乞わんとして、柴の戸の内外での問答から始まる。柴の戸に住まえる悪狐、美女と化して法印・強力と舞い、やがて本性と化して金毛九尾の狐となって再度出で来って法印・強力を食い殺す。

次の段となり、後白河天皇の勅命を受けて、三浦輔・上総介の両将、悪狐―玉藻前を退治するために来り、弓矢の名人たる両将に討ち殺される。その魂魄化して那須野ヶ原の殺生石となった物語を、凡そ一時間前後をかけての立ち廻りで、美女が法印・強力を追い廻す場面など、子供達の喜ぶ場面である。

黒塚が終われば夜もほの白明けの頃となる。副斎主以下によって「綱貫」が行なわれる。今までとぐろに巻いてあった託綱の縄を解き、副斎主が龍首の下を小脇に抱えて、以下全員左右、左右とそれぞれ小脇に抱えて祭場に出て来る。

先ず太鼓方が、

〽夜明けをば鶴の羽干しにさも似たり　夜はもと白になるぞうれしや

右の神楽歌を歌えば、祭員これに和して歌う。この神楽歌ほど大元神楽を我々の身近に感ぜさせるものはないのである。

元山、端山を拝して五方を立て、神歌五、六首唱和して、

〽静かまれしづかまれよと池の水　浪なき池におしどりぞすむ

と太鼓方が歌うと、託綱の頭を元山に、尾を端山にして真一文字に晒木綿にて天蓋の雲竹に結んで終わる。

五龍王は神がかり託宣の行なわれる神楽では必ず舞わねばならぬことになっていたので、その役に得意不得意はあるにしても、誰でも舞ったのである。しかし立板に水を流すように淀みなくその言立の出来ないものは舞う資格はなかった。当夜は翁―中村清一郎、青―舟津五郎、赤―寺本周市、白―湯浅采女、黒―森脇直、黄―石田庄一郎、使―湯浅好文の七人が奉仕した。これらのうち、青・黄・翁・使の四役が最も重要なる役柄である。舞よりも言立が主であるから全章暗誦していなければならない。途中云い淀んだりして一呼吸入ると盛り上がったものは忽ち崩れてしまうから、この五龍王だけは言立が生命であることを知っていなければならない。それだけ託宣の神楽式では最も重要な一種目であった。

六所舞は雲竹に吊り上げられた託綱の下を、副斎主一束幣を奉持して先行し、その後に斎主が続き、以下祭員は各々ミサキ幣を手にして、神歌を唱しながら五方六方を拝する。託太夫の居る時はこの中に入れて廻るのであるが、当夜は神がかり託宣は行なわれないので、六所舞が終わると雲竹の託綱を目通りの高さまで下ろして、御綱祭りに移る。

一祭員、〽しづかなれ、の歌に続いて、

〽まゐりては神の社にくまをまく　蒔く米ごとに悪魔退く

と歌いながら四方八方に向かって打米をする。終わると注連主、神明帳を披いて、

〽先づ以つて、招ぎ奉り坐せ奉る、この里の、大元大明神の、幸魂奇魂、今夜ぞ斎く

と唱えると、他の祭員一斉に、

〽今年の　今月《このつき》　今日《このひ》の　今時《このとき》、神楽の、斎庭《ゆには》で、神遊びしよう

と託縄を揺りながら唱和する。更に注連主は、

〽石津秀徳が、斎《いつ》き祭る、地主神の幸魂奇魂、今夜ぞ斎く

と唱えると、又祭員一斉に託縄を揺りながら、〽今年の今月、の唱言を繰り返す。かくして村内の大小神祇悉く招神終われば、注連主、洗米を取りて空に投げ上げ、落ち来るを手のひらに受けて神占を行なう。続いて副斎主、前祝詞を奏上すれば、託縄を再び雲竹に結び、注連主以下元山の前に着座して大祓連読して、六根清浄祓の後、注連主、天下泰平万民安泰五穀豊穣牛馬安全千秋万歳万々歳と祝言を大唱して、成就神楽で舞い納める。

かくして一夜の神楽を終わるのであるが、参観の老媼などの中には、この先七年目の神楽時には、もう生きてはいないのではあるまいか、と思う人達もあるであろう。そう思うて見る時、帰り行く後ろ姿は淋しいものであった。

続いて大元神送りがあって、社務所で祝宴の直会の行なわれるのは午の十二時前後である。直会の会席は神饌に供した、鯛の吸物・鰤の刺身・鳥の吸物などを始めとして豪勢な料理がなされ、数時間の酒盛りが行なわれたのであった。

神主社家の所得と云うものは限られたものであった。多少の田畑を所有している以外には、年中の祭事からの賽物に頼るわけであるが、それは微々たるものであった。七年に一度の大元神楽はこの間の社家の借財を多少なりとも助ける意味もあったのである。私の家では本務の市山以外に大元社のあった処は、藩政期には長谷村・井沢村・清見村・八戸村・江尾村・後山村の七ヶ村に鎮祭せられていた。明治以後になって山中村・川戸村小田を奉仕するようになって、七年に一度の大元神楽のあった処は九ヶ処であった。この九ヶ処に各々七年毎に神楽が行なわれたことによる収入は、年中祭事の収入に匹敵するものであった。大元神楽執行による注連主の所得は、山ノ俵（籾三斗）一俵―神がかりの行なわれぬ時は二

俵・白布二反・紅白絹各々三尺・莫蓙一枚・天蓋綱一三本・神饌撤下品等で、大正十一年時の氏子からの神楽費寄附額は、予定の一〇〇円以上を遥かに超えて一四〇円二八銭が集められた。この内から必要計費を差し引いた残金四〇円を注連主への謝礼金として世話人から納められている。大正十一年当時の四〇円と云えば相当の金であった。当時は五円借りるにも保証人を必要とした時代である。このような臨時の収入が社家の経済を助けたことは、又神楽を後の世に伝承さす一つの力でもあったのである。

別　記

これは大元神楽とは無関係のものであるが、西角井先生の『神楽研究』の巻末に資料として「伊勢神宮の神事舞」の見出しで引用していられる、建久三年（一一九二）「皇太神宮年中行事」の中の「六月十五日御占神態御歌」（四頁）と、拙家に伝わっている葬祭式招魂詞の「朝倉行事」と似通うものがあるので、霊祭神楽などと多少の関りがあったのではないかと思い、敢えて掲記しておくこととする。

建久年中行事所載和歌
六月十五日御占神態御歌

あはりや　弓弭と申さむ　あさくらに
天つ神国つ神　降りましませ
あはりや　弓弭と申さむ　あさくらに
鳴る雷も　おりましませ

あはりや　弓弭と申さむ　あさくらに
上つ大兄《オホエ》下つ大兄も　まゐり給へ

葬祭式招魂詞朝倉行事歌

後取　あはりや　弓弭と白さむ　朝倉に
斎主　秋山の葉末の露と消え給ふ
何々の神霊この神籬に憑き給ひ
とゞまり給へと白す
一二三四五六七八九十百千万ー
嘯大事　警蹕
後取　あはりや　弓弭と白さむ　朝倉に
斎主　上津大江下津大江も降り給へ
鳴る雷も参りませ給へ
後取　打わびて呼はむ声に山彦の
答へぬ方はあらじとぞ思ふ
斎主　思ひやる遠き高天の原よりも
魂通う葦原の里　警蹕

この拙家に伝承してきた葬祭式の招魂詞に使用した朝倉行事歌が、建久三年皇太神宮年中行事の「六月十五日御占神態御歌」に由縁したものであることは知れるが、この神降し歌の後に更に別の和歌二首を加えて招魂詞として亡者の魂乞いに歌われたことは、どのような経路から石見路に伝来したものであるかを私は知りたい。

この神葬祭に於ける招魂詞は、死者の通夜での最も人々の泪を誘うものであった。死者の亡骸の前に於いて、斎主と後取と二人しての唱和でなされる。それは遷霊から鎮霊に移る前に行なわれる。笛は入申しの曲を細く長く絶え入るような調子で吹く側から、先ず斎主が座行して亡骸の前に進み、深揖拍手の後、後取も斎主の後左側に座す。朝倉行事は先ず後取より「あはりや　弓弭と白さむ　朝倉に」と発声すると、これを受けて斎主は「秋山の」云々と発声した後、嘯大事と云うことをする。これは斎服の左袖の露の処を口に当てて三度口笛を吹くのである。三度目の口笛の終わらぬ前に後取は警蹕をかける。亡き人の魂呼びの秘儀である。この後、前記した通り、後取と斎主交代に唱和する。最後の「魂通ら葦原の里」の処で、後取は再度「オー」と今度は前の警蹕の時よりも声を大きく発することになっている。

葬祭式の奏楽は、太鼓も低く打ち、笛の音も細く吹く慣わしである。葬祭の笛だけは邑智郡吾郷村の都志見弥吉だけ吹けるもので、これを吹ける笛吹きは郡内に他になかった。生涯独身で拙家へは五十余年勤めた男であったが、葬祭の笛だけはこの人以外に吹ける者はなかった。その吹き鳴らす笛の音は、絶えだえとして消え入るような笛の音であった。本当に笛の名人で、眠りながらでも間違えず吹いていた人であった。

第五章　大元神楽関係資料

一　邑智郡内大元神鎮座地
二　大元神楽神名帳
三　大元神楽役指帳
四　大元舞熟書之事　元和元年
五　預り申清見村社領米之事　寛文元年
六　三ヶ村祭方帳　天明六年
七　相渡申一札之亊　文化十年
八　湯谷村大元尊神夜神楽常例初穂人別帳　天保八年
九　桟敷図　宝暦三年・延享四年

一の邑智郡内大元神鎮座地は、明治十九年に成った藤井宗雄等の『石見国神社記』に収録されたものによったが、この神社記にはかなりの遺漏があるので、各神社の明細帳や、明治九年の県郷村社区別帳などによって補入した。

二の大元神楽神名帳は、一名ミサキ帳とも云い、大元神楽の御綱祭の際招神する村々の鎮座神を記したものである。ここでは1桜江町小田、2旭町（那賀郡）山ノ内、3石見町矢上、4羽須美村の四集落のものを収録した。

三の大元神楽役指帳は、1天明元年（一七八一）の矢上村のものを始めとして、2井沢村（天保十年〈一八三九〉）、3三原村（文久元年〈一八六一〉）、4布施村（明治五年）、5市山村（大正十一年）、の五冊と、6郡外の和木村（現江津市）のものを一冊、特に比較研究上必要と認めて収録した。なお、6和木村の役指帳は前半の一部分が破棄されていて詳細不明であるが、その破棄されている部分は恐らく、荒神祭・湯立・神殿清女・高殿入・山勧請・神祇太鼓・潮祓、の六、七の曲目ではないかと思われる。

四の「大元舞熟書之事」は、元和元年（一六一五）に書き留められたもので、大元神楽関係の記録としては最古のものである。邑智町吾郷天津神社宮司牛尾陽宣氏蔵。

五の「預り申清見村社領米之事」は、昭和二十五年十一月十九日に行なわれた大元神楽の際、神がかりした託宣の中に関係する文書で、貴重な証拠資料である。

六の「三ヶ村祭方帳」は、天明六年（一七八六）四月に書き留めたものの写しで、その中に「大元舞之事」と云う一項がある。山中村・長谷村・勝地村の三ヶ村によって神楽が行なわれ、神饌品目・調度品のことなど知る好資料である。

七の「相渡申一札之事」は、川本町三原の湯浅発祥宮司家に所蔵のもので、文化十年（一八一三）の神楽時に出来秋の不作のために支障を生じ、注連主湯浅神主へ庄屋以下村役人連判にて願上の儀を記したもので、当時の大元舞の如何なるものであったかを知る資料である。

八の「湯谷村大元尊神夜神楽常例初穂人別帳」は、川本町湯谷の天保八・九年（一八三七・八）神楽の時の氏子の寄附帳であり、神楽の調度のことおよび舞台桟敷図が示されている。

九の「桟敷図」二図は、川戸村（現桜江町）の今田庄屋家にあったもので、いずれも当時の式年神楽が野舞台で行なわれたことを知る資料として貴重なものである。

終わりに、十「神楽歌」と、十一「大元神楽本」を附記する。「神楽歌」は、明治二十年十二月、私の祖父牛尾菅麿の書き留めたものである。読み易くするため、上句と下句を別け、読みにくい箇処には振り仮名を附した。「大元神楽本」は、『日本庶民文化史料集成』第一巻（昭和四十九年、三一書房）に私が翻刻したものの転載である。

一　邑智郡内大元神鎮座地

1 現桜江町

市山村
古市の大元神、小市山真屋背戸山の大元神、大見の大元神

江尾村
迫の奥の大元神

後山村
林の大元神、志谷の大元神、仁万瀬の大元神、小松の大元神、森ノ上大元神、吉がえきの大元神、龍頭の大元神、狭間の大元神、隅田屋の大元神、栃木原の大元神、上屋布の大元神、鍛冶屋の大元神、近原の大元神

長谷村
鷹の巣大元神

八戸村
入江の森の大元神　山の内下土居沖の大元神

小田村
大元山の大元神

井沢村（現江津市）
大迫の大元神

清見村（現江津市）
神田の大元神、宮の谷の大元神、鑪床の大元神

山中村
唐人峠の大元神、勝地妙見谷の大元神

川戸村
高尾の大元神、三田地の大元神三社

住郷村
入野押手の大元神、本山原の大元神、大平の大元神

大貫村
森の大元神

田津村

六郎川内の大元神、江戸見の大元神、道の上大元神、鍋山の大元神、上猪の瀬の大元神

渡利村

森上山の大元神、下城上下の大元神

2　現川本町

三原村

勝田の大元神

田窪村

大元迫の大元神、釜ヶ迫の大元神

南佐木村

河尻の大元神、鑪の大元神

湯谷村

大田屋の大元神、長谷の大元神

三俣村

かつら谷大元神、地頭所の大元神、向垣内の大元神、一谷の大元神

川下村

田原の大元神二社、江下の大元神、瀬尻の大元神、笹畑の大元神、材木の大元神、多田の大元神

川本村

林谷の大元神、下橋の大元神

因原村

大元迫の大元神

3　現邑智町

川戸村

境内の大元神

粕淵村

野間本屋敷の大元神

瀧原村

御崎森の大元神

簗瀬村

火打石の大元神

吾郷村

境内の大元神

4　現大和町

都賀西村
大判の大元神
宮内村
田立山の大元神
比敷村
向堤の大元神
村の郷村
大元の大元神
布施村
鍛冶田の大元神
都賀行村
水玉山の大元神

5 現羽須美村

上口羽村
大元神社
下口羽村
根布の大元神
上田村
大元谷の大元神社、日南川の大元神、上畑の大元神、青山谷の大元神
戸河内村
松尾の大元神
宇津井村
宮ヶ谷の大元神
雪田村
天満宮末社の大元神
井戸谷村
正部の大元神

6 現瑞穂町

上田所村
高水の大元神、中谷の大元神、正田の大元神、大檜の大元神、立岩の大元神、三坂の大元神、小林の大元神、小檜の大元神、道ふたぎの大元神
亀谷村
奥亀谷の大元神
鱒淵村

上下対の大元神、真山の大元神、羽下の大元神、綾木の大元神、下山の大元神、小戦場の大元神

岩屋村

岩屋の大元神、古屋尾山の大元神

高見村

荻原の大元神、月向山の大元神

久喜村

宮山の大元神

八色石村

ひじりめんの大元神

市木村

大元の大元社、真桜山の大元神社、笹山の大元神、越木の大元神、一の瀬の大元神

7　現石見町

日和村

遊石の大元古森社、青龍山の大元社、青龍山の大元御先森、横ふなの大元神、阿山の大元神、瀧根の大元神、日の城の大元神、室原の大元神、小やふ河内の大元神

日貫村

才神谷の大元社

中野村

荻原の大元社、氷上岡の大元社、小原迫の大元社、牛の市の大元社

矢上村

大元ふろの大元神社、鹿子原の大元神社、前十谷の大元社、大迫の大元社、知川原の大元社、小掛の大元社、原山の大元社、向火の大元社

井原村

古鑪の大元神、田原の大元神

二　大元神楽神名帳

1　小田村大元舞神明帳（明治八年記録による）

大元神社

大元山鎮座大元大明神

八幡宮祇園宮　園幡山鎮座

大歳社、稲荷社、秋葉社、若宮、古魂社、水神、以上六社

境内社
天満宮　北野鎮座
小社八所
郷蔵の恵美須社、高替の権現社、郷蔵の大社神、隠居の時魂神、志保屋の水神、中屋の式部地主神、植田の稲荷社、杉森の金毘羅社
森神十七所
植杉の稲荷神、広谷の若一王子神、同所の地主神、前田の荒神、越道の地主神、植田の地主神、谷地の地主神、中屋敷の地主神、寺土の地主神、志応地の伊勢神、同所水神、同所の牛神地主神、坂根の伊勢神、打口の地主神、大瀧の地主神、高下の地主神、屋敷の地主神

2　旭町山ノ内神名帳

山ノ内下土居向森鎮座
一、大元大明神
一、峠鎮座　大山祇神
一、新宅鎮座　地主神　二柱
一、中部屋鎮座　地主神　二柱
一、ウソゴヘ鎮座　霊神
一、朝鎮座　地主神　三柱
一、鑪鎮座　地主神
一、辰見屋鎮座　地主神
一、下土居鎮座　地主神　二柱
一、沼峠鎮座　地主神
一、一反田鎮座　金屋子神
一、細崎屋鎮座　地主神　二柱
一、東屋鎮座　地主神
一、前井ノ木鎮座　地主神
一、ウツラ鎮座　地主神　二柱
一、賽谷鎮座　賽神
一、細野鎮座　地主神　三柱
一、原鎮座　地主神
一、田尻鎮座　地主神
一、上谷、前谷鎮座　商貴神、地主神
一、高屋鎮座　地主神
一、小繁鎮座　商貴神

一、畑ヶ田鎮座　地主神

3　矢上村御崎帳（明治三十三年十一月調「矢上村小祠森神記録」による）

一、大元神社　大元風呂
一、大元神　荻原
一、大元神　森ヶ谷
一、大元神　前坂根
一、大元神　大迫
一、大元神　知川原
一、大元神　小掛
一、大元神　原山
一、大元神　向火
一、諏訪神社　金田山
一、琴平神社　同所
一、天満宮　加茂山
一、大山《タイセン》神社　同所
一、金屋子神　同所
一、八幡宮　槇賀佐古
一、妙見神　柚之木谷
一、日森神　天竺原
一、天目一箇神　原山
一、邇宇南神　大谷山
一、邑智郡石神　郡山
一、恵美須神　京面峠
一、恵美須神　町
一、金屋子神　柚之木谷
一、大年神　大年
一、天王神　左右田
一、三穂両神社　藤迫谷
一、象頭山神社　三本松
一、大年神　丸迫谷
一、地主神　地正院
一、大年神　森脇谷
一、金屋子神　同所
一、秋葉神　同所
一、地主神　同所
一、金屋子神　日元

一、金屋子神　八田子
一、薬師二柱神社　同所
一、水神　同所
一、天満宮　同所
一、火神　同所
一、金屋子神　同所
一、金屋子神　温井
一、鹿風呂神社　鹿ノ子原
一、八幡宮　鹿ノ子原火之谷
一、八幡宮　上新屋
一、大年神　同所
一、金屋子神　大岩
一、地主神　森久
一、牛神社　牛神
一、大年神　古市
一、山口霊神社　同所
一、社家霊神社　金田山
一、八上姫神　八上山岩屋
一、風神　金田山

一、諏訪社　渡須
一、八幡宮　八幡風呂
一、水神　柚木谷
一、三所山神　柄平山
一、芳河霊神　地正
一、地主神　山本屋
一、地主神　番沢
一、荒神　近正川池
一、地主神　中野屋
一、金屋子神　奥番沢
一、金屋子神　近正
一、水神　同所
一、金屋子神　川崎
一、水神　同所
一、大山祇神　出羽屋
一、地主神　同所
一、地主神　五反田
一、道祖神　浦栃
一、三所山神　大畑

一、地主神　竹之本
一、地主神　本川原
一、金屋子神　小掛
一、大明神　大原
一、八上姫神　大石
一、荒神　当郷
一、大年神　同所
一、地主神　前光沢
一、地主神　中屋
一、地主神　池本
一、水神　原堤
一、金屋子神　大歳
一、地主神　新屋
一、地主神　柳ヶ内
一、金屋子神　上竹
一、地主神　三反田
一、地主神　槇ノ元
一、地主神　二反田
一、地主神　須磨
一、大年神　大年
一、金屋子神　同所
一、地主神　祭燈面
一、城地主神　郡山
一、金屋子神　大城古
一、大年神　岸本
一、大年神　汐西
一、宇賀神　大元山
一、金屋子神　鉄穴内
一、火産霊神　是田屋
一、柳ヶ坪　三穂神社
一、金屋子神　力沢谷
一、塚神　中ノ田屋後

4　賀茂神社御崎帳

文政元歳改之

（字）
九ヶ村
阿須那
雪　田
戸河内

一、賀茂大明神御前
一、同大原大明神
一、八幡大神宮
一、天満宮
一、三島大明神
一、大元尊神
一、弁財天
一、稲荷大明神
一、御尾崎
一、恵比須神
一、劔大明神
一、高源寺鎮守
一、同　大歳
一、宝泉名井本神
一、才の本地主
一、柳迫　大歳
一、同　黄番
一、光正寺鎮守
一、福浄寺鎮守

一、坂根　大歳
一、袖　神
一、黒谷　大歳
一、堂ヶ平医祖《イソ》神
一、同　地主
一、紙屋川内黄番
一、神田大歳
一、鍛冶屋川内地主
一、同　金屋子神
一、高畦　釼ヶ森
一、原名　地主
一、海雲寺鎮守
一、木須田大歳
一、藤根けんきよ瀧
一、同　権現御子神
一、田本　守護神
一、山根　地主
一、賀らん（鹿乱）
一、今西地主

一、同　荒神
一、段ノ大歳
一、加大神
一、石原大歳
一、小貝鎮守
一、光又道祖神
一、大下鎮守地主
一、小倉谷黄番
（これより前記の書体と異なる。登載年月記入のものもあり）
一、一木屋鍛冶屋
金比古大明神
一、上藤根地主神
一、門前天狗原
天狗神
一、旅迫高橋屋
金比古大明神
大かじや
一、旅迫大前向フ
大かじや金比古大明神

一、向井屋
金屋子神
一、田本
新宅地主
一、大利
金屋子大明神
一、平岩地主神
一、神田地主
戸河内村
一、八幡宮御前
一、だいの大歳
一、だいの黄番
一、西河内海大神
一、同　荒神地主
一、ひらの海大神
一、よころ大歳
一、よころ黄番地主
一、堂の原若宮大明神

一、丸山荒神地主
一、下ものかじや金屋子神
一、がいさこ大歳
一、〃　　黄番地主
一、こかうざこ地主
一、なごた地主
一、よこがい大歳
一、同　　黄番
一、いものや黄番地主
一、つ志はし黄番地主
一、高下荒神地主
一、梅の木大歳
一、さかへ大歳
一、たおの雷神
一、からん地主
一、わらふね大歳
一、細谷森ヶ向地主
一、志かゝ崎地主
一、塚神

一、〃　黄番
（これより登載年月日記入しあり、いずれも昭和年代）
一、向い屋水神
一、下の湯屋水神
一、曾根田水神
一、上わらぶね水神
一、判場水神
一、森本地主
一、上《カミ》ノ柴原水神
一、屋敷地主神
一、大折地主神
一、玉利屋水神
一、下曾根地主神
一、前峠水神
一、〃　山神
一、横道山神
一、下《シモ》のさかえ　金屋子神
一、住屋胡子神
一、下横路金屋子神

一、大所地主
一、上エ浄福寺天狗神
一、大所須々井畝荒神
一、繁増屋水神
一、向フ大所
　　仁井のや大歳地主神

安政二年神楽の時
　　雪田村

一、天満宮御前
一、大元大明神
一、湯屋ノ上天神
一、坂本荒神
一、清楽寺鎮守
一、中屋大歳
一、小本田黄番
一、両半地主
一、国信地主
一、堂ヶ内地主

一、坂ノ上水神
一、まじ地主
（これより登載年月日記入、大正以降）
一、坂ノ上
　　八百田地主
一、前中原地主
一、〃　金屋子
一、田中地主
一、山崎胡子神
一、石中屋地主
一、八重山神社大神
一、森増屋水神
一、川淵鑪
　　金比古大明神
一、大本田熊ノ谷
　　鑪金比古大明神
一、石当口
　　義雷天ノ神
一、本田坂之上鍛冶屋

金比子大明神

一、坂本組地主神

一、上間地

金比子大明神

宇都井
今　井　大正三・一一・一二

一、八幡宮

一、宮ノ前大歳神

一、神原鍛冶屋

金屋子神

一、水越　地附キヨ地主

一、才の谷　才ノ神

一、胡　恵美須神

一、塚島　幸神地主

一、八百屋　正良地主

一、後山本家　観音地主

一、清水　地主神

一、才ノ峠七福神

一、同所才ノ神

一、栗尾八幡宮

一、土谷地主神

一、森谷森神

一、杉ヶ谷八幡宮

一、上ヶ畠地主神

一、浜屋　石風呂神

一、平堂ノ段　地主神

一、堂免志利面地主神

一、中屋牛神

一、上ノ木八幡宮

一、山田屋地主神

（以下昭和年代登載）

一、栗屋沖金屋子神

一、サカヤ稲荷神

一、松屋地主神

一、中塚地主神

三　大元神楽役指帳

1　太元尊神夜神楽役指覚帳

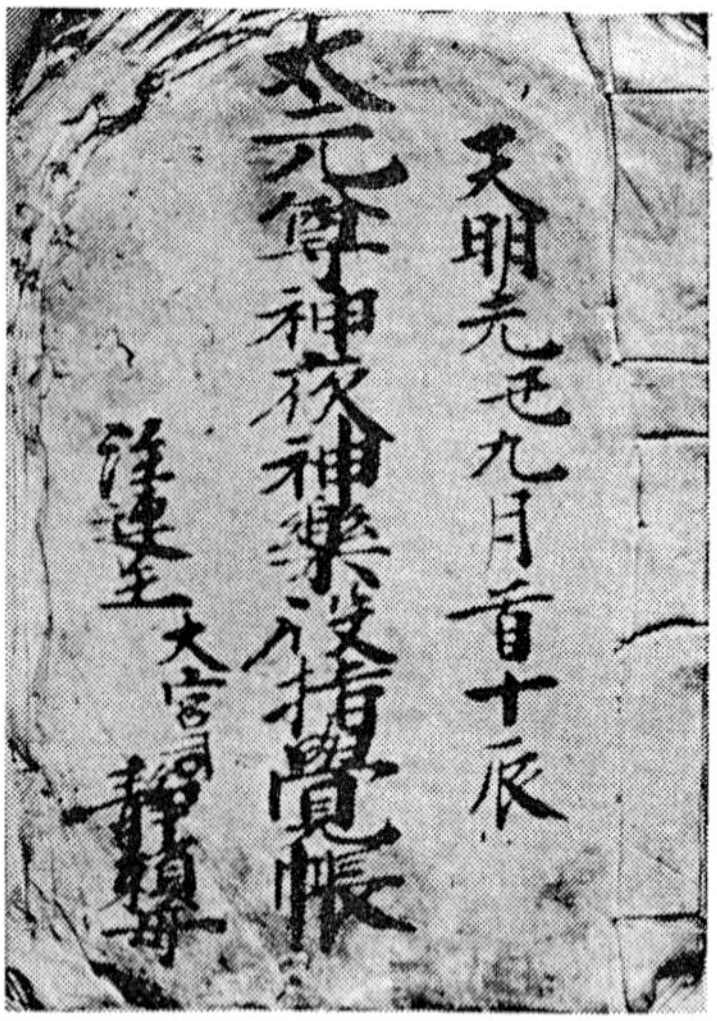

（表紙）

天明元丑九月首十辰
太元尊神夜神楽役指覚帳
注連主　大宮司　静頼母

荒神祭
道場湯立　牛尾加賀

神殿　注連主
御社家中
無残
神勤導師　竹崎典膳
太鼓口　松本上総
座附　牛尾《ミウラ》但馬
潮祓　斎木粂之介
磐戸　靫負
中務
翰林
但馬
神供　注連主
奉幣　牛尾加賀
三浦勝麿
祝詞　注連主
剣舞　但馬
志摩
帯　先　山城　長門
手草　先　翰林
柴　左内
近江

	前山
	但馬　上総
柴	曾見　翰林
天女	拂部
尊神	岩根
衆来	翰林　長門　播磨　志摩
御座	大学
勧請	三上翰林
刹面	かつこ　曾見
	天女　薩摩
	神　大学
鍾馗	増見　山城
初祝詞	静間近江
賀茂	筑前　長門

皇后	神　加賀
	武内　近江
	大王　但馬
	同　薩摩
	同　岩根
降居	松島　山城
祝詞	斎藤長門
中之舞	播磨　岩根
鈴合	中務　加賀　靫負　増見
天神	筑前　拂部　長門
神一会	三浦中務
恵美須	山城　上総
両太刀	翰林　増見

八　咫　　中　務
　　　　　左　内
　　　　　増　見
　　　　　近　江

貴　船　　上　総
　　　　　薩　摩
　　　　　山　城

風　宮　　神　　　曾見
　　　　　子すか志　典膳
　　　　　樽かたき　上総
　　　　　大　鬼　　但馬
　　　　　小　鬼　　不残

佐　陀　　山　城
　　　　　但　馬
　　　　　上　総
　　　　　増　見

黒　塚　　但　馬
　　　　　拂　部
　　　　　翰　林
　　　　　長　門

注連主　　斎藤筑前
御綱之舞　御社家中

五龍王
　　青龍王　翰林
　　赤龍王　采女
　　白龍王　志摩
　　黒龍王　筑前
　　黄龍王　曾見
　　使　　　増見
　　文　撰　但馬
　　前祝詞　竹崎拂部
　　　　　　松本上総
　　六所　　御社家中

御注連祭

右役差し趣　重役等御座候共宜敷
御相談被遊兎角間抜不仕御勤可被下
奉願上候已上

注連主
静　頼　母

即日

寄々
御社家衆中様

2 大元尊神御神楽御役指

（表紙）

天保十年

大元尊神御神楽御役指

亥十月中九日　大宮司

一、神殿入

一、山勧請

一、太鼓口　湯浅真清

一、座附

一、潮祓　千代太

一、磐戸　嘉吉　常陸　真清　監物　越後

一、御神供

一、劔舞　大田　跡市　田津子　狭長

一、帯　先　真清　浜太　千代太

一、手艸　先　狭長　嘉吉　住江

一、八衢　真清　美佐穂

一、天女　矢上

一、尊神　浜太

一、御座　真清

一、諸神勧請　三浦伊勢

一、鍾馗　大田　美佐穂

一、羯鼓　さなが

一、刹面　いせ

一、皇后　千代太　嘉吉　さつま　本山　日和

一、折居　河野氏

一、祝詞　スハ氏

一、鈴合　真清
嘉吉
美佐穂
大田

一、恵美須　矢上
日和

一、注連起　長尾氏

一、貴船　下　京　伊勢
狭長

一、八咫　狭長
住江
子供
真清
嘉吉

一、両太刀　美佐穂

一、神一会　本山氏

一、天神　田津
大田

一、関山　いせ
真清
越後
跡市

一、黒塚　三原

一、風宮　田津

一、佐陀　見合

一、五龍王　美佐穂
嘉吉
千代太
さつま
使　住江
真清
文選　いせ

一、前祝詞　三浦常陸

一、御神宣　湯浅狭長

3　大元大明神御神楽役差帳

（表紙）

文久元年 大元大明神御神楽役差帳 酉　霜月八日　大宮司

一、荒神祭　村穂淡路

一、御湯立　門　遠江
一、神殿清女　三浦主計
一、神殿入　社　中
一、山勧請　坂根御老叟
一、神祇太鼓　三浦矢柄佐
一、座　附　坂根筑後
一、潮　祓　坂根岩蔵
村穂淡路
山本豊前
一、天岩門　坂根筑後
三浦主計
仝　矢柄
山本氏
坂根氏
一、剣　舞　門　氏
三浦氏
一、手　草　湯浅伊織
坂根岩造
一、勝　古　村穂求馬
一、切　女　三浦主計
一、鍾　馗　三浦氏
坂根氏

一、荒　神　三浦主計
門　遠江
一、塵　輪　山本氏
坂根氏
三浦氏
門　氏
一、天　蓋　三浦氏
村穂若
一、御　座　門　氏
一、太祝詞　門　氏
一、四　劔　山本氏
坂根氏
門　氏
三浦氏
一、八十神　山本氏
村穂氏
門　氏
坂根氏
一、根堅洲国　三浦氏
山本氏
坂根氏
一、天　神　三浦氏
山本氏

一、貴　船　坂根氏
一、川上猛　見　合
　　　　　　坂根氏
　　　　　　門　氏
一、黒　塚　村穂氏
　　　　　　三浦氏
　　　　　　伊　織
　　　　　　三浦氏
一、神武天皇　坂根氏
　　　　　　山本氏
　　　　　　門　氏
一、八　池　山本氏
　　　　　　村穂氏
　　　　　　三浦氏
　　　　　　門　氏
一、両　劔　村穂若
　　　　　　村穂氏
一、関　山　三浦氏
　　　　　　山本氏
　　　　　　坂根氏
一、綱　貫　坂根氏
　　　　　　山本氏
一、六　所　社　中

一、五龍王　山本氏
　　　　　　村穂氏
　　　　　　門　氏
　　　　　　坂根氏
　　　　　　三浦氏
　　　　　　三浦若
　　　　　　坂根老人
一、御神宣　門　遠江
一、神託祝詞　坂根筑後
一、鎮　斎　大宮司

右神祇役差之義相調置候間、前後重役等御座候ｴ御免被下而神事首尾能相済様、一偏ﾆ奉願上候、以上、

　　　　　　　　　　庄　屋　為一郎
　　　　　　　　　　頭百姓　亀四郎
　　　　　　　　　　百姓代　源一郎
　　　　　　　　　　大宮司　湯浅義緒
諸社家中

4 田立神社御神楽役記

（表紙）

明治五壬申九月八日

田立神社御神楽役記

旧神官 松島重友

父同 重春

神殿入　諸神官中

禊導師　城月好泰

小　鼓　三上好任

大鼓口　富永安友

小　鼓　竹崎　司

座　附　八三上　大宮司

潮　祓　城月餘茂工

磐　戸　八　城月大人
　　　　　　三上大人
　　　　　　富永安友
　　　　高　三上大人
　　　　　　三上好任

注連起　三上　勇

御崎揃　城月大宮司

奉　幣　斎藤　務
　　　　竹崎　司

剣　舞　富永安友
　　　　斎藤　務
　　　　三上好任
　　　　竹崎　司

於　比　先　三上好任
　　　　　　南波清記
　　　　　　三上　榊

手　草　城月餘茂工
　　　　南波清記

八　衢　三上　榊
　　　　斎藤　務

初祝詞　富永安友

塵　輪　斎藤　務
　　　　竹崎　司
　　　　三上好任

鍾　馗　城月餘茂工
　　　　三上好任

御　座　三上　榊

勧　請　三上好任

皇后　南波清記
　　　三上好任
　　　出合
降居
祝詞　三上大老
鈴合　若四人
神一会　三上先生
羯鼓
　　　当社人
天女　松島大宮司
刹面　富永安友
　　　城月大宮司
恵美須　高　三上大人
　　　当社人
天神　城月好泰
　　　竹崎　司
　　　高　三上大人
　　　城月大人
八咫　姫　二人
　　　富永安友
　　　三上好任
両太刀　三上好任

貴船　竹崎よし通
　　　城月先生
　　　高　三上先生
黒塚　竹崎　司
　　　富永安友
　　　斎藤　務
　　　城月氏
風宮　三上氏
　　　出合
　　　青　司
　　　赤　榊
　　　白　清記
五龍王　黒　餘茂工
　　　使　安友
　　　黄　好任　七五三主
　　　おきな　城月好泰
六所舞
　次ニ
神送　退下
右御神官中様方には御苦労御出勤なし可被成下候　謹言
御神官中様

5　大元神社神楽式年祭役指帳

（表紙）

大正十一年十一月廿五日夜謹行
大元神社神楽式年祭役指帳
執事　牛　尾　楯　夫

大元神社神楽式年祭次第書并ニ役指
大正十一年十一月廿五日夜挙行

先四方堅　本山佐織
　森脇　直
　斎木熊人
　湯浅好文

次幸神祭　斎木熊人
　静間千秋
　菅原　芳

次山勧請
神殿入

次祓　式　祓主　本山佐織
　行事　早弓松太郎
　行事　湯浅采女

次太鼓口　湯浅好文
　牛尾　老
　牛尾範夫
　寺本周市

次神於呂志　静間知照

次窟　戸　神　斎木熊人
　児　牛尾　老
　太　舟津五郎一
　女　本山佐織
　雄　湯浅好文

次献　膳

次奉　幣　森脇　直
　湯浅好文

次祝　詞

次各拝礼

次撤　饌

次脱服休憩

先劔　舞　牛尾　老
　牛尾範夫
　寺本周市
　湯浅采女

次弓八幡

次神　武
斎木熊人
湯浅好文
寺本周市
舟津五郎一

次羯鼓
湯浅采女

次天女
刹面
寺本周市
牛尾　老
湯浅好文

次蘆　輪
湯浅采女
寺本周市
石田庄一郎

次御　座

次神功皇后
牛尾範夫
湯浅采女
湯浅好文
寺本周市

次鍾　馗
斎木熊人
森脇　直

次夜食

次天　蓋
中村清一郎
牛尾　老
寺本周市

次鈴　合
牛尾範夫
湯浅好文

次蛭　子
神主　斎木熊人
大神　牛尾　老
中村清一郎

次八　咫
舟津五郎一
湯浅采女
森脇　直

次天　神
湯浅好文
舟津五郎一
寺本周市

次貴　船
牛尾　老
舟津五郎一
中村清一郎

次前　山
祝詞師
牛尾　老
舟津五郎一

次武御名方
湯浅好文
寺本周市

次黒　塚
中村清一郎
舟津五郎一
石田庄一郎
寺本周市
湯浅采女

次綱　貫

次両太刀

次五龍王

翁　中村清一郎
青　舟津五郎一
赤　寺本周市
白　湯浅采女
黒　森脇　直
黄　石田庄一郎
使　湯浅好文

次六所舞
御綱祭　祝詞　森脇　直
次拝礼
次神送
次退下

6　和木十二ヶ村神楽役指帳

（表紙）

和木十二ヶ村神楽役指帳

一　尊　神　河野千代之助
一　御　座　河野可忍

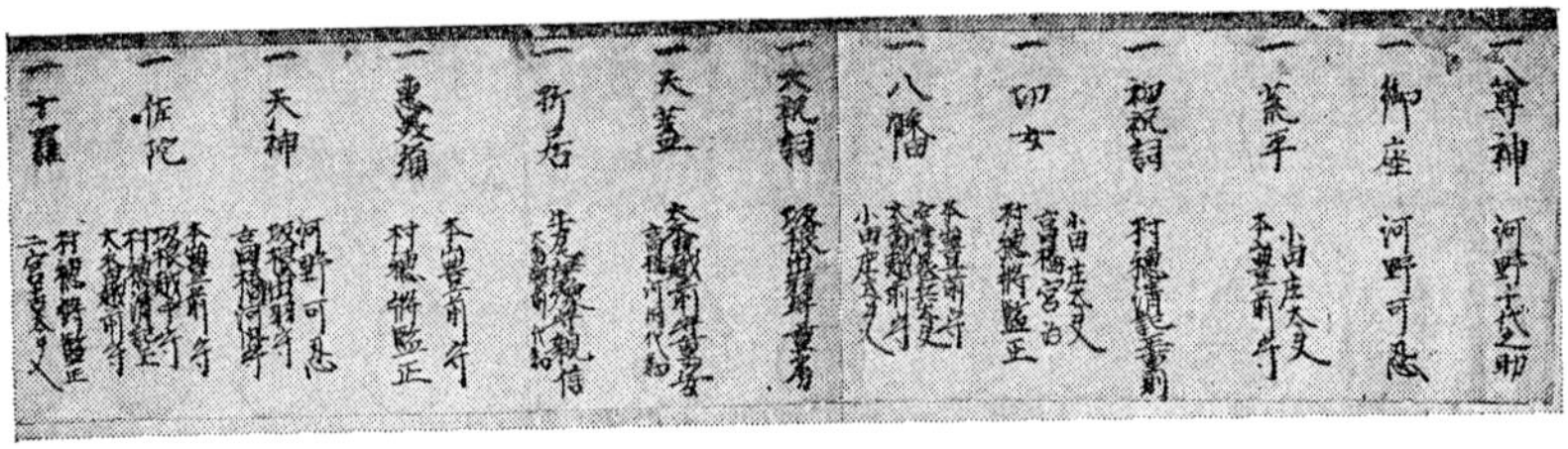
一尊神　河野千代之助
一御座　河野可忍
一荒平　小田庄太夫　本山豊前守
一初祝詞　村穂清記重則
一切女　小田庄太夫　高橋宮治　村穂将監正
一八幡　本山豊前守　宇津巻兵太夫　大香越前守　小田庄太夫
一大祝詞　坂根出羽守重房
一天蓋　大香越前守重安　高橋河内代勤
一折居　牛尾伊予守親信　大香越前代勤
一恵美須　本山豊前守　村穂将監正
一天神　河野可忍　坂根出羽守　高橋河内守
一佐陀　本山豊前守　坂根越中守　村穂清記正　大香越前守
一十羅　村穂将監正

一　荒　平　小田庄太夫
　　　　　本山豊前守
一　初祝詞　村穂清記正重則
一　切　女　小田庄太夫
　　　　　高橋宮治
　　　　　村穂将監正
一　八　幡　本山豊前守
　　　　　宇津巻兵太夫
　　　　　大香越前守
　　　　　小田庄太夫
一　大祝詞　坂根出羽守重房
一　天　蓋　大香越前守重安
　　　　　高橋河内代勤
一　折　居　牛尾伊予守親信
　　　　　大香越前代勤
一　恵美須　本山豊前守
　　　　　村穂将監正
一　天　神　河野可忍
　　　　　坂根出羽守
　　　　　高橋河内守
一　佐　陀　本山豊前守
　　　　　坂根越中守
　　　　　村穂清記正
　　　　　大香越前守

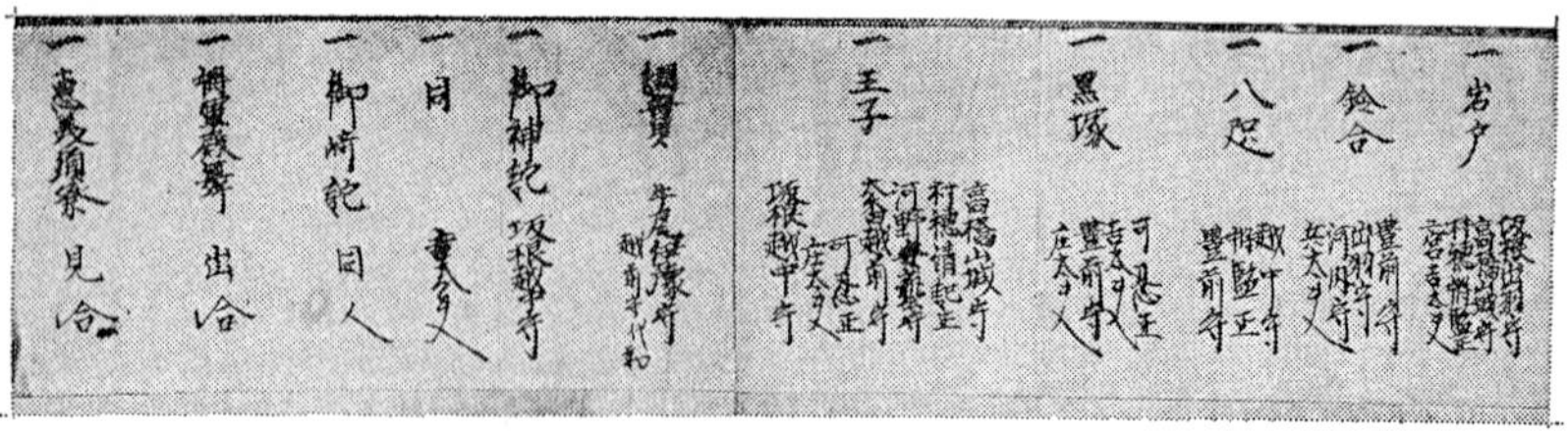

一　十羅　村穂将監正
　　　　　二宮吉太夫
一　岩戸　坂根出羽守
　　　　　高橋山城守
　　　　　村穂将監正
　　　　　二宮吉太夫
一　鈴合　豊前守
　　　　　出羽守
　　　　　河内守
　　　　　兵太夫
一　八咫　越中守
　　　　　将監正
　　　　　豊前守
一　黒塚　可忍正
　　　　　吉太夫
　　　　　豊前守
　　　　　庄太夫
一　王子　高橋山城守
　　　　　村穂清記正
　　　　　河野安芸守
　　　　　大香越前守
　　　　　　可忍正
　　　　　　庄太夫
　　　　　坂根越中守

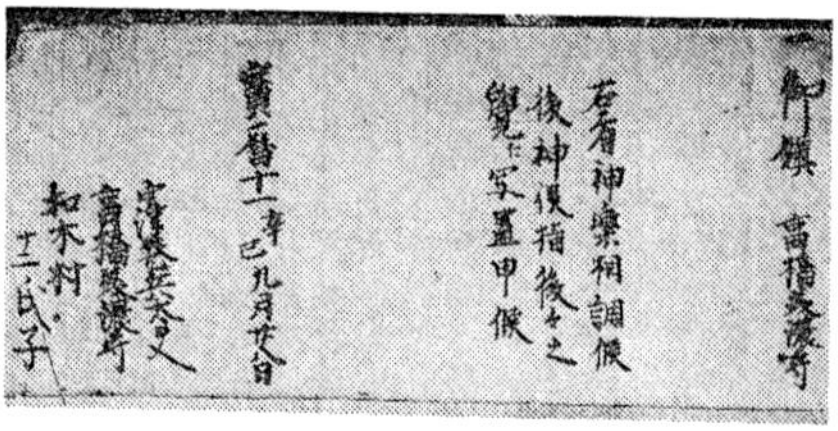

一　綱　貫　　牛尾伊予守
　　　　　　　越前守代勤
一　御神託　　坂根越中守
一　同　　　　吉太夫
一　御崎託　　同　人
一　将軍殿舞　出　合
一　恵美須祭　見　合
一　御　鎮　　高橋美濃守
右者神楽相調候後神役指後々
之覚仁写置申候
　宝暦十一辛巳九月廿八日
　　　　宇津巻兵太夫
　　　　高橋美濃守
　　　　和木村十二氏子

四　大元舞熟書之事

大元舞熟書之事

征夷大将軍右大臣様以御威光普四海静謐ニ被為穏治万民為

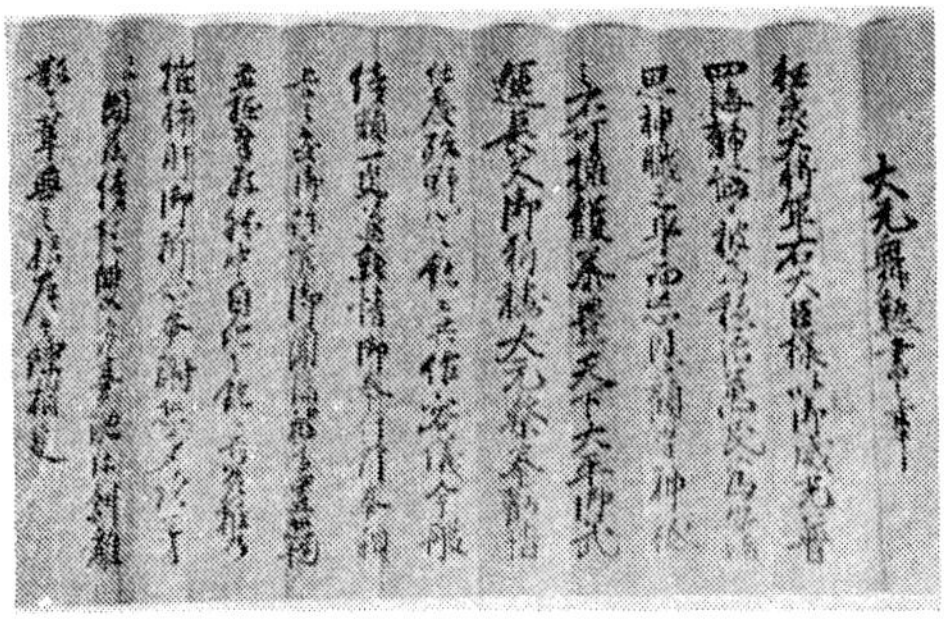

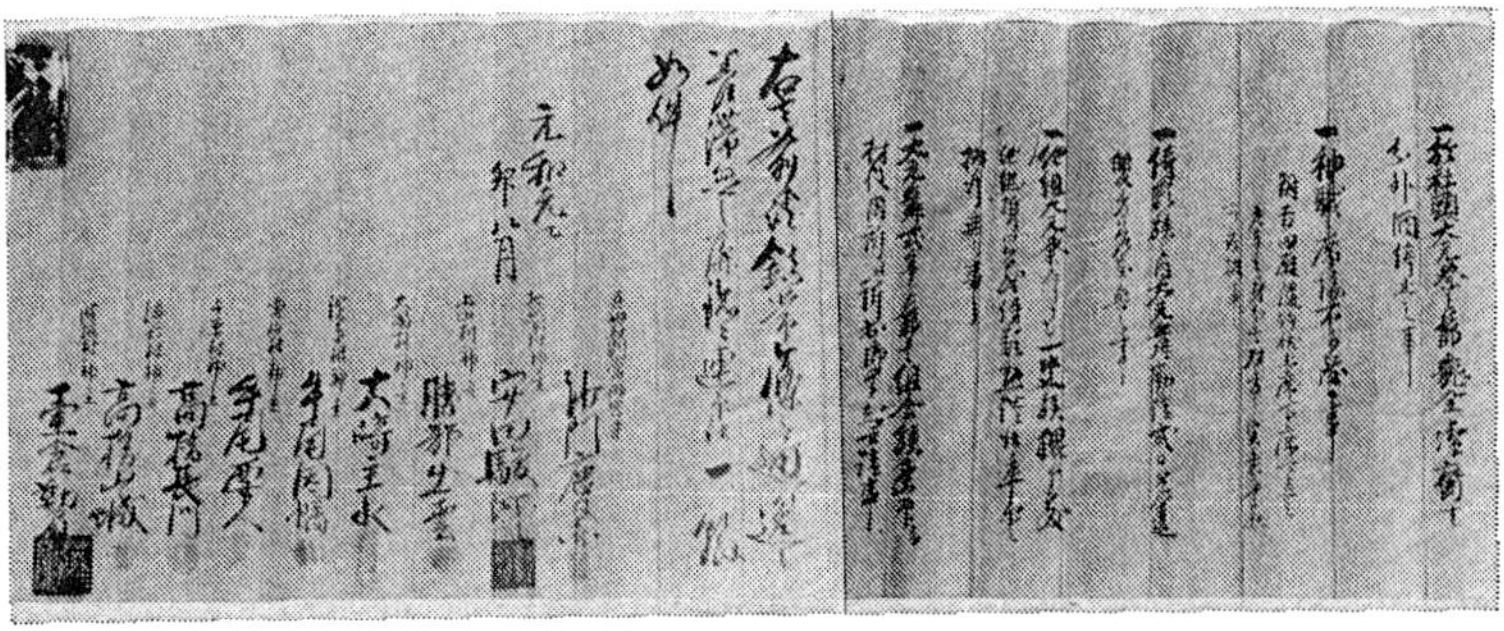

安堵思神職之身而忘恩顧者神祇之不可擁護泰豊天下太平御武運長久御祈禱大元祭奉勧請仕度殆野心之銘々共作容儀今般傍類一家遂熟情御奉行所奉願上候処御許容御聞済被下置恐悦至極奉存就中自他之銘々共差携摧肺肝御祈念奉謝恐多次第ニ候因玆傍類雙方奏談仕剰離散之輩無之依左ニヶ条相定

一於社頭大元祭之節艶全潔斎其分外酒停止之事

一神職之席論不可致候事

　附　吉田殿随許状上席下席以立之老年之身分其双方之実意差応可取扱事

一傍類族之内大元舞勧請式日差違双方差支無之事

一他組大元祭たりとも一家族猥ヶ敷他組携間敷傍熟談仕卒爾之執行無之事

一大元舞式年之節其組合族連印ニテ村役用所ゟ訴出御下知相請事

右ハ前談鎮常ヶ条之通り遂々差滞無之廉銘々連印仕一翰如件

元和元乙
卯八月　　吾郷村別当神宮寺

沙門慶円　印
地頭所神主
安田駿河　印
上山村神主
勝部出雲　印
大国村神主
大崎主水　印
浜原村神主
牛尾因幡　印
奥山村神主
牛尾要人　印
千原村神主
高橋長門　印
酒谷村神主
高橋山城　印
波根村神主
壺倉靱負　印

五　預り申清見村社領米之事

預り申清見村社領米之事

一米四斗　小原田大本大明神
一同四斗　鍛治屋大本大明神
一同四斗　瀧尻大本大明神
三口米合壱石弐斗也

右三社祭礼並破損為修理料慥預り置候　然上者永代毎年九月十四日市山村神主牛尾但馬申請神事執行可仕候　尤三社破損之節成五年式七年之内たりといふとも修造可仕候　誠当村氏子為繁昌右之通被仰付候段難有奉存候　弥貴公様御子孫御繁栄被成候様可奉祈上候　依之米預り之者共連判如件

寛文元年丑六月日
林　五郎助
大畠長三郎
大垣長右衛門
大垣仁右衛門
川淵惣右衛門

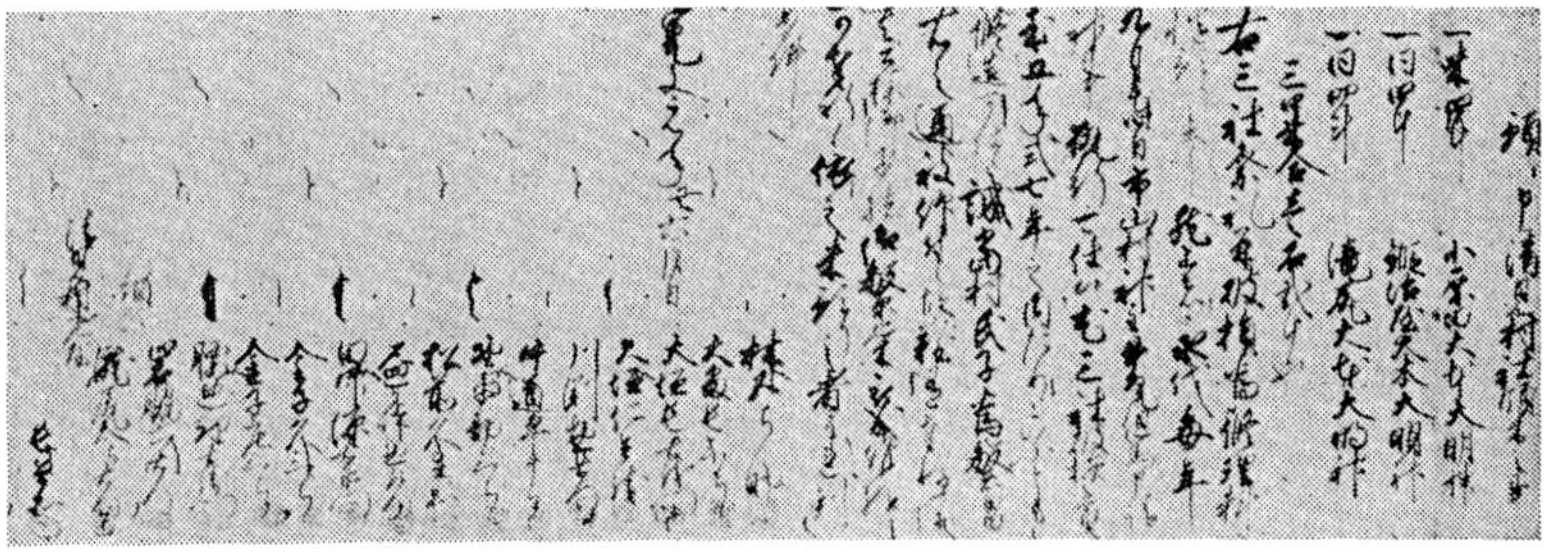

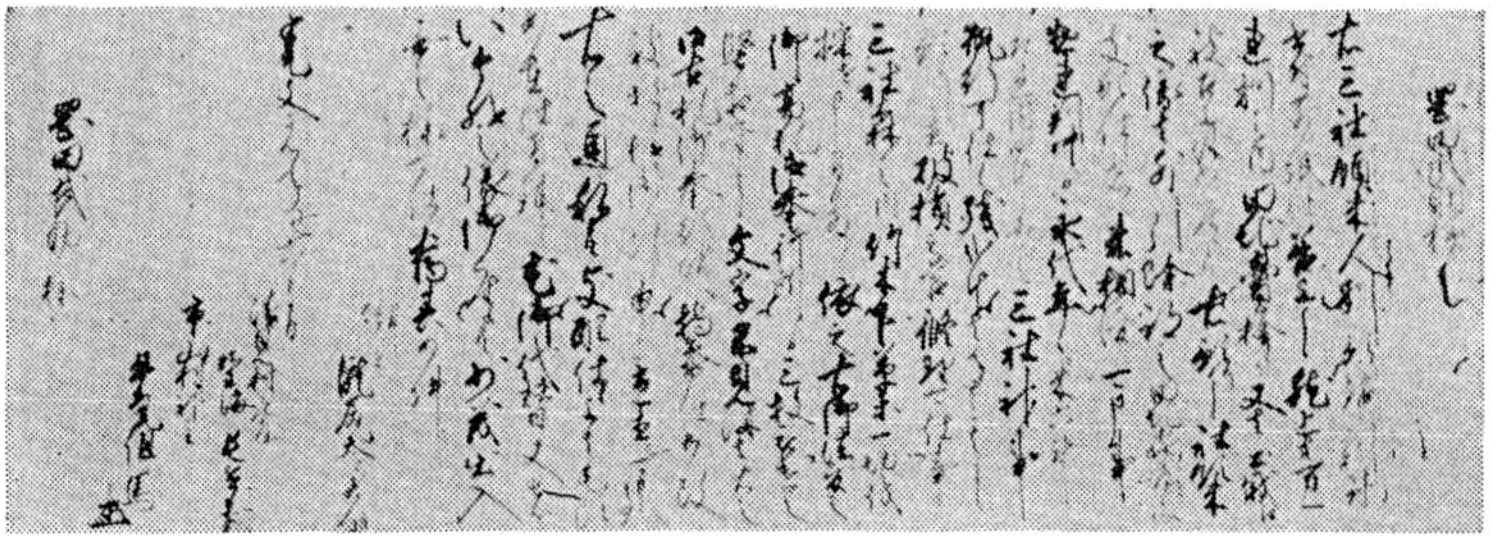

中道平十郎
野平勘三郎
松前久兵衛
益ヶ峠惣左衛門
田中源右衛門
金子久三郎
金子庄三郎
腰迫理右衛門
岩脇六右門
組頭　瀧尻太郎右門
清見村庄屋　長兵衛
岡田武助様

一右三社領米人別ニ預リ銘々割符書付別紙ニ仕差上候　然上は万一連判之内田地売捨候か又は公儀江被召上候儀御座候へ共　右預申候社領米之儀は外ニ引除後之田地家屋敷支配仕候志く米相渡シ可申事

一惣連判中ゟ永代年々ニ米六斗取立内四斗にて三社神事執行可仕候　残弐斗は年々其まゝ預り置破損之節修理可仕

事
一三社森之内竹木下草等一切伐採を申間敷候　依之右御法度之御高札御奉行所ゟ三枚被遣候　堅相守申候文字不見時は右之御古札御奉行所へ持参仕御改被遊候様ニ御願申上立直シ可申事
右之通私共支配仕候上は毛頭如在仕間舗候　尤御代替又者いヶ様之儀御座候共少茂出入無之様可仕候　為其如件

組頭
寛文元年丑六月日　　瀧尻太郎右門　印
清見村庄屋
野海長兵衛　印
市山村神主
牛尾但馬　花押

岡田武助様

六　三ヶ村祭方帳

（表紙）
天明六年丙午四月十三日改書
権現宮
八幡宮祭礼長谷山中三ヶ村祭方帳
廿之宮勝地
神主　大屋津守代旧記
写之

大元舞之事
一、八年に一度づつ仕候事
御備物御供十二膳　枚並四枚　天廿八宿　枚廿八　地三十六神　枚三十六　九よふ　枚九つ　御崎餅数七十七
御神酒一対　御飯二膳　蕪　柿　熨斗一掛　桃　栗　昆布二把　大根　鯛二枚　散米三膳　其外珍敷物ごすひ瓶造込瓶ながら上げ候事
一、御俵　三斗入一俵
一、たくのゝ逡のゝ共二反
一、御糸九本　但七尋半づゝ

一、小糸九本　但一尋半づゝ
一、御蓙二枚
一、幣はきかへ上帳紙四束　上半紙十束　中半紙二束
〆十六束
右の紙にてしき替候事
大元幣三尺二寸　六本　御崎幣七十七本　迎へ幣　其外入用
一、たくつな七尋半　但わら三ヶ村取集立会にて調候こと
一、薦二十枚
一、蓆三十枚　此分御かり御調にてよし
一、うすべり十二枚　此分かり出し御調にてよし
一、畳表古来十三枚半　相かへつりのゝ糸迄御出来り候尤近来悪作にて八枚にて済候　重ねては古来之通り相調申候様可有事
一、鍋四升入一　此分蓋調候事
一、蠟燭二十五丁　但二十匁かけ　十五匁掛
一、奈良茶天目十人前　右同断古格
一、家具百物十人前　右同断古格
一、大小尺二本　右同断
一、舞の時さいとう明し　勝地朝か迫より明し来候　又夜半舞の時も罷出で仕事古格なり
一、草履　わらじ　薪　野菜　其外何角三ヶ村より取調候事
一、明し一升　種油二合　右同断
右大元舞の時　何角勝地　長谷　山中の御立会御相談御調可成候事　割方半分山中　残半分長谷　勝地より御出候事

七　相渡申一札之事

相渡申一札之事

一、当村大元大明神之義ハ　往古ゟ九ケ年ニ相当リ候へハ御神楽執行仕来リ候　然而当年式年ニ御座候処　作方モ不宜彼是ニ付　古格通リ渇仰難相成奉存候付　其段村方一同御断申上当年之義ハ村方為御勘弁之　格別之御検約被遊　貴官御引受ニ而神事御執行被成候様奉願上候処漸々御承知七下御世話ニ七成下候段所在存候　然ル上ハ貴殿御取計之義ニ付否申者無御座候　尤向後ハ式年ニ相当リ候へハ古例通リ無間違村方ニ而御執行仕候　依之是

迠仕来リ通リ之趣有増たゝ相記ニ申候

一、舞台之義ハ野舞台ニ而相勤来リ候ヘ共、中古ゟ拝殿ニ而御勤七下様奉願上候ニ付　為此料物モ三百文宛指上来リ申候

一、牛代　是も三百文之料物ヲ以御断申来リ候

一、山之俵弐俵　但シ籾　三斗入本山 弐斗入端山　共ニ出シ来リ申候

一、大注連一本　但シ三つ打也　大元へ納ル也

一、布三反　但シ二反さらし 壱反さいミ也

一、鍋壱つ　但シ四升ノ也

一、御座二枚　但シ本間壱枚 中間壱枚

一、中折紙八束　但シ諸かざり紙也

一、色紙四百枚　但シ赤二百枚　青百五十枚 黄三十枚　黒弐十枚

一、打敷　但シ十弐枚

一、剣鉾長刀　但シ数三丁

一、天蓋縄　但シ六拾尋

一、御供餅　八重子　但シ数十六枚也 内一重八幡様へ

一、掛餅　但シ四さかり

一、御崎餅　但シ三拾数　小もち也

一、散米　但シ白米壱斗弐升四合八度ニ用ル 内弐升八幡様へ

一、米三升六合　但シ天かい重り 万かい重り也

一、掛鯛　但シ対二つ也

一、御神供物数〻　但シ葉こんぶ　大こん　にんじん　かぶら くり　かき　みかん　其外珍敷物

一、土器　但十弐枚

一、潮《ウシオ》一筒　但シ汐草共ニ

一、御社家方　本官拾弐人 幷ニ無官衆時之者無有ニ呼来リ申候

一、笛吹

一、惣奉行

一、舞台奉行

一、斎燈

一、舞衣　帯　たくりばうし

一、舞台　敷畳品

一、膳椀茶椀類
右ニ准シ何諸道具ニ不依善処不申様村方ゟ出来リ申候

一、前拵　但シ三人位四日程之間村方ニテ調来リ申候

一、楽屋　但シ諸色其元へ御取来リゟ成候

一、雲竹　右同断

一、神酒　一樽大元神へ遣シ申候　是ハ大向ニテ開キ来リ申候

一、御祝儀　引たばこ　人別社家家来へも致申来候　附りそうりわらんす等も社家方へは出シ来り申候

右之通リ式年夜神楽ニ付出し来リ申候もの有増ヶ条ニ記シ置キ申候此外舞台楽屋当屋ニ而入用物之義細ミハ印シ不申候以来忘脚無之様為念之村役人中百姓総代以加印ヲ一札相渡申所依而如件

文化十癸酉

南佐木百姓惣代

今田屋　喜右衛門　印

〃　迫田屋　甚兵衛　印

〃　百姓代　――　印

〃　似百姓　――　印

〃　庄屋　――　印

大元大明神注連主

三原村宮本

湯浅蔵人正殿

右之通り御調七下様村方へ差出申候ば諸人中ゟ村方甚兵衛殿御使ニ而村方ニ古帳面等モ有之候ヘハ向後之義ハ依御差図ニ村方ニ而執行可仕七申候ニ付先控置申候　以上

八　湯谷村大元尊神夜神楽常例初穂人別帳

湯谷村大元尊神夜神楽常例初穂人別帳

米出し小前

一、米壱斗八升	治郎右門	一、米三升	良兵衛
一、〃壱斗七升	宇右門	一、〃壱升	政兵衛
一、〃壱斗六升	七郎兵衛	一、〃弐升	与四郎
一、〃六升	吉郎右門	一、〃六升	平左衛門
一、〃三升	常平	一、〃七升	保兵衛
一、〃三升	たきよ	一、〃弐升	政兵衛

一、〃弐升　柳平　　一、〃壱斗　夘八
一、〃壱斗三升　熊蔵　　一、〃六升　伊兵衛
一、〃弐升　米吉　　一、〃三升　心光寺
一、〃弐升　多郎吉　　一、〃三升　熊三郎
一、〃四升　台吉　　一、〃三升　半兵衛
一、〃四升　唯兵衛　　一、〃壱升　村吉
一、〃三升　市右門　　一、〃壱升　瀧蔵
一、〃弐升　周吉　　一、〃壱升　巳之松
一、〃五升　村平　　一、〃壱升　市五郎
一、〃五升　嘉三郎　　一、〃壱升　清蔵
一、〃壱斗　権一郎　　一、〃壱升　幸重郎
一、〃壱升　忠平　　一、〃壱升　利平
一、〃壱升　常蔵　　一、〃壱升　徳蔵
一、〃壱升　甚助　　一、〃壱升　かし
一、〃壱升　直平　　一、〃壱升　織平

右は銘々共立会致熟談之上神楽相談儀定仕候此外時々見計を以て氏子中幷ニ入作衆中迠一味同心致シ聊争論無之様可取計候尤古帳之形を以相定候上ハ此帳面通ニ而向後形として可致もの也

天保八年　　湯谷村
大元尊神
一夜神楽　　常例初穂米人別帳
酉十二月六日晩　　上組　役　人
米出し小前

一、米九升　治郎右門　　一、米五升　乃と
一、〃八升五合　弥三郎　　一、〃六升五合　熊蔵
一、〃八升　七郎兵衛　　一、〃壱升　米吉
一、〃三升　吉郎右門　　一、〃壱升　多郎吉
一、〃壱升五合　常平　　一、〃弐升　唯兵衛
一、〃壱升五合　たきよ　　一、〃壱升五合　良兵衛
一、〃壱升　柳平　　一、〃五升　政兵衛
一、〃壱升五合　市右門　　一、〃壱升五合　権一郎
一、〃弐升　台吉　　一、〃壱升五合　心光寺
一、〃壱升　与四郎　　一、〃壱升五合　熊三郎
一、〃三升　平左衛門　　一、〃三升　伊兵衛
一、〃三升五合　安兵衛　　一、〃壱升五合　半兵衛
一、〃壱升　政兵衛　　一、〃五合　村吉

一、〃壱升　周吉
一、〃弐升五合　村平
一、〃弐升五合　嘉三郎
一、〃三升五合　正法寺
一、〃五合　幸十郎
一、〃五合　忠平
一、〃五合　常蔵
一、〃五合　甚助
一、〃五合　直平
一、〃五合　かし
一、〃五合　瀧蔵
一、〃五合　巳之松
一、〃五合　市五郎
一、〃五合　清蔵
一、〃五合　織平
一、〃五合　利平
一、〃五合　森蔵
一、　五合　徳蔵
〆

右は当年違作ニ付半減通リ記帳仕如此御座候　以上

天保九年

大元尊神

一夜神楽　常例初穂人別帳

戌十月廿五日晩

湯谷村上組

庄屋　治郎右衛門

頭百姓　七郎兵衛

一、銀拾匁　　百姓代　弥三郎

百姓総代　安兵衛

神楽布施
村高掛リ定例

一、〃八匁壱分　夫賃九人分

但壱人九分づつ右同断

一、〃六匁

是ハ舞台とき定例候処当年代宮家之後とへ拝殿をおろし候上は是を以ろうかを造り榊を伐たくづをうち立候入用ニ可致事

〆二拾四匁壱分

是村高掛リ定例

一、たくづな　文政九戌十月八日晩之神楽上組調出シ
此後辰年ハ中組致事
此後戌年ハ下組ニ而致事

一、さじきかけ　是惣氏子立会事　なわ廿
竹三本
わら壱か

一、天がいづな　保兵衛　常平
上組四本　政兵衛　たきよ
周吉　米吉
常吉　台吉

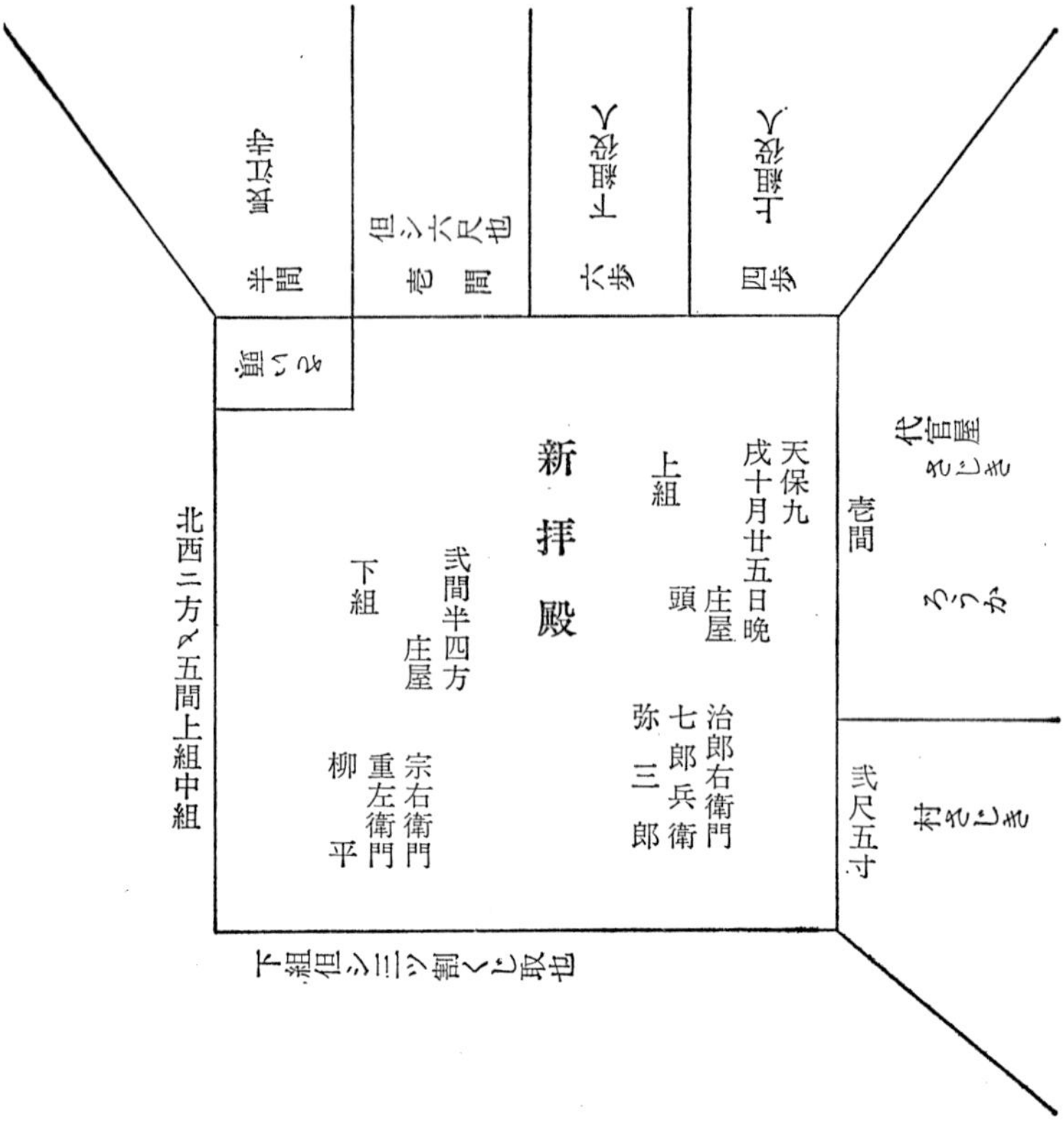

口　演

一、さじき儀当村之内ニ而田地ヲ持当村之百姓ニ而茂当村之中人ニ不相成候而はさじき掛ケ候ハ不相成候間尤隣家へ相断相談之上ニ而致すハ格別也

一、当村中人ニ而茂新屋敷ニ而は隣家へ断無してはさしき不相成候尤相断相談之上ニ而右さしき掛ケ可申事

〆　嘉三郎　〆　吉郎右門
　　権一郎　　　只兵衛
　　熊三郎　　　与四郎
　　市兵門　　　多郎吉
〆　　　　〆

一、ふき草壱駄
一、なわ四十　百姓ハ無残リ
一、竹　五本
〆
一、ふき草壱荷　無高拾三人
〆
一、なわ廿づつ

九　桟敷図（一四六頁）

十　神楽歌

降り給へ降り居の御座には綾をはへ
　錦を並べ御座とふませむ

注連の内まだ入りまさぬ神あらば
　黄金《こがね》の注連を越へてましませ
幣立つるここも高天原なれば
　集り給へ四方の神々
あらうれしあら悦ばしこれやこの
　舞奉る栄えましませ
この御座に参る心は山の端に
　月待ち得たる心地こそすれ
氏子をば神こそ守れ千代までも
　皆岡山の米となるまで
沖の瀬に立つや白浪磯に寄せ
　我が身を清めて御《ご》前《ぜん》参らむ
西の海清き新潮《あらしほ》汲み上げて
　祓い清むる神殿《かうどの》の内
橘の小戸の潔ぎを始めにて
　今も清むる我が身なりけり
万代と祈りおさむるこの村に
　悪魔は寄せじさよにふらせむ
この村に悪魔は寄せじ魔は寄せじ

栈敷図第一図

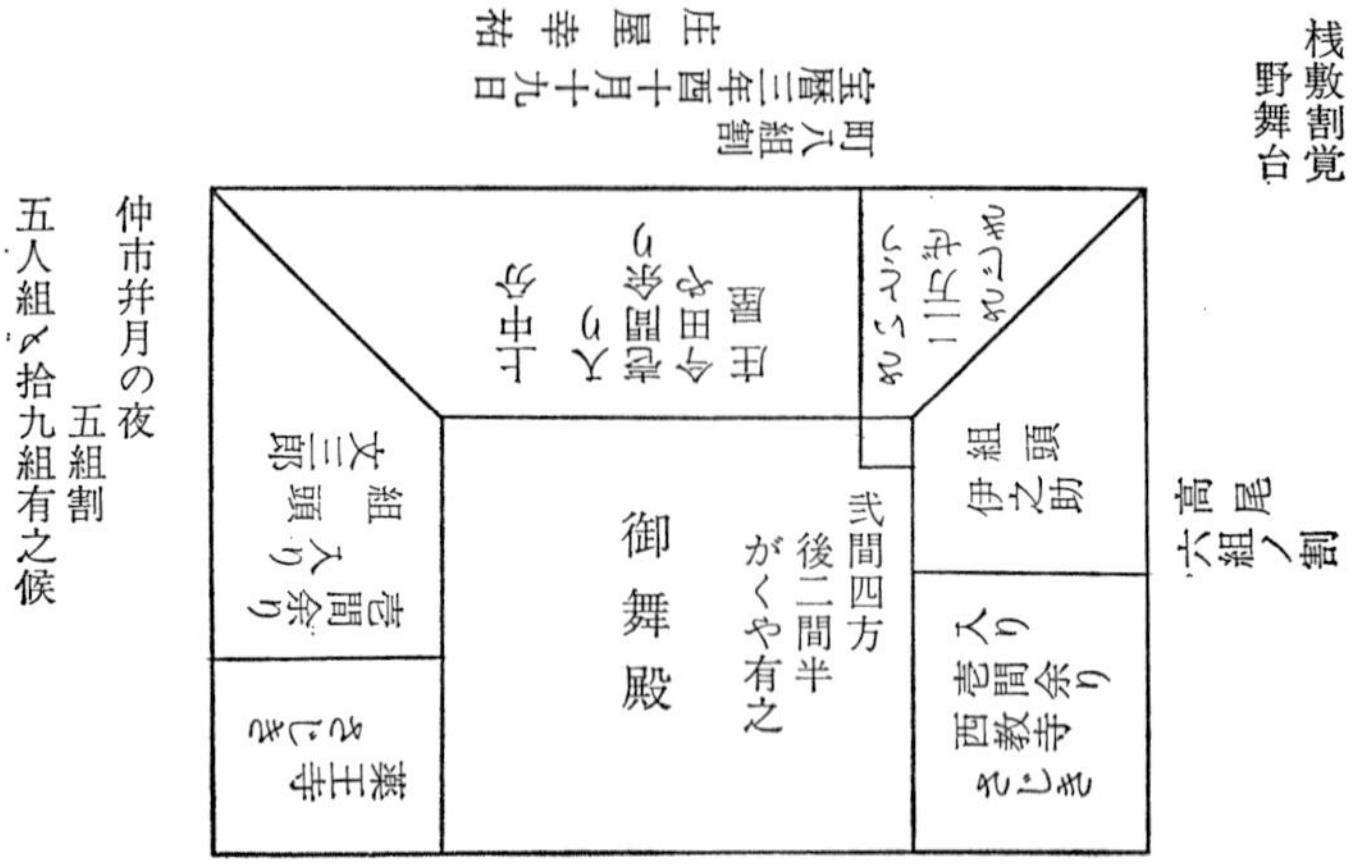

栈敷図第二図

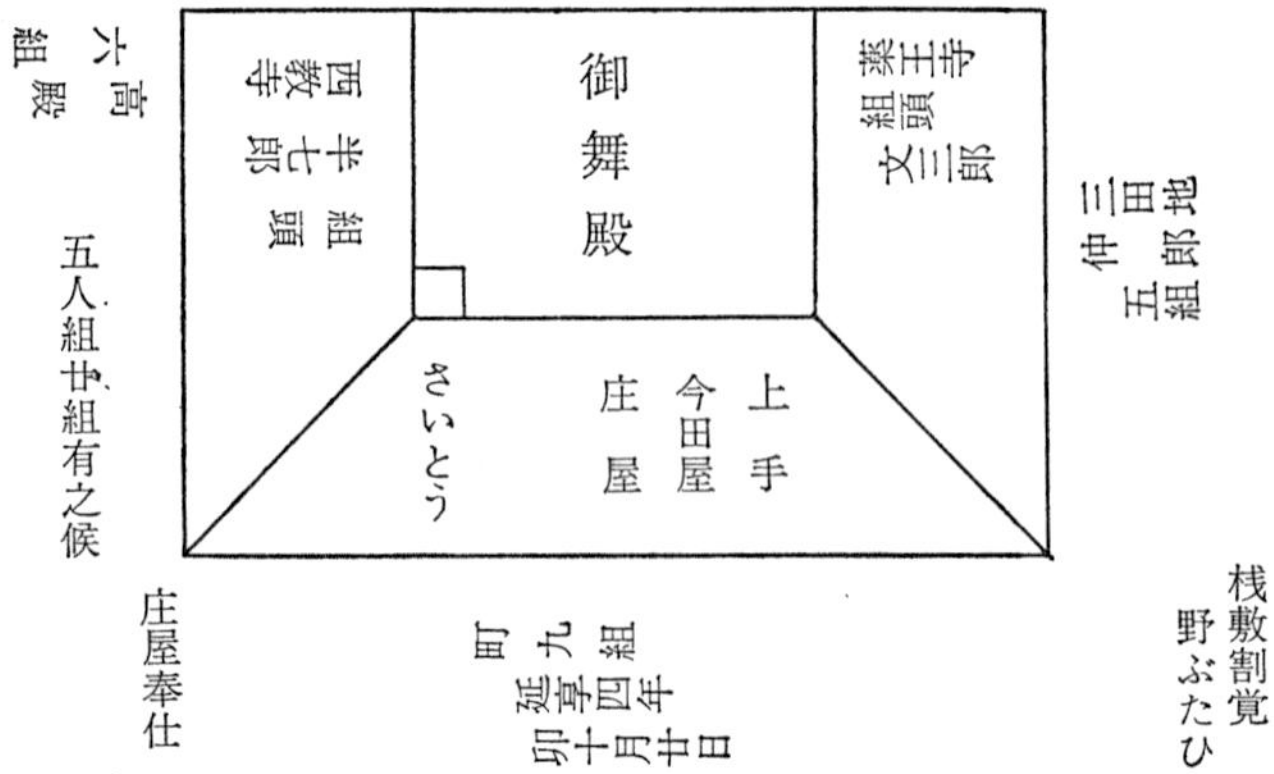

寄せじが為に神を請じる
参りては神の社に久米を蒔く
　蒔く久米ごとに悪魔退ぞく
我が心とらばよくとれ篠《しの》の間の
　筧の水の絶えま〳〵に
榊葉の上枝《こづえ》下枝《しづえ》に垂手《しで》あらば
　天地わけて神ぞましませ
榊葉を御舟にかざりて沖に泛《う》け
　神風そろへ神迎かへせむ
津の国や和田の岬にしぐれきて
　笠持ちながらぬるる袖かな
大空の雲のけしきはよけれども
　雨夜の星は月かさを召す
もしふらばおやと頼みし三笠山
　雨もらさじの柏木の杜
ゆるぐともよもやぬけじの要石《かなめいし》
　鹿島の神のあらぬかぎりは
さしあぐるこのいに神は降り給へ
　しづ〳〵拝む曾我の里人

夏の夜に扇はもたねどなつすぎて
　すずしく拝む曾我の里人
とくをとる三笠の山にあまる程
　神みないでてみそなはすなり
天の戸を開きて月は夜もすがら
　しづ〳〵拝む曾我の里人
かくせよと袖よりかよはすたまづさを
　また夜の人にあわんとぞおもふ
うしをくむ兵庫の浦の浜人は
　潮はくまで月をこそ汲め
曾我よりも南に見ゆるかの山を
　静々拝む曾我の里人
千早振る天照る神の御代なれば
　下をぞおがむ空をいただく
しづやしづ静の小田巻繰かへし
　昔を今になすよしもがな
手草葉の育ちは何処〳〵なる
　高天原の育ちなるもの
手草葉を袖にかきよせ遊ぶには

　如何なる神も嬉しかるらむ
手草は四方へくまをくばるには
　いかなる神も嬉しかるらむ
手草は錦の紐をとくときは
　いかなる神も嬉しかるらむ
手草はを二手に別けて遊ぶには
　いかなる神も嬉しかるらむ
手草はを持ち上げおろし遊ぶには
　いかなる神も嬉しかるらむ
手草は四方をかけて遊ぶには
　いかなる神も嬉しかるらむ
手草はもなびかはなびけ一方へ
　なびかう方へとてもなびかむ
手草はのしで山越ゑて遊ふには
　いかなる神も嬉しかるらむ
からすみの燃え立つほどに思へども
　煙りたたねばしるしとぞなし
くものいにあれたる駒はつなぐとも
　二道かくる殿はたのまじ

足駄はき枝なき木には登るとも
　二道かくる殿はたのまじ
川の瀬に金輪を据ゑて火をともし
　二道かくる殿はたのまじ
大元の神の行方は左四つ
　右九つで中は十六
東青南は赤く西白に
　北黒中は黄なりとぞ知る
天蓋の緑の糸にとじられて
　とけよやほどけ結ばれの糸
みさき山下りつ上りつ石摺りに
　袴《や》が破れて着替へ給はれ
静かなれ静かなれよと池の水
　波なき池におしどりぞすむ
夜明けをば鶴の羽干《はぼ》しにさも似たり
　夜はもと白になるぞうれしき
出雲には神はあれども鈴がない
　かはらけ瓶《すず》で神遊びしよう
万代と浪はよせ来て洗へども

　変らぬものは石の色かな
月も日も空に光のあらざれば
　いづくの神の跡をたづねん
天地の二つの御《み》魂《たま》現《あらわ》れて
　豊葦原のしるしとぞなる
宮人の大夜《おほよ》すがらにいさとほし
　斎酒《ゆき》の宜しも大夜すがらに
庭火たく岩戸の前の夜神楽は
　これぞ神楽の始めなりけり
さしあぐる鈴に千早をなげかけて
　舞ひ〱開く天の岩戸を
親と子と名残の花はいつぞ咲く
　六七月の溝萩《みぞはぎ》の花
いざさらば連れて帰らむ稲田姫
　佐草の里に宮造りして
梅あらば賤しきしづの伏屋にも
　我立ちよらん悪魔退りぞけ
梅は飛び桜は枯るゝ世の中に
　何とて松のつれなかるらん

足曳《あしびき》の彼方此方《かなたこなた》に道はあれど
　都へいざという人ぞなき
流れ行く我身藻屑《もくず》となりぬとも
　君しがらみと成りてとゞめよ
東風《こち》吹かば匂ひおこせよ梅の花
　あるじなしとて春な忘れそ
世の中の善きも悪しきもこと〲に
　神の心の仕わざにぞある
八雲立つ出雲の神をいかに思ふ
　大国主を人は知らずや
岩清水出る流れの末青く
　濁りなき世に君を守らむ
大名貴《おほなむち》少彦名《すくなひこな》のおわしけむ
　静の岩屋は幾世へにけむ
国土の広き荒野を田となして
　鍬のみほこよ露の玉米
伊邪諾や伊邪冉の世の鉾の露
　国となりてぞ久しかりける
神代より三種の宝伝りて

豊葦原の国は鎮まる

唐国の寄り来る海の仇浪を
早吹返せ伊勢の神風

箱崎のしるしに植ゑし松なれば
いく千代経ても色はかわらじ

有難や生い立つ山の宮造り
是ぞ社の始めなりける

雲の上乙女の神楽鈴の音
先初声を神きこしめせ

朝夕にもの食む毎に豊受の
神の恵を思へ世の人

弓矢とる人をぞ守る八幡山
誓も深き岩清水かな

熊野なる玉置の宮の弓かづら
弦音《つるおと》すれば悪魔退く

剣太刀もろ刃のやいば我ふめば
つるぎの峯を平治とぞする

此の太刀はいづくの鍛冶が打ちそめて
五尺に延へて太刀と振らせむ

千早振る天照神の御代なれば
世界は同じ神垣の内

吹く笛も打や鼓のしめゆるめ
立居の状《さま》の時をしらせん

吹き囃し締めつ緩めつ為す業の
立居の様ぞ指図なりける

宵の間は都の空に澄みぬらむ
心筑紫の有明の月

啼けばこそ別れをいそげ鶏《かけ》の音《ね》の
聞えぬ里の暁もがな

みちのくの那須野ヶ原の黒塚に
鬼住むよしを聞くはまことか

山伏の腰に付けたる法螺《ほら》の貝
一吹きふけば悪魔退く

山伏の持つべきものは袈裟《けさ》衣《ころも》
法華経山の百八の珠数

千早振る熊襲たけるを討ち平げて
御稜威《みいつ》おゝしき皇子ぞましけむ

宮川の清き流れにみそぎして

祈るかなわのかなはぬはなし
目に見えぬ神の心の神なれば
畏きものぞ御名思えぞ
あれを見よ遥に沖を走る船
ほのかに見立て御前《ごぜん》悦ぶ
紫の雲の中よりあらはれて
八つはたをゝしと誰か云うらむ
御座むしろ御手に持ちて遊ぶには
四方の神も花とこそ見れ
御座むしろ育ちはいづくいづくなる
佐陀の社の育ちなるらむ
春霞ものゝいゝしは問ひつべし
山のつわるを見るにつけても
夏山や杜の梢は高けれど
空には蟬が琴をしらぶる
秋鹿の身をば紅葉に隠せども
恋路になれば声をおしまず
冬来れば青葉の山もなかりけり
昨日は時雨今日は初雪

熊野なる谷の清水を御湯に立て
我たちよらば氷とぞなる
面白や水は湯となる熊野なる
此の湯の花を神にたむくる
いかほども静かに舞える舞の手の
静かは舞の上手なるらむ

十一　石見大元神楽本

1　御神楽舞言立目録

御神楽舞言立目録

潮祓	磐戸
八衢	刹面
鍾馗	御座
皇后	貴布禰
恵美須	八咫
天神	風宮
佐陀	関山
弓八幡	五龍王

潮　祓

謹請再拝〳〵　神殿内を清る時ハ　天津金木深山の真榊
百浦の潮汲や　とう〳〵祓ひ玉へや　〽謹請再拝〳〵くり
戻し清むる時ハ天津金木〽三度まで清る時は天津金木　〽
――当国六郡の内に斎《イワ、》れ玉ふ三十余座の式内の神社　殊ニ
ハ当社の神明申降《ヲロ》して清しめ祭らん天津金木――〽――惣
じて日本国中に斎われ玉ふ三千一百三十余座の式内の神
社　其外式外之神々申降して清しめ祭らん――　〽――東
方南方西方北方中央黄龍十万余ヶ所の大小の神祇申降して
清しめ祭らん――〽――空に取てハ日神月神明星天守雨の
宮風の宮　あらゆる神々一社も残らず申降して清しめ祭ら
ん　〽天地陰陽日月精明天下泰平国家安全村穏に清しめま
つらん　天津金木深山の真榊百浦のしほ汲やとう〳〵祓ひ
玉へや

是より舞　哥ニ曰

西の海清きあらしを汲上て祓ひ清むる神殿の内
橘の小戸の御祓《ミソギ》を初めにて今も清むる我身也けり
榊葉を御船に飾り沖に浮神風揃へ神迎せん
幣立る爰も高天の原なれバ集り給へ四方の神々
今一度川の瀬に立水車浮世を廻る心地社すれ

磐　戸

日神　抑是ハ地神第一天照太神とハ則朕《ワレ》也　扨も丸が弟素戔
嗚尊仕業甚だ悪《アジキ》なし　いかんとなれば丸天神地祇を嘗会《ミアヘ》
奉らんが為、天の長田狭田を以て是を作る処に　素戔嗚
尊春は則敷蒔し　畦を放ち　溝を埋樋を放ち　また堺串
を乱し　秋は則天斑駒を生剝にして　田の中に追入て稲
を踏あらさせ　或ハ逆剝にして田の中に伏　然れども
丸敢て恚らず咎めざりしに　折節斎服殿に入て　斎布を
織を見て　斑駒を逆剝にして　御殿の内に投入ル　丸驚
ひて機殿より下りんとして　梭を以て身を痛ましむ　今
是を案んするに　丸不徳にて宝祚《アマツヒツギ》の尊きを踏ゆへ天よ
り是を咎玉ふの故ならんか　暫く御位を下り　政を止メ
天の岩戸に籠らばやと思ふなり

児屋根　〽月も日も空に光りのあらざれバ
いづくを神のあとゝたづねん

抑是ハ天照太神に仕へて一の人たる天児屋根命といへる

神也　去レハ素戔嗚尊の積る邪曲行《サカシラゴト》を悪ませ玉ひて　太神天の岩戸に隠れさせ玉ふゆへ　天地もいたく悲しませ給ふゆへか　日月星共に光りを失わせ玉ひて　天ヶ下常闇となれり　是によつて百《モモ》の妖《ワザワイ》悉く起り出て　天下万民歎き悲しむ声　さながら五月蠅《サハヘナス》沸騰《ワキアガ》るに異ならず　再び御出戸ましますべき神計を催さはやと存候　いかに太玉命や御入候へ

太玉〽太玉と御呼せ給ふハ児屋根命ニてましますか　何条何事ニて候

児〽去れハ命も御存の通　素戔嗚尊の悪行《サカシラゴト》を悪ませ玉ひて　日の神天の岩窟に入りまして岩戸を閉て籠玉ふ　是によつて天地もいたく悲ませ玉ふ成　宛日月星供に光りを失わせ玉ひ世常闇となり　有程の妖悉く起り出て民の歎きハいか斗りかは　何とそ御出戸ましますべき神謀もおはしまさバ　神変を廻らし候得

太〽さん候愚神迚も其悲しさは替らねど　いかんともすべき様なく　只心を苦るのミニて候　爰に思兼の神をして考ふるに　先常世の長鳴鳥を集め　時を造らせ昼夜の分を弁へ　天ノ香山より真榊を取寄　三種の神財《カンダカラ》を飾り

八百万の神をして楽を奏　我々も供に幣を捧ゲ祈禱奉らバいかゞ候はん

児〽御尤に候　然らハ御立候へ　太〽畏て候

舞

児〽いかに太玉命あれ御覧候へ　未タ御戸の開たる気色も見へ不申候　去らバ彼ノ鈿女命をして　千代の御神楽を奏奉らハいかゞ候はん

太〽御尤ニ候　いヶに鈿女命や御入候へ

鈿〽畏て候　自を御召候ハ何事ニて候や

太〽只今命も御存の通　さま〳〵祈禱候得共いまだ岩戸を開かせ玉ハず　爰に汝命の神謀《カンハカリ》を凝らし　千代の御神楽を一さし御奏御覧候へかし

鈿〽厳命いなミ難く候へバ畏り奉り候　いかに手力雄命汝神は兼てより岩戸の側《トワヤ》に隠れ玉ひ　細目にも御戸開かせ玉ひなバ　岩戸を引裂恐れながら御出戸を御謀り候得かし

手力雄〽畏りて候

舞

斎文〽倩《ツラ〳〵》以《ヲモンミルニ》天地開介始天ヨリ日月星天仁懸良世六合

乃中ヲ照シ賜エバ春秋陰陽《メヲ》ノ運モ調比自然《ワノヅカラ》五穀モ実リ
万民《ワミタカラ》悉ク籟恩平《ミタマノフユ》蒙《カフム》礼リ今太神磐戸之中仁籠リ賜布故日
月星光リ平失比世波常闇止成天天下歎キ悲ム声ヘ五月蝿
沸騰爾　異《コトナラズア》　阿波連是ヲ《ワレ》仁麻《メグ》世給比為所乃罪咎波神直日
神大直日神止志霊《アヤシ》キ神徳《ミノリ》平六合ノ中仁垂憐《タレアハレ》美幸給江止恐
美　慎敬白

阿波礼　阿南面白　阿南陀能志　阿那佐耶計　於計
々々

児〽いかに太玉命　日神御出戸ましませバ　速ニ素戔鳴尊に科《ヲヽ》するに千座の置戸を以てし　遠キ根の国へ左遷《サスラヘ》奉り　猶も治国平天下のため　今宵終夜神楽を奏し神慮を清しめ奉らばやと存じ候

太玉〽御尤に候　左有バ神楽の庭へとく／＼御立候へ

哥〽あら嬉しあら悦バし是や此舞奉る栄へましませ

八　衢

鈿女〽抑ヶ様所候ものハ天の鈿女命と云神也　更《サレ》バ天照太神瓊々杵の尊を降して　豊葦原の中津国の主となさばやと思し召　已《スデ》に降りまさんとする時に　天の八衢に一人の神有　其鼻の長さ七咫背《アタソビラ》の長さ七尺余り　口扉《カクレ》明り照り眼ハ八咫の鏡の如く　前代未聞の神ましますよし皇孫委しく聞し召し　自ラに勅有によつて只今彼地へ趣きいかなるものや尋ばやと存候

舞

鈿女〽あれに見へたるは何ものぞや

猿田彦〽ヲ、我ハ是ちまたの神猿田彦の太神也　汝かく向ふ事ハ何のゆへぞや

鈿〽さん候自ハ諸の災を払ひ　皇孫尊天の磐座を押放ち天の八重雲をいづの千別に千別て天降ります道啓の神也　然るに降臨の道を塞ぎ立たる事子細あやしゝ

猿〽あやしゝとハ不審しゝ　我父伊邪諾尊此衢を知行と与へ玉ふより　道路の災を除き海川の諸難を払ふゆへに　幸の神舟玉神抔と世に云ハ我也　我を信する輩ハ何によらず叶へ取せん　今皇孫降臨と聞此所に待合セ我道啓して送り奉らんと思ふなり

鈿〽左様ならハ太神ニハ何国に住玉ふや　又皇孫にハ何国に降りましてよけんや

猿〽抑我ハ伊勢ノ国五十鈴川の上ヲ住家とせん　又皇孫ニ

ハ筑紫日向高千穂槵触の峯に降りますべし　則我道啓シ
奉らん

鈿〽一々聞ハ有難し　只今我帯せし剣は天の神より授りたる宝剣也　是を只今参らせ候間　降臨道路の霊賊を平げ　天下泰平村安全と舞治め被成候へ

猿〽畏て候　今我突たる鉾ハ諸の災難を払ひ幸を招くハ此鉾の徳也　正直信心の者のために乾の角に立置也

刹　面

神〽夫神といつぱ天地未分の始より虚空円満におはします　是ハ則一元の神又五行別像の其理ハいかに

市〽木火土金水青黄赤白黒の色を得て五体の神と現れたり

神〽扨裏表の鼓の音《コヘ》は

女〽父母《カソイロ》ハ声を表するなり

神〽鞨鞁《イト》の太鼓ハ

女〽幼児の声

神〽ミな神風源は

女〽しき浪よする伊勢の宮

神〽扨和哥をあげ給へ

楽云〽千早振神楽の遊ひおもしろや

舞

切〽思ひ出たる初瀬川の〱波の太鼓を打ん迚　ミづから波を畳ミ上て　扨乙姫の舞の袖　かざすや波の太鼓の拍子を揃へて　とう〱〱と踏足音に鳴処を踏とゞろかし　天のはらはら晴やかなり

鍾　馗

神〽抑是ハ日の神ノ弟素戔嗚といへる神也　去レバ我其昔韓国へ渡りし時　自鍾馗太神と名乗り虚耗といふものを退治せしが　其怨念か眷属か諸人に悩ミをなすと聞　是を尋はやと思ふなり

舞

鬼〽あれに立向ふたるハいかなる神にてや候

神〽ヲ、我ハ是　鍾馗太神といふもの也　汝ハいか成者やらん

鬼〽ヲ、我ハ是　春の疫癘夏の瘧病秋の血腹冬の痎病一切病の司と成て民の命を取喰ふ大疫神とは我が事なり

神〽汝我が教に随て外津国へ退くか　左もなくバ汝が運命

とゞめん事只今の事也

鬼 〽いかに鍾馗太神の守護成とも　我此国ニ入来れバ国々村々かけ廻り家々竈々に押入て　稚き者をばひねり殺し　老たる者は摑ひしぎ　さかん成者と見るなら　五臓六腑へわけ入肝のたばねを喰ちぎり　民の命を取尽し大日本の神国を魔国になさで置べきか

御　座

かけ哥　此御座へ参る心ハ山の端の月待得たる心こそすれ

〽抑神ハ正極殿高天原におわします　先以て東方句句廼馳命　南方軻遇突命　西方金山彦命　北方罔象女命　中央埴安命黄龍天ノ合魂命　其外あらゆる神を此御座に招請し　綾の御褥《ミシトネ》錦の御座を敷並べ久堅の天殿《カウドノ》に舞台をはつて舞遊ふ

皇　后

神 〽抑是ハ神功皇后といへる神也　然れハ先帝仲哀天皇ハ異賊の流箭に空しく崩御ならせ玉ふ　其仇を報わんため此段異国へ渡らばやと存る也　〽いかに武内の臣

武内 〽御前に候

神 〽臣も兼て存の通り先帝異賊のために空しくならせ玉ひ　是によつて朕《ワガ》袖のかわく間のなきハ　波かけの岸の如く　胸の思ひの晴ざる事常闇の代とやいわん　むば玉の緒の絶なん事も恨めしく　此度思ひ立偏ニ其仇を報んと　自甲冑弓箭を帯し只今異国へ向ハゞやと存候　臣も倶々妙計を廻らし候へ

武 〽さん候　謀といつぱ　此度異国の合戦船軍ハ必定に候　去によつて海神の宮より干満の二玉を御借被成候得かし

神 〽其玉の徳用ハいかに

武 〽さん候　其玉の徳といつぱ　先干珠と申を満潮の中へ投れバ忽潮干潟と成り　然る処へ満珠を投れバ元の蒼海と相成由承りて候

神 〽左様ならハ其宝玉を借て参候へ

武 〽畏て候　是ニ二玉を借て参り候

神 〽あら悦バしや早く異国へ渡らふづるニて候

武 〽御尤に候　とく〳〵御急ぎ候へ御供仕り候わん

舞

武〽あれに見へたるハ何ものぞや
頭〽ヲヽ我ハ是新羅国の大王也　斯宣ふハ日本の大王よな
去レバ先帝仲哀天皇ハ軍中ニて流矢に中むなしくならせ
玉ふ　其仇を我国へ報わんと思ひも寄らぬ事成り
舞　干珠を投玉ふ
頭〽あらふしぎやな蒼海ハ干潟と成ル　イデ〳〵船を乗捨
て神功皇后を手取にせん事の嬉しさよ
舞　又満珠を投玉ふ
神〽あれを見よ武内大臣　新羅王が水に溺れて苦しむ有様
を
〽いかに神功皇后へ申上度事の候
神〽何条何事ぞや
頭〽サレバナ日本の神軍とハ知らずしてかヽる浅間敷体に
罷成て候　此上はいかゞ致さん　今より我末々に至る
迄　長く日本の犬となり年々不怠貢《ミツギ》物を捧げ　決して
敵対申間敷候間　只々一命をバ御助被成候へ
神〽成程汝が云通り今より永く日本の犬と成り　年々貢を
怠らず子々孫々迄も随ふならば　其証拠を石面に記し一
命をば赦し与ふべし　末世に伝へて年々の貢必々怠る事
なかれ
頭〽一々有難き勅り畏り奉りて候　更ラハ大船数艘を催し
目出度御皈陣を御見送り奉らん

貴　布　禰

女〽実や雲の井に荒たる駒ハ繋ぐとも二道かくるあだ人は
頼まじとこそ思ひしに　人の心の末知らず契り込たる悔
しさよ　是といふも只我からの心より実や思へバ有しを
と　頼ミをかけし貴船川足を運へバ早爰に貴船の宮に着
にけり
同〽急ぎ候へバはや貴船の宮にも着て候　ソモ自事ハ此下
京辺に譏に暮す者の妻にて候が　此程故もなくして夫に
離別せられ余りに無念に候儘　此明神へ三七日参籠致し
胸の思ひを祈らはやと存候所　此比三夜続けて不思議な
る霊夢を蒙りて候　明神自我枕の辺りて現じ給ひあり
〳〵と宣ふ様ハ　汝つらき夫に恨ミを報ひんと思ハゞ
先毎夜丑満の時を違へす　身にハ赤き衣を着　頭らに三
ツの鉄輪を居へ　鉄輪の脚に火を燃し宇治の川瀬に浸《ヒタ》り
なバ　鉄輪着の鬼となさふづるとの御告にて候　アラ悦

バしや候

舞

同　〽イデ〳〵寐屋に皈りつゝ神託の通りの姿と成べしといふより　早く色変り気色も直ニ今迄ハ美女の姿を引かへて　一念化生の鬼女と成り　人に思ひ知せん憂き人に思ひ知らせん

下京　〽加様に候ものハ下京辺ニ住居仕るものニて候　頃日妻を離別仕候処毎夜〳〵夢見悪しく候間　陰陽頭安部晴明公へ尋参り　夢を転じ災を除き貰バはやと存候　陰陽頭へ案内を申さん

清明　〽何条何事そや

下京　〽抑我ハ下京辺のものて候が此程妻を離別仕候処　毎夜夢見悪しく候間　悪夢を転じかへ並に身の上の災を払除き給われかし

清明　〽いか様汝が身の上へに女の生霊災をなす旨五音に顕れ相見へ候　実ニ此程毎夜深更に及び貴船の社へ歩ミを運ぶ女有リと聞及ぶ　必定汝離別の女に違有まじ　イデ〳〵我が秘法を以て災を除き与ふべし　先ッ茅の人形を人尺に造り汝が性名を内に込　五尺の柵に是をすへ四方四面に注連を引幣帛を捧げ肝胆丹誠を抽すべし

抑呪詛怨念の始といつぱ　神代に於て磐長姫命其形醜しとて天孫宣しを甚恥恨ミ玉ひて　天地の神を祈り玉ふ是を以始とす　今此女貴船明神へ歩ミを運び自鬼女の形と成天地を逆に詛ふ共　猶天神地祇の神力を以て早々其怨念を破却ク退散なさしめ玉べし　呪詛神を小船に乗て流すにハ宇治の川瀬に早く流るゝ　謹請再拝〳〵敬白　如斯心魂肝胆を砕き祈り転し候上ハ早く其人形を汝が寐屋に立置べし則誠の夫女と思ひ不時の命を取とらんとて天動雨降雷電天地頻に大暗闇　忽ち鬼の形を現ハし其人形をかい掴ミ虚空をさして上らんが　斯ク祈り転じ候上ハ何条汝が身の上少も過有之まじき間其段案心致べく候

下京　〽アラ有難や候　偏に行力神力の御かけ猶も神明清しめのため一奏幣を奉らはやと存候

下京人舞、次ニ鬼出舞。

切　〽嫐《ウワナリ》の髪を手にから巻て捶をもつて打や打今こそ本望叶ふたれ　アラ悦ハし嬉しやな

恵美須

神主 〽国を始て急くにハ四方こそ静かなるらん

加様に候ものハ雲州蘇我の里御蔵の宮の神主ニて御座候　我レ此程不思議の霊夢を蒙り候程に西の宮蛭児明神へ参らばやと存候

〽我頼む蓬が島へ急くには国々廻る春の日も光り和らく西の海蛭児の宮に着にけり

〽急ぎ候程に蛭児明神へ着て候　暫く此所に休らひ里人をも近付　当社の次第委く尋ねバやと存候　いかに里人や御入候へ

里人 〽里人と御尋候ハ何国より御出の御人ニて候

神主 〽抑某は雲州御蔵の社の神主ニて　当社へ始めて参詣のものニて候　若当社の宮人ニてもおわしますなら　当社の次第御神秘委く御物語たび玉ひ候へ

里 〽さん候　某も此所に住居仕当社に仕へ候得とも　元来身分貧しく修学の暇なく委しき事ハ不存候　併古人の語り伝へ山の端をあら〳〵申さふずる間　先ッ其元ニも暫く夫レに座せられうずるニて候　抑此西の宮蛭児明神と申るハ　中殿ハ蛭児命　東殿は大己貴命　西殿は事八十神也　是を西ノ宮三所と申奉る　倩《ツラ〳〵》以《ヲモンミル》に神代巻ニ曰

諾冉二尊列国山河草木を生ミ給ふ　次ニ一女三男の神を生玉ふ　一女天照太神　次男月読尊　此両神ハ御徳勝れ光り甚敷ゆへ天上《アメ》に送リ上給ふ　日神月の神是なり　三男蛭児四男素戔嗚尊也　中にも蛭児命ハ三歳に成玉ふ迄脚猶立ず　天ノ櫲樟船に乗せて風のまに〳〵放棄玉ふと見へたり　爰の奥理《ヲフリ》を考ふるに此神ハ蛭のごとくにして骨なきゆへに脚立ざる様に聞ゆれ共　全く左にあらず惣じて神明に限らず人民に至迄　智仁勇の三徳なくては国家を治る事成がたく　然るに此神物を恵むの仁徳のミ厚くおわしまし　智勇の徳疎くして国家を治る事不能と思し召　海上の事を授け玉ふと見へたり　此御船摂津国西の宮の浦に着長く此所に留り　或時ハ浦に出釣を垂レ楽しミ座ます　今恵美須と申奉るハ是也　此神仁徳厚く物を恵ミ玉ふ神なる故に浦にては浦恵美須　家内ニてハ棚ゑびす　商人ハ商恵美須と所々に尊敬し奉るハ此謂れ也　則此所へ蛭児命降臨有ふずる間　ゆる〳〵と神姿を御拝ミ被成候へ

神主 〽嬉しきかなやいざさらハ此宮かけに旅居して風も嘯く寅の刻神の告をも待て見ん〳〵

神〽津の国やむしをの里や須磨の浦蛭子の宮と人に知らせん　我ハ是伊弉諾伊弉冉の子と生れ蒼海《アヲウナバラ》を譲りに得青人草を加護せんと此浦に止まつたり
神主〽謂れを聞バ有難や　人間万民さま〱に諸願成就なるやらん
神主〽抑祈れ〱只正直正路を先として祈らばなどか聞ざらん
神主〽実々聞バとうとやな和光の仁《メグミ》ます鏡
神〽千早振神の遊ひを今爰に青海原の風もなく糸打はへて魚を釣ふよ

舞

切〽自現爾神徳有難し〱　福禄普く西の宮　深き仁徳《ミノリ》ハ有明の月諸共に照り渡る　神徳福徳智恵の海　願ひも満る西の宮　恵美須の加護こそありがたき

八岐

老人〽抑か様に候ものハ此出雲国簸の川上に住居致ス国津神　名ハ脚摩乳　妻ハ手摩乳　此姫ハ奇稲田姫と申ものニて候　去レバ此簸の川上より掛樋を以テ水を取　千町万町の田地を開き　日のぼりの長者と迄人に知られし者なるが　其水を取たる報ひにや　我レ八人持たる姫を七年に七人　八岐の大蛇に取られ　今年又此乙姫も大蛇に取られんかと歎き悲しミ　比日承れハ天より素戔嗚尊とて貴き神の天降り給ふよし　是を頼ミ奉らバ若しや此姫が命助かる事もあらんかと　是迄参詣致し候

舞

介添〽抑是ハ素戔嗚尊に仕へ奉るもの也　ヤア〱老人其方ハ何ものそや　見れバ夫婦の中に壱人の姫を居へ置かい撫で泣く有様　素戔嗚尊あやしく思召れ子細を尋ね来れとの勅なるぞ　具さに事の子細を可申候
老人〽是ハ〱有難き御詞を承り候ものかな　ソモ某ハ国津神脚摩乳　妻ハ手摩乳　姫ハ奇稲田姫と申候　泣ゆへハ此簸の川上より掛樋をもつて水を取多くの田地を開き候ひしが　其報ニて候か　僕《ヤツカレ》八人持たる姫を七年七人迄八岐の大蛇に呑取れ　今残りたる此姫も又もや大蛇に取れんかと　夫婦か様に歎き悲しミ候也　何とぞ此難を遁るゝ筋も御座候はゞ偏に助け給へかし
介添〽実々聞ハ尤哀れ成ル次第かな　太神もかゝる事と察

し入玉へバこそ某に仰セて事の様子を尋させ給ふ　此上ハ気遣ふ事なかれ　大蛇をも太神の直に退治なさしめ玉ふべし　先其姫を尊ニ捧げ奉るべし　然ふして八間に垣を結ひ七尺に棚をつり　又八醞《シヲリ》の酒を造り各八ッの酒船を居置　酒をたゝへて並へ置　棚の上にハ姫を遷して上ゲ置バ　槽《サカゾネ》毎に美人の姿うつろい　大蛇其中にこそ姫有と各八ッの槽を悉く呑干は　定めて酔くちて眠らん　其時尊寸々《スタ〳〵》に退治なさしめ玉ふべし　旁々安心致さるべし

老人〽あら有難や　姫を此儘奉るべし　併暫時ハ親子名残の舞一奏御ゆるし候へ

老人〽あれ〳〵御覧候へ　村雲の棚引来りしハ大蛇来るにて候わん

神〽あら不思議や大蛇を寸々と切とき　尾に至て剣の刃少シ欠　其尾を裂て見て有れバ中に一ッの劔有実理りや　大蛇住む上に常に雲有りしも此劔の徳なるか　今より村雲の劔と号け　天の神へ捧ぐべしャア〳〵誰か有

介添〽御前に候

神〽汝此二振の剣を持て諸願成就所安全と舞治め天の神へ奉るべし

介添〽畏て候

天神

菅公の従者老松の神〽抑是ハ菅相丞(ママ)道実公に仕へ奉る老松といふものにて候　去れバ我君誠直のミの忠勤を専らと君に仕へ奉り給ひしに　いかなる事にや讒者の舌ニ覆《クツガヘ》され　罪なき身を太宰帥《ソツ》に遷し下され筑紫に左遷せられ玉ふ　其身空しく朽果るを厭ひ玉ふにハあらね共　讒佞邪曲の輩を其儘にして差置バ　国民の歎さし当てハ国体安穏の程も覚束なし　依て此度一通の告文を以テ天に捧げ訴へ　讒賊の族退ん事を斗らんと思召　天拝山に登り三七日祈り玉ひし所　アラ不思議や有難や一群の雲舞さかり　告文をまいて天に上りしハ偏に天感応の印にて候わん　今より君の心魂ハ都に登り帝の影身に添給ひ玉体を守護し玉ふらん　某も御供申べし　定めて遠からぬ天雷讒賊の徒を退け玉わん　アラ悦バしや候

舞

讒賊二三人も出る〽扨もひどひ処でハ有ぞソリャ光るハソリャ鳴ハヤレ〳〵恐しや〳〵　二階の有家ハないか傘をさせ

〱　是ハ定て我々が菅相丞(マヽ)を讒言して罪ニ沈めた報で有ふ　ノゥこわや赦し玉へ〱アレ見よ爰へ神の顕れ来り玉ふ　ヤレ恐しや〱ぐわら〱〱

爰ニて雷神出舞讒賊を摑ミ殺す

内ばやしより云　〽其時雷神讒賊の族を悉く引裂捨　虚空に上らせ玉ひければ　忽ち空晴雨風治まり遥に音楽聞へけるが　アラ有難や菅大臣ハ北野社に天満宮と現れ玉ひて宝祈長久大平と守らせ給ふ其神姿を則爰にあり〱拝むぞとふとけれ

神　〽梅あらハいかなる賊がふせ屋迄我立よりて悪魔祓わん

風　宮

抑是ハ勢州太神宮の摂社に祝ハれたる風神級長津彦命といへる神也　然れハ蒙古の国より多くの賊臣数千艘の兵船を催し　我国を窺ふよし時の天子より勅願を受　只今かけ向ッて是を防ばやと存る也

舞

鬼　〽あれに立向ふたるハいか成神ニて候や

神　〽ヲ、我ハ是　伊勢国風神科長津彦命也　汝ハいかなるものやらん

鬼　〽ヲ、我ハ是　蒙古の国ノ大王也　然るに今度汝等が住大日本の神国を一戦に攻崩し　我国の奴とせん為　甲冑兵船を催し只今是迄来りたり　イデ〱夫へ乗掛て汝を始め一々に手捕にせん事の嬉しさよ

舞　爰にて大風吹起り賊船悉く覆がへる体

鬼　〽いかに神へ申上候

神　〽何事ぞや

鬼　〽去れバな神国へ来りて神軍とは知ながら　分て太神の神徳はげしく忽ち大風吹起り数千艘の舟悉く覆り　斯る浅間敷体に被成候　今より長く日本へ敵心をなす間敷命斗りハ只々御助け被成候へ

神　〽いやとよ汝がいふハ愚　此度の軍に打勝賊徒悉く退治せバ　今より長く我社に宮号を送り　風宮と尊敬せんと勅命に依てはせ向へバ　命助る事思ひもよらず

佐　陀

ツレ神主国を始て立出る空も長閑き気色かな

詞　〽加様に候ものハ九州肥後国阿蘇ノ宮の神主にて候　我

いまだ出雲を見ず候程ニ　此度思ひ立　出雲へと志候
又能次手なれバ同国左《(ママ)》陀の社へも参詣せばやと存候
ツレ〽旅衣猶立重ね行道の舟路遥に石見潟　暫し休ろふか
たもなく杵築御崎も打過て　左陀の社に着にけり
詞〽急き候へば　はや佐田の社へ着て候　此所に暫く休ら
ひ宮人をも近付　当社の御神秘等委しく尋ばやと存候
シテ老人〽千劔振神代の昔あらわれて佐陀の社と人に知ら
せん

舞

詞神主〽是なる老人に尋べき事の候
詞老人〽老人と有ハこなたの事か何事にて候
詞神主〽我ハ九州肥後国より当社初て参詣の者ニて候　若
シ宮人ニてもましまさば当社の御神秘御聞せ候へかし
シテ老人〽夫当社の御神秘といつぱ　往古祭来神位の事ニ
て御座候が　抑天上《アメ》に有てハ日神月神　地においてハ佐
陀三社の大神と申て　天下を守り国土を守護しおわしま
す　第一伊弉諾伊弉冉尊　左りハ素戔嗚尊　右は瓊々杵
尊　是を佐陀三社と申奉る　又加々久計止と云所有　此
所ニて天照太神生れさせ玉ふと云伝へ　則其時呑給ふ御
乳の流と申して清き水有　是を汲上て呑人は老せず死せ
ず不老不死の薬と成ル　又爰に常夏の橘といふ物有　是
らをこそ御神秘と申なり
神主〽迚もの事に神無月の事物語り給候へ
ツレ老人〽アラこと〳〵しき御尋やな　余国ニてハ神無月
と申せども　当国ニてハ神有月と申　これこそ深き理《コトワリ》有
密に語り申さんと　内ばやし〽云捨やがて老人ハ鳥居の
万に立紛れ　姿ハ見へず成にけり
ツレ神主〽嬉しきかなやいざさらバ　此宮かけに旅居して
風もうそ吹寅の刻　神の告をも待て見ん
内ばやし〽俄に御殿動して玉の簾の内よりも　金色の光さ
す　神体是まで顕れたり
中老〽外玉垣や〳〵現れ出し神姿　是こそ千代のはじめか
な

舞

内ばやし〽不思議や黒雲覆ひかゝり　俄に雨風さわぎ立
虚空に音楽聞へけるが　龍神是まで顕れたり

舞

内ばやし〽其時龍神五色の龍蛇を捧げ上れバ　太神是を受

取玉ひ　宝の御蔵へ納玉へハ　忽龍神立くる波を蹴立〱　海中にこそ入玉ふ

関　山

僧　抑是ハ三界無庵の修行ニて候　我天竺に生れ提婆の流を学ひ　大唐を経廻り　普く三千世界を尋れども　法力行力手に立もの一人もなし　今此日本へ渡り来て　有ゆる神祇を随へ靡け　一度此神国を我道学の奴に成さんと思ひ立　先ッ此関山に来て摩道養ものを退け去　我が存念を達せばやと存候　暫時此所にとゞまり此山の有様を伺ひ見可申候

舞

大天狗〽あれに見へたるハ何ものぞや

僧〽ヲ、我ハ三界無庵の修行なるが　幼なき時より天竺提婆の流を慕ひ行力徳力功を積ミ凡三千世界に手に立もの一人もなし　今此日本に渡り来て普く神祇を押随へ　一ト度国を覆へさんと思ひ立たり　汝我に随ひなバ長く我奴とせん　否といわゞ立所に我行力の秘術を以一命を失ひくれん　いかに〱

大天狗〽アラ事おかしや　抑日本といふハ神明の御国とて汝が如き邪法の輩一時も足を止る国ニあらす　我こそ天津神の狗と成て　一天四海を飛行し　汝が如き悪心欲心高慢我意の者共をバ　立所に引裂くれん事　我が業とする所也　汝一命おしくハ早く心を翻へし　今迄学び得たる外法を捨　潔《イサギヨ》き神国の教に元づきなバ　見逃しくれん　さもなくハ汝が運命とゞめん事　只今の事なり

僧〽サテ面白し〱いざ是よりハ我行法の力を以て　一戦ひ勝負を決せん

舞　　大天狗僧を裂殺す

切〽あら有難し〱　げに神国の威法にて　悪心慢心忽ちに　身を八ッ裂に引さき捨　喜悦の眉を開きつゝ　虚空に飛行し失にけり

弓　八　幡

仲哀天皇塵輪ヲ退治シ玉フ説三部古語拾遺等ニモ無之雑書説ニシテ雖レ難レ用帝ノ武徳ヲ顕サンガ為ヲ雑楽ノ中ニ加之モノカ

神〽抑是ハ人皇十四代の主仲哀天皇とハ朕ガ事也　去レバ

異国ょり来ル塵輪と云もの　身に翅《ツバサ》有て　虚空を飛行し
神通自在の強敵　数千騎を随へ攻来て　日に千人の味方
を亡す　丸朕官軍の中に敵するもの不可有　丸十禅万乗
の位徳を以て　是を退治せばやと存る也
鬼〽あれに立向ふたるハいか成ル神ニてましますぞや
神〽ヲ、朕ハ是此日本の主也　汝ハいかなるものぞや
鬼〽ヲ、我ハ今度日本征罰の大将軍たる塵輪といふもの
也　汝一命惜む物ならハ早く我レに国ヲ譲りて　此所を
立去べし
神〽アラ愚《ヲロカ》也　汝何程飛行神通軍術他に起るといへども
朕又天神地祇を頭に戴き　十禅万乗の徳ニ神変不測の弓
箭を以て　汝が運命とゞめん事只今の事成
鬼〽アラおかしやな　さらハ一合戦仕らん
舞
切〽今迄荒たる強敵ハ　神徳国徳弓矢の威徳に忽ち治り
今こそ目出度大日本正八幡の御神徳有難かりける次第
也

五龍王

春霞物のいひしハとひつべし山のつわるを見に付ても
夏山や森の梢ハ高けれど空には蟬が琴を調ぶる
秋鹿が身をバ紅葉に隠せども恋路になれバ声をおしまず
冬来れば青葉の山もうせにけり昨日ハ時雨今日ハ初雪
〽抑是ハ青帝青龍王赤帝赤龍王白帝白龍王黒帝黒龍王と
申す四人の臣にて御座候　然れバ今度東西南北を我々四
人へ領地として　国土安穏に治めよと　四方の神の命り
により是迄罷出候
〽夫青帝青龍王ハ青き徳を主宰て是ょり東を知行せん
〽又赤帝赤龍王ハ赤き徳を主宰て是ょり南を知行せん
〽又白帝白龍王ハ白き徳を主宰て是ょり西を知行せん
〽又黒帝黒龍王ハ黒き徳を主宰て是ょり北を知行せん
使〽のふ〳〵四人の龍王達に申べき子細の候
青龍王〽是ハゆら〳〵不審也　聞も覚へぬ声として　我等
四人へ可申子細とハ　委細何事ぞ　早々仰候へ
使〽龍王達知し召れず候哉　我ハ是中央の主黄帝黄龍王の
臣下也　去れバ君達四神の命を申立　此中央を押領し給
ふ事　甚だ以て不審《イブカ》し　ソモ此中央の地と申するハ　埴
安命の命令に依て我君黄龍王こそ領しさせ給ふ　定めて

君達も知し召ならん　今いか成ル子細に依て如此領地を奪ひ玉ふか　急度《キット》糾し来れよと某を使者に立給ふ　委細具に答候へ

青龍王〽実々仰ハ候へ共　抑東方句々廼馳命　南方軻遇突智命　西方金山彦命　北方罔象女命とて　四方の主の御神より我等四人に命令有りて　四方の領主と成シ給ふ　黄龍王と申するハ努々《ユメユメ》以て不しん也

使〽のふ〳〵いかに龍王達　可申事申さでハ還て乱ヲ招くとやら　我君黄龍王と申するハ　勇猛軍陣長ヶ玉へバ甲冑を身にまとひ多くの軍勢引随へ　矢先を以て領地を返さん　追付御供申べし

青〽兎も角も御勝手たるべし

黄龍王〽紫の雲の中より分ヶ出て黄龍王とハ我をこそいふ

青〽是ハやら〳〵不審也　天長地久の政を執行ふ砌さもあられん風情ニて　此道場へ踏込ハ甚以不審也　早々様ハ答候へ

黄〽君いまだ知し召れず候哉　我ハ是中央の主黄帝黄龍王といへる者也　されバ君達神命ヲ頭に戴き我が中央を押領により　度々の違論に及べ共乱山長々として　使徒に皈りなどか本意にあらさらんや　願わくハ貴殿広太の恵を垂れ　所領返し給わらバこそ　天下泰平なるべきぞ

青〽実々仰ハ候得共　吾等四人こそ神命有　黄龍王と有べきハゆめ〳〵以て不審也

黄〽のふ〳〵いかに龍王達　天地有バ四方有り　四方有て中央あり　そも某ハ中央の主たり　五行五方五臓五音是皆天地自然の大道也　譬へバ四方を治る共中央の鎮主なくてハ　などか泰平可成ぞ　早々領地返されでハ叶ふまじ

青〽実々仰ハ候へ共　神命を以て治るハ天地自然の与ふる所　汝其身の勇権をもつて天下の道を覆かへさんとハ　其罰至て軽からす　早々住家へ立去べし

黄〽実々いかに龍王達　身を塵芥より軽くして　国家の仇を鎮むるハ是又天下の大道也　今龍王達の勢見れバ　江河余陳に満々て　譬へハ我一人向ふ事蟷螂が斧を以て立車に向ふが如しとハ申せども　運ハ天に任せ弓ハ弦刀ハ目釘太刀ハ鍔甲ハ緒をさかへ　一時に取て勝負を決せん　命惜くハ立去たまへ

青〽実々仰候ものかな　我等四人を敵となし運を天に任さんとは　其旨以て面白や

黄〽のふ〳〵いかに龍王達　栴檀は二葉よりかんバしきといふ　其上某と申するハ金の中の精金　砂子の中の水精　玉の中の名玉と思ふ我身て有ものを　早々所領返されて叶まじ

青〽のふ〳〵いかに龍王達　天に鉄の網をはり　地に火炎を出し　黄龍王を退治せん

黄〽努々夫にも恐れまじ　龍王達の天に鉄《クロガネ》の網を張り地に火炎を出し玉ハヾ　我ハ是大海の底に分入　数万の悪龍引随へ龍王達をおそふべし

青〽のふ〳〵いかに龍王達　黄龍王の勢見レバ　山川万里ニ　満々たり我等も勢を揃ふべし　先以て我が勢と申するハ元来東方の主に候へバ木の色を像《カタド》り　青き名馬に青き鞍置幣幡勢々軍兵太刀刀鎧腹巻調へて　其勢十万余騎の勢を引随へ　是より東に当つて青き山を陣に取たり　南方赤龍王の御勢ハいかに

赤〽抑我が勢と申するハ　元来リ南方の主に候へバ

……二十万

〽西方　……三十万

〽北方　……四十万余騎

黄龍王の御勢ハいかに

黄〽抑某が勢と申るハ　元来リ中央の主ニ候へバ　土徳の色を像り　黄なる名馬に黄なる鞍置幣幡勢々軍兵太刀刀鎧腹巻き調て　其勢五十万余騎を引卒し　是ヨリ中央におゐて黄なる山を陣に取て候

青〽のふ〳〵いかに龍王達　我等が勢ハ叶ふまじ　天の力を借りぬべし　謹請再拝〳〵敬白　抑吾国の怨敵ハ天の村雲広鉾瓊矛苅神戸の剣ノ徳を以　速々鎮め玉へ　別て神代四弓の神徳　かゝれや〳〵退治や〳〵

老翁〽是々鎮り玉へ〳〵

五人〽我等が勢を鎮むるものハ　天カ下ニハ覚へなし

老翁〽イヤ〳〵鎮り玉へ龍王達　吾ハ是天神七代地神五代の御時より国家の危異を鎮めつゝ　天下泰平を執行ふ塩土ノ翁とハ我事也　去レバ四方の霊神より命令を蒙り四方を領し玉ふといへ共　さらに不審の思ひを晴さずイデ明白に正し参らせん　先以て神代の昔を尋るに　天地いまた開けさる時　国土浮れ漂ふ事　譬ヘバ猶鶏の子の如し　其清《スミ》明らかなるものハ靉靆て天となり　重なり濁れる物ハつゞいて地となる　然ふして神其中に現れ玉

ふ　是則陰陽の根元大極の像なり　大極別れて陰陽と成　陰陽変して五行と現われ　五行相生して万物を生ず　故へに人に五体ありて万事を調ふ　腹に五臓有て一命を繋く　音に五音有て詞を分つ　天地に五方有て国家を調ふ　是則天地自然の大道也　などか四方有て中央有さらんや　能々工夫を廻らし候へ　今此翁が意見に付給ひなバ　各等分に所領を分ち参らせん　先以て青龍王殿ニハ是より東をバ甲ノ郡乙ノ郷と申て　山川海里合て数万里の国也　春三月九十日なれ共　此内十八日春の土用と残し置　残る七十二日を領し玉ひて　青き幡をバ寅卯を堺に御立被成候て　東を知行被成候へ　赤龍王殿ニハ是より南をバ丙ノ郡丁ノ郷と号て　山川海里合セて数万里の国也　夏三月九十日なれ共　此内十八日夏の土用と残し置　残る七十二日を領し玉ひて　赤き幡をバ巳午を堺に御立被成　南を知行被成候へ　白龍王殿には是より西をバ庚の郡辛の郷と申て　山川海里合て是数万里の国也　秋三月九十日なれども　此内十八日秋の土用と残し置　残る七十二日を領し玉ひて　白き幡をバ申酉を堺に御立被成　西を知行被成候へ　黒龍王殿ニハ是より北をバ壬ノ郡癸ノ郷と号して　海山川里合て是も数万里の国なり　冬三月九十日なれ共　此内十八日を冬の土用と残し置　残る七十二日を領し玉ひて　黒き幡をバ亥子を堺に御立被成　北を知行被成候へ　黄龍王殿ニハ是より中央をバ戊の郡己の郷と号して　山川海里合せて是も数万里の国也　春の土用十八日　夏の土用十八日　秋の土用十八日　冬の土用十八日　四土用合せて七十二日を領し給ひ　黄なる幡をバ巳辰未戌を堺に御立被成　中央を知行被成候へ

黄〽あの端此はしの分残りハ入不申候

翁〽是々能々聞玉へ　四土用合て七十二日いつれ共多からず少からず皆等分の所領也　惣して中央ハ五行の司天地の要也　結局黄龍王殿ハ五人の主宰《ツカサ》と相見申候　山川田畠家内の守護神大土公神共成り給へ　扨青龍王殿の后ハ木気木徳神と成り給へ　赤龍王の后ハ火気火徳神と成玉へ　白龍王の后ハ金気金徳神と成り玉へ　黒龍王の后ハ水気水徳神と成り玉へ　黄龍王の后ハ土気土徳神と成給へ　青龍王の十人の御子ハ甲乙丙丁戊己庚辛壬癸と申て　十干の神と成り玉へ　赤龍王の十二の御子ハ子丑寅

卯辰巳午未申酉戌亥と申て　十二支の神と成玉へ　白龍王の十二人の御子ハ昼の六時夜の六時合て十二時の神と成玉へ　黒龍王の十二の御子ハ建除満平取定破危成納開閉と申て十二の事次神と成玉へ　黄龍王の二十八人の御子ハ角亢氐房心尾箕斗牛女虚危室壁奎婁昴畢觜井胃鬼柳星張翼参軫と申して　廿八宿の神と現れ玉へ　又東西南北四人の龍王達の女のとハ年の友引月の友引日の友引時の友引と申て　此四ツを可司　黄龍王の女のとハ金神の守護と成給へ　扨又四人の龍達の後見各夫婦八人の衆ハ大歳大将軍大陰歳刑歳破歳殺黄幡豹尾と申て　八将軍と成玉へ　黄龍王の後見夫婦の衆ハ二季天正丸神と成玉へ

四人〽左様の義に候ハヾ只今老翁《ヲヂ》の御徳を貴ミ　千両の車に万両の黄金を積んで参らせん間　万代不易に人民の助けと成玉へ

翁〽実々是ハ御心付候ものかな　左様も候ハヾ龍王達　今より後尚々以て志を合せ徳を斉ふして　先山ニてハ山神　河川ニてハ水神　木ニてハ木神　火ニてハ火神　土ニてハ土神　金ニてハ金神　春ハ井手の神　夏ハ水口の神　秋ハ稲の神　冬ハ内の神　正月より陰陽年徳の神共被成せ玉ひ　家内安穏福禄円満長久に守り玉べく　扨黄龍王ニハ中央の地へ皈らせ玉ひて　四方の要静謐専らと守護被成候へ

黄〽畏て候

翁〽又四人の衆中ハ四方天地合せて六所静謐長久　堅めの祭り専一と御舞被成候へ　翁則端取を致し申べし

是より六所祭の舞也

石見国邑智県河本庄　弓峯宮奉仕美濃守従五位
大宮司兼神主平朝臣重賢慎而言

夫レ御神楽と申ハ神祭乃大事　仮リ仁茂疎《ヲロソカ》なる事ハあらず　去れバ古ヘヨリ当国にても神事大礼として　此御神楽執行七来りし処　今ハ畳年末伝乃費歟何時となく其形は崩れて　卑俗の戯礼にひとしく　其言は誤て浮屠の偽訛に落入り　清々しき神祇の学びは　指を折て算るにも至らず　予密におもふに　中古乱世の砌より兵乱の為に妨られ　諸社家モ修学乃暇なく　自ラ愚智盲才に成行　此におゐて神祇の道も暫《シバラ》ク衰たりとや謂む　斯る節に至て正伝自然と亡失し嘘訛ます〳〵蔓《ハビコレ》り　漸神君の

御代に移てより已来《コノカタ》諸人も安住に基き　社職も神勤の間《イトマ》を得てハ　書に眼を晒すといへども　未ダ此神楽の崩誤を正し補なふ者なし　僕是を見るに忍びず聞に堪ずといへとも　如何せん文盲不才にして　是を改むるに力及ハず　しかはあらども(ママ)衆人の嘲《アサケリ》　神慮の恐れ是を思をこと切なるにより　仮名書の書の端々を伺ひ　一ッ二ッと正し改むるといへども　元来力なく文拙きによつて未ダ其半ハ古来の誤り其儘に残せり　若後之賢者僕が寸志を憐ミ続　是を正し全フし給ハらんにおゐては　幸慶なにか是にしかずと云爾

　　文化七庚午稔仲冬上旬

是書

　文化九壬申仲春

　従五位美濃守先生ヨリ

　　伝之写

　　　大宮司

　　　　静間兵庫吉就

2　神楽舞伝記

（表紙）

湯浅速雄　藤原次輿講述

神楽舞伝記　其ノ二

東湯浅家什品

嫡子好文孫々ニ伝フ

劔舞

〽幣立るこゝも高天の原なれば
　あつまりたまへ四方の神かみ

いごどのぶんにてもうたらべし

掛歌

〽つの国や和田のみさきにしぐれきて
　笠持ながらぬるゝそてかな

〽大空の雲のけしきはよけれども
　あま夜の星は月かさをめす

〽もしふらばおやとたのみ三笠山
　あめもらさしのかしはでのもり

拍子かわる

〽降りたまへおりの御座にはあやをはへ
　　にしきをならべ御座とふましよや
〽ゆるぐともよもやぬけしのかなめいし
　　かしまに神のあらぬかぎりは

命　拍　子

〽差しあぐる此いに神は降りたまへ
　　しづ〳〵おがむそがのさと人
〽夏の夜におふきはもたねど夏すぎて
　　すつしくあそぶそかのさと人
〽とくをとれ三笠山にあまるほど
　　神みないでゝみそなはすなり
〽天の戸を開て月は夜もすがら
　　しづ〳〵おがめそがのさと人
〽かくせよと袖よりかよわすたまづさを
　　またよの人にあはんとぞ思ふ
〽ゆるぐともよもやぬけしのかなめいし
　　かしまに神のあらぬかきりは
〽うしをくむひよごの浦のはまひとが
　　うしをはくまで神をおろがむ
〽そがよりも南に見ゆるかの山を
　　しづ〳〵おがむ曾我のさと人
〽よろづよと祈りおさむる此村に
　　あくまはよせしさよにふらしよや
〽千早振あまてる神のみよなれば
　　下をぞおかむ空をいたゝく

拍子かわる

〽しづや〳〵しづのおたまきくりもどし
　　むかしをいまになすよしもがな

鈴合舞ノ順序

先鼓頭座付歌ヲ始ムル。舞子各鈴ヲ右手ニ持、左手ニ刀ヲ持、脇ノ下ニハサミテ、順々ニ立並ブ。歌ニ応ジ行殿ニ出ル。此時四人共ニ歌ヒツヽ、右ニ廻リ左ニ廻リ、モドリ元ノ座ニ皈リ、直ニ八ツ花終リテ座ス。次ニ鼓頭打始ム。六チヨシ、四人見アイテ立ツ、神ミムカヘ前の手終レバ、四人マワリカヤリシテ座ニ付ク。太鼓留む。

次に鼓頭打ダス　トコトン トコトン是ニ応ジテ四人見合テ立ツ。東ト南ト向合鈴ヲ振リツ、カヾム。頭ヲ上ゲテ直ニ東ト北ト、南ト西ト向合テ前ノ如シ。終リテ頭ヲ上グレバ、鼓シヅカノ歌ヲ始ム。舞子鈴ガヘシの手右ニ廻リ左ニ廻ル。終レハ直ニ目ゴシ。此手終レバ切入、終ニ両手ヒラ〱ヲシテ、右ニ廻リ自分座ニ皈リシ時、四人一度ニ左膝ヲツキ、立チテ順足ニ左ニ廻リ皈リ自分座ニ立ツ。鼓やミテ歌。

〽しきよしき四季の草木おもしろし　東者春にて花ひらく　南は夏にて草しげる　西ハ秋にてもみしちる　冬ハ北にて雪つもるなり

トコトントコトン　ト鼓ヲ打ツ。是ニ応じて東西順足ニ鈴ノ手ヲ出シ、右廻り入合まわり自分の座ニ皈り、刀ヲ出シテ左廻り自分座帰立留。次ニ南北前の如し。次ニ東南。西北四人一時ニ前の如し。次ニ東北。南西四人一時ニ前の如し。終而太鼓やむ。歌

〽サレバ歌ニもよまれたり　東青　南は赤く　西しろに　北黒　中は黄なりとぞいう

次ニ太鼓打出ス。是ニ応じて東西入合かやりて、向座ニ行し時左膝をつき立て自分の座ニ帰り立ツ。次ニ南北同じ。次ニ東南、西北四人同じ。次ニ東北、南西四人一時ニ同じ。

終而太鼓留む。詩。

〽昔し唐人日本の山を見て曰ク　せいたいわ　衣の如ク　いわほのかたにかゝり　白雲帯の如く　山のこしをめぐる

是を日本の人笑て曰ク　歌

〽こけ衣承るいわほはさもなくて
きぬきぬ山がおびをするとは

次ニ太鼓打出す。是ニ応して四人一度ニ刀と鈴と、ちよい〱と内ニ向振り終りて、左ニひき右ニひき、足こんごして右左と廻り終る。太鼓留。

〽時折時に遊びもうせば

次に太鼓打出ス。是ニ応じて刀を左ニほとよく打振ツヽ、外左ニ向テ左膝つきて立つ。右ニ向キ右膝をつきて立ち、又左の膝をつくこと前の如し。立ちあかれは太鼓留む。此手ハ極静ニ四人見合てなすわざなり。

〽いかに嘻しとおほすらん

トントン　ト太鼓打出バ、是ニ応して四人一時に刀を車の如まわしつゝ、鈴も振つゝ右ニ廻り、元の座迄行バ、刀を右ニ取替鈴を左ニ持て前の如しつゝ、左ニ廻り皈り鈴を置テ刀の

つかを両手ニテさかさまに持ち、手を左右左と振ツ、かゝみ、もとにをさゐながら刀の上を右左右と三度とびて立上ると、刀のつかを右の手に持直し、八ツ花ニテ終ル。

　此時此所ニ紙をほどよく巻てしかととめおくべし

太鼓打出せば立上り、刀の紙の巻有所にきりてつゐの如ニしつゝ、歌ニ合テ右ニ向キ、左ニ向キしながら、向う座ニ行し時、外ニ向て足ふみして又前の如クしつゝ廻り帰り、自分の座ニテ内ニ向キ、ちよしニ合足ふみして、直ニ刀のつかトきツさ巻紙所を両手ニ持て八ツ花、八ツ花終りて組刀（此組刀ノ事くだ〳〵しき故に筆記しがたし。師ニ付て手品ハさつかるへし）組刀終りておしまい。

初より終りまで師ニ付てなろわされバ記なしかたき事多し。

四　方　堅

いづもにィわァー。かみわあれェどヲもヲ。ーすずがァなァミミアいー。ーかわらァけすゥずゥてエ、ーミかみあそヲび

イしよをや。ーかァみあそヲびしよをヲミミミヲやァミー

よろつよヲとヲミ。ーいのりおーさァ　むゥるゥ。ーこのむらァミミアにイー。　あくまわよヲ　せェじイミさよにふゥらァしヲよをや。ーさよにふゥらァしよをヲミミやァー

　いひゐ、へ江、はわ、ふう、ずづ、等かなかへ有之も読やすき様を書置たれば其心して見給給。

太　鼓　口

さいはいやハアーm

へェいたァつゥるゥー。m。こヲこヲもヲ、ーm。たァかァまァのホヲー。アーはらなれエーば。はらなればあつまァ、りイーーm。たァまへエヨホー。ハアよものヲ、かアみ　がァωみ

さァかァきイばァをーミミ、。　みィふゥねェにイーミつウくゥりイてエー。アーおきにイうゥけ。かみかァぜエーミそヲろヲゐエ、ヨホーハア　かみむかへェしよヲやァ

同

ハアー　おりたまァへーーωおりイωの。こざァ、には。あや

をはアゐーアゐー　にしイーきを。ならべーヤアーー。エー
ござとふゥ、。　まアしヲよヲやアハアー。　にしイーきを。
ならべーヤアエーござとふゥ、まアしヲよヲやアハー　に
しイーきを。ならへーヤアエーこざとふゥ、まアしヲよヲ
やアハー
ゆるぐとヲもヲミ　よもヲ、やぬけエ、じのかなめいイ
ーミイしイかしイまに　かみイのヲー、あらのかア、ぎイ
りイわアー　かしイまに　かみイのヲーあらのかア、ぎイ
りイわアー

潮祓

西イのうウみイ。きよヲーきイーあらア、しを。　くみイ
あげエーミエてエー　はらア、いイーきよヲーむるウ、ー
ハアこをどのヲ、のヲーうウ、ちイー
たちイばなアのヲ　おどのヲ、みそヲミぎイを。はじイめ
にイミーイーてエー　いまアもヲきよヲむるウ、ー　ハアわ
がみなアミりイ、けエ、りイー

かけうた

つきもヲーひーもヲミ　そらにひかアりイがアーミミあら
アざれエーばアー。いづくウーをホヲーミかアハ、ーみイの
ヲミあとヲとヲーミー　たづーねん
よろづよヲとヲーミいのりおさむるウーミミこのむらに。
あくまわアミミよヲホミせエ、じイーさよヲにイ、ーふら
しをや

命拍子

やくもヲーたア、つウミ　いづウ、もヲやゐーがアゐき。
つまアごめエ、ーミエてエー　エイやゐがア、きイーつウ
くるウ、ーヤアー　アそのやゐエがきを　そのやゐエがきイミ
ミイをミー
あめつウ、ちイミのヲミ。ふたア、つウ、のヲみたア、ま
アゐが。あらわれエーミーエてエー。　エイとよヲあア、し
イ、はアらのヲヤアー　アノしとのはア、じまり　しとの
はア、じまアミミアりイー

劔舞

サア、幣エいたアつる。　ここヲーもヲーたアハーー。ーハ

アかまアのヲはア、ーらアハーアーアなればアミヨヲホヲー　エ
イあつまアミーりイミイたまアへーヨヲホヲー　エ　よもの
ヲ、かアみがアミ。アみイー
サア、こヲのほどわ。　いまよヲミいヒーイつウー　よヲと
ヲまアーアつウほヲどヲにイーヨヲホヲー　エイねのよヲミ
のヲミーヲーつウきイわアミヨヲ、ー　エ、さよにイ、かアた
むウミウくウー

やちまた

みさアきイやアまアミおりつウーミのぼりイつウいイー。
いしずウーミりイーにイミ　はかアまアがアー　やれエー
てエーエイエへーきがゑーミたア、まアまアわアれエー
このむウらにイミーあくまわアーミよせじイまアー　まわよ
ヲミせエーじイ、よせじイがアー　ためにイエイエへーかみ
をーミしよをーすウるウー

貴船

からすウミみイミのヲミーからすウミみイーーのヲーミも
江たアミつウミ。ほヲどにイーヤアーミ　ハエーミおもへミ
ミどヲもヲーミー　ハアエミけむウミりイミたア々ねエミ
ばアミミしイるしイとヲぞなアミしーイミ

同

あしだアミはア、きイーミ
あしたアミ、はアミきイミゑだアなアミきイー。々にわア
ーヤアーミへハエーのぼるウミミとヲもヲーミへハアエふた
みイミちイミかアくるーウーヤアーミミとヲのは。たアのま
アーじイミ

志津か

志イーづや志イづ。　志イヒーづウやしイミづウー。　志
づのヲーミおだアまアきイくウー。くりイもヲーミどヲーし
イミ　むかしをヲー。　いまにイーエイへエーハアなアーす
ウよヲしイ、もヲミがアなアー

同

わアーがアこヲこヲろ。　わアがアーこヲこヲろヲ、ー。
とらばアーミよくとヲれエしイ、ーー。しなのヲミまアのヲ

ミかけひのヲー。みづのヲ、エイエ、ーハアたアーゐまアたア、ゐェまア、にイー

鈴人組だちの前立掛

へいイたアつゥ、る。こヲこヲもヲ、たアかアまアの。はらア、なアれェばハアー トコトン。トコトン。トコ。トコ。トコトン。トン。トン。あつまアりイ、たまゐェーよものヲ、かアみイがアハアーみイ──トコトン──

此ふしは山の大王に餅ヲまいらす時ト、キネの餅つきに。うたう也

手艸の歌

たアくゥさアはア、の。そだアちイわアーいづくゥ、いイー、づくなア、るゥ──

ハアたかまのヲ、はらの。そだちなるらん

3　御神楽之巻起源鈔

（表紙）

御神楽之巻起源鈔　全

御神楽之巻起源鈔

石見国邑智県河本庄　弓峯宮奉仕美濃守従五位大宮司兼神主平朝臣重賢慎而書

抑神楽の発りを尋ね奉るに、日本書記（ママ）神代巻日神天磐窟へ入らせ玉ふ段に曰、天鈿女命則手持ニ茅纏之矟一立ニ於天石窟之前一、巧作俳優亦以ニ天香山之真坂樹一為レ鬘以レ蘿為ニ手繦一而火処焼、覆槽置顕神明之憑談、是時天照大神聞レ之而曰吾比閉ニ居石窟一、謂当豊葦原中国必為長夜云何、天鈿女命嘘ニ楽如此一者乎、乃以ニ御手一細ニ開磐戸一窺レ之と云々

古事紀（ママ）曰、天宇受売命手ニ次繫天香山之天之日影一而為鬘ニ天之真拆一而結ニ天香山之小竹葉一而於天之石屋戸伏ニ

汗気一　而蹈登杼呂許志為二神懸一而掛二出胸乳一裳緒忍二垂於番登一也。尒《スナワチ》　高天原動而八百万神共咲と云々　又旧事紀古語拾遺等ニ　同く類す　又日本書記曰祭二此神之魂一者花時亦以レ花祭　又用二鼓吹幡旗一歌舞而祭矣と云々　又豊受皇大神御鎮座本紀曰　宮人皆参終夜宴楽猿女祖天鈿女裔女舞姫来目命裔屯倉小男童笛生琴生簫生篳篥生　諸命等一起歌舞　其絲竹音鏗鏘《サマカニシ》而満六合。天神地祇受二和気一、而随二実用一天下栄楽海内太平也。凡神楽起在昔素戔嗚神奉二為日神一　行甚無状、種々陵侮（ママ）于時、天照太神赫怒入二天石窟一閉二磐戸一、而幽居焉。尒乃六合常闇昼夜不レ分、郡神愁迷手足罔レ　屏《オキヤトコロ》　。凡厥庶事燎燭《ヒヲトモシテ》　而式弁、天御中主神止由気皇太神是也　太子高皇産霊神命宣天、会二八十万神於天八洲河原一雲漢是也、深思遠慮於二天石窟戸前一、挙《アゲ》二庭火一畢作二俳優一猿女君祖天鈿女命、採二天香山竹一、其節間雕《エリ》二風孔《アナ》一、通二和気一今世号レ笛之類是也。亦天香弓興　並《タテナラベ》叩レ絃今世謂和琴其縁也木々合々《シャクビヤウシウチテ》而備二安楽之声一、移和風顕二八音一、即猿女神伸レ手杭《アゲ》レ声、或歌或舞顕二清浄之妙音一。供二神楽曲調一。当二此時一　欻《タチマチ》　解二神怒一　妖気《ワザハイ》既明天《トケ》　無三復有二風塵一。以来風雨時　若《シタガイ》　日月全レ度。一レ陰一レ《カタキコトナク》陽万物之始也。一レ　音ヲ　一レ声ヲ《モツパラニシモツパラニスルハ》　万楽之基也と云々。かゝる目出度起りによつて、人皇に至つても此神楽を奏して神の恵を解神慮を清め奉る事其例数限りなし。誠に此御神楽と申ハ神明感応の専一とこそ聞ゆれ。既にもつて太神宮の広前に宮人等参り集り、終夜宴楽すとあれバ、古より一夜の御神楽是また急度起り有事也。或ハ鈿女命胸乳をかき出し、御衣の紐を御尻に押垂玉ひて、さまく戯させ玉へバ、高天原動《ドヨミ》わたりて八百万神諸共に大ひに笑わせ玉ふ抔、是又種々と可笑戯れ今の世の狂戯雑楽の起り成へし。又鼓大鼓笛幡等を用ゆること悉く神代に起りて、神代の遺法なれバ、今世是を用ゆる事勿論なり。又今調拍子といふ物を用ゆる。是朝鮮国の楽器にして神功皇后三韓攻めの時より取帰らせ玉ひて、夫より以来用ゆると申伝たり。神代に木々合々と有ハ今の世の拍子木の類ひ成るべし。又神武天皇朝敵退治の御祈禱の御時、和州丹生の川上に陟り、天神地祇を祭り玉ふ。彼道臣命に勅有て、斎主となし厳媛の号を授け給ハりし事有り。是則吾国の習ひにて神清しめにハ女人を専と致す事なるに、軍中ゆへ女人なし。依て道臣命を仮の女官として祭らせ玉ふ。此時厳媛の号を書記し道臣命御額にいたゝかせ玉ふ由、是則末代の面を用ゆること是より起れりと申伝たり。其外鈴矛劔等を舞に用ゆること悉く神代に起れり。是妖災解除の形也。今ちはやふるといふ詞に、或ハ千劔振の漢字を用ゆる等此縁也。いつれ此御神楽の神事こそ神の最上成べし。然るに我石見国と申スは辺国田舎といへ共、古より神を敬ひ奉る事も厚く、殊に此国の風俗仕来りとして、昔より神を祭るに諸社家集りつどひて、あやしき行をなし神楽と号け神前におゐて奏奉る。是神祇官の教にもあらず、只此国の仕来り也。実そのわざハ拙なく其言葉ハ鄙の片言にして、さもおかしかりけりといへ共、不思議なるかな諸神感応ましﾏす。然国に異る災ひも出来す邑に騒ける変も生せす。雨も風も矩を超す家々竈々不時の病煩災ひも来らす。自然と安全の加護を蒙る事偏に諸神感応といひつべし。誠に此行何の時より始まり又誰人の作といふ事も伝へず。国の習ハせとこそ成り来れり。疑ふらくは神にも叶ふ徳を得たる人のなし始められしもの也。僕が輩悪評恐れあり。誠に神の計られざる事は望にしても及ぶへからず。邪智冥慮の愚者として、善悪吉凶の評争か致すべき事ならんや。去れハ今世に此神楽の行拙く、言の葉の賤しけに唄ひ舞有様を見て、社職人の遺慮甚た愚なりと嘲し笑ふ輩あり。是還てその笑ふものゝ偏心取に足らず、神慮の計らへざる事ハ上にもいふ如し。譬へハ日月是上へなく貴き物と思へとも、糞土のきたなき又死亡の穢れ等差別なしに照らし玉ふ。然らバ善悪吉凶浄不浄の分ちハなき事と思へバ、悪をなせバ忽天の罰を蒙る。不浄を忌されバ祟りを受る。是数々例多き事なり。于玆重賢密に考ふるに、中々神慮の計られざる事、凡慮の及ふ所にあらす。今神楽と称して陽音の楽器を調へ、童蒙の戯れに斉しき業をもつて、神を清しめ奉るに神則潔き受を垂、感応の神徳を施し玉ふ。実理り成るかな。先陽音の器は陰邪の曲れるを祓ひ、滞濁憂苦を除きて清しく潔き高天原を人々胸中に移し照して、自然と神徳に近つき奉る事、偏に清陽の徳なり。依て応之声を斉ふして唄ふ音色自五行五音のうつり更れる事、相生の理に叶ひて春夏秋冬の巡還まて携ひ糾すの道理あり。舞人の舞奏づる拍子も又是に応す。統てなす所皆天地の気によく相叶ふ時者、何とて神慮に叶ひ不奉と申さん哉。凡今世の音曲類又妓術妖術の類ひ、是皆人の心を迷ハさんとして、本心を昧ます理り是類争神明喜ひ玉ハん哉。此類と御神楽とは相似寄て見ゆるといへ共、其意味ハ天地雲泥の違ひあり。又猿楽抔ハ御神楽に近く、能ハ妓芸に近し。是等の類ひ能々勘がへ弁まへ、其奥理を押て遠慮執捨を用て事を行ふべきもの也。只々昔より仕来の此御神楽を専ら敬ひ勤め、仮にも神慮に違ひ奉らさる事肝要なるべしと云爾。

御神楽勤仕乃一件

凡一夜の神楽ハ其夜の勤式を引分て雑楽乃間に〳〵配り入るゝもの也。

△山勧請　其太神又天神地祇を高山の末ヘ短山乃末より其神殿ヘ勧請致す故に如此号けるなり。

△太鼓口《ドウノクチ》　楽器囃子の始めなれバ如此号る。

△潮《シヲ》祓《ハライ》　是神を祭るにハ幣帛榊等を用へ別して潮を以て祓ひ清るを専とす。

△磐《イワ》戸《ト》　天照太神日徳をおさめ玉ふ。御徳を仰き殊に神楽の起りを委しく奏、神慮をすゞしめ奉らんとなり。

△供御献上《グゴケンジヤウ》　是種々の祓つ物を捧奉る也。

△奉幣祝詞　丁寧に供物を申上献奉る也。

△劔　舞　劔徳をもつて東西南北の災を払ふ像也。始に笠を用ゆる事、笠は身を覆ふ具、天災を免かるゝの道理、殊に笠は神宝の器なり。

△手《タ》艸《ケサ》　是鈿女命飯憩《ヲケ》の葉を振り玉ふ事の起り也。始に日《ヒ》蘿《カゲ》をもつて手繦にし玉ふ事を学へり。今俗に帯の手といふ。是則手繦の義なり。又山祭と号けて、山気神《サンキジン》に供物を捧る事をなす。今ハおかしき戯事に仕来れり。

△八《ヤチ》衢《マタ》　天孫降臨の時天鈿女命と八衢の神猿田彦神の問答を学ぶ。是道祖神道啓《ミチビラキ》の神の御徳を挙ん為也。

△天女尊神《テンニヨソンジン》　是陰陽二柱神の有様を学ふか、或ハ又木花開耶姫と瓊々杵尊を表する共いふ。何れにしても舞かた大ひに誤り来ると見へたり。

△天津祝詞 又ハ初祝詞トモ云フ　山勧請の節祝詞を捧ぐべき後へ送れるもの也。凡祈禱言の至て切に丁寧なるを天津祝詞大祝詞といふ。元一なる物なれ共祝詞の言葉二ツ有るをもつて、分けて始の祝詞を天津祝詞といひ、後の分をバ大祝詞と号けて奥に出せり。天津祝詞ハ最初なるを以て初祝詞ともいふ。又後の太祝詞をバ神一会ともいふ。かんつくへとハ神つどひの転語にして山勧請の義に相応せり。

△刹面附鞨鞁《キリメツケタリカツコ》　紀州熊野に若一皇を祭れり。殊に所々多し中にも切女村に祭れるは、刹面皇子と崇め奉る。然るに

昔此所に天より鞁を降下せり。時に神現じて此鞁を打玉へば、神女降て千早の袖を翻て舞奏玉ふ。是より天下大ひに治り、五穀満熟せりと申伝たり。こゝを以て此神能を始めたりとなり。此太鞁則鞨鞁の初まりをいふと也。

△勧請附《ツケタリ》御座《ゴザ》並《ナラビニ》降居《ヲリイ》祝詞《ノソト》　勧請とハ六所の主宰神を迎へて八方十二方を鎮る其神を勧請せると也。六処の神ハ東を句々廼馳命主宰玉い、南軻遇突智命、西金山彦命、北罔象女命、又坤を中央といふ埴安姫命主宰玉ひ、乾を黄龍といふ。黄龍とハ易の乾卦の意に相似たる辞なり。乾の卦は天に像とる。又龍に比す。黄は中央の色なり。是則中央也。天也。此の六処を合せて六合と訓す。六合ハ広く天地の間をさして云ふ。依て文字に六合と書て久仁と訓す。天合魂命《アメアイムスビ》主宰玉ふ。先神壇を設けて綾錦をはへ御座を補理《シツラ》ふ。是を御座設の舞と号く。又此舞の始に笠を以て舞ふ事ハ、笠ハ統て上を覆ふ物也。是則御座殿の上を餝る心屋根をしつらふの義歟。降居とハ此六神降臨ましますをいふ。則宮社の像なり。右勧請の神の宮社に准らへて美しく餝り、是を花やかにもてなす義也。俗に殿階といふ。則宮社といふに同じ。今殿階を十二に餝る事降居殿の外に、本社をも顕ハす共又天地四方八方の守護神なるゆへ、東西南北統て十二に悉く降居殿の像をうつす共言伝へたり。又俗に殿階満階といふて、中に有を満階といふ。是大ひに誤れり。満階ハ中に有ルに限るへからす。統て皆糸にて釣、是を曳時前後左右と入乱れ満合ふゆへ、引乱す時ハ何れも満階なり。去に依て糸を引ク時をさして満階といふ。あなかち中に有るを満階と限りていふにあらず。能々勘へ弁ふへし。又中の舞と云ふ物有り。是六処の宮社悉其中にて六神清しめの舞なり。此舞扇と鈴とを持て舞ふ。扇は仰き尊むの具なり。鈴ハ陽音神清しめの器也。祝詞ハ六神への祝詞也。則天地四方八方静謐の祭り、其義を言上致し神妙に祈り奉る事也。

△衆《シウ》来《ライ》　是八方十二方より来る災ひを悉く祓ひ除く所の舞也。衆来とハ八方十二方すべての諸の方より来るといふ事也。

△鍾《シヤウ》馗《ヤ》　昔唐土《モロコシ》唐《トウ》の代に玄宗皇帝瘧疾を煩ひて伏玉ふ。夢中に虚耗といふ邪鬼顕れ来つて、殿中を荒廻る。帝臣下を呼玉へば忽ち一人の大鬼顕れ来つて、かの虚耗を退治す。帝其名を問玉へは鍾馗と答ふよし。然して夢覚直に画師に命て図し玉ふ。今の鍾馗の画是也とかや。去レバ昔素戔嗚尊韓国へ渡り玉ふといふ事有るをもつて、鍾

馗を素戔鳴尊の神霊ならんと察し、疫鬼退散の御徳を像を設け、一番の舞となすものなり。

△皇后《クワウグウ》　神功皇后三韓を征伐し玉ふ御神功を像を設け、一番の舞となすものなり。尤皇后干満両玉を海神に求め玉ふ事俗説に近く、又火々出見尊の御事に相似たりといへ共、雑楽なれば是を改めず。

△降居殿階《ヲリイテンガイ》　中之舞《ナカノマイ》　祝詞《ノリト》

何れも上にくわし。前に可レ有を分残して此処へ送れるなり。

△鈴合《スズアワセ》　鈴は神すゞしめの器にして、その元神代に起れり。すゞはすゞしめの略なり。旧事紀曰、天鈿女命手持二著レ鐸矛一と是あり。さなきの矛といふ是也。是則神すゝしめの矛也。今東西南北と四方に配分し、彼のさなきの矛を持て神を清しめ舞ふ也。其四方の鈴一致に合ふゆへ此舞を鈴合せと号す。今ハ矛をハかへて太刀と鈴とを持て舞来れり。

△神一会《カンツクヘ》　理解上に出たり。

△貴　船　昔下京に賤の夫婦あり。常に婦人嫉妬ふかくして、事なきに夫を恨み罵《ノヽシ》る夫ト後にハ忍ぶに堪ず、終に此の妻を離別す。婦此離別を恨み怒り、直に貴船明神へ詣で、生ながら鬼女とならん事を祈る。明神も其身の凝しめ後人への見せしめと思し召ての事なる歟。終に此女の願ひを遂させ玉ふ。忽ち宇治の川瀬に浸て鬼女となる。彼離別せし夫を恨みんとせしか共、元来夫ハ罪なき者なれハ、夢中に神の御告を蒙り、直に陰陽頭安部朝臣清明を頼み、彼の鬼女の難を遁るゝ事を得たり。夫より後鬼女洛中洛外悉く飛行しかけ廻り、諸人に悩みをなす事大かたならず。依て終に此鬼女を一社の神に斎ひ祭り、橋姫大明神と称して敬ひ奉れば、忽ち悪鬼心消滅し、俄に天津神地津神と其徳を斉現じ給ふ。実に神国神道の有難き事、かゝる故事を聞に付ても弥増に尊ふへし〳〵。此一義をもつて神能に顕ハし、神道の有難き事を弥尊み奉らんとなり。

△蛭児《エビス》　諸冊二尊の御子蛭児と申神、今摂州西宮に祭りて恵美須と尊号せり。元来仁恵厚き御神といひ、又俗に鯛を釣り玉ふといふ事専に云伝ふ。此事を像に顕し通俗の事よりして、真徳へ手寄り奉り敬ひ信じ奉らんとなり。

△八咫《ヤタ》附両太刀《ツケタリリヨウタチ》　素戔嗚尊雲州にて八咫（マヽ）の大蛇を退治し玉ふ有様、書記に委しく有之通り、是を恐れなから像を設け、并に十握の御劔の御徳草薙の御劔の御徳此義を挙んため、終にハ二刀の舞を奏る也。

△佐陀《サダ》　雲州秋鹿郡佐陀の社へ十月中の卯日に海神より小き龍蛇を献し玉ふとかや。此事を顕ハす所の舞也。併今ハ年々此龍蛇上る事ハ、日御碕也。十一月中ノ卯日也。去れ共此舞古来よりの事なれハ今不レ改

△風宮《カセノミヤ》　人皇九十代後宇田院（マヽ）の御宇蒙古の国の賊徒十万余艘の兵船にて、我国へ攻来る。我国大きに危きにより諸社へ祈願有こと数限りなし。誠に八百万神悉く守らせ玉ふといへ共、分て勢州風社大風を起して、賊徒の舟残らす覆らせ大敵忽ちに亡ひたり。此義を像に顕ハす所の舞也。当時さま〳〵と戯れたる事をなすハ只人数の多き中には自然とさま〳〵に老若男女或ハ子守抔又ハ心の不具なるもの五体の不具なるもの等霊形霊類是皆其数の甚た多きによつて有今日事也

△賀茂　賀茂別雷神並に玉依姫命と申ス。御母神此御両神の御事也。古事紀日本書記等にも委く見ゆ。

△天神《テンジン》　北野神の御在世讒者のために筑紫へ左遷せられさせ玉ふ。雷終に御身に罪なき趣を天に訴へさせ玉へハ、忽ち天感応まし〳〵頓て火を降して讒佞の徒を悉く罰し玉ふ。道真大臣竟に北野に現し玉ひて、百皇の鎮護宗廟同徳の神と仰かれさせ玉ふ。此義を形に顕す舞なり。

△関山《セキヤマ》　我国に天狗といふもの有り。空中を飛行して常に形を顕ハさず。其剛強なる事ハ磐石を操る。然れ共心直にして若し曲るもの野心のもの我慢のもの抔と見バ忽ち骸を引裂失ふ。是則天津神のつかわしめ玉ふ狗にして、生する所山気神霊也。されハ昔関山寺といふ有り。或時我慢の僧来つて神罰を受、終に天狗に引裂れたりといひ伝へたり。此故事を雑楽に舞也。畢竟神罰烈き事を諸人に知らしめ随分神を敬ひ奉らせんと也。

△注連起《ツナヌキ》　神代におゐて日ノ神岩戸を啓かせ玉ひて、新宮に遷らせ給へハ、児屋根命太玉命端出縄を以て其新宮に廻らしかけ玉ふ。是則注連の起り也。抑注連と申物先ツ左縄ハ天の巡行に叶ひ、又自然の藁の端の出たる所、初ハ七ツにして天の七星に叶ひ、次に出たるハ五ツにして地の五行に叶ひ、終にハ三ツ有つて人の三徳智仁勇也に応

す。是天地人三才の徳を含ミて尤尊き物也。神楽の夜曙に至り神殿に注連を曳はへ、非常を禁め神を敬ふの理也。恰日神新殿に遷らせ玉ふ後に注連を引はへ玉ふに准ふもの歟。

△五《コ》龍王《リウワウ》　凡天地万物ハ皆陰陽五行自然のなす所にして、四季の巡還万木万草の生枯、春夏秋冬四土用の功用迄皆是造化の義なれば、人として目下其形を見事能はす。然共形をさして見ざる物ハ其功の大ひ成りといへ共、其徳に感伝する事おのづから薄し。是によつて暫く造化に形を設け、人体に移して是を顕ハす所の舞也。且又四季の巡還造化の行ハるゝに至て、闘問答等有べき様なし。然れ共若巡還不順にして耕作艸木抔不時に枯しぼみ、或ハ昆虫の災ひ等にて凶年を催すの類ひ、是則悪人漫て自然と善人時を得さるの道理にて、闘問答抔の理りなきにしもあらず、時に塩土老翁と申奉る神は猿田彦太神同体にて、天地気化の御神也。御徳は自然の不順を補ふ御神也。此神の御徳を爰に顕わし仰き奉らんがため、此神の神徳にて自然と治り目出度有様を奏奉る義也。

△六所祭《ロクシヨマツリ》　東西南北と天と地との六所なり。尤祭りても祭り敬ふても可敬事也。

△諸神祭神宣　此御祭ヲ俗ニ御神託ト唱奉レリ

其社の神号ハ申スに及バす。大山小山の末、其外天地四方八方十二方より招請し奉る所の神明作法のことく〳〵、随分丁寧に祭り敬ひ、天下泰平五穀満熟万民無病息災無難長久等丹誠を抽祈禱奉り、扨又此時斎主といふ役を設く。則御膳献進の役也。又山の俵といふ物を二俵置事あり。是則高山短山に像りていふ。或ハ本山麓山抔とも云へり。此俵に幣を数百本立置て、神明勧請所とせり。此幣をハ美栄幣と号す。満栄といふ略語なり。祝称也。今誤てみさき幣といふ。神楽終夜執行し暁明に至れハ斎主の役人供米を献し、又著鐸矛を持つて舞清しめ、右諸神勧請檀に立置る美栄幣を取て背負、夫より大山小山に像る俵をバ麁抹に相ならぬ先にと切倒し捨今著鐸の矛をバ鈴と太刀とにかへて持来れり。夫ゆへ太刀先を少し斗俵へ指ばかりなり。直に諸神を上天高天原へ送り奉る形を執行ふ。兼て上より浄布を下置此布をたぐりて高天原へ送り奉る形を執行ふ。此布をば栲布と号く。たくる布といふ心也。今誤て俗に託布と唱来れり。此時斎主数百本の幣帛を背負奉るゆへ、装束着も至て身軽に粧ふ事也。勿論烏帽子抔著せず、併当時ハ略して美栄幣を只一本か二本か背負族あり。甚以誤れり。誠に以て恐れ多き事かな。古へより今に至り斎主此美栄幣を背負ひ奉るよりして、何となく其人の形粧何角大きに違ひ、時してハ神託有之事も儘多し。又託宣なき事もあり一様ならず。此義愚意のおよぶ所にあらず。只恐るへし慎むへし。斎主又御膳に備へたる供米の立を以て神明感応不感応を察し、散供米立供米等の不吉を祓ひ去、供米をちらし玉米を以て御鬮を伺ひ奉り、神明元津上天へ帰座し玉へバ、拝礼作法のことくして、諸社中退下致す事なり。

文化七庚午稔長月上旬

文政十三年庚寅年三月吉日　三原村大宮司藤原姓

重耀写之　花押

4　神楽舞歌集

（表紙）

大正拾五年拾月改装

神楽舞歌集

潮祓
座附
歌

三原村
湯浅氏

〽さんよう〱　さあと　いろのよきもの　こをしたちはな　こいむらさきに　さゝなくれない　はりやとをどを

こいむらさきの　さゝなくれない　はりやとをどを

〽あつさん　さんよ〱　さつと　行殿を清むるものはかみのもり　神のもり　みやまの真榊　もゝうらのしを　はりやどをどを

〽あつさん　さんよ〱　さつと　降居の御座を清むるものは　神のもり　神のもり　みやまの真榊　もゝうらのしを　はりやとを〲

〽あつさん　さんよ〳〵　さつと　三度申て御座清むる
は　神のもり
〽あつさん　さんよ〳〵　さつと　空に在りては　日輪月
りん明星水神　天の宮国の宮　五行の神明　申降て　御
座清むるは　神の茂り
〽あつさん　さんよ〳〵　さつと　日本国中にいわゝれた
まふ　大小の神祇　別ては当社に鎮座《シズマリマス》　産土神社　摂社
に末社無格社やぶ神　申降て御座清むるは　神のもり

　古語には神社の数申事有とも今日は適せずはぶく

〽あつさん　さんよ〳〵　さつと　天下たい平国家安全
村内やすく五穀成就と　祈りまをして　御座清むるは
神のもり

〽西の海清き荒潮くみあけて
　祓清むる行殿の内
〽注連の内またいりまさぬ神あらば
　こがねの注連をこいてましませ
〽いかほとも静かに舞よまいのてを
　しつかに舞ば上手なるらん
〽幣たつるこゝも高天原なれは
　あつまりたまへ四方の神々
〽いまいちどよどの川瀬の水車
　うきよをめぐるこゝちこそすれ

岩　戸

歌

〽千早振天照神の御世なれは
　したをぞおかむ空をいたゞく
〽つきさかきいつの御たまと天地の
　ひかしいてらす日の大御神
〽天地のふたつの御たまかあらわれて
　とよあし原の人のはじまり

問題　日ノ神

抑是は地神第一天照日の大御神とはまろが事なり　まろが弟武速須佐之男の命の仕業はなはだあじきなきにより　日月の清徳を左右たな心に納　天の岩戸にこもらはやと思ふなり

歌

〽月も日も空にひかりがあらざれは
　いづくの神もあとをたつねん

問題　児屋根

抑是は地神第一天照日の大御神に仕奉る一の臣か天津児屋根と云る神なり　されば君の御連子須佐之男の命の仕業甚あじきなき　何となれば大神御田を作せ賜ふを見ては　春は樋はなち溝うめ敷まき串さし　秋は八束穂の茂穂をしなへたる稲の中に　天のふちこまを追入ふみ荒させ賜き　又はたおりめして神みそを織せ賜ふを見ては天のふちごまをさかはきにし　はたやの屋根をうがち落入賜き　織女見驚てかんさり賜ぬ　又大神新嘗聞食時はみむしろの下に　くそまりちらし賜き　かゝる雑々のつもりたる悪ぎやくを　いからせ賜て岩戸をとしてこもらせ賜へば　世は一天のとこやみとなれり　諸のわさわいことごとくおこりいて　天の下の民百姓《ヲミタカラ》等なげきかなしむ声　さばゐなすわきあがるにことならず　何とぞ二度《フタタビ》御出渡ましますよう　神はかりをもよをさばやと存候　いかに太玉の命はましまさずや　早く此御庭に御いてなされ候得へ　かしこまつて候

うた

〽よろつよと祈おさむるこのむらに
　あくまわよせしさよにふらしよや

太玉

太玉〳〵と御めしなされ候は天津児屋根の命にてましますか　何条何事にてや候

児屋根

命もかねて御存じなるらん　日神岩戸をとじてこもらせ賜へば　一天とこやみとなれり　如此火を燈さては万の事わきまへがたし　天の下の民百姓等なげき悲むことといとふびんなり　何卒二度御出戸ましますよう　じんべんなめぐらせ候へ

太玉

さんぞをろを　愚神とて其悲さはかわらねど何んとすべき様もなく　只心をくるしむるのみにて候　こゝに思兼の神をしてはかるには　先わとこよの長鳴鳥を集め　時を作らせ昼夜のわかちをわきまへ　又天のかく山より真榊をねこじにこじ　三種の神宝を飾り臣等も共に祈奉ら

は何如にてや候はん
　児屋根
是はよき御はかり事にて候　さらは神楽の御庭にいそぎ
なされ候へ
　太玉
かしこまつて候
　児屋根
いかに太玉の神《シン》　様々のみ祈候得共　いまだ御出戸のけ
しきも相見申さず　此所に彼の宇須女の命を御まねき被
成候へ
　幕内より
かしこまつて候
いかに宇須女の命は在まさすや　早此みにわに御入被成
候へ
　幕内より
かしこまつて候
　宇須女
宇須女〳〵と御めし被成候は　天津児屋根の命太玉命二
柱の神等にてましますか　何条何事にてや候

　児屋根
命もかねて御存知なるらん　大神岩戸を閉てこもらせ賜
へは　如此世はとこやみとなれり　諸の災ひこと〳〵く
おこりいで　天の下の民百姓のなげきかなしむ事いとふ
びんなり　何卒二度御出戸ましますよう様々のみ祈候得
共　いまた御出戸のけしきも相見へ申さず　汝命はかね
てより御手に千巻の鉾を持　五十鈴の音も高らかに千早
の袖をひるがへし　かんがゝりして歌舞ひ御出戸を御は
かり被成候へ
　宇須女
是は〳〵思もよらぬ事にて候　不徳なる自身が何程神楽
をかなで奉候とも　御出戸のほどは思束なくは候へど
も　かたくいなみ候ては二柱の命《メイ》をそむくにも相当れ
り　先はこゝろみに神楽をかなで奉候間　二柱の神等は
左右の席に御つき被成候へ
　幕内より
かしこまつて候
　宇須女
いさ八百万の神等は楽を揃て御はやし被成候へ

幕内より

かしこまつて候

宇須女

いかに手力男の命は在まさすや　早く此御庭に御入被成候へ

手力男

何条何事にて候

宇須女

汝命《ミマシミコト》はかねてより御手に千巻の鉾を持　岩戸の戸脇にかくれ賜ひて自が神楽を奏する内　もしも大御神御戸ほそめにも開かせ賜ひなば　をうそれながら岩戸をひきさき　御手をたまわり新宮に御遷し被成候へ

幕内より

かしこまつて候

児屋根

あわれ

太玉

あなおもしろ

児屋根

あなさやけ

太玉

あなたのし

児屋根

おけ〳〵　いかに太玉神　日神御出戸ましませは　須佐之男の命に罪を負するに千座おきどを以　とをき根の国にさすらひ　治国平天下のため　今夜よもすから此所にて　御神楽を奏さばやと存候

太玉

御舞いなされ候へ

劔　舞

〽幣立るこゝも高天の原なれば
　あつまりたまへ四方の神々

〽榊木葉を御舟にかさりて沖にうけ
　神風そろへ神むかへしよや

何れの歌にてもよろしてきぎ

掛うた

〽津野国や和田のみさきにしくれきて

かさもちなからぬるゝそてかな
〽大空の雲のけしきはよけれとも
あま夜の星は月かさをめす
〽もしふらばおやと頼し三笠山
あめもらさしのかしわきのもり
舞
〽降りたまへおりの御座には綾をはへ
錦をならへ御座とふましよや
〽ゆるくともよもやぬけしのかなめいし
かしまの神のあらぬかきりは
拍子かわる
〽さしあくる此いに神は降たまへ
しづ〳〵拝そかの里人
〽夏の夜に扇はもたねとなつすきて
すずしくあそべそがの里人
〽とくをとる三笠の山にあまるほと
神みないでゝみそなはすなり
〽天の戸を開て月は夜もすがら
しづ〳〵拝そかの里人

〽かくせよと袖よりかよはすたまつさを
またよの人にあわんとそおもう
〽ゆるくともよもやぬけしのかなめいし
かしまに神のあらぬかきりは
〽うしをくむひよこの浦のはま人は
潮はくまて神を拝まん
〽曾我よりも南に見ゆるかの山を
静々おかむ曾我の里人
〽よろづよと祈りおさむる此村に
悪魔はよせしさよにふらしよや
〽千早振る天照る神の御代なれば
下をぞおかむ空をいたゝく
拍子かわり
〽しいづしづしづのおたまき繰りもどし
昔を今になすよしもがな
附言　手草の舞手数甚多ければ　順次を記し置く　二より十までの手業は　歌に応してなすべし
一、座して立あかり　児屋根太玉の立かけの如　弐度向合おかみたる時　いりあいをして　神前に向ふへし

二歌〽手草はのそたちは何所こ〳〵くなる
　　　　　高天の原のそたちなるもの
三歌〽手草はを袖にかきよせあそぶには
　　　　いかなる神もうれしかるらん
四歌〽手草はも四方へくまをくはるには
　　　如何なる神も嬉しかるらん
五歌〽手草はもにしきのひもをとくときは
　　　如何なる神も嬉しかるらん
六歌〽手草はを二手に別て遊ふには
　　　いかなる神も嬉しかるらん
七歌〽手草はを持上おろし遊ふには
　　　いかなる神も嬉しかるらん
八歌〽手草はも四方をかけて遊ふには
　　　いかなる神も嬉しかるらん
九歌〽手草はもなひかはなひけ一方へ
　　　なひかう方へとてもなひかん
十歌〽手草はのして山こゑて遊ふには
　　　如何なる神も嬉しかるらん

帯　仝　先

五方を拝し　さんてんの時はさんよちよをしにて終《おわ》
弐筋の帯を左右に長め置て入べし

手　艸　仝　先

榊と鈴を持て座し居る　歌〽榊はを御手に取持差上くる
(此時立あがる)
歌〽謹請へ東方へと拝には　東方木久之司の命の社をあ
らわす　四方の神も花とこそ(此歌につれて東の方を拝み
ぐる〳〵と廻り〳〵て南の方向うべし)御手に持差上くる動
作五方同し
謹請へ南方へと拝には南方火津知之命の社をあらわす
〃　西方へと拝には西方金山彦之命の社をあらわす
〃　北方へと拝には北方水波之米命の社をあらわす
〃　中央王龍へと拝には中央は天愛結之命土屋須姫之
　　命の社をあらわす
　　此手終て　しどをふむ　次に歌につれて五方拝む
歌〽手草はを御手に取持差上ぐる

四方の神も花とこそいふ
〽手草はのそたちはいつくいつくなる
高天原のそたちなるもの
此手終て　さんでん　さんでんはさんよちよを
し　終て座に着く
御供物　御神酒　鏡餅　御飯　魚
大王並祝詞司尤も当時に適する語を用ゆべし

神　武

抑是は人皇第一代神日本伊波礼彦の命とは自がことな
り　此度大和国に長脛彦といへるもの有て　吾仰に随伏
さるにより　安々と退治せはやと思ふなり
あれに見へしは長脛彦にてはなきや

長脛彦

まこと長脛彦なり　吾をとがむるものいかなるものやら
ん

天皇

おゝ吾は是人皇第一代神日本伊波礼彦命なり　汝吾仰に
随伏や　いなやといわは　天のはし弓羽速矢の威徳を以
て　汝が運命打とゝめん事只今の事なり

長脛彦

面白し〱　仕奉とは思もよらず　いざや立合勝負をけ
つせん

八　衢

抑是は天の宇須女の命といへる神なり　されは天照大神
邇々芸の命を降し　豊葦原の水穂の国の大君となさはや
と思召　既に降まさんする時天の八衢に一人の神在り
其神の鼻の長七咫背の高さ七尺余り　あかりてり眼は八
咫の鏡の如　ぜんだいみもんの神なる由　何なる神や尋
見はやと思ふなり
あれに立向ふたるは何ものぞや

猿田彦

おゝ吾は是衢の神猿田彦大神なり　汝《ナン》じかく向ふこと何
のゆゑぞや

宇須女

おゝ吾は是天の宇須女の命といへる神なり　汝し降《ゴウ》りん
の道をふさぎ立たる事しさいあやし〱

猿田彦

あやし〳〵とは　いぶかし〳〵　吾親伊邪那岐の命より此衢をちぎようと　あたへ賜ふにより　道路の災を払海川の諸なんを除き　世に岐の神船玉神などゝ称するは吾なり　吾を祈ずるともがらわ何によらずかなひゐさせん

宇須女

さようなれば大神は何所に住居賜ふや　又皇御孫の命は何所に天降賜ふてよけんや

猿田彦

おゝ吾は是伊勢の国五十鈴の川の川上を住居家《スミカ》とせん又皇美麻の命は筑紫日向のくしふるが峯に天降賜ふべし　是より道開きして送り奉らんと思ふなり

宇須女

いち〳〵聞ば有難し　今たいせしつるきは天の神よりさづかりたる宝けんなり　是を只今汝へまいらしようずる間　産子諸願成就と舞納被成候へ

猿田彦

今さずかりたる此宝けんは　天の神よりさづかりたる宝劔なり　又つきしとう千巻の鉾は　諸のいてきをたいらけ　幸を道ひくは此鉾の徳なり　いぬいのすみに立置正直しんじんの氏どらにゐさせん

御　座

祝　詞

鍾　馗

抑是は日の神の弟健速須佐之男の命といゐる神なり　吾昔から国に渡り　自分鍾馗大神となのり　きようごうといゐる者を退治せしが　其をんねんかけんぞくか　今吾国に参り諸民になやみをなすよし　何なるものや是をまさしく尋ばやと思ふなり

鬼

あれにまします御神は　いずれの神にてましますぞや

神

おゝ吾は是　鍾馗大神とは我事なり　汝は何なるものやらん

鬼

おゝ吾は是　春のゐきれい　夏のぎやくれい　秋のちはらに　冬のがい病　一切の病のつかさとなる大ゐきじんとは　わがことなり

神

汝しまろがおしへに伏随《シタガッ》て　速く外国《トックニ》にしりぞくかしりぞかざらんに於は　汝が運命打とゝめんこと只今の事なり

鬼

いかに鍾馗大神の守護なればとて　おゝくのけんぞくをしきしたがへ　釜戸〳〵に別入て　おさなきものはひねりころし　又さかんなるものと見る時は　五ぞう六ふに別入て　きものたはねを喰ちきり　民のいのちを取たやし　一度魔国になさいでおくべきや

加　津　古

抑此様に候ものは熊野本宮若一王じに仕奉る末社の臣かにて候　頃は何時なるらん　紀伊国室の郡音無し川のほとりに　此加津古太鼓ふつたる由うけたまわて候　此太鼓ほどよく据置よとの命のりを蒙て罷出て候　御はやし被成候へ

かつこ太鼓据置候得者　おつけ刹面のをうじ様御出有て　てん〳〵天下たいへい　とん〳〵ところ繁しよをと　御打遊され候間静々神姿を御拝被成候へ

刹面

それを神といつぱ　天地未分の初より虚空円満におわします　是は則一元の神　五行別像のそのことわりはいかに

天女

木火土金水　青黄赤白黒の色をへて　五体の神と現はれたり

刹面

さあてはやしには

天女

雲のこゐ

刹面

かつこたいこわ

天女

しようこのおと

刹面

みなかみかぜのみなもとは

天女

しきなみよするいせのみや

刹面

さあらばわかをあけたまへ　千早振神楽のけしき面白や

幕内より

おもひいてたるはつせ川　なみの太鼓を打とつて　さておとひめの舞の袖を

刹面

かさすやなみの太鼓のひようしを揃て　とう〱と　ふむ足音に鳴雷をふみとゝろかし　あめもはら〱晴やらん

塵　輪

抑是は人皇拾四代のみかど足仲津彦天皇と自か事なり此度異国より数万騎を引卒し　せめ来る其中にじんりんと申て　身につばさ有ものとび来り　凡まろが官軍の内に是にてきする者と一人もなし　まろまつた天津御親日の神のみいずを頭に戴き　神べん不思議の弓矢を以安々と退治せはやと思ふなり

武麿

是は〱有難き命詔畏奉り候　塵輪其儘さき置候得ば万民のなげきは申に不及　先は玉体安穏の程も思束なし　早速御退治被遊候へは　天下たいへい民安全と存奉候　是に打物献し奉る

天皇

いかに武麿じんりん来ば早く吾に奏問せよ

武麿

かしこまつて候

幕内より

みす内へ語上し奉る

何条何事でや

武麿

先達て仰付られ候塵輪只今黒雲にのり来り　速くかちう弓矢の御用い有て可然と存奉候

幕内より

心得申たり

鬼
あれにまします御神はいづれの神にてましますか
天皇
お丶吾は是　人皇拾四代の御門なり　汝は何なるものや
らん
鬼
お丶吾は是　今度日本せいばつの大将軍たる塵輪とは我
事なり　汝等一命をおしく思はゞ　此日本を我に渡し立
退よ　立退さらんに於ては　官軍皆殺にして　此日本を
吾手に入ん事いかに〱
天皇
あらおろかなり〱　汝し何程ひぎよう軍しつ他にこゆ
と云ども　まろ又天神地祇を頭に戴　天のはじ弓天のは
ゞ矢の威徳を以　汝が運命いと丶めん事只今の事なり
鬼
あう事おかしやな　さあは命をかぎりた丶かひ勝負をけ
つせん
神皇后宮

抑是は神皇后宮息長足知姫の命とは自が事なり　されば
先帝仲愛天皇は異賊の流矢に虚しく崩御ならせ賜ふ　其
怨を報はんかため自甲冑弓矢を携し是迄罷出て候　いか
に武内の大臣御入候へ
武内
御前に候
后宮
臣もかねて存の通り　先帝異賊の流矢に虚く崩御被成賜
へは　其怨を報んかため　自異国へ渡らばやと思ふな
り
武内
さんぞをろう　異国の戦船軍は必定に御座候間　海住《ワタズミ》の
宮にて干満の二玉を御備り被成候へ
后宮
其玉の徳要は何に
武内
該玉の徳といつぱ　満潮の中へ干玉を打候へば　惣海た
ちまちひかたとなり　又ひかたとなつたる処へ満玉を打
候へば　元の惣海と相成由及承て候

后宮

左様なれは該玉を備てまいり候へ

武内

是に此所に備てまいり候

后宮

あら嬉やへんしも早く　異国へ渡らはやと思ふなり

武内

御ともつかまつらん

あれに立向たるは何者そや

三大王

おゝ吾は是　新羅　百さい　こをらい　三国の大王なり　かくのたまうは日本の大王よなあ　されば先帝異賊の流矢に虚く崩御ならせ賜ふ該怨を我国に報はんとは思もよらざる事の候

武内

さあ〳〵

三大王

あら不思議やな　惣海たちまち干たとなしいで　船を乗捨て神皇后宮を手取にせん事のうれしさよ

いかに神へ申上度き事の候

后宮

何条何事ぞや

三大王

さればなあ　日本神軍とは不知して　かゝるあさましきていにまかりなり候　決て此後は敵対申まじく候間　寿命ばかりは只々御助被成候へ

后宮

なる程汝か云う通り　今より長く日本の犬と成り　子々孫々迄随伏なら　其証拠を石面に記し　年々の貢物を譲る事なかれ　寿命ばかりは助ゐさせん

三大王

是は〳〵有難き詔り畏り奉り候　さあは大船数千ぞを催し　目出度き御帰神の御見送り奉らん

神皇后宮三ケ国を切随て目出度帰神　神は社につきにけり

中ノ舞

天　蓋

中の舞は天蓋と一時に舞のて　甚た六ッヶ敷舞なり　大人別して六ッヶ敷けれは　極小形の人たるべし　左に舞と天蓋の事を述置く

舞人幣と鈴を持　神殿中央に向合に座す　天蓋の糸をゆるむ　両人立上る「児屋根太玉の」舞手　舞に合せて天蓋を少し宛動する　歌の手になりて　歌二ッ済と　太鼓を切上けて　どゝん　どん〳〵〳〵〳〵と打て申

謹請東方へとかき奉る初段には　舞人両人共　東の方に向い幣鈴を振りつゝ申　東方久々野知の命の社を現す

謹請南方へとかきたてまつる初段には　両人南に方に向ひて申　南方火久津知の命の社を現す

謹請西方へとかき奉る初段には　両人西に向ひ　西方金山彦の命の社を現す

謹請北方へとかき奉る初段には　両人北に向ひ　北方水波野女の命の社を現す

謹請中央へとかき奉る初段には　両人中央へ向合　中央王龍は天愛霊の神土爾安姫の命の社を現す

各神語をとなへ幣を振る時は　其所々の天蓋を動かすべし　此事を終ると

歌〽あらうれしあらよろこばし　これやこの　舞たてまつる栄まします

此歌に合せて天蓋を上ッ下ッ閑に致す　舞人は幣を振り〳〵て座し退下す　次に

歌〽天蓋の緑の糸にとしられて　とけよやもとけ　結れのいと

此歌に合て　天蓋をきひしく運転さすべし

祝　詞

夜　喰

鈴　合

〽出雲には神はあれとも鈴がない

かわらけすゝて神遊ひしよや

八ツ花　次に鈴合　続て切さんでん　次にしつかびようし　目ごし　切いり　続て歌

〽四季よ〱　しきの草木面白し　東は春にて花開く　南
は夏にて草しげる　西は秋にてもみじちる　北は冬にて
雪つもるなり

されば歌にもよまれたる

〽東青南は赤く西白に
　北黒央は黄なりとそいふ

昔から国の人　日本の山を見て曰く　青たいは衣の如く巌のかたに掛り　白雲帯の如く山の腰をめぐる　是を日本の人笑て曰く　こけ衣着る巌はさもなくて絹きぬ山が帯をするとは

いかに嘻しとをほすらん　ときをりときに遊びもせば

八ツはな

次に組たち　八花にて終り

八久佐雷

抑是は神伊邪那伎の命とは吾事なり　此度吾妻夜見津国に行て長く帰らざるにより　自分行てつれ皈らばやと思ふなり

あれにましますは伊邪那美の命にてはさまずや　汝命久敷帰らざるにより　自分尋来るなり　早速中津国に帰るべし

伊邪那美

是は〱畏き夫神にてましますか　尊き事に候　吾汝命と共に国土木草万の神等を産置　未た作おゐざれば帰りたくは思ふか故　よもつ神等に問ひて帰らん　しばしのほど吾を見賜はず　此所にて御待なされ候へ

夫神

かしこまつて候

伊邪那美の命入まして久しく未出来ませず　何なる事や尋見ばやと思なり（朱字にて記す―此時臘燭に火を）

あゝ穢なきかな　けがらわしきかな　早く元津国に皈らん

女神

あゝ恨めしきかな　夫神の命よ　吾を見賜ふなと申せしを　吾を見驚きあわたしめ　御唾し賜ふ事の恨めしさ

八くさの雷等引とらへ　此内にまさしめよ

雷等

おゝ　（雷は二人にてよし）

伊邪那伎

千引の岩を以道を塞き　伊那志古女　志古女　穢き者等を追返したり　今築立留榊の杖は　諸の穢き者等くなと守れ　久那戸の神となづけん　又桃の実は吾既に危を助けたれば　大神主の命となずけん　今よりは諸人の危を助け守べし　吾は筑紫日向の小戸の泡きが原に至り　夜見の国の穢を祓濯がんと思ふ也

八十神

抑自事は稲葉の国矢上姫と申者なり　されは出雲国に大国主の命とて心やさしき夫神有　最早神の御出もあらん　是にてやすらい神の御出を待つべし

あゝ不思議やな　岩石《イハガンセキ》の崩るゝ音は　八十神等の仕事ならん　これなる松の木影にて様子を伺わん

猛彦

のを〳〵それにましますは　矢上姫の命にてはなきや

汝の年来の思有　気多の崎より後を追かけ〳〵　様々此所にて追付きたり

汝思の儘を聞食せかせ　さあ聞食さんに於ては　大国主の命をほろぼし　汝を先にはらひゐさせん　何と〳〵

矢上姫

是は〳〵思もよらぬ事を申者かな（幕内より　申とも〳〵）自には大国主の命とて夫神有　汝等其所のきたまへ　最早御出もあらん

猛彦

重々にく〳〵しき事を申者かな　さあ汝しを先にはらひゐさせん

乙よい〳〵早くこい相談だ〳〵　乙が様々此所にて彼の矢上姫に追付それから其今の今の其なんだ　いやだ〳〵と頭は振たが　心の内はほと字とみへて　此様な物を置て何所へやらかくれてしまたが　是ははんじ物じや　拙者がはんじた所は長短はない　あかい内からちよこ〳〵こいとはんじた　どをであろふ

乙彦

猛殿はつまらん考をしたなあ　是はこをはんじるのじや　長短はないあかちこべいと云事よ

猛彦

なる程そをかもしれぬ　それなれば大国主の命をほろぼさねはならぬが　よき計略は有まいか

乙彦

有とも〱　是を計には高山に登　猪によくにたる石を赤くなる迄焼き　赤猪とたばかりまくり落し　大国主の命にい抱しめて　ほろぼすのが上ふんへつじや

猛彦

是はよき計事　さあ手間の山本にいそがん

大国主

あれに見しは八十神等にてはなきや

八十神

まことに八十神なり　私をとかむる者　何なる者やらん

大国主

吾是大国主命なり　汝等様々の計事をなし　岩石を焼赤猪とたばかり吾をほろぼし　のがれ出たれば木の又に挟ミ矢を抜て　吾をしめ殺したけれど　のがれ扶かり　大屋比古の身元に至り　根の堅須国に行て生弓生矢を得帰りぬれば　汝等を坂の尾ごとに追伏せ　川の瀬毎に追払ひ　安々と退治せん

八十神

あゝ面白し〱　いさや立合勝負を決せん

八　咫

抑是は雲州日の川上に住居仕る国津神　足那槌手那槌櫛稲田姫と申三人の者にて候　此日の川上の天ヶ淵より掛樋を以水を取り　千町万町の田地を開き　人に日登の長者と迄あがめられ候が　其報にや我八人以たる姫を　七年に七人天ヶ淵に住る八又蛇に取呑候　今年も又此所残し乙姫ヶ取呑れん事を歎き悲む者にて候

須佐之男

やあ〱あれなる老人等は何を歎くぞや　早速事の子細を申上よ

老人

是は〱尊きかな畏いかな　我々をとがめ賜ふは何なる御神にてや候

命

吾は是日の神の弟健速須佐之男の命なり　汝等早速事の子細を申上よ

老人

是は〱有難き御事にて候　やつかれ事は　此の日の

川上み住居仕る足那槌　是なる婆々が名は手那槌　娘が名は櫛稲田姫と申　親子三人の者にて御座候　此日の川上の天ヶ淵より掛樋を以て水を取り　千町万町の田地を開き　人に日登の長者と迄あがめられ候が　其報にやら我八人以たる姫を七年に七人　天ヶ淵に住る八又蛇に取呑れ候　此所に残し乙姫も　今年又もや取呑れんかと歎悲む者にて御座候　何卒大御神の広き厚き大御恵により　姫ヶ寿命の助る事も御座候得者　御助け被成候へ

命

一々聞は哀なる次第かな　左様なれば其姫を吾に得させよ　吾に得さするなれは　七尺の棚をつり　棚の上に姫が姿を置　八重に垣をゆひ　八ツの酒船を据　八しをの酒を醸し置は　蛇来りて酒船毎にのぞみ　此底に姫有と思ひ　ことことく呑ほし酔くちて　寐らんとする時　十握劔を以蛇をずた〳〵に退治し　姫が寿命を助あたゐん

老人

是は〳〵有難詔畏り奉候　さあは姫は神へ奉候間　此所にて親子名残りの舞を一さし御ゆるし被成候へ　歌

〽親と子のなこれの花はいつぞさく
　ころ七月のそを萩の花

〽いささらがつれてかへれや稲田姫
　佐久さの里に宮つくりして

〽八雲たつ出雲八重かき妻こみて
　やゐかきつくる其やゐかきを

老人

あれ〳〵あれを御らん候へ　黒雲の棚引しは蛇来るけしきにて候　何卒御用心被成候へ

命

あら不思議やな　蛇をすた〳〵に退治したれば　劔の少しかげたり尾をさきて見たれば一振の宝劔有　是は天の村雲の御劔となづけ　天津神に奉らん　やあ〳〵只《ママ》かあらん（朱字――御前に候）此二振を汝へまいらしようずる間　天下泰平村中安全と舞被成候へ

武美那方

抑是は天の安の川原川上に住る　天の尾波婆利の神の子武甕槌の命と云る神なり　此度葦原の国に降り大国主の

命事代主の神等に　相奉れども未だ武美那方の神を見ず　何なる神や尋合はやと思ふなり
あれにましますわ武美那方の神にては有まさすや　汝命に合ばやと是迄罷出て候

武美那方

真に武美那方の神なり　汝命は何れの御神にてや候

武甕槌

吾は是天津神甕槌の命なり　此度皇御孫子の命を降し豊葦原の中津国の主君とまさしめん事　父大国主の命を初め事代主の神等奉り賜ふ御心なり　汝命御心は何に〱

美那方

あゝ愚なり〱　天津神の此国をうばわんとは思もよらず　此千引の岩を以只一もみなさん　さあなんと〱

甕槌

是は〱愚なり　父大国主命又事代主命等は　速に聞食賜を汝命背き賜となら　天の加護弓はじ矢の威徳を以汝がたまのを射とゝめん事只今の事なり

美那方

あゝ面白〱いさや立合勝負を決せん

甕槌

いかに武美那方の神　汝心をひるがへし　此国皇美天の命に奉や　否と云は　此宝剣を以打とゝめん事いかに〱

美那方

あら尊いかな　畏かな　父大国主の命申　如此国は皇美麻の命に奉べし　又此鉾は父大国主の命　国土を平け賜ふ広鉾にして　皇美麻の命に奉らん　是を以国土ヲ納賜ふべし　吾も之より皇美麻の命の守り神とならん

貴　船

俄に御示言《ゴジゲン》なこうむりて候　けにや雲の上に　荒れたるこまはつなくとも　ふた道かくるあだ人は　願まじとこそ思《ヲモオ》しに　人の心のすゑしらづ　ちぎりをこめし　くやしさよ　それとわいうもみな自らが心ゆへ　げにや思ゑばありしをと　願をかけし貴船川　足を運べは今こゝに　貴船の村につきにけり
抑《ソモソモ》自分《ミズカラ》ことは　此下形《シモギョウ》へんにわづかにくらすものゝ

妻にて御座候が　此間ゆゐなくおつとにりべつせられ
思へば〳〵むねくるしきゆへむねの思をはらさんと　是
なる明神へ一七日二七日又三七日と参るを致する内　あ
ら不思議やな　明神自分か枕辺に立給ひて　あり〳〵と
のたまう様は　汝しつらきおつとに恨をはらさんと思ふ
なら　身は赤きころも着　頭に三つのかなわを据　かな
わの足に火を焼し　宇治の川瀬にしたりつゝ　毎夜丑満
の時をたかへず　百日間参ろう致すなら　一念けしよう
の鬼女となそをずるとの　御つげあり〳〵と蒙て候　あ
ら有難や候　あらよろこはしや候　歌
〽川の瀬にかなわを据て火はたけど
　　　二道かくるとのはたのまじ
〽足駄はき枝なき木にのぼるとも
　　　二道かくるとのはたのまじ
〽からすみのもゐたつほどに思へども
　　　煙りたゝねばしるしとぞなし
〽雲の上荒たる小馬はつなぐとも
　　　二道かくるとのはたのまし
いで〳〵ねやにかへりつゝ　御神たくの通り　今までは

美女のすかたにありつるが　けしきへんじていろかは
り　一念けしようの鬼女となつて　人に思知せん　うき
人におもいしらせん
下形　抑某事は此下形辺に住居仕者にて御座候が　此間毎
夜ゆめみ悪く候に付　阿部の清明殿に祈りてんじかへも
らばやと　是迄まかりいでゝ候
　　　御いそぎ候らへ
下形　清明殿や御いで候へ
清明　清明と御めし被成候は　何れの御方にて候
下形　某事は此下形辺に住居仕者にて御座候が　此程毎夜
〳〵夢見悪く候間　此夢を清明殿にてんじかへもらはゞ
やとまかりいで候
清明　何様《イカサマ》御身《ヲンミ》の上に女の生霊《イキリヨウ》わざわいをなすよし　五音《ゴイン》
に現れ相見て候　今此夢をてんじかへると　いつぱ　ち《茅》
の人形を人尺《ニンシヤク》に作り　御身の情名内にこめ　五尺の棚に
是を据　四方四面に注連を引き　幣帛を捧け　祈てんじ
かへまいらせん　抑しそおんねんの始といつぱ　神代に
於磐長姫命　該形見悪しと　皇御孫子のたまひしを　甚
はじ恨給ふ是を以元源《コンケン》とす　今彼女ひごうの命を取んと

て　天地をぎやくにのろうといへども　猶天神地祇の神力を以　はぎやく退散なさしめ給ふ　是を一しゆの歌にて祓ひのぞけん〳〵しそ神をおぶねにのせてながすには宇治の川瀬に遠くなかるゝ

謹請再拝〳〵敬てまをす　如此祈てんし替候故は　知の人形を御身のねやに立置べし　此時彼女自から鬼女の姿を現し　天地しきりに大くらやみとなり　彼人形を手にからまいてこくうをさしてきゐうせん　如此祈転《イノリテ》し替候故　御身の上少も障災《ワサワイ》是あるまじく候間　此段御安心被成候へ

下形　是は〳〵清明とのに御苦労千万　千両の車に万両の黄金を積て参せん

清明　是は〳〵思もよらぬ御心付候ものかな　左様も候へは此処にて祈の舞御まひ被成候へ

鬼女　祈の神を手にからまいて　すもとを以　うつや〳〵かほどにうつや〳〵

伎　禰

抑自事は皇神等の聞食御饗津物を調へ奉大宮の女の神也　此所に里人をして今日の御饗を調へん　いかに里人御出候へ

老人

畏まつて候　やれ〳〵いそがしや〳〵　いそがしい事だが今をよび被成たわ　大宮の女の神様であろうが　何の御用か早く御用をきゝましよふ

大宮之女

いかに老人何をする

老人

是は〳〵大きにそゝを致ました　あまり心かせきますので　年よりの事　耳はうすうなるし　目はがずになるし　大きにそゝをいたしました　おゆるし被成て被下ませ

大宮之女

いかに老人等　今日の御祭に御供の物を　汝等と共に調へ奉らん　又汝等に尋みるべき事有　春の頃咲花は何に

老人

春の頃の花と申ますれば　沢山御座りますが　先梅桜の花が一番美敷う御座ります

大宮之女

いや〳〵梅桜は五穀にあらず　自か問は五穀の花なり

老人

五穀の花と云は婆々何にであろふ　婆々　むげの花であろふ　婆わむげの花と申ますが　むげてはない麦の花であろふ　豆の花も御座ります

大宮之女

夏の頃咲花は何に

老人

夏咲は牡丹芍薬がりつぱに御座ります

大宮之女

自がたつねるは五穀の花なり

老人

婆々何てあろふ　婆々　夏咲花は稗であろう　豆類も沢山御座ります

大宮之女

秋の頃咲花は何に

老人

秋咲五穀の花は稲粟きび豆　秋は沢山に御座ります

大宮之女

冬の頃咲花は何に

老人

冬の頃咲く花と云は扨何であろう　婆々　考えてみてくれ　さゞんくわでも　寒椿でもあるまい　婆々　「冬の花は外には有ますまい　冬咲五穀の花は内に有ましよ」なるほと五穀の花　冬は内に咲　然も五色の花が見へる　春夏秋と咲たる花が実て　それを秋の末から冬には内に取入　一所に並て見れば五色に見へる　誠にりつぱで有　是て御座りましよう

大宮之女

其美敷き五色きの花をことごとく供奉らん　又汝等ともに是より餅を搗て奉らん　用意をなすべし

老人

畏りました　婆臼を出せ　仗𥿻を持て　此所て搗ましよう

（此所にて餅を搗、もみ終て）

大宮之女

是より此所へ神主を招き　種々の物を是の大神に奉ら

ん　汝等は取次を致べし　神主殿や御出候へ

神主

御前に候

大宮之女

是なる種々を今日の御饗と奉賜ふべし

神主

かしこまつて候

神饌五穀餅を供へ撤饌したる時

大宮之女

いかに老人等皇神等の聞食賜し残の物を　集に〳〵へる諸人等に　別ちあたへん　いざ四方にくばるべし

恵比須

うたい　国を始ていそぐには四方にぞ静かなるやらん

抑是は雲州佐賀の里三歳の宮の神主にて候が　此間不思議なる霊夢を蒙候ほとに　此度西の宮蛭子明神へ参詣せはやと思ふなり

我が願む恵毛支が嶋にいそぐにわ　国々廻る春の日も光和ぐ西の海　蛭子の宮につきにけり

いそぎ候得者　蛭子明神へ付たげに候　此所里人に近付き　当社の次第くわしく尋ばやと思ふ也　いかに里人や御入候へ

里人

里人と御尋ね被成候は　何所より何れへ御通りの御人にて候

大臣

某事は雲州佐賀の里三歳の宮の神主にて候が　当社へ初て参詣の者に候間　若も当社の社人にも候はで　当社次第御神秘等詳しく御物語りたびたまへ

里人

某事当所に住居仕　当社に奉仕と雖も　元来自分貧敷終覚のいとなく候得者　詳事は不存候得共　事の端の荒々を申述うずる間　先其もとにはそれに座せられうつるにて候

抑此西の宮と申奉るは　中殿は蛭子之命　東殿は大己貴命　西殿は事代主命　合て西宮三寸と申奉るなり　中にも蛭子之命は伊弉諾伊弉冉二尊の御子にして　三歳に成り賜へども足猶を立たざる故　天の岩くす舟に乗せ　風

の随々はなち捨賜ふと有れども　つら〳〵世の道理を考るに　全く左にあらず　すべて神名に限らず　人民に至るまで　知仁勇の三徳なくして　国家を納る事成り難し　此蛭子之命は蛭の如にて、足立たざる様に聞ゆれども　左にあらず　物を恵の徳のみ厚く知勇の徳うとく国家を納る事成難き故に　海上の事をつかさどり風の随々流　此浦付此宮に止り賜ひ　あを人ぐさを恵み　福得を授け賜ふが故に　家には棚恵比寿　あきうどは売買恵びす　町には町恵比須と　所々に尊敬し奉は此神なり　ある時浦に出て釣をたれ楽とし賜ふ　おつけ神の御出もあらん　静々御姿を御拝み被成候へ

大臣

うたひ　げに〳〵聞は有難や　風もうそふく寅の刻　此宮かげに旅ねして　神のつげをも待てみん

恵比須

津の国やむしをの里や　須摩の浦　蛭子の加護としらせん

吾わ是　伊弉諾伊弉冉の子と生れ　青海原を譲に得　青人ぐさを加護せんと　此浦に止まあたり

大臣

いわれを聞ば尊やな　人間万民様々の　諸願成就なるやらん

恵比須

抑祈れ〳〵　只正直正路を崎として　祈らばなとかきゝやらん

大臣

げに〳〵聞ば有難や　わこの光にます鏡

恵比須

千早振神の遊も今此所に　青海原に風もなし　糸打はへて魚をつろや

同

自現に神徳有難し〳〵　福徳普西の海　深き仁徳は有明の　月諸共に照渡る　神徳福禄智恵の海　願も満る西の宮　恵美須の加護ぞ　ありがたき〳〵

関　山

我は是天竺に生　大ばの流をしたひ　法力行力行を積天の下大道を歴廻る三界無庵の執行者なり　吾屢々天が

下をめぐると雖も　未だ吾手に足るもの一人もなし　今日本に渡り此関山に通りかゝり　此山の様子伺はばやと思也

小天狗

おい兄き　何やら大きな事をぬかすやつが来ぞ　一ッ見てきてやろを

しばらく二人どをけ

大兄よをい　とつても拙者等の手に合者でない　早くきてくれ〳〵

——大天狗出る

執行者

あれ見へしは何者ぞや

大天狗

おゝ我は是　天津神のいぬとなり　天地の間を飛行する大天狗也　汝は何なるものやらん

執行者

我は是天竺に生　だいばの流をしたい　法力行力を積たる三界無庵の執行者也　未だ天が下に吾手に足る者一人も無し　今汝と勝負をけつせん

大天狗

あゝおろかなり〳〵　汝等如き悪心慢心法外の者は　立処にひきさきくれん我なり　汝し心を翻し神国の教に随こうべし　いなやと云ば汝が運命とゝめん事いかに〳〵

執行者

あゝ面白〳〵し　いざや立合勝負を決せん

天　神

うたい　我れは是　北野の神とぞ　人に知せん

抑も是は　都菅丞相菅原の道真とは自か事なり　されば大臣時平の讒奏により　罪なき身を罪せられ　太宰府安国寺が島迄流されて候　年月を送れども無念更に晴れやまず　此度都に打て登り　胸の思を晴さばやと思ふなり

いかに随人御入り候へ

随人

御前に候

道真

汝を都につれ登はやと思ふなり

いかに随人　登ても〳〵かいなきほどに　是より思きらばやと思ふなり

随人

是は〳〵言語道断なる事を仰せられ候ものかな　梅と一つぱ　陰陽二重の性徳により花開き　松は万木に勝常磐木と申せども　わざわい有ば　枯そこなう事有べし　何に時平とても今打給ふ事のかたからんや　早々御退治有て　胸の思を御晴し被成候得　是れ〳〵打物を奉らん

道真

あれに見しは時平の家かたにてはなきや

時平

いや〳〵左様の者に有ず　清水の〳〵舞台建たるばんじよう　わろうにて候

道真

それは〳〵謀事〳〵

時平

謀と思召なれは　腰よりちようの鉋をぬきいだし　さあ〳〵これを御覚候得

道真

誠に都人なれば一歌かくるぞや

時平

しばらく〳〵　其歌に感しん申そを

道真

しば舟の〳〵　此所に心があこがれて　今ふきもと也伊勢の神風

時平

むさしの〻〳〵　一本す〻き穂にいで〻　いまわなにおか包むべき　万大なこんとあらわれたり

黒　塚

うたい　旅びのころもはすゞ掛のつゆけき袖をしぼるらん

抑自ことわ　夏(ママ)のとをこを坊阿闍梨遊慶と申法印にて候　此度大峯山葛城へと心差し　吉きついでなれば　那須野が原をも一見せばやと存候　それ山伏の兜巾と一ぱ　十二にへだをとり　十二いんねんをひよをし候　それ山伏の袈裟と一ぱ　後に二ッ前四ッのびよを据　六こん六敷六原みつをひよをし候　それ山伏の数珠と一ぱ　百八ぼんの内二珠をひよをし候　それ山伏の洞《ホラ》と一ぱ

吹時は阿うんの声を発し候　それ山伏の鈴掛と一ぱ　上十五日は東にたなびき　下十五日は西にたなびき　天の村雲なんどゝひようし候　それ山伏の太刀と一ぱ　寸は何寸にもせよ　つかがしら　こじりは　にこうがつこう　両の目貫はふどをの両の目をひよをし候　それ山伏の脚絆と一ぱ　登る時は大ぽんじよ　下る時はげげすじよともひよをし候　それ山伏のわらじと一ぱ　しよを〳〵とふむ時は　八ようのれんげをふみ開け候　山伏のゆらい多ければ　荒々申述　那須野が原へいそがばやと思ふなり

強力

いかにこうりき　今日の日も早六時を下り候得者　あれなるしばの戸に参り　一夜の宿を借りて参り候へ

強力

かしこまつて候　柴の戸に案内申

内

柴の戸に案内とは　何条何事にてや候

強力

某事は夏の東講坊阿闍梨遊慶と申法印の御使にて候が今夜一夜御宿を御借し被成候へ

内

我等さゐ住居かねたる柴の戸に　宿を借せとはきよくもない

強力

法印様只今帰ました　此様て御座ります　我等さゐ住居かねたる柴の戸に　宿を借せとわ　きよくもないと申ました

法印

いかに強力　山伏が声振上て宿借る作方なけねども(ママ)　百姓の気縁憐を以一夜の宿は　是非〳〵借て参り候へ

強力

柴の戸に重て案内申

内

柴の戸に重て案内とは　何条何事にてや候

強力

先程参り候強力に候が　山伏が声振上て宿借る作方はなけれども　百姓の気縁憐を以て　是非〳〵一夜の宿を御借し被成候へ

内

是非〱宿が借りたくわ　空なる山よりつまてを拾ひ前なる川より水を汲　五つ七つの其あなより　煙を一度にいたすなら　鈴掛ほとはほさせ申さん

強力

法印様只今帰りました　是非〱宿が借たくは　空なる山よりつまてを拾ひ　前なる川より水を汲み　五つ七つの其穴より　煙を一度にいたすなら　鈴掛ほとはほさせ申さんと　申しました

内

いかに御僧様に願度き事の候

法印

何条何事ぞや

内

さればなあ　女人と一ぱ　三世諸仏に隔てられ　遂に成仏せざらんと聞しが　誠に成仏せざらんを助給へや御僧様

法印

なるほど汝が云う通り　男の胸には八よをのれんげ登に開き　女の胸には八ようの連花下に開き　胸にたんすいと申所有　此中に数多の虫が住居をなし　物を思は青くなり　腹を立つれば赤くなり　よれつ纏つ鳴涙　月に一度の月水となり　是を山に捨れば山の神の祟有　川に捨れば水神の祟有　地に捨れば地神の祟有　遂に捨べき所無故に　三世諸仏に隔られ　成仏せざらんと有れども是を法花経五の巻に解く時は　一謝復得　二謝退捨　三謝転臨　四謝魔追　五謝仏心と申て　男人女人の隔なく　速真成仏の位を得せん

内

此様なる御僧様に合奉事　闇に灯火　渡に舟を得た如く　助け給や御僧様

法印

速々汝が体を替て参れ　速真成仏の位を得せん

内

左様なれば　寐屋の内を御覧じ候うな

法印

いかに強力　只今柴の戸より美女出　十二の舞をかた《ママ》で　元の柴の戸に見失なをて候　いかにも怪ければ　里人を近付此原の様子をくわしく尋まいり候へ

強力

里人に案内申

里人

里人〳〵と御尋被成候は　何く何れの御方にて候

強力

其事は夏の東講坊阿闍梨遊慶と申法印様の御供仕る強力にて候　此度此所を通り掛候処　只今柴の戸より美女出　十二の舞をかなて　元の柴の戸に見失うて候が　誠に怪敷候得者　此原の様子くわしく御聞せ被成候へ

里人

其事当所住居仕候得共　詳事は存せず候も　やまのはを荒々申述ずる間　先其もはそれにて御聞被成候へ　抑此原と申は上那須が野が原が三十三郷　下那須野が原が三十三郷　合せて六十六郷の央中に　方八丁の黒塚有　此塚に金毛九尾の狐住居ヲなし　男通れば女と変化　女通れば男と変化　又大名方の御通りの節は　馬やのべつとを籠の供とも変化　様々の妖怪をなす由に　此頃宮中に於て　三浦大輔上総の介と申弓取の大将へ勅命有て　三七廿一日間御祈禱の上　此原に御出悪狐御退治有之由及承候間　其もと法印様なれば　法力行力を以て　祈鎮めて早々此所を御通りなさるが何より以肝要に候

強力

是は〳〵まあ〳〵畏ろしや〳〵　誠に有難き事に候　又々通行の節御礼申ます　法印様只今帰ました——（今里人ニ聞シ事を申なり）依ては此所を早々立退ましよ

法印

然は法力行力を以祈鎮めん　——（此所に咒文有トモ略す）

あれに見しは何者ぞや

内

いつもいとなみまあかしよにて候

法印

まあかしよなれば是へ参れ　武僧も見物せん

内

何に旅僧宿れとこそ　せしもかくせしねやの内　人の骨がい積置て　あさまになしつる無念さよ　胸をこがせるかんによきの煙ふんふんとし　野風山風吹きおろし　雷電天地にみち　空撥曇る雨の夜や　鬼一口に喰わんとわ　あたりをはなつておそろしや

三浦上総

抑是は人皇七十七代の帝後白河天皇に奉仕る　三浦の大輔上総介と申弓取りの両将なり　されば此度那須野が原に住居悪狐安々と退治せよとの勅命により　是迄罷出て候　御いそぎ候へ

あれに見へしは何者ぞや

内

オゝ我は是　天竺にては　はんぞく王　もろこしにては　陰の中央王のきさきとなり　大政を猥だし　国民を取喰ふたる金毛九尾の狐なり　今日本に渡り玉物前と変化　禁中に立入しが　げに神国の畏しさ　我が本性を見現され　禁中に停たゝ居事あたわず　此原に飛来たり我をとがむる汝等何なる者やらん

三浦

おゝ我は是　後白川天皇に奉仕三浦の大輔上総介と云る弓取の両将なり　汝を安々と退治せよとの勅命により神変不思議の神徳以て　汝が運命射留めん事　只今の事なり

内

あゝ畏やなあ　今汝等が矢崎に掛る口をしさ　汝等我を助なば　永々汝等が守神とならん　いかに〳〵

両将

あゝ愚なり〳〵　那須野が原に住悪狐安々と退治して国民に安堵なさせよと勅命なれば　命助くる事思もよらず

内

あゝ畏しやなあ　神の御綱にとじられて　何所と飛行国もなし　行崎々の道知れず　魂魄たちまち毒石と変化ん　しばしは此に留て　命を限り勝負決せん

五　龍　王

五龍王の時掛歌

〽春かすみ物のゆいしをといつべし　やまのつわるを見るにつけても

〽夏山や森の木末が高ければ　空らにはせみがことをしらぶる

〽秋しかゞ身をばもみしにかくせとも　こひじになれば声をおしまづ

〽冬くれば青ばの山もうせにけり　きのふわしぐれ今日は
はつゆき

抑是は青体青龍王　赤体赤龍王　白体白龍王　黒体黒龍王と申四人者にて候　されば今度東方木具能知命　南方火具津知命　西方金山彦命　北方水波能女命より　国土安符に納よとの命令により　是迄罷出て候　それ青体青龍王は青徳を主として　是より東を知行せん　赤体赤龍王は赤徳を主として　是より南を知行せん　白体白龍王は白徳を主として　是より西を知行せん　黒体黒龍王は黒徳を主として　是より北を知行せん　いさ〳〵御舞候へ

使

能々何に四人の龍王等に可申子細の候

青龍

是はやら〳〵ふしんなり　聞も覚ぬ声として　我等四人に可申子細とは意細何事ぞ　早々様子仰候へ

使

能々何に龍王等　そも某と申るは　中央の主し黄体黄龍王の臣下なり　されば君等此中央を押領し給ふ事甚た以未審《イフカシ》(ママ)し　意細何事で早々様子尋来れと此大臣を使者に立たり　早々様子答へ候へ

青龍

げに〳〵仰に候得共　東方木具能知の命　南方火具津知の命　西方金山彦命　北方水婆能女の命より　国土安符に納よと我等四人にこそ命令有　黄体黄龍王とは甚だ以未審し〳〵

使

能々何に龍王等　それ天地有　四方有て中央有らざらんや　そも吾君と申は　中央の霊神土仁安姫の命によりせんしを以領ぢ給ふ所なれば　早々所領返し給るべし

青龍

げに〳〵仰に候得共　我等四人にこそ命令有　央の主とは夢々以不心なり　大臣人は早々元の住家へ帰り給へ〳〵

使

能々何に龍王等　可申事申さねば　かへてらんを招くとやら　そも吾君と申るは　健全にましませば　甲冑を身にまとひ　数多のけんぞく引随へ　弓矢を以へんしが内

に御供仕らん
　青龍
ともかく御はからい候へ
是はやら〳〵不心なり　天ちよ地きうの祭事を執行ふ此《ミ》
斎《ニワ》へ　さもあられんふぜいにて踏込とは　意細何事ぞ
早々様子答へ候へ
　黄龍
君未た知食されず候や　我は是中央の主　黄体黄龍王と
申者なり　されば君等我央を押領により　度々のいろん
に及ども　らんさん重々として　使いたつらに皈りなと
か本意にあらざらん　ねかわくは貴殿高大の仁ん垂れ
早々所領返さるべし〳〵
　青龍
我々四人へこそ命令有　黄龍王と有べきは　夢々以て不
審なり〳〵
　黄龍
能々何に龍王等　それ天地有て四方有　四方有てなど中
央有ざらんや　仮令四方調ふとも中央の鎮守無ては　天
下泰平なるへくそ〳〵

　青龍
げに〳〵仰に候とも　神命以納るは天の道　汝其身の勇
健を以　天下の道を覆さんとは　其罪至てかるからず
〳〵
　黄龍
能々何に龍王等　みをじんがいよりかろくして　国家の
怨を納るは　天下を守る大道なり　そも某一人向ふ事蟷
螂が斧を以　牛車に向ふが如しと雖　弓はつる　大刀は
つば　刀は目釘　甲は紐を境に　運は天にまかせ　一陣
とつて勝負をけつせん　命おしくは立退給へ〳〵
　青龍
げに〳〵仰は候得共　我等四人を敵となし　運を天にま
かせんとは　其旨至て面白し〳〵
　黄龍
能々何に龍王等　栴檀は二葉より芳しと申也　そも某と
申は金の中の清金　砂の中の水晶　玉の中の名玉と思ふ
吾身であるものを　早々所領返されてはかのうまじ〳〵
　青龍
げに〳〵仰は候得共　天に鉄の網を張り　地に火焔を出

し　黄体黄龍王退治せん
　黄龍
夢々それには恐まじ〳〵　龍王等が天に鉄の網を張り地より火焔を出し給はゞ　吾は又大海の底に別入て　数万の悪龍をしきしたがへ　龍王等をおそうべし
　青龍
能々何に龍王等　黄龍王の勢見れば　山川万里に満々たり　我等も勢を揃へし
　黄龍
東方青龍王の御勢は何に
　青龍
そも某が勢と申るは　元より青王に候得者　青き名馬に青き鞍置御幣幡勢々運兵大刀刀鎧腹巻調て　此勢拾万よきを引卒し　是より東に当り青き山をは陣に取たり
　以下四人の問答同し事なるも黄龍への問は青龍より又変る所は左の通り
赤龍は南にて赤き色を云運勢二十万
白龍は西にて白き色を云運勢三十万
黒龍は北にて黒き色を云運勢四十万
黄龍は央にて黄なる色を云運勢五十万

　青龍
能々何に龍王等　我等が勢はかなうまし　天の力を借ぬべし　謹請再拝〳〵敬て申　そも吾国の御敵は　天の村雲広鉾十鉾　別てはかりかんどの劔の威徳を以　神代治久の神法掛れや〳〵退治や〳〵
　翁
おさまりたまへ〳〵
　龍王五人
我等が勢をおさむる者は　天が下に覚無し〳〵
　翁
よく聞給へ龍王等　我は是国家のきいを納　天下泰平を取行ふ塩土の翁とは吾事なり　抑神代昔を尋奉に天地未た開ず　国土浮れ漂ふ事譬へばなを鳥子の如し　其済明かなるは驟驩《タナビイ》て天となり　重く濁るゝは綴て土となり　而て神其中に現れ給ふ　之則陰陽の根元　大玉の形陰陽別て五行と変し　五行そをじよして万物を生ず　故に人に五体有万事を調ふ　腹に五臓有て一命をつなぐ　音に五音有てちよをしを納ふ　それ天地有て四方有　四方有て央有ざらん　今翁が意見に付給へば　当分に所領を別

ち参らせん

青龍

青龍王にしよも給われ

翁

青龍王殿のしよも祈給はゞ　是より東は甲郡乙の郷と名付　山川海陸合て数十数万数千町の国なり　春三月九十日なれども　春の土用を十八日と残し置　残る七拾弐日を領知賜ひて　青き幡をば寅卯を境に御立被成　此方を知行被成候へ

赤龍王殿の所望乞賜わば　是より南は丙の郡丁の郷と名付　山川海陸合て数十数万数千町の国なり　夏三月九十日なれども　夏の土用を十八日と残し置し　残七十二日を領知賜ひて　赤き幡をは巳午を境に御立被成　此方を知行被成候へ

白龍王殿の所望乞賜わば　是より西は庚の郡辛の郷と名付　山川海陸合て数十数万数千町の国なり　秋三月九十日なれども　秋の土用を十八日と残し置　残る七十二日領知給ひて　白き幡をは申酉を境に御立被成　此方を知行被成候へ

黒龍王殿の所望乞給わば　是より北は壬の郡癸の郷と名付　山川海陸合て数十数万数千町の国なり　冬三月九十日なれども　冬の土用を十八日と残し置　残る七十二日を領知賜ひて　黒き幡をば亥子を境に御立被成　此方を知行被成候へ

黄体黄龍王殿の所望乞給わば　是より央は戊の郡己の郷と名付　山川海陸合て数十数万数千町の国なり　春の土用を十八日　夏の土用を十八日　秋の土用を十八日　冬の土用を十八日　四季四土用合て七十二日を領知給ひて　是より央は黄なる幡をは丑辰未戌を境に御立被成此方を知行被成候へ

黄龍

いや〱何に翁殿の仰とて　春なれば春　夏なれば夏　秋なれば秋　冬なれば冬　一方をこそくれそを者に　何《アッ》方《チ》此方《コッチ》の別残りは決して入申さず〱

翁

是々よく聞賜へ　黄龍王殿　兄とて多からず弟とて少からず　皆当分の御所領なり　別して黄龍王殿は天地の要　四方の守護神とも相見へ候程に　四方清静を専と御

守候へ
扨又青龍王殿のきさきは　木き木徳神となり給へ　赤龍王殿のきさきは　火気火徳神となり給へ　白龍王殿のきさきは　金気金徳神となり給へ　黒龍王殿のきさきは水気水徳神となり給へ　黄龍王殿のきさきは　土気土徳神となり給へ　扨又青龍王殿の十人の御子　甲乙丙丁戊己庚辛壬癸と申て　十干の神となり賜へ　赤龍王殿の十二の御子は　子丑寅卯辰巳午未申酉戌亥と申て　十二支の神となり給へ　白龍王殿の十二人の御子は　昼夜の十二時の神となり賜へ　黒龍王殿の十二人の御子は　十二月の神となり賜へ　黄龍王殿の御子廿八人は　廿八宿の星の神となり賜へ

第六章　西石見山村の神楽

一　かかる神楽の伝承

島根県那賀郡旭町山ノ内は、戦後那賀郡へ編入された現在三〇戸足らずの小聚落であるが、戦前は邑智郡長谷村大字八戸に属していた。明治以後神楽に於ける託宣行事は禁止されていたのに、この山ノ内などは山間の僻地なるが故に、神職の手を離れて、神がかりの秘法は伝え守られてきたのであった。

七年に一度の神楽は、山ノ内に於いては実に老人達の名残の神楽であり、童女達の待ちわびる神事でもあった。だから山ノ内に於ける神楽費は一戸当たり玄米四斗・三斗・二斗の三段階に分けられていた。従って、神楽費以外に、当日家々に招待されて来る親類縁者への接待費は非常に多額のものであった。七年目に一度の神楽は、この山峡の村では何に例えようもなく楽しい、やがては寂しい神遊びの一夜であったと思われる。

七年に一度のこの神楽が支障なくめでたく成就するための第一条件は、聚落内の協同一致の精神であった。ただ一人でも不心得の者がいたとしたら、この神楽の眼目である神がかりの神事は不可能であった。聚落内一同の「肌が合う」ているか否かが、かかって重大な問題であった。「肌が合う」と云う合言葉は、常平常は用いなくとも、式年の神楽になると思い出したように必ず誰云うとなく云い交わされる語であった。託宣の古式を行なうためには、第一、反対者が一名もないこと、第二、祭場の清浄を保つこと、第三、神事に奉仕する者が完全に潔斎していること、特に神がかりするために託太夫になるものは物忌みの規定を守っていること、第四、神に供饌する品目を所定の員数以上取り揃えること、以上の事柄が正しく実行されて初めて神楽は正常の軌道に乗るわけである。

山ノ内の大元神の鎮座地は下土居の森にあった。そして神楽の当夜に勧請する神々は、大元神を元山に、端山に集まる神々は次の通りである（昭和三十年の山ノ内大元神楽みさき帳による）。

峠（大山祇神）　新宅（地主神二柱）　中部屋（地主神二柱）　うそごえ（霊神）　高丸（地主神三柱）　鑪（地主神）　今田屋（地主神）　下土居（地主神二柱）　ヌタントウ（地主神）　細崎屋（金屋子神・地主神二柱）　福広屋（地主神）　朝広屋（地主神）　うつら（地主神二柱）　賽谷（賽神）　細野（地主神三柱）　原（地主神）　田尻（地主神）　上谷（商貴神・地主神）　こしげ（商貴神）　苗代（地主神）　甲平（地主神）

大元神楽の行なわれる時期は刈り上げの終わった霜月で、必ず新穀をもって神饌とすることは申すまでもないが、託宣神事に必要とする縄蛇も、亦、これを祭後に大元山の御神木まで運ぶ時に託縄を背負うのに用いる背ごうじと称する背当ても、新穀を取った後の藁をもって調製するのである。神楽を行なう神殿《こうどの》も明治以前は野舞台であったと云われ、神殿の雲《くも》と呼ばれる天蓋などには亦やかましい取り決めがあった。

神楽の舞台を神殿（高殿とも書く）と称せられるのも、古く野外に祭場を設けたことによるからで、これが明治以後になると民家を臨時の祭場に充てるようになり、近年は亦神社の社殿を使用するようになってきた。

山ノ内に於いては、当夜託宣の神事に関与する者は厳しい物忌みを行なった者に限られるが、とりわけ神がかりする託太夫に扮する若者は、希望さえすれば誰でもなれるものではなかった。託太夫選定の方法や潔斎のことについては本書第一部第一章（大元神楽に於ける託宣の古儀）に述べておいたので詳述しないが、託太夫の候補者は抽籤で、一番・二番・三番とそれぞれ順位を選定しておくのが定めである。

大正時代には神楽の祭場は民家で行なわれ、潜石・松山・えのきなどという屋号の家々が充てられた。この三軒のうち潜石と松山という二軒は鑪谷と称する谷に沿うてある家で、これらはいずれも式年の神楽の行なわれる年に大元祭の頭屋の番が廻ってきた家である。そしてその年の頭屋の務めとして自家を提供してきたわけである。ところが、鑪谷の家々が頭屋を務めるとなると、その谷内から託太夫を希望する者が、他の谷内で行なわれる時よりも多い結果となるのが自然の行き掛かりであった。抽籤の結果では三名のうち一名、時には二名も鑪谷から託太夫が出ることがあり得る。

神楽の目的とするところは、どこまでも託宣によって神の声をきくことであったから、式次第は当初の清め祓いの神事舞から神勧請・神饌献供、更に託宣へと次第に平静から興奮へと楽の調子も高まっていくわけであるが、どうしたことか鑪谷から出た託太夫には神が憑かないのである。激しい揺り動かしにも失神しないと云われる。一番が鑪谷から出て神がかりしなければ、次の二番が出る。二番が鑪谷以外の者である時はたちまちにして失神して、神がかりの状態に入り、大声を上げて荒れすさぶ様に、舞処は一時水を打ったような静けさに返るのであった。

かつてこの山ノ内に於いては神がかりしなかったことは一度もなかったと云われている。それが何故に鑪谷から出た託太夫には神が乗り移らないのであろうか。

二　大元神氏子区域の変遷

安政七庚申年（一八六〇）閏三月に記録された「七箇村総氏神御年祭奉加帳」によると、その当時の山ノ内には次の三六軒の家があったことが記されている（屋号と人名のみを記すこととする）。

下土居（豊治）　呑谷（林治）　辰見屋（文蔵）　のぼし田（仙蔵）　堂地（弥助）　のぼし田前（米治）　ぬたんとう（岩太）　浜井場（浅五郎）　のうしろ（国蔵）　鳥ごえ（梅次郎）　同家（関次郎）　吉水口（大五郎）　一反田（平吉）　いの木（梅蔵）　こしげ（重蔵）　東屋（佐四郎）　同所（紋次郎）　原（幾平）　うつら（万助）　中（惣十郎）　大石が原（仙蔵）　古床（恕平）　峠（与十郎）　同所（種蔵）　飯田屋谷（菊蔵）　どうげ屋敷（要蔵）　たかや（常五郎）　田尻へや（佐五平）　同所

面屋（庄兵衛）畑が田（種五郎）下出合（才吉）うそごえ（菊五郎）くもせび（忠治郎）出合（権十）長瀬（十右衛門）新宅（常助）

この記録を見ると、そこには鑪谷に属する家は一軒も見当たらないのである。

不思議なので、宝暦年間（一七五一―六三）書留の「飯尾山八幡宮秘述記」のうち、八幡宮末社の項の八戸村の部を見ると、

一、大元山一山三六餅御供山ノ内
一、葉山一山一八御供御幸餅
一、大明神山一三四餅御供ホソノ分
一、地主一山一八飯御供土居
一、地主一山一八飯御供トウミ川
一、地主三山一八餅御供登田
一、地主一山一八餅御供トリゴエ
一、大明神一社二四餅御供（一反田と朱字にて記入）
一、葉山一山イツタヾ分
一、金屋子一山一八柿田イツタヾ田ニアリ
一、地主一八井ノ木イツタヾノモリニアリ
一、商貴一山一八コシゲ
一、地主一山一八飯御供畑田
一、地主一山二四餅御供タジリ（地主一山一八同家と朱字記入）

一、地主一社幣四本二四タジリ（タカヤと朱字記入）
一、金屋子一山一八飯御供原
一、山之神一山一八白御供タヲ
一、地主二山二四餅御供クモセビ
一、往来者霊一山一八クモセビ（ウソゴへと朱字記入）
一、地主二山一八餅御供ヲ、エキ
一、地主一山一八餅御供タジリ

これ亦、鑪谷の家は全然見えていない。鑪谷六軒の家は元来山ノ内の下土居の森に鎮座の大元神の氏子下ではないのだと云うことに気付いて、他の記録を探してみると、天明六年丙午（一七八六）四月十三日改書、大屋津守代旧記写しの「八幡宮　権現宮末社祭方明細帳」によると、勝地組のうちに次の記述があることを見出した。

一、朝ガ迫山　社立八間横二間、幣帛三尺二寸壱本、かきながし八本、御供いひ餅十八把背椀もち二枚木葉もち七十七　神酒散米　祭主朝ガ迫
一、鑪ガ谷山　社立十五間横二十間、幣帛三尺二寸壱本、かきながし二本、御供背椀もち二枚いびもち六把木葉もち七十七　神酒散米
一、前谷正気大明神　社山立八間横五間、御鏡二膳　神酒散米　御幣三尺二寸壱本　祭主前谷
一、上諏訪大明神　幣三尺二寸壱本、御供いひもち十二把　神酒散米　年換祭主上谷、前谷
一、窳石さ井の神　社山立三間横二間、幣帛二尺五寸壱本、御供壱せん　神酒散米　祭主窳石上前年換

この記録によって、鑪谷の六軒はもと八戸八幡宮の氏子ではなく、山中八幡宮の氏子下であったことを知った。従って、大元神も八戸村字山ノ内の下土居森鎮座の大元神の氏子ではなく、山中村字唐人峠鎮座の大元神か、山中村字勝地妙見谷

鎮座の大元神かのどちらかの氏子に属していたものと思われる。それが、明治初年になって鑪谷六軒の家が行政上の理由で山ノ内に編入されたものなのか、それとももともとから山ノ内にありながら神社の氏子区域は古くから異にしていたものなのかはにわかに判断しかねるが、山ノ内下土居鎮座の大元神とは以前から無関係の信仰状態に置かれていたことだけは判然と証拠立つわけで、これによって鑪谷から出た託太夫が神がかりしなかった理由が判ったのであった。鑪谷六軒は下土居森鎮座の大元神の氏子下でなかったことを誰よりも神はよく知っていたからである。

大元神楽に於ける託宣の神事は神楽の信仰部面に於ける大きな要素であるが、現在としてはこのような問題をどう処理すべきものであろうか。ここにはその一例を示したに過ぎない。

なお、宝暦および天明年間の記録と現状とを照合する時、宝暦・天明の昔から今に至るまで神と家との関係において神をなお失わず、家を絶やさず、すなわち宝暦・天明以来当時の原状を保持してきた家は、八戸村分三六軒、山中村分六軒、合わせて四二軒のうち、八戸村分では下土井・峠の二軒、山中村分では鑪・上谷・潜石の三軒の合わせて五軒に過ぎないのである。家々に祀っていた神々は家々の没落に伴って、その所有地とともに移動した跡は、宝暦・天明年間の記録と安政七年の奉加帳の記載とを対比し、更に現在の大元神楽の神明帳を見ることによって、その行方は判然するわけである。

三　神楽の変貌

島根県の西部の西石見とされる那賀・美濃・鹿足の三郡の信仰としての神楽を見ていくと、どうしたわけか鹿足郡一帯は、神楽だけでなく田囃子も早くその跡を絶ったようである。鹿足郡で現在なお神楽を持ち伝えている処と云えば、柿木《かきのき》村黒淵（ここの神楽は年一回白井の愛宕神社の例祭に行なわれるくらいのものだと云われる）、六日市町抜舞《ぬくまい》（近年再興したばかりである）、日原町左鐙《さぶみ》・木ノ口・柳、津和野町木部の六ヶ処だけである。美濃・那賀の両郡も、山間部の神楽は持ち歩かないからやや古風を保っているようであるが、それが海岸部のものになると、秋祭その他の催し物にまで出歩くので、常に見物衆の歓心を気にしている風が見え、古風さが年一年と失われていくことは否定出来ない。従って、神楽本来の信仰につながるものは薄らいでいくばかりで、祭に伴う一種の見ものとして、神事系のものは多くは舞わず、観衆の喜びそうな雑楽を主として演出しているのが現状である。

石見神楽に於いても出雲の七座の神事に相当するものは当然あるわけであるが、神楽が明治初年に早く神職の手から民間人の手に移ったことによって、それまでの神楽が託宣行事を中心として組み立てられていたものが、託宣を行なわない神楽となってしまい、神楽に於いて本来重視する神事舞と雑楽とが入り交じってしまった。このために、果たして神楽の中心をどこに置いているのか、神楽を行なう者にも、又それを見る者にもはっきりした理解が欠けている恨みがある。だから、雑楽系の鬼舞が神楽の夜の花形として取り扱われるようになったのも亦やむを得ないことである。

しかし、今行なわれなくなった神楽の曲目の中には、古い信仰のおもかげを伝えたものが何番かないわけではない。例えば手草《たぐさ》と云う舞は出雲でも七座の神事に加えられているものであるが、石見の式年の大元神楽に於いてはこの舞は古くから殊の外重要な一番であった。御神供・剣舞・帯・手草・御座・勧請と続くものであったから、諸神勧請に入るまでの役舞の一つであったわけであるが、明治に入って託宣行事が弊害を伴う意味をもって禁ぜられ、続いて政府の手によって明治末から大正初年の神社合祀運動の結果、村々の大元神は殆ど村の氏神社へ合併合祀されてしまった。この故に、式年の大元神楽も衰微の一途をたどった。那賀郡ではわずかに邑智郡寄りの二、三の村々にその素朴な神楽が伝承されて現在に及んでいるに過ぎない。

那賀・美濃両郡の諸町内に存在する神楽団が秋祭その他に村々に招聘されて神楽を流して歩いている現状では、神事系のものは次第に無視され、興味本位の雑楽系のものが夜々の神楽の人気を集めている有様である。こうした神楽団に属する人々の間では、よほどのことがない限り手草などを舞ってみる機会とてなく、又舞い得る技術も会得している人は少ないであろう。

一方、年々移動しない、ただその村の祭りにだけに神楽を奉納している舞子連衆なるものは、ほんとうに細々と技術を持ち伝えていると云うに過ぎず、何かのショックがあればたちまち滅んでしまうのではないかと思われるようなものが多い。今の世情からして村々の若者達は年々減少するばかりで、真実神楽に奉仕しているのは中年以上の者ばかりと云ってよいかも知れない。これでは村々の神楽はやがて消えてしまい、半職業的にも見える神楽団だけが神楽の古態を捨てて、新奇な目先の変わったものにしてしまう恐れは充分にあると云わなければならない。

この故に、手草も今は殆ど舞われなくなり、時に舞っても先の段のみが行なわれ、最も興味深い後段が忘れられようとすることは、この上もなく惜しいことだと思われる。

手草の前段を、六調子の神楽では「柴舞」と云い、八調子の神楽では「真榊」と云っているが、俗に「山の大王」と呼んでいる後段の部分は、今の舞子衆からはもう殆ど見られなくなっている。

手草の前段と云うのは、八調子の神楽では一人舞で（六調子の神楽では二人舞である）、手に榊と鈴を持ち、

〽榊葉を折り取り手に持ち差上ぐる、謹請東方と拝むには、四方の神も花とこそ、三度拝めば神降るの神楽歌に合わせて、東方から順次に西南北中央と五方を立てる舞であるが、神楽歌には右の歌以外に、

〽榊葉を御舟にさして沖に浮け　櫂棹そろえ神迎えしようや

〽榊葉の上枝下枝に幣あらば　天地分けて神はましまします

〽榊葉に三種の宝取りかけて　祈りしことを何かもるべき

〽この榊いずくの榊天にます　豊岡姫の宮の御さかき

以上の歌を掛歌としているわけであるが、これらの神楽歌には意識した改訂の跡があり、何か道学者流の嫌味が感ぜられる。今少し古いと思われる神楽の台本のものと比較すると、手草の前段が「真榊」と云う名称に置き替えられた理由が

判ってくる。手草の前段を「真榊」と云う名称に改めたのは、多分明治十年前後に石見那賀郡の国学者藤井宗雄・牛尾弘篤両氏などによって従来の神楽の詞章に改訂が施された時になされたものではなかったろうか。

石見に於ける手草の原歌と思われるものは、

〽手草はも手にとり持ちて差上ぐる　四方の神も花とこそ見れ

であったものを、八調子の神楽では、

〽榊葉を折りとり手に持ち差上ぐる　四方の神も花とこそすれ

と改悪してしまった。「手草はも」を「榊葉を」と替え、第二句の「手にとり持ちて」を「折りとり手に持ち」と、八音の複雑なものとしてしまっている。そして結句の「花とこそ見れ」を「花とこそすれ」と、不自然な形に表現している。

手草の前段を「真榊」と云う名称とするために、掛歌の初句「手草はも」を「榊葉を」と置き替えたわけであるが、これにはあるいは出雲の奥飯石神楽などに真榊と云う一番があることを既に知っていたのかとも思われる。とにかくこのように手草の原歌を榊葉に置き替え、名称も「真榊」と改めることは、当時の地方在住の国学者達のやりそうなことであった。

本来の手草の掛歌と云うのは、那賀郡旭町などに残っている諸種の台本を見ると、

〽手草はも育ちはいずこいずこなる　高天原の育ちなるもの

〽手草はも袖にかいよせ遊ぶには　四方の神も花とこそ見れ

〽手草はも四方にみくまを配るには　四方の神も花とこそ見れ

〽手草はも錦の紐をとるときは　四方の神も花とこそ見れ

〽手草はも二手に分けて遊ぶには　いかなる神もうれしかるらん

〽手草はもなびかばなびけ遊ぶには　いかなる神もうれしかるらん

〽手草はももち上げ下し遊ぶには　いかなる神もうれしかるらん
〽手草は四方をかけて遊ぶには　いかなる神もうれしかるらん
〽手草は幣山越えて遊ぶには　いかなる神もうれしかるらん

以上の如き神楽歌が書き留められていて、本来那賀郡海岸部に於けるような一人舞ではなかったことが知られる。この舞は神楽式ではこの前番に舞われる「帯舞」と同じ手の舞で、手に鈴と柴とを持って舞う二人の連れ舞で、鈴合せの手があったことが掛歌によって証明されるのである。すなわち、後段の山の神を迎え祭るための神降しの式でもあったのである。

四　山の神信仰の一面

手草の後段の、俗に「山の大王」と呼ばれている舞は、山の神とワキ役の祝詞師《のっとじ》との二人の所作事である。先ず面を着けた山の神が右手に鈴、左手に杖を持って現われ、続いて素面の祝詞師が幣と鈴を手にして現われ、神囃子でしばらく舞い、舞い終わると、山の神は神座に腰を掛け、祝詞師は山の神の前に座る。その問答は次の通りである。

祝詞師「今晩は、大王様、よう降り下さいました。何から、今夜のお神楽に差し上げましょうか」
山の大王「せっかく神楽に招ばれて喜ばしい。カラクリから頂戴しよう」
祝詞師、カラクリとはどう云うものか考える風体をする。「カラクリ、カラクリと申されましても、今から遠い唐の国へ栗を拾いに行くことは出来ません。私のやりくり、さねくりでは如何でしょうか」
大王「それは大きに違いだ。やりくり、さねくりのことではない。辛く味よく造ったものだ」
祝詞師「それは大きに誤りました。それではこれでございますか」と、側の酒を指す。
大王「それだ、それだ」

祝詞師「山の大王が、降りて直りて、御神酒上がる時は、左廻しが一九と九つ、右へ廻しが一九と九つ、廻したり、廻したり」。歌い終わって、祝詞師、神酒を飲む真似をする。

大王、それを見て怒る所作をする。「何のことか、神に差し上げるものを先にいただくとは何のことか」

祝詞師「それは神に差し上げるには、先ず毒見をして差し上げるものと思いました」

大王「神に差し上げるものは、自分で先に味をきくものではない」

祝詞師「かしこまりました」と、恐縮の体をする。そして今一度、前の通りの歌を太鼓の囃しに合わせて、おもしろおかしく所作をしながら大王に奉る。

大王、その神酒を飲んで、「いかにも、結構であった」と、満足の体をする。

祝詞師「今度は何を差し上げましょうか」

大王「仏の耳、仏の耳」

祝詞師「仏の耳、仏の耳と申しましても、どうもこの地方にはありませんから、どこの寺へ行けばよいでしょうか」

大王「寺にはない、ここに供えたものだ」

祝詞師「それでは、私の耳でこらえてください」

大王「柔らかくほどけて、よく出来上がったものじゃ」

祝詞師「それではこれでございましょうか」と、三方の餅を出す。大王がミカノ餅を上がる時は、左廻しの歌を前回同様繰り返しながら、餅を一つ取ってちょっと隠す真似をする。

大王、それを見て怒り、「そういうことをすると、神楽の席におらぬ」と、怒って席を立つ。

祝詞師「まあ、まあ、大王さん」と云って、祝詞師が止める。「さようなら大王さん、おりに直して差し上げます」と、また前回同様の歌を繰り返す。

大王「結構、結構」と、満足の体となる。

祝詞師「次に何を差し上げましょう」

大王「ミシンを頂こう」(地方によっては「マタアリを頂こう」とも云う)

祝詞師「ミシンと云うのは何のことでございますか、詳しく云って下さい」

大王「これだ、これだ」と、肴を指す。

祝詞師、肴を臭うてみる。肴を差し上げる時、二本の箸の上方は長く、下方は短く、揃えずに肴を挟む所作をする。

大王「大切な神に奉る肴を臭うとは何事だ」

祝詞師「決して味ききしたのではありません、あまりよい匂いがするのでつい匂いをかいだのでございます」

大王「そんなことをせず、おりに直して差し上げよ」

祝詞師、歌に合わせて肴を奉る。

大王「今夜のミテグラ、確かに頂戴した。喜びの舞を舞うから、随員せよ」と云いながら立ち、舞い終わって楽屋に入る。舞い終わって後、吉祭祝詞の奏上がある。


以上、手草の舞の古風さは、山の神が神供の品々を山言葉で表現している処にある。そして怒りやすい山の神に対応する祝詞師の滑稽な所作は見る者を笑わせながら、一方山の神への敬虔と親しみを無言のうちに知らしめるものであった。

この神楽の舞が行なわれている地域の中で、邑智郡石見町日貫の青笹に伝承されていた昔話に「山の神と炭焼き」の話がある。「山の大王」と比較出来る意味で、資料として掲げておく。

昔、ある処に炭焼きがいて、毎日山に行って炭を焼いていた。ある日、山の天狗が来て(天狗も男の姿をして現われる)、「お前は炭焼きか。わしも炭を焼いて暮らしているが、お前は一日にどのくらい仕事がなるか」と云った。「この竈へ一杯

（一竈分）木を伐って立てるには五、六日かかる」と云うと、「それは余り多くないのう」と天狗は云った。「そんなら、竈を開けておけ、わしが一杯炭を焼いてやる」と云った。炭焼きはその通りにしておいて、夜小舎に寝ていると、夜中になって、サッサ、サッサという声がするので、驚いて（目を覚まして）小舎の萱戸を開けて外を見たが、何もいなかった。何でわしをせびらかしたのだろうと思って、再び小舎に入って寝た。

朝起きて見ると、炭竈の中に木が一杯入っていて、スイクべをするだけになっていた。これはきっときのうの男の仕業だと思うて、竈へ火を焚いていると、昨日の男が来て、どうだ今日は火を焚かしてもらうと思うて来たと云う。炭焼きは「大変御苦労して下さったので、お酒をあげようと思いますが、肴が何もない」と云うと、その男はその一言を聞いただけで逃げてしまった。それは、天狗さんには肴と云って差し上げると食べられない。山ではマタアリと云わなければならないのに、肴と云ったため、食べずに逃げられたのである。

そこで炭焼きは、天狗さんにことわりを云ってもらうように、山の神へお願いした。すると山の神は「それならわしがことわりを云ってやろう」と云われたので、今度は山の神に向かって、「お礼をしなければならないが、御酒を差し上げましょうか、それともお餅を搗いてあげましょうか」と云うと、かあ、山の神は逃げていなくなった。山の神は餅と云うと気に入らない。ネコノミミと云わねばならなかった。炭焼きは二度も無手法したので、山の木を伐っている時、木にはねられておらんようになったげな。それでぽっちり。（話者　邑智郡石見町日貫青笹　故高橋梅吉）

この昔話の一篇と手草の後段の「山の大王」の一番とは、ともに山の神信仰のかつて庶民の日々の生活の上にかかわり深いものであったことを知る一資料にはなるであろう。

第七章　佐陀神能と出雲神楽

一

出雲の佐太神社に伝えられてきた「佐陀神能」は、出雲神楽の源流のように云われているが、現時点でこれを見た場合、さして魅力のないものとなっている。

それは、七座・式三番・神能の三部構成で、七座はいずれも直面の採物舞で、剣舞・散供・御座・清目・勧請・八乙女・手草を云い、式三番は翁・千歳・三番叟の祝言で、神能は大社・真切霎・厳島・恵比須・八幡・磐戸・日本武・三韓・八重垣・荒神・住吉・武甕槌の一二番から成っている。

何時頃からこのような三部構成のものに固定したかは定かでないが、恐らく藩政中期に至って、神主や国学者らの手によって改革せられたものであろう。それ以前はもっと素朴な神楽であったと思われる。式三番以下は法楽とも称せられ、御座替神事後の直会の演技としてなされたものである。天蓋飾りもなく、神がかり託宣も行なわれなくなったことは何と云っても古風な神楽ではない。

出雲の神楽に神がかり託宣の行なわれていたことを証するものに、かつて石塚尊俊氏が紹介された、北島国造家所蔵の元禄九年（一六九六）の「早玉御神事目録」なる文書がある。

早玉御神事目録

一　一注連引哥有り

一入座
一御座
一塩清
一神迎
一祝詞
一解除
一神酒御供
一八乙女
一祢り哥
一三拾三番神楽
一荒神祭
一ミ□ふす
一四土用祭
一荒神遊
一水神遊
一御崎遊
一ぢとの遊
一火神遊
一恵美須遊
一ちやさ遊
一うなり舞
一神帰し
一ミてくら
一幣串祓
一御座もとし
一早玉御託宣
一将軍遊

右天下泰平、国土安全御祈禱、此祭礼ニ寄申候社家数弐拾五人、

外ニ伊弉諾一神子、其外神子不レ残出申候、

社家数内　芦高幣頭　広江主水

（以下二五名連署）

右社家十二月十三日ニ大庭村早玉へ罷出、神事従ニ古来一相勤来候。若不参之社家へハ過料申付候、已上、

意宇東郡芦高幣頭　広江主水（黒印）

元禄九年子　十二月十七日

秋上宗右衛門殿

別火隼人殿

以上の「早玉御神事目録」によって見ると、本来の神事式神楽がいかなるものであったかと云うことを知ることが出来る。

それは試楽から始まり、清め・神勧請・祝詞・神子の奉仕する八乙女・神歌の奉唱・荒神祭・五龍王祭文のあと、荒神以下七神の神遊びの後、おなり舞があって、神返しに至る。ここで前段の神事式は終わり、改めて熊野早玉社の御神楽が執り行なわれる。早玉御託宣は神子が奉仕するものか社人が奉仕したのかは不明であるが、いずれにしても神がかりして託宣が行なわれたことに違いはない。その後、将軍舞によって、山人の杖を戌亥の隅に蔵の下積みとし、これによって北島国造家の繁栄を見ることが可能であったのである。

このように古態を伝えていた神楽が、なぜ出雲では早くその姿を消したのかと云うことが問題とすべきところである。それは、出雲人の思考のよって来るところ、一口に云えば、神に対する敬いの仕方が他国と違うところにあるのだと思われる。神楽に土臭さと笑いが失われたところにも、その結果が表われている。

しかし、出雲でも飯石郡・大原郡などでは、明治前後にはまだ神がかり託宣が行なわれていたことが、今日残る神楽の役指帳などに見えている。

二

昭和十三年五月二十五日朝、神楽を伝える社家を歴訪せんと、家を出た。

先ず邑智郡田所村（現瑞穂町田所）の三上泰臣氏を訪ね、同家所蔵の大元神楽の役指帳・神名帳・桟敷割などを写して、同家に一泊した。翌日は同村鱒淵の田中梅治氏を訪問して、九月創刊予定の『島根民俗』への寄稿をお願いし、その夜は同家に一泊した。『島根民俗』の創刊号から連載された田中翁の「稲作語彙」は、後日宮本常一氏の尽力によって、渋沢敬三先生のアチック・ミューゼアムから『粒々辛苦・流汗一滴―島根県邑智郡田所村農作覚書―』として刊行されることになったものである。

五月二十七日朝、田中梅治翁と別れて、それより邑智郡高原村高見（現瑞穂町高見）の社家三上吉久氏を訪ね、その夜は同家の世話になる。三上氏の奉仕社である高原神社は同村出身の建築業者小林徳三氏の一建立によるものであり、出雲大社の日本一の大鳥居も亦小林氏の寄進建立されたものである。邑智郡奥部の阿須那《あすな》・口羽・出羽《いづは》・高原・布施・都賀・都賀行《つがゆき》の七ヶ村は一つの神楽組を形成しており、私達の江川流域の村々とは大元神楽の祭式の異なる部分があって、その新旧は知る由もない。当夜は、先考三上浅男翁から伝授されたと云う綱貫の方法などを聞くことが出来た。

翌五月二十八日には飯石郡赤名村（現赤来町）へ入って、倉橋家を訪ね、同家に一泊した。赤名はいかにも山の町と云う感じの心惹かれる処である。清敏・清延父子の親切で、同家の古記録や古伝祭などの話を聞き、又、大元神楽の話を聞いた。

出雲の飯石郡は大元神信仰の東限地帯で、五年目に式年神楽が行なわれる。赤名は氏子戸数五四〇戸（大正五年現在）で、神楽費は米一四石の由である。飯石郡内に鎮座する大元神は、赤名一・谷二・来島野萱一・頓原花栗一・頓原一・都加賀二・掛合入間一・志津見一・角井三・民谷五・波多四・入間一の計二三社があり、古くは野外に神殿（高殿）を舗設して行なわれた。神殿飾りなどは石見地方の大元神楽と大同小異であるが、神がかり託宣の神事が明治以後に意外に早く滅んだのは遺憾なことであった。

神楽の曲目は、七座の神事の外、大山祇・悪切・切目・式三番・荒神・国譲り・天岩戸・八頭・日御碕などがある。奏楽の種類も多くて、参殿拍子・道楽・下り葉・静か拍子・早拍子・しやぎり・参殿・拍子くずし・祇園囃子のくずし・厳物・厳物くずし・上り葉・早笛・真の神楽・小拍子くずし・入申・鹿おろし・お神楽囃子・猿田彦囃子などがある。

この日から幾年か後に、十一月一日からの赤穴八幡宮の例祭に参拝して、前夜祭奉納の神職神楽を拝観する機会があった。精練された美しい舞振りであったが、その舞振りのある部面は、山の向こうの備後比婆郡高野町方面の斎庭神楽と似ている処もあった。又、舞の囃子の中には石見地方の囃子と同じものもあった。出雲一国のうちただ飯石郡の村々だけに大元神の鎮座地が見られることもうなずかれるように思われた。

五月二十九日朝、赤名を発って、波多村（現飯石郡掛合町波多）の勝部正範神職を訪ねて、同家へ一泊した。正範氏の厳父健一老はこの地方の神楽に詳しい方で、奥飯石流と三瓶川流の違いについて、太鼓を敲き、立って舞って教えてくださった。奥飯石流に属するのは赤名・来島・頓原・志々・波多の五ヶ村で、三瓶川流は石見安濃郡の佐比売・多根の村々である。古くから両流には交流があったと語られた。

翌五月三十日には国幣小社須佐神社のある東須佐村（現簸川郡佐田町）に行き、同社に勤めていた椿貞氏（旧姓高瀬貞氏）を訪うて、同家に一泊した。旧姓高瀬氏は国学院の同期生で、熊本県人。酒の座を賑やかす愉快な人であった。須佐神社に奉職中、須佐宮司の世話で、近くの医師の一人娘であった椿家に入籍して、須佐の人となったのである。同夜は社家板垣将成氏を招いてくれ、板垣家所蔵の神楽関係文書を披見することが出来た。

神楽の役指帳には、安政二年（一八五五）、文久元年（一八六一）、慶応三年（一八六七）の三冊があった。

次に安政二年の役指帳を掲げる。

風水大明神正遷宮夜神楽正定
入啓　福田　主税
一御湯立式
以上
七座御神事
座鎮
一剣舞　板垣　豊美

板垣　若狭
山本　美濃
福田　造酒
一潮清目　板垣　若狭
一御座　板垣　豊丸
一勧請　板垣　隼人
一八乙女　阿　里

一太祝詞　社頭
一幣舞
一手艸　春日　上総
　　　　春日　壱岐
　　　　板垣　豊美
　　　　福田　造酒
　　　　飯塚　右門
　　　　飯塚　美濃
以上
一注連行事　門生　板垣　隼人
一悪切　門生　春日　壱岐
一榊祭　神　若狭
　　　　跡　造酒
一式三番　翁
　　　　千　若狭
　　　　三　恒之進
　　　　笛　造酒
　　　　右　壱岐
　　　　左　右門

　　　　頭　上総
　　　　右　豊美
一畧岩戸　神　恒之進
　　　　跡　壱岐
一荒神　経　出雲郡北島美濃
　　　　武　恒之進
　　　　跡　壱岐
一田村　将　豊美
　　　　相　右門
　　　　跡　造酒
一八幡　大臣　美濃
　　　　相
　　　　神　上総
一三韓　神后　若狭
　　　　武内　右門
　　　　神主　美濃
　　　　神子　アリ
　　　　高麗　壱岐
　　　　百済　豊美

新羅　造酒
一八戸　翁　上総
姫　アリ
姥　隼人
素　壱岐
蛇　若狭
一日御崎　神　壱岐
大鬼　上総
鬼女　若狭
子　美濃
小　恒之進
右成就御神楽
安政二年乙卯十月廿六日
神主　板垣　隼人
出勤ノ人数
福田　常陸
〃　造酒
板垣　図書
〃　豊美
出雲郡北島村飯塚　右門
〃　美濃
神門郡下古志村春日　壱岐
〃　恒之進
同　郡武部村春日　上総
以上
一五行　東　造酒
南　恒之進
西　豊美
北　美濃
中　壱岐
思　右門
右五行祭之儀、神能中程ニ相勤候得共、正定ニ書洩置致、
此所ニ相記置候、

右の安政二年に執行された風水大明神正遷宮夜神楽の正定を見ると、東須佐村でも佐陀神能系の七座の神事・三番叟・神能の三部構成のものが行なわれているが、佐陀神能にない注連行事と五行が須佐にはある。又、慶応三年十一月三日に

行なわれた夜神楽の正定には、最終に神託が春日壱岐と山本式部によってなされている。この時の神託がどのような方法で行なわれたかは知る由もないが、この記録から、この地方でも明治以前の神楽には注連行事と神託があったことを知ることが出来る。

又、神楽に女性が参加していたことが、これらの正定に神子役に阿里（アリ）と記されていることから知られる。神子が阿里と云う古い固有名詞で呼ばれていることにも注意したい。須佐神社には神子が常勤していたのかも知れない。

板垣将成氏は社家に生まれ、当時は教師を務めていられたが、代々笛の名手の出られた家柄で、氏も亦横笛の名手で、その夜、更けゆくまで妙なる音色を聞かせてくださった。本章の終わり（二四一―三頁）に掲げる笛の譜は、その時に見せて頂いたもので、後日、今岡房子女史を煩わして、書写して頂いたものである。

三

昭和三十五年十月、出雲の大原郡神職神楽が、無形文化財としての島根県の指定を受けるために行なわれたので、木幡久右衛門・石塚尊俊の両氏とともに拝観した。郡内の一五社家の神職がその伝承者であり、さすがにすがすがしい感じのする神職神楽であった。

神楽の伝承曲目は、七座の神事の清目・茣座舞・撤供・手草・八つ花・勧請・悪切と、神能一二番の山神・茅の輪・武甕槌・切目・岩戸・須佐・神武・五行・日本武・三韓・八戸・日御崎、この外に清地・恵比須・久延比古・三番叟等がある。七座の神事に二時間余、神能一二番に九時間余を要する。

大原神職神楽は、出雲古来の神楽に佐陀神能の要素を取り入れたものと云われているが、託宣神事・湯立神事・二柱の神事などは、佐陀神能には見られないものであり、他地方の里神楽にもない貴重な神事神楽を伝承している。

当日行なわれた託宣神事の次第は次のようであった。

先ず斎主が湯立の神事で清祓を受けると、そのまま御本殿内へ参進し、御託宣の神事について奏上する。次に、あらかじめ御本殿内に納めた白木綿と大幣とを取り、その大幣に白木綿を結び（口伝の秘文あり）、これを引いて、幣殿に設けた正中の真柱（青竹に五色の和幣を付ける）に固く結ぶ。

次に、乗座《のりくら》となる神職は、当日早朝から斎戒沐浴のうえ、斎館から斎服で数人の介添役を連れて幣殿に現われる。ここで斎主↕真柱に結ぶ白木綿に手を掛けて、神前へ向かって軽く進んだり退いたりする。その間、行事司はその傍らに付き、次第により行事（口伝）を行ない、祓司は大祓詞を真読する。

しばしの程に、神がかりの状態となるや、正中に設置した米俵の上に介添役の手添えにより仮座する。御託宣は、神職一人が乗座の前に平伏して拝受する。

終わって、行事司は神がかりを解く行事（口伝）を行なう。乗座となった神職は介添役の手添えで斎館に復する。

すべてこの間、最も静かに真の神楽を奏上する。

以上は、大原郡支部から発行されている『出雲神楽概要』によるものであるが、これには次のことが注記されている。

口伝の箇所は一子相伝にて書物として残っていないため、大原郡内社家にも極めて少なく、秘中の秘とされているので、公開出来ないのが遺憾である。

私はこの託宣神事を拝観して、余りに荘厳な祭式としてのみ行なわれ、型にはめられて、神楽の神がかりとしてはやや もの足らなさを感じた。それは、これまで神がかり託宣はいつも激しいものばかりを多く見ているために、余計にそのように感じたのかも知れない。それは亦、乗座に奉仕された神職が間もなく次の八つ花の四人の中の一人として舞われたのを見たからでもあった。

しかし、何はあれ、出雲一国の中にこのような方法で行なわれる託宣神事が今日まで伝承されてきたのは貴重であった。

龍笛

東須佐、板垣将成、仮リニ笛の音ヲ左ノ如シト見テ

はのう

鬼　方

早神楽

楽

蛇が出た

しんのう

さがりは　○印ハ鏧

しゃきり

獅子舞

志づか

三ツ拍子　○印ハ鏧

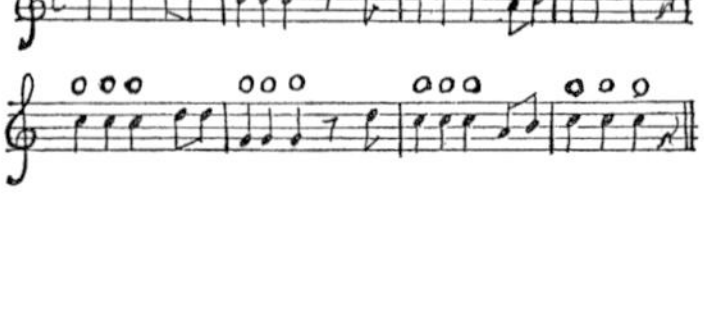

勧請

三番叟

三番叟

各曲共その結び

第八章　隠岐島の神楽

出雲の美保関から海上四〇キロメートルの彼方にある隠岐島の神楽は、いろいろな意味で興味を引く神楽であった。明治初年までは葬祭神楽も行なわれていた。島では神がかりする者は神子であった。現在ではもう神がかりは行なわれなくなったが、どのようにして神がかりするかと云うことは、神楽を見ておれば知ることが出来る。

昭和十四年四月二十二日、島前の知夫《ちぶ》村古海《うるみ》に石塚勝太郎翁を訪ねた際の、翁からの聞き書きをかつて「古海の一夜」（『島根民俗』第二巻第三号、のち『美しい村—民俗採訪記—』石見郷土研究懇話会、昭和五十二年、に収載）に記しておいた。その一部をここに再録しておく。

石塚老人は次のやうな事から話し出された。

もと島前の神楽は五社家によつて組織されてゐた。幣頭は別府の宇野石見で、西の島の浦郷以東を所領してゐた。他の四社家、即ち、秋月日向は浦郷以西の浦郷・三度・赤江・珍崎を所領し、秋月和泉は中の島の崎村・菱の方面を所領し、石塚備前は知父里一島を所領し、駒月越前は中の島の知々井・保々見・豊田・北部を所領してゐた。そして各土地々々の小さい神楽は各々その社家のみで行ひ、大きな神楽になると五社家が集つて執行したものであつた。大体隠岐島には浜神楽・雨乞神楽・大〆（大注連）神楽・葬祭神楽の四種類があつた。

葬祭神楽は現今ではもう此の島でも行はなくなつてゐる。これはとりわけ日本の神楽史にとつて「神遊び」の定義をやがて狭ばめなくてはならなくなる問題であつて、我々は非常にこの神楽の泯びゆく事を惜しんだのである。石塚翁は今年七十歳になられるのであるが、翁の十二、三歳頃迄この葬祭神楽は行はれてゐたといふ事だつた。墓所へ大きな青竹を立て、それに長い白木綿を垂げて、その下を楽の音に合せて廻るのであるが、機を見てその木綿を強く引くと青竹はすぽんと折れたと言つてゐられた。（昨秋浜田町に柳田先生をお迎へした夜、先生もこの葬祭神楽の話を我にせられた。東郷村の老神職からすごい話をきいたと語られ、それは矢張り青竹の大きなのを立て、その下を血族が神楽の囃子につれて廻るのであるが、その時鉈様のものでその青竹を打伐ると、竹は素直に切れたまゝ地上に立つてゐる。その時仰ぎ見ると竹の梢は一面火となり、誰一人之を正視する者はないさうである。この時に始めて死者との血縁が切れるのであると云はれた。）

隠岐島前神楽　**大注連神楽**　注連行事の玉蓋
松浦康麿氏提供

ここでは大〆神楽について記すこととする。

舞殿の飾りは中央の天井に雲形（三尺六寸四方）・玉蓋（一尺一寸四方）を吊し、玉蓋には紙手・鳥居・人形・千道の切紙で飾り、中央に榊葉・鏡・扇子・中処《ちゆうど》の袋（赤絹の袋に米一升三合入れる）を付け、これを引綱によって上下させる仕掛けとする。又四方に棚を設けて神座を作る。一棚に神体として御幣（宇豆幣）三本を立て供物を献ずる。供物としては鏡餅三重・神酒一対・白米一升・大豆小豆小麦の類二升・廟《びよう》の俵（俵の小形のもの）三俵（大麦を一升ずつ入れる）・懸魚である。これは四方とも同じくする。この神座は楽屋にもしつらえられ、その前に机を置き、面・採物などを上げておく。

神楽は、前座七座に寄せ楽・神途舞・入申・御座・御座清目・剣舞・散供があり、式三番に先払・湯立・随神、次に岩戸を舞い、式外の能に十羅・恵美須・切部・佐陀・鵜の羽《うは》（雨乞いの時のみ）の三段構成である。

大〆神楽とは、最後に注連行事を行なう神楽の謂で、神子の神がかりがある。

隠岐島の神楽では「夜明けの切部」と云う語があるように、切部が終わる頃になると、夜はしらじら明けとなる。この能が終わると、小憩して注連行事に移る。

先ず中央の玉蓋の下に婆を立て、その上に神酒一対と榊葉を置く。その後に俵二俵（麦三斗入り）を置き、一の俵には宇豆幣三本を立て、もう一俵の俵には莫蓙を敷き、これを神子の腰掛けとする。腰掛け俵の前に案《あん》を置き、この上に幣と鈴を置く。

一同着座すると、幣頭は鈴を振りながら式の如くに神拝を行ない、それより注連行事に移る。幣頭は玉蓋の引綱を引きながら、独特な音調をもって神楽歌を唱えると、それに合わせて太鼓を奏する。引綱によって引き上げ引き下ろしすると、玉蓋は生あるものの如くに四方八方に向かって躍るが如く動く。

以上は松浦康麿氏の「隠岐の神楽」（『芸能復興』第八号、昭和三十年）に拠った。以下の神子の神がかりに入る時の神歌の詠唱などは、昭和十四年四月の石塚勝太郎翁からの聞き取りのノートに処る、未発表のものである。

注連行事に入り、幣頭は次の神歌を出す。

〽陰陽、この二字にかからぬ神もましまさば　こがねの注連をかざりましります

太鼓は下句だけに付けるのである。

以下、神歌五首を詠唱した後、雲形・玉蓋・千道・八足・雛形・鳥居などのいわれを詠い、〽八方の木棉紙垂と申すは　八神を表すとぞ申すなり、で鹿島の神以下八神を勧請し、続いて隠岐島に鎮座の神々を招神して、

〽いかにまた神もうれしと思召す　よき只今の遊び舞する

の神歌の後、神子が右手に幣、左手に榊を持って出でて俵に腰を掛ける。しかる後、立って、幣を左右左といただき、左

手に榊を持って、
〽久方の天の八重雲かき分けて　降りし神をわれぞ迎へん
の神歌を歌い、
〽大己貴少彦名のつくりにし　常世のみきを神にまゐらす
の歌で、前方の三本の宇豆幣に榊で神酒を注ぐ所作をする。これを受けて幣頭は、
〽これからや　御酒の初穂をまゐらする
と和すと、更に他の社人等一同が、
〽神きこしめせ
と和す。
次に、

隠岐島前神楽　注連行事　玉蓋の下の俵に腰を下ろした神子，幣頭が玉蓋を引く
松浦康麿氏提供

〽雲晴れて月日はまなこ風は雪　海山ともにわれと知るべし
〽久方の振りさけ見れば雲間より　天照る神のみ顔あらわる
〽伊勢の国山田ヶ原の榊葉に　こころのしめをかけぬ日もなし
右の三歌は陰陽節で唱和され、再度、
〽久方の天の八重雲かき分けて　降りし神をわれぞ迎へん
の下句から早拍子のイノリ節に変わる。音楽は太鼓と合調子三丁くらいで囃すから、その喧騒たるや物凄いものである。女性の疳高い声で、〽エンヨウ、八乙女は誰がもとへ、などと唱和する時の雰囲気は、全く人々の心を揺り動かさないではおかない。囃子に笛がないと云うことも、神がかりに入るには

役立っているように思われる。イノリ節に入ると、幣頭の引く玉蓋は前後左右に激しく飛び違い、神歌は一種のリズムに乗って歌われる。

〽アッサンヤー　サンヤト　天照大神《テンシヤウタイジン》　天ノ八重雲　撥キ分ケテ　下リシ神ヲ　我ゾムカヘン　我ゾ迎ヘン　ヨキワザシテカナ　天ニ坐ス　ヒルメノ神ヲ　シバシトドメン　〱

〽乗リ遊ベヤ　ハヤ乗リ遊ベ　カリクラニ　ヨキカリクラニ　人ニナ告ソ　〱

〽サラサラト　ノリアソベ　クラニ乗リテ　外宮内宮　実ニナル花モ　アッサンヤ　サンヤト　押シ戻ス　花ノ御神楽《ミカグラ》　参ラスル　神ノ社ヘ　伊勢ノ御神楽　玉ノ社　ヨキワザシテカナ　天ニ坐ス　ヒルメノ神モ　シバシ留メン　〱

〽サラサラト　ノリ遊ベ　クラニ乗リテ　外宮内宮　実ニナル花モ　アッサンヤ　サンヤト　三度マデ　花ノミカグラ　参ラスル　神ノ社へ　伊勢ノ御神楽　玉ノ社

〽サラサラト　ノリ遊ベ　クラニ乗リテ　外宮内宮　実ニナル花モ　アッサンヤ　サンヤト　今ハ早　ゴヘイ納受　モドイテ　クルマモ　遊ビマイラス　サイヨソー　〱

右の神遊び歌で、〽サラサラト、と歌う時は廻る所作をする。そして早拍子で舞う時は必ず右廻りばかりする。すなわち、一方へだけ廻るのである。神遊び歌は神子が神がかり状態となると、三度までは神がかりに入ることが出来るように、神歌は三回繰り返して歌うように組み立てられているのである。

注連行事が終わると朝食をとり、少憩後朝神楽が行なわれる。

布舞は平常の神楽には行なわれず、注連行事がある時にのみこれに付随して行なわれる。

布舞は一反の白布を採物として舞うものであるが、最初に試楽があり、大祓か禊祓の後、三種大祓を節を付けて連唱し、舞人が一反の白布を一尺五、六寸の紐で結んで持って出る。次の神楽歌を次々に唱和する。

〽二手に持ちて舞う時は　千部のまをも何か惜しかろ

〽千鳥の糸にとじられて　今こそ解くれ神の御前に
〽原田の帯に閉じられて　今こそ解くれ神の御前に

第三歌を歌う時、布を結んだ紐を解き、布を二巻きくらい身体に巻き付ける。それを、

〽天の戸を開きて月の夜もすがら　涼しく拝む神垣の内

の歌で解く。次に、〽二手に持ちて、の歌でその布を手でたぐり、その片端のたぐった布で千鳥に巻き、右手に五、六尺たぐったのを持ち、左手に残りを持って舞う。歌の文句が終わると、その左手で布の残りを前方に投げる。そして、

〽捻れや〱　神の綱捻れや〱

の歌を二回歌う。

布をひねって舞い、揖をして楽屋へ入る。囃子方はトトトンで打ち切る。

隠岐島の神楽は、特に島前神楽は笛を使用せず、神子が三人くらい同時に合調子を打ち、高い声で神歌を歌って囃すので、この合調子と太鼓だけで充分神がかりに入る雰囲気を醸し出すことが可能であるような気が、島外者の我々には強く感ぜられた。

隠岐島前神楽　注連行事　布舞
松浦康麿氏提供

第二部　荒神神楽とその周辺

第一章　油木・豊松の荒神信仰

中国地方に於ける荒神信仰は、出雲地方と備中・美作地方が比較的早く調査され、既にその成果が報告されているが、(1)その中でも最も信仰習俗の古風を残しているのは、備後の比婆《ひば》・神石《じんせき》両郡地帯ではないかと思われる。この地帯は今まで未調査のままにおかれていたものであるが、幸いにも今度（昭和四十年度）の油木《ゆき》・豊松水没地区民俗資料緊急調査の対象となったために、調査の機会を得たことを非常な悦びとするものである。今その調査の一部を報告するに当たって、調査期間も限られており、全域にわたる調査も不可能なため、油木町では岡区京羅迫《きょうらざこ》を、豊松村では上豊松をその調査の対象とした。

一　油木町京羅迫の荒神信仰

油木町岡区京羅迫は、油木町の市街中心部から亀鶴八幡宮の前を通り、西北約二キロメートルの地点にある。岡地区は戸数三二戸、四区分されており、その一区分に京羅迫一〇戸がある。迫内の一〇戸は次頁の表の通りである。

1　荒神の配置

明治十二年の油木八幡宮の平郡家の記録によると、京羅迫には荒神社三社があった。中河内荒神（三石若太郎）・尾鼻荒神（矢田貝愛吉）・八迫荒神（川上市平）の三社である。このうち八迫にあった荒神は、現在芋岡荒神と称して川上親氏個人持ちである。中河内・尾鼻の二荒神は、明治末大正初年の神社合併の際廃社になったが、その後三石敏氏の祖父が、同家の家の上へ遥拝所として、当川内の栗河瀬荒神の簀屋を移し建て、後程、前記二荒神を再勧請したものであるが、そのうちの中河内荒神は天保年間の記録にあるものである。

京羅迫と云う処は、地名の示す如く神祭に由来する地名であって、西は新免の山々を、東には権現山を仰ぎ、北方は比婆の連山を遠望し、小丘を背後にした南向きの迫谷に位置した格好の地である。私は三石敏氏に尾鼻荒神の旧社地を案内して頂いた道で、春の新樹の頃は実に美しいでしょうねと尋ねると、三石氏は、春もいいが、秋のすそ模様のする頃が一層美しいと云われた。すそ（裾）模様のすると云うのは、山のすその方から紅葉することである。低地には蔓や櫨などのいち早く紅葉する木草が多いからだとのことで、山麓から段々と秋の日の移るとともに、山頂へ紅葉していく様は、高地に住む人達でないと経験することは出来ない。この京羅迫というわずか一〇軒の家の歴史を見ていくためにも、ここの地

	氏名	屋号	宗教	備考
1	三石　敏	新　屋	永専寺（禅宗）	
2	土居　敬	土居の鼻	同　上	
3	土居　忠	新　宅	法泉寺（真宗）	右の土居家の分家
4	前原米市	米河内	永専寺	
5	石原熊市	小　峠	法専寺	
6	川上　親	中平屋	永専寺	芋岡荒神持
7	山崎　明	風呂の本	法泉寺	もとミサキ神の大きな神木が家の側にあった
8	山崎忠雄	かねもと屋	同　上	右の山崎家の分家
9	矢田貝清	梅河内	同　上	尾鼻荒神元
10	横山道子	宗　房	永専寺	

第１図　京羅迫と荒神配置図

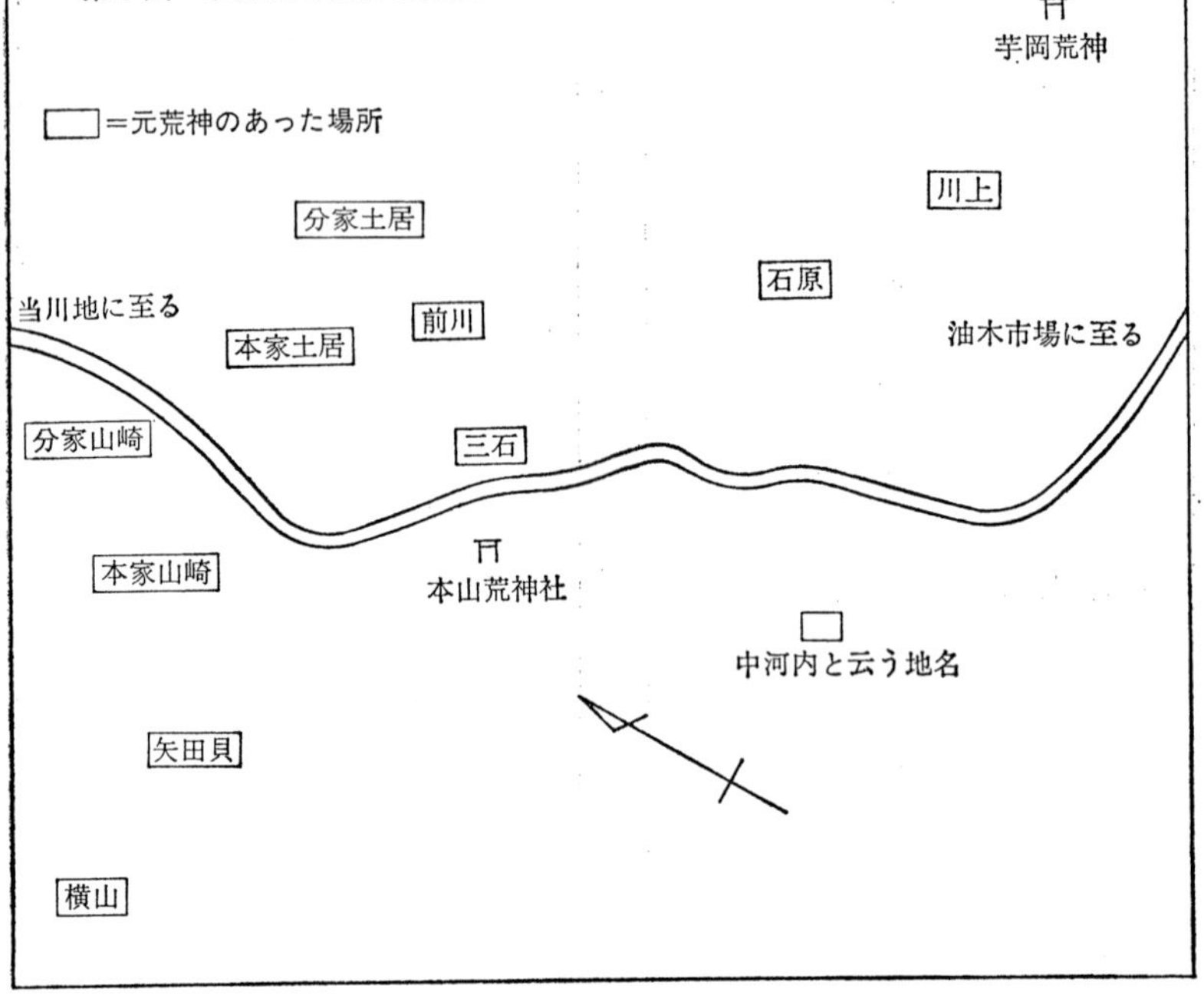

勢の影響を考えねばならない。

迫内一〇軒の屋敷名から見て、果たしてどの家が最初に住み着いたかを想像するのは不可能である。三石氏の話では、前から血の繋がっている家は自分の家だけで、私の家は徳川末期から屋号を新屋と云う記録があるが、私の代で十五代になる。黒岩喜左衛門と云う人が先祖であると云い伝えているとのことで、三石氏以外の他家は、三代前か四、五代前にみな血が変わっているとのことであった。

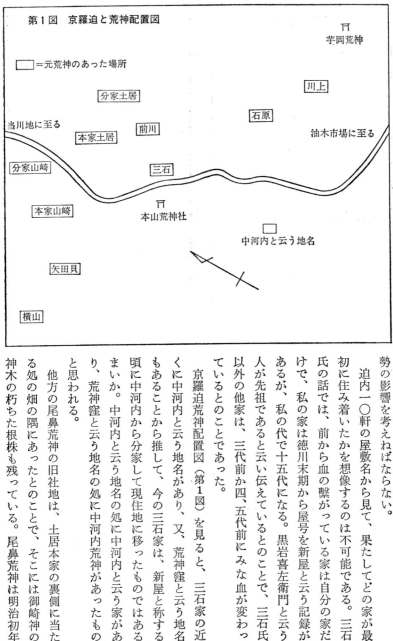

京羅迫荒神配置図（第１図）を見ると、三石家の近くに中河内と云う地名があり、又、荒神窪と云う地名もあることから推して、今の三石家は、新屋と称する頃に中河内から分家して現住地に移ったものではあるまいか。中河内と云う地名の処に中河内と云う家があり、荒神窪と云う地名の処に中河内荒神があったものと思われる。

他方の尾鼻荒神の旧社地は、土居本家の裏側に当たる処の畑の隅にあったとのことで、そこには御崎神の神木の朽ちた根株も残っている。尾鼻荒神は明治初年には矢田貝家の持荒神であった。又、以前の八迫荒神、現在の芋岡荒神は川上家の個人持ちである。

今一つ問題とすべきことは、この迫内では皆二ヶ処に墓地を持っていることである。かつては両墓制であったのではないかと思われるが、明らかでない。三石家の屋敷続きにある墓は古い墓で、山頂にある墓は元禄以後の墓石だと云い、他にもう一ヶ処共同墓地があるとのことである。墓碑の一番多いのは、宗房（横山氏）・梅河内（矢田貝氏）・土居の鼻（土居氏）だと云うことである。又、横山氏の近くに古墳がある。この古墳は素人が遠くから見ても古墳ではないかと思うほど古墳の形をした小山である。この古墳から少し離れた処に五輪塔が一基灌木の中に残されている。何代か昔に土居家へ新免から嫁入りして来た人の墓だと伝えられ、自分が死んだら新免の山々が見える処へ葬ってくれと、遺言したのによると云われている。とにかく、この古墳は京羅迫にとっては深い繋がりがあるものであろう。単に屋敷墓があるばかりでなく、山腹山頂に墓所を持っていることには注意しなければならないことだと思われる。

現在本山《もとやま》荒神と称しているものは、もとの中河内荒神と尾鼻荒神の両社を一宇に納めているため、果たしてどちらが京羅迫の本山荒神であったかは言明出来ないが、中河内・梅河内・米河内などの屋敷名からして、中河内荒神を本山荒神と見ておくことが妥当ではなかろうか。なお、横山家に近い古墳と宗房と云う屋敷名とには直接繋がりはないであろうが、宗房と云う屋敷名は中世の名田とあるいは関係がある名かも知れない。横山家も亦、墓群の多い旧家とされているからである。

2　荒神祭り

年々の荒神祭りに参加する者は、現迫内の一〇軒以外に、他の集落からの四氏がある。一代前に矢田貝家から分家して当川内に住む矢田貝清一氏、三、四代前にやはり矢田貝家から分家して入谷に住む松本為吉氏、現石原家が来住する前に小峠に居住していて、現在は門田原に住む小峠弘氏、元迫内にいて現在は当川内に住む森杉鼓氏の四家は集落外から来て荒神祭りに参加している。

荒神祭りは、昔は十月十三日が祭日であった。現在は、荒仕事が済むと、十一月から十二月の間に順廻りで当屋を引き受ける。迫内の全員が集まるので、七〇～八〇人前後となる。各戸からは米・大豆一升・酒代二〇〇円くらい持参するだけで、引受当屋の負担は、質素な家で一万円、少し笑顔をする家は三万円くらいの出費である。しかし、これは賄費に当たるものであって、家を修繕したり、畳替えをしたりすると、五万、七万はかかるとのことである。昔から、祭りが当たるとその年は米がよくできると云って、当屋は喜んで引き受け、当屋を務めて借銭になったと云う話はまだ聞いたことがないと云う。

荒神祭りの棚には大小の幣を飾り、千道を曳いて、迫内の小神などもこの日に一緒に拝んでもらう。この祭りには、三石家のサビラキ田の上の神楽川と称する小流れの水を汲んで来て荒神に供え、料理などもこの水を使って調理することになっているとのことである。祭りを少し派手にする家では、神主を三名くらい招待して、湯立や榊舞などを舞ってもらい、終日、一年中で最も賑やかに、子供達までも楽しむ日となっている。

3　荒神の信仰

この迫内の人々は今なお荒神さんのお蔭を蒙っているという話を聞いた。

迫内の某家の長男の方が、岡山県のある事務所に勤められていたが、ある年の三月九日に事故死された。その方は非常に親孝行な方で、高校に通学していた頃でも、自分の物は母親に洗濯させずに自分で洗濯するような気質の人で、学校でもいつもズボンに折り目の付いたのをはいていたそうである。高校も一番で卒業したほどの優秀な、将来を嘱望されていた人であったと云うことである。

その方の母親も非常に信心深い方で、毎月一日と十五日には、家の近くにある荒神さんへ神酒と打米を持ってお参りしていたと云う。三月一日にもいつもの通り神酒と打米を持って参られたところ、常にはその打米も夕方か翌朝までには鶏や雀が拾って食べてしまい、神酒もなくなっているのに、この時に限って何日経っても米はそのままあり、神酒も飴色になってなくならないので、心密かに気になっていたと云うことであった。

又、年の暮れのある晩、家の前を狐が一声啼いて過ぎたが、その晩に限って気が沈んでいくような淋しさに襲われた。家を遠く過ぎる頃に亦一声啼いたが、その声がいつまでも心に残って眠られず、その夜に限って寝ている主人をかき起こさねばその場が耐えられなかったとのことであった。又、十一月頃にろっくうさん（クド）に蕈が生えた。その蕈は朝起きて火を焚く時には気付かず、昼前になって目についた。一本は垂直に笠を被っていたが、一本は斃れていた。火を用心せよと云う知らせと思いながらも、やはり気になっていた。

このような常には起こらぬ偶然の現象も、長男の不慮の死で愕然としなければならなかったと、その人は話された。

長男の葬式が済んで四十九日の忌が明けてからも、自分はあれだけ一日・十五日に荒神さんにお参りするのに、なぜ長男の身の上を守護して下さらないのかと思い、どうしても荒神さんにお参りする気にならないので、参らずにいたところ、ある日、突然頭痛がして目がくらみ、立っても座ってもいられなくなった。そこで、この様子を見かねた主人が神酒と打米を持って荒神さんに参ってお詫びを申し上げ、家の庭まで戻ると、頭痛も目まいもけろりと止んだそうである。荒神の御加護がないことをお恨みしたことをしみじみと後悔した。

長男の不慮の死も鉄橋から墜落して死んだのであるが、首の骨が一本折れただけで、生けるがように奇麗な顔をして死んでいたのも、やはり荒神様のお蔭である。あれが、川の中に流されてしまったり、死にきれずに河原の草木をかきむしったりした死に様になっていても仕方のないことであった。又、三月一日の朝お参りした時の打米や神酒がなくならなかったり、竈に蕈が生えたり、狐が啼いたりして、不幸が迫っていることを予兆してくれたものを、気付くことができなかった人間の悲しみを、今になって判ったような気がすると話された。これから後、生きている限り荒神様を大切にしないと、また罰がありますと云われた。

荒神は今もこのように京羅迫の人々に信仰されている。

二　上豊松の荒神信仰

上豊松には大氏神としての和部山鶴岡八幡宮があり、古来八ヶ郷と称して、豊松庄（上下豊松・中平）、日野庄（東有木）、日谷庄（西有木）、篠尾庄（笹尾）、只原庄（近田・上野）、油木庄（東油木・西油木）、花済庄（花済）および川手庄（備中後月郡西三原）の八郷をその氏子としている。又、社家には、豊松庄に五氏（翁・岩神・分翁・平郡・橋本）、油木庄に四氏（三城・上佐伯・前佐伯・森岡）、日谷庄（次重）、只原庄（田辺）、川手庄（田辺）のそれぞれに一氏ずつあり、計一二社家によって奉仕された。

豊松村の明細帳記載神社は鶴岡八幡宮以下四一三社あると云われ、その中でも荒神社は九六社の多きに上り、総神社数の約四分の一に近い数で、七戸に一社の割合となる。記録の上では、上豊松に於ける荒神社の分布状態は、元禄十三庚辰年（一七〇〇）五月の上豊松社記帳に見える以前は不明である。

以後の記録と比較検討する意味で、荒神社対照一覧表を見ていきたい。

明治12年神社明細帖による				昭和５年神楽帖による	
下谷菊屋谷早田マヘ	境内　8坪 田　12歩	氏子４戸	赤木初太郎	菊屋苗	
矢原谷堂面	境内　13坪	氏子６戸	土屋右一	矢原苗	矢原３荒神土居，真壁，横山３氏外赤木藤原姓３氏
中筋谷長久保	境内　1坪	氏子１戸	掛木定吉	掛木苗	苗頭掛木個人持
光友	境内　18坪	氏子５戸	赤木武一郎	光友苗	赤木姓６戸外矢田貝姓１戸
小庭谷	境内　60坪	氏子12戸	赤木礼助	小庭苗	
有賀谷本山	境内　17坪 山林２畝５歩	氏子７戸	井上留吉	本山苗	苗頭井上孫市外同姓４戸其他３戸
平谷殿迫脇	境内　27坪	氏子７戸	内藤宇市	殿迫苗	首頭内藤氏
父賀谷堀越紙屋	境内　30坪 神田１畝29歩	氏子10		内山苗	内山姓同族７戸
江栗谷迫畠	境内　9坪	氏子18戸	横山宗右衛門	江栗苗	
父賀谷堀越	境内　150坪	氏子４戸	赤木亀蔵	父賀苗	
中間谷広畠	境内　61坪 畑　4畝11歩 山林４畝16歩	氏子10戸	井上国平	中間谷苗　広畠	
下谷奥迫の上	境内　48坪	氏子11戸	井原繁太郎	深仁古苗	

1 荒神の配置と苗頭の推移変遷

上豊松内の荒神社は、元禄十三年には三一社があり、安政五年（一八五八）の記録にはその数三八社となっている。両方の記録を対照して同一の荒神と推定できるものが二七社ある。元禄記載社で推定しかねるものは、岩屋・石畠・米見《よねみ》山同所・こんやの四荒神で、安政記載社で元禄記載にないものは、矢原奥・矢原（奥永屋）・中間谷（横路）・堀越・清水・今石・部々寿・大谷・田淵・石田・迫畠（江栗谷井上谷）の一一社である。元禄不明社と安政新記載社一一社との間には、屋敷名・地名などからは定かに推測出来ないが、同一の荒神が必ずあるだろう。岩屋荒神だけは絶家しているが、残りの三社には同一のものがあって差し支えないのである。このように見てくると、元禄記載の三一社が安政記載社に全社存在するものとすれば、元禄以後に六社が創立されたこととなる。

　次に、安政期から現在に至る荒神社の帰属にはかなり変遷移動の跡が窺われる。それはおおむね絶家又は移住のため、その苗頭の祭祀権の移動のみが行なわれた場合が多く、廃社となった例は稀であるからである。式年の

上豊松荒神社対照一覧表

	元禄13年上豊松社記帳による	安政５年神楽帖による
1	高田荒神　社山　4歩　神田　8歩	高田荒神（高田　与惣治）
2	矢原荒神　社山　3歩　畑　4歩	矢原荒神（矢原　要兵衛）
3	かけき荒神　社山　4歩　田1畝　歩	掛木荒神（掛木　貞信）
4	光友荒神　社山　20歩　畑1畝2歩	水友荒神（水友　佐介）
5	小庭荒神　社山1畝5歩　畑1畝10歩	小庭荒神（小庭　礼助）
6	あらか荒神　社山1畝24歩　畑　5歩	本山荒神（叫大元　広太）
7	とのさこ荒神　社山1畝　歩　畑1畝5歩	殿迫荒神（殿迫　徳吉）
8	かみや荒神　社山4畝6歩　田1畝27歩	内山紙屋荒神（　五郎吉）
9	迫畑荒神　社山　3歩　畑1畝3歩	迫畠荒神（迫畠　惣右衛門）
10	父賀荒神　社山　8歩　畑1畝20歩	父賀荒神（峠　半右衛門）
11	広畠荒神　社山1畝5歩　畑3畝5歩	中間谷荒神（小畑　松兵衛）
12	ふかにこ荒神　社山1畝15歩	奥迫荒神（奥迫　良右衛門）

明治12年神社明細帖による					昭和5年神楽帖による	
下谷新屋前	境内	12坪	氏子1戸	井上碩太郎	寺谷苗	深仁古，ふろや，安養寺3荒神合体
寺谷フロヤ	境内	6坪	氏子8戸	井上	寺谷苗と合体	
安養寺	境内	12坪	氏子5戸	片岡豊州	寺谷苗と合体	
八鳥谷前原	境内 山林	64坪 5畝12歩	氏子10戸	片山文兵衛	焼鳥苗	升迫荒神と合体 井上照学(宝道寺)以下14戸
八鳥谷竹迫	境内	10坪	氏子15戸		焼鳥苗へ合体	
政末谷上峠	境内	64坪	氏子5戸	藤原鶴吉	政末苗	藤原姓外4戸
政末谷常友	境内 山林	22坪 2畝7歩	氏子5戸	赤木吉十	森本苗	赤木氏5戸
臂谷堂ノ上	境内 田	4坪 9歩	氏子6戸	横山喜太治	ひじや苗	苗頭大内氏外5戸
父賀谷内山	境内	105坪	氏子8戸	小林平治郎	内山苗	
中間谷坂本					中間谷苗	
父賀谷王子社	境内	10坪	氏子11戸	翁宗春	深仁古苗と合体	
米見山	境内	9坪	氏子13戸	翁宗春	米見苗	翁氏同族
有賀谷田中	境内	5坪	氏子5戸	井上平作	倉本苗	
小庭谷甲屋平	境内	18坪	氏子3戸	国橋河右衛門	小庭苗へ合体	
八鳥谷隣川内	境内	12坪	氏子6戸	永井庄平		
					野田苗	
					尾首苗	赤木氏個人持
矢原谷西東	境内 畑	4坪 6歩	氏子10戸	土屋右一	矢原苗	
					同上	
中間谷横路	境内	3坪	氏子10戸	井上国平	中間谷苗	
父賀谷堀越	境内	150坪	氏子4戸	赤木亀蔵		
中筋清水	境内	4坪	氏子4戸	三城半右衛門	清水苗	苗頭赤木氏
父賀谷今石オク	境内	35坪	氏子3戸	三城和作	初木内山苗	
江東谷井上谷	境内 山林	42坪 1畝7歩	氏子18戸	三木和作	大谷苗	石風呂荒神と合体
父賀谷田淵	境内	132坪	氏子2戸	岡田弥太郎		
江栗谷井上谷	境内 山林	42坪 1畝7歩	氏子18戸	三城和作		
父賀谷石田向フ	境内 田	136坪 1畝6歩	氏子3戸	石田佐平	江栗苗	岡氏同族5戸

上豊松荒神社対照一覧表（つづき）

	元禄13年上豊松社記帳による	安政５年神楽帖による
13	かうにこ荒神　社山　３歩	高仁後荒神（上　西　又　七）
14	岩屋荒神　社山　５歩	（絶　家）
15	ふろや荒神　社山　12歩	寺　荒　神（松　源　院）
16	安養寺荒神　社山　５歩	安養寺荒神（松　源　院）
17	矢井鳥荒神　社山６畝18歩	矢井鳥荒神（前　原　桂　助）
18	竹迫荒神　社山　３歩	竹迫荒神（竹　迫　奥　七）
19	上峠荒神　社山１畝22歩	政末上峠荒神（小　田　政兵衛）
20	常友荒神	政末荒神（森　本　周　吉）
21	堂ノ上荒神	臀谷荒神（大　元　惣兵衛）
22	内山荒神	内山荒神（小　林　延　蔵）
23	中間荒神　社山　３歩	中間谷荒神（坂　本　弥　助）
24	石畠荒神	
25	米見山荒神　社山　４歩	米見荒神（翁　長　門）
26	同所荒神	
27	田中荒神　社山　４歩	田中荒神（紙　屋　広　蔵）
28	こんや荒神	
29	谷がいち荒神　社山　４歩	谷川内荒神（黒川内　定　八）
30	野田荒神	野田荒神（上野田　茂五郎）
31	おくに荒神	尾首荒神（徳　本　細治郎）
32		矢原奥荒神（西屋原　貞治郎）
33		矢原荒神（奥永屋儀右衛門）
34		中間谷荒神（西　本　紋兵衛）
35		堀越荒神　日苗
36		清水荒神（上清水和　惣治）
37		今石荒神（福　屋　佐五郎）
38		部々寿荒神（部々寿丈右衛門）
39		大谷荒神（平　光　国　吉）
40		田淵荒神（父　賀　弥太郎）
41		迫畠荒神
42		石田荒神（石　田　馬之介）

荒神神楽を始めとして、年々の荒神祭りは、以前は同族一門の間だけで執行されたものと思われるのに、現在では一苗内に同族以外の他氏の加入した場合がかなりに多く、ややもするとそれが集落の祭祀の普通の形態と思われがちな現状となっている。

元禄記載社から現在に至る荒神苗頭の推移変遷の跡には、要約すると以下の六つの型が見られる。

(1) 元禄年間から現在まで一筋につながる荒神持ちの家
(2) 安政年間から現在までつながるもの
(3) 元禄記載社であっても、中途で祭祀権が他氏に移ったもの
(4) 安政記載社であっても、他氏に移ったもの
(5) 安政以後創立されたもの
(6) 廃社されたもの

(1) 元禄年間から現在まで一筋につながる荒神持ちの家

この代表的なものに、米見・かけき・をくにの三荒神がある。

米見荒神は現鶴岡八幡宮の旧社地だと云われる米見山にあり、この山は龍王山とも称し、雨乞いの祭場でもあった。山麓には塩川があり、綿津見社がある。鶴岡八幡宮祠官翁《おきな》家の荒神社であって、八幡宮隣地の双子山古墳は翁家の先祖の墓地だと伝承されており、恐らく上豊松の荒神の中でも最も古く、由緒あるものの一つだと思われる。

又、かけき荒神・をくに荒神はそれぞれ掛木苗・尾首苗の荒神で、掛木家・赤木家の一人持ち荒神である。この二つの荒神にはなぜ同族の派生が見られないのであろうか。光友荒神は安政期になると水友荒神とも称している。赤木一族六家の荒神で、他に矢田貝氏一人が加入している。

第2図　内山の家々の配置図

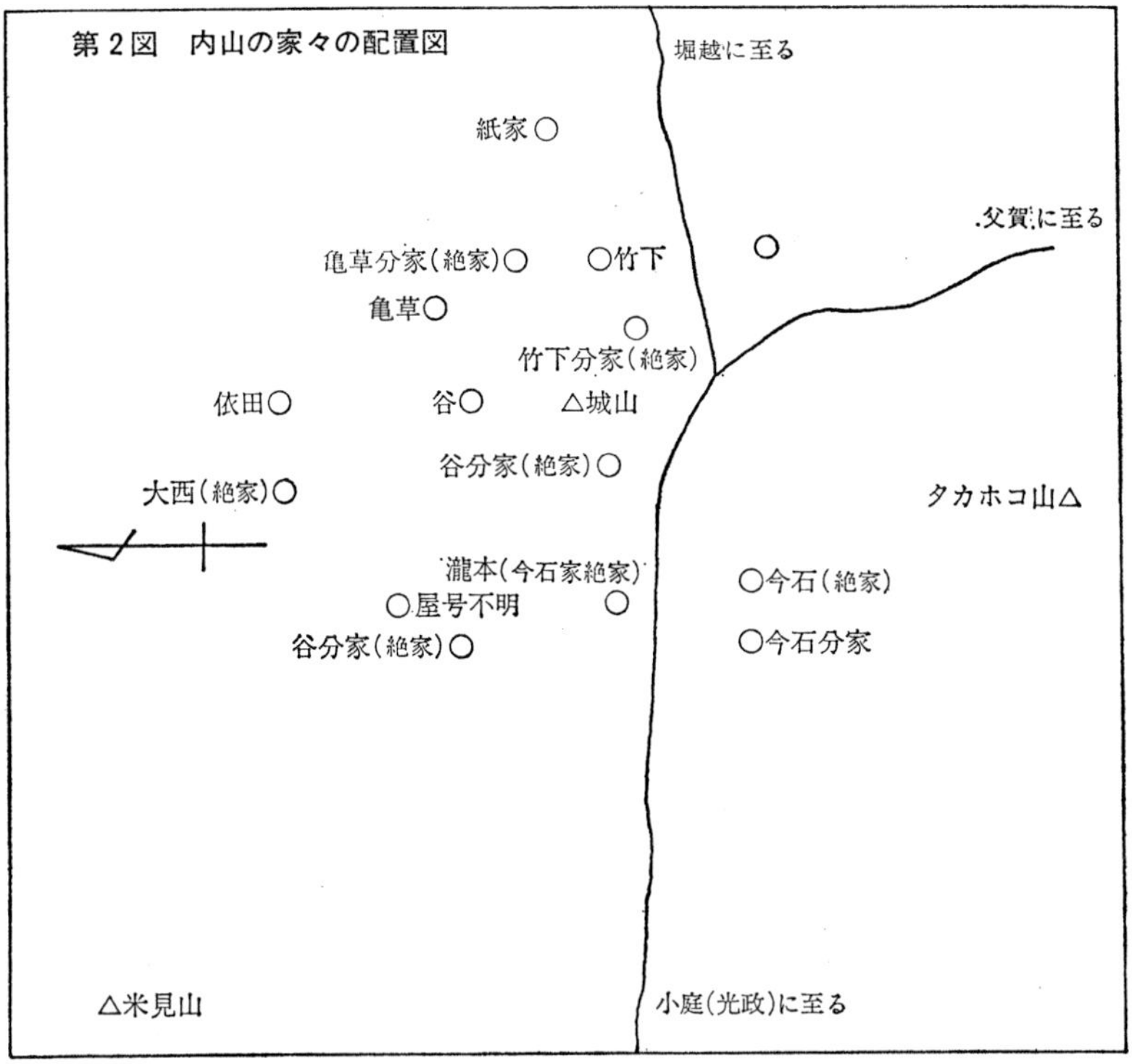

紙屋荒神は内山紙屋荒神とも云い、内山にはこの外に苗頭小林氏の内山荒神がある。内山地区は早くから開拓されたと思われる要害の地で、赤木宮司の説明によると、「内山の地勢を一言にして形容すれば釜の底と云ふべき土地である。四面高山の峰々に囲まれ、西より北の峰にのぼれば中国山地の高峰大仙をはじめて雲伯西備の山々を一望に収め、東より南の峰にのぼれば、東美作より南に渡りて瀬戸の内海を収む。峰に囲まれた中央の峡谷に辿りつくこと容易ならず、守るに易く攻むるに難き絶好の秘峡たり」とのことで、ここに内山一族七戸の家がある（第2図）。元禄社記帳では紙屋荒神の神田として一畝二七歩を社有しているのは、荒神祭り用の神供米を保有するためのものであった。

(2)　安政年間から現在までつながるもの

これに該当するものかどうか判断に苦しむのは田淵荒神である。元禄記載の父賀谷所在の荒神には、かみや荒神・父賀荒神・内山荒神・石畠荒神

第3図　小庭荒神旧氏子配置図

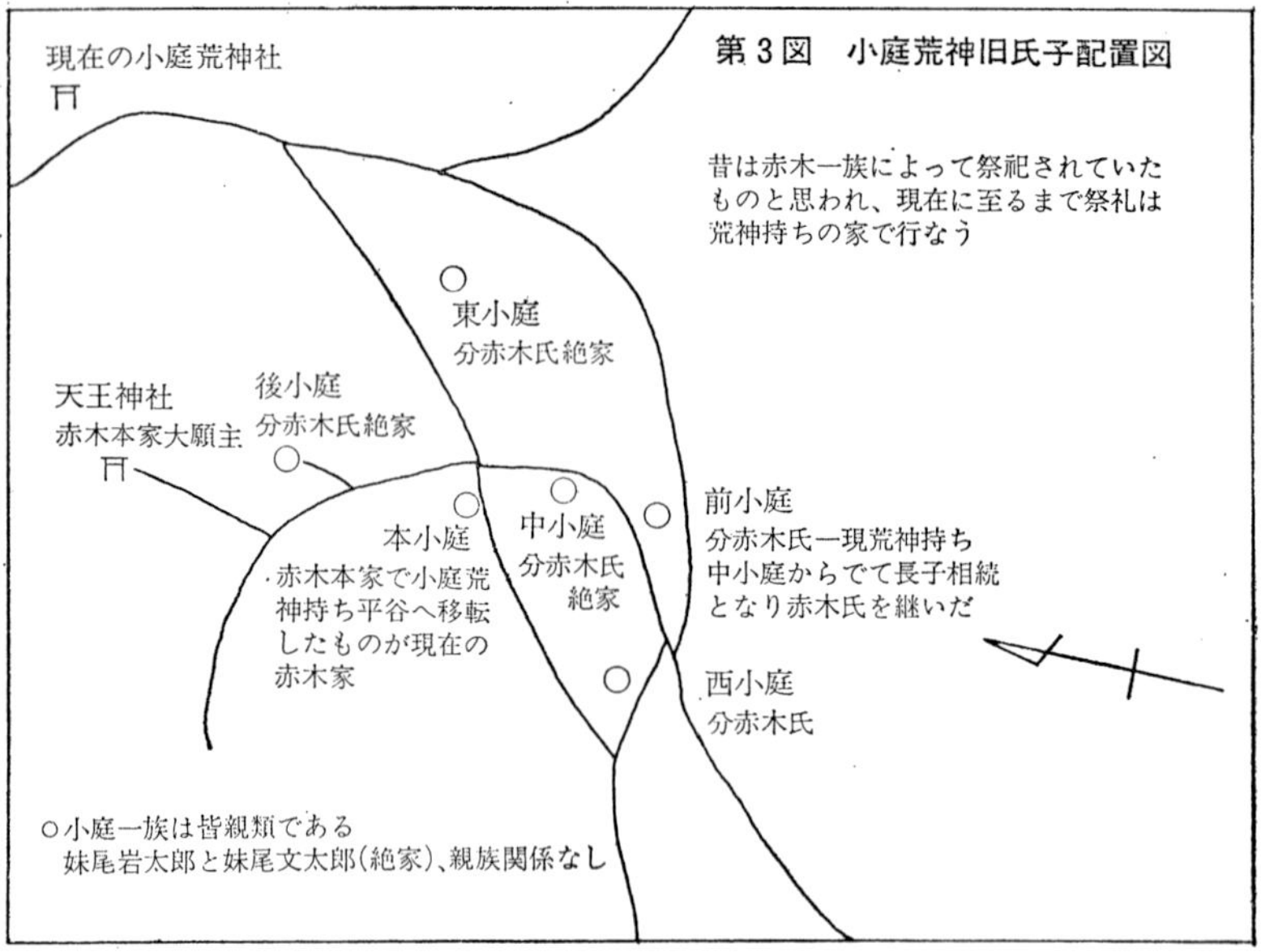

の四社が見え、安政記載社に新たに堀越・今石・田淵・石田の四荒神があるから、安政時には都合八社が所在するわけであるが、明治十二年の神社明細帖には父賀谷所在の荒神は七社しか見えず、一社の帰属が判然しない。安政記載の荒神名の中に石畠の名が見えないから、田淵荒神はあるいは石畠荒神の別称ではないかとも思われる。

石畠荒神は王子荒神と称して、現在は岡田義人氏（石畠家）がその荒神持ちであるそうだが、この王子荒神は明治十二年時には平郡氏持ちの荒神であった。多分苗主の盛衰交代で、荒神名も時に変わり時に復したものではないかと思われるが、このことはなお赤木宮司の意見を待つことにしたい。

(3)　元禄記載であっても、中途で祭祀権が他氏に移ったもの

これらの荒神の見本とすべき小庭荒神は、現住所の平谷に移るまでは赤木勇夫宮司家の荒神であった。赤木家の祖は、信州赤木郷の領主赤木三郎親忠の子太郎忠長が承久三年（一二二一）に備中穴田郷（備中町）を受領して来て、その後裔が小野城主となり、赤木甚助忠晨の子三郎衛門忠光が赤木宮司家の本小庭の祖と伝えられている。小庭荒神配置図（第3図）を見れば判るように、本小庭の赤木家を中心として一族五家がその四周に

住んで、あたかも本家を抱きかかえるように形成されている。荒神祠の側に清水の湧く池があることにも注意したい。

この配置図は明治以前のものであるが、小庭苗の現状は次のようなものとなっている。本来本小庭赤木家を中心とした株内六戸の荒神で、式年神楽の際は東の一番座に請神される有力な荒神であったのであるが、本家筋の本小庭は平谷へ移り、中小庭・東小庭・後小庭の三家は絶家となり、残る前小庭と西小庭の二家だけ現住している。今は前小庭が荒神持ちとなり、昔ながらの法印として加持祈禱などしておられる。

昭和五年の神楽帖に小庭苗として名を連ねている家は、a岡五郎右衛門・b加藤かめの・c国橋某・d萩原定一・e妹尾岩太郎・f仙木忠右衛門・g加藤修一・h妹尾文太郎・i岡部兵衛の九氏である。これらのうち、現在ではfとhは絶家となり、aとbの二軒の家は中郷にある。dは小庭の近くの小庭谷に住み、現在は江栗谷に移っている。この他に、赤木勇はもと小庭の地続きの井上谷に住んでいた株内であった関係で、年々の荒神祭りには参加している。平谷に移転した赤木宮司とその分家の二軒も祭りには参加している。又、現油木町亀鶴八幡宮宮司の平郡家ももとはこの株内で、祭りには参加されていたと云う。

このように小庭荒神は、以前からある家としては前小庭と西小庭のただ二軒だけとなり、その他の現在小庭苗に属しているものは、以前ここに本拠があった家から分かれたもの、あるいは絶家した家へ新たに入居した人達、今一つ他地区へ移転した人達と云う、三つのケースによって形成されている。他地へ転住し、又、分家して遠く離れ住んでも、なお年々の祭りに参加する慣わしが久しく持続しているのは、祖先が臍の緒を納めた荒神なるが故に、祖霊としての懐かしさ、親しさがこのようにするだけではなく、同族神なるものはあくまで他人を拒絶して寄せ付けなかったと云うこと、同族以外の血の交わりは汚らわしく、神威を傷つけるものであるとの考え方がかつては濃厚であったため、今なお、混乱したとはいえ、昔ながらの慣習を守っているのであろう。

(4) 安政記載社であっても、他氏に移ったもの

第4図　土居家を中心とした矢原の配置図

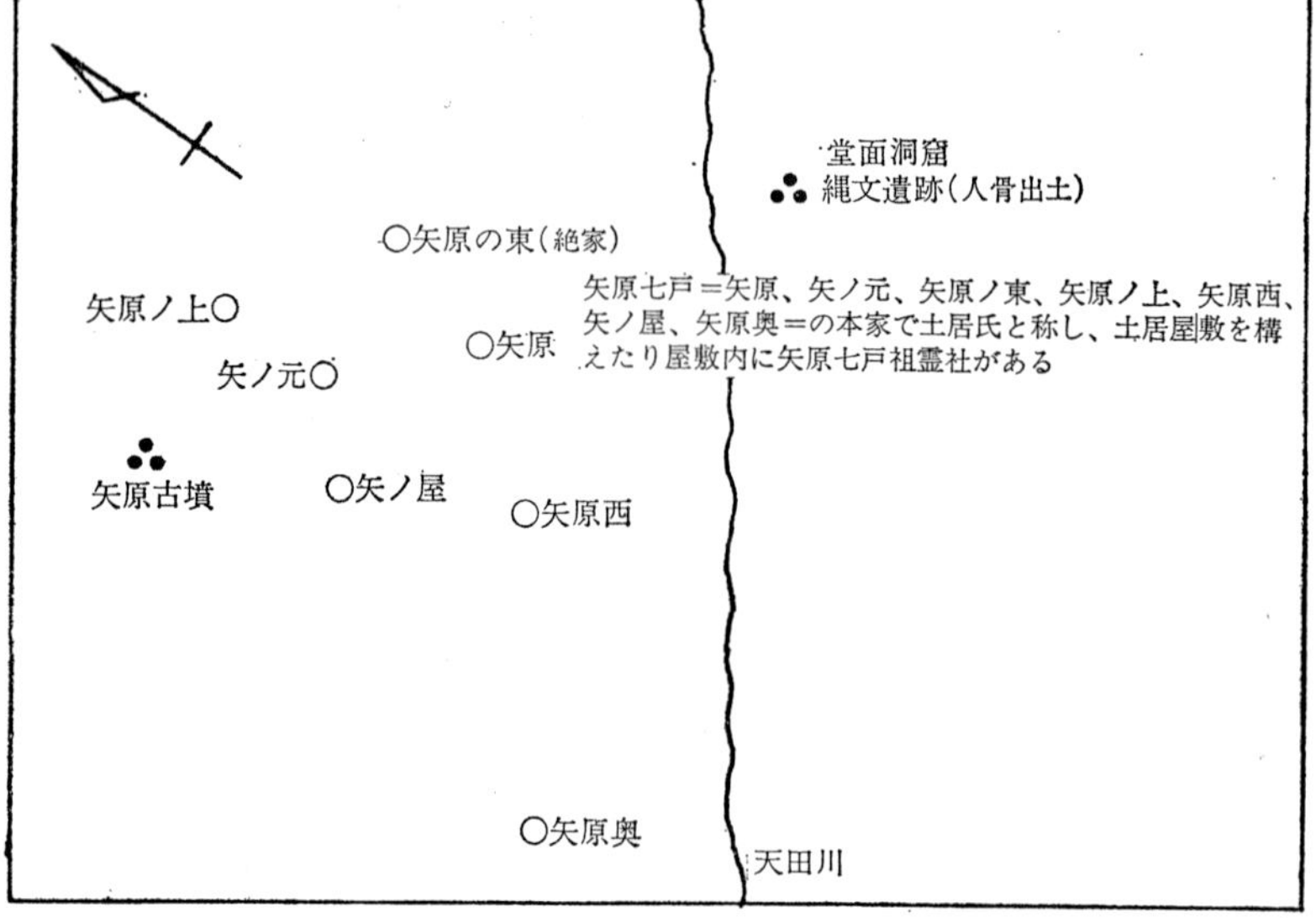

この実例の荒神として矢原苗を見てみたい。ここには元禄記載の矢原荒神と安政記載の同名の矢原荒神（鶴ヶ森）と矢原奥荒神の三荒神があり、それぞれ土居氏・真壁氏・横山氏が塚元である。この他に、横山姓二、藤原姓二、井原・赤木姓各一の、合わせて九戸をもって三つの荒神を祀っている現状にある。

徳川期の矢原の配置図（第4図）を見ると、以前は矢原土居家を中心とした同族によって矢原荒神下七戸から成っていたことが判る。付近には矢原古墳があり、又、縄文遺跡があることを見ると、これが矢原一族に繋がるものか否かは不明であるが、古く開拓された地区であることが知られる。本家筋土居家には七戸の祖霊社なるものがあり、毎年盆の十七日にお羽車へ祖霊を遷して、神殿移りの太鼓を打ちながら矢原一族の家々の竈巡りをする慣わしとなっている。元禄年間には一荒神下にあった矢原苗が、それから約一五〇年を経た安政年間には新たに二つの荒神が創祀されているのを見ると、この間に矢原一族には大きな異変があったことが想像される。

(5)　安政以後創立されたもの

安政以後に創立されたものとしては、井上谷の井上ノ下の石風呂の中に勧請したと云う、三城和作一人持ちの石風呂荒神が明治十二年の神社明細帖に見えるだけである。新設すると云うようなことは、近代に至っては稀有のことだったことが知られる。

(6) 廃社されたもの

荒神の廃社は絶家と云うことから生ずるのである。たとえ荒神持ちの家が没落したとしても、その屋敷跡に入居した者が祭祀権を受け継いだようでもあるが、元来は名主が絶家となればその荒神は自然消滅するのが原則であったろうから、元禄以前の記録に現われぬ時代の変遷は容易に想像出来ない。

元禄記載の不明社では、前にも記したように、岩屋荒神が絶家して廃社となっている。又、こんや荒神は安政記載社に該当社を推測しがたいが、明治十二年の明細帖に甲屋平荒神と見えるのが多分これに該当するものと思われるので、元禄以来のものと思われる。他に、米見山同所の荒神が不明であるが、この荒神持ちは翁家であったと思われるから、廃社されることは考えられないが、同名米見荒神とどのような関係にあったのかが判らぬため、不明廃社のうちに加えざるを得ない。今一社、安政記載の部々寿荒神の行方が不明である。部々寿と云う名は多分縁起をかついだ名と思われるのであるが、安政時に新たに見える荒神の一つである。現に部々寿（妹尾氏）と云う屋号の家があるが、この家の人も関知しないところを見ると、部々寿荒神は廃社と同じ運命になっているのだろう。

安政記載社のうち、矢井鳥荒神の前原氏、今石荒神の福屋氏、大谷荒神の平光氏らは、その後いずれも絶家となったが、荒神の祭祀は引き継いで行なわれている。

以上、元禄以降の荒神の推移変遷の大略を述べたが、記録以前の荒神信仰がどのようなものであったろうかを推測してみたい。

上豊松には、中間谷・臂谷・八鳥・野田・有賀・政末・野・矢原・菊屋・寺谷・米見・天田・井上・江栗・光政・内

山・中郷・平谷・堀越・畠田・父賀・石田などの字名があるが、これらの字名の中には人名を付した中世の名田の名称と思われるものがある。すなわち、光政苗・政末苗などがそれである。上豊松以外では、下豊松に国友、中平に国寄、笹尾に塩忠・吉光などは皆これに類する名田の名称であろう。それが長い歳月の間に屋敷名と変わり、又、小字名などになることによって、荒神名も変わってきたものと思われる。現在では小字名を付した荒神が多く、その小字名は亦同時に苗頭の屋敷名でもあることが多いことは、荒神名一覧表によって知られる。

個人持ちの荒神も二、三見受けられるが、荒神下はおおむね五、六戸から一〇戸前後のものが通例であったことも、荒神配置図により判る。それが、明治末大正初年の神社合併の運動で古い姿が少しずつ崩れ、戦後に亦何々苗と称しても、それは昔の苗の姿ではなく、数苗の合体による新しい一つの名を呼称するものであるから、その荒神下は多い処では二〇戸もあるような現状となっている。これはあくまでも古い姿でないことに注意しておく必要がある。

2　荒神の祭地

次に、問題として大きく取り扱うべきは、荒神祠の祭地のことである。

私は早くから荒神の祭地は同族祖先の墓地であろうという持論を持っていたので、まだ本調査の計画がなかった一昨年（昭和三十八年）の夏、赤木宮司に案内を乞うて、豊松村下豊松の荒神祠七社を実地踏査したことがある。その時の赤木宮司の話では、墓地にあるものもあるが、そうでないものもあるとのことだった。実際に竹藪や木立の中に入って、蔓草を切り、落葉を払うと、その付近には必ず古い墓石が埋もれているのであった。赤木宮司も驚いていられたが、七社の荒神悉くその祭地は墓地にあるものばかりであった。多くは田圃を見下ろせる小高い丘の上か、塚元の背後の山腹、又、少し離れた小山の上が荒神の祭地であった。下豊松川東の本山荒神の例（第5図）を見ても、両側を墓地に挟まれて、同族一門を見下ろせる場所にその祭地があることが判る。

荒神の祭地に於ける祀り方は、小さい木の祠に安置されているものが多いが、これは神は社殿に鎮まりますものと考え

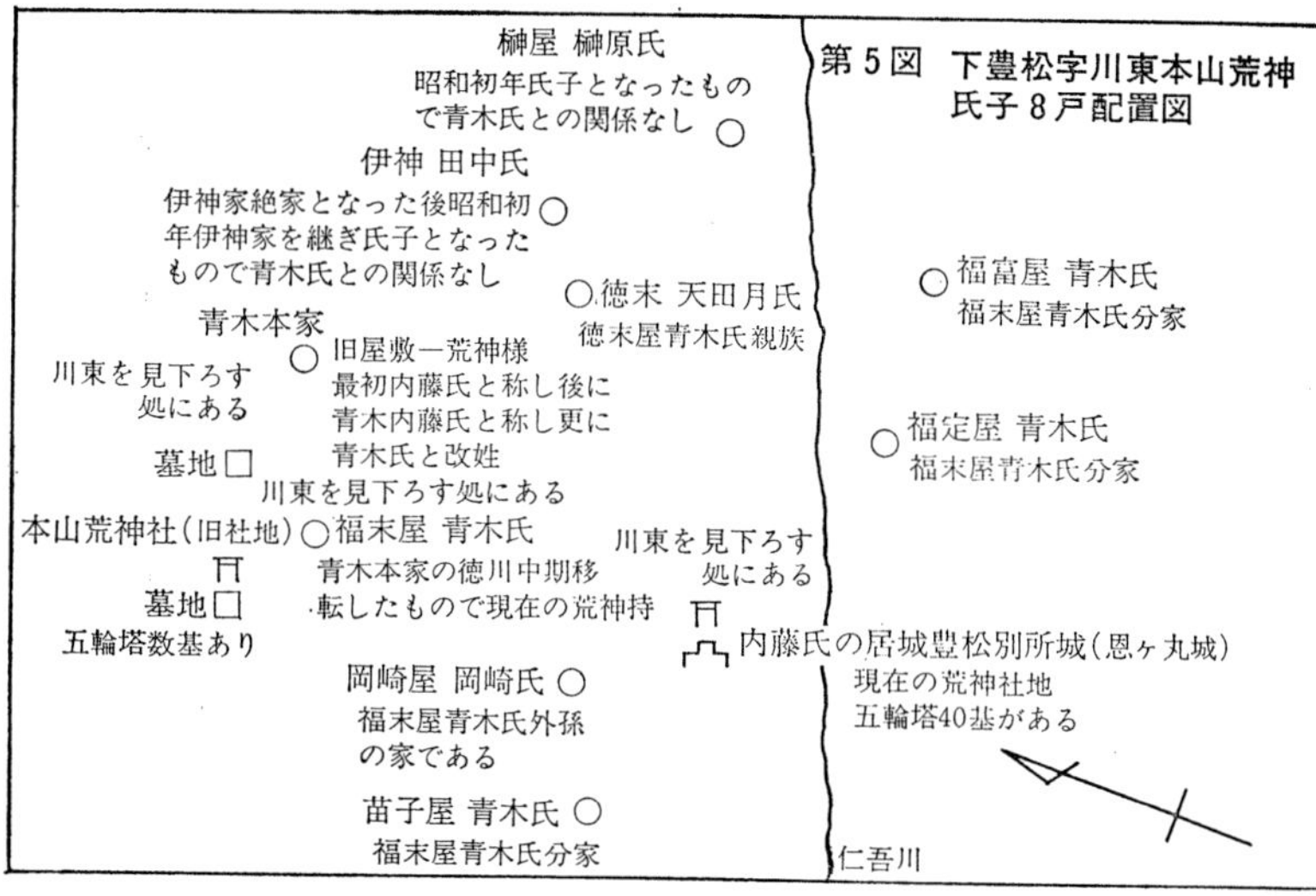
榊屋 榊原氏
昭和初年氏子となったもので青木氏との関係なし
伊神 田中氏
伊神家絶家となった後昭和初年伊神家を継ぎ氏子となったもので青木氏との関係なし
徳末 天田月氏
徳末屋青木氏親族
青木本家
川東を見下ろす処にある
旧屋敷—荒神様
最初内藤氏と称し後に青木内藤氏と称し更に青木氏と改姓
墓地
川東を見下ろす処にある
本山荒神社（旧社地）
福末屋 青木氏
青木本家の徳川中期移転したもので現在の荒神持
川東を見下ろす処にある
墓地
五輪塔数基あり
内藤氏の居城豊松別所城（恩ヶ丸城）
現在の荒神社地
五輪塔40基がある
岡崎屋 岡崎氏
福末屋青木氏外孫の家である
苗子屋 青木氏
福末屋青木氏分家
福富屋 青木氏
福末屋青木氏分家
福定屋 青木氏
福末屋青木氏分家
仁吾川
第５図　下豊松字川東本山荒神氏子８戸配置図

るに至った明治前後からの流行で、それ以前は神木や五輪塔や古墳などが礼拝の対象であったに違いない。木の祠・神木・墓石と、同一の場所にこの三つのものが揃って見受けられる荒神の祭地が余りに多いことに気付かないではいられないのである。

三浦秀宥氏の「岡山県の荒神」[2]には、荒神の中にミサキを祀るミサキ荒神などの名が見えるが、豊松村ではミサキ神と荒神とは判然と区別されていることに注意を向けたい。ミサキ神は行路病者や異常死の霊を祀ったものとされているが、明治十二年の上豊松神社明細帖に記載されてあるミサキ神は一五社ある。しかるに、昭和五年の神楽帖によると、矢原苗だけで九社のミサキ社がある。明治十二年には矢原苗には一社あるのみであるので、明治十二年以来矢原苗内だけでも八社のミサキが祀られたことになる。その祟りを極度に恐怖したことは、荒神もミサキ神も同じことである。苗内の人々が、荒神には一種の親しみを感じながらも、ミサキには容易に近付くまいとする一種の敬遠をもって対したが故に、変死者が新たに出るたびごとにこれをミサキに祀り上げなければならない気持ちを持っていたことが、最近に至ってもなお祀らないでは済まされないのであろう。

臍の緒荒神と称して新生児の臍の緒を荒神森に埋めるのも、三十三年目ごとに行なわれる荒神の大神楽において「臍の緒は皆寄って来い」と云って、苗内の家々では婿に行き嫁に行った者を寄せ集めるのも、荒神との血のつながりを感じてきた永年の慣わしがかくさせてきたことと思われる。氏神と云うもののもとの意味はここにあったのである。現代人は、正月に訪れてくる年徳神も、五月田植時の田の神さんばいさんも、盆の精霊や秋の刈り上げ祭りのイノコ神も、もとは荒神と同一異名の神であると云うような意識はもう持っていないが、全く無関係のものであるとも思っていない。

荒神の最も古い形は個人持ちのものであろうと思われる。すなわち一家の祖先を祀ったのが最初の形態で、その後、子孫の繁栄によって新宅部屋などの同族祭祀が行なわれるようになり、更にやがては同族内における絶家転出のため、新たに他系の入居をも許さざるを得なかったであろうが、しばらくはなお他系者の参加は拒絶していた。このため新入居の者は年々の祭祀には原住地の荒神下へ帰らなければならなかった。小庭荒神下のように比較的古習を守っている処もあるが、現実には多くは苗内に他系が混入してき、又、二、三の荒神下が合体して、一苗としての荒神祭りを行なうようになったことは、最も新しく発生した現象だと云わなければならない。

上豊松内の荒神持ちで、鶴岡八幡宮の八月二十五日と二十六日の宮座に座席を有しているのは、二十五日の宮座に於いては西座に掛木・中間谷田淵・八鳥・光政・父賀および米見苗の六氏で、翌二十六日には東座に父賀・光政・中間谷田淵・小庭と翁家の五氏であった。これらのうち、米見苗は大宮司家の翁氏であり、小庭苗の赤木氏は別当職であった。その他の座人では光政苗の光政氏が一の輿の宰領を務めているから、最有力者であったであろう。

大宮司家翁家の米見荒神の祭地である米見山は六六二メートルの高さの山であるが、大体この地方の住居そのものが五〇〇メートル前後の高原にあるので、さほどに高い山ではない。この付近の山々は皆七〇〇メートルには達しない、六五〇メートル前後の山ばかりである。そうした数多い山の中でも、この米見山の山容は実に美しい。殊に下豊松川東辺りからの眺めは富士の山容に似ていて、神の坐す山と仰ぐにふさわしい山である。この山が龍王山と云う別名を持ち、山腹に綿津見の社を祀ったのも、山麓に塩川があって塩川神社があるのも、聖山であったからかと思われる。双子山古墳につながると云う翁氏の祖霊の鎮まる山として実にふさわしい山である。

吉備高原に続くこの辺り一帯の四、五〇〇メートルの高台地では、どうしても古ければ古いほど畑作に依存しなければならなかったから、夏季に雨乞祈願が必要であった。地図を見ても、備後・備中には六、七百メートル級の山々で龍王山と命名された山が諸方に見られる。風流系の踊りがこうした地方に盛行したのもこのためである。この付近の秋の祭礼に今なお神祇とか渡り拍子の名で行なわれている風流踊りは、雨乞踊りとして先行していたのではなかろうか。米見山はこのように雨乞いの祭場でもあった。だが、もっと古い時代にはこの山に登って国見（年見）をする山ではなかったのではないかと思うのである。それは米見と云う名称から想像したい。塩川とか塩瀧と云う地名は、海浜に遠い山間地にあって禊ぎを行なう場所であった。聖山に登るに先立ってこの塩川で身を洗ったのだと思われる。

一体にこの地方には、歩いて見ると、方々に墓地らしいものが見受けられることと、古墳ではないだろうかと思うような恰好の小山が沢山目に付く。一軒の家で墓地を数ヶ処に持っているむきが珍しくない。川東では両墓制の遺風ではないかと思われるようなものもあると云われている。有木地区の枇杷谷や油屋《ゆや》谷、笹尾地区の蜩谷（ヒグラシダニ）などの地名は、死後の霊魂の行方と関係がある地名であろう。

死後の霊魂と荒神信仰とに深い結び付きがあると思われることは、次章で式年の荒神神楽との関係において述べたい。

注

（1）『出雲民俗』第一八号、荒神信仰特集。三浦秀宥「岡山県の荒神」（『日本民俗学』第二巻第四号）。直江廣治「荒神信仰・屋内神」（和歌森太郎編『美作の民俗』昭和三十八年、所収）。

（2）三浦秀宥「岡山県の荒神」（前出）。

第二章　祖霊加入の儀式としての荒神神楽

一

中国地方に於ける荒神の分布は、その信仰に濃淡の差こそあれ、殆ど全域にわたって見られるが、中でも広島県東北部の備後の比婆・神石の二郡、これに隣接する岡山県西北部の備中の川上・上房・阿哲の諸郡、および西美作の一部などに伝来している荒神の神楽には、これが祖霊加入のための儀式として行なわれた神楽ではなかったかと思われるものがある。すなわち、三十三年目ごとに行なわれる神楽が最もその古態を残し、十三年・七年に一度行なわれるものにもその面影を窺うことができる。

荒神神楽の白蓋（神石郡豊松村）
赤木勇夫氏撮影

荒神は名《みょう》（苗）によって祀られ、支えられてきたものである。すなわち、同族の祖霊信仰の対象であった。それが時代の変遷に伴い、現況は必ずしも同族だけではなくなって、絶家の後には新たに入居した他姓の者も交えてきたことは止むないことであったが、名内協同体のためには、荒神祭祀も同族以外の加入を認めざるを得なくなった。このために同族だけによる荒神祭祀は減少して本来の姿は薄れゆかざるを得なくなったが、なお数名合同して行なう荒神の神楽よりも、他姓を交えても単一名によって行なう神楽の方が、より以上に祖霊信仰の古さを伝えてきていることを知ることができる。

荒神神楽について記す前に、集落に於ける名（苗）組織の二、三の実例を前章を踏まえて挙げておく。

実例I　広島県比婆郡東城町塩原の場合

左表にあるように、塩原（現戸数五八戸）には古くから一〇の名が存在し、各名頭はそれぞれ本山荒神を祀り、名内同族によって年々祭祀を行なってきたものであるが、現況では、絶家へ他氏が入居しているため、現在まで名頭の続いたもの五名、異動せるもの五名の半々の結果となっている。

名の名称	名（屋号）	頭（姓）
高下名	高下	河村（現在名越が受け継ぐ）
中祖名	中祖	瀬尾（現在増田が受け継ぐ）
広実名	岡田	白根
足尾谷名	上	熱田（現在山口が受け継ぐ）
宗清名	宗清	和田（現在瀬尾が受け継ぐ）
東名	東	？（現在高尾が受け継ぐ）
堂河内名	堂河内	松井
光森名	光森	長谷川
高田名	高田	高田
定清名	定清	田辺

（難波宗朋氏の調査による）

実例II　広島県神石郡豊松村上豊松の小庭荒神の場合（前章二六四頁第3図）

豊松村上豊松の小庭荒神は、現住所の豊松村平谷に移るまでは現鶴岡八幡宮宮司赤木勇夫家の荒神であった。すなわち、赤木宮司家を名頭とする赤木一族六家の荒神で、本小庭の赤木本家を中心として一族五家はその四周に住して、あたかも本家を抱きかかえるように形成されている。荒神祠の傍らに湧水の湧き出る池があることにも注意したい。

同村の安政五年（一八五八）の神楽帖を見ると、式年神楽の際には三八荒神の中でも小庭荒神は東の一番座に勧請された有力な荒神であった。現況は、本家筋の本小庭は平谷へ移り、中小庭・東小庭・後小庭の三家は絶家となり、残る二家の前小庭と西小庭だけが現住しているだけで、今は前小庭が荒神持ちとなり、昔ながらの法印を家職として、加持祈禱などをしている。
昭和五年の神楽帖を見ると、小庭苗として名を連ねている家は、a岡五郎右衛門・b加藤かめの・c国橋某・d萩原定一・e妹尾岩太郎・f仙木忠右衛門・g加藤修一・h妹尾文太郎・i岡部兵衛の九氏である。このうち、現在fとhは絶家となり、aとbの二軒は家は中郷にある。dは小庭の近くの小庭谷に住み、現在は江栗谷に移っている。この他に、赤木勇はもと小庭の地続きの井上谷に住んでいた株内であったので、年々の荒神祭りには参加している。平谷に移転した赤木宮司家とその二軒の分家も祭りに参加している。又、現油木町亀鶴八幡宮宮司平郡家ももとはここの株内で、祭りには参加されていたと云う。

このように小庭荒神は、以前からある家としては、前小庭と西小庭の二軒だけとなり、その他の現在小庭苗に属しているものは、以前ここに本拠があった家から分かれたもの、あるいは絶家した家へ新たに入居した者、今一つ他地区へ転住した人達と、この三つのケースによって形成されている。他地へ転住し、又、分家して遠く離れ住んでも、なお年々の祭りに参加する慣わしが久しく持続しているのは、祖先が臍の緒を埋めた荒神なるが故に、祖霊としての懐かしさ、親しさがこのようにするだけでなく、同族神なるものはあくまで他姓を拒絶して寄せ付けなかったと云うこと、同族以外の血の交わりは汚らわしく、神威を傷つけるものであるとの考え方がかつては濃厚であったため、今なお、混乱したとは云え、昔ながらの慣習を固守しているのであろう。

実例Ⅲ　同豊松村上豊松の矢原荒神の場合（前章二六六頁第4図）

上豊松の矢原には元禄十三年（一七〇〇）豊松村社寺帳記載の土居氏一族の矢原荒神があり、土居家を中心とした同族七家があった。しかるに安政五年（一八五八）の神楽帖には、矢原荒神の外に、鶴ヶ森荒神（真壁氏）と矢原奥荒神（横山氏）の二荒神の名が新たに見られる。矢原荒神元の土居家の付近に矢原古墳があり、又、縄文遺跡があることを見ると、これが矢原一族に繫がるものか否かは不明だが、古く開拓された地区であることは知られる。本家筋土居家には七戸の祖霊社なるものがあり、毎年盆の十七日には祖霊をお羽車へ遷して、太鼓を打ちながら矢原一族の家々の竈巡りをする慣わしとなっている。元禄年間には一荒神下にあった矢原苗が、約百五十年後の安政年間には新たに二荒神が創祀されているのを見ると、この間に矢原一族に大きな異変があったことが想像される。

実例Ⅳ　同豊松村下豊松川東の青木一族の本山荒神の場合（前章二六九頁第5図）

青木本家の内藤青木氏の同族荒神下には七戸があったが、昭和初期に他氏が入居したために、今では青木同族以外に他姓無関係の二氏がここの荒神祭りに参与しているが、それ以前は青木一族の同族荒神であった。荒神の旧社地は最も高い処にあって同族一門を見下ろせる位置を占め、その両翼に墓地を有することも注意すべきことである。

二

三十三年目ごとに行なわれる荒神神楽は次第に行なわれなくなっている現状であるが、最近では昭和三十七年十二月二十一日から二十三日まで三日間比婆郡東城町福田（戸数一六戸）で、同四十年十一月二十四日から二十六日まで三日間同町蟶野《までの》（戸数一二戸）で行なわれた。十三年目ごとの神楽は、昭和四十一年十一月二十六日から二十八日まで三日間神石郡豊松村稲干神社境内で、同年十二月十・十一の両日同村小庭谷で小庭荒神の神楽が行なわれた。又、同年十一月には岡山県備中の川上郡備中町安田でも十三年の式年神楽が行なわれた。

三十三年目ごとに行なう荒神神楽は、前神楽《まえ》・本神楽《ほん》・灰神楽の三神楽を四日四夜にわたって行なうのが原則であった。それが、最近では三日二夜となり、二日一夜に短縮して行なわれるようになってきたのである。

四日四夜の神楽は次のような次第で行なわれる。

初日　おはけ立て、神職集合、当屋浄め、竈ざらえ、神迎え

初夜　七座の神事、土公神遊び

二日　小神遊び
二夜　七座の神事、荒神遊び
三日　神殿浄め、神殿移り
三夜　七座の神事、本舞、白開引き、能舞
四日　五行舞、龍《たつ》押し、荒神の舞納め、神送り
四夜　灰神楽（へっつい遊び）

前神楽と灰神楽は頭屋に於いて行なうが、本神楽は往古から定められて、平常清浄を保っている神殿《こうどの》屋敷と称する田畑の中に神殿を新設して行なう。荒神神楽を別名神殿（高殿）神楽と称する所以は、新設した神殿で行なわねばならなかったことを意味するからである。

先の上豊松の場合のように三十八荒神合同の大神事として行なった荒神の神楽では、安政五年の神楽帖に「高殿木道具先例出し来り左の通り」と云う覚書が記されている。

一本柱四本　但し長サ一丈六尺　ひじや大元　平光　奥迫　石田
一脇柱八本　但し長サ一丈一尺　中間谷坂元　同西元　ちゝが上東　ほりこし日苗　えぐり山本　あらか蔵迫　竹迫
矢井鳥前原
一櫖り四本　但し長サ三間　松源院　叫大元　高田　うへ西
一桝ゟ四本　但し三間半　平谷寄本　水友　小庭　野田常久
一棟木二本　但し長サ三間半　迫畑　政末森本
一ぐわじやら八本　但し長サ一丈五尺　米見　向往本　へべ寿　矢原奥永屋　矢原西　池の奥　中間谷上ミ　中間谷下
モ

〆右之通出し合ニ而柱二本計足不申候ニ付以来は其心得にて割合いたし候事　心得之ため記し置候

右の記録によると、神殿（高殿）の用材を出す塚元の家々は先例によって定まっていたが、これに比して、単一名で行なう場合に於いては神楽斎行前後の労力は非常なものであった。おおよそ一週間は他の仕事は何一つ出来なかったと思われる。神殿の屋根は萱で葺き、萱壁を巡らし、内部は周囲に七五三を張り、中央に舞処を設ける。舞処の中央に白開《びゃっかい》（白蓋）を吊す。白開は八角・六角・四角の木枠を一尺間隔に連ね吊し、その周りに彫物の旗紙を飾り、すべり竹に通して、上下左右に、又時には上下が反対になるように、綱によって動くように仕組んで吊すのである。更に千道《ちみち》と呼ぶ、一枚の半紙を鯛や扇の形を彫り込んで長く曳き延べたものを四方八方に渡す。又、舞処の二方、時には四方に荒神の神座およびその他土公神・小神等の棚飾りを作り、棚の前方に青竹を横に引き渡して神饌を掛ける設備をする。

掛魚の鯛・鰤・香魚、掛鳥の雉子・山鳥、昆布・若芽、大根・人参・山芋・牛蒡・松茸・香茸、蜜柑・柿・栗・橙、稲穂・粟穂などを掛け渡した神饌は、正月の幸木よりも数等の美しさである。

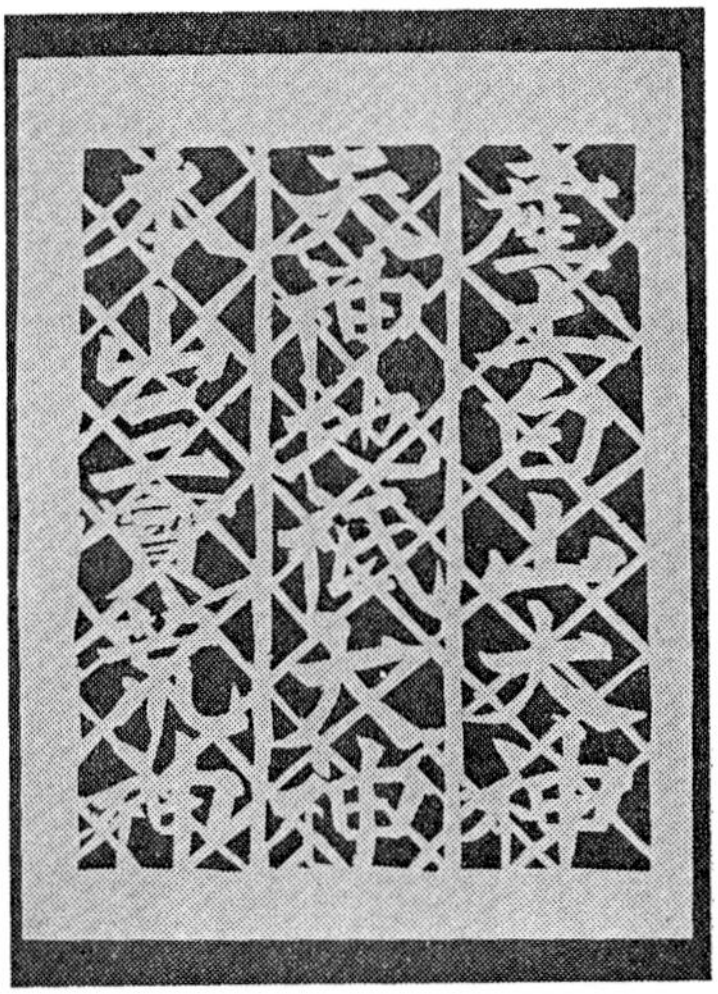

本神楽の切り飾り（比婆郡西城町中野）
黒田正氏撮影

理解を助けるために調度品目を挙げておく。この調度品目は昭和三十七年十二月の比婆郡東城町福田に於ける実況によるものである。

大当屋門注連二、神職迎幣、大当屋造花千道百道二、湯立幣一、仕構帳一、道行帳一、神職著帳一、役割帳一、神名帳二、七曜星九曜星幣一〇本、土公神遊元幣一本、土公神幣（三色）一七本、遊幣（三色）一二本、土公神御旗一七本（奉書半切）、荒神社外迎幣冠一〇本、高幣二本、奉幣一本

前遊舞道具——舞幣二本、榊二本、莫蓙一枚、神務幣四本、

大当屋（舞当屋）の入口に建てた示標
（比婆郡西城町八鳥）黒田正氏撮影

荒神遊幣一本、軸幣三本
龍頭幣冠三本、ウロコ幣八本、門神札、棟札（本山荒神社一、外諸神七）、御神札一七（奉書半切）
本舞舞道具——舞幣五本、榊二本、指紙二本、茣蓙一枚、神務幣四本
道行用——大榊、切藁、塩水、大麻、五神旗、弓、白杖、高張、箒
本山荒神居座、荒神納居座用——高幣二百本、小幣六百本、外二〇本、水神社高幣

三

○初日
早朝頭屋の門口にオハケを立てる。五、六尺の巻藁を作り、これに迎幣を挿す。到着した神職・楽人達はこの迎幣を手に取って、
〽案内申す宮の内　仔細尋ぬる高殿の内
の神歌を掛けると、高殿の内から返歌があり、神歌数章の掛け合いの後、頭屋に入ることを許される。
奉仕神職全員が揃うと、頭屋浄めが行なわれ、舞処の切り飾り、飾り付け、神饌調度の準備が完了すると、庭前で湯立が行なわれ、続いて若手神職が手分けして、荒神下の竈祓いに行く。竈の下に埋めてある土器を取り出して、新しい土器と取り替える。又、家々の神棚にはミカノト（中折紙を横にして、鳥居・石段・宮の形を切り込んだもの）を貼り、神々を迎幣にお乗せして、土公神迎え・小神迎えをする。これが終わると、全員衣冠を正して本山荒神を迎える。

○初夜

夕食が済むと、小憩して、七座神事から始める。

(1)打立　ウッタテと読む。神迎えの試楽である。太鼓・笛・合調子によって神座に向かって奏楽し、その楽の順序は、長唄・サンヤ調子・千早落し・曲舞・鬼調子・舞上御神楽の順である。

(2)曲舞　キョクマイと読む。座ならしである。一人ずつ出て、右手に扇、左手に幣を持って舞う。本来は全員が舞うことになっている。

(3)指紙　サスガミと読む。役指しの舞である。二人出て、右手に鈴、左手に竹串に半紙を挿したものを持って舞う。

(4)榊舞　二人出て、右手に鈴、左手に榊を持って舞う。座清めである。参集者は舞人から榊葉を一枚ずつもらって身を清める。

小当屋のオハケに挿した迎幣（八鳥）
黒田正氏撮影

湯立（比婆郡東城町粟田）
萩原秀三郎氏撮影

榊舞　黒田正氏撮影

(5)猿田の舞　初めに阿人（あど）が出て猿田彦の神徳を述べて舞い終わると、幕の内から猿田彦が狩衣にシャグマを着け、鼻高面を被り、右手に扇、左手に榊を持って出て、舞う。楽の調子が変わると、反閇の所作に入り、太刀を持って舞い、最後に又、扇と榊の舞となる。

(6)莫蓙舞　一人舞。前段は鈴と莫蓙、中段は扇と莫蓙、後段は莫蓙飛びをして、その莫蓙を神前に敷いて退下する。

(7)神迎え　四人舞。衣冠束帯で座の四方に着座し、拍手再拝が済むと、御幣使いが一人、四本の幣を首に挿し、次の五色歌を歌いながら出て来る。着座の四人に東南西北の順序で青赤白黒の幣を渡すと、四人それぞれの幣を水平に開いた扇の上に立てながら神歌を唱して受け取る。四方拝が済むと、神迎えの神歌を唱しながら太鼓に合わせて舞う。その様は実に美しい。

〽サンヤ青き哥　青に青土青しやぐま　峯の小松に谷の姫笹

〽サンヤ赤き哥　赤に赤土赤しやぐま　朱の盃に海老の盛物

〽サンヤ白き哥　白に白土白埴弓　越後の兎に谷々の雪

〽サンヤ黒き哥　黒に黒土黒がらす　春焼山に熊の伏すらむ

〽サンヤ黄なる哥　鬱金くちなしきはだ色　黄金の装束に山吹の色

着座して御幣を取るときには、次の神歌を歌いながら取る。太鼓はサンヤ調子である。

〽御幣とる取る手の内の輝きは　神《シン》の移りかあらたなるもの

〽御幣立つ此処も高天原としれ　集り給へ天地の神

〽元よりも水で生ぜし紙なれば　御幣に拝して神の御姿
〽注連の内まだ入りませぬ神あらば　黄金の注連を越ゑてましませ
終わると、全員立って長唄に入る。
〽立つままに霞の千草重ね着て　綾の下紐いつやとくらむ
〽東山小松さしわけ出づる日は　西へはやらじ中で輝さん
〽西山や峯の白きを雪と見て　片割月のあらたなるもの
次に四人舞に入る。言語にて、
〽何よりも尊きものは奈良の都の八重桜　元より真の花なれば
次に曲舞節に入る。
〽元には九本の幣を立て　神こそ詔りを垂れ給ふなり
〽神道は千道百道多けれど　中なる道が神の通い路
〽大空の両の御祖は何を召す　白装束に綾の振袖
〽左男鹿の八つ耳振りて聞召　北の朝木に榊有るとな
次に太鼓と舞人との掛け合いとなる。
東方より東方甲乙大小神祇は
太鼓より神の道に神の御戸は誰か開かん誰とても
舞人より招じかしこき神の守
太鼓より其の処には七社の社五社の神明
舞人より神は降りませ〳〵

小当屋に於ける土公神遊び（比婆郡東城町竹森）
佐々木順三氏撮影

以下、「南方丙丁大小神祇」から「黄龍に天地渡住」まで掛け合い、唱和が終われば、曲舞により神勧請。舞人言語、

〽面白ぞよ青和幣白和幣御手に頂戴　さしやかたいで勧請申し奉るなり

太鼓より〽一切諸神勧請致し

舞上げ御神楽にて終了。

七座の神事が終わると小憩して、土公《ろっくう》神遊びが行なわれる。神座を背にして神柱（シンバシラ）となる神主一名（二名、三名の時もある）着座し、その前に田植太鼓を置く。座の中央に籾俵を置いて土公神の神座とし、その俵に元幣を挿し立てる。土公神の神座と田植太鼓の間に細長い巻藁を白布を延べた上に置き、その巻藁に苗内の数ほどの三色の美しい土公神幣を挿す。神柱の神主と向かい合って苗内の氏子が着座し、その前に机を置き、各自持参の神酒と鏡餅一重を供える。神柱から右側に斎主と太鼓役、左側に笛と合調子役が着座する。なお、この遊幣は神占が終わった後、首から抜いて左右左に祓い、願主へ渡す。神柱は首に白布を掛け、遊幣を首に挿す。

土公神遊びの次第は次の順序による。

先　祭員着座、拝拍如常

次　塩水清水清米及神事、身禊祓、大祓、三種祓

次　御座入の神歌　三首五首随意

〽この御座に参る心は山の端に　月待ち得たる心地こそすれ

〽土公神何時より笑まし思召せ　好き時折に守り遊びせん

〽降り給へ降りの御座には綾をはへ　錦をならべ御座とふません

是より胴頭、勧請詞を唱え、土公神を勧請する。ここで五行祭文又は神道祭文を読み終わって祈念をし、土公祓を奏する。

謹請再拝々々　何年何某乃釜処尓鎮坐須五代土公神乎只今神座尓請志卸志御遊奉仕状乎平久安久聞食給比氏家内安全息災延命吉祥到来福禄円満災難消除五穀成就牛馬繁昌止守里恵美幸辺給閉止恐美恐美母白須

この時、神柱となる神主はもとより、参列の祭員一般願主平伏し、祈念詞終わってから神柱が小音で次の神歌を唱える。

〽しづしづと願ふ女《め》のとの声きけば　末の社にゐこそ寝られん

神柱は深揖の姿で次のように唱える。

倭只今の神座に於て何年何某の竈に鎮ります五代荒神を請し卸し御遊仕奉るは神明に於ても心妙なる玉の氏子と笑間敷感応あり置く仔細なり、先は百年の御神楽と感応あるからには、神籤を伺ひ神籤次第に善と悪との伝へを申置く伝有呂良

この時徐々に頭を上げて本体に復し、神歌を唱えながら盆を取り、清浄な紙で盆の中を拭き、神米を盆の中に入れ、太鼓側と相互に神歌を返しつつ、盆の中の米をさびるような所作をして神意を占う。見ていて神秘を感じ、神厳さに打たれる一瞬時である。

〽御久米とる　とる手の内のかがやきは　神の移りかあらたなるもの

〽よらばよれ　たよらばたよれ今たよれ　たよるみくまに切りくまはなし

〽押し返し　たよらばたよれ七度まで　たよるみくまに罪咎はなし

〽沖に住む　鴨をしどりに物問へば　なにはのことは波にまかせん

〽千五百増　女雄のかゞみのつまごめに　朝餉夕餉を守る神垣

〽千々の世に　千々の岩窟に住む虫は　なりをしづめてよきをきけかし
次に神籤を伺い、吉凶を告げる。
次に神迎えの神歌、
〽この盆におりてなほりて　からくらもの　ひんもの手にもち　まんねきまねく　まんねきまねく　いや　いや　いや　とんどみくらないと　みくらないと
次に太鼓と合楽（神柱は田植太鼓をたたく）。
〽ゆりあぐる浜のまさごの数よりも　尚よろこびは吾後世の時
〽一度は神前納むる住吉の　二葉の松の千代を経給へ
一きり終わると、願主は交代して、以上の型のように再演する。神籤の結果はそれぞれの願主へ神柱から伝えられる。

○第二日

第二日の昼間に小神遊びが行なわれる。その方法は前夜の土公神遊びと大同小異であるので省略する。

○第二夜

七座神事に続き、夜食後に荒神の舞遊びが行なわれる。舞処の中央に荒神の居座として籾俵が据えられ、荒神遊幣をその俵に立て、更に白木綿を引き延べる。神柱が神座に向かって右手に扇を、左手に鈴を持って着座する。神柱となる神主のことを別名「軸に立つ」とも、又、「軸に据える」とも云う。太鼓・合調子・笛の楽人が神柱と俵を挟んで向かい合って着座し、神柱の右側に奉幣の斎主が、左側に祓主と助斎の神職三人が着座する。

修祓後、サンヨ長唄にて神柱が立ち、扇と鈴で一さし舞う。終わると神勧請の太鼓祝詞に入り、祝詞が終わる頃に神柱の浄衣を脱がせる。次いで千早落しの調子に入ると、神柱は白木綿を両肩に掛け、その端を両手に持ちながら舞う。太鼓の調子が急になると、斎主はオーの声を発して奉幣を神柱の頭上に振る。すると神柱は次第に神がかりの状態に入り、太鼓の追い込みがいよいよ急調子になると、大声を発して神がかりする。助斎の神職はすかさず神柱の腰を抱き、軸幣を握らせて俵に腰を掛けさせる。太鼓は神楽調子に変わる。荒神の痼の強い時は軸幣の太い青竹も割れてしまう。折れると又新しい軸幣と取り替えなければならない。助斎の神職は神柱から神籤を頂く。斎主が再度奉幣で神柱の頭上を祓い、神がかりは解ける。神柱は助斎の背に負われて別座へ伴い、休息させる。一同成就祝詞を奏上して終わる。

○第三日

夕刻から本神楽に入る。大当屋から高殿へ行列して高殿移りを行なう。行列の順序は大体以下の通りである。

高張――松明――白杖――切藁――大麻塩水――大榊――五神旗――弓――向幣――太鼓・笛・合調子――猿田彦――祭員――本山荒神――送幣――御莫蓙――奉幣――提燈――賛者――斎主――祭員一同――同参列者

神殿移り（粟田）　萩原秀三郎氏撮影

神迎え（粟田）　萩原秀三郎氏撮影

行列が高殿に到着すると、外から高殿の内へ向かって神歌で訪れを告げる。

〽国遠く雲井遥かにへだたりて　我が来にけるは神垣の内　案内申す宮の内　仔細たづぬる神殿の内

神殿の内より〽神々を今朝卯の刻に招じして　新薦敷きて待つぞ久しき

外より掛け歌〽高殿に参りて拝めば神降る　いかに氏人笑ましかるらん

王子舞　黒田正氏撮影

龍押し（昭和37年12月23日，比婆郡東城町福田）
難波宗朋氏撮影

神殿の内より〽注連の内まだ入りまさ
ぬ神あらば　こがねのしめを越え
てましませ

外から上歌の下句を繰り返して高殿に入る。その時警蹕一声あり、続いて大祓連読して、神殿移りの儀は終了する。

夕食後、七座神事。神饌・祝詞・白《びやつ》蓋《かい》引きがあって、夜食後、能舞に入る。能舞はいずれも神楽大夫が演ずる。岩戸開《びらき》・龍宮遊行《ゆぎょう》・八幡・大社・八咫《やと》・荒神《あらかみ》・日本武・吉備津・大仙《だいせん》などの能で、いずれも演出時間は一時間から二時間を要するため、本神楽にあっても四、五番しか演出は出来ない。そのため、大仙能や吉備津能・龍宮遊行能の如きものは滅多に演じられないので、現在ではこれらの能を演じることが出来る人は非常に少なくなっている。

大社能は大国《おおくに》の能とも云われ、人気のある一番であるが、この能の中途で大黒さんが餅撒きをするが、この餅を福の種と称して競って拾う。この小餅は小さな俵に入れて厄年の人達が神前に供えたものである。

○第四日

夜がしらじらと明ける頃になると、王子舞が行なわれる。中国地方で託宣形式の神楽が残存している処では、託宣に入る前に必ずこの王子舞が行なわれる。言立てを主体とした能で、約二時間を要するものであり、能の中でも最も古態を残しているものと思われる。

王子舞が済むと、朝食が出る。昔は粥食であったと云われるが、現今では握り飯と漬物が出る。朝食後小憩して準備が出来ると、龍《たつ》押し（綱入れ）にかかる。

袴をくくり上げて、白足袋にわらじばき、鉢巻姿となる。太鼓で囃し立てて藁蛇を持って大当屋の門田（苗代田）へ出て行く。門田の四周を七五三で巡らし、又、門田の中央にも七五三を引き渡す。七五三の内側に本山荒神勢の神職数名が三、四尺の青竹の荒神幣を持って待ち構える。

一方、蛇側は龍頭幣を持った神職三、四名と荒神下の氏子全員して勢いすさまじく門田にやって来る。七五三の前まで来ると、蛇側の外と本山荒神側の内とで以下のような問答が交わされる。

外〽国遠く雲井遥かにへだたりて　わが来にけるは神垣の内　案内申す宮の内　仔細たづぬる神殿の内

内 扨も不思議なるかなや。今朝の夜の明け方に丑寅口を見まいらせ候へば、さもすさまじき蛇体の姿にて、角のかかりを見給へば高山に古木の立ちたるが如くなり、眼のかかりを見給へば大磐石に鏡を懸けたるが如くなり、耳のかかりを見給へば千年も経たるホラ貝を逆さにかけたる如くなり、鼻のかかりを見給へば宝珠の玉を見上げたる如くなり、口のかかりを見給へば馬洗に朱をさしたるが如くなり、鱗のかかりを見給へば千剣を立てたる如くなり。斯る姿にて案内仔細と宣ふは、如何なる者にて候かな。

外 さん候。かように申す候者は、山川大海を住家として衆生の苦しみを逃れたく候へ共その業もなし。山に千年住い候節は楠の株太と現じ、山神大王に宮仕へ候へ共鱗一つだに落つべきようもなし。川に千年住い候節は海老の巣と現じ、水神牛王に宮仕へ候へ共鱗一つだに落つべきようもなし。海に千年住い候節はあらめの株太と現じ、海神龍王に宮仕へ候へ共鱗一つだに落つべきようもなし。此度〇〇名本山三宝荒神の三十三年の御綱入れ大神事ありと承り、遥々参りて候が、何卒神殿の内に入れ、宮仕へ致させ給へやのー。

内されればにて候。山に千年河に千年海に千年の齢を保ちたる行体にて遥々尋ね参り候ものなれば、本山荒神の由来を細さに語り候へ、然らば神殿の内に入れ申さん。

外されば仰せには候へ共、素より蛇性の事なれば左様なることを委細に知るべきようは候はねども、あらあら語り申さん。抑々荒神と申すは、水火土の大徳を祭り申する由承りて候。総じて天荒神、地荒神、三宝荒神、臍の緒荒神、湯荒神、牛王荒神、火荒神、竈荒神などと申すよし承りて候。是にて神殿の内へ入れ給へやのー。

内なかなかのことにて候。たやすく神殿の内に入れ難し。四季の歌を詠じ給へ。然らば入れ申さん。

外蛇性のことなればかかる歌を知るべき様もなし、早々入れ給へ。

内然らば上の句を詠じ申さん程に、下の句を付け給へ。

内〽春三月柳桜に藤の花

外〽きぎす鶯ひばり囀ずる

内〽夏三月卯花橘撫子に

外〽山時鳥つゆの鵜の鳥

内〽秋三月咲く女郎花に萩の花

外〽まつかりがねに鶉さへずる

内〽冬三月寒菊枇杷に梅の花

外〽鶴啼きわたるかもめをしどり

内〽四土用の立つ間も知らでことのはを

外〽調べて通る浜千鳥かな

内〽東青南は赤く西白で

外〽北黒中は黄なりとぞいふ

これらの歌の応答の後、外からオーと叫んで七五三内に入ろうとする。内から太刀で七五三を切り、〽黄金の七五三を越えてましませ……の歌を双方連誦して、蛇は七五三内になだれ込む。荒神勢を追いまくり、追い詰めて捕らえて藁蛇を巻き付ける。晩秋初冬の、時に風花の散り交う田の中での龍押しの風景は実に美しく感銘深いものである。

龍押しが終わると、再度神殿に入り、少憩して、荒神の舞納めがある。藁蛇を東西の柱に引き渡す。二人出て、太刀を持って大声を発して蛇の鱗打ちをする。終わると、蛇の前方に俵を据え、その前に神柱となる神主が着座し、扇を開いて胸の前に置く。前神楽の時の荒神の舞遊びと殆ど同じ方法で行なわれる。蛇綱の上に白木綿が置かれ、神柱は修祓の後一さし舞う。

今度は神柱が立ったまま蛇綱に手を触れる姿勢をして静かに待つうちに、太

荒神の舞納め　神がかりの直前（昭和47年12月３日，比婆郡東城町粟田）　萩原秀三郎氏撮影

荒神の舞納め　神がかり（昭和47年12月３日，粟田）　萩原秀三郎氏撮影
青竹の軸幣をたて続けにへし折る

荒神祠の下に埋める五穀の粥を入れたユグリ（比婆郡西城町栗）　黒田正氏撮影

荒神納め（中野）　鈴木正崇氏撮影

鼓祝詞にて神勧請があり、白蓋を揺り動かす。祝詞が終わらぬうちに浄衣を脱がせると、神柱は夢中のうちに立って白木綿を振りながら舞う。斎主、奉幣にて神柱をばらりと払うと神がかりの状態となり、漸次荒くなって大声を発して失神する。素早く軸幣を神柱に持たせ、俵に腰掛けさせる。青竹の軸幣が弓なりに折り曲げられるのを見て吃驚しない人はいない。ユグリの中へ神柱の持つ白木綿をたくり入れて注連縄で結ぶ。斎主、奉幣で神柱を払い、鈴を振って神返しの警蹕を行なう。大祓、成就神楽でめでたく感応成就して打ち上げとなる。

続いて、荒神送り・土公神送り・小神送りを行なう。本山荒神祠の神木に藁蛇の頭を西方に向けて、胴や尾で巻き付ける。軸竹を前に立てて注連を張る。ユグリの中へは三種神器に粳米三合と餅米三合を皿に盛り、上から皿を蓋にして被い、銭一三文を添えて、荒神祠の下に埋める。又、家々の土公神にはそれぞれ銭旗を送るのが慣わしである。

○第四夜

灰神楽は三日の祝いとも云われ、又、竃《へっつい》遊びとも称している。大当屋のイロリを中心として演出するものである。狂言風のもので、古風を伝えるものだと思われる。手草の段・土公神祭文・宝廻し・餅取り・恵比須の船遊びの五段の能を云うのである。

先ず打立て、曲舞から始める。

(イ)手草の段　手草の段は一名年神の能とも称せられ、翁媼二人出て、手に笹と鈴を持って舞う。舞い終わると、年俵に腰を掛けているところへ、花守と称する花翁が出て、年神に神饌を供する。その所作滑稽にして、年神を怒らせたり喜ばせたりする。最後に年神大笑して幕となる。

(ロ)土公祭文　炉の四周および中央に五行旗を立て、神職連座して土公祭文を唱える。五行祭文と同趣意の祭文で、長大なものである。一種経文の如く暗誦していて、節廻し面白く唱えるものである。

(ハ)宝廻し「宝を廻そうやな」と唱えながら、神職・名頭以下イロリの周囲に連座し、最初に折敷の中に一文銭を入れたものを勘定しながら廻す。一文一文でなんぼうじゃ、二文、二文二文でなんぼうじゃ、四文、四文四文でなんぼうじゃ、八文じゃ、という風に倍勘定に廻していき、勘定出来なくなると、このくらい沢山に金がたまったと喜んで大笑いする。次には神饌や俵などを廻して大騒ぎして喜ぶ様を演じる。

(ニ)餅取り　大当屋・小当屋の主人二人出て、一人はひょっとこ面を被り、一人はおかめの面を被って、イロリの近くに出て来る。イロリの火を消して、餅を火にくべて焼く。その餅をおかめが掬おうとするのを、火男は擂木でたたき落とす。双方奪い合いして灰神楽が上るのを見て、見物衆はそろそろ帰路につく。

又、この餅取りに先立って、嫁・聟・姑が出て、激しく内輪喧嘩の一段を演ずることもある。聟は嫁の味方になるが、そこへ神主が出て、折角の大神楽が行なわれるのだからと仲裁する。かくて和解に至り、めでたしめでたしで終わる前段を演出する場合もある。

(ホ)恵比須の船遊び　新しい筵で船形を作り、その中へ籾の入った種俵を載せる。大当屋の主人がその船に乗ると、一同伊勢音頭で囃しながら、その船を台所の恵比須棚の下まで曳いて行く。一人の若い神主が障子をバタバタ敲いて鶏鳴を発

灰神楽　餅取り①（粟田）　萩原秀三郎氏撮影

灰神楽　餅取り②（粟田）　萩原秀三郎氏撮影

灰神楽　恵比須の船遊び（竹森）　岩田勝氏撮影

すると、すべて千秋万歳と神事は終了する。

四

以上で荒神神楽なるものの大略を記したので、以下、荒神神楽が何故に祖霊加入の儀式としての神楽であるかと云うことについて論究したい。

1

備後・備中の俗に吉備高原と呼ばれている地方の荒神信仰は、巻・株・垣内・苗などと呼ばれるものの中に発生した同族信仰であった。

名田成立以前に於いて既にこの高台地方には先住者としての焼畑耕作者によって開拓が行なわれていたと思われる。水田の栽培は畑作よりもはるかに遅れてなされたであろうことは、今日の住居の位置からも想像できる。街道筋にある段丘の水田は、恐らくタタラの隆盛に伴い砂鉄採取のアトヤマの処置として出来たものが大半ではあるまいか。

このため荒神の祭祀は、畑作依存の当初に於いては一個人持ちの祖霊信仰として発生したのであったが、大家族制度の崩壊によってこれが同族信仰の対象となった。当初は株内の戸数も極限していたに違いないが、長い年月に同族が増加したことも思われるが、しかしそれも日々の生活が耕地に依存する限り、共倒れするような無謀な分散はしなかったであろう。ただ家々には盛衰があって、絶家離散の止むないことも起こったであろうから、荒神持ちの祭祀権の移動もあり得たが故に、遂には一名の内に他姓の者も入り交じるような今日の状態に至ったものと思われる。しかしこのことはあくまでも不測の推移であって、荒神信仰の本姿はどこまでも同族信仰としての祖霊信仰であった。このことは第一節に挙げたいくつかの名の荒神と家々の配置の態様によってうなずけることだと思われる。

2

次に、荒神祠の祭地は同族の祖先の墓地であろうと云うことである。

私は前章に述べたように先年神石郡豊松村下豊松の荒神祠七社の実地踏査をしたことがある。その時、案内者の赤木宮司は荒神祠は墓地にあるものもあるがそうでないものもあるとのことを云われた。実際に竹藪や木立の中に入って、蔓草を切り落葉を取り払うと、その付近には古い墓石が埋められているのであった。赤木宮司も驚いておられたが、七社の荒神はことごとくその祭地は墓地にあるものばかりであった。多くは田圃を見下ろせる小高い丘の上か塚元の背後の山腹、少し離れた小山の上かが荒神の祭地であった。

先に実例Ⅳに挙げた荒神祠の祭地の両翼に墓地を持つ川東本山荒神などもこの下豊松のものである。

荒神の祭地に於ける祀り方は、大方は小さい木の祠に安置されるものが多いが、これは神は社殿に鎮まりますものと考えるに至った近世からの流行で、それ以前は神木や五輪塔や古墳などが礼拝の対象であったに違いない。木の祠・神木・墓石が同一の場所に揃って見受けられる荒神の祭地が余りに多いのに驚くほどである。しかし荒神の祭地が墓地だと云っても、これは死体埋葬の墓地ではあるまい。この地方の古いと云われる家々には、何ヶ処にも墓地を持ち、単墓制ながらも、その埋め墓の方は屋敷からはるかに遠いことが通例とされていたから、塚元の近くにある荒神の祭地は祖霊の祭場として清浄であるべきことを前提としなければならない。このため、墓地と云うよりも祖霊の祭地としての墓地であった。このような清浄な墓地に祖霊を祀ったのが荒神の元の姿であったと思われる。

3

荒神神楽が前神楽（頭屋）・本神楽（神殿）・灰神楽（頭屋）と、三段構えに行なわれるようになったことは、何時頃から始まったかは不明であるが、これは恐らく死者の霊は三十三年を過ぎれば浄まって神となり、以後は祖霊の列に加わると云う考え方が、仏教で三十三回忌にはウレッキ塔婆を立て、以後は死者の年忌を打ち切ったと云う習俗と同じ考え方に基づくものであろう。その故に、死霊が浄まって祖霊に加入する儀式として行なう荒神の神楽を非常に大掛かりな神楽とした理由であろう。

そのためには、新たに神殿を舗設して清浄な舞処を必要としたのである。

なぜ本神楽のみを神殿で行ない、その前後の前神楽と灰神楽とを当屋で行なったのかと云うことである。この問題を解決するためには、何のために神殿を舗設するのかと云うことを考えてみなければならない。勿論、新しい木草の匂いのする神殿の用途は新室の遊び、新嘗の遊びの持つ意義と同じものだと云わなければならないが、荒神の神楽の場合、三十三年忌を経てきた新霊らが祖霊としての荒神の列に加入を許されるためには、鎮魂の神遊びが行なわれなければならなかった。これを完全に遂行するために清浄な仮屋を必要としたのである。神殿の新設なくして真の神楽は期待出来ないと信じていた時代に、むしろそれより以前の原始信仰を踏まえての伝承を持つものであろう。

4

前神楽の当初、大当屋の門先に於いて参入する者をして一々検問し、神歌の応答なくしてこれを舞処に入ることを固く許さなかったと云うことは、勿論不浄の輩を禁じたと云うこともあるが、前神楽はどこまでも祖霊だけを迎えて行なう神楽であったから、死者の新霊群の来るのをここで阻止しなければならなかったと云う名残が見られるのではあるまいか。

荒神神楽では前後五回の神遊びが行なわれる。前神楽に於いて土公神遊び・小神遊び・荒神遊びが、本神楽に荒神の舞納めが、そして灰神楽に竈遊びが行なわれる。

前神楽は勿論本神楽に入るための前儀であるが、ここで用意周到に慎重を極めて、祖霊荒神を始めとして、その他の苗内の神々を招迎して神意を伺っておく必要があった。だから前神楽に於いては死後三十三年を経た死者の新霊は来臨することを固く拒絶した形に於いて行なわれたもので、前神楽の荒神遊びとして行なわれる神がかりではあくまでも祖霊荒神の託宣のみであったのである。

前神楽の舞処には、藁蛇の頭部は内部をうかがうことの出来ぬような仕掛けにして、鴨居に吊らなければならぬと、東城町森の中島固成翁は私に話された。そして本神楽の後半で龍押しが始まるまでは藁蛇は入用のないものである。このことによっても新霊は龍押しまでは神楽の庭に来て臨むことを許されなかった例証となるものだと思われる。三日目の夕刻に大当屋から神殿移りがあって初めて本神楽となるのであるが、ここで正式に祖霊荒神を迎えての一門同族に於いて神人合一の饗宴が行なわれるのである。臍の緒は皆寄って来いの言葉通り、血のつながる者はことごとくこの三十三年に一度の神楽には祖霊の前に参じ侍るのである。この一大饗宴に新霊達は未だ招かれざる客として一夜傍観しなければならなかったのである。

第三日の夕刻の、大当屋から出て新設の神殿へ移る神殿移りのいわゆる神々の群行に於いても、未だ新霊達は拒絶されている。本神楽に於いて新霊が参加するのは、四日目の未明に王子舞が終わって、当屋の門田で行なわれる龍押し（綱入れ）神事からである。

門田の中央に一筋の注連が引き渡され、この注連の内外で祖霊と新霊との対決が行なわれる。それは一種の掛け合いの形式をとって行なわれることは既に記した通りである。

〽国遠く雲居遥かにへだたりて　我が来にけるは神垣の内　案内申す宮の内　仔細尋ぬる神殿の内

注連の外から龍蛇を先頭にしてものすごい勢いで押しかけて来る新霊達の、右の冒頭の掛歌はさして古い歌とも思えないが、しかし遠くからはるばるこの神楽の庭に訪い来った者であることを思わせるには充分なものである。

この歌に対して、祖霊側は、

扨も不思議なるかなや、今朝の夜の明け方に丑寅口を見まいらせ候へば、さもすさまじき蛇体の姿にて、角のあたりを見給へば高山に古木の立ちたる如くなり、眼のかかりを見給へば大磐石に鏡を懸けたるが如くなり、……口のかかりを見給へば馬洗に朱をさしたるが如くなり、斯る姿にて案内仔細と宣うは如何なる者にて候かな。

異状な姿での来訪者の来歴を語らしめている。

さん候。かように申す候者は、山川大海を住家として衆生の苦しみを逃れたく候へ共そのすべもなし。山に千年住い候節は楠の株太と現じ、山神大王に宮仕へ仕り候へ共鱗一つだに落つべきようもなし。……。

新霊側は既に山川海に各々千年ずつ住み、三千年の齢を経て身は清浄になった者であるから、今度の三十三年目の御綱入れの大神事があると聞いたのではるばる参ったものであり、神殿に入れて以後宮仕えさせてくれるようにと、どこまでも低姿勢の形をとって歎願し、次に荒神の由来を述べ、最後に四季十二ヶ月の神歌の下句を間違いなく付けることによって、神殿に入ることを許されるのであるが、この場合、太刀で中央の七五三が切り落とされると、門田を踏みならし、祖霊荒神側を太鼓の囃子に合わせて追いまくり追いまくって、祖霊側の神主の体を龍蛇をもって巻き付けることによって龍押し、すなわち御綱入れは終了するのである。ここで初めて新霊達は祖霊の列に加入することを認められたことになるのである。

龍押しが終わって、再び神殿に入ると、ノシ入れと云って、龍蛇を東西の柱に引き渡して、ここでいま一度押し合いがある。しかる後、ウロコ打ちと云って、二人が出て太刀で龍蛇の鱗を打つ所作がある。この鱗打ちによって新霊の龍蛇の穢れはひときわ清浄な霊魂と化し、龍蛇の頭部を白蓋に結び付けるのは、白蓋—真床襲衾に入ることによって生まれ浄まることを意味したものであろう。この儀式を通して、祖霊荒神はここで初めて一門同族の眼前に於いて新霊が祖霊の座に加わったことを確認したことになるのだと思われる。

このあと引き続いて行なわれる荒神の舞納めとしての神がかりは、前神楽に於ける神がかりよりも異なった形式を踏んでいる。それは東西に張り渡した龍蛇の上に白木綿を懸けた前に神がかりする神柱が着座して、手にした扇をぴったりと胸に合わせて持つことである。扇を持つことが既に神性なることを示すからである。サンヤ調子で舞い、千早落しして白布をかざしながら神がかりすると、致斎の者はすかさず神柱に軸幣を手に持たせ、軸俵の上に座らせる処置をとる。そしてユグリの中の餅を神柱が手に持つ軸竹の先端で突き刺すことによって荒神の舞遊びは舞納めとなるのである。この場合、神がかりだけで託宣が行なわれないのは、新たに祖霊に加入した新霊の神遊びであるからであろう。

この外に、神がかりの方法には、備中には炬火をかざし三つ石を打ち合う仕方や、安芸の広島市安佐南区沼田町などでは白蓋の中の米を大弓で射放つ方法などもあるが、いずれにしても、神がかりすることによって神楽の目的を達成することが可能であったのであるから、荒神神楽に於ける本神楽なるものは新たに新霊が祖霊の座に加入するための非常に大掛かりな特殊の神楽なのであった。

5

神送りが済んで、四日目の夜に当屋で行なわれる灰神楽は、三日の祝いとも称して、成就神楽でもあり後宴でもあった。そこで行なわれる一種狂言とも見られる五番の神楽をヘッツイアソビ（竈遊び）とも云って、大当屋のイロリを中心として行なわれる。

勧請した神々は元の鎮まり給う処へ既にお送りした後でなおなすべきことは火の神への祭りであった。竈神を荒神だと云っている地方は案外広範囲なのではないだろうか。私は荒神も竈の神も正月の年神も、そして盆の精霊も、要するに家の神、先祖の霊を祀れるものだと思っている。ただ常に鎮まります場所を異にするだけであって、いずれも祖霊を祀れるものであったものが、中途にいろいろな思考の変遷があったがために、すぐには理解しにくいものになったと云うだけである。以前の農家には御竈（へっつい・ロックー）とイロリと火床が二ヶ処にあった。これはもともと一戸の別称を一竈と称することによっても、火の神の鎮まり給う火床は一ヶ処であったものが中途から二ヶ処に分かれたものであることが判る。イロリを中心として行なう灰神楽をへっつい遊びと称しているのは、イロリも竈も同じ火の神の管理し給うものだと云う思想が根底にあるからであろう。

6

第一段の手草の段は年神の能とも云われ、翁嫗二人笹を手にして出て来るものは年神の姿である。第二段の土公祭文は竈神の神徳を讃えるものであり、第三段の宝廻しは福徳を招来するものも亦家の神なる祖霊であることを思わしめるものであり、第四段の餅取りはおかめが杓子を持ち火男が擂木を持ってイロリの中の餅の取り合いをするのであるが、これは云うまでもなく男女抱擁の擬態の演技化である。第五段の恵比須の船遊びに於いても、新蓆で作った船形の中へ籾俵を入れ、その上に大当屋の主人を乗せて恵比須棚の下まで囃して送る所作も、これ亦生殖の擬態で、稲米生産を促すための演技である。

このように見てくると、人は死して三十三年の歳月を経過すれば鎮魂の儀式によって祖霊の列に加入できること、そのために行なう荒神神楽の内容を検討すれば、祖霊家の神なるものが如何なるものであるかを知る手掛かりになるべきものが多く含まれているように思われる。

荒神の舞納めの場合に神柱が扇を胸にぴったり当てて持っていること、又、備中方面の神がかりに三つ石を打ち合うこと、これは火の神の神座の鼎座を連想するものであって、この三つ石は打ち砕いたのち三角形の蓆に包んで荒神祠に埋めるのであるが、一方、田の神さんばいの下り来る田は三角田の最初の水掛かりする田であること、又、荒神祠の中に納めてある神体を意味する石がいずれも三角形のものであることにも深い意味があるものと思われる。

又、祖霊の年神としての性格を物語るものに、軸俵と云い、白蓋の中の一升三合の米、千道の中の一合三勺の米、恵比須の船遊びの当屋の主人が乗る籾俵、年神が座る年俵、大国の能の時の福の種、龍押しに門田（親田）を踏みとどろかすこと、これらはすべて稲米生産に深い繋がりがある。今一つ、白蓋の上にある綱の滑りをよくするためと云う手杵、荒神の舞納めの時にユグリの餅を軸幣で突き刺すこと、灰神楽のおかめと火男の餅取り、恵比須の船遊びに莚の船に籾俵を積み、その俵に当屋の主人が乗ること、これらはみな男女和合を意味する擬態であろう。祖霊の前に於いてかく子孫抱擁する演技こそ家の神の喜び給うものであり、又、祖先から受け継いだ親田の稔りを豊かにするものであると信じたのである。火の神の鎮まり給う処をホトと云うのも、年季神楽のたびごとに荒神祠の下と家々の竈の下に新しくカワラケを埋め替えるのも、みな祖霊火の神の喜び感応し給うことによって子孫の永続を約束させることであったのである。

如斯、荒神神楽は、死後三十三年の歳月を過ぎれば、鎮魂儀式によって祖霊家の神としての神性に加入し、又、白蓋の中の重り米なるものは、これを囃し勇ますことによって稲霊の誕生を意味する稲の産屋でもあった。

第三章　備後の荒神神楽

一　荒神舞から荒神神楽へ

荒神の神楽は、祖霊本山荒神の式年祭に行なわれる神楽で、備後・備中地方では、七年・十三年・三十三年目の年限神楽として執行されて来た。古くは荒神神楽とは云わず、荒神舞と称していた。今のところ荒神舞と云う名称が文献に見えるものは、備後の庄原市本郷町の児玉資郎氏所蔵の「伊与村神祇大夫詫状」に、

一御神前御湯立□(之)時者、のつと銭、□(か)け之うお鳥、調可申候、
一浄土かぐら之時、こう布之事、千日様へ無相違あげ可申候、
一こう神まい之時者、本旦之こう布、とうかふと、大□刀手御座候ハヽ、上可申事、為後日如件、
　慶長十七年ミつのへねのとし
　卯月廿六日　　伊与之内
　　　　　　　　　神祇大夫
　火矢廻千日大夫様参

とあるのが最も古く[1]、この時期には荒神舞とともに浄土神楽が行なわれていたことも知られる。

荒神舞と云う呼称は備後・備中以外にもあり、周防の祝島や岩国市行波《ゆかば》でも現今では神舞《かんまい》と称しているが、この神舞と云う名称は新しく、以前はともに荒神舞と称していた。荒神舞を荒神神楽と称するようになったのは岡山県側は古く、備中の上房郡北房町小殿武村家蔵の慶長十年（一六〇五）二月十七日の「従一位郡大明神社人作法諸役」に既に「荒神神楽之事」と見えている。[2]又、宝永七年（一七一〇）の備中小田郡美星町（旧川上郡日里村）神崎家所蔵の神楽帳にも「荒神神楽」とある。[3]しかし、備後では比婆郡東城町森中島家所蔵の弘化四年（一八四七）十月廿九日に本舞が行なわれた際の「湯谷名荒神神楽役割覚帳」などに漸く「荒神神楽」の称が見られ、[4]荒神舞もしくは単に「神楽」と長い間呼んでいたようである。現今でも備後では荒神舞の呼称の方がよく通用している処がある。

中世以来の荒神舞が荒神神楽と呼称されるようになったことには、寛文五年（一六六五）の諸社禰宜神主法度の影響するところがあったものと思われる。この法度によって各社家の神主はやがて吉田神道管領の裁許状を受けて、吉田官として神社に奉仕するようになるに至るのである。その一例として、備後の奴可郡戸宇村（現比婆郡東城町戸宇）の場合に見ると、今日備後地方で最も多くの神楽関係文書を所蔵されている東城町戸宇杤木家の祖の初代吉田官は、寛永十九年（一六四二）に生まれて佐兵衛と称していたのであるが、その二十七歳の寛文八年（一六六八）七月に戸宇村八幡宮の祠官として杤木山城掾藤原秀久と云う吉田官を名乗るようになった。その当時には村々の神事祭式は唯一神道の方向に向かってかなりの変動があったようである。

岩田勝氏は、中世末期から近世前期に至る中国地方に現存する神楽関係資料を駆使して優れた論文を矢継ぎ早に発表せられており、この地方の神楽研究の第一人者である。[5]戸宇杤木家所蔵の神楽関係文書の主要なものは、先年山路興造氏らの手によって翻刻され、芸能史研究会編『日本庶民文化史料集成』第一巻（三一書房、一九七四年）に収載されているが、岩田氏もその後数次にわたって杤木家を訪れて、目ぼしいものはいずれも閲覧されており、杤木家文書に関しては最も詳しい学究の一人である。杤木家蔵の貞享五年（一六八八）に山城掾秀久が書き留めた「六道十三仏ノカン文」の追究など

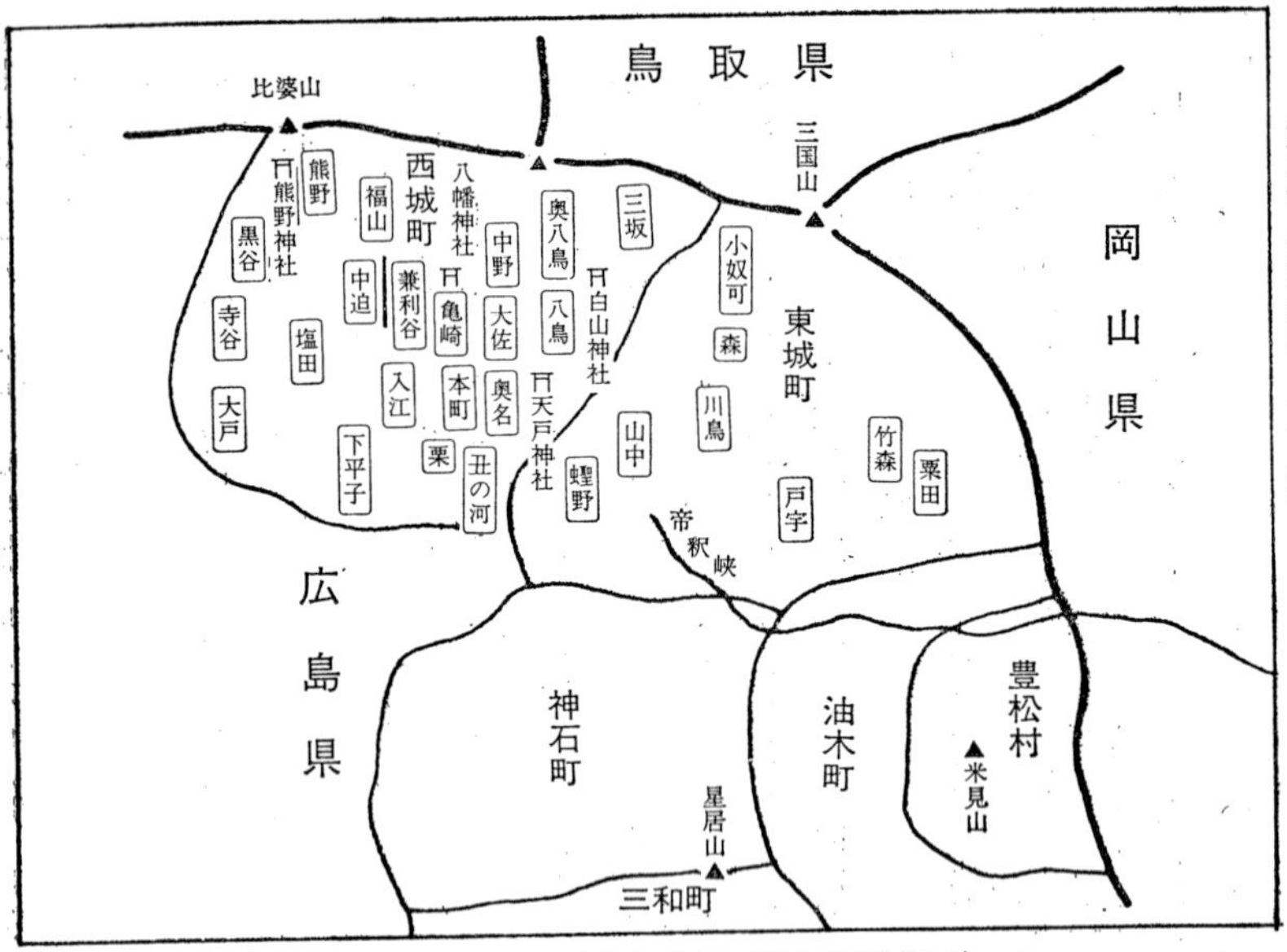

備後の荒神神楽分布図（黒田正氏作図）

を主題とした、「神子と法者―近世前期における郷村祭祀の祭司層―」（『山陰民俗』第三五号、一九八〇年。のち、『神楽源流考』名著出版、一九八三年、に収載）に於いて、この山城掾秀久のことについて次のように述べられている。

　当時の備後国奴可郡では、氏神祭祀と村方祭祀の祭祀形態が、吉田の三元十八神道の滲透とともに大きく変動していく時期に当っていた。山城掾が佐兵衛の当時から長い生涯にわたって書き残した文書類を辿れば、中世後期からの色合をなお濃厚に保つ法者としての最後の社人との観がつよく、山城掾と呼ぶよりも、戸宇村の法者の大夫の佐兵衛としての生涯だったというのがふさわしい。

備後地方で修験の山として有名であったものには、神石郡豊松村の翁家の背後の米見《よねみ》山、油木・三和・神石三町の境にある星居《ほしのこ》山、真言宗永明寺のある帝釈峡、西城町の美古登《みこと》山、熊野神社のある比婆山などがあり、そしてこれらは伯耆国の大山につながっているなど、いずれも山岳信仰の対象となった山々である。

中国地方で神楽を伝えたその祖先が修験山伏であったと云う社家には、前記の豊松村の翁家、安芸山県郡千代田町壬生の井上家などがあると云われるが、奴可郡戸宇村の朽木家などもこのような伝承を持つ社家であった。山城掾秀久は吉田官として八幡宮に奉仕する祠官となったが、それはにわかに変身するわけでもなく、荒神の式年祭には従前のままの神楽法者としての奉仕を持続したのであろうから、世は次第に新風の神道儀式に移りながらも、依然として中世以来の荒神舞、そして時に浄土神楽・ミサキ神楽・若宮遊びなどを、世に伝えたものと思われる。

しかし元禄以後ともなれば、もう現存の神楽帳には浄土神楽のことなどは見ることが出来なくなる。寛文四年（一六六四）に佐兵衛が筆録した神楽能本には、文殊菩薩能・身売リ能・目連ノ能・松ノ能などの浄土神楽と関係が深いものが見えるのに、それから十六年後の延宝八年（一六八〇）に山城掾秀久と縁戚関係にある神石郡永野村井上垰の越後掾吉政が筆録した神楽能本にはもう以上の四番の能は見ることが出来なくなっている。法者から吉田官になるに及んで、それまでの神楽祭文などの読誦が主で舞が従であった神楽が次第に舞が主となり祭文の読誦が副と置き替えられて、荒神舞から荒神神楽と呼称されるようになると、その構成も前神楽・本神楽・灰神楽と三段階に儀式化され、四日四夜の三宝荒神大神楽として三十三年目の年限神楽に固定していったものであろう。

二　松ノ能と松神楽

戸宇朽木家所蔵の寛文四年神楽能本の最終に松ノ能の口伝が記されている。

この能は、諸国一見を志す僧が豊後国宇佐の猿沢の池近くで日に行き暮れて、ウエバ池近くにあるコツアジの塔に立ち寄り、通夜していると、夜半過ぎに池の中から波にうつろい、かすかに女の声で、

イカニ御僧様、頼ミ申度事御座候、我ハ宇佐ノ神主ノ母ニテ候ガ、神ヨノ縁ニ離レ、浄土ニ赴キ候ニ、我ガ取神ヲ離ス時、娠大菲徳心ナルニヨツテ、六尋ノ布ヲ二尋切ツテ残シテ取神ヲ離ス故ニ、取神離レズ、ウカブコトナシ、コノ池ニ劫ヲ経ル由ヲ我ガ子ノ宇佐ノ神主ニ伝エテタビ給へ、御僧様ト申候、

そこで、僧は、

サン候、其ノ印バシアルカト詳シク申候ラエバ、ヤガテ寅ノ下刻ニ四尋ノ布ヲ角ノアザカイニ掛テ、愚僧程近ウニ参テ、此ノ四尋ノ布ヲ宇佐ノ神主ニ届テ玉ワレ、残リ二尋ノ布唐櫃ニ入テ可有ト、ツブサニ御僧様ヲタノミ奉ル、サテ〳〵ソレニ疑ヒモナシ、哀レ不愍ナル趣キカナ、宇佐ノ神主ニタシカニ申渡スベシ、ヤガテトムライウカベテマイラセウ、

かくして僧は急ぎ宇佐の神主に逢って、この由を告げると、果たして残り二尋の布は唐櫃の中に発見された。そこで神主は母を弔いうかべて給われと願う。

サン候、カヨウ□地獄ニヲツル衆生ヲバ、釈迦ノヲキテノ如クニ、六道ヲヒキテ、松ヲ結イ立テ、三方へ御綱ヲ延ヱ、コノ光ヲモツテ経論誦経ヲトトノヱ給ヘ、コレニテ松ノ品一巻御身ニ渡シ申ゾ、拙僧モ弔イ申テ参ラセ申、

宇佐の神主は、

シカラバ猿沢ノ池ノ端ニ八間ニ神殿ヲタテ、三日三夜ノトボシビ、経論誦経ヲモツテ母君ヲバ切利天ニ舞イウカベバヤト存ジ候、

この松ノ能がどのように行なわれたかと云うことは想像の域を出ないが、中世以来の鎮魂儀礼の神楽から漸次仏教色の少ない神道神楽に脱皮していきながらも、なお霊祭神楽としてのこの松ノ能は貴重なものであった。神殿のほかに柱松を立て、三方に綱を延ばして行なう神楽の方式は松ノ能の外にも目連ノ能にも見える。

このように松を立て、神殿を舗設して行なう神楽は今もなお諸国にあり、中国地方でも周防岩国市行波の神舞や備後三原地方の妙見神楽にも見られるものである。

行波では、今もなお当地の荒神社の式年神楽として、二日二夜の神楽が行なわれている。(6) 錦川の河原に四間四方の神殿を造り、この神殿から二〇間ほど川上に一三間半の赤松を立て、頂上から三方に綱を延える。

十二神祇系の神楽であるが、享保六年（一七二一）の「神道神楽目録次第」には一七番の曲目があり、現在でもほぼそのままの形で行なわれている。曲目の終わりの三番は次のようなものである。

一妙果松　後穀万物　霊膳赫々　霊木祝詞　礼泉供御　百味霊穀　遍舞　神戈矛　神丹衣《ユギタヘ》　木母和肥梅ノ事　鳳巣温室竹ノ事　九霊玉閣是八関八ツ松一ツ已上九ツ　九天祭法　九品九天ノ霊神ト祭ル

一八関之作祭《ワザ》　八柱之奉吏　八鬼鬱鬼　撥遣之干戈

一庭燎祭法　奉吏　大麻　岐神　粢斎《シトギ》　返舞　大師　警蹕　神供　霊剣　地布　布席　順踏　火鎮詞文　四火安鎮水徳和生　五行相生勧　五行相剋念　五戈一致座　万願成就祓

現在では妙果松の前に八関が行なわれる。神殿から柱松に至る二〇間の間に筵の上に白布が敷かれ、その両側に注連縄を曳き、等間隔に八つの小屋を作って、それぞれの小屋にはそれぞれ神饌を供してある。柱松の根元には三俵の俵が置いてある。

先ず少年四人が柱松を中心にこれを廻りながら松神楽を舞う。やがて楽の音につれて霊剣を奉持する者が神殿に現われ、神殿に位置する繰り出しの案内役の手配によって、これに続いて第一番の奉吏と鬼が打ち合いながら白布の上を柱松の方へ進んで行くと、以下、次々に第二番・第三番の奉吏と鬼が現われ、最後の八番目の奉吏と鬼が出揃うと、それぞれの小屋の前で打ち合い叩き合いして、奉吏は鬼を一旦小屋の中に押し込むが、更に又打ち合いながら八人の奉吏と八人の鬼は次第に柱松に近付いて行く。

その頃に太鼓の調子は鬼囃子からカグラ囃子に、更に託宣の囃子に変わる。それにつれて白装束の荒神が神殿に現われ、神殿から両手を水平に上げて静かに白布を踏んで柱松に近付く。そして一三間半の柱松に一足ずつ登って行き、松の枝に架せられた祭壇の神供の前に燈をともす。しかる後に日月星の赤・白・銀の三つの鏡に火をつけてこれを焼き、神籤によって定められた三本の曳綱の一本を伝って下りるのである。この松登りの役は神舞に於ける大役で、昔は三週間の潔斎を

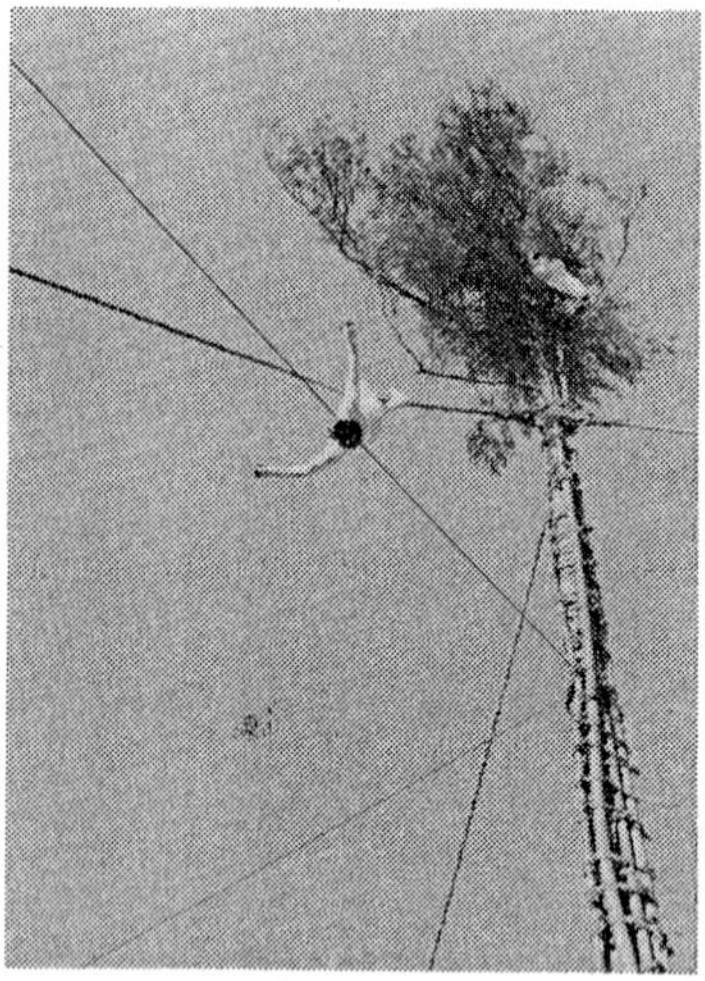

荒神の松登り（岩国市行波）
加藤實氏撮影

したと云われる。

私は昭和五十二年四月三日にこの八関と松登りの神事を見た時、荒神が静かに綱を伝わって天界から地界に下りて来る風景は、人が生まれてこの世に有り、やがて死してその霊魂は未だ何処にも定まらず六道にさまよう姿から、この神楽式によって祖霊に加入することが可能となるのではあるまいかと思った。

神殿から柱松に至る一筋の白布の道は、隠岐島に伝えられた霊祭神楽の橋経、三河花祭りの白山行事の無明の橋、立山の布橋大灌頂などとも通じるものがあると思われる。又、備後三原地方の妙見神楽に於いて、一族一統の本家筋に伝えられた妙剣を飾り、当屋の庭に竹柱を立てて、神楽の最終に布くぐりの儀式をなすことも亦祖霊を迎えての儀式神楽であろう。

戸宇杤木家には豊後守秀宣の時から書き継がれてきた「若宮帳」があり、それには豊後守の父山城掾秀久の祖父の治兵衛の若宮から書き始められて、明治七年九月に死去した丹後守までの代々の神職一一柱が若宮として戸宇村の八幡宮に祀られていたことが記録されている。更にこの外に神役に関係があったと思われる二一柱の若宮の名が記されている。神職以外の若宮には毎年正月十三日に吉例として若宮遊びが行なわれ、若宮のある家々では当日初穂を持参して参拝する慣わしであった。祀られた若宮の中には大いに祟るものがあり、かかる場合に松神楽が執行されたのであろう。松神楽執行の例として、

かじや五左衛門と中物、備中ニイ（新見）ノ紀伊守若宮ニテ一家ケテ祭リ申候、正徳四年午とし極月十八日ニ松神楽時分はぎ松事ニ付、此方へ礼ニ不参候、

この若宮は元禄十三年（一七〇〇）正月七日に預かったもので、それから十三年目に松神楽が行なわれているところに意味がある。恐らく弓の聴聞が行なわれたのであろうが、当事者が礼に来なかったとあるのは何故であるのか不明である。

備後甲奴郡上下町井永の田中重雄宮司は弓神楽の保持者であるが、同家には宝暦十三年（一七六三）の「先祖若宮帳」がある。この地方では死後二、三年のうちに仏の支配を離れて、若宮として祖先神の系列に編入される慣わしである。若宮としての神格を与えられる祖霊は主として氏神の神役に携わった家の祖霊であり、祖霊が若宮に祀られている家を「若宮ヅキ」と云う。又、若宮社に新たに若宮を祀ることを「祝イコメル」又は「祝イコム」と云う。昔の若宮の墓処は氏神社の背後にあり、それはあたかも両墓制の詣り墓的な存在であった。

氏神の大祭は、当屋のお注連田に注連下しがその数日前に行なわれることにより開始され、前申し・本申し・後申しと行事が展開するが、若宮遊びはその前申しの宵に行なわれる。(7) 新若宮がある場合には、木綿一反・神酒二升・散米一升・半紙一帖・燈油一合が入用である。若宮祭りには若宮帳を読み上げて、若宮神楽を行なう。若宮神楽には手草と悪魔祓いを舞うのが恒例で、この夜は氏子は夜明かしをして一晩中太鼓を打ち鳴らし、御霊川の水で米を洗い飯に炊き、若宮社に供えて、一同共飲共食するのが慣わしとなっている。

社家の若宮遊びでは明治初年まで松神楽が行なわれていた。それは松に竹を結び付けて地上に立て、それに本人が頂上に登り、唱え言をして逆さまになって綱を伝って地上に下りる行事で、これを一名「外退《げたい》神楽」とも云った。甲奴地方でもこのように若宮祭祀に於いて松神楽が行なわれていたのである。

三　本山荒神と名

本山《もとやま》荒神は一族一門の祖霊を祀れるもので、一族一門の住居は古くは名《みょう》の垣内の中にあって、その本家筋の権威は本山荒神・本池水神・苗代田・種池を所有することにあった。そして本山荒神は墓所に所在するものが多かった。

比婆郡西城町三坂永金名本山荒神　黒田正氏撮影

昭和四十年度に行なわれた油木・豊松民俗資料緊急調査の際に、私は同地の神職赤木勇夫氏の案内で本山荒神の所在地を調査したが、その在所は墓所に隣りするものの、多くは五輪塔や神木などに祀られていた。調査したもののうち、墓所と本山荒神とが同所にあるものの事例として、赤木一族の小庭荒神、矢原古墳の中にある土居一族を中心とした矢原荒神、青木一族の八戸が祀る下豊松の川東本山荒神、内山一族七戸が祀る内山紙屋荒神などを第一章に図示して説明しておいたが、かつてはいずれの名の一族も自らの名の本池水神の水を飲料水にしていたのだと云われる。

　右に挙げたうちの内山紙屋荒神を祀る内山一族七戸について、赤木宮司は次のように云われた。

　内山の地勢を一言にして形容すれば、釜の底というべき土地である。四面を高山の峰々に囲まれ、西から北の峰に登れば中国地方の高峰大山をはじめとして雲伯・西備の山々を一望に収め、東から南の峰にのぼれば東美作から南に渡って瀬戸の内海を収める。峰々に囲まれた中央の峡谷にたどりつくことは容易ならず、守るに易く攻むるに難き絶好の秘境たり。

ここに内山一族七戸の家がある。元禄の社地帳によると、荒神の神田一畝二七歩を有して、荒神祭り用の供米を保有するものであった。名の形態の一例である。

　備後でも、東城《とうじょう》・西城《さいじょう》地方の本山荒神の式年祭は古くからそれぞれの名を単位に行なわれてきた。東城町戸宇枋木家所蔵の宝永二年（一七〇五）に整備された「三宝大荒神　神楽覚之日記」[8]には寛文三年（一六六三）以降のそれぞれの名の本山荒神ごとに式年の神楽の祭りの執行の経過が記録されており、東城町森中島家所蔵の文政元年（一八一八）の「茶屋神楽神数覚帖」などに至っても名を単位に行なわれている。(9)このように比婆郡方面では現在でも名を単位に式年の神楽は行なわれてきている。

これに対して、神石郡豊松村では、安政五年（一八五八）十月十四日の「荒神神楽覚帳」によれば、この当時村内のすべての名の本山荒神三八社を一ヶ処の高殿《こうどの》（神殿）に集めて執行された。その「高殿木道具先例出し来り左の通り」の覚書によると、高殿の木道具は各名にそれぞれ割り当てており、各名合同の神楽が安政年間には既に執行されていたことが知られる。

「備後国福山領風俗問状答」の附図によると、神殿移りや神殿の仕構えの図が記されており、これには近年まで備中神楽の神殿に見られたような、東西の柱に日月の餅が高く掲げられている風景が描かれているから、福山附近でも荒神舞には新たに神殿を舗設していたことが知られる。(10)

四　荒神神楽の構成

神楽の構成を記す前に、神楽組のことを述べておきたい。

斎庭《さにわ》神楽を伝承してきた比婆郡西部には三組の神楽組があった。高野山《たかのやま》組は堀江・岸・新市伊達・松木・須沢・児玉（現在は松木がなく、新市伊達の分家の湯川伊達がこれに代わる）の六社家、比和《ひわ》組は比和久光・荒木・谷口・井西・福田久光の五社家、そして口《くち》組は麻尾・小原・石丸・山崎・長島の五社家で結成されていた。しかし小神楽は自組だけで執行し、大神楽になると他組から助勤を仰いだ。高野山組では、大神楽をする場合には大宮八幡の堀江幣頭の許可を必要とする定めがあり、王子舞では最低二名は不足するので、これを行なう時には堀江幣頭の許可を得て、比和組から荒木両家の助勤を仰ぐのが永年の慣習であった。旧藩時代には幣頭である注連頭堀江氏の権限は厳然たるもので、自己奉仕社の神楽でなくても、その神楽の賽物の半分は堀江幣頭の所得であった。

比婆郡東部の東城・西城地方の神楽組のことについては、難波宗朋氏の『備後神楽資料』第一集に詳しい。それによると、近世期にはここでも三組あって、東城側は東城・田森・久代、中組は小奴可・八幡・帝釈、西城側は西城・美古登・八鉾と地域分けがなされ、小神楽は組内だけで行なうが、大神楽になると相互に協力して行なわれた。現在は、民間の神楽大夫と協力して、比婆荒神神楽保存会が結成されている。

なお、難波氏は備後と備中の神楽の舞振りについて対比しておられるので、参考のために抄記しておくと、表のようになる。

	備後	備中
腰	余り腰を落とさないで、自然体のままで舞う。	腰を低く落として舞うことが多い。
幣・扇の振り方	緩やかに、荘重に自然のままを重んじる。	区切りをつけて、びしびしと舞う。
廻り動作	自然のまま鷹揚に廻る。	動作が機敏で、小廻りにきりりっと廻る。
太鼓	テンポが遅い。	テンポが速い。
舞振りの言葉	曲舞。	狂言舞。

故江草進著『備中平川の神殿神楽』（岡山民俗学会、昭和三十八年）によると、安永六年（一七七七）閏十一月に川上郡平川村安田で行なわれた神殿神楽は、次のような日時次第によっていた。

神楽日　閏十一月四日晩
　二日の晩より　前申神楽
一三日　きりかざり　神遊び
一四日晩　本神楽
一五日　綱入れ　荒神納め

一六日　へっつい遊び　めしの段
翌年　みとびらき（御戸開き）

安田の荒神の神楽は十三年目の式年神楽であったが、この当時には前後五日間を要している。

東城町森の故中島固成翁（一八八〇〜一九七三）は、自分の生涯中に荒神神楽を本式に四日四夜を通して行なったことは二、三回しかなかったと私に話された。明治期に入ってからは、四日四夜の神楽が次第に三日三夜となり、三日二夜となり、二日一夜となると云う風に短縮されてきたのである。これと同じように、神楽を行なう神殿を新設することがなくなり、神殿の代わりに大頭屋（大当屋・本頭屋）と小頭屋（小当屋・遊び当屋）の二軒で行なうようになった。

本来の四日四夜の神楽は次のような式次第で行なわれた。

一、初日　おはけ立　神職集合　当屋浄め　竈ざらへ　神迎へ
一、初夜　七座神事　土公神遊び
一、二日　小神遊び
一、二夜　七座神事　荒神遊び
一、三日　神殿浄め　神殿移り
一、三夜　七座神事　本舞　白蓋引き　能舞
一、四日　五行舞　龍押し　荒神遊び　神送り
一、四夜　灰神楽（へっつい遊び）

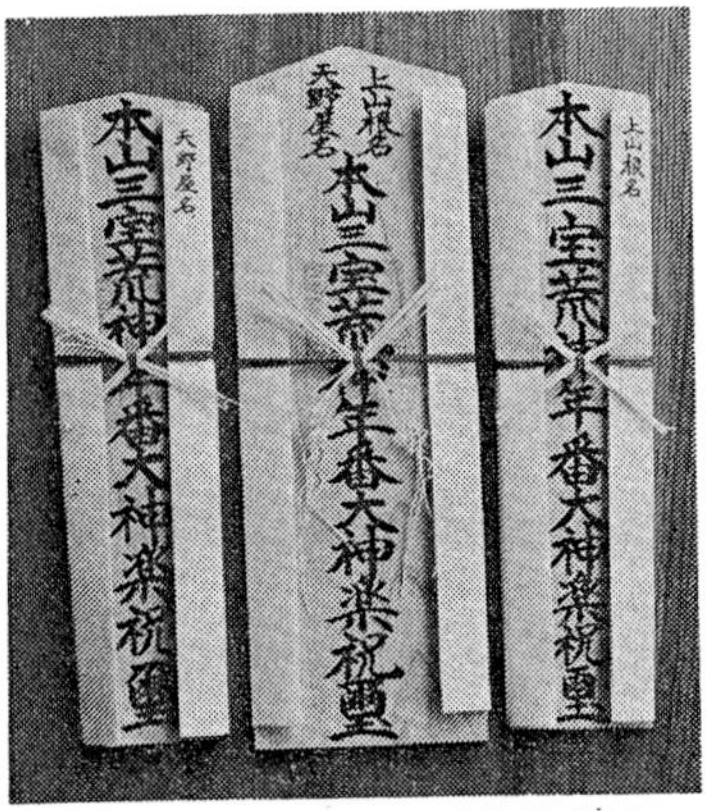
荒神年番大神楽の棟札（比婆郡西城町中野）　黒田正氏撮影

神楽が行なわれるのは、古来秋の穫入れが終わってから晩秋初冬の候である。

東城町内の神楽の式年は三十三年目であるので、戦後行なわれたのは、

藁蛇（中野）　鈴木正崇氏撮影

昭和三十七年十二月二十一日から二十三日まで三日間福田（戸数一六戸）で、同四十年十一月二十四日から二十六日まで三日間蟶野《までの》（戸数一二戸）で、同四十七年十二月一日から三日まで三日間粟田で、最近では、昭和五十四年九月二十九日から翌三十日にかけて竹森で行なわれ、この竹森の御戸《みと》開きの神楽が昭和五十六年十二月十二日から十三日にかけて行なわれた。

西城町内では十三年目ごとに行なわれる。戦後では、昭和五十六年までの間に二四地区で合わせて四七回行なわれている。昭和五十六年に最後に行なわれたのは、十二月四日から六日まで三日間粟に於いてであった。前者は三十三年目ごとであるために忘れた頃にしか行なわれないのに引き替えて、西城地区では十三年目ごとに行なわれるので、多い年には四、五ヶ処であり、行なわれぬ年があっても一、二年経てば又どこかの地区の年祭が廻ってくる勘定で、ここでも三日二夜の神楽が行なわれている。

以下の荒神神楽の次第は、既に第二章の「祖霊加入の儀式としての荒神神楽」に昭和四十年当時の実況を踏まえて記述しておいたところであるが、その後数次にわたって神楽を拝観し、新しく知見を得たところもあるので、昭和五十六年現在の実態を再認識しておくために、改めて次第に従って記述しておくことにする。

五　前神楽

前神楽は現在では小頭屋（遊び当屋）で行なわれるが、昔は一族一門の名頭の奥の間を舞処として行なわれた。頭屋の門先には「奉斎〇〇名本山荒神年番大神事不浄輩不可入矣」と大書した示標が立てられ、その傍らにオハケを立て、巻藁に迎幣を挿す。

第一日の早朝、神主、舞太夫、それぞれ頭屋に到着すると、門先のオハケに挿された迎幣を手に取って、頭屋の表口に近付きながら、

〽案内申す宮の内　仔細尋ぬる神殿の内

と神歌を掛けると、舞殿から受けの神主が、

〽しめのうちまだ入りまさぬ神あらば　こがねの七五三を越えてましませ

の応答があって初めて入場が許される。神職と舞太夫が集合すると、役指しが定められる。神がかりする神柱《しんばしら》に誰が奉仕するかと云うことが最も重要な事項である。東城町内で行なわれる場合には、前神楽の神柱は小奴可の中島一史宮司、本神楽の神柱には西城町大佐の佐々木克治宮司が奉仕されることが先例のようになっている。神柱が決定されると、すべて新調の衣服に着替え、一室に籠って、食事も男賄いで、大当屋の者かそれに代わる人が神柱の身の廻りの世話をする。風呂に入れば湯の加減を見、谷川へ水垢離に行けばお伴をする。

白蓋（比婆郡東城町福田）
難波宗朋氏撮影

他の神職は舞処の切り飾り、飾り付け、神饌調度の準備をし、完了すると庭前で湯立が行なわれ、終わると、若い神職は手分けして名内の家々の竈祓いに廻り、イロリの中に埋めてある前回の土器を取り出して、土公神と他の小神達を一緒に迎幣に遷して迎えて来る。しかる後に、斎主は本山荒神の祭地に赴き、御神体を白布に包み、笛太鼓の囃子で迎えて来る。

荒神迎えが完了すると、夕食となり、少憩の後、七座の神事から始められる。

湯立（比婆郡西城町栗）　黒田正氏撮影

本山荒神迎え（比婆郡西城町三坂）　黒田正氏撮影

(1)打立《うったて》　神迎えの試楽で、太鼓・笛・合調子で神座に向かって奏楽し、楽の順序は長唄・サンヤ調子・千早落し・曲舞・鬼調子・舞上御神楽の順である。

(2)曲　舞《きょくまい》　座ならしの舞である。一人ずつ出て、右手に扇、左手に幣を持って舞う。本来は全員が出て舞うことになっている。

(3)指紙《さすがみ》　役指しの舞で、二人出て、右手に鈴、左手に竹串に半紙を挿したものを持って舞う。

(4)榊舞　二人出て、右手に鈴、左手に榊を持って舞う。座清めの舞で、参集者は舞人から榊葉を一枚ずつもらって身を清める。

(5)猿田の舞　初めに阿人《あど》が出て猿田彦の神徳を述べ、終わると、狩衣にシャグマを着け、鼻高面を被った猿田彦が幕の内で右手に扇、左手に榊を持って一さし舞い、幕から出て、楽の調子が変わると反閇の所作に入り、太刀舞に変わり、最後に又、扇と榊の舞となる。

(6)茣座舞　一人舞。前段は鈴と茣座、中段は扇と茣座、後段は茣座飛びをして、その茣座を神前に敷いて退下する。

(7)神迎え　四人舞。衣冠束帯で座の四隅に着座し、拍手再拝が済むと、御幣使い一人が四本の幣を首に挿し、次の五色歌を歌いながら出て来る。着座の四人に東南西北の順に青赤白黒の幣を渡すと、四人それぞれ幣を水平に開いた扇の上に立てながら神歌を唱して受け取る。四方拝が済むと、神迎えの神歌を唱しながら太鼓に合わせて舞う。

〽サンヤ青き歌　青に青土青しやぐま　峯の小松に谷の姫笹

〽サンヤ赤き歌　赤に赤土赤しやぐま　朱の盃に海老の盛物

〽サンヤ白き歌　白に白土白埴弓　越後の兎に谷々の雪

〽サンヤ黒き歌　黒に黒土黒烏　春焼山に熊の伏すらむ

〽サンヤ黄なる歌　鬱金くちなしきはだ色　黄金の装束に山吹の色

着座して御幣を取る時には次の神歌を歌いながら取る。太鼓はサンヤ調子である。

〽御幣とる取る手の内の輝きは　神《しん》の移りかあらたなるもの

〽御幣立つ此処も高天原としれ　集り給へ天地の神

〽元よりも水で生ぜし紙なれば　御幣に拝して神の御姿

〽注連の内まだ入りませぬ神あらば　黄金の注連を越へてましませ

終わると、全員立って長唄に入る。

〽立つままに霞の千早重ね着て　綾の下紐いつや解くらむ

〽東山小松さしわけ出づる日は　西へはやらじ中で輝さん

〽西山や峯の白きを雪と見て　片割月のあらたなるもの

次に四人舞に入る。言語にて、

〽何よりも尊きものは奈良の都の八重桜　元より真の花なれば

次に曲舞節に入る。

〽元には九本の幣を立て　神こそ詔りを垂れ給ふなり

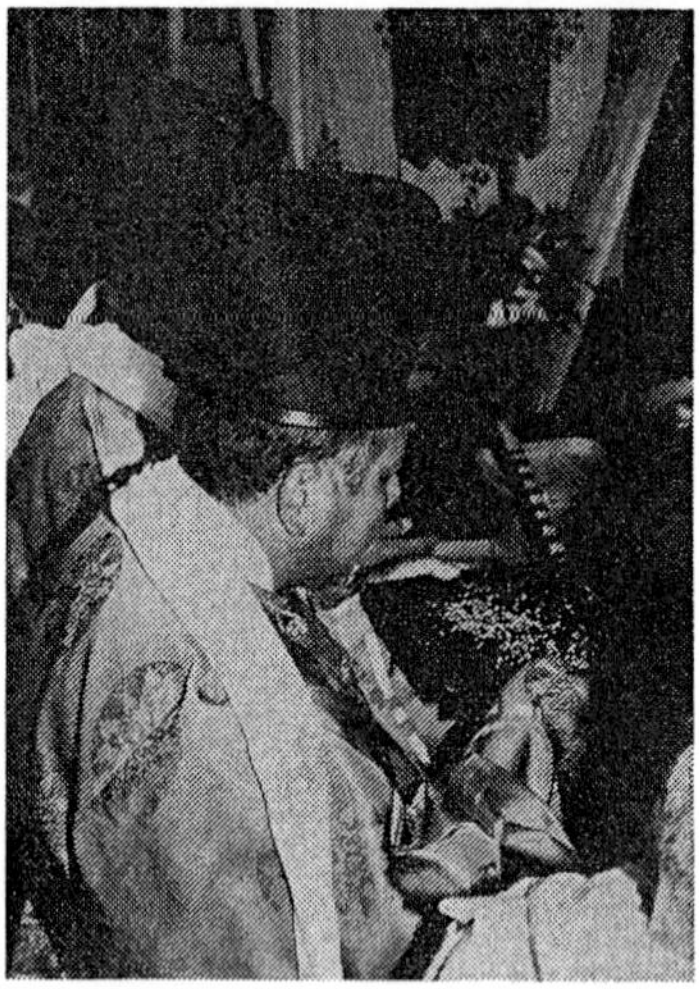
土公神遊び（栗）　鈴木正崇氏撮影

〽神道は千道百道多けれど　中なる道が神の通ひ路
〽大空の両の御祖は何を召す　白装束に綾の振袖
〽左男鹿の八つ耳振りて聞召　北の朝木に榊有るとな

次に太鼓と舞人との掛け合いとなる。

東方より東方甲乙大小神祇は
太鼓より神の道に神の御戸は誰か開かん誰とても
舞人より招じかしこき神の守
太鼓より其の処には七社の社五社の神明
舞人より神は降りませ〳〵

以下、「南方丙丁大小神祇」から「黄龍に天地渡住」まで掛け合い唱和が終われば、曲舞より神勧請、舞人言語、

〽面白ぞよ青和幣白和幣御手に頂戴さしやかたいで勧請申し奉るなり
太鼓より〽一切諸神勧請致し

舞上御神楽で終了する。

七座の神事が終わると、少憩後、土公神《ろっくう》遊びが行なわれる。神座を背にして神柱となる神主一名（二名、三名の時もある）が着座し、前に田植太鼓を置く（西城地区は鳴弦を使用）。座の中央に籾俵を置いて土公神の神座とし、その俵に元幣を挿す。土公神の神座と田植太鼓の間に細長い巻藁を白布を延べた上に置き、その巻藁に苗内の数ほどの三色の美しい土公神幣を挿す。神柱と向かい合って苗内の氏子が着座し、その前に机を置き、持参の神饌を供える。神柱から右側に斎主と太鼓役、左側に笛と合調子役が着座する。なお、神柱は肩に白布を掛け、遊幣を首に挿す。この遊幣は神占が終わった後、首から抜いて左右に祓い、願主に渡す。

土公神遊びの次第は、祝詞・神歌が数次にわたり、その祭式は難しい。前儀が終わると、神柱は神歌を唱えながら盆を取り、清浄な紙で盆を拭き、神米を盆に入れ、太鼓側と相互に神歌を返しつつ、盆の中の米をさびるような所作をして神意を占う。見ていて神秘を感じる一瞬時である。

〽御久米とる　とる手の内のかがやきは　神の移りかあらたなるもの

〽よらばよれ　たよらばたよれ今たよれ　たよるみくまに切りくまはなし

〽押し返し　たよらばたよれ七度まで　たよるみくまに罪咎はなし

〽沖に住む　鴫をしどりに物問へば　なにはのことは波にまかせん

〽千五百増　女雄のかがみのつまごめに　朝餉夕餉を守る神垣

〽千々の世に　千々の岩窟に住む虫は　なりをしづめてよきをきけかし

次に神籤を伺い、吉凶を告げる。

次に神迎えの神歌、

〽この盆におりてなほりて　からくらもの　ひんもの手にもち　まんねきまねく　まんねきまねく　いや　いや　いや　とんどみくらないと　みくらないと

次に太鼓と合奏。神柱は田植太鼓をたたく。

〽ゆりあぐる浜のまさごの数よりも　なほよろこびは吾後世の時

〽一度は神前納むる住吉の　二葉の松の千代を経給へ

一きり終わると、願主交代して、以上の型の如く再演する。神籤の結果はその吉凶をそれぞれの願主へ神柱から伝えられる。

第二日の昼間には小神遊びが行なわれるが、その祭式は土公神遊びと大同小異である。

神殿移り（中野）　鈴木正崇氏撮影

第二夜には、七座の神事に続いて、夜食後に荒神の舞遊びが行なわれる。

舞処の中央に荒神の居座として籾俵が据えられ、遊幣を俵に立て、更に白木綿を延べる。神座に向かって神柱が右手に扇、左手に鈴を持って着座する。神柱となる神主を別名「軸に立つ」とも「軸に据える」とも云う。神柱と俵を挟んで向かい合って、太鼓・合調子・笛の楽人が着座し、神柱の右側に奉幣の斎主が、左側に祓主と助斎の神職三人が着座する。

修祓後、サンヨ長唄で神柱立ち、扇と鈴で一さし舞う。終わると、神勧請の太鼓祝詞に入り、祝詞が終わる頃に神柱の浄衣を脱がせる。次いで千早落しの調子に入ると、神柱は白木綿を両肩に懸け、その端を両手に持ちながら舞う。太鼓の調子が急になると、斎主はオーの声を発して奉幣を神柱の頭上に振ると、次第に神がかりの状態に入り、太鼓の追い込みがいよいよ急調子になると、大声を発して神がかりする。助斎の神主がすかさず神柱の腰を抱き、軸幣を握らせて俵に腰を掛けさせる。太鼓は神楽調子に変わる。荒神の痼の強い時には青竹も割ってしまう。折れると、又新しい軸幣と取り替えなければならない。助斎の神職は神柱から神籤を頂く。斎主が再度奉幣で神柱の頭上を祓えば神がかりは解ける。神柱は助斎の神職の背に負われて別室に伴い、休息させる。

一同、成就祝詞を奏上して終わる。

六　本神楽

本神楽は第三日の夕刻から夜を通して翌日にわたって行なわれる。昔は本頭屋から神殿へと神殿移りが行なわれたが、今は遊び頭屋から本頭屋へと、夕刻に明かりの燈がつく頃に、次のような順序で行列する。

高張――松明――白杖――切藁――大麻塩水――大榊――五神旗――弓――向幣――太鼓・笛・合調子・猿田彦――祭員――本山荒神――送幣――御莫座――奉幣――提燈――賛者――斎主――祭員一同――同参列者

行列が神殿に到着すると、外から神殿の内へ向かって神歌で訪れを告げる。

〽国遠く雲井遥かにへだたりて　我が来にけるは神垣の内　案内申す宮の内　仔細たづぬる神殿の内

神殿の内より〽神々を今朝卯の刻に招じして　新薦敷きて待つぞ久しき

外より掛け歌〽神殿に参りて拝めば神降る　いかに氏人笑ましかるらん

大社能　鯛釣り（栗）　黒田正氏撮影

王子舞（比婆郡東城町粟田）　萩原秀三郎氏撮影
太鼓の上に座しているのは盤古大王

神殿の内より〽注連の内まだ入りまさぬ神あらば　こがねのしめを越えてましませ

外から下句を繰り返して神殿に入る。その時警蹕一声あり、続いて大祓連読して、神殿移りの儀は終了する。

夕食後、七座の神事。神饌、祝詞、白蓋引きが終わって、神酒の披露、夜食となる。夜食が済むと、神楽大夫の演ずる能舞となる。岩戸開《びらき》・龍宮遊《ゆ》行《ぎょう》・八幡・大社・八咫《やと》・荒神《あらかみ》・日本武・吉備津・大仙《だいせん》など、いずれも演出時間は一時間から二時間に及ぶ。大社能は大国《おおくに》の能とも云われ、この能の途中で大黒さんは福の種を撒く。新生児のいる家は臍の緒初穂と云って小餅を持参する。又、厄年の人々も二、三升ずつ小さい俵に入れた小餅を供えて、福の種として撒いてもらう慣わしである。

第四日の夜がしらむ頃になると、王子舞が行なわれる。中国地方で神がかり託宣の行なわれる神楽では、託宣の前に必ず王子舞が行なわれる。盤古大王が太鼓の上に座して長々と祭文を誦む場面があり、これを大王立ちと云う。昔は祭文が主で、舞は副であった。約二時間を要する。王子舞が済むと、朝食となる。往昔は粥食であった。現今では握り飯に漬物である。

朝食後、少憩して準備が出来ると、龍《たつ》押し（綱入れ）に取り掛かる。くくり袴に白足袋わらじばき、鉢巻き姿となる。太鼓を囃して、藁蛇を蛇側の者達が小脇に抱えて大頭屋の門田《かどた》へ出て行く。門田の四周には七五三を巡らし、門田の中央にも七五三を引き渡してある。七五三の内側には本山荒神勢の神職数名が三尺ばかりの荒神幣を持って待機する。一方、蛇側は龍頭幣を持った神職数名と荒神下の氏子全員して、勢いすさまじく門田に入ってくる。七五三の前まで来ると、蛇側の外と本山荒神側の内とで次のような問答が交わされる。

外〽国遠く雲井遥かにへだたりて　わが来にけるは神垣の内　案内申す宮の内　仔細たづぬる神殿の内

内　扨も不思議なるかなや。今朝の夜の明け方に丑寅口を見まいらせ候へば、さもすさまじき蛇体の姿にて、角のかかりを見給へば高山に古木の立ちたるが如くなり、眼のかかりを見給へば大磐石に鏡を懸けたるが如くなり、耳のかかりを見給へば千年も経たるホラ貝を逆さにかけたるが如くなり、鼻のかかりを見給へば宝珠の玉を見上げたるが如くなり、口のかかりを見給へば馬洗に朱をさしたるが如くなり、鱗のかかりを見給へば千剣を立てたるが如くなり。斯る姿にて案内仔細と宣ふは如何なる者にて候かな。

外　さん候。かように申す候者は、山川大海を住家として衆生の苦しみを逃れたく候へ共その業もなし。山に千年住い候節は楠の株太と現じ、山神大王に宮仕へ候へ共、鱗一つだに落つべきようもなし。川に千年住い候節は海老の巣と現じ、水神牛玉に宮仕へ候へ共、鱗一つだに落つべきようもなし。海に千年住い候節はあらめの株太と現じ、海神龍王に宮仕へ候へ共、鱗一つだに落つべきようもなし。此度○○名本山三宝荒神の三十三年御綱入れ大神事ありと承り、遥々参りて候が、何卒神殿の内に入れ、宮仕へ致させ給へやのー。

外、一斉に参ろうや。

内 されば　にて候。山に千年川に千年海に千年の齢を保ちたる行体にて遥々尋ね参り候ものなれば、本山荒神の由来を細さに語り候へ、然らば神殿の内に入れ申さん。

龍押し（粟）　黒田正氏撮影

外 されば仰せには候へ共、素より蛇性の事なれば、左様なることを委細に知るべきようは候はねども、あらあら語り申さん。抑々荒神と申すは水火土の大徳を祭り申すよし承りて候。総じて天荒神、地荒神、三宝荒神、臍の緒荒神、湯荒神、牛玉荒神、火荒神、竈荒神などと申す由承りて候。是にて神殿の内へ入れ給へやのー。

外、一斉に参ろうや〳〵。

内 なかなかのことにて候。たやすく神殿の内へ入れ難し。四季の歌を詠じ給へ。然らば入れ申さん。

外 蛇性のことなれば、かかる歌を知るべき様もなし。早々入れ給へ。

内 然らば上の句を詠じ申さん程に、下の句を付け給へ。

内 〽春三月柳桜に藤の花

外 〽雉子鶯ひばり囀ずる

鱗打ち（粟）　黒田正氏撮影

内〽夏三月卯花橘撫子に
外〽山時鳥つゆの鵜の鳥
内〽秋三月咲く女郎花に萩の花
外〽まつかりがねに鶉さへずる
内〽冬三月寒菊枇杷に梅の花
外〽鶴啼きわたるかもめをしどり
内〽四土用の立つ間も知らでことのはを
外〽調べて通る浜千鳥かな
内〽東青南は赤く西白で
外〽北黒中は黄なりとぞいふ

これらの歌の応答後、外からオーと叫んで七五三の内に入らんとする。内から太刀で七五三を切り、〽黄金の七五三を越えてましませ、の歌を双方連誦して、蛇は七五三内へなだれ込む。荒神勢を追いまくり、追い詰めて捕らえて藁蛇を巻き付ける。

龍押しが終わると、再度神殿に入り、少憩して、荒神の舞納めがある。

藁蛇を東西の柱に引き渡すと、太刀を持った二人が出て、大声を発して蛇の鱗打ちをする。終わると、藁蛇の前方に俵を据え、神柱となる神主がその前に着座して、扇を開いて胸の前に置く。藁蛇の上に白木綿が置かれると、修祓が行なわれる。祓詞に続いて、

御遊び仕奉る白山神社宮司佐々木克治伊、喪无久事无久仕奉良志米止白寸

天清浄、地清浄、内外清浄、六根清浄、清米氏汚伎物溜里無介礼婆穢礼波在良自、内外乃玉垣清志、清良加奈礼止白寸

右の六根清浄祓に次いで、神前本山の祓、三種の祓が終わると、神柱は静かに立って一さし舞う。次いで太鼓の調子がサンヤ長唄に変わると、斎主は奉幣をもって、神柱の頭上をバラリと払う。楽は神勧請の太鼓祝詞に入ると、神柱は藁蛇にもたれて待つ。祝詞が終わると、楽は千早落しの曲となる。神柱が肩に掛けた白布の両端を手にして舞ううちに、突然大声を発して神がかりする。千早落しの曲から神がかりするまで二、三分の時間である。すかさず助斎の神職が出て神柱の腰を抱き、軸幣を手に握らせて腰俵に掛けさせる。数人の者が鈴を振って、「鎮まり給へ〳〵」と連呼する。荒神の癇の激しい時は青竹の軸幣を握りつぶしてしまう。軸幣が折れると、また新しいのと取り換えねばならぬ。ユグリの中へは神柱の白布・五穀・金物・銭などを入れて注連縄で結び、後刻荒神送りの際に荒神森に埋めるのである。斎主が再度神柱

荒神の舞納め　神がかり①（中野）　黒田正氏撮影

荒神の舞納め　神がかり②（中野）　鈴木正崇氏撮影

荒神の舞納め　神がかり③（中野）　鈴木正崇氏撮影

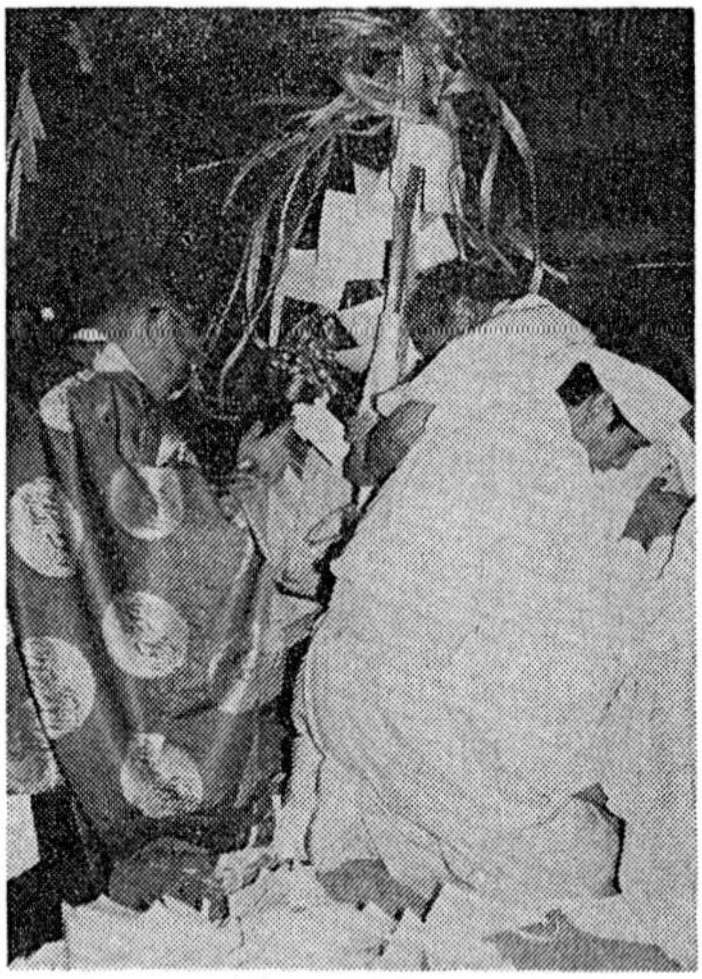
荒神の舞納め　神がかり④（栗）
坪井洋文氏撮影

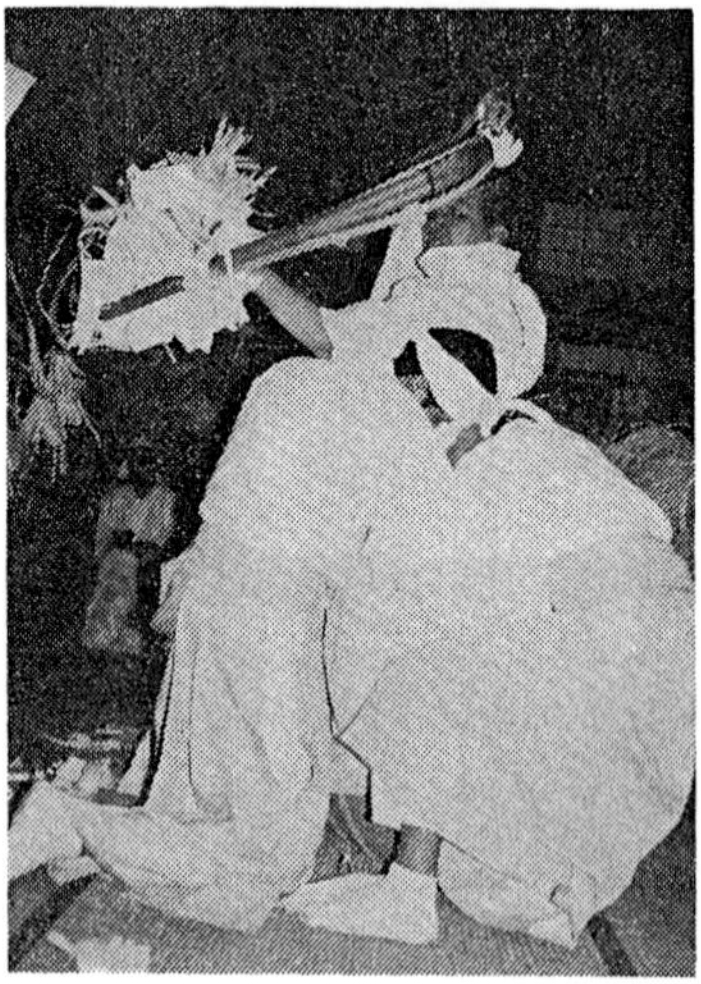
荒神の舞納め　神がかり⑤（栗）
坪井洋文氏撮影

を奉幣で払い、鈴を鳴らして神返しすると、神柱から荒神が離れて正気となる。さすれば背負うて別室に連れて行き、休息させる。

太鼓は御神楽調となり、斎主以下神殿に居座して、一切成就祓に次いで、「結願成就の神文に曰く、福徳円満感応成就」と連唱して、千秋万歳となる。

少憩後、荒神送り、土公神送り、小神送りを行なう。本山荒神祠の神木に藁蛇の頭を西方に向けて、胴や尾で巻き付ける。軸竹を前に立て、注連を張り、ユグリの蓋に皿を伏せ、荒神祠の下に埋める。又、家々の土公神には銭旗を送るのが慣わしである。

七　灰神楽

灰神楽は三日の祝いとも云われ、又、竈《へっつい》遊びとも称している。大当屋のイロリを中心として演出するもので、狂言風の古態を残しているものと思われる。打立て、曲舞から始めて、手草の段・土公神祭文・宝廻し・餅取り・恵比須の船遊びの五段の能である。それぞれの次第の詳細は、第二章の「祖霊加入の儀式としての荒神神楽」に記述しておいたところを参照して頂きたい。

これによって、すべて千秋万歳と、四日四夜にわたる神事は終了する。

八　結　語

鈴木正崇氏は「荒神神楽にみる自然と人間」(『日本民俗学』第一二五号)に於いて、荒神神楽を氏神・荒神・土公神・龍と、四つのものを含めて、村の内と外、人間界と自然界の相互関係を論究していられるが、この考えは荒神神楽の本来の在り方ではないと思う。荒神神楽が霊祭神楽・浄土神楽・みさき神楽などを受け継いできたのは、その中心に祖霊信仰があったからである。名《みょう》を単位として祖先の血統を受け継いできた一族一門の者だけの三十三年の年限祭祀であって、氏神などは荒神神楽にあっては添え物的な存在である。土公神なども本山荒神と同神的な一部分である。

荒神の舞納め⑥　神がかった神柱の白布をユグリに納める（栗）　黒田正氏撮影

「抑々荒神と申すは水火土の大徳を祭り申するよし承りて候」とあるように、水火土とは水神・土公神・田の神(山の神)の謂であり、木火土金水の五行神と同体のものであろう。荒神の神楽はあくまでも祖霊本山荒神の式年大祭であり、死後三十三年を経た霊魂の祖霊荒神に加入するための儀式神楽であった。そのため、前神楽・本神楽・灰神楽と、神殿を新設し、大当屋を祓い浄めて、四日四夜の神遊びを行なったのである。前神楽は祖霊だけを迎えての大当屋で行なう神遊びで、新霊を象徴する龍蛇は決して寄せ付けなかった。大当屋の門先に「汚穢不浄之輩不許入来矣」と大書するのも、人間のことだけを意味するものではなかったであろう。目に見えぬ悪霊・悪気・ものの気の入り来ることを警戒したからであろう。

前神楽の第二夜に行なわれる荒神遊びは祖霊の神がかりであり、本神楽四日目の朝の荒神の舞納めは祖霊本山荒神に加入を許された新霊たちの神がかりである。神がかりの方法にも差異があり、ユグリへの納め物も前神楽の時にはないのである。故中島固成翁は、龍蛇の現われるのは四日目の朝に王子舞が終わって龍押しからであると云われた。それまでは藁蛇は神殿の軒先に頭部を外部に向けて、舞殿の内部が覗かれぬように結び付けておかねばならぬと云われた。すなわち綱入れまでは龍蛇が舞殿の内部に近付くことを絶対に許さなかったのである。

龍押し—綱入れが夜のしらじら明けに行なわれる。大当屋の苗代田に出て、龍蛇と本山荒神勢と長々と問答が交わされ、最後に中央の注連を切って龍蛇は本山荒神勢を追いまくり、一人残さず龍蛇を巻き付けるのは何を意味するのか。終わって、神殿に帰り、龍蛇を東西の柱に引き延べて、「綱頭に御前《みさき》あり、御前なし、一得二危三妖四殺五鬼六害七曜八難、九曜の星、舞や納めん」と、大声を発して舞人二人が刀剣をかざして龍蛇の鱗を打つ。この「うろこ打ち」の儀式によって初めて新霊は清まって、祖霊の列に加入することが可能となるのである。この後、荒神の舞納めの神がかりがあるのである。

荒神の舞納めの場合に、神柱の持つ扇を胸にぴったり当てていること、又、備中神楽の神がかりに三つ石を打ち合うこと、これは火の神の神座の鼎座を連想するもので、この三つ石は打ち砕いて後に三角形の蓆に包んで荒神祠の森に埋めるのであるが、一方、田の神さんばいの下り来る田は三角田の最初の水掛かりする田であること、又、荒神祠の中に納めてある神体を意味する石がいずれも三角形のものであることにも深い意味があると思われる。

祖霊の年神としての性格を物語るものに、白蓋の中の一升三合の米、千道の中の一合三勺の米、神がかりの際の軸俵、年神の神座となる年俵、恵比須の船遊びで大当屋の主人が乗る籾俵、大国の能に於ける福の種、龍押しに親田を踏みとどろかすことなどが見られ、これらはすべて稲米生産に深いかかわりがある。今一つ、白蓋の上にある綱の滑りをよくするためであると云う手杵、荒神の舞納めの際にユグリの餅を軸幣で突き刺すこと、灰神楽のおかめと火男の餅取り、恵比須の船遊びに筵の船に籾俵を積み、その俵の上に大当屋の主人を乗せて伊勢音頭の囃子で台所の恵比須棚の下まで曳くこと、これらはみな男女和合を意味する擬態であろう。祖霊の前に於いてかく子孫抱擁する演技こそ、家の神の悦び給うものであり、又、祖先から受け継いできた親田の稔りを豊かにするものであると信じたい。火の神の鎮まり給う処をホトと云うのも、年限神楽のたびごとに荒神祠の下と家々の竈の下に新しく土器を埋め替えるのも、みな祖霊火の神の喜び感応し給うことによって、子孫の永続を約束させることであったのである。

かくの如く、荒神神楽は、死後三十三年の歳月を過ぎれば、鎮魂儀式によって祖霊家の神としての神性に加入し、又、白蓋の中の重り米なるものは、これを囃すことによって稲霊の誕生を意味する稲の産屋でもあった。神石郡豊松村では、斎主の祝詞の後でこの白蓋の中にすっぽりと身を包むのは、真床襲衾としての生まれ清まりの意義があったのであろう。

注

（1）『広島県史』古代中世資料編Ⅳ、「児玉文書」。
（2）三浦秀宥「神楽大夫の伝統と組織」（『岡山民俗』美作民俗特集号、昭和三十八年）。
（3）芸能史研究会編『日本庶民文化史料集成』第一巻、三一書房、昭和四十九年、「備中神楽執行諸記録」六三四頁。
（4）同前、「備後東城荒神神楽執行諸記録」五九六頁。
（5）岩田勝「荒平考」一、二（『広島民俗』第九号、昭和五十三年、第一一号、昭和五十四年）、同「死繁昌の杖―壬生井上家蔵天正十六年荒平舞詞―」（『山陰民俗』第三一号、昭和五十三年）、同「五龍王から五人の王子へ」（『山陰民俗』第三三号、昭和五十四年、第三四号、昭和五十五年）、いずれも、のち同氏著『神楽源流考』（名著出版、昭和五十八年）へ収載される。
（6）岩国市教育委員会編『岩国行波の神舞行事』昭和五十四年、Ⅳ行波の神舞。

(7) 田中重雄「上下地方における若宮信仰について」(『広島民俗』第九号、昭和五十三年)。本書第二部第六章「若宮遊びと松神楽」を参照。
(8) 芸能史研究会編『日本庶民文化史料集成』第一巻(前出)「備後東城荒神神楽執行諸記録」五九三―四頁。
(9) 同前、五九九―六〇一頁。
(10)『日本庶民生活史料集成』第九巻、三一書房、昭和四十四年、「備後国福山領風俗問状答」七一二頁。

第四章　備中神楽

一

昭和三十六年二月二十一日、松江で石塚尊俊氏と落ち合い、準急しんじに乗って伯備線高梁駅に下車。高梁から川上郡成羽町に至り、山野屋旅館に泊まり、既に二十日から来て、成羽町上日名の荒神神楽を見学せられた、本田安次・郡司正勝・倉林正次・山路興造の諸氏と合流した。翌二十二日夜からの川上郡備中町布賀の亀石八幡神社で行なわれる同社合祀社二九社の五十年記念祭並びに七年祭の高殿《こうどの》（神殿）神楽を拝観するためであった。

当夜の神楽式の次第は、奉仕神職西江隆則氏があらかじめ用意しておかれたものによれば、次の通りであった。

高殿神楽式次第

昭和三十六年二月二十二日旧正月八日

一神殿掛ケ　早旦より総氏子中

一湯祓行事　平田　神主

一斎燈火入式

次神迎　合祀社奉迎　西江　宮司

氏神　奉迎　平田　神主

先導　大山　神主

警蹕　迫本　神主

次神殿移り　一　同

此間御座入り太鼓　大山　神主

囃し方　社　中

一同神殿に着席互礼

先ヅ修祓　祓主　大山　神主
　大麻司　迫本　神主
次指紙舞　太鼓　平田　神主
　舞　大山　神主
　給仕人　高見　総代
次榊舞　太鼓　平田　神主
　舞　迫本　神主
次動座加持　太鼓　大山　神主
　縄　迫本　神主
　白蓋行事
次鎮座加持　西江　宮司
次奉幣行事　司　平田　神主
　後取　大山　神主
次祝詞奏上　西江　宮司
　軾後取　迫本　神主
次宮司玉串拝礼
　祭員及び社中自座拝礼
　玉串後取　迫本　神主
次氏子総代、合祀神社大願主、大当番、来賓、組総代、
氏子、出氏子順次拝礼
次宮司神前に一拝を行ふ　一同之に倣ふ
　互礼
　順次退下　少憩して
　神能神楽
一番舞
二番舞（導き）
猿田彦の舞（前駆け）
天の岩戸開きの舞
天児屋根命・太玉命・思兼命・鈿女命・手力男命・
日神
大国主命国譲りの段
経津主命・武御雷命・大国主命・稲背脛命・事代主
命・建御名方命
〇休　憩
五行相生の舞
大王・太郎王子・二郎王子・三郎王子・四郎王子・
五郎王子・修者
出雲八重垣の舞

素盞鳴尊・足名槌命・奇稲田姫命・松尾明神・室尾
一・仝二・大蛇
劔舞
頂盃
結願式　一同総祓
次舞上御神楽　太鼓　西江　宮司
舞　大山　神主
次昇神行事　平田　神主
警蹕　迫本　神主
次神送り　西江　宮司
警蹕　大山　神主
次甕の戸貼り

以上　神楽式終り
奉仕神職　宮司　西江　隆則
布寄神社　宮司　平田　保二
三沢八幡神社　宮司　大山　保志
穴門山神社　雇員　迫本　昌利
神楽社中
井原市青野町　真　鈴　社
代表　片山　正一
客分招待
小田郡美星町美山大倉
大倉社々長　三村利惣治

私が備中神楽を現地で拝観したのは、この時が最初である。

備中神楽と備後神楽の舞い方の違いは、この時の神楽の直会の席で、備中神楽保存会の山根堅一氏が自ら舞って教えてくださった。難波宗朋氏が両者の舞振りを比較されているところは、本書第二章第三節に示しておいた。基本的な違いは、太鼓が備後ではテンポが遅いのに対して、備中ではそのテンポが速いことが、舞の廻り動作や腰、更には幣や扇子の振り方に現われているようである。又、舞振りについて、古来次のように云われていると云う。

比和の神楽――神《かみ》舞
中筋西城側の神楽――曲《きょく》舞

備中神楽　藁蛇による神がかり

備中神楽　藁蛇による神がかり・託宣

備中の神楽——狂言舞

備中神楽の曲目は、化政期に西林国橋が神代神楽の「岩戸開き」「国譲り」「大蛇退治」の三曲を創案されて、これらを能舞の代表的な曲目として取り扱うようになって以来、従来の古能は次第に廃れ、又、七座の神事の中にも廃れたものがある。

しかし神楽本来の目的とした神がかり託宣の古儀は、今なお民間の神楽社によって伝承している処がある。

この布賀の神楽で、助勤の布寄神社の平田保二宮司に、綱舞による神がかりのことを聞いた。

蛇綱を神殿に入れると、若手の神楽太夫二人が出る。烏帽子千早姿で、手に扇と鈴を持ち、榊舞の舞い方で一さし舞った後、綱にかかる。蛇綱は東西の柱に引き渡してあり、二人は綱を挟んで両側に分かれて蛇綱を揺り動かす。二人の太夫と太鼓方とが上下を取り合いながら唱えごとをする。太鼓の調子が激しくなると、綱を激しく揺り動かし、「ゴウヤ、ゴウサマ、ゴウヤ、ゴウサマ」と囃し、二人の太夫は、揺れる蛇綱の両端から体を回しながら端まで行くと、反対側へ出て、又、同じようにもとの処へ戻る。出合いがしらに片方の手と手を打ち合う。かくするうち、太夫の一人が神がかりする。素早く助斎の者が出て神がかった太夫を白蓋の下に連れて行き、大幣を持たせて、太夫を蛇綱で巻き付ける。無我夢中の託太夫に久満米《くま》を握らせると、これを空中に投げ上げる。投げ上げられた久満米を手に受け、これを神主が米占によって託宣を判じるのである。

この外に、松明を相互に手にかざして打ち合ったり、焼石を打ち合いして神がかりすることもあると語られた。

二

備中や美作西部の神楽については、早くから三浦秀宥氏や故人になられた山根堅一さんらが研究を手掛けられ、続いて佐藤米司氏、近くは岩田勝氏が古い姿の神楽を追究しておられる。

備中の荒神神楽を最初に紹介された功績は、故江草進氏の『備中平川の神殿神楽』(岡山民俗学会、昭和三十八年)である。その中の安永六年(一七七七)の記録によると、

神楽日　閏十一月四日晩
　二日の晩より　前申神楽
一三日　きりかざり　神遊び
一四日晩　本神楽
一五日　綱入れ　荒神納め
一六日　へつい遊び　めしの段(このへつい遊びを三日祝ともいふ)

とあって、神楽を終わり、それから翌年のみとびらき(御戸開き)を済まして、初めて一応の神楽を終わることとなるわけである。

この記録と比婆荒神神楽とを比較して見て、多少の日時の相違はあるが、前神楽・本神楽・灰神楽(へっつい遊び)と、三段構成に行なわれていたことは同じであったことが知られる。

備中神楽　布舞（小田郡美星町星田）
鈴木正崇氏撮影

なお、平川の明治三十九年の記録によると、本神楽の舞納めでは、

一第一氏神　　一託
一第二若一八幡宮　二託
一第三土公様を舞
　此時家内の小神を一緒に舞納
一第四荒神ヲ舞
　第一　本山荒神
　第二　がらん荒神　御託
　第三　風呂屋荒神

神酒
一第五　諸神舞遊ビ　神送リ

とあるから、いろいろな神遊びが行なわれ、第四の荒神の舞遊びでは布舞による神がかり託宣が行なわれたのだと思われる。江草氏は次のように述べられている。

託宣の下るに当たっては、社人中の一人が神がかり状態とならなければならぬ。だから、その人は一種異様な舞を続ける。平川では一反の白木綿を解きほどき、その一端を木の先にくくり付け、ゴーヤ、ゴーヤ、ゴーヤと唱えながら、その木をくるくると丸く廻し、又、波形に廻し、その長い布が畳に付かず、空中で丸く波打ち続けるように舞を続ける。

吉備郡水内村の堂砂では、白木綿を柱から柱へ張り渡し、その下をゴーヤ、ゴーヤ、ゴーサンヤと唱えながら、何度も何度も丸く廻るようにするそうである。そうしていると、やがて神が乗り移られ、タタリツキ（悪事の起こる月）のことや五穀の豊凶、さては氏子中の不心得者、神慮に叶わぬもののことなどを口走られると云う。

江草氏のこの記述によると、かつては神がかりの託宣は、現在のように米占だけで示すだけではなく、神楽の庭にいる者の多くが直接神の声を聞くことが出来たのであった。このことは石見の大元神楽で現在もなお行なわれているが、いずれにしても稀少価値に属するものであった。

ところで、備中のへっつい遊びとめしの段（へっつい遊びは三日の祝いとも云う）と、備後の荒神神楽のへっつい遊びとを比較すると、備後では、一手草の段、二土公祭文、三宝廻し、四餅取り、五恵比須の船遊びの五番が行なわれるが、備中では、宝廻しとめしの段の二番だけである。

最後の日（第三日目もしくは第四日目）に行なわれるへっつい遊びは当屋のユリイ（囲炉裏）を囲んでする神事である。第三日目に行なわれることから神楽三日の祝いとも称せられ、「祭焼神事（サイトウカグラ）」とも記されている。

弘化三年（一八四六）の記録によれば、

社中立合の上ニ而始ル事、各々様々御苦労御狩衣被下ト云テ頓、着上ノ上見合ニ頓、

一御座入

一土公神

当屋之は御神幣、神主、注連頭（この年の神楽では注連頭が後まで残っていた）、勧請幣、注連主、げじよ社人三、はた社人一

神主右先江案内申、備ル儀敷（供え物の意）、御酒、散米、下幣式本、みかのと入也、

一さかき舞

一さしかみ

一ばんまい

一猿田彦

一御座（ござん舞）
一解除
一勧請神御
一申上祝詞

これはジンヤク（神役）の次第である。へっつい遊びの神楽そのものの次第は、安永六年（一七七七）の記録によると、

へっつい遊のこと

一社人四人四方にをり、御幣五本立、さん米五方へ、神酒を五、
一はむ（鱧《はも》のこと）を壱度かへに二へんまはし、
一それより御供に銭十三文入まぜ、三膳にもり、内神（ウチカミ、家の内の小神）に備へ、もち五十六、是は座敷へまき、銭十三文のあと、座敷へまき、

老人達が「何か知らん、太夫さんがユリイのへりに坐って、御幣や鱧を巡りに廻してじゃ」と称するのが、これである。これは鱧の魚がなくしては成立しない神事であることに注意される。

めしの段は、最後に行なわれる。社人や氏子の代表者および氏子の間で「酒付の事」が行なわれ、その後で飯が出される。直会の意味を含んだ共食と見られる。安永六年の記録には次のようにあって、とにかく一定のさしようがあったことを物語っている。

めしの段

一風呂屋荒神納の人よりふろや（家号）へ差す、納
一此所へ忠兵衛出る、岡（家号）の幸助も出る、好平出る
一からん荒神の人より幸十郎へ差す、納

一本山荒神の人より伊平次へ差す、納

一注連主より元右衛門へ、元右衛門より注連主へ、注連主より次郎兵衛へ、納

以上の如くにして、数日にわたった神殿神楽はすべて終わったのである。かくして、翌年のミトビラキ（御戸開き）までは何の行事もない。

第五章　備後府中荒神神楽

昭和五十二年九月十四日に広島県指定の無形民俗文化財になった備後府中の荒神神楽は、府中市鵜飼の道下《みちした》太郎氏を代表者とし、座員はすべて同氏の薫陶を受けた門弟で、府中市および芦品郡新市町の人々である。

府中地方の荒神神楽は、もと府中近在の社家であった篠根の喜多家、芦田町の小田家、金丸の日下部家、柞磨《たるま》の皿海《さらがい》家などに伝承されてきたものを伝受して、現在に至ったものである。

指定のための調査は、昭和五十二年四月二十二日に府中市鵜飼の清龍神社に於いて行なった。神楽の曲目は荒神社の式年神楽に行なわれるもので、この中の数番は平年の神楽にも行なわれるが、多くは一種の秘伝として取り扱われているものである。従って、狂言舞などは取り上げなかった。

神楽の曲目は、手草の舞・劔舞・折敷《おしき》舞・悪魔払い・造花引き（天蓋）・龍神舞・布ノ舞・焼石神事の八番が行なわれ、神殿には美しい五角形の白蓋が吊され、その下に九尺四方の踏板を舗設して、その上で演舞される。

座中の人々の礼儀正しいことに先ず好感を覚えた。神楽の演技も徹底したものであり、かりそめにも曖昧な態度を許さず、従って、曲目中の詞章などはことごとく暗誦されていて見事なものであった。

府中地方の荒神神楽は、東城地方の三十三年目に行なわれる四日四夜の大神楽と比較して論ずることは出来ないが、七年目ごとの年番神楽としては一応その体裁を具備したものである。その中でも、道下氏の最も得意とする折敷舞と焼石神事は、一種の神技とでも云うべきもので、今日以後恐らく氏に及ぶ人は出ないであろう。猿楽芸・修験山伏の秘法・太神楽の曲芸などに見られるものと相通ずるものがある。最後に行なわれる焼石神事を見た者は恐らく寒気を催すほどの戦慄を覚えるであろう。これはよき師を得ていたと云うことにもよるが、又、地元の信仰の篤かったことにもあったかと思われる。よき後継者を得て、今後長く伝受伝承していかれることを切望するものである。

手草の舞　一人舞

狩衣姿で、左手に榊と笏と中啓を持ち、右手に持つ鈴を振りつつ、

〽手草葉や御幣諸共手に持ちて　拝めば開く天の岩戸は

という神歌を詠じつつ、立って舞い、膝突きして、四方拝する。

第二段になり、右手に扇、左手に榊を持って神歌を詠じ、しかる後、舞殿を廻りながら神名を唱える。最後に祝詞を奏上して、祓いをして散米し、米占を行なう。散米と榊葉を蒔く時には、

〽手草葉の四方に米をくばるには　四方の神々花とこそ読む

〽手草葉の四方に榊をくばるには　四方の神に花とこそ読む

と神歌を詠じ、折敷米を右に持ち、左に鈴を振りながら、悦びの舞上げをして終わる。

劔舞　四人舞

白衣袴姿で、しゃぐまを着ける。四人並んで神座の前に出で、拝座。終わって、左手に幣を取り、右手に鈴を持って、舞座の四方に鈴を前に置いて座す。次に、鈴を取り出して振りつつ座したまま天の香具山の神歌を歌う。以下、四人一人ずつの神歌が終わると、最後に全員で再度神歌を詠じ、太鼓が入ると、一同立って、幣に扇をさし、鈴を水平にさし上げ、両手の肱を張って、背合わせ・潜り抜けをして、五方を立てる。この間、神歌を詠じながら舞う。

第二段になると、右に扇、左に幣を持って、八咫《やと》の蛇の祭文を唱しながら舞殿を廻る。

第三段に入ると、太刀の柄の方を手に握り、劔先を上方にして、肩に担って舞う。次に太刀潜りをし、終わると太刀を下に下ろして跳び越す。次に太刀を外側に出して廻る。次に頭上に挙げて舞う。最後に太鼓は急調子となり、潜り抜けをして、終わると太刀の先に巻いた紙を取り払い、神歌を誦して太刀を振りかざす。かくして一声して舞い納める。この後に神酒頂戴の儀がある。所要時間三十二分。

折敷舞　一人舞

白衣袴姿に鉢巻、右手に扇、左手に盆と布を持って、四季の歌を歌いながら五方を拝する。終わると盆を置いて、神歌を誦しながら襷を掛ける。

次に盆の育ちの歌を歌いながら、盃を一つずつ盆の上に載せる。次に盆の上の盃を一つずつ懐の中に入れる。次にもう一つの盆を盆の上に重ねて、又、その上に懐から盃を一つずつ出して載せる。次に全部の盃を一つの盆に入れ、それを右手に持ち、左手に空の盆を持って舞う。次に又一つずつ懐に入れる。次に又懐から盃を出して盆の上に二つずつ重ねる。それを盆の縁に立てる。次に扇と盆で舞う。盆の上に盆を載せ、今度はその盃を扇の上に載せる。次に右に太刀を、左に盆を持って、太刀に盆を載せ、それを斜めにして盆に盃を二つ入れる。それを太刀の上に載せて舞う。盆を置いて、次に太刀の刃の上に盃を一つずつ一三並べて舞う。一三の盃は全部きりきり廻っているのである。次に扇を腰に挿し、盆を懐に入れ、襷を腰に結ぶ。次に両手に盆を持って、足に扇を挿して旋廻して舞って終わる。所要時間二十二分。

悪魔払い　一人舞

大口に鎧を着け、白鉢巻して、天狗面を被る。両手に日の丸の扇を持って幕の内で舞う。幕を被り、両手の扇でいろいろな所作をする。反閇《へんばい》をなし、右廻りを繰り返す。腰に扇を挿し、両手でしゃぐまを掴み、両手で面を隠す。そして両手で扇を仰ぐ所作をなす。この間、相互の言立てがある。

第二段に入ると、太刀と扇で舞う。

第三段に入って、両手の扇だけで舞い終わる。所要時間十七分。

造花

白蓋は四角と五角の枠が二段に組まれ、中に米一升三合と銭一三銭を包んで結び、下段の五角の枠は一辺の長さが一尺、五色の切紙にはそれぞれ東西南北中央の字を最上段に切り抜き、中段に宮の字を、下段に鳥居と燈籠の絵を彫り抜いたもので、その長さが横九寸、縦二尺四寸の長さである。その天蓋の中心を綱に結んで、舞殿の中央に吊されている。

後取りが出て白蓋の引き綱を解きながら神歌を誦すると、座員一同これに唱和する。斎主が進み出て、

〽白蓋のみどりの糸を引く時は　千歳の命長く久しく

の歌を歌って、白蓋の綱を右手に受け取り、ミサキ幣を左手に持って、五方の神々を招神する。白蓋は初めは静かに上下に引き、次第に上下左右に揺り動かす。所要時間二十分。

龍神舞

藁蛇の舞入れは比婆郡東部地方では龍押しと称して、本当屋の門田に於いて行なわれるが、府中地方では舞殿内で行なわれる。従って、藁蛇の長さも短い。人の死後三十三年を経て死霊が清まって祖霊に加入する儀式である。府中地方ではその年限が短縮されて、荒神社の左脇に鎮まる慣わしとなったのである。

蛇の舞入れは、神主一人が笏と鈴を持ち、神歌を歌いながら神殿に出る。舞い終わると、幕の内から、

蛇　案内申す宮の内、事の義たのむ神殿の主

神主　神殿に案内仔細とのたまふは、如何なる物ぞや、その名かたれや

の問答あり、終わって神主は幕の中に入る。入れ替わりに蛇を小脇に抱えて四人が出て、蛇の口上を語る。「某は海に千年の業を経て龍宮王の使者となり、川に千年云々」と、神主との問答あり、神主はこれに答えて、「しからば神殿を初め荒神社の左の脇を許して参らす程に、五色の歌を読み、入り給へよう」と云う。蛇が「しからば五色の歌を読み申す」と、

備後府中荒神神楽　焼石神事（府中市）
道下太郎氏

五色歌を歌うと、神主を中にして蛇を巻き付け、蛇の口に酒を注ぐ。次に神主、「神の柱に蛇渡さうや渡さうや、神の柱に蛇受取ろうや受取ろうや」と返して、左右の柱に蛇を引き渡して舞上げに移る。

舞上げとなると、神主、「降り給へ降りの御座には云々」の神歌を歌うと、右蛇の者、「荒神は今ぞござれや此の御座に　芦毛の駒に手綱早めて」と歌い、次に左蛇の者、「荒神は今朝卯の刻に降り給へ　氏子の願を今にしよとて」と返す。次に荒神の祝詞あり、大願成就のためとて、十二支の神歌を誦して終わる。所要時間十四分。

布の舞

蛇の舞上げが終わると、三人が出て、白布を肩に掛け、鈴と幣で舞う。一さし舞って後、肩の布をはずして前方に引き渡した蛇に掛ける。次に手に持つ幣を後首に挿し、比婆郡東部地方の小神遊びの時の太鼓の調子で米占をする。所要時間十五分。

世羅郡地方では、この布舞の時に布の下を潜って神がかりしたと云われる（本書三八一頁の写真を参照）。

焼石神事

河原石を斎燈の火で数時間焼き、これを二人の舞人が竹に挟んで、神殿前に置かれた一尺五寸大の台石の側に運ぶ。これより先、道下氏、浄衣姿で神前に出て五方拝を舞う。しかるのち神前に座し、太鼓に合わせて火防せの印を結び、次の神歌三首を誦する。

〽猿沢の池の蛇《おろち》のふく息に　はげしき火《ほのほ》もうちしめるなり

〽きたかたや南に通ふかんきさい　丸なる中の寒の水かな

〽霜柱氷の針に雪のけた　天のたる木に露のふきぐさ

次に水の印を結んで、右手に神酒を持って焼石に注ぎ、次に左手に塩をつかんで焼石に振り掛ける。かくして呪言を誦しながら焼石を両手に抱えて起ち、頭上に差し上げて、力を込めて台座の石に投げ打つ。焼石の数多く砕けることをもって神威の感応を占う。まことに神秘の一瞬時である。かくして千秋万歳となる。所要時間十五分。

この神事は一子相伝の秘儀と云われ、往古より神楽人泣かせの難行苦行の極みに初めて会得されたものと云われる。

追　記

その年十一月二十五日に、私は再度府中を訪れて道下太郎氏に逢って神楽の話を聴く機会を持った。その日は初霜の降った寒い朝で、三江線川戸駅午前七時発の汽車に乗り、三次経由で午後一時前に府中に着いた。駅には道下さんが出迎えてくだされ、「恋しき」という名の旅館に宿をとり、中食を共にして、それから備後一ノ宮吉備津神社の御例祭に参拝した。

参道には露店が多く並び、参拝者で賑わっていた。途中で何度か道下さんに丁寧に挨拶する人に出逢ったので、どう云う人かと尋ねると、皆私の神楽社に属する弟子達だと云うことであった。流石にこの人にしてこの弟子ありと感心した。

神社の社頭は寒桜の花盛りであった。春の桜もいいが初冬の頃の寒桜も亦美しかった。神社ではこれから神幸式が始まる準備中であったが、当社の追林輝宮司とは国学院大学の同窓であるので、社務所へ立ち寄り挨拶してお茶を頂いた。御神幸場は参道を一直線に延長した池の中にあった。参道の両側に露店の多きことは、県下でここ以外では小童《ひち》の祇園さんくらいのものであろうか。

その夜、旅館の離れ間で晩くまで道下氏から神楽の話を聴いたが、田地春江さんも昭和五十四年十月二十二日に、道下氏宅を訪れて、その採訪談を既に『広島民俗』第二〇号（昭和五十八年八月）に「道下太郎さん神楽話」と云う見出しで発表されているので、私の聞き書きと大同小異の故をもって、私のノートはそのままにしておくことと致したい。

ただ焼石神事の三首の神楽歌について触れておくこととする。

〽猿沢の池の蛇のふく息に　はげしき火もうちしめるなり

〽きたかたや南に通ふかんきさい　丸なる中の寒の水かな

〽霜柱氷の針に雪のけた　天のたる木に露のふきぐさ

この三首の神楽歌は、火防せの印と、水の印を結ぶ中間に歌われるが、いずれも古態を残している歌である。

第二歌の「きたかた」は北方で、北は陰、南は陽である。陰陽が寒気の極、極寒に達した意味である。丸なる中の丸は、槽の中のということである。

第一歌、第二歌は神楽歌にも寡聞の私は類歌を知らないが、第三歌には次の類歌がある。

〽水柱氷の梁に雪のけた　霜の棟木に露のふき草―岩手県岳神楽の神歌（小国本）

〽霜柱氷の桁に雨たる木　木の間を出づる風のふき萱―花祭り歌詞一三九種の七四

〽峯は雪ふもとはしぐれ里は雨　あめにましたる霰なるらん―坂部湯立神楽哥

なお、焼石神事で砕けた石はことごとく集めて荒神祠の下に納める慣わしである。

焼石神事を奉仕するためには潔斎して無我の境に達することが先決だと云われた。瀬戸内海の白石島などの「ふいご祭」の際の焼石は一升枡の形のものを磨きたててある。こんな焼石は掌と石との間に隙間を生じないから火傷を生ずることはない。河原石の場合は手と焼石との間に空気の入らぬように固く握ることが肝要で、焼石に手を掛ける前、既に無我の境に入っていることが秘訣であると云われる。

第六章　若宮遊びと松神楽

ここに述べる若宮および若宮祭祀は、これまでの辞書や著書にも見られる。例えば、『民俗学辞典』には、「大きな神格の支配下に置かれる前提の下に、はげしく祟る霊魂を神として斎いこめたもの」とあり、原田敏明氏はその著『村の祭祀』（中央公論社、昭和五十年）の中で、若宮祭祀について次のように述べられている。

これまで若宮といわれている社で、少しも怨霊といった考えを伴っていないところが少くない。そういう社は春日若宮とか若宮八幡など、ある程度本社に附随した形のもの、もしくは本社に対して摂社とか末社の形で附属したものとなっている。

いずれも柳田国男先生の「人を神として祀る風習」などの学説を主として考えてきたものであるが、ただ原田敏明氏の説は、怨霊神である若宮について、これはある程度本社に附随したものであると述べられていることが新しい説として取り上げられる。

私がこれから述べようとする備後地方に行なわれてきた若宮信仰、若宮祭祀は、原田氏の説を更に前進させるものではないかと思われる。

これまでに備後地方の若宮祭祀についていち早くその論考を発表されたのは備後の甲奴郡上下町井永八幡神社宮司田中重雄氏であった。(1) 田中氏によれば、上下地方の若宮と云うのは、氏神の境内にある若宮社に祀られた家々の祖霊であり、非業の死を遂げた人の霊でないことに著しい特色がある。

死者が祖霊として完全に清まり、神格化するためには、三十三年と云う年月を経ることが重要視されている。ところが、若宮は死後二、三年のうちに仏の支配を離れて祖先神の系列に加入することも亦特殊なものである。若宮として神格を与えられる祖霊は、主として氏神の神役に携わった家の祖霊であり、そのような家を「若宮ヅキ」の家と云う。

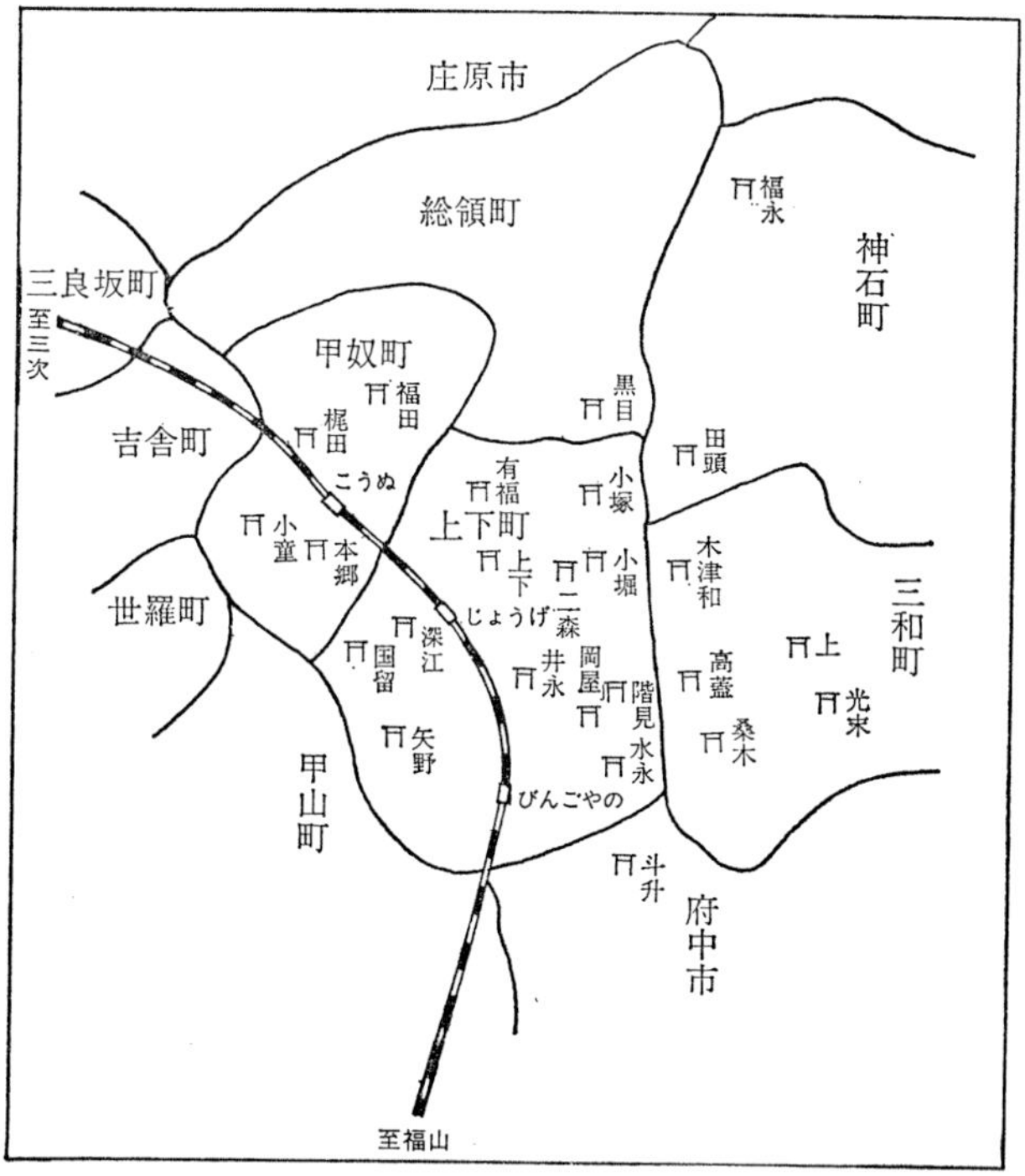

備後国神石郡・甲奴郡地方の若宮祭祀社所在地
（田中重雄氏作図）

田中宮司が広島県指定の弓神楽の保持者であることもあって、私はこれまで同家を数度訪れたが、昭和五十五年七月二十一日から三日間、同家にお伺いして、若宮祭祀について御教示を願い、又、近在の若宮祭祀の行なわれた村々の神社へも案内して頂き、その実感を得ることが出来たことを感謝している。

現在若宮祭祀が行なわれている処は、備後国の各地にその残存が見られるが、最も盛んに行なわれ、今でも存続されている地方は、前記の甲奴郡上下町近在の村々であることは、次頁の調査表と上掲の所在地の略図によって知ることが出来る。

一　若宮遊び

若宮祭祀所在地調査表（昭和五十八年四月一日現在。田中重雄氏による）

所在地	神社名	若宮社	若宮碑	若宮木像	若宮木札	若宮帳	備考
神石郡神石町田頭	八幡			三三			内陣に祭祀
〃　福永	梶尾	一		八	四		
〃　三和町　上	八幡			四〇			内陣に祭祀
〃　光末	清瀧			二三			内陣に祭祀
〃　木津和	八幡	一		三二	二	一	江戸期二二家一七九柱祀る
〃　桑木	〃			一〇			本殿西脇に祀る。旧社家中村・中井両社家の若宮
〃　高蓋	日吉			二〇	二		内陣に祭祀
府中市斗升町	六社				二		内陣に祭祀
甲奴郡上下町階見	八幡	一	一	四九	七		明治十三年旧社人一三家で祖霊社再建。神道家継承
〃　岡屋	〃			一三			神輿庫に奉安
〃　水永	大歳						文政元年荒神舞執行記録に若宮あり
〃　井永	八幡	一				二	江戸期一九四柱祀る
〃　矢野	〃	一	二				若宮社。神道家継承。若宮碑一基民家にある
〃　国留	〃		四				
〃　深江	清	一	一二		三	四	江戸期一八九柱、明治後一二〇柱、計三〇九柱祀る 各家の小型若宮社別にあり
〃　上下	八幡	一	七				明治初年まで若宮社五社あり。神道家継承
〃　二森	〃	四					旧宮人五家を祀る
〃　小堀	賀茂	一					神道家継承
〃　小塚	八幡	二					神道家継承

甲奴郡上下町有福	賀茂	一	三				神道家継承。若宮碑二基は御旅所にあり
〃　甲奴町本郷	八幡		一七				若宮碑二基は民家にあり
〃　梶田	〃		六				若宮碑は民家にあり
〃　福田	〃	一	二				
〃　小童	須佐	二					天保七年「祇園社祭式歳中定書」に若宮あそびあり
〃　総領町黒目	八幡	一	二				由緒記に若宮社三社あり
計		一九	五五	二二八	二〇	七	

（この表は確認されたもののみである）

若宮祭祀がどのように行なわれてきたかということを、先ずその一例として井永八幡神社関係のものから見ていこう。井永八幡神社の氏子は江戸期に井永に六五戸、水永に三〇戸あったが、水永村は嘉永三年（一八五〇）に井永八幡から分離して大歳神社を祀った。又、水永村には「若宮ヅキ」の家は皆無であった。井永には氏子六五戸のうち「若宮ヅキ」の家は二五戸あり、その多くは岡田姓の家であった。

田中宮司家所蔵の若宮帳によると、宝暦十三年未（一七六三）正月吉日の「先祖若宮覚」なるものが最も古く、その当時、既に一二一柱の若宮があったことが記されている。帳初めの若宮は、

一をすえ　若宮
一さくしう　若宮
一大つしま　若宮
一小つしま　若宮

となっていて、この四柱の若宮を大祖先大若宮と称している。

江戸末期までに一九四柱の若宮が記されているが、その記載方を例示すると、

甲奴郡上下町井永八幡神社　宝暦13年（1763）若宮帳（田中重雄氏所蔵）

一大元太夫寅年若宮
一幣主宮元宮内亥年若宮
一瀬登屋孫右ェ門申年若宮

などとなっている。

二五戸の「若宮ヅキ」の家は次の通りであった。

井永若宮ヅキの家（×は現在絶家したもの）

×おうもと（大元）　×なかさかね（中坂根）　×しんや（新屋）　いわや（岩屋）　そね（曽根・曽禰）　みやもと（宮元・宮本）　はんた（花田）　×みやざき（宮崎）　×ともかね（友金・友兼）　×とみやす（友安・富安）　ひがし（東）　×にし（西）　おく（奥）　×すえくに（末国）　のたのくぼ（野田之久保）　×おうくぼ（大久保）　×もりもと（森元）　×とうふや（豆腐屋）　×いでのうえ（井手上）　みやびら（宮平）　うえなか（上中）　×まえなか（前中）　×なかま（中間）　×なかやま（中山）　ばば（馬場）　×にいや（仁井屋）　しものしんや（下新屋）　なかばたけ（中畑・中畠）　せとや（瀬登屋・瀬戸屋）　しもだ（下田）　×やしき（屋敷）　×やなぎはら（柳原）　ふくもと（福本・福元）

二　氏神の祭礼と若宮遊び

井永八幡の祭礼は、大祭数日前のお注連田のお注連下しから開始される。当座は社人の座と名頭の座とからなり、寛政十年戊午（一七九八）十月の「諸神用勤方幷備物分方書留帳」によると（〇印は荒神社のある家）、

拾二名頭之事

一 友安名 壱番之座午歳 御注連田友兼荒神之前田 当村 宮崎

二番之座未歳
一 東　名 御注連田東田垣ゟ二苗目 水永村 追河内

三番之座申歳
○一 柳原名 御注連田田淵之沖上道ゟ三苗目 当村 田淵

四番之座酉歳
一 牧ノ下名 御注連田門前ロ之苗 水永村 田淵

五番之座戌歳
○一 中坂根名 御注連田堂之前 当村 森

六番之座亥歳
○一 末国名 御注連田清水ケ上ゟ三苗目 当村上ミ 新屋

七番之座子歳
○一 岩屋名 御注連田東之前上ゟ三苗目 当村 岩屋

八番之座丑歳
○一 友兼名 御注連田神田中ノ苗 当村 森政

九番之座寅歳
一 敷地名 御注連田仁伊屋之前上ゟ四苗目 当村 仁伊屋

十番之座卯歳
一 権水名 御注連田（以下記載ナシ） 当村 呑内上

十一番之座辰歳
一 国政名 御注連田門前ロノ苗 水永村 丸山

十二番之座巳歳
一 板屋名 御注連田板屋田上ゟ三苗目 当村 曽根

〆十二名廻順ニ御注連降シ相調江可申候事

一右ハ御注連田江別血人服忌人其外穢人入ル事急度無用　若入込候得ハ作物不出来ニ御座候様ニ先年より申来り候

当座定り之事

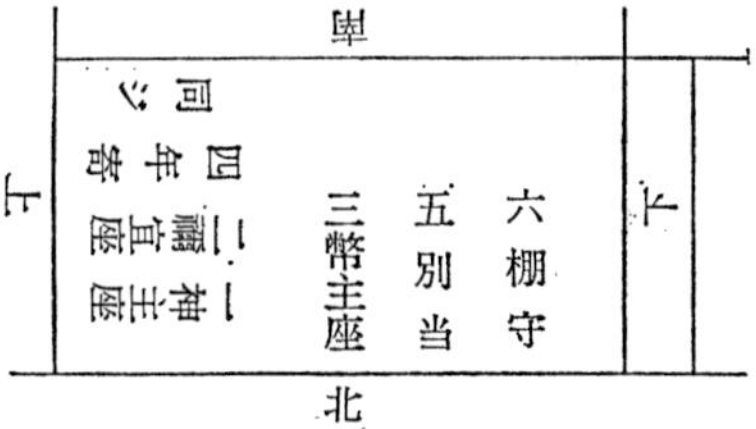

大当（此家図之通り 神主 禰宜 幣主 両年寄 別当 棚守）〆七人

二当（神主 禰宜 幣主 舞神子 別当 棚守）〆六人

三当（神主 禰宜 幣主 別当 棚守）〆五人

外に三当

一神主角座　左禰宜　右幣主

一十月朔日御注連降シ之事

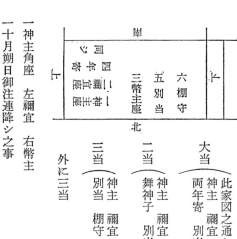

一冠り幣二本　平幣八本　かきつけ幣壱本　合拾壱本
此備方は御注連田にて八幡宮之方江向て両脇江杭を
立　藁を三段ニ結附　地にすくもを置　注連を播
り　上ニ冠幣壱本宛平幣四本宛立ル　合十本　外ニ
かき附幣にて御神酒祝詞上べし
一御神酒壱升　散米壱升三合　土器三ツ但シつきな
り　二ツ之つきニ造り居を仕　壱ツは酒酌なり　供
物備置御祝詞御神酒献上　御鬮をうかゝい可申事
神勤之儀は禰宜幣主相夫々ニ勤可申事
一大当酒口明九月廿八日　御神酒弐升当家ゟ送る　是
ハ禰宜方ゟ八幡宮へ御神酒を上　半分幣主江別可申
事
一同十五日御注連上ケ可致事　御神酒壱升　散米壱升
三合備ル　御散米之祝詞両祠官御祓　次ニ動座加持
相勤可申事
一御幣神山にあげ可申　但シ三ツつきは三本の杭を大
当二当三当三人別る事
一御注連降シ御注連上之散米神酒之儀ハ禰宜幣主一度
替ニ受納可致事　但シ十二日之二番清目散米三合是
ハ支配之神職受納可致事

右は例祭前後に於けるお注連下しとお注連上げの祭式の取り定めを記したものであるが、その年の頭屋に当たった家では御当田で祭礼用の新穀を耕作することが義務付けられている。十二名の家々は村では最も古く、上流の階層に属する家であった。なお、じの日（井永八幡宮御例祭日の称）の本申しの取り定めにはいろいろやかましい定めがあるが、直接若宮遊びとは関係がないので省略する。

死者が祖霊として神格化するためには三十三年と云う歳月が必要であった。備後北部地方の荒神神楽は死後三十三年を経過すれば、四日四夜の大神楽を行ない、しかる後に一族一門の祖霊たる本山荒神に加入することが可能であるとされてきた。しかし一方に備後中部の甲奴地方にあっては、死後二、三年のうちに仏の支配を離れて、若宮として神の列に加入する儀式が江戸期以来行なわれてきたことは、特筆すべき習俗である。

しかし若宮として祀られる者は氏子のすべてではない。氏神の神役に携わってきた家柄の人に限られている。いわゆる

「若宮ヅキ」の家柄の人達である。氏神社に新若宮として祀ることを「祝いコム」とか「祝いコメル」と称している。若宮遊びは氏神の前夜祭に終夜行なわれるのがその習わしである。

新若宮のある時には、その家から木綿一反・神酒二升・散米一升・半紙一帖・燈油五合を持参することになっている。若宮遊びには各戸氏子は米二合ずつをつなぎ、御霊川で米を洗い、飯に炊いて、これを若宮に供え、氏子一同共食する。若宮祭りの祭式は、若宮帳を読み上げて、立願の神楽を奉納するが、神楽の中でも「悪魔祓い」と「手草の舞」を最も重要視する。そして氏子は太鼓を打って夜もすがら大騒ぎをすることが若宮遊びの古来からの慣習でもあった。そして招魂の式は深夜の丑の刻に行なわれたのである。

三　若宮祭祀の現況

次に掲げる事どもは、これまでに田中重雄宮司の調査されたものを引用させて頂き、一部は田中宮司の御案内で実地調査したものである。

昭和五十五年七月二十三日、この日は土用五郎の日に当たり、物忌みすべき日で、田畑に出ている人は一人も見受けなかった。先ず最初に参拝したのは上下町階見の八幡神社であった。拝殿の右側の草叢の中にある若宮社には若宮の神像四

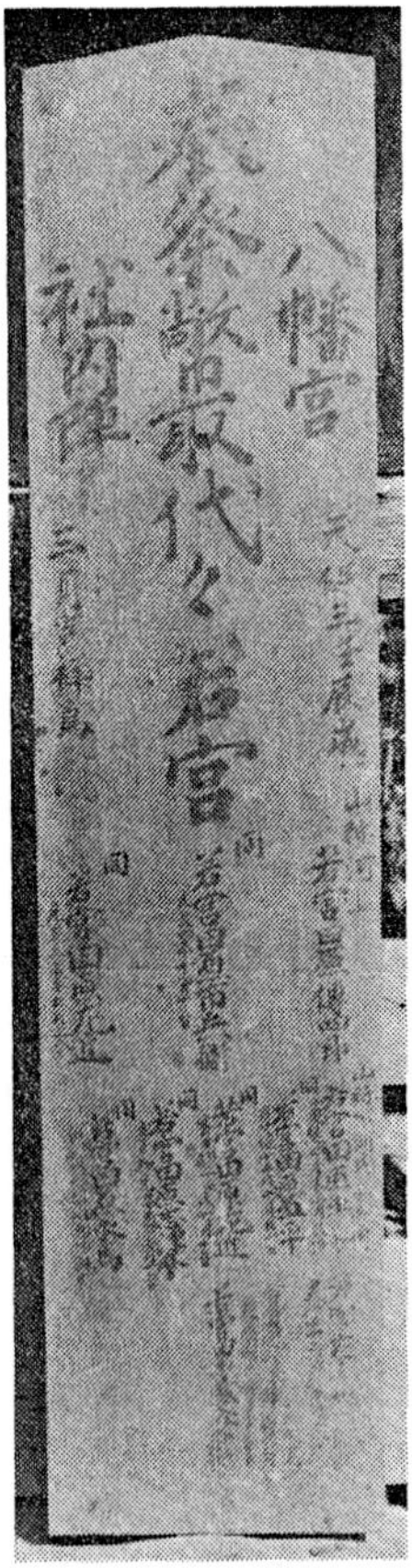

甲奴郡上下町階見八幡神社本殿内陣に掛けてあった幣取田原家の代々若宮の霊璽　田中重雄氏撮影

甲奴郡上下町階見八幡神社境内の祖霊社（旧若宮社）

階見八幡神社祖霊社（旧若宮社）の若宮木像

神石郡神石町田頭八幡神社本殿内陣の若宮木像
いずれも田中重雄氏撮影

九体が安置されていたが、久しく扉の中は開けたことはないらしく、人々から忘れられようとしている存在であった。若宮像は木像で、約二〇センチメートル前後の神主姿の座像か立像であった。彩色した塗料は久しい風化によってはげたり消えたりしていたが、その素朴な鑿の跡には心打たれるものがあった。木像には背中あるいは台座に若宮名が書いてあるが、今は絶家したものも多く、年々の追祭は怠りがちの現状だと、田中宮司は話された。現在木像のあるのは次の氏神社であると云う。

神石郡神石町字田頭　八幡神社　三三体
同　同　字福永　梶尾神社　八体

同	三和町字木津和		八幡神社	三二体
同	同	字　上	八幡神社	四〇体
同	同	字　光末	清瀧神社	二三体
同	同	字桑木	八幡神社	一〇体
同	同	字高蓋	日吉神社	二〇体
甲奴郡上下町階見			八幡神社	四九体
同	同	岡屋	八幡神社	一三体

階見から次には深江の清《すが》神社へ廻った。清神社の本殿背後に若宮のスヤと石碑一二基がある。最古のものには延宝二年（一六七四）の在銘のものがある。建立当時のままにして、若宮祭りは今も年々行なわれており、昭和年間に合祀した一七戸では、家族全員若宮として祀っている。深江清神社の若宮帳は、元禄十三年（一七〇〇）・宝暦十年（一七六〇）・文政七年（一八二四）・大正十年の四冊が現存し、「信野大若宮」から「寅年大羽文四郎若宮」までの一八九柱が祀られている。なお、当社に「棚森（守）国森しか若宮」他五柱の女性の若宮が祀られていることは他社に見られぬところである。

かくの如き若宮碑が石祠型の石碑で若宮名を記載しているものには次の氏神社がある。

甲奴郡上下町字上下			八幡神社	七基
同	同	字深江	清　神　社	一二基
同	同	字矢野	八幡神社	二基
同	同	字国留	八幡神社	四基
同	同	字有福	賀茂神社	三基
同	同	字階見	八幡神社	一基

甲奴郡上下町深江清神社本殿裏の若宮碑12基のうち4基

甲奴郡甲奴町本郷八幡神社境内社の両傍の若宮碑7基

本郷八幡神社境内社左傍の若宮碑2基
いずれも田中重雄氏撮影

甲奴郡甲奴町字本郷	八幡神社	一七基
同　同　字梶田	八幡神社	六基
同　同　字福田	八幡神社	二基
同　総領町字黒目	八幡神社	二基

深江清神社から本郷の八幡神社へと廻った。清掃された境内に入り、鎌倉期に郡内総社であった大宮八幡から分離した際に持ち来ったと云う、碁盤の目の筋を斜めに刻んだ「六つ目石」と云うのが本殿横に安置されている。社殿の右側に石碑とスヤがあり、左側の山の入口にはもとこの村の庄屋家であったと云う若宮碑二基が萩の葉陰に見え隠れしていた。

若宮祭祀の原初の形態は氏神社の神殿内に祀ったものらしく、神石町字田頭八幡神社と三和町字桑木八幡神社では現在も本社の神座と並列して若宮は祀られていると云う。又、神社の境内に若宮碑を建てる習俗は、両墓制と何らかの関係があったのではあるまいか。

かくの如く死後二、三年にして仏の供養を離れ、氏神社内に若宮として祖霊の列に加入する新たな習俗を見るに至ったことは、そもそも何に起因するのであろうか。従来認識されていた若宮信仰には見られなかった新しい課題の一つではなかろうか。

甲奴郡甲奴町本郷八幡神社裏山の若宮碑

甲奴郡上下町有福賀茂神社御旅所の若宮碑
いずれも田中重雄氏撮影

四　松神楽

ここに一つの注目すべき問題がある。それは生きながら若宮となると云うことである。そのためには松神楽が行なわれる必要があった。実例は現在三件確認することが出来るが、いずれも明治に入る前後の時期に行なわれたものである。

その一は、甲奴郡上下町井永の田中官市八幡神社禰宜備前頭藤原光寿で、明治十七年十二月一日に行なわれた。当時四十三歳であった。次に掲げるのは田中官市の年譜である。

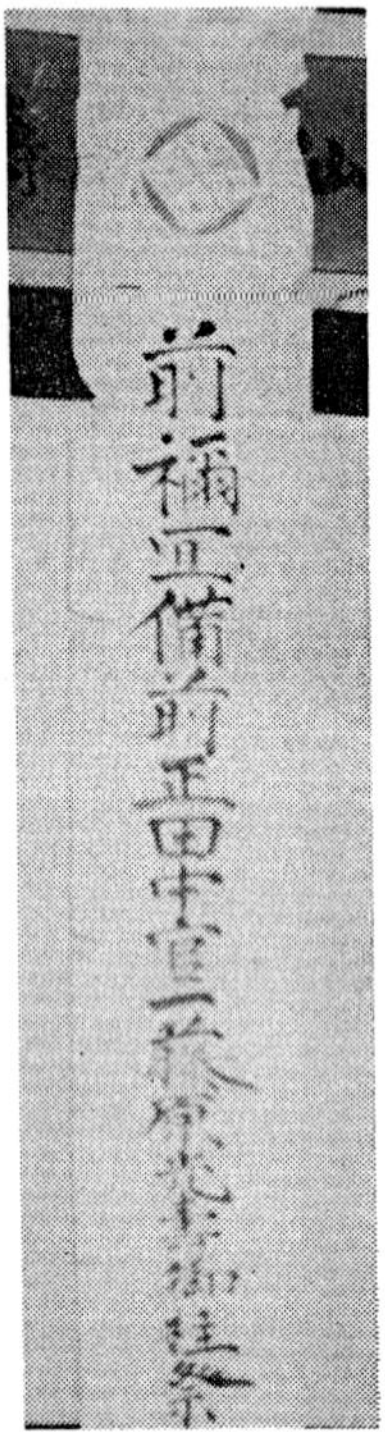

明治17年12月1日，甲奴郡上下町井永八幡神社禰宜田中官市のために行なわれた松神楽の名旗　田中重雄氏所蔵

田中官市　前八幡神社禰宜備前頭光寿、幼時職名を斎宮と称す。三男七女の一〇人の子女あり。

年次	年齢	事項
天保十三（一八四二）		田中伊豫正光平の長男として生まれる
嘉永　四（一八五一）	十歳	祖父中務光次死去
〃　七（一八五四）	十三歳	祖母と母親相続いて死去
安政　五（一八五八）	十七歳	父伊豫正光平死去
〃　六（一八五九）	十八歳	小掛クニと結婚、同年妻クニ死亡
〃　七（一八六〇）	十九歳	米田トモと結婚
文久　元（一八六一）	二十歳	長男神麿生まれる
〃　三（一八六三）	二十二歳	神道裁許状を受け、備前頭光寿となる
明治　五（一八七二）	三十一歳	八幡宮禰宜退職、社守（社用係）となる。この頃改名し官市となる
〃　十七（一八八四）	四十三歳	松神楽を執行、長男神麿に社守の職を譲る
〃　二十三～四（一八九〇～九一）	五十～五十一歳	この頃再度社用係となる
〃　三十五（一九〇二）	六十一歳	死去

官市――神麿――嘉和智――重雄（現宮司）

この年譜を見ても知れるように、少年時に両親が死没し、十八歳にして結婚したが、同年に新妻に死別しており、不幸続きであった。松神楽を行なった四十三歳の当時には三男七女があり、家計は苦しかったとのことである。松神楽は引退神楽とも司法神楽とも称したと云われる。

次に、当時の松神楽の祭場に至るまでの行列、祝詞、しかる後に行なう墓所へ向から本葬の次第などの当時の諸記録を掲げておく。

松神楽祭典式行列

一箒一人
一大榊弐本弐人
一白杖一人
一宰領一人
一注連主　田中　庄七（神楽人）
　片山武平太（社家）
　田原　津守（〃）
　田原　速美（〃）
　田原　陰戸（〃）
一名旗一人
一大麻　小林神官
　附り　大麻持一人　長柄一人
一塩

一祓主　中村神官（田中官一弟）
　立上神官
　長柄一人
一鉾四人
一祭主　小川祠掌
　長柄一人　沓人足一人
一玉串持讃者　戸根大澄
一玉串持後取　桑本郁太
一宰領一人
一副斎主　重森局長
　長柄一人　沓人足　若江甚介
一奉幣　田中神麿（官一長男）
一伶人　小川　豊
　小川音市

小川彦衛（社家）
太鼓持一人
一青赤白旗
一白布　塚本隆雄
一玉串　田原速美　田原平馬　戸根千代進　中村左京
山本清見
一神饌七台　西谷虎一　池田友三郎　中山庄七　池田菊
次郎　矢廻利一　戸根粂一
一大籠一人
一弓矢二具二人
一神霊社二人
一絹笠二人
一太刀二口二人
一霊主　田中官市
一親族
一祭典周旋係
一典礼　桑本磐門
長柄人足一人
一副典礼　中村神官

一宰領一人
一役員
以上

田中官一顕身奉斎祝詞

八十日波有雖今年今月乃生日乃足日邇此礼乃処乎清良迦尓祓清女弖御座乎設皇神等乎招奉弖乞祈奉良久波此乃大産土大神尓旧久奉仕留禰宜備前正田中官一藤原光寿敷島乃大日本国乃神随本津教乃順尓神乎敬比国乎愛美天地乃理里人道乎母明尓行比天皇命乃大御掟尓順比奉良牟波更也此度其霊魂乎斎奉弖現世乎去弖幽冥世尓罷良牟時波産土大神事採給比幽冥事主宰大神乃神議尓議給比弖神乃列尓令入弖高天原乃日乃若宮尓奉仕里無窮尓楽乎蒙里奉良牟止乞禱奉良牟止志弖天乃御柱乎築立弖御祭奉仕里宇豆乃御前尓奉留物波山水乃清気支洗米邇白木黒木乃大酒尓海山乃味物乎伊取集弖机母撓尓置足波志弖奉饗応良久乎平安尓知食弖天皇命乃大御世乎常磐尓堅磐尓斎奉里茂御世乃足御世尓幸給比親王王臣等百乃官乃人等乎長久久久平介久守給比弖此里乃御民乎茂夜桑乃如久立令栄給比年穀豊尓令稔給比八十枉津

日乃枉事無久守幸給比及田中官一光寿長男田中神丸光朗
顯乃随尓父乃大人光寿乃幸魂乎尊支神乃列尓令入給比止
祠掌兼元権訓導小川矢野忠満鹿自物膝折伏宇自物頸根築
抜弖恐美々母白須
明治十七年甲申十二月一日祝刀

故禰宜田中備前正藤原光寿官翁彦命本葬行列次第

先　箒　岡田　拓次（組内）
次　大榊　森　清作（親族）
次　姓名旗　田和　亀槌（組内）
次　大麻　中村　繁木（親族 神職）
次　塩水　若井　亀平（親族）
次　青旗　奥山　甚六（〃）
次　赤旗　米田信太郎（〃）
次　黄旗　羽森勇右衛門（〃）
次　白旗　浜安利三太（〃）
次　黒旗　藤吉　泰介（〃）
次　鉾　木ノ下敏太郎（組内）
同　鹿宗槌太郎（〃）
同　田中　慶一（〃）
同　林　秀一（〃）
次　太鼓持　末原　光蔵（〃）
次　丹下喜太郎（〃）
音楽　田中六兵衛（〃）
次　奉幣　森　音助（親族）
次　神饌　佐竹ウメ女（娘）
同　中村リカ女（〃）
同　片山シゲ女（〃）
同　田中キク女（〃）
次　青幣　羽森　芳八（親族）
次　白幣　国原　亀蔵（〃）
次　生花　佐竹利久太（〃）
同　田中加和智（孫）
次　祓主　桑本中講義
長柄持　野田　小吉（組内）
次　副斎主　浜保小講義
長柄持　岡本　森蔵（組内）
次　斎主　小川　忠満社掌

長柄持　岡田　初吉（組内）
靴持　米原　宗吉（〃）
次　標木　田中　久美（三男）
次　棺　森重　与平（親族）
秋山武一郎（〃）
田中　佐一（次男）

片山　甚助（親族）
浜保利藤太（〃）
次　附添　秋山政一郎（〃）
次　絹笠　小掛春太郎（〃）
以上

かくの如く田中官市は生きながら死して若宮に祀られたことになるのであるが、これは不運と家計の不如意のために松神楽を行なって死んだこととするのである。松神楽が司法神楽と云われた如く、今までの借財は全部水に流して帳消しされ、その上に死したが故に氏子から玉串料・御供料の金品を受けることになり、ここに新しく長子が後継者として新神主となり、神明に奉仕することが認められたのである。このことは、牛馬商の博労らが商いに損ばかり打ち続いて、そのための借財でもう一人立ち出来なくなったような場合に、他の博労仲間や獣医・村人らが発企して牛供養の花田植を催し、その時集まった寄付金や当日の花などによって借金で苦しむ博労を救済したこととも似ているのではないかと思われる。

柱松に登って下りることは、擬死再生の儀式ではなく、死して幽界に入ることを意味するものであろう。そしていったん若宮として墓所に碑を建てながらも、一方真実には生きているのであるが、一定の期間は死しているものとして取り扱われた。年譜によると、松神楽執行後、七、八年して再び神務に復していることが知られるが、六十一歳の還暦の年に今度は本当に新若宮として祖霊の列に加入することとなったのである。

その二は、明治十五年十月四日に行なわれた、甲奴郡上下町上下八幡宮の神子《みこ》役で、江戸末期に吉田官になった山本清見の場合である。当時の祭標には次のように記されている。

（右）安麻都玖寿斯伊波比碁登

霊幸幽冥界皈生魂山本能清見素心命霊農美柱祝焉

（左）紀元二千五百四十弐年

（裏）明治十五年十月壬午年十有登四日値当　（高さ二・三二メートル、幅一〇センチメートル角）

山本清見は当時六十一歳の厄年であり、子供がなく、その当時には後継者がいなかったようである。のちに弟の九一の子茂三が太夫職になった。現明剣神社宮司山本朝三氏はその茂三の子である。山本宮司によると、この時の松神楽は司法神楽と云われ、松の上から下りる時に刀を口にくわえ、逆さに下りながら曲芸風のことをして、白衣に袴を着けたシャグマの姿であったとのことである。

その三は、『上下町誌』に見えるもので、松神楽について次のように記されている。

昔ハ松神楽ト云フモノアリ。神官退隠ノ時行ヒシ式ナリ。長サ拾間ノ柱ヲ樹テ、上ニ舞台ヲ設ケ、縄ヲ三方ニ引ク。舞台ニ上リ舞ヒ終レバ縄通リ逆ニ下ル。此神楽慶応三年宮ノ馬場ニテ行ハレタリ。舞人折蔵過テ縄ヨリ落チ哀レ斎燈ノ煙ト消ヘ果タリ。

この松神楽を行なったのは上下町上下八幡宮祠官の重森氏であった。

五　松ノ能と周防行波の松登り

若宮遊びは備後の比婆郡東城町・西城町および庄原市などでも行なわれていたことは、東城町戸宇の杤木一之氏所蔵の戸宇村八幡宮の若宮帳や、庄原市小用の八谷礼典氏所蔵の「神弓祭次第書」に、若宮遊びの祝詞や神楽歌などが記載さ

明治15年10月14日甲奴郡上下町上下八幡神子役山本家のために行なわれた松神楽の祭標　田中重雄氏撮影

れていることで知られる。

戸宇村八幡宮の若宮帳は杤木家三代目吉田官の杤木豊後守秀宣が記し始めたもので、同家初代吉田官であった山城掾秀久以前からの杤木家代々の神職と戸宇村八幡宮に関係があった人達で若宮に祀られたもののことが書き継がれているが、その中に、

一若宮　かぢや五左衛門と申物、備中新見ノ紀伊守若宮ニテ一家にて祭り申候、正徳四年午とし（一七一四）極月十八日ニ松神楽時分はぎ松事ニ付、此方へ礼ニ不参候、

と記されたものがある。預かりの若宮の若宮遊びは他の記入例から見ると、毎年正月十三日に行なうのが恒例であったらしいが、このかぢや五左衛門と称する若宮に対して、特に松神楽を行なったことには何か深い事情があったのであろう。当時戸宇村八幡宮で行なわれた松神楽がいかなる形式のものであったかと云うことは不明だが、祭場に松を立てて行なう特殊な形態の神楽であったことだけは想像され、五左衛門の死霊に対する鎮魂の神楽が行なわれたものと思われる。

岩田勝氏は、これまでの神楽研究には見られなかった、浄土神楽に於ける神子と法者の問題などを捉えて、次々と目を瞠るような新説を発表していられるが、それらの中で、寛文四年（一六六四）に書き留められた戸宇杤木家所蔵の神楽能本にある松ノ能のことについても述べられ、浄土神楽や松神楽の神殿の拵らえの様式に触れられている。(2)これらの特異な神殿のことは、松ノ能の外に、目連ノ能にも見られる。

松ノ能では、諸国一見の旅僧が豊前国宇佐の猿沢の池の辺りにあるコツアジの塔に通夜していると、夜半に池の中から、

イカニ御僧様、頼ミ申タク事御座候、我ハ宇佐ノ神主ノ母ニテ候ガ、神ヨノ縁ニ離レ、浄土ニ赴キ候ニ、我ガ取神ヲ離ス時、娵大菲徳心ナルニヨツテ、六尋ノ布ヲ二尋切ツテ残シテ取神ヲ離ス故ニ、取神離レズ、ウカブコトナシ、コノ池ニ劫ヲ経ル由ヲ我ガ子ノ宇佐ノ神主ニ伝エテタビ給ヘ、御僧様ト申候、

そこで、僧は、

サン候、其ノ印バシアルカト詳シク申候ラエバ、ヤガテ寅ノ下刻ニ四尋ノ布ヲ角ノアザカイニ掛テ、愚僧程近ウニ参テ、此ノ四尋ノ布ヲ宇佐ノ神主ニ届テ玉ワレ、残リ二尋ノ布唐櫃ニ入テ可有ト、ツブサニ御僧様ヲタノミ奉ル、サテ〳〵ソレニ疑ヒモナシ、哀レ不愍ナル趣キカナ、宇佐ノ神主ニタシカニ申渡スベシ、ヤガテトムライウカベテマイラセウ、

とあり、このあと、宇佐の神主は唐櫃の中にある残りの二尋の布を見出して、旅僧に弔いを依頼する。僧は、

サン候、カヨウ□地獄ニヲツル衆生ヲバ、釈迦ノヲキテノ如クニ、六道ヲヒキテ、松ヲ結イ立テ、三方へ御綱ヲ延エ、コノ光ヲモツテ経論誦経ヲトトノエ給へ、コレニテ松ノ品一巻御身ニ渡シ申ゾ、拙僧モ弔イ申テ参ラセ申、

宇佐の神主は、

シカラバ猿沢ノ池ノ端ニ八間ニ神殿ヲタテ、三日三夜ノトボシビ、経論誦経ヲモツテ母君ヲバ忉利天ニ舞イウカベバヤト存ジ候、

このように松を立て、三方に綱を曳いて、神楽や盆行事を行なうものは日本各地に見られる。中国地方では、備後三原地方の十三年目の式年妙見神楽に於いて、現在では松ではないが、竹柱を立てて三方に曳綱を延えて行なっているが、古態のままの神殿作りが見られるのは周防岩国市行波の式年神楽の神舞神事である。(3)

下流に錦帯橋がある錦川の川原に四間四方の神殿を建て、手前に三間半四方の楽屋を設けて橋懸りで通じ、神殿から二〇間ほど川上に一三間半の枝付きの赤松を立て、松の枝に日月星の赤白銀三色の鏡が取り付けられ、神饌を供し、燈火をかかげる仕掛けをなし、三方の曳綱によって柱松を支える。神殿から柱松の間には幅二間の橋懸りがあり、その間に四尺四方の八関の小舎を作り、橋懸りには白布が敷かれる。

行波の神舞は荒神社の式年祭で、以前には荒神舞と称していた。山伏神楽の系統の影響が濃い荒神舞であることは、そ

行波の神舞　松登り（岩国市行波）
岩田勝氏撮影

の衣裳のいでたち、舞い方、そして神楽の詞章などから知ることが出来る。神舞は古くは晩秋初冬の候に行なわれたが、現在は四月上旬の桜花の頃に行なわれる。この日には柱松に登る荒神となる人が最も大役である。荒神の役は少なくとも一週間の潔斎を必要とするが、明治二十年頃までは三週間の潔斎をしたと云われる。

松登りは八関の舞に続いて行なわれる。八関の舞は三〇人近い神楽人を必要とするが、神殿から柱松に至る間で各八人ずつの奉吏と鬼との打ち合いが行なわれる。一方、柱松の根元には三俵の米俵が置かれ、その柱松を廻りながら可憐な少年達によって松の舞が行なわれる。八関の舞が終わると、白装束の荒神は両手を水平に上げて、橋懸りの上に敷かれた白布を踏んで静かに柱松に至る。そして松に登って燈をかかげ、静かに三本の曳綱の一本を伝わって天界より地界に下りてくる。その風景は、人が生まれてこの世にあり、やがて死してその霊魂は何処にも定まらず、六道にさまよっているのが、この神楽式によって祖霊に加入することが可能となるのではあるまいか。

隠岐島の葬祭神楽は明治初年頃でその跡を絶ったが、昭和十四年にこの島の神楽の伝承者石塚勝太郎翁から聴いた話とその後柳田国男先生から直接私が聴いた話とを組み合わせると、墓所へ大きな青竹を立て、それに長い白木綿を下げて、その下を楽の音に合わせて廻るのである。機を見て青竹を鉈様のもので打ち伐ると、その青竹は斃れずに垂直に立っているが、その時仰ぎ見ると、竹の梢は一面の火となり、誰一人これを正視するものはなく、この時初めて死者との血縁が切れるのだと云われる。(4)

備後三原地方の妙見神楽でも、隠岐島の注連行事の三十番神布廻りでも、白布を引き廻してその中をぐるぐると廻るのは、これも浄土入りを表わすものであろう。

備後北部の若宮遊びは弓神楽によるものであったが、かつては法者があずさの弓を打って祭文を誦み、神子がそれにつれて神がかりすることによって、亡者の幽界での語りをその座に居並ぶ一族一門の人々に知らしめて、以後祟ることなく祖霊の列に加わって、年々歳々その時々の祭りに訪れて子孫の款待に応ずるとの約束を示したのであろう。

立山の布橋大灌頂や三河の花祭りの白山行事は擬死再生のための鎮魂行事であったが、備後甲奴郡地方の若宮信仰に於ける松神楽は、それによって人界から幽冥界に入ることが目的であった。生きていても死んでいて、もうこの世にいない人だと云うことを知らしめるために松神楽を行なったのである。しかし一方に比婆郡東城町地方では、若宮に祀られた霊魂のなお人々に障り祟るが故に松神楽を行なった例があるから、一概には云えないところがある。

若宮遊びと松神楽との関係は、なお考究すべきことが多い。

注

(1) 田中重雄「おしめおろしと若宮あそび」(『甲奴郡文化財研究』第三号、昭和四十八年)、同「上下地方における若宮信仰について」(『広島民俗』第九号、昭和五十三年)。
なお、最近の調査研究の成果を集成された、田中重雄『上下町神社と祭り』(上下町郷土史研究会、昭和五十九年)には、第八章の「若宮祭祀」に上下地方の若宮信仰と松神楽のことが詳しく述べられており、新たに見出された宇賀信野家所蔵の安政年間の松神楽の執行記録も収載されているので、就いて看られたい。

(2) 岩田勝「神子と法者―近世前期における郷村祭祀の祭司層―」(『山陰民俗』第三五号、昭和五十五年)、同「鎮魂の神楽と神楽歌―近世前期における備後の浄土神楽の能―」(『芸能史研究』第七一号、昭和五十五年)、同「八重注連神楽と浄土神楽」(『島前の文化財』第一〇号、昭和五十五年)。以上はいずれものち『神楽源流考』(名著出版、昭和五十八年)に収載される。

(3) 『岩国行波の神舞神事』岩国市教育委員会、昭和五十四年。本書第四部第一章「行波の神舞」参照。

(4) 拙著『美しい村―民俗採訪記―』(石見郷土研究懇話会、昭和五十二年)の「古海の一夜」参照。本書第二部第八章にその一部を抽記収載しておいた。

第七章　比婆荒神神楽とその将来

私が初めて比婆荒神神楽を拝観したのは、昭和四十年十一月二十四日から二十六日まで、三日二夜にわたって行なわれた広島県比婆郡東城町山中の𧔵野《まての》（戸数二二戸）に於いてであった。

この時は今から振り返ると、惨憺たる思いをして拝観までに漕ぎ着けたのであった。神楽が行なわれると云うことを知らせて下さったのは、当時東城町の高校に勤めていられた難波宗朋さんからであったが、この知らせを聞くや直ちに𧔵野の世話人の方へ、是非拝観したい旨をお願いしたところ、部外者は一切拝観まかりならぬと云うきつい知らせに接したので、折り返し直ちに、私は神職であるので威儀を正して参上する、写真や録音は一切とらない、ただ拝観するだけを許してほしいと申し上げた。すると再び返事が来て、外部の者が来ると、祭場が濊れて神がかり託宣が完全に出来ないかも知れぬ恐れがある、来ることをあきらめてくれと云う手紙であった。この上は、県や町の関係者を通じて懇願してもらうより方法はなく、八方手を尽くしてお願いしてもらった。本田安次先生にも来られるように前もって御通知しておいたことを、一応取りやめてもらうよう速達を出した。明後日が神楽の初日であると云う二十二日の朝、電話があり、拝観してもよいと云う知らせがあった。その時私は、私一人に拝観を許して下さるのなら、今一人拝観したい方があるので、二人行くことを許してくださいとお願いして、本田先生へこの旨電報を差し上げた。

今度は拝観することだけをお願いしたのだから、筆記具類だけを持参して、十二月二十四日の早朝に家を発ち、山陰線から伯備線経由で新見駅へ下車すると、東京駅始発の新幹線で来られた本田先生と発車直前の芸備線の汽車の中でぴったり出逢って驚いた。東城駅に下車すると、五来重先生が居られた。迎えに来て下さった難波先生の車で鯉野へ向かい、二十四日の前神楽から、本神楽・灰神楽の終わった二十六日の午後まで、宮尾政登氏のお宅でお世話になった。

前神楽での七座の神事から始めて、小神遊び、土公神遊び、そして荒神の舞遊びの神がかり、本神楽での王子舞の後、朝食のお粥が終わると、風花の散る門田に出て龍押しの問答が行なわれ、再度舞殿に帰っての鱗打ちの後、荒神の舞納めの神がかりがあって、一応本神楽は千秋万歳と舞い上げられる。このあと、大当屋のイロリを中心としてへっつい遊び—灰神楽の五段の能があり、三日二夜の荒神の大神楽は興奮と緊張の連続であった。こんな素晴らしい神楽が中国山地に伝承されていたことを知って、はるばる来た者の幸運を思った。それはまさしく古代の神遊びはかくあったであろうかと思うほどの感動であった。

この日以後、東城町内で二回、更に昭和四十七年十二月同町粟田で、同五十四年九月同町竹森に於いてと、東城町では都合五回の年番大神楽を拝観したことになる。更に、昭和五十六年十二月四日から六日まで、三日二夜にわたる十三年目の式年の大神楽が西城町栗で行なわれたのを拝観し、その一週間後に東城町竹森で、本神楽執行後三年目に行なう御戸開《みとびら》き神事の夜神楽があり、拝観した。

昭和五十四年九月二十九・三十日に東城町竹森で行なわれた現地公開を拝観して、私は昭和四十年十一月に拝観した同町山中の鯉野に於ける荒神神楽と比較して、神楽本来の姿の失われていくもののあることを知り、悲しまざるを得なかった。

荒神の神楽を初めて見られた東京や京阪地方の学者達はみなそれなりに深い感銘を受けられたことは多々あったであろうが、十五年前、私が初めてこの神楽を拝観した時の驚きに比すると、「変わったなあ」という嘆慨が先に立って、これでよいのだろうかと思ったのは杞憂であったのであろうか。鯉野名では、戸数一二戸で三日二夜のこれだけの神楽が出来ることに先ず驚いた。必要とする神楽費が何程であったかは聞かなかったが、恐らく我々の想像を遥かに超える額であったろう。三十三年経った神楽山《かぐらやま》の毛生を売却してその一部に充て、残りの額の半分は本当屋の負担となり、残り半分を一戸の名内各戸で負担するのだと聞いた。

荒神神楽は正式には四日四夜の行事である。昭和三十九年四月七日、東城町森に故中島固成翁を訪ねた。その時の聞き書きによると、四日四夜の大神楽は自分の若い時に二、三回あったことを記憶しており、普通は三日三夜の神楽であったと申された。それが最近では三日二夜、二日一夜の神楽に短縮して行なわれるのが普通の状態となってきたことは、時代の情勢とは云え、神楽本来の古態がだんだん失われて、嘆かわしい。

一例を挙げると、昭和五十六年十二月四日から六日まで行なわれた西城町栗での大神楽では、前当屋に於ける荒神遊びの神がかりは見られなかった。そして最終の灰神楽も省略された。前神楽の神がかりは勧請した祖霊の神がかりであり、本神楽の神がかりは新たに祖霊の列に加入することを許された新霊の神がかりである。二度あるべき神がかりが一度しかないことになっては、神楽本来の目的が果たせないことになる。灰神楽は本神楽が終わった後の後宴のようなものである。この竈遊びの五番の能は、子孫の繁栄することはかくの如きものであることを目前に見せ示すものであった。すなわち、前神楽は祖霊の神楽であり、本神楽は新霊の神楽であり、灰神楽は生きて家を守っている人たちのための現世の神楽であった。

七座の神事は、初夜と二夜と三夜と三回にわたって行なわれる。これは同じことだから一回舞えばよいもののように思いがちだが、日を異にし、場所を異にすれば、その清浄を期するためには、繁雑でも大切な儀式の一つである。小当屋・大当屋に於いても、新しく神殿を舗設する代わりのものであるから、神殿として使用するためには先ず第一に畳を青々とした新床に取り替えなければ意味がない。そうした青畳の上でこそ神楽の儀式は斎行されるべきものであった。

七座の神事の中での榊舞と神迎えの二曲の美事さは、荒神神楽の儀式舞として深い感銘を与えるものである。榊舞の二人舞の振りと音楽の美しさは、以前から心ひかれ、よい折りがあったらお尋ねしたいと思っていた。この舞だけが笛の音と太鼓の打ち方が他の舞と異なっているからである。そして舞振りは宮廷の大和舞のような雅楽の影響ではないかと秘かに思っていたりした。東城町竹森での御戸開き神事に参上して、中島幸麻呂宮司にこのことをお尋ねしたら、榊舞は昔からあったが、音楽の囃しだけは明治以後に他から学んだものであると申され、私の納得がとれてうれしかった。

神迎えは四人舞で、衣冠束帯で座の四方に着座して拍手再拝が済むと、御幣使いが一人、四本の幣を首に挿し、五色歌を歌いながら出て来る。着座の四人に青赤白黒の順序で幣を渡すと、四人それぞれの幣を、水平に開いた扇の上に立てながら神歌を唱して受け取る。四方拝が済むと、神歌を唱しながら太鼓に合わせて舞う様は美しい。太鼓の調子は神歌の変わるごとに、サンヤ調子から長唄へ、曲舞節へ、そして舞上げ御神楽で終わるが、これだけ優雅華麗な儀式舞はどこにもあるものではない。大切に伝承されんことを望むものである。

神迎え　黒田正氏撮影

神迎え　黒田正氏撮影

三日夜には白蓋曳きがあるが、この美しい白蓋も、現在の民家は改造されて天井があるので、屋根裏から吊り下げることが出来なくなり、そのため前後左右遠近に揺り動かすことが不可能となった。あたかも生あるものの如くに揺り動くその下でかつては神がかりが行なわれた時代もあったのである。

白蓋曳きが終わると、夜食となり、能舞に移る。儀式舞の緊張から解放されて、笑いの連続となる。能舞は、岩戸開き・龍宮遊行・八幡・大社・八咫・荒神・日本武・吉備津・大仙・五行などがあるが、いずれも一時間から二時間を要するため、五行舞を含めて、四、五番しか演舞出来ず、大仙能のように見ていて身の毛のよだつようなものは今では滅多に見られなくなった。夜のしらじら明ける頃に王子舞が行なわれるが、この最も古態を残している五龍王の物語は二時間を必要とするが、今ではわずか三十分ばかりに省略して行なわれるようになった。

本来、荒神の大神楽を執行することは容易な業ではない。引き受ける名内は勿論、特に大当屋・小当屋として自宅を提供することは、物質的な負担とともに、精神面でも苦労の連続である。名内全戸の肌が合わなければ神楽は成功するものではない。幾日幾晩も会合して落度のないように相談しても、なお落度はあるものである。

一方に、神楽を司祭する神主側にも、付き合い先の神職や神楽大夫とも何回か会って準備しなければならない。又、当日の賄方をあずかる主婦達の心労も同じことである。

神楽が成功するためには最後にはその日の天候まで影響することを我々は知っている。

昭和五十四年九月に行なわれた東城町竹森に於ける現地公開と、昭和五十六年十二月の同地の御戸開き、および同年十二月の西城町栗での大神楽を拝観して、私の感じたことを率直に申し上げておきたい。

これは恐らく日本国中どこでも同じことではなかろうか。他の芸能はさておき、こと神楽に関しては数年以前と比較して、この衰え方は目に見えるものがある。時代の趨勢と云えばそれまでであるが、それでは済まされないものが残る。神楽場へ行って私が何時も嘆くことは、若い人達に礼儀作法のわきまえのないことである。神楽は第一番に祭式から始めるものである。後継者を養成するためには礼儀作法から教えてほしい。このことは一日も忘れてならぬことである。

比婆荒神神楽を拝観する度ごとに羨ましく思うことは、保持者の永年の熟練された演技と、奏楽の笛太鼓のうまさである。恐らく中国地方では一番の太鼓の名手、笛の名手が揃っていられると思う。このことは私がお世辞で云っているのではない。問題はこれから後にある。青年神職諸氏がこの美しい音楽の調べを受け継いでいけるであろうかと云う憂慮である。祭式でも神楽舞でも太鼓方が上手でないと自然に動けないことは、私も神職であり、大元神楽の保持者の一人であるから云うのである。

申し上げることが前後したが、祝詞・神楽歌を暗誦することは勿論であるが、七座の神事だけは一応神職であれば誰でも舞えるようにして頂きたい。特に神迎えのあの優雅華麗な舞を滅ぼさないように、煩わしくても衣冠束帯で舞って頂きたい。

次に、最も重要なことは神柱となり得る神職を養成されることである。今日、荒神神楽の重文指定になったことも、神がかり託宣の古儀が伝承されている理由によるものであった。神柱とともに腰抱きの役も重要な役柄である。腰抱きは力が強いからと云って出来るものではない。この役も受け持ちを定めておいてほしいものである。

昭和五十六年十二月の西城町栗の神楽では、前神楽での荒神遊びの神がかりが行なわれなかった。先にも云ったように、前神楽の神がかりと本神楽の神がかりとは、本来その目的とするところが異なっているものである。一方だけでは不公平と云うだけでは済まされない。勧請申し上げた荒神様に相済まないことであることを認識して頂きたい。

最終に行なわれる灰神楽—竈遊びもこのままでは滅んで了うのではなかろうか。若手神職や舞太夫の方々に老神職の自ら手をとって伝授せられんことを切にお願いしたい。

能舞の方も、何回に一回かは大仙能・吉備津能・龍宮遊行能などを見せて頂きたいと思う。

荒神迎え（比婆郡西城町栗）　鈴木正崇氏撮影

荒神神楽は中世来の村々の名組織によって支えられてきたものであった。村々の名は名頭を中心としてその一族一門は一つ垣内の内に親和協力して日々の生活がなされてきた。名頭の名頭たる権威は、本山荒神・本池水神・種池・苗代田を所有することにあった。祖霊を祀る本山荒神は多く一族一門の墓地に近く、その在地が見られるのも理由があり、人死して三十三年を経過すれば、その霊魂は清まって本山荒神の祖霊に加入するものと信ぜられた。家々の永続は斯くの如くにして今日に及んだのである。

第三部　安芸・備後の神楽

第一章　安芸・備後の神楽　概観

安芸・備後の神楽は、毎年行なわれる宮神楽と、七・十三・十七・三十三年に一度行なわれる式年神楽との両様があり、その外に私祭の土公神を祀る弓神楽が僅かに残っている。

宮神楽は村々の氏神の秋祭りに行なわれることが多く、備後と安芸、山間部と瀬戸内沿岸部などの地域によって、岩戸神楽系・十二神祇系・王子神楽系など、その伝来を異にするものがあり、式年神楽は荒神および大元神の年祭に行なわれた神楽である。

一　宮神楽

岩戸神楽系

岩戸神楽系とみなされる地方は、三次市から西の双三・高田・山県三郡の山間地帯である。神楽曲目中の岩戸の演舞を最も神聖視し重要視するが故に、岩戸神楽の名称で呼ばれるものである。この三郡地帯の神楽は、石見地方の邑智・那賀両郡の神楽曲目と同系のもので、近世期に相互の交流があったことを証する資料もあり、山一つ越えて社家同士の縁組なども行なわれていた。ただ、現在行なわれている神楽は、化政期に神道学者らの手によって著しく改変されたものがあり、そうしたものを含めて石見側から安芸側へ移入された。それが現今行なわれている三十三番形式の岩戸神楽であろう。又、石見側には式年の大元神楽があるが、安芸側では芸北町の一部を除いて式年神楽はなく、化政期に改変される前の託宣を伴う神楽は行なわれていなかったようである。神楽は早くから農民自身の手で自由に平易に演じられるようになっていったから、今日見るような新作神楽なども行なわれるに至ったものであろう。

これに対して、石見側の神楽は、明治初年まで社家の神楽組によって行なわれた。邑智郡には三組の神楽組があり、なお隣郡の神楽組とも交流していたので、民間人の参与する隙はなかった。このように石見側の神楽は社家だけの専門技芸であったから、時に求められて安芸側に赴き伝授することもあったと思われる。そのため安芸側では神楽の生命とする託宣の神事は早く滅んで、その神秘を拝することが出来なかった憾みがあった。ただ奥山県地方の一区域だけには式年の大元神楽が残存していたために、芸北の僅かな村々だけには近年まで神がかりの神事が見られたのであった。

岩戸神楽が三三番の曲目のうち「岩戸開き」の曲を最も神聖視し、重きを置いた理由は、神楽の目的とするものが鎮魂にあったからである。天の岩戸の前の神遊びが鎮魂の原義として神聖視され、その演劇化によって人々も亦年々の祭りに生まれ清まることが可能であると思ったのである。この「岩戸開き」の五役を演舞することは、神楽人の最も名誉とするものであった。岩戸一曲には、舞の手振り・口上・音楽等の全要素が盛り込まれていると云うこともあり、岩戸を演舞することによって、すべての神楽の基本を会得することが出来たのである。

双三・高田両郡の神楽は石見国邑智郡阿須那系であり、山県郡奥部のものは同矢上系の輸入であるような一説もあるが、天正十六年（一五八八）本の「荒平舞詞」や延徳二年（一四九〇）本の「五形祭文」などから見て、かつては安芸側から石見側へ逆に流されたことがあろう。その証拠に、石見側には現在「荒平」の舞を伝えた処は一ヶ処もないが、かつて宝暦十一年（一七六一）九月二十八日に石見和木村（現江津市）で行なわれた大元神楽の記録には、この「荒平」の舞が舞われたことが記されている。どちらからどちらへと一方的に流動したのではなく、相互に影響してきたのだと云うふうに考えるのが妥当であろう。

高田郡地方の神楽歌や石見国邑智郡南部地方の神楽歌の歌ふしの中には、田植歌の唱法が混入している。山県郡芸北町の小原や大暮では、大元神楽の際、儀式が終わって大元綱を御神木に巻き付ける時、必ず田植歌を歌いながら綱を巻くと云い、この藁蛇に挿す「カキナガシ幣」のことを「苗の子」と称している。これらからして、芸北神楽の中には、田の神信仰と関係するものがあるのではないかと思われる。

十二神祇系

十二神祇系の神楽は、豊田郡瀬戸田町の名荷《みょうが》神楽を始めとして、内海沿いを西へ、呉地方から旧安佐郡・佐伯郡から更に山口県へ延び、又、海を渡って四国伊予地方にも見られる。

名荷神楽は十二神祇と称してはいるが、神楽本によると二三番あったことが判る。しかし、これはこの地の荒神社の式年神楽に於ける神楽式を記したものであって、神事が曲目に挿入されているからである。この地方で十二神祇と称する曲目は、これらのうち、式三番（手草《たぐさ》・注連口《しめぐち》・神迎へ）、三神祇（劔舞・二天・弓関）、六神祇（岩戸・異国・恵比須・四天・柴神事・王子神事）の計一二曲目を指すのである。戸田神楽・阿戸《あと》神楽や水内《みのち》神楽は十二神祇の曲目をなしているが、その内容はそれぞれ異なった曲目を伝承していたようである。水内神楽では次の一二曲目を云う。

浄め　恵比須　降居　荒神　〆口《しめぐち》　荒平　天岩戸　五龍王　大社　三鬼神　大蛇　将軍

同系の神楽でも、阿戸神楽の方にやや古風さが感じられるが、両神楽とも最終に「将軍」と云う神がかりを伴うものがあって、「荒平《あらひら》」（関・鬼返《きがえ》し・柴鬼神とも）とともに貴重である。又、阿戸神楽には言立ての発声法や太鼓の打ち方に他の神楽とは異なるものがあって、注目される。今一つこの地の恵美須舞は、岩戸神楽系の恵美須舞とは似ても似つかぬものがあって、これ亦系統を異にする蛭子信仰から来ているものと思われる。

王子神楽系

王子神楽系と云うのは、神楽執行に当たって王子舞を最も重要視して、神事舞と能舞とは宵宮に済ませ、翌日朝から夕刻までを五行祭《ごぎょうさい》だけに充てて競演する地方の神楽を指して云うのである。備後国のうち、比婆郡と神石郡、瀬戸内の島嶼の地帯を除いては、殆どがこの王子神楽系に含まれるものと見てよいであろう。

近世は神職による神楽であったが、明治初年に神職による神託禁止の官命があってからは、次第に神職の中には神楽から手を引く者も出て来た。しかし、明治時代はしばらく神託ぬきの神楽が行なわれており、神職系神楽大夫の時代であった。大正時代になると神職以外の神楽大夫の台頭となって、諸儀式は簡略となった。特に世羅郡以西は荒神信仰の稀薄な地帯であっただけに、神事そのものも急激に衰退した。

神楽を専門とする神楽師が行なうものを本手神楽と云い、そうでないものを素人神楽と云うが、大正期に入ると素人神楽が次第に各地で盛んになった。昭和期になると、本手神楽の方は子弟を養成して全盛期を迎えた。しかし、本手神楽は昭和三十年頃から急速に衰退し、又、素人神楽も若連中の減少によって継続していくことが難しくなった。その代わりに生まれたのが同好会神楽である。神楽の好きな者が集団を組織して、依頼に応じて各地で神楽を行ない、本手の神楽師に代わるものとなってきている。

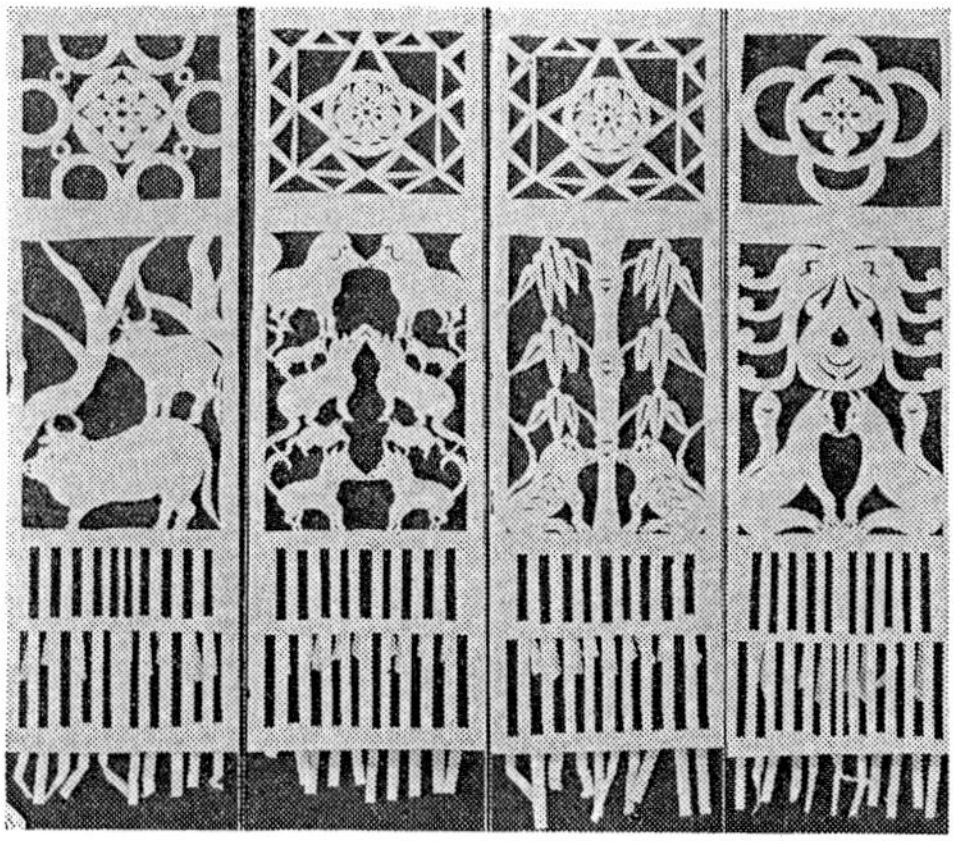

豊栄神楽　五行祭の白蓋飾り（十二支の切紙12種を円形の竹の輪に張り巡らせる）（賀茂郡豊栄町安宿）

昭和二十七年の甲奴郡斗枡《とます》（現府中市）の式年の荒神神楽は五行祭の最後を飾る華々しい舞台の一つであったと云われている。この時に大王を演じた芦品郡河佐村久佐《くさ》（現府中市久佐町）の正木儀一郎、四郎を演じた御調郡諸田《もろた》村（現御調町諸田）の向畑白耕、後の五郎と山神の二役を演じた賀茂郡豊栄《とよさか》町安宿《あすか》の岡田寅一の三氏を広島県下の三羽烏と称していた。このように王子神楽系の五行祭に四郡の神楽大夫が競演したのを見ても、備後中部一円でいかに五行祭を重要視し、そして見ものとしていたかが知れるであろう。

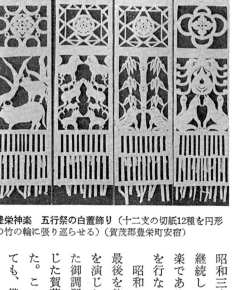

私は先年、賀茂郡豊栄町安宿で五行祭を見る機会があった。先ず目の覚めるような白蓋の美しさに見惚れたが、この切紙の十二支や花鳥などは一種の芸術品であろう。約三時間、大王立ちから合戦の場までを見たのであるが、衣裳箱を机代わりとしてその前後に着座し、祭文を語りながら相互に問答し、時に立って舞い、又、座して語り継ぐと云うように、五行祭は語りが主で舞が従である。豊栄神楽は名士岡田寅一氏を始め優れた舞手が居られたからこそ、このような至芸が残ったのであろうと思った。

往昔の神楽の庭に、五行祭をこれほどまでに重要視したのは何故であったか。それは、家と云うものの永続は神を祀ることによって約束されると信じられたからであろう。五王子に所領を五等分して与えたことも、祖霊（親の愛）がその子孫に対して平等であることを理想とし、それを演劇化したものが五行祭祭文である。そして、家の中心は竈であり、竈神を祀ることによって子孫は繁栄するものであることを知らせるものであった。

なお、王子神楽が行なわれる地帯では、近世末期頃から盛んに狂言能が新作されて好評を博した。一名「面神楽」とも云ったが、このような狂言能の新作があったことを、現在から振り返って見ることも無意味なことではないと思われる。

二　式年の荒神神楽

備後・備中地方に行なわれる荒神神楽は、七・十三・三十三年などの年限神楽で、その中でも三十三年目に行なわれるものは、昔は神殿を新設して四日四夜にわたる大神楽であった。戦後では、比婆郡東城町福田（戸数一六）で昭和三十七年十二月二十一日から二十三日まで三日間、同山中蟶野《まての》（戸数一二）で昭和四十年十一月二十四日から二十六日まで三日間、同粟田（戸数四〇）で昭和四十七年十二月二日から三日まで二日間行なわれた大神楽は代表的なものであった。比婆郡西城町や神石郡豊松村では十三年目ごとに行なわれ、府中地方や高野山・比和地方では七年目ごとに行なわれている。

荒神神楽は、本来本山荒神下の一族一門によって、死後三十三年を経過した霊魂が祖霊本山荒神に加入するための儀式の神楽であった。それが後々豊松村のように村内のすべての荒神を招神して行なわれるに至ったのは、荒神祭祀の第二義的なものであろう。一族一門の神楽であるためには他人の参加を拒んで行なわれるべきものであったが、現段階ではもうそんなことは出来ないようになった。

比婆郡東部地方では、一族一門の苗頭たる資格は、本山荒神・本池水神・苗代田・種池を所有していることが原則であり、一族一門の新生児の臍の緒は本山荒神の杜に埋めるのが慣わしであった。この故に、臍の緒を荒神社に埋めたものは三十三年目の神楽時には日本中どこに居ても必ず帰って来ることを約束付けられていたのである。

大神楽は、前神楽・本神楽・灰神楽の三段階に分けて四日四夜の間行なわれるが、前神楽には新霊はまだ神楽の庭に入

荒神神楽　神託舞①（世羅郡世羅町津口）　このあとに神がかる　田地春江氏撮影

神がかり②（津口）　鈴木正崇氏撮影

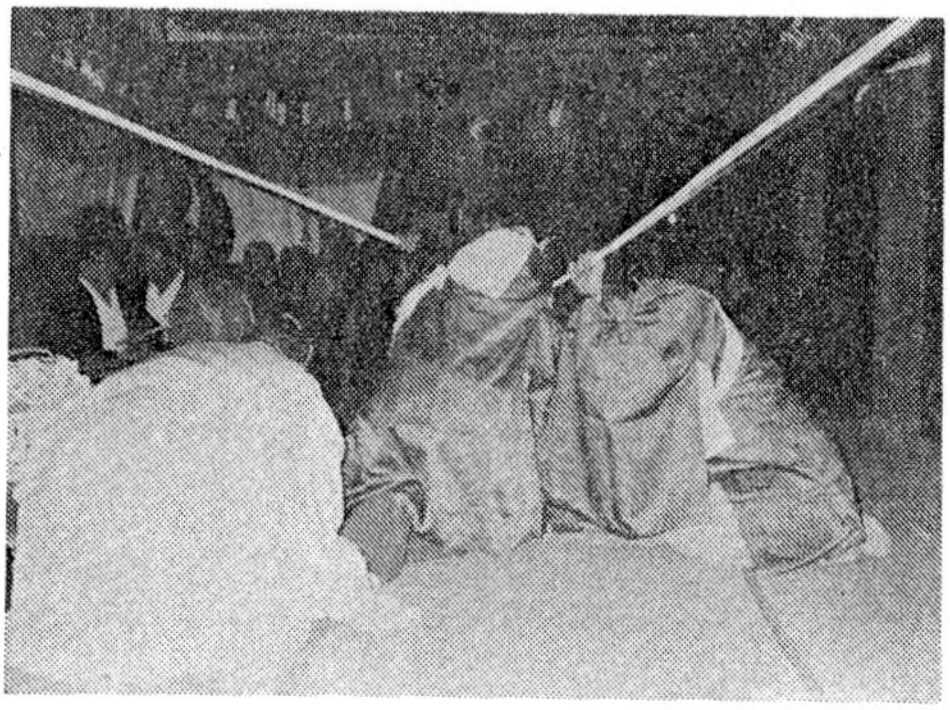

神がかり③（津口）　鈴木正崇氏撮影
（本書343頁参照）

白蓋行事（神石郡豊松村）　赤木勇夫氏提供

ることは許されず、新霊が来り臨むのは本神楽の翌朝、すなわち四日目の未明の苗代田に於ける綱入れ（龍押し）からである。ここで祖霊と新霊が対決して問答が行なわれ、四季十二月の返歌によって初めて綱を切って祖霊に近付くことが出来るのである。龍押しが終わると、再度神殿に入り、龍蛇の鱗打ちがあって新霊の身は清まり、祖霊への加入が許されるのである。この後、荒神の舞納めがあって、神がかりがなされるが、前神楽の神がかりが祖霊荒神の託宣であるのに対し、本神楽の神がかりは新霊の祖霊荒神に加入が許された神がかりである。

このあと龍蛇は本山荒神に納めて、その夜本当屋の囲炉裏を中心として灰神楽―竈《へっつい》遊びが行なわれる。年神の能・土公祭文・宝廻し・餅取り・ヱビスの船遊びが行なわれる。この五番の能は祖霊の加護の下にかくの如くして子孫の永続することを目のあたりに演ずるものであった。

七年・十三年の年季神楽も、大体三十三年目の大神楽に類似したもので、ただ演舞する時間が短いために全種目を消化出来ぬ憾みがある。豊松の白蓋行事や大山能・吉備津能、府中地方の焼石神事などの古能や特殊神事が近時行なわれることが稀になったことが惜しまれる。

このように、備後・備中地方の荒神神楽は、日本の神楽の中でも古態を伝承して来たものの一つであると思われる。それだけに各地の芸能保持者達の自覚されんことを切望するものである。

三　弓神楽

私祭神楽としての弓神楽は、元来備後一円に行なわれたものであるが、近時では甲奴郡上下町井永を中心として、その近在の佐倉・岡屋・矢多田・階見《しなみ》・矢野、府中市斗升《とます》町・行縢《むかばき》町、双三郡三良坂町などでも行なわれ、一方、比婆郡東城・西城両町内でも神弓祭《じんきゆうさい》と称して行なわれている。弓神楽・神弓祭のいずれも家庭祭祀―土公祭りや年祝いなどに演奏される私的な神楽で、普通の立神楽ではなく、正座して行なわれる。

民家の奥座敷を祭場として、神座の前に青茣座を敷き、その上に揺輪《ゆりわ》を伏せて据え、その下に御座藁一二本と半紙に包んだ米少量を入れる。弓の弦を上方にして揺輪に結び付け、その弦を打竹で打ち鳴らしながら祭文を唱えて演奏するものである。

弓神楽の詳細については第四章の弓神楽の項に記しているので省略するが、昔は三日の祝いと称して、年祝いなどには、親戚縁者、近隣の人々を集めて、大掛かりな弓神楽が行なわれた。天保十年（一八三九）正月に執行された丹下弥右衛門の「土公祭り仕申候諸入用覚帳」を見ても知ることが出来る。年祝いと云っても、要は家々の竈神を祀ることが本義であったが、その竈神のお蔭をもって長生きしたことへの奉謝の意味からも、こうした私祭神楽も亦重要な神事芸であった。

今日、広島県指定の弓神楽は甲奴郡上下町井永の田中重雄宮司を代表者とする団体ただ一つである。今度早急に東城・西城地方の神弓祭を調査し、価値のあるものについては指定をしてほしいものである（その後、昭和五十四年三月二十六日に神弓祭として広島県指定の無形民俗文化財とされた）。又、上下町の弓神楽については後継者の養成を鋭意進めるように希望するものである。

神楽の伝来経路を軽々しく論ずるべきではないこと

最後に一言云っておきたいことは、備後の神楽は出雲からの輸入であるとか、安芸の神楽は石見の阿須那派・矢上派が伝わったものであるとか、よく云われるが、こうしたことは軽々しく言及すべきことではない。

なにほどかは古く出雲からの影響があったかも知れないが、それは明らかに例証されるべき何の資料もないことで、むしろ現時点では出雲よりも備後地方の神楽の方がよく古態を伝えていると認められるからである。今日、出雲地方には託宣―神がかりの行なわれている神楽は殆どない。近世中期以前には神遊びが行なわれたことがあったことは北島国造家文書によっても証せられるが、化政期に至って著しく改変せられ、託宣の古儀や狂言の笑いなどは今日の佐陀神能などにはどこにも見られないからである。

安芸側では、旧安佐郡・佐伯郡地方に残存する「荒平」(関・鬼返し)と云う舞は、かつて石見側でも那賀郡和木村(現江津市和木)の宝暦十一年(一七六一)九月の「大元舞役指帳」に見えているが、山県郡千代田町壬生の井上家には天正十六年(一五八八)に書写された「荒平舞詞」が所蔵されているから、以前は広く舞われていたことが知られる。今では石見側では中絶し、僅かに舞われている広島県側よりも、山口県内で柴鬼神などの名称で広く舞われている。

このように見てくると、一朝一夕に軽々しく神楽の伝来経路を論ずることは差し控えたい。他地方の神楽をも広く、そして多く見て比較しなければ、容易にその新旧の判断は出来ないものである。

第二章　備後比婆郡斎庭神楽

備後比婆郡西部（旧恵蘇郡）には、近世になってからは次の三組の神楽組があった。

高野山組　堀江・岸・新市伊達・松木・須沢の外に児玉の六社家。現在は松木はなくなって、新市伊達の分家の湯川伊達がこれに代わる。

比和組　比和久光・荒木・谷口・井西・福田久光の五社家。現在もこの通り。

口組　麻尾・小原・石丸・山崎・長島の五社家。現在は石丸がなくなった。

これら三組の神楽組は、組内の小神楽の場合は組内の社家のみで執行出来たが、やや大掛かりな年限神楽の場合は人員が不足する。そうした場合、高野山組では、定めによって、例えば比和組から助勤を依頼するにしても、堀江幣頭の許可を必要とするなどの取り決めがなされていた。神子舞は社家の子女が奉仕したが、本式の荒神神楽の場合、曲目の最終に近い王子を舞うには、五人の王子以外に翁（文撰博士）があり、これに囃子方二人を合わせると、最低八人を必要とするから、高野山組六社家では二名不足することになる。この場合、堀江幣頭の許しを得て、比和組から荒木両家の助勤を仰ぐのが永年の慣習であった。幣頭、つまり注連頭の権威は厳然たるもので、賽物などもその半分以上は幣頭の所得であった。

昔の神楽では、得意なものだけ舞い、不得手なものは舞わないと云うようなことは出来なかった。神主である以上、指名されたものは何でも舞わなければならなかったのである。

高野山と云う処は備後の西北端に位置していて、広島県の北海道と云われるほどの広大な面積の雪深い山村であって、備後・安芸・石見・出雲の四ヶ国の接点に当たり、古くは地毘荘に属して、多気と称した処である。ここに中世には山内首藤氏の蔀山城があり、この山内氏によって堀江氏奉仕の鶴岡八幡宮は総社として格付けされたものであった。以後、堀江神主家は高野山組の注連頭として、又、比和・口両組の間にも重きをなしたのであった。

他の神楽組からの社家の参加を依頼する時は、たとえ自社の神楽を行なうのにも必ず注連頭の堀江氏を通じて依頼しなければならなかったことは、正保四年（一六四七）に高野山組五社家と証人三名の連印をもってした定書（堀江家文書）によって知ることが出来る。

一堀江氏に無相談、他所太夫引受神楽神遊諸神事仕間敷事、
一神楽之節、東棚附之物不残堀江太夫殿へ家格に而納る事、
一神楽之節、神渡納神遊諸式半分堀江氏江納る事、
右之通末代迄永々家之格上少茂違背仕間敷、為後々年証人相立一札相渡申処、如件、
　正保四年

伊　達　大　蔵　印
右　近　太　夫　印
寸　沢　相　模　印
湯　川　太　夫　印
市　　太　　夫　印
証人　花屋太左衛門　印
坂本九郎右衛門　印

南　源右衛門　印

惣社神主

堀　江　太　夫　殿

十三年に一度の荒神神楽は、年老いた人達が待ちに待つ神楽であるが、大宮文書（広島県比婆郡高野町鶴岡八幡宮宮司堀江鶴城氏所蔵）の中の「上里原邑荒神神楽諸式覚帳」（天明五年〈一七八五〉巳ノ八月廿六日執行）の後半に、この時の荒神神楽の執行に当たっての上里原庄屋富右衛門と高野山組注連頭堀江和多正左近との往復文書の控えが記されている。

それには高野山組内の神楽に於いて、他組の神主を招請するには堀江注連頭の許可を得る規約を無視して、庄屋富右衛門が直接他組の神主を招請したことに端を発し、庄屋は自己の行政力をもって強行したが、堀江注連頭は正保四年の定書を盾に取り頑として譲らなかった。それでは何時までたっても決着が付かず、組頭等の相方への顔立てもあって、ひとまず堀江注連頭へ文書で他組神主の招請を依頼することで、予定より二日遅れて神楽は執行された。この往復文書の末尾に次のような書留がある。

一比和組社家方ハ向座ニ直リ被申、神楽無滞相調申候、殊外故障ケ間敷神楽ニ候間、為後々年之如斯記置、

これを読むと、村役人庄屋の行政力を背後にした権力と、総社神主堀江注連頭の権威との相剋のようなものを感ずる。

この比婆郡西部の旧恵蘇郡の荒神神楽は、現在は斎庭《さにわ》神楽と称している。この神楽は、比婆郡東部の旧奴可郡・神石郡や備中地方の荒神神楽と同系のもので、前座の儀式舞はこれらと殆ど同じであるが、能舞になると出雲系の影響が色濃く、又、石見・安芸系のものの混入が見られる。太鼓の調子は出雲飯石郡および石見邑智郡地方と非常によく似ていることが感ぜられる。

文化七年（一八一〇）十月廿一日に荒殿河内番匠屋で行なわれた九ヶ村連合の大地主三宝大荒神神楽は、引受神主伊達

斎庭神楽　荒神迎え（比婆郡高野町下門田）
いったん庭の仮屋に迎えた本山荒神を始め諸神を夕方に舞処に移す　田地春江氏撮影

左馬祐、注連司堀江和多正左近により執行されたが、それは、神殿入りのあと、惣神拝・大胴打ち・東方立・所堅め・神殿浄め・神勤・湯立（芳勝・神子のおりの）・御座・打立・神子舞（神子のおはまどの）の神事舞のあと、能舞の荒神《あらかみ》・剣舞（四人立ち）・八幡能・是坐・十羅・黒塚のあと、王子が舞われて、天蓋引きがあり、神渡納に終わっている。

比婆郡比和町森脇の神職荒木信夫氏所蔵の「神楽能書」（紙数九九枚）は裏表紙に「明治十一年以後集綴之」とあり、磐戸能以後は別筆で、これ以後の詞章は逐年書き綴られたものであろう。本書に書き留められている詞章は次の通りである。

手草　弓座打立　弓神事神遊　神送り　五郎王子・太郎王子　指紙　手草舞　魔駈　御座舞　奉幣祝詞　荒神ノ能　八幡宮　湯立能　大山能　天孫降臨能　磐戸能　造花祝詞　剣舞　三韓征伐　大職冠　芝佐　倉摩入　八戸能　玉乃井能　稲荷能　田村将軍能　湯立能

大体に七座神事に該当するものを最初とし、能舞系統のものをその後に記したことは、神楽の常識からではあるが、必ずしも正規のものを順序立ててはいないように思われる。

この「神楽能書」の中で注目すべきものに、大山能と玉乃井能がある。

伯耆大山信仰の西限は、安芸高田郡および石見邑智郡まで延びているが、神楽能に見える大山信仰は比婆郡西部の現高野町を西限としている。比婆郡東部の大山能の詞章は長篇のもので、西部の詞章に比してはるかに面白いものであるが、その内容とするところは、熊野山伏と備前児島の五流山伏との大山登拝に於ける道の前後の争いから、ついに児島山伏満道法印は熊野山伏鈴木三郎為義のために討たれ、その非業の最期から満道法印の怨霊が現われて、錫杖を鳴らしながら大山神にその一部始終を物語る場面は実に身の毛のよだつ思いがする。五流山伏の霊は下山明神の位を得て、牛馬の守護神となり、その門弟一〇八人は百八尾の狐となって下山明神の手先として奉仕することになる。そして、以後、鈴木姓のものは月の廿四日には大山登拝を禁じて一切許さなかった。

玉乃井能は、勿論海幸彦・山幸彦の神話を能舞化したものではあるが、海底の玉の井のほとりで豊玉姫を見る場面に、傍らに桂の木があることは、金屋子神の神木にこの桂の木をもってすることにも後々の関連があるのではないかと思われる。

なお、当地の神勧請は弓をもってなされる。石見の大元神楽では大東幣をもって注連主が奉仕するものであるが、ここでは弓をもって神降しを行なう。このことは弓座打立・弓神事神遊びがあることによって知られる。備後甲奴地方では今なお私祭の土公神祭に弓神楽を行なっていることとも関連するものである。

今一つ取り上げておきたいのは、前記の天明五年八月の「上里原邑荒神神楽諸式覚帳」の中にある次の記事である。

一同弐匁　同納くわ代　右同断

一同拾弐匁　同牛代　右同断

納くわと云うのは、神楽終了後、荒神社に納める納物を掘って埋めるための新しい鍬のことではなかったかと思われるが、これを料物として納めていることは他に意味があったのかも知れない。

これと同様に、牛代拾弐匁と云うのは又どう云う意味があるのであろうか。堀江鶴城宮司にも御教示を願ったが、判然としなかった。最近、大元神楽関係の資料中から発見した、「相渡申一札之事」と云う文化十年（一八一三）の邑智郡三原村南佐木に於ける大元神楽の調度品などを書き留めた文面の中に、

牛代　是も三百文之料物ヲ以御断申来り候、

と云う一条があり、その前文に、

一舞台之義ハ野舞台ニ而相勤来リ候へ共、中古より拝殿ニ而勤被下様奉願候ニ付、為此料物ヲ三百文宛指上来リ申候、

とあるが、この三百文とは牛代の三百文のことであろうか。何故に神楽に牛代なるものが必要であったのであろうか。かつて古く神の贄として牛を差し上げる習俗があったのか。それよりも、神渡しの時に荒神の送迎に牛の背を乗物とした信仰があったのではないかと思われる。田の神が葦毛の駒に乗って来臨すると云う儀礼に通じるものが神楽儀礼にもあったのではなかろうか。それが、いつしか亦荒神の祭地まで大注連その他の納物を牛の背に載せて運ぶための荷役に使用されるに至ったのではなかろうか。しかし、このことは私には判然と云い切ることは出来ない。

ただ、私の地元の大元神楽では、神楽が行なわれると牛が居らなくなったり、人が行方不明になったりするので、そのために神楽を一時中絶したことが昔あった由を故老から聞いたことがあった。信州新野の雪祭りの「牛の弓」や下伊那の遠山祭りの「お牛」などに繋がるようなものが元々あったのであろうか。今後問題とすべき一課題である。

第三章　名荷神楽

広島県豊田郡瀬戸田町の所在する瀬戸内海中部にある生口《いくち》島の荒神信仰は、早く同族信仰から集落の信仰へ移行したように思われる。『芸藩通志』には、荻村に二社の荒神社が見える以外には、各村一社単位に荒神が鎮祭されていることが各村図に図示されている。これらの各村々の荒神社の中で今に古態を維持しているのは、名荷《みょうが》の荒神山鎮座の荒神社である。

名荷は生口島の東北部の戸数約四五〇の集落である。以前は稲作が主であったが、戦後は柑橘栽培が盛んとなり、海浜にあった塩田は昭和四十六年に廃田となった。

この名荷の荒神社の祭りは旧三月三日に行なわれた。現在は旧三月三日に最も近い四月三日前後の日曜日に行なわれる。荒神祭りの荒神舞が行なわれる名荷神社は、明治以後に厳島神社・天神社・荒神社の三社を合併したもので、現在その社地となっているのが往古からの荒神社の鎮座地である。

古くは六年に一度の式年に荒神舞（荒神神楽）が行なわれた。荒神祭りの頭屋は、空城・東郷・西郷・下城・越地・左江崎の六組で交替に行なった。頭には頭田があって、ここから生ずる米穀をもって祭費に充てた。御注連田のシメオロシは前日に行なわれ、頭屋では竈戸・井戸・入口の門の祓いがなされる。その後に次の当番への頭渡しの式がある。荒神舞の託宣神事に用いるのに新しく作られた藁人形（これを「荒神さん」と云う）を頭屋の神床へ飾り、神酒等を供えて、御正根を入れる式が行なわれる。

名荷神楽　当屋での悪魔払い（豊田郡瀬戸田町名荷）
宮本肇氏撮影

頭屋から名荷神社（荒神社）への行列（名荷）　前から二番目が神託に用いる御縄（藁人形）　宮本肇氏撮影

祭りの当日、先ず頭屋を祓い、悪魔払い・神迎えの神楽二番を行なう。その後、直会があって、頭屋から荒神社へ御宮渡りの行列が出る。行列の順序は次の通りである。

壱番道切　弐番御弓　参番御長刀
四番（ナシ）　五番御榊　六番御笛
七番戸拍子　八番小太鼓　九番太鼓　拾番御鈴　拾壱番大幣　拾弐番五色幣　拾参番青和幣白和幣
拾四番御神託幣　拾五番御神供
拾六番御久米　拾七番御久米刀
拾八番神主　拾九番惣社家中　廿番願主氏子家内中

神楽は夕刻から始まり、夜明けまで行なわれる。元治元甲子（一八六四）秋八月に書き留められ、名荷村社中として、竹内陸奥頭・竹内因幡頭・河田多門・竹内政人・木邑斎宮（大崎下島）の五社家の署名がある「御神楽本」によれば、明治以前の神楽の次第として、次の二三番が載せられている。

壱番御所堅　二番神拝祝詞　三番御手草　四番注連口　五番神迎　六番悪魔払　七番座行弁造花　八番諸神御神託
九番剣舞神事　拾番二天　拾壱番御神託御縄御祭中御前　十弐番和卓舞　拾参番小弓神祇　拾四番岩戸　拾五番異国
十六番御弓関　拾七番恵美須神事　拾八番四天　拾九番柴神事　廿番太刀関　廿壱番八注連　廿二番八重垣　廿三番

王子神事

名荷でも神楽を十二神祇と通称しているが、「御神楽本」では、曲目二三番のうち、式三番（手草・注連口・神迎）、三神祇（剣舞・二天・弓関）、六神祇（岩戸・異国・恵比須・四天・柴神事・王子神事）の計一二の曲目をもって十二神祇と称し、その他の種目は祭式御縄神託の類をもって構成されている。名荷神楽は、明治以前は生口島内と大崎下島の社家によって伝承されてきたものであるが、明治初年に神職から農民の手に移っている。

神楽の眼目とするところは、あくまでも神託によって神の啓示を伺うことであるから、七番の座行・造花に続く八番の諸神御神託と合わせて、一一番の御神託御縄御祭中御前の古儀にある。この神楽が他の神楽と異なるところは、託太夫を用いず、藁人形によって神託を伺い知る御縄行事によっていることである。

神託に用いる御縄（神楽人形）は、顔手足を藁で作った、大きさ一尺五、六寸のもので、頭にはタコロバチの笠を被らせ、顔から頭へかけて白紙で覆い、赤紙を下に白奉書紙を上にして着せ、抱き名荷の五つ紋が描かれている。白紙で覆うた顔には目鼻を描き、右足に瘤をこしらえておき、その瘤を強く引くと、人形は一〇尋の長さの一本の綱となる仕組みになっている。

名荷神楽　御縄行事〔名荷〕　岩田勝氏撮影

神楽四、五番が舞われると、中入りとする。その時、一人が藁人形を三方に載せて舞殿の中央に出る。他の一人が神託幣を奉じて対座する。酌取りが人形の頭に少し酒を注ぐと、直ちにげげと称する頭屋から用意された新しいわらじ様のものを履いて、三方に載せたままの人形を捧持して、背後の荒神社へ参る。御幣持もこれに従う。荒神社に人形を供えて後、人形を捧持して舞殿に帰ってくると、三方の上の人形に次々に酒を注ぎかける。酌取りは、囃し方の太鼓の

御縄行事（名荷）　御縄（藁人形）に酒をそそぐ
宮本肇氏撮影

調子に合わせて、人形の手足を少しずつ踊らせる。機を見て、再度荒神社へ参る。帰ると同様の所作を行なう。かくすること三回。舞殿に帰って来ると、囃し方は次の神楽歌に合わせて太鼓の調子を速める。

〽酒々と　呼べど答えず　買ひに行かんか　道が遠いか　宵に造りて　夜中に添いかけ　暁家浄して　今盛る酒は　御幣のから酒　爰は和泉ぞ　汲み
上げて盛れ

酒を注ぐために、人形の下着の赤紙が上着の白奉書に赤くにじんでくる。ここで囃し方は上記の七音で畳まれた神楽歌を太鼓の調子を速めながら歌うと、人形は手足を動かして踊り、あたかも生あるものの如くに見える。神楽歌三唱が終わると、人形の動きも止まる。下着の赤い色が上着の白奉書に染まったにじみ工合によって神託を伺うのである。

これが終わると、酌取りと幣方の二人が腰に太刀を挿して立ち、機を見て人形の足の瘤を強く両方に引くと、人形はたちまち一本の綱となる。その綱を東西の柱に曳き渡して、腰の刀を抜いて、ウロコウチの古儀により、綱を二つに切って終わるのである。荒神の神楽に於いては、その託宣はおおむね託太夫あるいは稀に巫女によってなされているのであるが、名荷神楽のように人形を使用して神託を行なっている処はきわめて稀有のことである。神楽に於ける一つの古態を伝承するものとして貴重なものと云うべきである。

今一つ、既に中絶されているものの一つに、妙見三神御神託と云うことがあった。熊野の本地を説き、花揃えの歌を歌って、しかる後、剣の本地を長地にて誦すれば、願主は久米を乞い、舞殿の大回りに引いた白布の輪の中に入ると、

一やさいや　王子の　馬の手綱はあやの丸ぐけ　大願解も法の神子　小願解も法の神子　右三度云
一ゆら〳〵と神舞上る　松の葉に　二葉の松の雲に添ふまて　神明あなたに上りましま す
と歌って舞い納める。この古儀式は隠岐島の神楽でも、三十番神の宮巡りと称して、白布の輪の中を巡るものと似ている。

十二神祇系の神楽は、この生口島の名荷神楽を始め、備後地方の内海寄り、呉地方、そして安佐郡（現広島市）・佐伯郡から、更に周防へも延び、又、海を渡って四国伊予地方にも見られるように、瀬戸内海地域の神楽はおおむね十二神祇系の神楽と云ってよいであろう。安芸の戸田神楽（呉市戸田）・阿戸《あと》神楽（広島市安佐南区沼田町阿戸）・水内《みのち》神楽（佐伯郡湯来町水内）などは一二の曲目で十二神祇としているが、その内容はそれぞれ異なった曲目を伝承していたようである。周防で大元神の式年神楽を大元十二の舞と称しているのも十二神祇の謂であろう。神楽の曲目を一二番をもって組み立てた方式はかなり古くからのものであろう。その一二の演目に表裏を設けて二四番となり、更に三三番にまで定着させていったのではないかと思われる。

名荷の神楽は、今では二三番の全部が行なわれているわけではない。最近は終夜行なうことは稀で、既に八曲目は廃曲となったと云われる。私は生口島の塩の緊急民俗調査のために渡島した際、名荷神楽の関係者六名と面接した際も、御縄行事だけは絶やさぬようにとお願いしたのに対して、古くからのこの神楽の伝承者である社家竹内文男宮司、島の識者宮本肇氏、この神楽の最高齢者たる福本老人らもそのことは深く認識していられるように見受けられた。

第四章　弓　神　楽

弓神楽は、かつては備後国一円に行なわれていたが、現在では甲奴郡上下町井永を中心としたその附近、すなわち、上下町佐倉・岡屋・矢多田・階見《しょみ》・矢野、および府中市斗升《とます》町・行縢《むかばき》町、又、双三郡三良坂町などで、荒神の式年祭や家庭祭祀としての土公《ろっくう》神の祭りや年祝いなどに演じられる。普通の立ち神楽（舞神楽）に対して、座り神楽とも云われる。多くは民家の奥座敷を斎場として、神座の前に青茣座を敷き、その上に揺輪《ゆりわ》を覆せて据え、揺輪の下に御座薦一二本と半紙に包んだ少量の米を入れる。弓の弦を上方に向けて揺輪に結び付け、その弦を打竹で打ち鳴らしながら、祭文を唱えて演奏するものである。

正式には神職三人で行なう。一人が弓を打って祭文を誦み、他の二人は笛と合調子又は太鼓で囃し、時に音楽を停止して祭文を掛け合ったりもするが、現今は神職一人して行なう場合が多くなったとのことである。

斎場の設備などは後で詳しく記すので、大略だけを申し上げるならば、揺輪の先方に土公《ろっくう》幣を立て、周囲に七五三《しめ》を曳き廻らして、その七五三に掛け雛を掛け、中央から八方に千道を延え、五方に王子旗を垂らすのであるが、その美しさは目が覚めるほどである。弓神楽には「切り飾り半祈禱」と云う言葉があり、斎場の設備を終えると、その日の仕事の半分は済んだと云う意味で、それだけ祭壇や飾り付けに手間取るのである。これには約三時間を要すると云われ、早朝に行き、切り飾りを終えて、弓神楽一席を終わると正午となる。一日に五席演ずるのが普通であるが、現今では三席くらいで済ませる場合が多いとのことである。

五席の場合には、第一席では先ず祓詞を唱える。次に弓始めの行事をする。次に神迎え祭文を演奏して神勧請をする。次に初願祝詞を奏上する。終わると、中食となる。第二・三・四席では土公祭文を演奏する。ただし、略式の場合には他の祭文を演奏することがある。第五席には手草祭文を演奏して、祝詞を奏上する。次いで奉幣加持が終わると、おかぐら祭文を唱えて、神意を伺う。散米の占いをもってする。終わると、神送りをする。次いで弓を解き、千道を切り、放弓二度にして千秋万歳となる。

旋律、つまり弓の打ち方には定まったものはないが、祭文に合わせて打つので、おのずから緩急高低がある。正確な楽譜があるわけではないから、歌と語りの部分では差異があるが、仮に大別すると次の通りである。

一　御座歌節　鈴を振りつつ唱えるもの

二　本調子　弓を打ち鳴らし唱えるもの

三　急調子　本調子を速めて唱えるもの

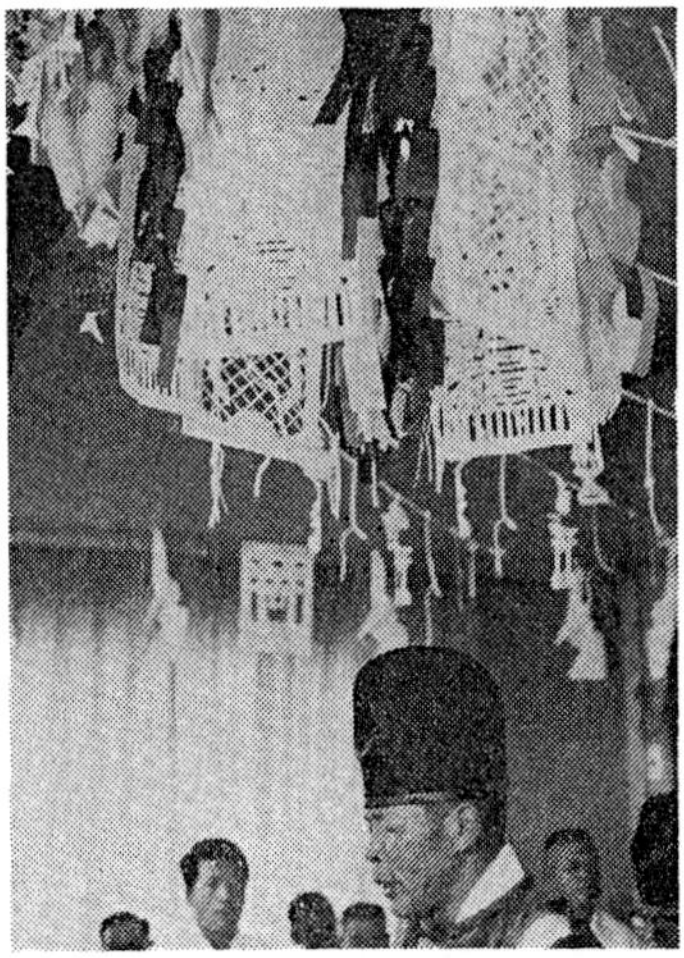

弓神楽　天蓋の下で祭文を誦む田中重雄宮司（甲奴郡上下町井永）　岩田勝氏撮影

四　掛け合い　弓を止めて、二人交替で唱えるもの

五　弓上げ調子　弓上げの時唱えるもの

六　御神楽調子　内容に変化を持たせるために舞神楽の節で唱えるもの

このように弓神楽の演奏には時に応じて緩急高低があり、その打ち鳴らす音色は勇壮にして、唱える祭文は長閑である。

かくの如く、弓神楽の演奏はまことに容易でない。長編の土公神縁起祭文を始めとして、弓始め祭文・神迎え祭文・手草祭文・剣舞祭文・造花祭文・おかぐら祭文・弓上げ祭文、そして祝詞や

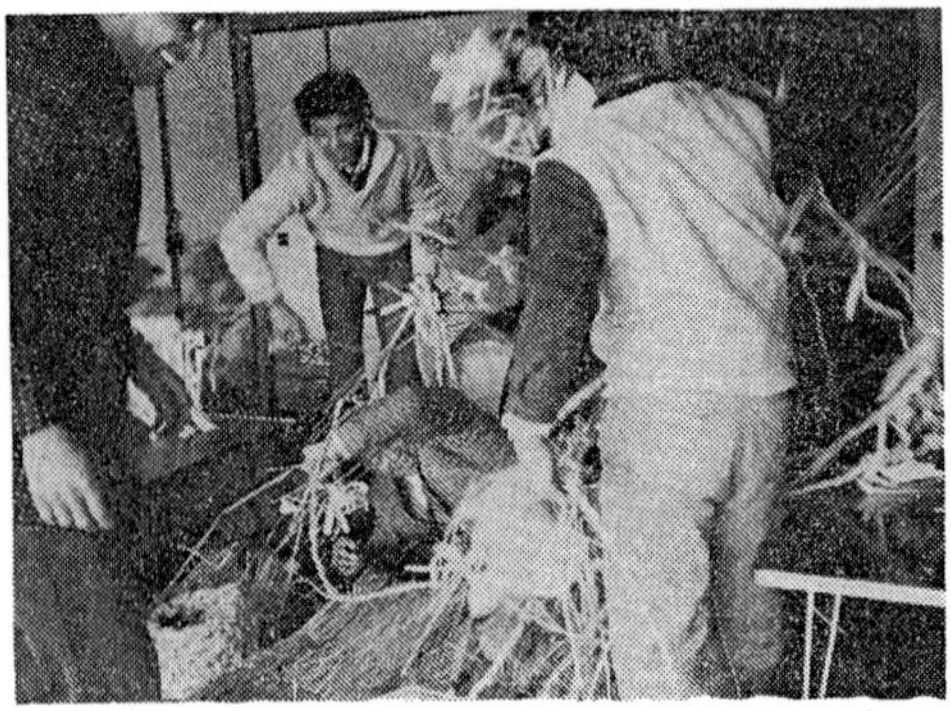

シキ神楽　棚こわし（御調郡久井町莇原）
田地春江氏撮影

神楽歌に至るまでのすべてを暗誦していなければならない。それは一種の神技とも云うべきもので、この故に伝承者は数えるほどしかいない。ただ一人の広島県指定の保持者である甲奴郡上下町井永の井永八幡宮宮司の田中重雄氏の外に、上下町水永の岡田高市氏、府中市阿字町の松浦主人氏、神石郡三和町階見の田原正章氏（昭和五十二年物故せらる）、同町上村の田中安一氏、双三郡三良坂町の藤川加武呂氏、以上の方々が今日残れる弓神楽の伝承者である。

始めに記したように、弓神楽は荒神祭や大山祭のように集落の合同の祭りに行なわれるものと、土公祭や年祝いなどの家庭祭祀に行なわれるものとがあるので、これらを今少し詳しく記述しておく。

1　荒神祭および大山祭

荒神は「何々名荒神」と云われるもので、一定の土地、すなわち名《みよう》に所属する一族一門から成る四、五戸から一二、三戸くらいの単位により成立しており、その中心となる名頭《みようがしら》には「オシメ田」が定められ、「オシメオロシ」と云う氏神祭祀の宮座に列する重要な祭祀権を持つものである。又、比婆・神石地方では、本山荒神・本池水神・苗代田・種池を所有することが名頭たるゆえんである。

荒神の祭祀は、年々行なわれるものと式年ごとに行なわれるものとがあるが、平年には弓神楽のみが、式年には荒神神楽が行なわれ、弓神楽又は立ち神楽が行なわれる。

田中重雄氏が『まつり』第二六号（昭和五十年）の「上下の弓神楽」に、御調郡久井町莇原《あぞうばら》中組の敷荒神について次のように書かれている。

シキ神楽　祭壇をこわしてウマを作る（葫原）
田地春江氏撮影

葫原中組の荒神は一二戸で祭るもので、四神の荒神があり、四戸の家が交替で頭屋を勤め、七年廻りの式年である。米・酒・餅・鯛の供え物のほか、土器七五・小餅七五・土団子七五・ボテガタラ（さるとりいばら）の実七五・五合杓（一夜酒）こも四・福俵四・藁蛇（小）四・ユグリ四・白さらし一反が古例により供えられる。当り年の旧正月に祭日が選定され、二日間にわたり弓神楽が演奏される。終わると同時に「棚コワシ」の行事がある。神座を氏子全員で無茶苦茶に壊し、頭屋の家はその騒動により家具を損傷することがあったらしいが、申し合わせにより最近の二回は遊びの行事を中止している。お供え物、切り飾りの類は四等分して四枚のこもに包み、両端を結び、胴中に幣を立て、縁側に並べる。「馬を揃えて」の号令で、騎手一人ずつこも包みの上にまたがり、幣を持つ。すなわち股間に挟み、太鼓の音を合図に庭に飛び出し、「ハイドウ」の掛け声で駆け廻る姿は、神がかりの状態であり、古い神送りの遺風であろう。こも包みは四社の荒神へ別々に納められる。

以上の記事には重要なものを伝えているように思われる。それは「棚コワシ」の行事と「馬を揃えて」の行事である。

前者は奄美大島のヒラセマンガイのショチュガマを揺り倒す行事に類似するものがある（『まつり』第二三号の小野重朗「浜辺の祭―奄美大島」などを参照）。

「馬を揃えて」で跨る薦俵は、以前は種籾俵であったと思われる。比婆郡東城地方の三十三年の大神楽の最終に見られる灰神楽五番の能の「餅取り」に続く「恵比須の船遊び」に於いて、新しい薦を二つに折って船に見立て、その中に種俵を入れて、その種俵に大頭屋の主人が跨り、それを大勢の者が伊勢音頭の囃しで囲炉裡端から台所の恵比須棚の下まで引くと、一人の神主が障子を蔵いて鶏鳴を発する。これで四日四夜にわたる大神楽はめでたく千秋万歳と終わるのであるが、「馬を揃えて」の行事は稲魂を囃すための行事であったのであろう。死後三十三年を経た新霊が祖霊たる荒神に加入するためのこの神楽では、その最終に祖霊の前で男女和合の擬態をもって稲魂を囃したのである。

備後・備中地方には、伯耆大山の山の神と牛馬の守護神たる下山明神を併せ祀る勧請社が多い。この大山さんの祭日は三月と四月の二十四日で、それぞれ新暦と旧暦とで行なわれるから年に四回の祭りがある。この祭りの日に亦弓神楽が行なわれる。大山さんを迎えての今一つの大掛かりな行事は「大仙供養田植」が行なわれる時である。

2　土公祭

家庭祭祀としての土公祭は正月に行なうのが建前であるが、この月中にすべての家々で行なうことは至難のため、一月から四月までの間に日を定めて行なわれる。

上下町井永の井永八幡神社の寛政十年（一七九八）に記録された「諸神用勤方幷ニ備物分り方書留帳」に「土公祭り備物事」という項に次のようにある。

一先前夜之棚かざり用
一平幣三本　御託(宣)先之幣
一土公神棚　拾弐本
　四本　ひな幣
　三本　かむり
　三本　平幣
　弐本　かきつけ
一歳徳神棚　拾弐本
　四本　かむり幣
　四本　平幣
　四本　かきつけ
其外胡神・大黒神・氏神・山之神・名荒神・宮荒神・末社龍王・水神・若宮・天神・黄幡・敷神・大年・あたご・天神地祇八百万神、何方にかぎらず願主の心掛次第に備かた候事、ほんように致候得ば荒神舞同用之事成、
　同じ棚廻り之事
　御供　拾二本
　いわい　壱重

一先土公神
　真草　一根
　麁草　一根
　作居
　三十三之納餅
　五十六之遷宮餅
　白布　公布

一歳徳神
　御供　拾二本備ル
　いわい　壱重
　百之餅

其外諸神江ハ心掛次第

散米備方

一先清メ散米　三合
一次ニ弓散米　本はづ　をらはず
是は二ツノゼンに入て弓之両脇江備ル、
一祝詞散米　三升三合
一口明散米　三合
一御神楽散米　何方ニ知ズ
〆
明日早朝而釜之上棚かざり用之事

一先下ニ新こもをしき、其上ニ而五方江五棚備ル、其棚
仕立用わ、
先下ニいわい壱ツ是は膳ニ入テ五方ヘ備ル
次ニしとぎ壱ツ
次ニより御供壱升是も重て五ツノ膳ニ入ル
右之土公神之御棚之ひな幣ををろし、あづさの幣共ニ五
本、其のひな幣五ツのぜんの御供之上より壱本づゝ立、
ちさきかき付幣拾弐本三本づゝ四方ヘ同断、
〆
右之棚四方ヘ備ル、牛王共ニ是わ木火土金水ノ鎮ルかた
ちなり、
右之作ずゑ御釜ヘ入ル、納餅五ツばかり入ル外ニ納散米
三合入ル、
是わ又たま入散米とも云也、
右棚分け方
一中央之たな　願主ヘ下シ
一四方之たな　半分納メたる社人、半分幣主ヘ下シ得納
不申候得ば分方なし、
其外わ分リ方無御座シ、

一白布
一公布　是は受銭

右に引用した記録では前夜から翌日の夕刻まで行なわれており、古風である。

荒神神楽でも土公祭でも、託宣と五穀納めを最も秘儀とするものであるが、土公祭においても公布《こうぬの》（黒布）と白布の二種が見えるから、神がかりの託宣があったことが知られる。

五穀納めには、米・麦・大豆・粟・稗の五穀を藁製のユグリに入れて、カマドの下の土に埋める。備後・備中の吉備高原地帯は古くは稲作よりも焼畑耕作が先行した処で、住居は多く山の中腹にあった。家々の火処はキロリとクドとカマドの三種があって、キロリとクドは日夜使用し、カマドは焼米・味噌豆・大量の飯米の煮焚きに使用するが、カマドはすべての民家にはなく、旧家や本家筋の家に限られていて、それは蔵を有する家と同じように家の格式を象徴するものであった。家々の火処は家々が絶家しても火の神はその地を去らないものと信じられ、廃屋の跡が畠地となっても、その火処には土石を積み重ねてあるのを今もなお道行く者は見ることが出来る。

3　年祝い

年祝いは三十三と四十二の厄年、六十一の還暦、八十八の米寿に行なわれ、三十三歳には当人の親、四十二歳は当人、還暦は子、米寿は孫たちによって祝宴が催される。昔は「三日の祝い」と称して豪勢な祝宴が行なわれた。それは天保十年（一八三九）正月に甲奴郡水永村庄屋丹下弥右衛門が書き留めた「土公祭り相調申候諸入用覚帳」によって知ることが出来る。

覚

正月廿一日ゟ同廿二日迄

一あらくさ三升　但はたき物也

一白米壱升　御たくせん様の前に備へ候

一白米一升八合　度々散米入

内

三合　御かま口明ケ散米
三合　弓散米
三合　土公様散米
三合　座清散米
三合　納散米
三合　弓上ケ散米
〆
一銀札壱匁こう布、白布代
一木具　三
一おしき　廿
一油つき　十二
此らかり申候へ共礼銭ハ致不申候
一白米壱升御飯仕候
是はよりめしに仕供ヘル
一同壱升　しときニ仕ル
一白餅米　二升
一御へい紙　六分紙一束　代弐匁四分
一八分紙三束　代八分四厘
一拾弐文　納銭

一三匁五分　大あなご壱本
一壱匁　あさり二升代
一弐匁弐分三厘　大さより十七
一　ちぬ掛鯛ニ仕候
一　このしろ二
一　いしたこ十ヲ
一三十六文　す三合代
一拾匁五分　酒七升代
廿一日ゟ同廿二日迄
一白米三斗五升　食米代
一弐匁　中務殿へ礼
一弐匁　岩尾殿へ礼
一三分三厘　ともし油五合代
一五厘　とうしん代
一三厘　小枝壱本代 つきけき代
〆銭三拾弐匁四分四厘
白米五斗九升八合餅米共ニ
代八拾六匁七分壱厘
合百拾九匁壱分五厘

外ニ
一大豆　三升　とうふニ仕候　代三匁
一こんにやくハ手まへニ仕候
　餅かす組より
大ニ五つ　是ハ井永へ送ル五膳江壱ツ宛供へ申候
中ニ十二　是ハ手前ニテいたゞき申候歳徳様御棚一緒ニ供申候
小百　これも井永へ送氏神様木具其前供へ申候
小三十三　井永へ送ル納餅土公様御棚へ備分
小三十余これは手前ニいたゝき申候　せんくうもち右同断
右之外ニ心掛ケ次第神仏へ備へ申候
　御飯数
大五つ　土公様へ一結と
中十二　歳徳様へ
　此外氏神様高神様村々神々諸神へ心掛ケ次第上ケ申候
　御しとき
大五つ　右同断
中十二　右同断
　此外ニ御飯と同断也

　御棚数
一土公様御棚　御膳五つ一緒　ふく水もち一御飯一しとき
一歳徳様御棚　もち　ふく水　御飯　しとき
一氏神様御棚　木具壱束　御飯　ふく水　しとき
〆此外ニ諸神へ御棚入申候
　井永村社人中務殿方へ遣シ覚江
一荒草　三升　但はたきもの
一まくさ米壱升
一散米内壱升八合
一壱匁　から布白布代
一酒壱升
一土公様御棚廻り不残
一掛鯛　壱懸ケ
一懸ノ鳥　壱掛ケすゝめ也
一弐匁　中務殿へ礼
一弐匁　岩尾殿へ礼
〆白米弐升八合　銀札五匁はたきもの三升
　氏神様御棚不残但いわゐ三重　御飯三つ　しとき三つ
百の飯

三十三のもち　但納餅
持来り覚
廿一日夕
一白米弐升　田丸屋ゟ
一弐匁　岡ゟ
一壱匁　仲間
一壱匁　新屋歌之助
一弐匁　部屋
一壱匁　中屋まき
〆七匁　白米弐升
外ニ弥左衛門
一酒壱升　岡
一〃壱升　新宅久平
一〃壱升　中間治郎右衛門
一〃壱升　新屋庄蔵
一〃壱升　田丸屋
一〃壱升　部屋忠平
一〃壱升　平八
一〃壱升　道助
一〃壱升　七三郎
一〃壱升　丸山元兵衛
一〃壱升　友平
一〃壱升　新七郎
一〃壱升（ママ）
〆壱斗三升
廿二日樽開
廿一日晩ゟ廿二日夕迄
一三人　日和仲治外ニ子供弐人
一弐人　東の周平　ふで
一三人　道助　小里ん　道吉
一弐人　元兵衛　まき
一五人　部屋
一三人　田丸屋
一弐人　新屋
一弐人　中間為蔵
一弐人　仲二郎
一四人　岡
一壱人　かめ

一弐人　久保子供
一壱人　円迫娘
一弐人　丸屋娘
一壱人　友平
一三人　小十郎　広蔵　末
一壱人　岡屋才吉
一壱人　斗升九十分歌治

一四人　平八子供弐人
〆四拾四人　外ニ弐人社人中
廿一日夕
一手酒三合出し申候尤年取酒余り也
右之通相調申上候　以上
天保十年亥正月廿二日　丹下弥右衛門

丹下家には、本帳の外に、天保十六年乙巳（弘化二年〈一八四五〉）正月廿六日と文久三年亥（一八六三）正月廿五日の二度の年祝いの記録が保存されている。天保十六年のものには、「当主弥右衛門の六拾壱年賀一緒ニ仕申候ニ付人数九拾人内外也」とあり、土公祭に併せて年祝いが盛大に行なわれた。

先に引用した田中重雄宮司の「上下の弓神楽」に、

神事は日没とともに終わり、主人の挨拶により祝宴が始まり、宴半ばの頃を見はからい、勝手衆（板元）から、朱塗りの四脚の大膳に大皿を載せた「鯛の生《いき》づくり」という最高の振舞いが、伊勢音頭またはきやり唄で白木綿の綱に引かれて持ち出される。これは「スズリブタ」というているもので、「ホメロ上」の応酬があり、樽開きのあと無礼講となる。最後は折目を正しくしなくてはならず、「備後神楽」とともにお開きとなる。その神楽歌が出ぬうちに客は席を立つことは許されない。

とあるように、昔日の土公祭に併せた年祝いが、如何に儀礼を正しての盛宴であったかを知ることが出来る。

弓神楽の五席の構成を説明して、適宜神歌と祭文を掲げておく。

早朝から準備にかかった斎場の飾り付けが終わると、弓を神座の前に据え、正副の三人の神職が所定の座に着き、願主以下は座後に列座する。

第一席は、修祓から始まる。次いで弓始めの神歌を唱えながら、幣を手に捧げてそれを揺輪の両方に挿す。次に御座藁の歌を歌って御座藁を揺輪の下に挟む。そして散米で清める。次に打竹の歌を誦しながら、打竹を弓の弦の間に挟む。〽打ち鳴らす、の歌で、その打竹を右手に立てて歌う。次に二本の打竹を一緒に持って、〽日月円満、の歌で弦を打つ。〽打ち開き、の歌で打竹を両手に持ち、徐々に鳴弦に移り、次第に声を高めながら、本調子に打ち始める。

弓始めの神歌

弓神楽　第一席（井永）　岩田勝氏撮影

〽にごらじと払ふ心はそのまゝに　みたらせ川の伊勢の神風
〽御幣紙御座紙の育ちは何処東山　とうしよの山のひごの若立
〽御幣串打ち竹の育ちは何処南山　ふだらくせんのまの若立
〽あづさ弓の育ちは何処北山や　へんげの山の竹の若立
〽弓づるの育ちは何処鬼満国　しゆといふ鬼のましげなるもの
〽幣立つるここも高天原なれば　集り給へ天地の神
〽ふせぶたの育ちは何処安芸の国　とがせが谷の杉の若立
〽ふせぶたは亀の甲にもさも似たり　伏するとみれば氏子栄ゆる
〽御座藁の育ちは何処筑紫なる　大原谷の稲ぐきのもと
〽御座藁をまづ敷きそめる神のまし　御幣のみましに神ぞおります
〽なげあげるみくまの米《よね》のいちかどに　なびくはごぜの威徳なるもの
〽打ち竹は鹿の角にもさも似たり　立つると見れば氏子栄ゆる

〽打ち鳴らすたむけの神楽の音すれば　高天の原の神で聞こしむ

〽静かにて静かなれよと宮の内　なお静かなれよの神殿の内

〽日月円満とて美豆のみ社打ち晴れて　御座に参る御座の主　御座とがむるな御座の御主

〽打ち開き御座に参る御座の主　御座とがむるな御座の御主

○謹請東方に木祖久々ぬちの命御座ます　哀愍納受御座ますなら

○謹請南方に火祖火具土命　以下同文

○謹請西方に金祖金山彦命　〃

○謹請北方に水祖水波乃売命　〃

○謹請中央に土祖埴安比売命　〃

○謹請黄龍に日高日宮大元宮三千一百三十二神天の若宮日の御門　天の岩戸を押し開き　今ぞ影向御座ますなら

〽西宮吹きくる嵐のけはしさよ　七だいさんのみあそびぞする

〽御注連をかけてまことを祈るかな　などうけ彦の千代に八千代に

次に神迎え祭文を唱して、神勧請する。

○謹請再拝と敬つて白す。わが日本と申し奉るは、国は元より神国なり、道は元より神道なり、教は元より神教なり、一切万物神の御種にあらずと云ふことなし。故に古より今に至るまで、神代の法を崇め、妙なる行ひを以てこそ、国土安平にして所安全、老若男女の氏子五穀豊饒に満ち足り、牛馬の蹄に至るまで息災延寿にして寿命長延を祈り奉ることは、万国これ一様なり。

それ神楽と申し奉るは、古へ須佐之男命の悪しき所業により、日神怒らし給ひて、岩戸を閉じて幽《かく》ります、高天原並に中津国は常夜の闇となり、諸神憂ひ給ひて、中にも思兼命ぞ智恵智謀勝れ給ひし神にましませば、遠く思慮《おもんぱかり》を廻らし、岩戸の前にて種々の舞楽を奏し、太祝詞をなし給ひしより、神楽の始まれり。そもそもこの様に侍ふ者は、天照大神に仕へ奉る五部の神の、その中に太玉命児屋根命なり、今吉日良辰を選び定めて、当家に於いて、一天泰平、国土安穏、万民快楽、別して当家（村）繁昌のため神祭の礼典を奏し奉る。ここに依りて、天帝の神勅を請奉りて、八百万の神をこの神殿に神集へに集へまして祈禱をなし奉ると、恐み恐みも曰す、再拝々々。

〽神殿に参りて拝めば神降る　如何に氏子も笑ましかるらん

○謹請東方に鬼《き》あるか、鬼もなし。魔あるか、魔もなし。天魔はくしやうぐんを祓はんため、その御佩かせの頭槌《こうづち》の剣、天の波さ弓、天の波々矢を引き持ち給ふて、東方に七つ足の反閇を踏み給ふ。

これやこれ東方に甲乙《きのえきのと》を司どり、天を納め地を堅め、所堅めの神となり、弓道剣神の威徳を以て、入り来る悪魔を斬り捨て、射払ひ、穢れ不浄を祓い捨て、この地を清浄にして、当家三神の広前に木神将軍と立ち給ふ。

○謹請南方――丙丁――火神将軍

○謹請西方――庚辛――金神将軍

○謹請北方――壬癸――水神将軍

○謹請中央――戊己――土神将軍

○そも〳〵神迎へと申し奉るは、地神三世皇孫瓊々杵尊、高天原より下界に天降り給ふ御時、三十二神八百万の神等御供にて、天の磐座《いわくら》を離れて、天の八重雲を押分け、稜威《いず》の道別に道別て、天降り給ひし御時、天の八衢に一つの神が御座す。鼻の長さは七咫《ななた》、背《そびら》の長さ七尋余り、口尻は明く照り輝き、眼は八咫鏡の如くなり、されば御供の八百万の神等、恐れをなし近付かざるにより、天鈿女命はおじず恐れず立向ふて、汝は如何なる神ぞと問ひ給ふ、八衢の神答へて曰く、吾はこれ国津神猿田彦命なり、天の御子天降り給う御時にて御迎へに来れり、吾将《まさ》に先立ちて行かむ、天の神の御子は日向の高千穂の峯に天降り給へ、吾は伊勢国猿田長田五十鈴の川の水上に留ると言ふて、立別れ給ふ、これぞ天上にての神迎へと申し奉る。

〽天降る神を迎へる猿田彦　日向の国の道を知るべし

○そも〳〵下界にての御事は、人皇十代崇神天皇の御時に、皇女豊鋤入姫命に告げ給ひて、大和笠縫の里に神籬《ひもろぎ》を立て崇め奉る、其の後大神の教のあるに任せて、御神体を頂戴して、国々を廻りて宮処を求め給ふ。大和国三輪の三室の峯に移り給ひ、入姫命吾日自足りぬとて、御神体を倭姫命に渡し給ひぬ。倭姫命は御神体を頂戴して、彼此遷り給ひぬ。遂には人皇第十一代垂仁天皇の御宇、伊勢国にて一人の老翁に逢ひ、件の事を語り給ふ。老翁の答へて曰く、吾は猿田彦の末大田命なり、宇治の河上に光あり、五十鈴日の若宮の図像《みかたち》、天の逆矛あり、吾これを崇め守ること八万歳なり、これに導きせんと、五十鈴川上に至りて、神籬を立て崇め奉る、今の内宮これなり。これぞ下界にての神迎へと申し奉るなり。

〽天照神を迎へに大田彦　伊勢の五十鈴の道も知るべし

○されば当家の奥のこの間を祓ひ清めて、四方に注連を引き廻し、神殿に御幣を立て、神籬差し立て招ぎ座せ奉る。

(次に神名を申す。) 天津神天かけり、国津神国かけり、この神殿に降り居ましませ。

〽神々を招し奉るに何と何　荒米真米に御酒に散米

〽神々は今ぞこの座に降り給へ　氏子の願ひを今にしやうとて

○東方には五万五千、南方に六万六千、西方に七万七千、北方に八万八千、中央には九万九千、黄龍には十万十千、(某神名) この座に招じ申さんために、取りては打物鳴物諸楽横笛とうと鳴らし、天の音楽打や鳴らして、さよの鼓に花よりかけて、てんなりしやなり越へて入りませ、良き馬には良き鞍おひしき、手綱よりかけ、朝日に向ひて、伊勢へ参る伊勢の舟、神々揃へて神迎へする。

〽神々は今ぞこの座に降り給ふ　氏子の願ひを叶へこそすれ

〽注連の内まだ入りませぬ神あらば　黄金の御注連越へて入りませ

次に平伏して、鳴弦を止め、祈願詞を奏上する。次いで造花祭文などを時間の都合を見て見合わせて奉唱し、終わって中食となる。

第二席・第三席・第四席とも土公祭文を奏上し、その間、一時間前後演奏すれば休憩して又演奏する。長大な土公祭文は、最も体力と技術を必要とし、長短、喜怒哀楽の声音に、時に掛け合いに語り、神歌を挿入したりして、聞く者をして恍惚の域に入らしめるものである。

土公祭文（五行祭文）は長編のため、ここには盤古大王と后の宮の別れの段の部分を掲げておく。

　　打ち鳴らす手向けの神楽の音すれば

　　　高天の原の神も聞食さむ

　東青南は赤く西白し

　　　北墨染の中の黄さよ

抑々盤古大王と申するは　四人の王子に四方四天と分け譲り　后の宮にも暇乞を仕らんと后の宮を呼び出し給ふ　后の宮は急ぎ参上致して　何の御用と問ひ給へば　大王仰せには　当年二百五十歳と覚へ候　秋の菊の落葉と諸共に高天の原に神去らんと存じ候得ば　今日は暇乞にて候とありければ　后の宮は大きに驚き　如何にも大王様　暇乞とは夢か現かまぼろせか　夢なら夢で消えて行け　現は現でさめもしやう　まぼろしならさながら夜こそ寝られまじ　見ても聞いても飽かざるは　大王様の御声御姿　今の別れは残念な　今は何をかかくすべき　御身は十六歳自らが十四歳の春の頃　深き契りをこめて候　枕かはせし其時に　大王様の子種を受けとめて　王子四人姫四人の　男女八人の子宝を授かり申して候よ　今度も大王様の精をば胎内に授かりとめて　甘きものは酸くなり辛きものは苦くなり　五味の味とて食ひちがひ　変らぬものは水ばかり　円の月水止まりて七月半と覚へたり　此子が此土に誕生仕り　父は

誰か譲りは何かと乞ふ時は何を譲りにとらすべき　如何に大王様と申しける　その時大王仰せには　如何に后の宮よ
今の言葉は不思議な事を申すかな　額に四海の波をよせ　腰にあづさの弓を張り　首に白髪をいただきし　老い年と
つたる我なれば　汝に子種をおろそう道理は更になし　一向覚へましまさぬにて候と申しける　后の宮は大いに腹を
立て　覚へなしとは残念や　今の言葉はあらつらや　されば御身の腰に佩かせ給ふ十握劔を貸し給へ　自らの腹を十
文字に切りさいて　胎内小児をゑぐり出し　劔の先に突き刺して　大王様の膝に抱かせて　一度は父よと泣かせ申す
なら　是にてうたがひ晴れ給へと申しける　その時大王仰せには　如何に后の宮　只今の言葉には誤り申して候よ
今迄に男子四人に姫四人　八人の子宝と思ひしに　九人の子宝となりたる事の嬉しさよ　千両蔵より子は宝　千貫万
貫の蔵は朽ちて腐ると申す　朽ちて腐らぬは子宝と申すなり　今度のみどり子は男子と覚へ候か女子と覚へ候か　具
さに語り給へ后の宮と申しける　その時后の宮は　是は大王様　古へより神や仏の教へには　男子は左の胎内女子は
右の胎内に宿ると教へて候が　自らとても今迄の王子四人は左腹　女子四人は右腹に宿り申したかと覚へて候が　此
度のみどり子は右と思へば左腹　左と思へは右腹　四方を踏んばる立ち子と覚へたり　されば男子の譲りも給はれよ
女子の片身も遣されよ　如何に大王様と申しける　その時大王仰せには　重ねがさね目出度き事を申すかな　四方を
踏んばる立ち子なれば　多く男子と生れ来るべし　大同元年に生れ来るに違ひなし　稚き名をば大同わつぱ　大きく
なりて大黄な王　元服しては五郎の王子と名付け給へ　年が三歳になる迄は汝の身元にて育て上げ　三歳をつもりし
冬の頃　冠装束整へて　高天原に高木の神を寄り親と頼み　思金の神を師匠と頼み上げ送り候へよ　学文極めて天降
り　父よと尋ぬる其時は　嶋黄金の大鎧　百王不易の火の玉に　波に浮き沓沈み沓　霞の鞭に龍の駒　日本の差図
に唐土の系図　氏の目録黄なる幡　大馬宝劒に紋目と云ひし鞍を添へ　是を譲りに取らせ置く　男子ならば取らすべ
し　若しか女子と生れて来たれば　櫛針毛抜きたとう紙　十二ぐそく化粧の道具　瀧のかもじも相添へて　肌の守り
に古今万葉伊勢物語　女子ならばとらすべし　天の高市より天降り　父は誰か譲りは何かと言ふまでは　七峯七谷そ

の先の石の宝蔵唐櫃に納め置き　誰にも見せてはなるまいぞ　されば暇乞にて候と申しける　其時后の宮は　胎内小児に至る迄数の譲りを給ひしが　辛苦難儀仕り　国土の経営や子女の養育を共に致した自らに何を形見に給はるぞ如何に大王様と申しける　其時大王仰せには　あまり多くの譲りの事なれば思ひ忘れて候よ　汝にも譲り形見を遺し置く　初音初せみを添へて参らする　初音とは笛のこと初せみとは鼓のこと　吹いても慰み打つても慰み給へ　まだも恋しく思ふなら　唐の鏡を参らする　朝日に立つて見るならば三千世界が一目に見ゆる鏡なり　夕日に立つて見るならば汝と某が一度に見ゆる鏡なり　まだも淋しく思ふなら　着たる千早も脱いで参らする　よく〳〵見て受取り候へよ　是にて涙ながらに別れ申すなりと申しける　こゝに后の宮は数々譲り形見を給はれば　別れの歌を詠ませ給へと　夫婦別れの歌を詠み給ふ

得て持ちて嬉しかるらんこの譲り

見る度ごとにぬるゝ袖かな

濡るゝとも汝の袖は干せばひる

只朽ち果つる身こそつらけれ

磐古大王は后の宮と別れ給ひ　秋の菊の落葉と諸共に　無情の風にさそはれて　天に登り日の若宮に幽れ給ふ　其時の霊鎮めの祝文に曰く　大元尊神生命成就　心者則一元未生之神明也　元を元として元に入る　本を本として本の心に依さず　天に登りて日の若宮に報命を申す

時鳥まこと冥土の鳥ならば

峠に待ち居れ道づれにする

大王は日の若宮に今ついた

御戸を開いて入るぞ嬉しや

第五席は、先ず手草祭文を唱する。約三十分を要する。立ち神楽では、七座の中にあって神迎えに先立って行なわれるが、弓神楽では終曲に近くなって行なわれる。手草祭文の現行の詞章を掲げておく。

　青み来る手草の枝を折り持ちて
　　参ればひらく天の岩戸を
古への神の植置く手草葉を
　　手にとるからは神かげぞさす

抑々千早振る神代の古へ　須佐之男命の悪しき所行《しわざ》により　天照大神怒らし給ひて　天の岩屋に入り岩戸を閉じて幽ります　かくれば高天原また豊葦原中津国　悉く常闇にして昼夜の分け目もなく　百事すたれ万の災ひ五月蠅の如くに起れり　是に依りて諸神等手のもち足の踏み所も知食さず　八百万神を天の安河原に神集ひに集へ給ふ　中にも高皇産霊命の御子思金命　思ひ慮《たばか》りの悟りの渾沌《まろかれ》の道より出て正直《ますぐ》の道理《ことはり》に叶ひければ　深く思ひ遠く思慮《おもんぱか》りて　常夜の長鳴鳥を集め　互に長鳴きさせ給ひ　また手力男命は岩戸の戸《と》側《わき》に隠れ立ち　天児屋根命太玉命は天香山の五百津真賢木を根こじにし　上枝《ほずえ》には八尺《やさか》の勾玉の五百津御統《みすまる》の珠を取りつけ　中枝《なかつえだ》には八咫鏡を取り繋け　下枝《しずえ》には青幣《あをにぎて》白幣を取り垂でて捧げ持ち　相諸共に神祝《かむほ》ぎに祝ぎ給ふなり

　八十あまり八重の榊葉受け持ちて
　　太祝詞辞を伝へつるかな

また天鈿女命は　天香山の真賢木を以てかつらとし　天のひかげを襷とし　天香山の笹葉を持ちて手草とし　手には千巻《ちまき》の鉾を持ち　陰土《ほと》ころたきうけ　神懸りし踏みとゞろかし舞ひ給ふ　これぞ神楽の初め　また手草の初めと申し奉る

　笹の葉に木綿取りしでて立ち舞へば

誉《おけ》の声こそ面白きかな

此時天照大神聞食し曰く　吾此頃久しく天の岩屋に幽座《かくれま》すに依りて　高天原また豊葦原中津国も　皆常闇にして長夜ならむと思ふに　天鈿女命の歓喜《えらぎ》する事怪しけれと曰ひて　岩戸を細目に開て　窺《みそなわ》す時に　手力男命は岩戸を曳放し　天照大神の御手を取り給ひて　元の高御座に遷し参らせ給ふなり

いかばかり強き力もさもがたき
　岩戸をあけし神の勢ひ

此時に天初めて晴れ　諸神等　阿波礼阿那面白く　阿那楽しく　阿那佐夜け憩と誉め給ひき　抑々天照大神は　天鈿女命の俳優《わざおき》を誉め給ふも正直《ますぐ》の神業にして　御徳《みいさをし》の高き事は　足曳きの山の峡《かひ》より落瀧津速川の瀬の御心なれば　大神の御怒りを安め奉る　今此御徳の神業を習ひ来て　手草の枝を折り飾り　木綿取り垂でて大御前に称辞竟へ奉る　かくれば今此斎庭に集る益人等が心も　神業の法《のり》に則《の》りて　渾沌《まろかれ》の始めに帰り　真経津鏡に由良々々由礼々々と　朝《あした》の霧夕の霧の陰《かく》す事無く　内より出る騒ぎも無く　外より来る災ひも無く　尚漏れ落ちなむ処は　神直日大直日の神見直し聞き直し給ひて　手草葉のさやけきが如く　朝の風夕の風の由良々々比礼々々と　清めひらいて御座《おわし》ますなり

面白や天の岩戸の神あそび
　常闇《とこやみ》晴れて今ぞ面白

天の戸ははやあけにける久方の
　うれしと思ふ戸隠の神

次いで結願祝詞を奏上し、奉幣加持を願主と参列者に授ける。
次に神々を招き、一神ごとに神遊びする。

終わると、神送りの行事となる。
○東方には五万五千、南方には六万六千、西方には七万七千、北方には八万八千、中央には九万九千、黄龍には十万十千の大神を、一神一社も洩らさず、ゆるゆると懸けて遊んで、遠き社に納めまします、神明あらたに上り給へ、再拝、吉事万歳。
〽神々の帰り遊びに逢ふ人は　千年の命長く久しく
〽子を過ぎて丑の刻になりぬれば　虫の音もなし弓の音も止む
〽ゆる〳〵と御祭を奏し明日よりは　あさの衣に千代のけ衣
鳴弦を止める。
最後に、弓上げの行事に入る。

打ち上げて御幣上りに逢ふ人は
　千年《ちとせ》の寿命も長く久しく

この歌を唱えながら、ユリワのヒナ幣と清め幣を抜き取る。

梓弓調べの糸にとじられて
　解き目も知らず結び目もなし

この歌を唱えながら、ユリワから弓を解く。

差し上げて伏蓋《ふせぶた》起しに逢ふ人は
　千年の寿命長く久しく

伏せてあるユリワを反対に起こす。
差し上げて伏蓋起して中見れば

万の宝ゆたかなるもの
ユリワの下に入れた玉米《たまよね》を取り出す。
空よりも梓にかかるこの千道
今切りはらふ神の力で
弓を立てて左右にして千道を切る動作をする。実際には切らない。
二度三度梓にかかるこの千道
今切りはらふ神の力で
ここで弓をもって千道を切り落とす。
この弓にこの矢を副へて射るからは
如何なる悪魔もちりと思はぬ

弓神楽　弓上げ（井永）　鈴木正崇氏撮影

シキ神楽　弓上げ（蕗原）　田地春江氏撮影

弓に矢をつがえる。

弓円く神代のまゝに矢は直《すぐ》し

如何なる悪魔も射とるものなり

第一矢を放つ。その時の唱言、

謹請　掛け巻くも恐き弓の祖神高木神、天照皇太神、神速須佐之男命、大国主命、事代主命、北斗七星二十八宿星の神、武甕槌命、経津主命、科長津彦科長津姫命、強弓三鬼神、神道神変神通力により（祈願の詞、例えば当家家運長久のため）怨敵退散、悪魔降伏。

寝ても射るさめても放つかぶら矢の

当らぬうちに早く退け

二度までもこの矢を副へて射るからは

如何なる悪魔も射とるものなり

第二矢を放つ。その時の唱言、

謹請　七科《ななしな》の祓　鬼を去るの玉なれば、天魔夷鬼霊に恐るゝ事無し、心のまゝの宝珠なれば、宝に於いて明き満てり、国を護るの玉なれば、息災にして天が下治る、龍《たつ》の君の玉なれば、水火に入りて自在なし、天地の鏡なれば万事に曇る事無し、神符なれば老いせず死せず、悪しき諸々を得ざれば病無し、神道神変神通加持、怨敵退散、悪魔降伏。

放矢して、弓の弦を指で鳴らし、「外道消滅、悪魔退散」の唱言をする。

ゆるぐともよもやぬけじの要石

鹿島の神のあらむ限りは

弓を立てたままで、

神々の護りの強きこの家に
　如何なる悪魔も来たらざるなり
治りて世は大平になりぬれば
　劔は鞘に弓は袋に
弓を横にして置く。その時の祈願詞、
謹請　拍手《かしはで》の神、悪しきあくたの神は、根の国に追ひやらひ、身をひき矢を放ちはじき、鬼取る鬼国に追ひ退け給へと白す、かく御祭仕へ奉り終へぬれば、一天泰平国土安穏、所安全にして万民快楽、別して当家は家運長久諸難退散、清浄になし給へと白す。（以下微声にて）御弓に勧請奉る鹿島香取の両神を始め、諸神等は元の御座に鎮りませと白す。
静かにて静かなれよの家の内
　なほ静かなれよの神殿のうち
鶴亀もふみならしたる御座なれば
　悪魔はよせじ左右に降らせず
再拝こゝに喜びぞます
なお、弓神楽の上手と云われるためには、次の条件が必要である。
(1)祭文を暗誦していること
(2)美声であること
(3)威勢があって、装束姿がよいこと
(4)荘厳味があること
(5)弦をよく打ち鳴らすこと

(6)切り飾りが上手であること

最後に一言付け加えれば、ここに掲げた弓始めの祭文以下の祭文と神歌は、すべて弓神楽の指定保持者である田中重雄宮司が現在演奏に唱されているものである。しかし、これらを芸能史研究会編『日本庶民文化史料集成』第一巻（三一書房、昭和四十九年）に翻刻所収の「弓神楽祭文集」のものと比較すると、古体がやや失われていると思われる。弓神楽の祭文の的確な理解のためには、「弓神楽祭文集」を参照されることを切望する。

第五章　神　弓　祭

立ち神楽に対して、座り神楽と称せられるものに、備後の甲奴郡上下町井永を中心としたその附近に行なわれている弓神楽と、同じく備後の比婆郡西城町およびその隣接市町村に伝承されている神弓祭《じんきゆうさい》とがある。

比婆郡西城町の神弓祭は、昭和五十三年九月十九日に同町大佐《おおさ》の佐々木克治宮司宅で行なわれた際に拝観することが出来た。その日の大要をここに記すこととする。

斎場の飾り付けは上下町井永の弓神楽の場合と大同小異で、奥座敷の床に祭壇を設け、三段に棚を作り白布蓆を敷き、最上段に神幣・鏡を飾り、その下の二段に神饌を供う。その前に弓を固定し、鈴その他の祭具を置く。中央の天井から四方八方へ千道を曳き、四神幣や注連を張り巡らす。弓座の後に太鼓・笛等の楽座を置いて、その後に願主その他の人々列座する。

神弓祭の祭壇（比婆郡西城町大佐）
黒田正氏撮影

正午に開始され、第一席は弓座《ゆみざ》御崎好博宮司、太鼓白根孝穂宮司、笛佐々木克治宮司、手拍子（手打鉦）伊達一夫宮司によってなされ、型の如く祓詞、三種の祓の後、弓座の宮司が御座入れの神歌を鈴を振り振り唱える。次に、弓を打ちながら、大願主黒田正の名を申して、神勧請する。次に、注連の由来、注連の呪文を唱える奏楽を始める。そして弓を打ち鳴らして弓の唱行に移る。

一二の神歌が美しいメロディで弓座と太鼓座の双方の掛け合いで歌われる。

〽此の弓の始めは如何に千早振る　神世四弓の始めなりけり

の歌は、次のように歌われる。

弓座〽サンヤ　此の弓の始めは如何に　サンヤ

太鼓〽サンヤ　千早振る神世四弓の　サンヤ

合唱〽始めなりけり　エーエ始めなりけり　始めなりけり

サンヤという囃し詞のメロディと太鼓の打ち方の妙なる音色との美しい合唱は、これを聴く人々に深い感動を与えるものであった。恐らく弓神楽の美しい一つの頂点であろう。

このあと、日本国中の国名を称えて、国々の一の宮の勧請から最後には村内の大小神祇の勧請に至るまで、約四十分を要する。

第二席は、白根宮司が弓座に代わって祝詞奏上が行なわれ、第三席は、再び御崎宮司によって荒神遊びが行なわれた。荒神遊びは、中臣祓から始められ、優に一時間を要する。荒神降しの神歌には古風を伝承するものが窺われる。終わり近くなると、大願主の家族名を読み上げての祈願があり、家に祀る神々にいちいち願い事を奏上して、

〽花は根に鳥は古巣にかへる山　生れ来し地《じん》の元な忘れそ

の神歌の唱行がある。そして、

〽今こそ几帳におり給へ　衆生の願ひを見せてかなへん

の歌で終わる。

第四席は土公神遊びで、午後三時十七分、佐々木克治宮司が弓座に着く。最初に太郎の王子の語りから始まり、終わる

と楽があり、次に、二郎・三郎・四郎の王子の語りとなり、磐古《ばんご》大王・后《きさき》の語りと、約四十分ばかりして、最後に神占《かみうらない》が行なわれた。

〽御久米とる採る手の内のかがやきは　神の移りかあらたなるもの

一首を誦した後、久真《くま》据えの神歌五首を唱して、盆の中の久米《くま》を揺り動かして神籤《しんせん》を伺う。その結果が大願主黒田正氏に伝えられる。「旧の十月、十一月は仕事を見て、仕事を見るなといった月で、怪我は切れものでなし」と神占が出た。

このあと、神歌の楽があって終わる。

第五席は四時二十分に始められ、結願神上《かみあ》げが白根宮司によって行なわれた。

何々神社〳〵〳〵を今朝より勧請申て候得共、只今結願成就の時なれば、元の本国本社へ由良左良御還幸《ごかんぎやう》成し給へ、如何にぞ笑間しと思し召せ、良き折時の守り遊びせよ。

東方ヲウニモ、南方ヲウニモ、西方ヲウニモ、北方ヲウニモ、中央ヲウニモ、央流《ヲウリウ》ヲウニモ、上ラヌ神ガアルナラバ、散米持テ来ヒ打散《マコ》フヤ、打竹持テ来ヒ打チ掛《カ》ケフヤ、御幣ヲ差シ掲ケ舞フテイナショウ、社《ヤシロ》ナイ神ニハ幣取リ参ラシヨウ、由良波栄伊登々々々奈。

次いで、

〽成就して御注連下しに

太鼓方　逢ふ人は　千年《ちとせ》の命長く久しく

〽何事も諸願成就を

太鼓方　祈るには　千早をかけて舞や納めん

続いて恵美須《えびす》遊びの行事に入る。斎主は、竹箕の散米に遣幣《やりべい》で呪文を書く。竹箕の散米を握り、盆の中の三ヶ処に盛り、散米を揺り動かして神意を伺う。この時、竹箕の中の散米は、横に寝ていたものが皆一様に縦に立って揺れ動くのを、たまたま近くにあった田地春江夫人は拝して、その神秘を我に語られたが、まことに不可思議なる秘伝の一つでもあった。

これが終わると、福藁に遣幣を添え、千道を巻き納める。そして艮（北東）の方位に矢をつがえ、絃を鳴らして、放矢二回して、悪魔を払う。

この後、曲舞を一さし舞い、願主以下参拝者一同に遣幣を戴かせて、本日の神弓祭は千秋万歳と打ち上げとなった。時に、午後五時五分であった。

神弓祭の資料

資料の説明

資料一は、広島県比婆郡東城町小奴可の奴可神社中島一史宮司の所蔵本で、表紙の中央に、「鳴弦神事式　全」と記され、右側に大正三甲寅年、左側に中島幣眞と署名された、紙数四八枚のものである。

神弓祭の行事次第が次の如く記されている。

一神弓祭行事次第
次注連唱行次第　五方拝の事、咒文、
次弓唱行咒文
次十二神歌　打揚之哥
次日本国中一国一宮社勧請
一祝詞奏上行事
一土公神遊之次第順序
次土公神の御祓　土公神御詞

一荒神遊行事
次祝詞奏上　荒神御哥
一氏神遊次第
次諸神遊ビ、年徳神遊ビ
一神送リ行事
一恵美須神遊之次第
次祭文
次神上ケ祭文
次弓箭加持
次打上ノ咒文

決願成就　終

以上記載の内、ここに資料として引用したものは、「弓唱行咒文」「十二神歌打揚之哥」「土公神遊之次第」「恵美須神遊」の最後の「神上ケ祭文」の四篇で、いずれも神弓祭の音楽を伴って初めて人々の心を揺り動かす箇処である。

資料二は、広島県庄原市小用町の八幡神社八谷《やたがい》礼典宮司の所蔵本で、表紙左側に「神弓祭次第書　全」と記されたのみで、筆者および記年時などは記されてない（大正十四年の書留のよし）。

神弓祭次第書目録

一修祓
一打立
一諸神奉招

一神迎
一大土公神遊
一小土公神遊
一氏神及諸神遊
一荒神遊
一水神遊
一思気霊奇遊
一後夜遊
一若宮遊
一打揚
一恵美寿遊
一附録神楽歌

以上

右の内、ここに転載引用したものは、「思気霊奇遊《シャミサキアソビ》」と「後夜遊《ゴヤノアソビ》」の二篇である。共に私祭の神遊びの中では古風なもので、往昔の浄土神楽の面影を伝えているもののような気がする。

資料一

弓唱行咒文

抑弓乃元起乎奉尋尓神代乃昔弓尓四乃分有。第一座陣弓第二発向弓第三護持弓第四尓治世弓止号須。当世尓打弓波鹿乃背中尓造成須天乃加護弓也。夫弓波忝久母月天子乃尊影乎表天造給布。則一箇月尓上弦中弦下弦乃相乎現須。弓乃長波神代尓氐波一丈五尺人代尓至天七尺五寸。張多留弓波上弦月天子乃御像。強久引時波弓乃長左賀七尺五寸紘乃長左母七尺五寸是乎合世天一丈五尺止成留。是即神代乃弓乃長尓志天中弦乃像満月乃尊影乎現須。弓波強久志天曲有箭波弱久志天共尓強久直支徳乎倶布。矢乎打違比天彎《ヒク》久時波神力妙也。引放天向尓往久時波神通妙也。的尓当留時波神変妙也。故尓弓矢尓三妙乃具足在。国乎治米方策而正直乃相在。直成乎祝天如レ矢。夫一張乃弓乃勢波治国太平天下乃徳也止波奉白也。

次十二神歌　打揚之哥

〽此弓の始めは如何に千早振　神代四弓の始めなりけり

〽此弓の弦音聞て諸悪魔は　境を越へて来る事なし

〽御神事の始めは如何に久方の　岩戸の前のたゝゐ事なり

〽御幣紙始めはいかに神代にて　萱曾をはへてしでとこそいへ

〽御幣帛始めはいかに真榊の　下枝に懸しにぎてなりけり

〽御幣串始めはいかに神代にて　供物を上くる臺なりけり

〽敷御座の始めはいかに神代にて　荒こもはへて神そましま す

〽注連藁の始めは如何に久方の　長田狭田の稲の本なり

〽此注連は誰綯ひそめし太玉と　児屋根命の綯ひたまふなり

〽此注連は誰引そめし大和なる　春日の神の引たまふなり

〽此注連は何にぞ引し日の神の　ふたゝび岩屋にないりますなと

〽注連の内また入まさぬ神あらば　小金の御注連を越てましませ

〽千早振神も残らず聞食せ　梓の響に神そあつまる

土公神遊之次第順序

先ツ祭官着席　拝拍如常
次ニ身曾伎祓一度　神前及我身ヲ清ム
次ニ大祓詞一度
次ニ三種祓詞
次ニ御座入の神歌　三首五首随意ニ唱ふ
〽此御座へ参るこゝろは山の端に　月待ち得たるこゝち社すれ
〽土公神何時より笑ましと思召せ　好き折時に守りあそびせん
〽降り給へ降居の御座に綾を延へ　錦をならべて御座と定めん
是より装飾詞を唱へ土公神を勧請す
　此所にて五行祭文、又ハ神道祭文を読む。終りて祈念し土公祓を奏す。

土公神の御祓

高天原尓神留坐須皇親神漏伎神漏美命乎以弖沖津彦沖津姫神波竈始賜布朝乃御饌夕乃御饌乎饗奉留時火乃神乎以弖金乃神仁弖鍋釜乎鋳世給比土乃神乎以弖竈乎築支木乃神乎以弖火乃神乃徳乎成志水乃神仁弖田畑海川山野乃種々乃物乎煮炊備奉礼婆皇御孫命其種々之物乃味乃楽志支事誠尓木火土金水五柱之神乃大恩徳乃成給布所奈里故尓此五柱大神乎以弖竈乃神止崇祭奉留沖津彦沖津姫命波竈仁弖万物乎煮炊久事乃始乃神奈礼婆此二柱之神止木神火神金神水神四柱之神乎則土神江組約女賜比土神一神止成奉利竈三柱乃大神止祭祝奉礼婆竈繁栄家内和順火難消除左男鹿乃八乃御耳乎振立弖所聞食止申須
　直チニ土公神ノ歌又ハ四季ノ歌五七首ノ神歌ヲ奏シ土公卸ヲスベシ　土公卸ノ詞ハ左ノ如シ

祭主　サイマミ。シヤウトウ。トウマミ。シヤウトウ。遊ビバセーバヤ当家大願何年何某家内竈ニ御鎮座ノ五行土公神卸セ土公コソ

太鼓　土公コソー祈リヲ共ニ重ネテモ又サイマミ。シヤウトウ

祭主　トウマミ。シヤウトウ遊ビセイバヤ三大山ノト卸セ山野コソ

太鼓　山野コーソ祈リヲ共ニ重ネテモ又サイマミ。シヤトウ

祭主　トウマミ。シヤウトウ遊ビセーバヤ七神姫宮卸セ姫宮コソー

太鼓　姫宮コソー祈リモ共ニ重ネテハ又サイマミ。シヤウトウ

祭主　トウマミ。シヤウトウ遊ビセーバヤ地神ノ土公神卸セ土公コソー

太鼓　土公コソー祈リヲ共ニ重ネテモ又サイマミ。シヤウトウ

祭主　遠見シヤウトウ遊ビセーバヤ某家内ノ竈ニ垂跡三ツノ黒目ノ五代土公神卸セ遊ベ土公コソー

太鼓　土公コソー祈ヲ共ニ重ネテモ又再見シヤウトウ

前記土公卸ノ詞ハ二度若シクハ三度返シテ卸スベシ

祭太共ニ　サイヤ土公神由良利左良利ト遊ビハシ給ヘ　四方八角ニ〱数多ノ竈ニ土公卸サン

直チニ太鼓方一拝拍手シテ祈念ス　其略語ハ

謹請再拝々々々何年何某ノ釜所ニ鎮座ス五代土公神ヲ只今神座ニ請ジ卸シ御遊奉仕ル状ヲ平ラケク安ラケク聞食給ヒテ家内安全息災延命吉祥到来大難消除福禄円満五穀成就牛馬繁昌ト守リ恵ミ幸ヘ給ヘト恐美毛々々々白須

祭主小音ニテ　静々と願ふ女の徒の声きけば
末の社にゐこそねられん　ト唱ヘ

左ノ祝詞ヲ奏ス

偖テ只今ノ神座ニ於テ何年何某ノ竈所ニ鎮座ス五代土公神ヲ請シ卸シ御遊奉仕ルハ神明ニ於テモ心妙ナル玉ノ氏子ト笑間敷感応有リ置ク子細ナリ先ツハ百念ノ神楽ト感応アルカラハ神鬮ヲ伺ヒ神籤次第ニ善ト悪トヲ伝ヘヲ申置クデ有セウ

註　此時徐々ニ頭ヲ上ケ本躰ニ復シ夫ヨリ左ノ神歌ヲ唱ヘツ、盆ヲ採リ清浄ノ紙ニテ盆中ヲ拭ヒ神米ヲ盆中ニ入ル

〽御久米とる採る手の内のかゞやきは　神の移りかあらたなるもの

註　久真据ノ神哥左ノ如シ

〽よらばよれたよらばたよれ今たよれ　たよるみくまに切りくまはなし

〽押し返したよらばたよれ七度辿　たよるみくまに罪咎はなし

〽沖に住むかもおし鳥に物問へは　なにわの事は波にまかせん

〽千五百増女雄の鏡の妻こめに　朝食夕食をまもる神垣

〽千々の世に千々の岩屋に住む虫は　なりをしづめてよきをきけかし

註　然シテ神籤ヲ伺ヒ吉凶アラバ願主ニ告クベシ　尤モ猥リニ吉凶ヲ云フテ疑惑ヲ生セシム可ズ（ママ）　神籤ノ事終レバ左ノ詞ヲ神楽ニ揚ケテ神還シヲナスベシ

揺リ上クル浜ノ真砂ノ数ヨリモ　尚ホ喜ビハ我後世ノ時　神前納ムル住吉ノ　二葉ノ松ノ千代ヲ経給へ

右終リ

神上ヶ祭文

さんやさあらば、前の川をば御酒《ミャ》と名付て、長柄の銚子で汲あげつ汲みをろいて、七福万に三石米入て、夕部造りて夜中にそゑをかけ、暁時にぐら〳〵とかきまぜて、今盛る酒は御前の辛酒イヤ〳〵トンドウー、善き事をば酒の湧く花菊の

花、悪敷事をば払ふ萩の花、其の時に当家願主の御門のあたりに松植ゑて、参り下向に松と読ませうや。面白いぞや同じ所に菊植て参り下向に菊と読せうや、面白そや白州のあたりによし植て参り下向によしと読ませうや、面白ぞや同じ所に竹立て参り下向に竹と読ませうや、面白ぞや乾の隅には壺七つ八つちようつぼねにさゞら浪立つ、面白ぞや御門の側には旗立て万の宝をまねきよするが面白ぞや、其時にしをなる女にげゞをはかせて、精の米をば睦《ムツ》と読ませうな〳〵

〽成就してしらべの糸を解く時は　万の神も笑ましかるらん

〽打盞は亀の甲にもさもにたり　をこすを見れば所栄ん

〽成就して千藁をこしに逢ふ人は　千年の命も長く久しく

弓箭加持

此ノ時弓ヲ取リ箭ヲ打違ヘ鬼門ニ向テ弓ヲ射ル事三度　此行事秘伝ニテ口伝

次ニ諸神ノ福ノ種ヲ蒔ク　口伝

打上ノ咒文

何時より今年は世の中よかれと、これの稲には福の鳥が巣をかけた〳〵

沖漕ぐ船も磯漕ぐ船も是にみくら得て

殿の原〳〵サラバヱイト　ヱイトナ

御神幣打竹千藁諸共恵美須神へ納

〽成就して御注連をろしに逢ふ人は

千年の命長く久しく

〽成就して御幣をろしに逢ふ人は

千年の命長く久しく

決願成就　終

資料二

思気霊奇遊《シキミサキアソビ》

（前略）

○請待スル請ズル儘ニ便リ坐シマセ〳〵

○ミサキ殿カクレル山ニ月サヘテ　キンチウブリマデ顕レゾスル

○ミサキ殿神ノ心ハナケレドモ　今ニ遊レテ神ト呼バル、

○思気ノ神四季ニ四節ノ歌ヲ読ム　草紙ニ写ス絵ヲゾ書クナリ〳〵

此時久米ヲ取ルナリ

一カンコノシメヲハネカヘシ元ノ在所ヘ送リツケ〳〵

世ニナイ折ハ世ニハ戻ラズ世ニハ返ラジ

サンヤーサー

後夜ノ歌

○夜カフケテヤコヘノトリモツケハダス　里人急時《イツグ》ニ社ナル

○宵ヨリモ夜中ノ調子ガ面白ヤ　楽ハナケレド心拍子ニ

○ヨイハシユ（比叡）ヘ夜中ハ熊野明時ハ　サンヤノ御前ノ唱ヲゾスル

○夜イニ初テ遊セバ　ユウツ、星ヲモテ遊

○夜中ニ初テ遊セバ　四ソウノホシヲモテ遊

○明時初テ遊セバ　明星ボシヲモテ遊
○今社《コソ》ムゼフガセヲノボル　月ノ光カヾリ日トナル
○カツラハイカ成身ヲ持テ　月ノ御前デ夜ヲ明ス
○メノトハイカ成身ヲ持テ　神ノ御前デ夜ヲ明ス
○沖住《ヲキニスム》クジラハイカ成身ヲ持テ　嶋之廻《メグリ》テ夜ヲ明ス
○白金ヤ金《コガネ》ノツルベデ水ヲ上ゲ　手水ヲツカイテゴヤヘマイロウ
○後夜歌ノセフジノクミコハ罪深ヤ　イザゴヤナラソフアヅサナラソフ
○タマ〳〵モアヅサノ音ハマレナ事　アヅサニタヨリ物語セウ

十二之歌

○子テモ亦サメテモツラキ世ノ中ニ　有ニカイナキ我住居カナ
○丑ト云フ身ハ墨染ノ露ノ身ニ　消エテハカナキ名ヲヤ流サン
○寅ハ手ニトマリモ得セジ秋ノ夜ニ　稲葉ノ上ニ宿ル月哉
○卯キ事ガユメニナリ行ク世ナリセバ　古キ事ヲバ今ニ忘レジ
○辰マヽニ霞ノ衣カサネ着テ　花ノヒタヒモイツカトクラン
○巳ナ神ハ吉野ノ里ニツヽクラシ　花ノイカダニクダス春哉
○午レ来テ世ハ墨染ノ露ノ身ニ　心ツケヨ八重ノ命ニ
○未ヲノ波ニユラレテ行船ノ　ヨルベモ知ラヌ心細スレ
○申カタニ心細クモ聞ユルハ　山奥寺ノ入アイノ鐘
○酉ノ音ニ夢打覚メテ心スト　其アク時ハ物

○戌桜ハヤ咲染テ山里ニ　梢ニ匂フ如月ノ空
○亥ツ見テモ花ノナゴレハ惜シカラデ　コゾモ今年モ秋ハ来ニケリ
○山川ヤ手ニトル水ニハヤサレテ　咲キコダレタル藤ノ花カヨ
○熊野参《クマノジヘ》レド〱ホドトヲヤ　拝《ヲガメド》〱数シレズ　遊ハ是モ神ノ御舎《ミアラカ》
○今朝ノ夜波ツルノハブシニサモニタリ　ムナモトシロデ夜モ明ケニケリ
○久方ノ坂田ノ池ニ月サヘテ　月サヨマレバ夜モ明ケリ〱　サンヤーサー
○アカ時ノゴヤノツトメニアウ人ハ　千年ノ命モナゴウ久シウ
○アカ時ノコ弓カヘシニアウ人ハ　千年ノ命ヲ長ウ久ウ
○ホウゾウヲコシニアウ人ハ　千年ノ命ヲ長ウ久ウ
次　千道ヲ切ル

後夜終リ

第四部　周防の神楽

第一章　行波の神舞

昭和五十四年二月三日付で国の重要無形民俗文化財に指定された岩国市行波《ゆかば》の神舞《かんまい》は、毎年十月十四日夜、荒玉神社例祭に境内に於いて行なわれるが、七年に一度の年限神楽には、錦川川畔に四間四方の神殿《かんどの》を舗設し、神殿から二〇間川上に一三間半の柱松を建てて、八関の舞などが行なわれる。

一　明治以前の荒神社と荒神舞

行波の荒玉神社は、もと荒神社と称していたものである。そのことは次に掲げる現存の棟札によって知ることが出来る。

棟札一号

周防国玖珂郡河内郷行波村　刀祢　安村新蔵
　　　　　　　　　　　　　棟梁　吉谷村藤七
棟上　荒神社御新造立普請一宇
時于寛政三亥歳九月吉祥日
　遷宮行事　神主　長田信濃守藤原房康再拝

棟札二号

周防国玖珂郡河内郷行波村　刀祢　山近茂兵衛
　　　　　　　　　　　　　棟梁　千石原村
　　　　　　　　　　　　　　　　福屋弥三左ェ門
棟上　荒玉大権現御神殿再建一宇
時于文化八未歳八月吉祥日
　遷宮行事　神主　長田和泉守藤原房用再拝

棟札三号

周防国玖珂郡河内郷行波村　刀祢　安村　平兵衛
　　　　　　　　　　　　　棟梁　川西町長十郎
棟上　荒玉大権現拝殿建立一宇
時于天保十亥歳三月吉祥日
　社頭行事　神主　長田上総介大江房亮再拝

棟札四号
当社祭神三殿　左殿 諏訪神社
中殿 荒神社
右殿 天疫神社
抑地ノ中殿荒神社右殿天疫
神社者往古ヨリ当村中ノ鎮
守ニテ祭リキタレドモ下村
之内地名ヲイヲ、キト云所
ニ小社有之ヨシ此ノイヲ、
キヨリ去ル寛政年中只今ノ
社地ヘ遷座シ給也
其時ノ棟札無之事乎ナゲク
仁有之依而荒増誌之
文久三亥歳三月朔日　神主 長田陸奥守藤原高房謹書
当木札願主 行波村中屋清兵衛
棟札五号

此度御神殿再建成就ノ年代ヨリ荒神社乎
荒玉大権現ト社号乎和泉守藤原房用事
御神意乎ウカ、イ改替スト伝来也
文久三亥歳三月朔日　神主 長田陸奥守藤原高房謹書
当木札願主 行波村中屋清兵衛
荒神社と天疫神社は往古より玖珂郡行波村の鎮守神であり、下村のうちの地名をイヲ、キと云う処に鎮祭あったのを寛政三年（一七九一）に現在地に移転したものであり、文化八年（一八一一）の神殿再建時に御神意をお伺いして社名を荒玉大権現と改名し、中殿に荒神社、左殿に諏訪神社、右殿に天疫神社を奉斎したことが、右の棟札の記載によって知られる。

行波の神舞は一名願舞《がんまい》とも称するが、神舞と云う呼称は新しく、古くは荒神舞と称していた。祝島でも現在は神舞と云っているが、明治三年までは神舞とは云わなかった。例えば、天保十二年（一八四一）七月に岩見島宮戸八幡宮弁荒神祠官守友造酒が庄屋の高橋忠蔵らに差し出した「申上候事」と云う文書の冒頭には、「大島郡岩見島荒神舞之儀は」とあって、神舞とは云わず、荒神舞と称していた。今日、神楽を神舞と云う名称で呼んでいる処は、宮崎県南部から鹿児島県の一部と山口県の瀬戸内側だけである。神舞と呼ぶのは恐らく九州東海岸部からの輸入語なのであろう。年限神楽は今では花の四月に行なわれているが、明治二十年十二月六日の「御神楽諸控」によると、その頃にはまだ本来の荒神舞として、秋の刈り上げ後に行なわれたことが知られる。

行波の戸数は現在四〇戸余りであるが、行波の人々だけで神舞を奉仕演舞するようになったのは、恐らく明治四年五月の太政官布告による社家の世襲制の廃止と神職の神がかり託宣に参与することを禁じられた以後のことであろう。同地の伝承では、既に文政年間に近延の黒杭神主から神楽の伝授を得たと云われているが、これは年々の宮神楽に於いて演舞されたものであって、恐らく年限神楽は明治の改元までは神職の手によって奉仕されたものと思われる。

江木百助と云う人は文久二年（一八六二）二月十日生まれの方であったが、わずか六歳の慶応三年（一八六七）当時に毎夜千坊坂を越えて黒杭神主家へ神楽の手ほどきに通ったものだと語っておられた。行波の大先達と仰がれたこの人達が漸く一人立ちが出来るようになって、民間の神楽が勃興し、神職神楽が衰退していったのであろう。それが明治五、六年前後の頃であったのではなかろうか。

三上従正氏所蔵の神楽帳に「天保十年亥之年十一月五日 年限御神楽 議定」「弘化二年巳之十月廿四日 年限御神楽 議定」「嘉永四辛亥十一月六日御神楽議定」「安政五戊午歳九月吉日年限御神楽議定」の四冊があるが、これらによれば、天保十年には一〇名、弘化二年には一二名、嘉永四年には一一名、安政六年には九名の神職の奉仕によって行なわれていた。『玖珂郡志』によると、河内郷角村鎮座の正一位椎尾八幡宮は、祭神三座、九月十五日祭之、河内郷二四ヶ村の大社なり、とあり、奉仕神職は、神主長田信濃守・神官長田出雲・黒杭内匠・三上対馬・黒杭淡路・長井越後・黒杭平馬の七氏であった。藩政期の神楽組のうち、河内組には角の長田氏、近延に黒杭本分家、瓦谷に長井氏、多田に宮地氏・塩田氏・神足氏、下に三上氏、その外に住処不詳の正木氏の社家一〇氏があった。河内組内の神楽はこれらの社家相互の協力でなされたが、支障があった場合には、藤谷組内から中津の国村氏、和木の井原氏、瀬田の末岡氏、小瀬の永田氏、玖珂組から祖生の玉井氏両家からの援助を仰いだ。

周防国玖珂郡地方の神楽は、中世期に於いて既に今日ある如き十二神祇系のものが行なわれていたであろうが、現存最古の記録に三上従正氏所蔵の元和六年（一六二〇）九月廿三日書留の「河内郷二鹿村鹿大明神御申遣ロ之事」があるが、この中に、

一銀手四匁二メ弐斗　まいふせ
一米弐升　　けいこ衣ふせ

とあることによって、徳川初期には荒神の神楽は大成していたものと思われる。

二　神楽本のこと

神楽の曲目を、享保年間の神楽目録にあるものと現在行なわれているものとを対比して検討しておきたい。

1 享保六年「神道神楽目録次第」

岩国市二鹿の河内神社の社家三上家（現宮司三上従正氏）に所蔵のもので、『日本庶民文化史料集成』第一巻（三一書房、昭和四十九年）の「周防行波神楽本」に翻刻収載されている。始めに荒神の神楽の祭式曲目を記し、次に「集来次第」を書き留め、神勧請の方式と神楽歌二八首に「年限神楽儀定」を収める。

ここにはその冒頭の「神道神楽目録次第」を掲げておく。

神道神楽目録次第

一和音湯湯立之事　奉吏　祝詞　反舞　篠持
一徳化台神殿之事　諸神勧請　荘厳　四神樹　天覆天蓋之事　花幡　瓔珞注連ノヨウノ事　雑花
一注連詔恵美須之事
一灑水シメロノ事
一武鎮アラカミノ事
一中之姫厳島之事
一日隅宮多賀大明神事

一熊野三山
一三宝神鬼舞　祝詞　三魁奉吏　三魁鬱鬼
一賢木因縁　内外　奉吏　柴鬼神
一岐翁伊勢恵美須事
一天津磐座次第　祝詞　神楽　手艸　手力雄　天化　両神盟
一弓箭将　将軍建次第　一童　二童　箭受奉吏
一地鎮之舞方青龍王赤龍王　白龍王黒龍王　児童山出事　部眷僕六郎事　黄龍王　佰土夫人文撰
王事
一妙果松　後殻万物　霊膳赫々　霊木祝詞　醴泉供御　百味霊殻　遍舞　神
戈矛　神丹衣《にきたへ》　木母和肥《もくほのくわひ》梅ノ事　鳳巣温室《ほうこうなんしつ》竹ノ事　九霊玉閣是ハ関八ツ松一ツ已上九ツ
九天祭法九品九天ノ霊神ト祭ル
一八関之作《わざ》祭　八柱之奉吏　八鬼鬱鬼　撥遣之《はつけんの》干戈《かんくわ》
一庭燎作法　奉吏　大麻　岐神　粢斎《しときもち》　返舞　大師　警蹕　神供　霊劔　地布　布席　順踏　火鎮詞文　四火安鎮
水徳和生　五行相生勧　五行相剋念　五才一致座　万願成就祓

柴鬼神　右は法吏（岩国市行波）　岩田勝氏撮影

2　享保十六年「御神楽目録」

本書は、昭和五十四年二月十八日、市木正彦氏の案内で、その生家たる岩国市大字角の椎尾八幡宮宮司長田和房氏宅を訪れて、見出したものである。

長田氏宅は先年の大水害で家財・蔵書類の多くを水に浸されて、被害甚大の由であった。古文書類の多くも水害のままの未整理のままで、応永二年（一三九五）から書き継がれた大般若経などもひどい状態であった。又、神社の縁起類や唐筆で描いたと云う十六善神像などもあった。能面・神楽面も八面あり、古いものと思われた。このような品々が格納されてあった幾箱かの一つにこの「御神楽目録」があった。享保十六年（一七三一）八月に、椎尾八幡宮祠官長田氏の請により戸川文敬（整斎）なる人が書いたものであることが末尾に記されている。

山代半紙二三枚に表裏とも三行ずつ楷書の太字で書かれている。荒神舞の曲目名と神殿飾りに使用する幡の神名などの心覚えである。神楽の曲目名は願舞時の議定を書く時に必要であるから、各神楽組はこのような目録を神楽の家には所蔵していたのであろう。

これよりも一〇年前の享保六年（一七二一）に書き留められた三上家蔵の「神道神楽目録次第」と合わせて、享保年間の周防岩国周辺の荒神の神楽祭式がいかなるものであったかを知る手掛かりになる。

御神楽目録

一　和音湯
　神供備物　祝詞　返舞　湯鎮　秘術　笹持　神殿
　喜餘目
一　徳化台
　荘厳　天覆　華幡
　幣帛　神拝作法　列座祓　神感與　注連歌
一　六職幸文
　舞方
一　灑水舞

四節謂
一　荒霊武鎮
　神種　霊劔　薙刀　太刀却
一　真賢木対応　内外因縁
　柴鬼神　奉吏
一　諸神勧請
　日少宮　日隅宮　熊野山　愛宕山　厳島両社　椎
　尾八幡宮　河内社　五所大明神
一　三宝神鬼
　飢渇神　貪欲神　障碍神　奉吏
一　弓箭将軍

両童美談　箭受奉吏

一　日本書紀

天地開闢由来

一　天津磐座

祝詞　神楽起　手艸　手力雄　天化舞　両神盟

一　五龍地鎮

青赤白黒神　児童　部眷僕　黄龍王　神風寿翁

一　八関作祭

八柱奉吏　八魁鬱鬼　懺悔解除　撥遣式

一　妙果松

祭奠法　神膳献上　醴泉供御　百味霊穀　神戈矛

和妙神妙　鳳巣温室　九霊玉閣　九天祭法

一　火鎮祭法

奉吏　大麻　岐神　粢斎　返舞　大師　警蹕　神

供　地布　布席　順踏　火鎮祠文　四火安鎮　霊

劔　水徳和生　五行相生観　五行相剋念　三才一

致座　万願成就祓

四神之幡

左青龍神　右白虎神　前朱雀神　後玄武神

国弘加利尊

天潜尾尊

上法神尊

天香山鼻山尊

天日尾尊

天活玉尊

天背斗女尊

伊久牟須日命

乾天金神

多磨留牟須日命

充澤神

加美牟須日命

離宮感神

美遣都命

震木神

古止之路主命

巽風神

多留牟須日命

坎辰神

大美屋女命
艮山神
堂加美天須日命
坤地土神
神祇官八神殿
高皇産霊神　神皇産霊神　魂留産霊神　生産霊神　足産霊神　大宮売神　事代主神　御膳神
以上八神

櫛磐間戸神
豊磐間戸神　石窓トモ書
生島神　嶋トモ
足島神
右一帖依河内角村椎尾八幡宮之祠官長田氏之請書
享保辛亥之穐八月
整斎　戸川文敬

3　安政五年「年限御神楽議定」

前節に述べた三上従正氏所蔵の神楽帳の議定のうち、明治に最も近い安政五年（一八五八）九月の年限神楽の際のものを掲げておく。

安政五戊午歳九月吉日年限御神楽議定

定

一　荘厳
一　集来　黒杭　靭負
一　六色幸文祭　河本　摂津　黒杭　内正　国村　市正
　　宮地　出雲　宮地　式部　長井　越後
一　諸神勧請　黒杭　内匠　三上　祐三　河本　摂津
　　長井　越後

日本紀（行波）　鈴木正崇氏撮影

一　注連灑水　黒杭 韌負　黒杭 主馬　宮地 出雲　国村 市正
一　荒霊豊鎮　宮地 出雲　宮地 式部　黒杭 主馬　三上 祐三
　神種　河本 摂津　霊劔 国村 市正
　太刀却　宮地 出雲
一　真榊対応　内　河本 摂津　外　黒杭 内匠
　柴鬼神　宮地 式部
一　日本紀　国村 市正
一　天津岩座　太諄辞　八乙女　宮地 出雲
　手力雄　黒杭 主馬
　神明出現　長井 越後
一　弓箭将軍　黒杭 韌負
　一童　黒杭 主馬　二童　国村 市正
一　三鬼神　三上 祐三　長井 越後　黒杭 主馬
　奉吏　河本 摂津　黒杭 内匠　宮地 式部
一　五龍地鎮流　青　黒杭 韌負　赤　宮地 式部
　白　三上 祐三　黒　長井 越後
　児童　黒杭 内匠　部眷僕　宮地 式部
　黄龍王　黒杭 主馬　文撰　宮地 出雲
一　八関祭法　八鬼神　国村 市正　八柱奉吏

万願成就御祓

4 昭和四十六年四月の年限神楽の式目

昭和四十六年四月四日に行波で行なわれた年限神楽の際の式目とその役指を示すと、次の通りであった。

舞子役割

一　荘厳　集来　加藤　宝
一　六色幸文祭　藤重　光義　吉本　博之　田中　龍夫　善岡　隆臣　藤重　敏夫　安村　敬二
一　諸神勧請　広中　信夫　田中　敏博　藤野　勝　安村　道典
一　注連灑水　重岡　格　善岡　孝臣　平村　明　椿　良美
一　荒霊豊鎮　片山　亨幹　富弘　久男　中都　隆美　江木　忠晴
神　種　加藤　宝
霊　劔　真江木　潔
敷太刀　安村　品雄
一　真榊対応内外　安村　政人　江木　敏之
柴鬼人　田中　博
奉　吏　江木　敏之
一　日本紀　安村　寿男
一　天津岩座　総神楽　善岡　康行　吉本　博之　田中　龍夫　藤重　敏夫
八乙女　安村　寿夫
手力雄　田中　博

神明　安村敬二

一　弓箭将軍

将軍　安村寿夫

一童　松本義登

二童　安村政人

一　三宝鬼人

鬼　加藤晃　田中幸夫　善岡隆臣

奉吏　平村鉄夫　藤重満良　桜井節夫

一　五龍地鎮

東　広中信夫　南　藤野勝

西　田中俊博　北　安村道典

黄龍　田中昌広　児童　桜井節夫

部眷僕　加藤宝　文撰　金森光行

一　愛宕八幡

片山享幹　末広健一

一　八関

操出　松本義登

案内　重岡格　樋口柳次

霊劔　江木幾市　植松克己

鬼　藤重仁　江木敏之　加藤晃　田中幸雄　田中昌広　善岡隆臣

安村政人　田中博

奉吏　中都隆美　平村明　富広久雄　安村寿夫　江木逸夫　末広健一

片山享幹　江木忠晴

松神楽　善岡康行　田中達夫　藤重敏夫　吉本博之

一　湯　立　　松登　安村　品雄

安村　寿夫　　片山　享幹　　江木　忠晴　　富弘　久雄

湯芝　松本　義登

一　火　納　　安村　寿夫　　片山　享幹　　江木　忠晴　　富弘　久雄

とび　片山　享幹　　富弘　久雄

以上の三つの時期に於ける神楽の曲目を相互に比較検討すれば、いろいろなことが知られる。

1の三上本「神道神楽目録次第」は2の長田本よりも十年前の書写本であるが、その内容には大差はなく、三上本には曲目名の下に注記がなされていることがこのような難解な曲名を理解する助けとなる。

三上本にあって長田本に見えないものは、中之姫・日隅宮・熊野三山・岐翁（伊勢恵美須）で、一方、三上本には「日本紀」が見えない。岐翁はあるいは「日本紀」のことかも知れない。

享保年間には、今日現在行波の神舞に見られるような判然とした十二神祇ではなく、古態を有するものであり、又、陰陽五行説や修験山伏の徒などの影響が色濃く見えている。

昭和五十二年四月二日の晩から三日夜半にかけて行なわれた行波の式年神楽では、湯立・火納とも前夜祭の最初に行なわれ、昭和五十八年四月二日から三日にかけて行なわれた式年神楽でも同様であった。これは恐らく明治以後に神職神楽から民間神楽に移行した頃からの改変で、火納めの庭燎作法を神楽に先立つ湯立行

荒神の松登り（昭和58年4月3日，行波）
萩原秀三郎氏撮影

湯立・火納（行波）　加藤寶氏提供

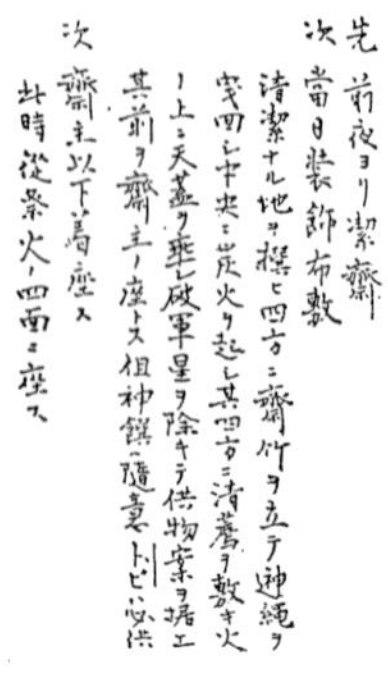
先　前夜ヨリ潔齋
次　當日装飾布敷
清潔ナル地ヲ撰ヒ四方ニ齋竹ヲ立テ辿縄ヲ
曳回シ中央ニ炭火ヲ起シ其四方ニ清薦ヲ敷キ火
ノ上ニ天蓋ヲ垂レ破軍星ヲ除キテ供物案ヲ据エ
其前ヲ齋主ノ座トス但神饌ハ随意トビハ必供
次　齋主以下着座ス
此時従祭火ノ四面ニ座ス

事に引き続いて行なうことを便宜とするためと、神楽の最終では混雑して神聖さが失われがちであり、更にこの行事だけは今日なお神職の手によらなければならないために、このような結果となったのであろう。

次に掲げる「鎮火祭口決」は、岩国市角の椎尾八幡宮宮司市木正彦氏所蔵のもので、火納神事の次第を知ることが出来る資料として紹介しておきたい。

鎮火祭口決（玉井清祇翁伝、原田高毘筆録）

先前夜ヨリ潔斎
次当日装飾布敷
清潔ナル地ヲ撰ヒ四方ニ斎竹ヲ立テ辿縄ヲ曳回シ中央ニ炭火ヲ起シ其四方ニ清薦ヲ敷キ火ノ上ニ天蓋ヲ垂レ破軍星ヲ除キテ供物案ヲ据エ其前ヲ斎主ノ座トス、但神饌ハ随意、トビハ必供
次斎主以下着座ス
此時従祭火ノ四面ニ座ス
次修祓　常ノ如シ　一同応之
次降神行事　一同平伏
祭神火神軻遇突智命
火明命
火進命

次修祓 常ノ如シ
次降神行事
祭神 火神軻遇突智命 一同應之
火明命 一同平伏
火進命
此時従祭警蹕火ノ両側ニテアーウン三声ツヽ唱フ
次二拝拍手 一同應之
次献供
豫テ供ヘ置クモ苦シカラズ
次中臣禊詞 十二度
次祈念詞 一同平伏
次四火安鎮
従祭火ノ上ノ四隅ニ咒ス
咒法
天真名井清潔元水降給布
一度火ノ上ニ書ク左旋右旋左旋三度ツヽ眼ヲ閉チ心念ヲ凝ス
次神楽 略スモ可ナリ
此時トビヲ火ノ上両側ニ置クベシ
次水徳和生
斎主破軍星ノ方向ヲ除キ立テ行リ
但素足タルベシ
神法 此時鎮心誠意ヲ凝スコト必用ナリ
天真名井清潔元水降給布
斎主火ノ中央ニ書キ左旋右旋左旋三度ツ
眼ヲ閉チ心中祈念
何事も神にまかする此身そと思ふ心に罪咎はなし 三反唱
天火地火雷火人火諸共ニ祓代はきよめまもりてきよきする 三反唱
火ニ入リテ天真名井ノ呪ヲ一旋一唱ツヽ左旋右旋
左旋歩キ回リテ拝席ヲ背ニシテ火ヨリ出ルナリ
次信者ニテ火ニ入ラントセシ者アラバ素足ニテ拝席ヲ背ニシテ入リ其向フニ出ズベシ
次撤饌

此時従祭警蹕、火ノ両側ニテアーウン三声ツヽ、唱フ
次二拝拍手 一同応之
次献供
予テ供ヘ置クモ苦シカラズ
次中臣禊詞 十二度
次祈念詞 一同平伏
次四火安鎮
従祭火ノ上ノ四隅ニ咒ス
咒法
天真名井清潔元水降給布
一度火ノ上ニ書ク、左旋右旋左旋三度ツヽ、眼ヲ閉チ心念ヲ凝ス
次神楽略スルモ可ナリ
此時トビヲ火ノ上両側ニ置クベシ
次水徳和生
斎主破軍星ノ方向ヲ除キ立テ行フ、但素足《ス》タルベシ
神法 此時鎮心誠意ヲ凝スコト必用ナリ
天真名井清潔元水降給布
斎主火ノ中央ニ書キ、左旋右旋左旋三度ツヽ、眼ヲ閉チ心中祈念
何事も神にまかする此身そと 思ふ心に罪咎ハなし三反唱

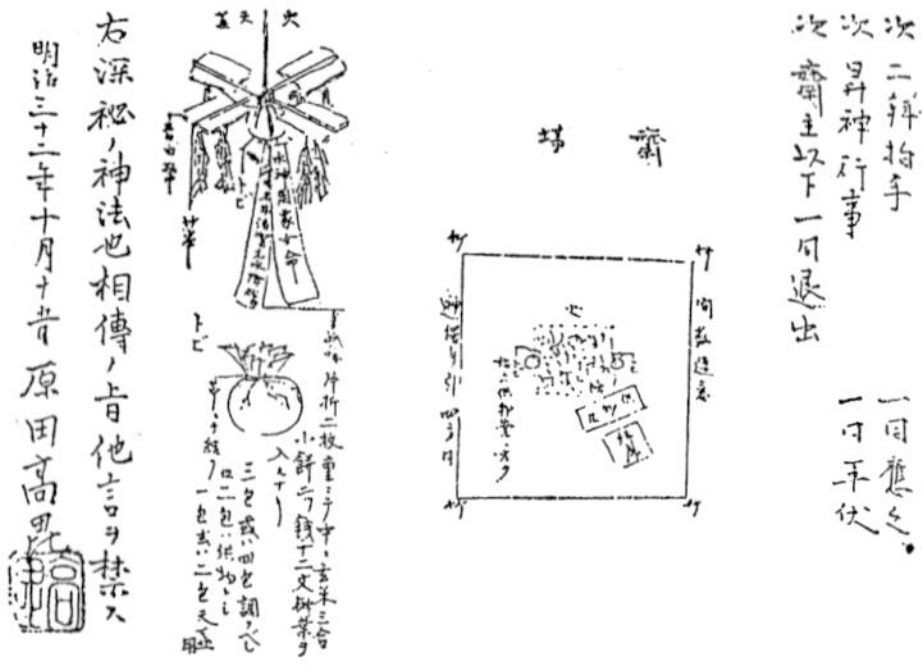

天火地火雷火人火諸共に　神代かきりにこゝにをさまる三反唱
火ニ入リテ天真名井ノ咒ヲ一旋一唱ツヽ、左旋右旋左旋歩キ回リテ、拝席ヲ背ニシテ火ヨリ出ルナリ
次信者ニテ火ニ入ラント乞フ者アラバ素足ニテ拝席ヲ背ニシテ入リ其向フニ出スベシ
次撤饌
次二拝拍手　一同応之
次昇神行事　一同平伏
次斎主以下一同退出
(図省略、上図)
右深秘ノ神法也、相伝ノ旨、他言ヲ禁ス
明治三十二年十月十五日　原田高毘㊞

明治以前と以後とで今一つ大きな違いは八関の祭法である。以前は八関作祭と妙果松とからなっていたが、現在は八関作法・松神楽・松登りと、一連のものが優に三〇名近い人々によって行なわれ、今日では行波の神舞のフィナーレの如き存在となっている。先の天保十年以降の神楽議定書を見ても、八関作法には奉吏・鬼神とも各一名ずつの神職名が記載されてあるだけである。松登りは恐らく神職以外の地下人によってなされたものであろう。

三　御棚備物

明治二十年の記録によると、次のようである。

一御初穂　拾弐文
一祝　餅　弐重　但し差渡し五寸の事
一御　酒　壱升　但し新樽之事
一掛　鯛　壱掛ヶ　但壱枚ニ付長壱尺五寸　目方六百目位イ
一　米　壱升弐合　御棚組膳十二膳之事
一御　水　新たご壱ツ
一五穀俵　拾弐俵

八関の舞（行波）　鈴木正崇氏撮影

右村中寄進ノ事、尤モ閏月有之年ハ十三俵ノ事、相談ノ節ニ出シ人取極メ置ク事　但シ寸法長サ壱尺廻り弐尺ノ事

一御仮御殿　備物
一祝　餅　壱重　但し差渡し五寸
一さん米　三合
一御　酒

一御湯立備物

一御初穂　弐拾四文　釜本御初穂
一さん米　壱升

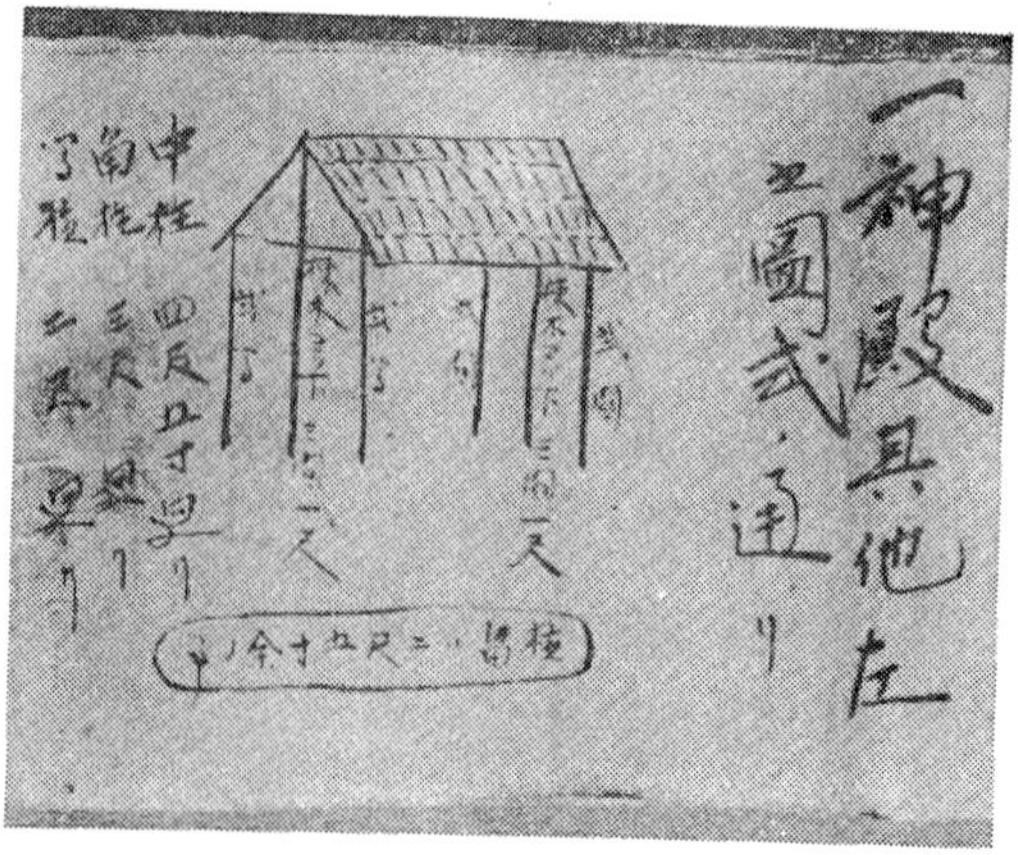

神　殿

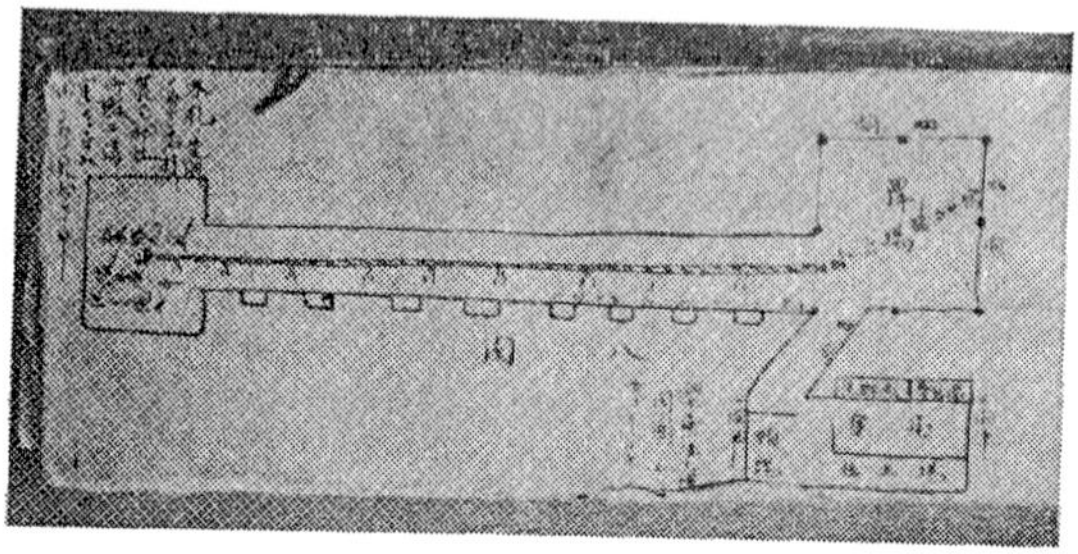

舞場，楽屋

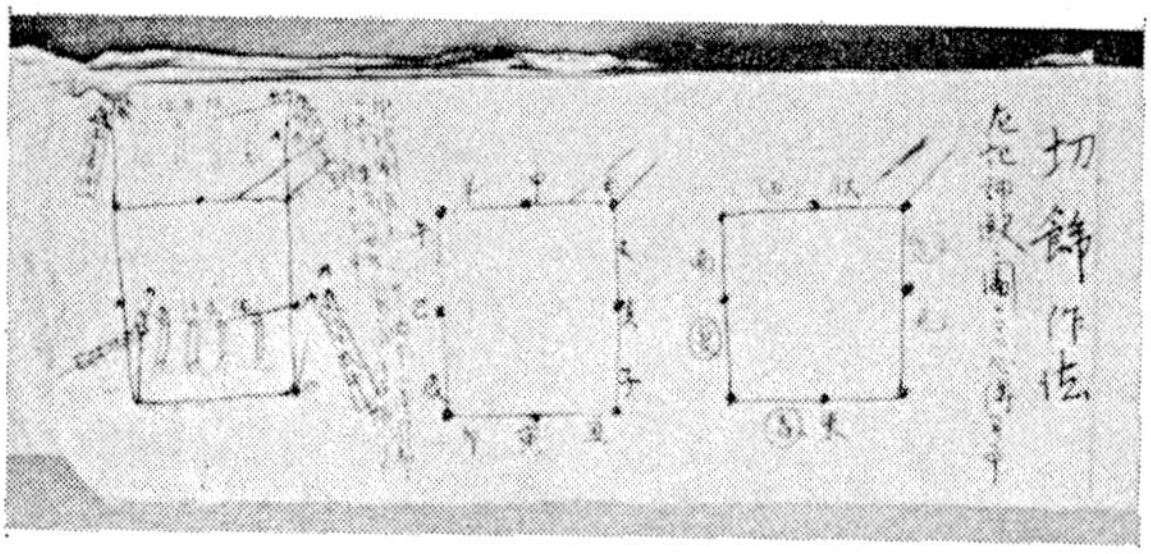

切り飾り作法

一湯こし木綿　四尺
一祝　餅　壱重一　但し差渡し四寸
一御　酒
一ひよたん杓　壱ツ
一清キ処ノ赤土　少し

一セリ　少し
〆
火納備物
一米　壱升　火ノさん米
一米　六合　火のとひ弐包ノ事
一餅　四ッ　右入用
一弐拾四文　右入用
一祝餅　壱重　但し差渡し四寸
一米　六合　火の天外弐包
一餅　四ッ　右入用
一弐拾四文　右入用
呑立入用
一御初穂　拾弐文
一さん米　三合
一酒弐升入　壱丁
一肴代　弐拾銭
切飾り
一玉幡　十六
一銭幡　十六

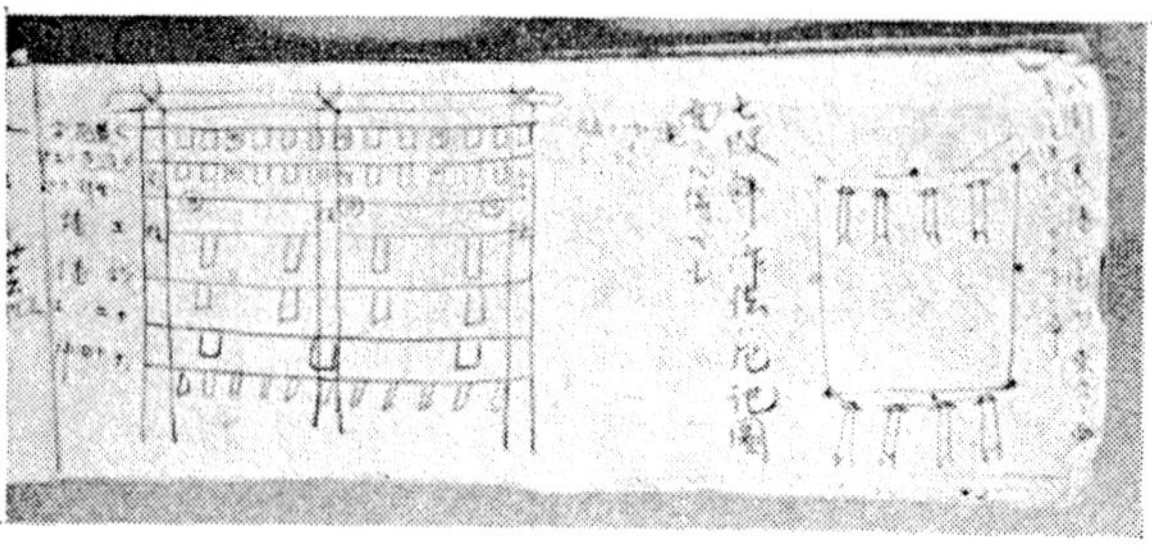
八関の裏の幡と七段飾りの作法

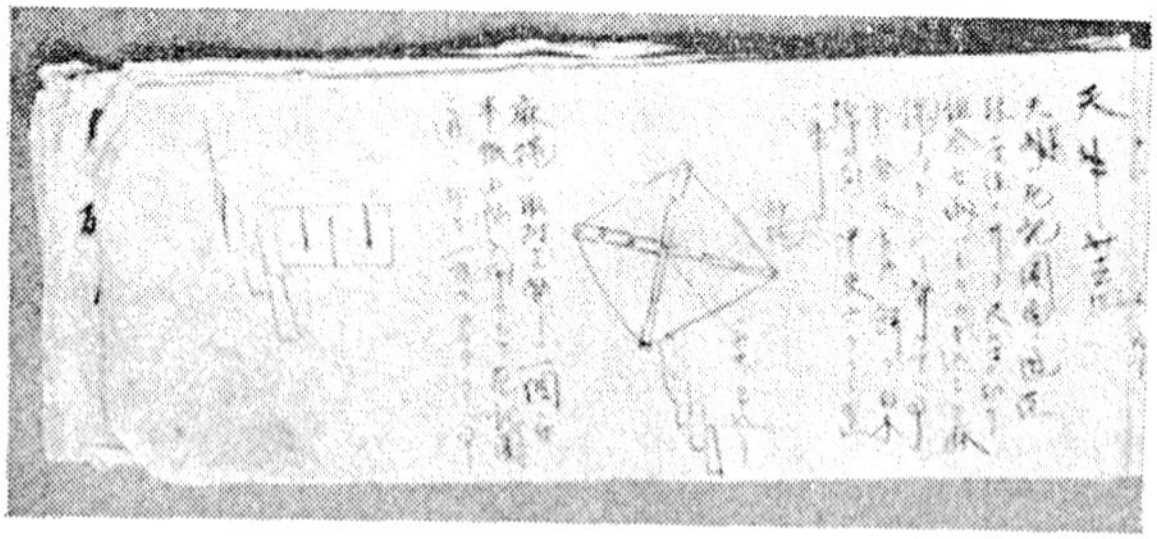
天　蓋

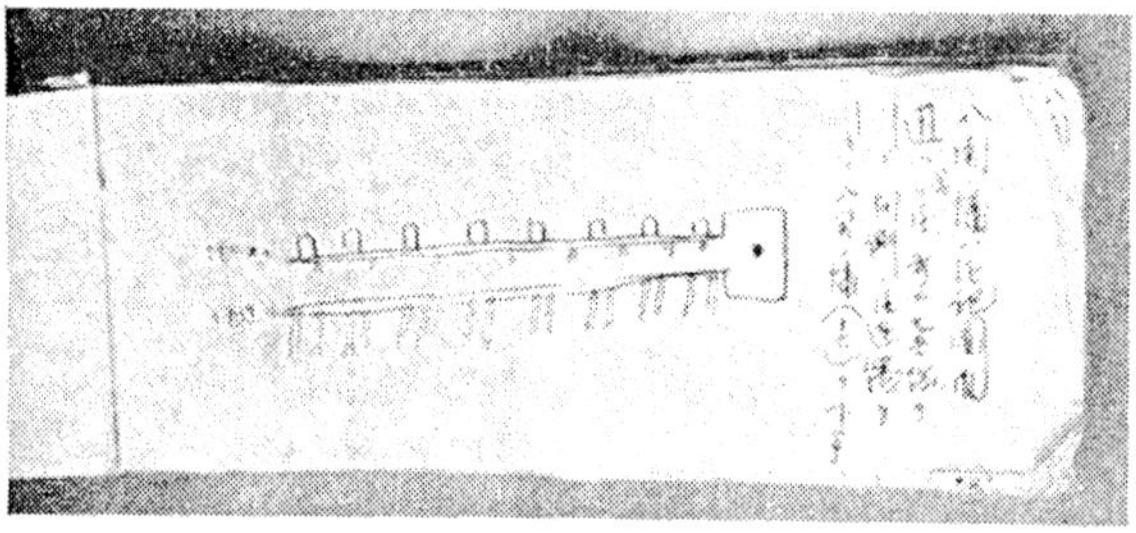
八関の幡

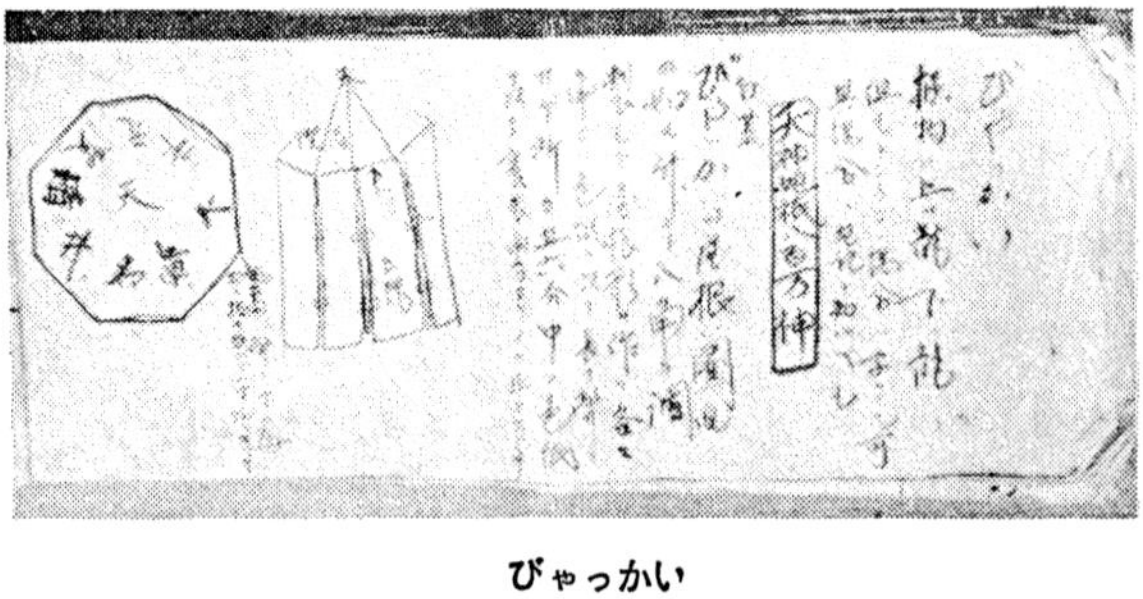
びゃっかい

一十二ノエトノ幡
一四季造花　弐段
但壱段ハ花壱段ハ字、尤も字絵ハ春は梅ニ鶯、夏ハ浪ニ鯛、秋ハ垣ニひよたん、冬ハ水仙、字ハ春ハ霞ノ空、夏ハ白雨、秋ハ月に桂、冬ハあられ
但し雛形ハ別ニ袋入ニメ相添ル

一八神幡
是ハ神殿ノ内へ四処ヅリナリ　長サ半紙竪四枚継ノ事
一御はけ竹　四本
四神幡　但し二方注連縄ニ十二神幡
但し長サ見合事
切飾り紙入用
一こん紙　八枚
一かいた　七枚
一よしの紙　三状
一片　折　弐状
一色　紙　六百三拾枚
但し赤黄青三ツわりノ事
一半　紙　拾束
但し舞幣共ニ
一色　紙　弐百枚
神殿の飾り付けについては、四五二頁と四五四頁に掲示する写真によって理解して頂きたい。

四　神楽歌

御薗生翁甫『防長神楽の研究』（未来社、昭和四十七年）の終尾に、財前司一氏が「岩国市行波年限神楽採訪記」の一文を書いていられるが、その中に宮本常一氏が次のように語られたとある。

最後の昇神の儀式が見られないのは残念ですが、この神楽で欠落しているところを申しあげます。第一に神楽歌がなくなり、詞章に勝手な節をつけて歌っているということ、つぎに願舞といいながらも、願舞の要素が省略されているということです。

宮本常一氏は恐らくこの日初めて行波の神舞を見られての印象を語られたものであろう。その宮本氏の言葉尻を捉えて云々するのは穏当でないが、他地方の神楽ではどの曲目でも神楽歌を歌わずに太鼓を囃すことはないから、行波のように神楽歌なしで太鼓をたたく場合が多いのを見て、すなわち無言で一途に太鼓を打ち続ける有様を見て、強く印象付けられたのであろう。私も最初は宮本氏と同じような印象を受けることがあったが、何回か見るうちに神楽歌を歌う場面があることを捉えることが出来るようになった。

本節の末に紹介する三上従正氏所蔵の宝永四年（一七〇七）本「唯一参詣次第神哥」には、四二首の神楽歌が記されているし、同じく三上氏所蔵の享保六年（一七二一）本「神道神楽目録次第」には、二七首の神楽歌が書き留められている。これらの神楽歌はどの曲目かに必要な神楽歌であったはずである。ただ現在の行波の神舞が往昔の通りには行なわれていないので、その順序が変わったり、重要な曲目も幾曲かは廃曲になっているために、昔と比べて神楽歌を歌う場面もより少なくなっているのである。

最初に神楽歌が歌われるのは神殿入りの時である。この時に衆来（集来）が歌う神楽歌は次の七首である。

〽ひいらぎをみふねにつくりてともにたち　ろかいそろえて神迎えしよう
〽かんどのへ何をか降らしようさらさらと　こがねまじりのさよねふらしよう
〽春くれば木の芽も目立ちたづも張る　まだ幼きは萩の若ばえ
〽夏山や木々の梢が高くして　空にて蟬が琴をしらぶる

〽秋草はむすぶばかりになりにけり　いざきりぎりす衣替えしよう
〽冬来ると谷川つげしみ吉野の　しぐれぞつけし山巡りしよう
〽年の内に春は来にけり一年を　去年とや云わん今年とや云わん
周防岩国地方の神楽歌には古い歌が歌われているが、その中には古今集などから採られた歌もある。
その次に歌われるのは、諸神勧請の時の「注連歌」である。
〽この注連のそだちはどこぞ筑紫なる　あられたい田のいなぐきの本
〽この注連をたれないそめし尾張なる　熱田の宮の祢宜の結うしめ
〽このしめをたれ引きそめし出雲なる　杵築の宮の祢宜の引くしめ
〽うしひつじたついぬかけて引くしめも　いねにぞとまるもとをたづねて
〽しめよしめをうたらみしめ宮の前　いづみいでゝはとくは給はれ
〽しめの内まだ入りまさぬ神あらば　こがねのしめを越えてましませ
諸神勧請の注連歌は本来六首を連誦するのが本義であるが、現在は最初の一首だけが歌われている。
注連歌には次の歌が歌われている。
〽きぬがきの緑の糸にとぢられて　とけばとかるるかみつくしかな
荒霊豊鎮や日本紀にも神歌が挿入される場面がある。真榊対応内外、俗に柴鬼神とも云うが、荒平と法の主の歌問答に入る前に、次の三首が法の主によって歌われる。この時には太鼓なしで歌われる。
〽ひゝらぎを御船に造りて鞆に立ち　艪櫂そろへて神迎へせう
〽しづやしづせいしづかなれ池の水　騒がぬ水にかげやさすらん
〽神殿になにをかふらせうさらさらと　こがねまじりのさよねふらせう

次に、三宝鬼人の舞では、三人の法吏が四季歌の春・夏・秋・冬の表歌を歌うと、これに対して三人の鬼がそれぞれ謂を云う場面がある。

天津岩座の宇受女を舞う場面でも神楽歌が歌われる。

この外に、願舞の年限神楽では、前夜の湯立に於いて湯立歌三首が歌われる。

〽御湯幣の育ちはどこぞ日の本の　あさをだけの育ちなるらん

〽御湯釜の育ちはどこぞ筑紫なる　鐘ヶ岬の育ちなるらん

〽なを千年とわたるひしゃくで御湯汲めば　悪魔はあらじ福は止る　水もろともに福はとどまる

このように見てくると、神楽歌が歌われる場面はかなり多いのである。ただ他地方の神楽では、神囃子の太鼓では神楽歌なしに無言で太鼓だけを打つと云うことはなく、神楽歌と太鼓と両々相俟って舞が進行していくのに、行波の神舞では太鼓なしで歌われる場合が多いことの違いがある。そして大部分の太鼓は無言で打たれるから、宮本氏が指摘されたように、神楽歌が歌われないと云うことになるのである。何回も注意して見れば、神楽歌本来の役目は果たされていることが理解されよう。

今では歌われていないものであるが、「神道神楽目録次第」には次のような神楽歌がある。

〽ニシノ宮フキクル嵐ノハゲシサヨ　ナムヤトウガク　ブガクノ笛ヲ吹　カミ七ツシモ一ツ　八ツチヤウウタヲヨミツレテ　ナニノミガクニアウトカヨ

△ハンヤノ　イリマシヲキヤウトキ、　センバイヘイ

△ハンヤノ　モ、サカヤ　ヤサカヲコヘテ　イマワイリマシ

△ハンヤ　ザツトイルハマノマサゴノカズヨリモ　ナヲヒサシキハコゼノミヤ

△ヨロコビニマタヨロコビヲカサネテハ　トモニアウゾウレシキモノ

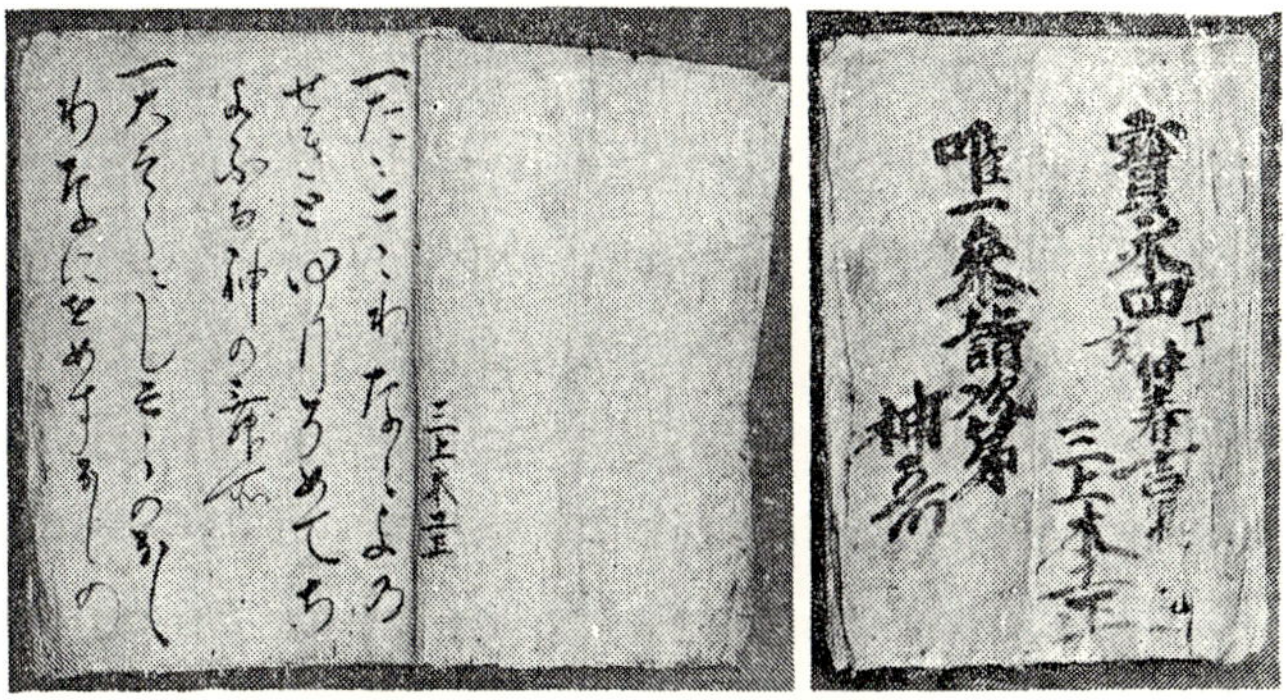

唯一参詣次第神哥（岩国市下三上従正氏蔵）

△ユル〱トナガル、ミヅノソノウヘニ　マサゴナミセソフカクタノマン
△シロカネヲタ、スイバカリイサスルゾ　ヒトミヤリドノカケカネニセウ

これらの神楽歌は、古来からの系譜につながる神下しの歌である。備後西城地方の神弓祭の一二の弓揚げ歌にも通ずる歌ふしのような気がする。

岩国市下の三上従正氏所蔵の神歌本に、宝永四年（一七〇七）仲春に三上家の祖三上夲正が書写した「唯一参詣次第神哥」がある。神歌四二首と湯立祝詞に祭事・参詣次第とが記されている。

山代半紙二五枚の表裏に大体四行か五行ずつ書き継がれたもので、表紙の中央より左寄りに表題が書かれ、右側に「宝永四丁亥仲春吉日」、その左側に三上夲正の署名がなされている。字体は麗筆と云うべきもので、ほれぼれするほどの美しい漢字交じりの仮名書きである。

三上家は、代々河内郷角に鎮座の椎尾山八幡宮の神主長田家以下六社家の一人であった。当主は現在は岩国市二鹿の河内神社に奉仕されている。

神歌は神下し歌から始まり、四季歌・注連歌と続き、舞歌に移り、湯立歌三首で終わっている。

宝永四丁亥仲春吉日
三上杢正
唯一参詣次第神哥
一たゝこゝわなゝよのせきとゆりそめて　ちよふる神の舞所
一大そらにしそうのほしわなにをめす　ほしのこそてにあまかさをめす
一なかのごてをりいのこさはあやをはへ　にしきをならへてごさとふましやう
一なけなげる久米の米のごとかとに　なけくまごてやうけてまします
神哥

四キウタ
一春くれハ木のめも目立たづもはる　まだおそなぎのはぎのわかたち
一夏山やきりの木すゑが高くして　そらにてせ見がことをしらぶる
一秋くさハむすぶ斗になかりけり　いさきり〳〵すころもかへしやう
一冬くると谷川つけし見よしのゝ　しぐれぞつげし山めぐりしやう
一氏神のいまこそぶたいにをり給ふ　我か氏人のあくまはらわん
一神殿《かんとの》ゑ何をふらさうさら〳〵と　金《こがね》まじりのさよねふらさう
一此注連のそたちわどこぞつくしなる　あられたい田のいなくきの本
一此注連をたれないそめしをわりなる　あつたの宮のねぎのなうしめ
一此しめをたれ引きそめしいづもなる　きつきの宮のねぎノ引しめ

一うしひつじたついぬかけて引しめも　いねにぞ留るもとをたづねて
一しめよ〱をうたら見しめ宮の前　いづミ出てわとくわたまわらん
一しめの内まだ入まさん神あらハ　金《こがね》の見しめをこへてましませ
一ひうら木を御舟に作りてともへたて　へさきを揃て神むかへしやう
一やらうれしやら慶しやうこれやこの　舞奉《まいたてまつる》　神のおにわに
一おくわゆきふもとハあられさとハあめ　いざとけやをう谷川の水
一しすやしすせいしづかなれいけの水　さをがの水にかけをさすらん
一何としてゆきとこうりがへだたれど　とくれバおなじ谷川の水
一明神の森にも鶴が舞遊ぶ　これこそ千代のためしなるらん
一きぬかきの見どりのいとにとぢられて　とけばとかるるかみつくしかな
一しろかねの目ぬきのたちをさぎわけて　ならのみやこを出るはたかこぞ
一見やこ迄きこへハ高きいつくしま　いくたびたゝぬハ御前の下迄
一山人をけさ卯のこくニひたててハ　あらこもしきて待そ久き
一おく山にかぢするとをとの聞ゆるハ　しうぎが見ねのへいぢとぞなる
一おく山ハ皆人しめういざわれも　と山をしめてわがやまとしやう
一かうじんのましますさきハきもかやも　ちくさもなびく
一にわ中にちゝりこなべに見ゆたてゝ　まづ立よれハし氷とそなる
一水ふきハ水になりたる我なれハ　われぞ水ふきわれぞ水ふき
一かみのます鳥居に入れハこの見より　日月の宮とやすらかにすむ

一あらかみハあらこなまいそしなやかに　はいたる刀ハちやうのごとくに
一つるぎたつもろはのやいばをさぎわけて　ならの宮こを出るハたかこか
一かみ〳〵の下り居の御座ニあやをはゑ　にしきを幷《ならべ》御座とふましやう
一しやちくまハそらをぞはしるいざわれ　おりてあそばん我もあそばん
一鶴のこのふみやならしたいたなれば　あくまわよらじさよねふらさう

ゆだてのうた

一御湯へいのそだちハとこぞ日の本の　あさをだけのそだちなるらん
一御湯がまのそだちハどこぞつくしなる　かねが見さきのそたちなるらん
一なを千年とわたるひしやくで御ゆくめバあくまハあらじ　ふくハとゝまる水もろともにふくハとゝまる

ゆだての祝詞

神ノます酉いに
入ば此ミより
日月の宮とやす
らかニすむ

抑湯立のらんしやうを尋奉ハ神代の昔天照太神の天のいわとにとぢこもり給時、国の中とこや見〆ちうやのわかちなく、其時八百万の神たちいわ戸の前にてこれをかなし見給て、先大さんけんをなし奉東方之木神王ハ九つの木こんにきして、三々九度とこれにそなへおわします、西方の火神王ハ三つの火魂にきして木性火とこれをもやしおわします、西方の金神王ハ七つの金魂を以金性水とこれそなへおわします、北方の水神王ハ五つの水はくを以はやきに有らずぬるきにあらす中津瀬にこれをたゝへおわします、中方の土神王ハ一つの土魂にきして地中けんごにしておわします、其時八神八方にいねふし、もよもに来りんしひとへにきふくしなうぢうし給也、何御神のうづの広前天のゆはなを立給へ、龍神ぶるいけんぞく一いにのうじゆし給也、然者当村十二五性之内伍穀成就万民はんじやううたがいなく

あめ土もひらけひらくるきよめとて　神ノ前ノ湯立てなるらん

祭　叓

謹請東方仁青帝青龍王木神龍王、謹請南方赤帝赤龍王火神龍王、謹請西方仁白帝白龍王金神龍王、謹請北方黒帝黒龍王水神龍王達　而用向之玉正月しやうめう神二月かきん三月すいきん四月てんそう五月しやうきち六月しやうてい七月大吉八月てんかう九月大小十月九ぞう十一月大吉十二月神言ノ神再拝々々、只今捧奉みてぐらにハかみ〳〵ハあまつかみのそなわり給、下々にハくにつ神のやどり給中にハあをひとくさのミたねをふくミ給也

こゝにて氏子へへいをいただかす

謹請再拝申さい礼申さいはい申、神は一てきを以四かいに見ちる一りうを以五こくにあたへほとこし給、ぐわんしゆ何ノとしけちうじやうか男女しゆびやう、しつびやうじゆめうちやうをんふくろくゐんまんにしでわかんのざいちをはんひしのこうしのぢぎに相かないじもひとも六しんきうぞくさんしけんぞくけないろうにやく上かろうしんぶるいけんぞくあんをんそくさいにして、夜のまぶり日のまぶりさいはい〳〵とことバわけに申しぜんぜんぜよりのかれざるつミとが有共毎日きねんをいたす神とくを以さがもなくたゝりもなくまぶりさいはい給へと申

参詣次第

先前斎　早旦行水

次着浄衣

次取二祓串一祓二我身一

次社参

次鳥居之大事
神　坐鳥居入従此身《カミノマストリイニイレハコノミヨリ》　日月宮殿安楽径《ヒツキノミヤシヨトヤスラカニスム》
次進神前
次乍立一揖
次座揖
次二拝
次六根清浄大祓
次中臣祓
次三種大祓　十二反

五　太鼓の打ち方――楽の種類

太鼓の打ち方には種類が一三あり、次の名称で呼んでいる。
ネトリ　六神　鬼舞　獅子舞　カグラ　タクセン　水車　カタイダカタイダ　ホホホヒホホ　ウズメ　ダイジン　火納め　吹き上げ
神舞の各曲目では次のような順序で囃す。
湯　立　ネトリで出て、火納めの笛、入る時はネトリで入る。
湯　柴　ネトリで出て、獅子舞の囃しとなり、ネトリで入る。
神殿入　ネトリで出て、神歌一〇首歌い、吹き上げで終わる。
六　神　ネトリで出て、鬼舞、カタイダカタイダ、の順で、六神の笛となり、ネトリで入る。

諸　神　ネトリで出て、水車、獅子舞、カグラ、タクセンの順で、ネトリで入る。

灑　水　ネトリ、水車、獅子舞、カグラ、の順で進み、鬼舞の曲の中にホホホヒホホが入る。

豊　鎮　鬼舞の曲で出て、水車、ホホホヒホホ、カタイダカタイダ、カグラ、鬼舞、ホホホヒホホ、水車の順で鬼舞の曲で入る。

柴鬼神　鬼舞の曲

日本紀　六神で出る。鬼舞、カグラ、ネトリ、タクセン、カタイダカタイダの順で、六神で入る。

岩　戸　ネトリで出て、カグラ、タクセン、鬼舞、ウズメ、鬼舞、大神、ウズメ、ネトリで終わる。

将　軍　鬼舞で始まり、水車、カグラ、シシマイ、水車、カグラ、鬼舞、水車、獅子舞、鬼舞、水車の順で、ネトリで終わる。

三鬼神　鬼舞

地　鎮　鬼舞、水車、獅子舞、カグラ、タクセン、の順で、ネトリで終わる。

八　幡　鬼舞で出て、水車、獅子舞、カグラ、タクセンの順でネトリで終わる。

八　関　鬼舞の前に、松神楽が行なわれ、ネトリで出て、カグラ、タクセン、ネトリで終わる。八関は鬼舞の調子。

六　行波に於ける神楽の伝承

昭和五十二年四月二日から三日夜にかけて行なわれた行波の神舞は、二日の前夜祭には、市木正彦宮司以下、長田和房・三上従正・岡田一穂の各氏によって神事を奉仕された。他地方の七座の神事に当たるものは、湯柴・湯立・火納・トビ・六色・勧請・灑水の七種目である。第二日は、早朝全員が錦川でこりかきを行ない、続いて神殿の飾り付けが済むと、降神の儀・神殿入りが行なわれる。次いで、六色幸文祭・勧請・灑水・日本紀・内外柴・豊鎮・愛宕八幡・八関・将軍・

神殿（行波）　岩田勝氏撮影

三鬼・地鎮・岩座の順に、一二番の舞が行なわれた。

行波には何回か訪れて、加藤寶氏以下保持者の方々にお集まりを乞うて御教示に預かった。しかし短期間では地元の風俗習慣にまで溶け込むことが出来ないため、最も大切なニュアンスのようなものの把握には欠ける。だが山口県の神楽でこれだけのものを今日まで伝承してきた旧藩時代からの行波村と云うものを考えないではいられない。

行波の神舞について私の気付いたことを書き留めておきたい。

1　神殿の舗設

行波の神舞について最も感銘を深くするものは、あの大掛かりな神殿の舗設である。式年神楽の執行に当たっては神殿を新設することが第一義の必須条件であったが、現在でも神殿を新設して式年神楽を執行している処は、中国地方では、行波以外では玖珂郡周東町西長野・柳井市伊陸《いかち》・周防祝島の神舞、石見邑智郡石見町矢上の大元神楽があり、稀には備中神楽の行なわれる地帯にも見られる程度である。備後東城地方の三十三年目の大神楽では、高殿（神殿）の舗設が難しくなった現在では、遊び頭屋と舞頭屋の二軒の民家で、前神楽・本神楽・灰神楽の三段階の神楽が行なわれている。

このように、大掛かりな神殿の舗設が現在ではいかに難しい事情に置かれているかが判るのである。

行波では、錦川川畔に四間四方の神殿と三間半四方の楽屋を、そして神殿から二〇間川上に一三間半の梢付きの赤松を樹てるのであるが、昔は木出しから始めて神殿の舗設が完了するまでに一ヶ月の労務を必要としたと云われる。現在でも柱松を樹て終わるまでには一週間を要する由である。

2 神殿の飾り付け

神殿の四隅の外側に四本のオハケ竹を立て、そのオハケ竹に七段に縄を張り巡らせて、最上段に四季造花の、春は梅の花、夏は卯の花、秋は明月、冬は玉笹の字の書いたものを貼り、第二段に四季造花の、春は柳につばめ、夏は浪に鯛、秋は垣にひょうたん、冬は水仙の絵を彫ったものを貼り、第三段に懸け銭一二文、第四段に玉幡一六枚、第五段に銭幡一六枚、第六段に一二のエト、第七段に六四神の名を書いたものを結ぶ。この切り飾りに要する手間は二〇日間を要するとのことで、昭和五十二年の式年神楽では一日三〇〇〇円の日当で二〇日分、計六万円を費やし、これに要する半紙代などには二〇万円を必要としたと云う。

神殿から登り松の間の八関の通路には、七五三縄と八関の幡一六枚が結ばれる。又、登り松には青竹で梯子が作られ、日月星を象徴する赤・白・銀の円形にかたどった三体の鏡が懸けられる。そして松を中心として二間四方に七五三飾りがなされ、松の根元に三俵の米俵が置かれる。

神殿の中央には白蓋が吊られる。白蓋の屋根は竹で八角に調製して屋根形を作り、各々の隅には色紙をもって長い幣を下げ、所々を色紙をもって裏表四方より糊止めをする。白蓋の彫り物は上り龍下り龍を描いたもので、中央に重り米を結び付け、重り米に結んだ幡には「天真名井清潔元水降給布」と記されたものと「水神罔象女命」と記したものと、二流れを付ける。白蓋には麻縄を結び付けて、自由に曳くことが出来る仕掛けとなっている。白蓋の両側に二つの天蓋が吊られる。天蓋は直径一寸くらいの竹を尺二寸に切り、組み合わせて両側をかぎ込み、麻縄で縛り、幣を下げる。米三合と餅・賽銭を白木綿で包み、中央にくくり付ける。

前夜の湯立は神殿の中央に湯釜を据えて行なわれるが、行波の神舞はもともとこの湯釜を中心にして演舞されたものではないだろうか。現在は湯立に引き続いて火納めの神事が行なわれるが、以前の記録には火納めの鎮火祭の秘法は最終時になされている。終夜終日湯釜を中心としての神楽であったからこそ、火納めが最終時に行なわれ、ここで昇神式がなさ

柱松に登った荒神（行波）　加藤寶氏撮影

れたのである。周防山代地方の山〆神楽で、最終に山ノ神の出口に張られた大弓を潜って家路につくのと同じように、行波の神舞では最終にこの湯釜に焚かれた聖火を踏んで家路に帰り行くのが亦神舞の目的の一つではなかったろうか。私には、しきりにそんな気がするのである。

3　舞い方とその衣裳

行波に於ける舞い方のように、足を爪立てて、腰を折って前屈みの体勢で長時間演舞する処は、中国地方には他にその例がないのではなかろうか。行波の神舞を最初に見た時から、こんな姿勢で舞うのは何か由って来る理由が必ずあることだと思った。それがどこの何に繋がっているのかはまだ判らないが、黒紋付に黒袴、斎襷を掛けて舟型烏帽子での出で立ちは、どう見ても修験山伏の姿である。そして「神道神楽目録次第」に見える神楽演目名は修験道などから得た智識である。又、荒平・王子・将軍の曲目を有し、柱松の神事―八関の松登りの曲芸などは、激しい鍛錬なしでは到底到達することは不可能なことである。恐らく中世期以来伝受伝承して来たものであろう。

事実、松登りの神事がいつから行なわれて来たかと云うことは不明だが、荒神が松に登ると否とにかかわらず、柱松は古くから影向のための神木であったろうから、現在柱松の下で四人の小児によって松神楽が行なわれていることの方が、かえって古態なのであろう。柱松に日月星の三体を飾ることも深い意味を持つものであろう。

明治になって、行波の里人によって八関の行事のすべてが行なわれるようになってから、松に登って一本の綱を伝って下りて来る荒神の神役に奉仕して来た人々は、みな激しい潔斎を経なければならなかった。明治二十年十二月六日に式年神楽が行なわれた際には、中都早蔵と云う方が松登りをされているが、この人などは二一日間の潔斎を荒玉社の社殿で行なわれたと云うことである。この中都家からは以後の願舞にも荒神になられた方が出ておられる。松に登るには一定期間の潔斎が必要であるが、今後この神事を続けていくための最も難問題の一つは、荒神になる人がいるかいないかと云うことである。体力も必要であるが、体力よりも精神面の方が大きいであろう。無我の境地に到達出来なければ、又その境地に到達することの出来る人でなければ、それは不可能であるからである。

4 願舞と云うこと

山口県内では、式年神楽のことを願舞と別称する処がある。行波でも願舞と云っている。鎮魂儀礼による蘇生―若返りの意味もあるが、もっと以前の意味は死後の問題ではなかったろうか。

先ず最初に錦川で水垢離を取ることから始め、湯立式では白蓋に結び垂らした布にあるように、「天真名井清潔元水降給布」聖水による湯を浴み、柴鬼神（荒平）の舞の前に行なわれる善の綱には、人々は思い思いに賽銭を投げ打つ。この賽銭は半紙に包まれて、東西の柱に引き渡した善の綱に結ばれる。そして最終の鎮火祭―火納めの神事で聖火を踏んで、神舞は千秋万歳と終了するのである。

以上は、神楽の庭に神集いたる村人達のこの世に於ける願ほどきであるが、一方、柱松を樹てて八関の舞の中を白装束の荒神が両手を左右に水平に上げて、八関の白布を踏み進んで行く様は、そして松に登って燈をかかげ、静かに三本の曳き綱の一本を伝わって天界より地界に降りて来る風景は、人が生まれてこの世に有り、やがて死してその霊魂はいまだ何処にも定まらず、六道にさまよう姿から、この神楽式によって祖霊に加入することが可能となるのではあるまいか。備後東城地方の三十三年の大神楽が祖霊加入の儀式神楽であったように、その年限は短少であるが、八関の神事にはこのような意味もあったのではないかと私には思われる。

七　八関の神事と松登り――昭和五十八年四月の式年神楽――

昭和五十八年四月二日から三日にかけて、行波の神舞は、式年祭に合わせて、昭和五十四年二月に国の重要無形民俗文化財に指定されたための現地公開が行なわれた。

私は四月二日朝、三江線川戸駅午前八時十分発の広島行き特急バスで広島に出て、岩田勝氏と落ち合い、広島から汽車で岩国駅に下車、同市今津町の久義万旅館に着いた。既に早稲田大学演劇博物館の方々は前日から来てビデオ撮影の準備に着手しておられ、夕方には萩原秀三郎・須藤功・渡辺良正諸氏の写真家、渡辺伸夫・武井正弘・鈴木正崇・モクレール＝シモンさんらも来られた。

前日の大雨はうそのように、その日は青空の春日和となったが、錦帯橋川畔の桜はまだ蕾で、前回の神舞には本田安次先生も来られ、神楽の終わった朝、早く起きて、今錦帯橋から桜を見物して来たのだと申されたが、それに比べると、今年の花は一週間も遅れている。

ここでは八関の神事と松登りのことを中心に、記録しておきたいことを二、三書き留めておきたい。

今回は、岩国市伊房の藤島一禎氏の山林から、一三間半の赤松の柱松を始め、神殿用の柱材など一切を伐り出した由で、柱松は三〇〇メートルの山頂にあり、伐り出すのに一日、錦川畔まで運搬するのに一日、柱松を立てるのに一日と、都合三日間を要したとのことである。

二日目の四月三日、時間は午後三時半を過ぎて、いよいよ本日のフィナーレと云うべき八関の舞、松登りが始まった。しかし、八関の神事に移る前に舞子頭の安村寿夫氏によって再度諸神勧請の清めの舞が行なわれた。それは、偶然に二つある天蓋の一方の天蓋が神殿席上に落ちたため、その不吉を祓うためであった。これから始まる松登りに禍いがあってはと思ってのことであった。安村氏の舞振りを見ていると、この舞い方が行波の伝え来し舞振りで、若い人達の舞い方と比較すれば天地の差があると思われた。

八関の神事には、鬼八、奉吏八、案内二、繰り出し一、先払い二、松神楽四、松登り一の、二六名を要する。これに奏楽二組を必要とするから、その一〇名を加えると総勢三六名いなければ出来ない。まさに行波をあげての総出演である。錦川の川堤を埋め尽くした大勢の拝観者達も、この松登りを一目見るために集まったのである。今日の松登りは誰が奉仕するのかと私は前から心配していたが、この行波の方で自衛隊のレインジャー部隊に所属していた田中龍男と云う二十二歳になる若者が潔斎して荒神になられるとのことであった。

奉吏八人が神殿の八関道の入り口で待機しているところへ、繰り出しによって一番鬼から逐次神殿の内へ導き出され、鬼は次々に一番奉吏以下と組み合い、神歌・問答をして舞いながら登り松の下まで行く。登り松の下では少年四人が松を中にして松神楽を舞う。

松神楽が終わると、白装束の荒神が両手を左右に水平に上げて、八関の白布を踏み進んで行く。その前を先払い（先導の者）が清めの塩をまきながら進む。荒神は一三間半の松に登り、日月星の鏡に火をつけようとしたが、風が強く、やむなく下界へ落とした。そして松の枝を折って四方へ投げると、これを拾わんとして大勢の者が松の下に集まった。この松の枝は幸運を授くるもので、次回の願舞の時まで無病息災で暮らせると云われている。

荒神が三本の引き綱のうちのどの綱を下りて来るかは、あらかじめ神籤によって定められ、その綱を伝わって頭を前に足を後にして下りて来る。途中で足を綱に絡ませて、まっさかさまになったりして、一種曲芸のようなこともする。丁度綱にかかった頃合いに太陽は山に入った。写真の専門家達がもう十分早ければよかったのにと、悔やむことしきりであった。松登りが終わったら、見に来ていた人々は殆ど帰ってしまった。

このあと、愛宕八幡・弓箭将軍・三宝鬼神・五龍地鎮・天津岩座の五番が次々に演舞された。最終の天津岩座で、屛風の中に閉じ込められている天照太神に扮したのは、五歳くらいの少年であった。以前の話だが、この能は七人を要し、宇受売・手力男・神明と、次々に出て六尺屛風を廻り舞うために、長時間を要するので、最後の岩戸明けに至って屛風を開くと、中にいる少年はぐっすり寝込んでいたことがあったと云う話を聞いたことがある。まことにほほえましい話である。

すべての行事が完了して打ち上げとなったのは午後十時半を過ぎた頃で、この頃には川風が身に沁みて冷たく、保存会長の加藤寶氏や舞子会長安村寿夫氏にお礼を申して辞した。その時、四月一日の大雨を心配したと申し上げたら、加藤さんは、「自分は今度で一二回の式年神楽に会っているが、その間、雨が降って神楽が出来なかったことは一回もありませんでした。全く神慮ですよ」と申された。旅館に帰ったと思って安心した時、大雷雨が沛然と軒を打った。加藤さんの云われた通り、全くの神慮である。

第二章　河内神と山〆神楽

一　河内神の信仰

山口県玖珂郡美和町内の神社信仰に於いて最も注目すべきものに、河内神信仰がある。河内神は、中国山地でも、安芸の佐伯郡、石見の美濃・鹿足郡地方、周防では旧玖珂郡の山代地方に最も多く祀られているものである。これは古く山地を開墾するに当たって、先ずその水源に山の神と水の神を祀り、これを河内神と名付けて祀ったもので、いわゆる原始農耕に於ける稲作の灌漑用水を得るための守護神として、河内神は祀られたものであった。

山口県神社庁所属の独立神社中で、河内神社の総数は四三社であるが、その中で旧玖珂郡一郡でその半数の二三社を有していることからも、この地方にいかに多いかを知ることが出来る。これは今日の独立社だけのことであるが、独立社以外にいかに数多く藩政期には祀られていたかは、文献資料によって知ることが可能である。

滑の河内神社は、美和町内の河内神では、旧藤谷組一二ヶ村（長谷・日宛・百合谷・大根川・釜ヶ原・黒沢・上佐坂・下佐坂・中垣内・滑・上駄床・下駄床）の惣社である。滑字馬角に鎮座の河内神社が最も大社であり、岩国領二八社のうちの一社でもあった。

社伝によると、大昔は白瀧山に鎮座ありしを、後に瀬戸内村に遷し、更に宝永二乙酉年（一七〇五）に今の滑馬川原へ御柱替になったものと云われる。

本社の祭神は大山祇・中山祇・羽山祇の三神で、傍らには荒神が祀られているだけで、水神系の祭祀が見られないことは、最初の鎮座地が白瀧山上であったことによるものと思われ、水神は恐らく白瀧山麓の別の祭地にあったものと思われる。祭日は古くは九月九日であり、後に十月二十二日に変更された。例祭の神幸式には花籠神事があり、流鏑馬の花馬が鳥居に去るや、参詣の群衆競ってこの花を取らば、家々富み栄ゆると云われる。この外、一月十一日に御衣替神事が行なわれる。

本殿、神明造四坪。拝殿、神明造三七坪。

滑鎮座の河内神社の氏下として末社的な取り扱いを受けるに至った旧一二ヶ村の河内社は、明治以前には村々の氏神社として、又、小組の小祠として、深いかかわりがあったことと思われる。

釜ヶ原の河内神社　鳥居から石段を下りる

美和町内に祀られていた河内社は下記の通りである。

(1)釜ヶ原　旧釜ヶ原村宮ノ原鎮座の河内神社は、元禄四年未（一六九一）十二月の藤谷組社寺付出帳によると、

河内明神社、三尺四尺、本躰三躰木幅也、縁起由来不知、年中三度祭申候、御久米指上ヶる事無御座候、神主相模抱事、

とあるが、現在の河内神社の社殿は恐らく明治期以後の建造であろう。現況は、往還より石段数十段下にあり、社殿の四周を小川で取り巻かれ、まことに清浄の社地である。

旧時は十八人衆によって宮座が行なわれ、年々九月と十一月の両度の大祭には、二名ずつ交代して祭務に当たったことは、庄屋藤本家所蔵の享保四年（一七一九）以来書き継がれた「毎年神事人別帳」によって知ることが出来る。又、九月例祭の御供用としては、三ヶ処の神田を釜ヶ原村中が年々三交代して赤米を耕作したと云われる。

旧釜ヶ原村大三郎《おおざぶろう》にも河内社があり、境内の左側に山〆のカタギの木の神木がある。未年には年限神楽が行なわれる。なお、釜ヶ原河内神社の氏子数は約六〇戸、大三郎は二二戸である。

(2)長谷「河内神社、石座二体。鳥居谷の田中に木鳥居あり、何れの代に建てしや知れる人なし。社壇と鳥居の向き背けり。今按に、此谷奥に、櫟木峠の前、着の廻に河内神ヶ浴と称する谷あり。往古は此所に宮居ありしを、元文年中、今の処へ奉還、庄屋の旧記を按に、往古鳥居谷と申処に社有しを、除地御社破損申に付、御断申出、只今清水ニ遷宮と云々。再興元禄五年壬申九月十八日と有之。鳥居谷、本名依谷、一説に此鳥居、弥山社の鳥居とも云えり」（『玖珂郡志』）。なお、旧長谷村には、この外に中村と源内廻に各二社あり、合わせて五社の河内社があった。

(3)百合谷　百合谷は戸数三五戸。『玖珂郡志』には、「石体三座、三季祭、長田日向守、山内に山神有、木鳥居、元禄二年十二月二十五日、石鳥居、寛延二己巳九月再興」とある。明治二十年、大正十一年、昭和十四年に社殿の改築が行なわれた。現在の祭日は十月二十日である。

(4)岸根『玖珂郡志』には、「河内大明神、神躰三座石像、八月湯立神事」とのみ記されているが、明治末年の坂上村書出帳にはもはや河内社の記載は見えない。他社に合祀されたものと思われる。

(5)大根川　元禄四年の藤谷組社寺付出帳には、「河内明神社、弐尺五寸四方、本体石幅」とあり、明治末年の神社明細帳には、「鍛治屋原鎮座、祭神大山祇命・天御中主尊、崇敬人七拾五名」と記されている。

(6)日宛　西谷と椛ヶ峠とに河内社二社があり、その祭日は両社とも九月十四日であったが、西谷の河内社は日宛の氏神であり、崇敬人二四〇名、椛ヶ峠の方は崇敬人二一名とあるから、こちらは小組の崇敬社であった。このような小組の河内社が、河内社の本来の姿であったのだろう。

⑺駄床　駄床村内には下駄床に二社、上駄床に二社の河内社があったことが『玖珂郡志』に見えるが、明治末年の神社明細帳によると、上駄床の二社は滑の本社に合祀され、下駄床の宮ノ本鎮座の河内社は、古くは相殿に大元社を祀っていたものが、明治期の届出には河内社を相殿に祀り、大元社を主神とした。かくて下駄床の氏神としたのである。

⑻黒沢　田中に鎮座し、「本体二尺四方の石幅也」とあり、近くに着の社があったことが元禄四年の付出帳に記されている。明治末の神社明細帳には崇敬者数六〇名とある。

⑼渋前　『玖珂郡志』に、「鷹巣河内大明神、十一月初中」と記載あるのみ。

⑽生見　『防長地下上申』の生見村の条に、河内社の鎮座地として、長角・中村に二社、志谷・石原・国木原の五社を挙げている。現在神社庁所属の河内神社は一社のみである。

⑾下畑　宮の原と柿木原とにあり、現在神社庁所属社は宮の原鎮座のものを本社とする。

⑿阿賀　福がの・舟越・片山の三ヶ処が『防長地下上申』に挙げられており、『防長風土注進案』にはもう一ヶ処、立岩にもあったことが挙げられている。

⒀中山村　大峠・二ツ野・牛ヶ峠・落合・程野・六呂谷・中山の七ヶ処にあり、小村ごとに河内社を祀っていたことが知られる。

⒁秋掛　『防長地下上申』には、大田原に一社のみ見えている。現在神社庁所属社であるが、本社は正長元年（一四二八）に隠岐周吉郡鎮座の水祖神社の勧請社であると伝えている。秋掛の氏神社で、旧村社であった。

二　山鎮祭と山〆神楽

山鎮祭《やまじめ》は式年祭として、六年又は十二年目ごとに行なわれ、山〆《やまじめ》神楽（以下、「山鎮神楽」と書き表わす）と称して、十二神祇系の神楽があり、古くは神がかり―託宣が行なわれた。しかし、現在では山鎮祭のみを執行して、山鎮神楽を行なわぬ処もある。

黒沢には山の神はなく、山鎮祭もない。今ある山の神は中垣内にあるもので、この山の神は古くからあったものではなく、上村某が明治期に島根県の方から遷したものと伝えられ、初めは上村家個人の家の祭りとして受け止められ、今でもそのことを云う人もあって、祭りの参加に疑問を持つ人もあるが、中垣内の人々によって上村家を中心に祭りは存続している。この山の神には神楽は伴っていない。

祭りは毎年一月十一日に行なわれている。昭和五十四年正月に中垣内では山鎮祭のみ行なわれた。山鎮神楽は行なわれなかった。

山鎮の行なわれる神木は、大三郎では樫の木で男神と云われ、釜ヶ原では杉の木で女神と云われている。大三郎では未年が年限祭であり、釜ヶ原は午年である。

釜ヶ原の山の神

美和町内ではないが、同じ玖珂郡内の由宇町清水でも、山の神の神木は、川を境にして、一方は樫の木で男神、他方は杉の木で女神と云われる。大三郎・釜ヶ原に於ける場合と相似の組み合わせを示している。この外に、二ツ野の白羽神社の背後にある神木はカタギの木であり、生見八幡宮の背後の山の神は樫の木である。

山鎮祭に際して山鎮神楽を奉納する例は、美和町のみでなく、玖珂郡内の本郷村・美川町・錦町・周東町にかけて広く見られる。生見八幡宮の西村巖宮司作成のリストを次頁に掲げておく。

山鎮祭は秋の例祭に合わせて行なわれることが多く、例祭に伴わぬものは晩秋から初冬にかけて単独に行なわれる。

山鎮祭がどのようにして行なわれるかは、西村巖宮司所蔵の「山鎮祭記録」を参照することが便宜である。次に引用する。

山鎮祭記録

備物之事

先　木綿　三段　各和妙
次　布帛　三段　各荒妙
次　倭錦　一疋　各明妙
次　白絹　一疋　各照妙
次　麻　一斤
次　真綿　一斤
次　鰭広物　海魚
次　鰭狭物　川魚
次　沖津藻　海苔　若布
次　辺津藻　荒布　昆布
次　生物辛物　梨　栗　柿　梅

年祭（山鎮の行なわれる祭）の有無を示す神社のリスト（西村巖宮司作成）

	氏崇別	所在 町	所在 字	神社名	○行なわれている ×行なわれていない
1	崇	美和	日宛	日宛山神社	×
2	氏	〃	滑	河内神社	○
3	〃	〃	渋前	金郷八幡宮	○
4	〃	〃	西畑	大元神社	○
5	〃	〃	下畑	河内神社	○
6	〃	〃	柿木原	〃	○
7	〃	〃	阿賀	速田神社	○
8	〃	〃	生見	生見八幡宮	○
9	崇	〃	北中山	白羽神社	○
10	〃	〃	〃 牛ヶ峠	八幡宮	○
11	〃	〃	〃	程野八幡宮	○
12	氏	〃	秋掛大田原	河内神社	○
13	〃	本郷	本郷	八幡宮	○
14	〃	〃	本谷	貴布禰河内神社	○
15	〃	〃	宇塚	宇都可神社	○
16	〃	〃	西黒沢	大元神社	○
17	崇	〃	本郷	神田神社	×天満宮
18	氏	〃	波野	河内神社	○

次　甘菜辛菜　桃　柑
　　　　　　　大根蕪
　　　　　　　芹三類
次　菓子
次　散米　三膳　各壱升弐合
次　包初穂　三ツ　各十二文
次　神酒　三樽　各壱升宛
次　塩水　三桶
次　神供　大五重　中八重
　　　　　小廿四重
次　金志米
次　懸鯛　三
次　煎散米　五敷
次　刄物　壱
次　土餅　七十七
次　引餅　七十七
次　金物　七十七
次　魁銭　七十七文
以上

仕向之部

19	〃	美川	西馬川	〃	○
20	〃	〃	南桑	〃	○
21	〃	〃	根笠	山内神社	○
22	〃	錦	広瀬	広瀬八幡宮	○
23	崇	〃	〃木谷	香椎神社	○
24	氏	〃	府谷	府谷八幡宮	○
25	崇	〃	〃渋谷	河内神社	○
26	氏	〃	大野	〃	×
27	〃	〃	深川	〃	○
28	〃	〃	須川	古江神社	○
29	〃	〃	〃	神明原大神宮	○
30	〃	〃	宇佐郷	河内神社	○旧河内神社、伊勢大神宮
31	〃	〃	大原	〃	○
32	〃	〃	向峠	剣霊神社	○
33	〃	〃	宇佐	八幡宮	○
34	〃	〃	常口	河内神社	?
35	〃	周東	三瀬川	〃	?
36	崇	〃	〃	川越大神宮	×祖霊社

計三六社（氏二八社、崇八社）

先　龍　形　七尋半　壱
次　俵　大　　　　　壱
次　同　小　　　　　三
次　鷹　大　　　　　壱
次　同　小　　　　　参
次　志米縄　　　　　数丈

幣串之部

一　七尺五寸　　壱本
一　二尺五寸　　五本
一　二尺　　　　百二十本
一　二尺三寸　　三十六本
一　二尺　　　　八十九本
一　二尺八寸　　一本

幣帛之事

先　神幣合串　一本　七尺五寸用ハ立下り
　　　　　　　　　　扇折り切り下ケ付ナリ
次　同五行幣　五本　二尺五寸
次　千本串 矢形尓作留　百二十本　又各着属幣
次　宇津幣　　　　　三十六本　又各我子幣

次　銭旌稲幣合指　拾二本
次　串幣合串　串　一本　二尺八寸
次　注連　七尋半
次　龍形　七尋半
次　俵　大一俵　小一俵
次　薦　三枚

一、神　幣

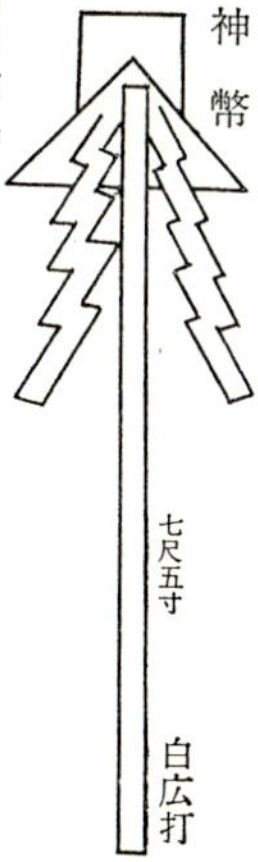

一本

一、同五行幣

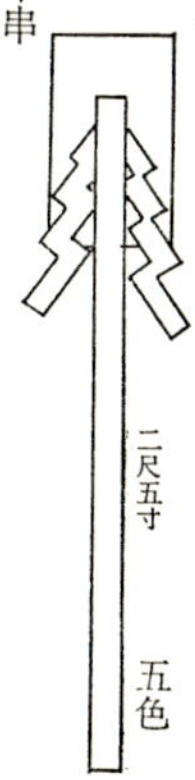

五本

一、千本串

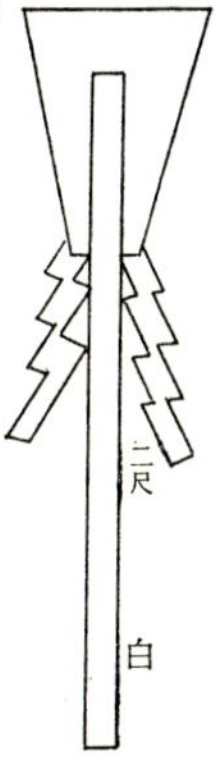

一二〇本

一、宇津幣

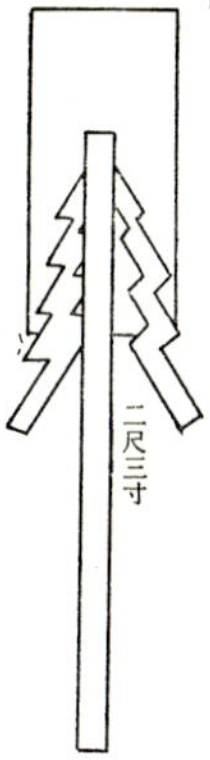

三六本

一、銭旌稲幣合指

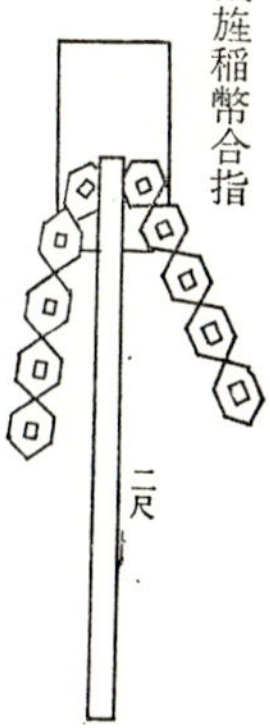

一二本

一、魁　幣

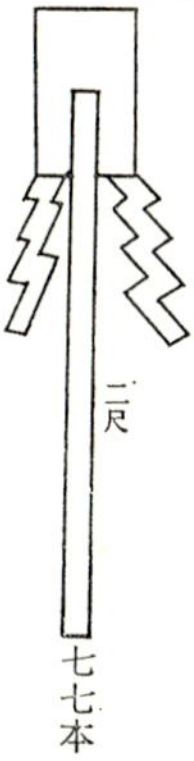

七七本

一、串　幣

一本

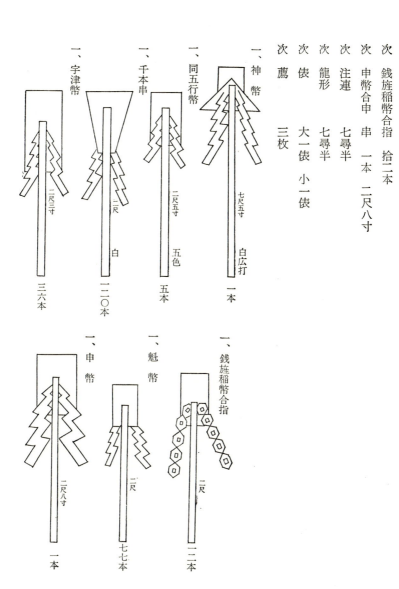

天涯之事

一　八神旌　高御産巣日神　神産巣日神
生産巣神　足産巣日神
玉留魂神　大宮乃売神
大御膳都神　事代主神

一　四神旌　瀬織津比売神　速秋津比売神
気吹戸主神　速佐須良姫神

一　大旗　天神地祇八百万神天孫降臨鎮護祈攸

旗之部

六十四神旗

天香語山命　天鈿女命　天太玉命　天児屋命　天櫛玉命
天道根命　天神玉命　天椹《くみ》野《の》命　天糠戸命　天明玉命
天牟良雲命　天神《かむ》立命　天御陰命　天造《みやつこ》日女命　天世《よ》手《て》命
天斗《と》麻《ま》彌《み》命　天背《せ》男《おー》命　天玉櫛彦命　天湯津彦命　天神魂命
天三降命　天日《ひの》神《みたまの》命　天乳速日命　天八坂彦命　天伊佐布魂命
天伊岐志彌保命　天活玉命　天少彦根命　天事湯彦命　天表《うは》春命
天下《した》春《はる》命　天月《つき》神《みたまの》命
天潜《くり》尾《お》命　地《くに》潜尾命　水潜尾命　木《さかき》潜《とおる》尾《お》命　火《さかり》潜尾命
土《くに》潜尾命　金《さぶる》潜尾命　石《かはん》潜尾命　天日《ひる》尾《かもののお》命　天月《よる》尾《かもおの》命

天子《みこ》尾《おの》命　地《くに》子尾命　天破《やれ》塔《からき》命　天破《のり》法《わけ》命　天破《きら》仁《ひとり》命

天破《みのこの》神《あひの》命　国《くにつかみ》加利《やさきの》命　国《くにつかみ》加寶《たからの》命　国加《ひかり》寶《なみの》命　国加《さかへ》賀《ぎみの》命

愛鬘《つちのとかみ》尾《おの》命　愛護《つちのともり》尾《お》命　解《とき》法《のり》尾《おの》命　覚《さとし》耳《みみ》尾《おの》命　上《せん》法《のり》神《いきひと》尊

下《しも》法《のり》神《いきひと》尊　中《なり》言神《ことなしいきひと》尊　天《あめ》鏡《ましへ》神《いきひと》尊　百百神《みなかみみなまたすらきの》尊　千千神《ちたびちたびくにつかみをたまますかの》尊

萬萬神《もたびちたひころつたさよるさかへしくにをかみの》尊

十一神旗

国常立尊　国狭槌尊　豊斟渟尊　泥土煮尊　沙土煮尊

大戸之道尊　大苫辺尊　面足尊　惶根尊　伊弉諾尊

伊弉冉尊

五神旗

天照大日霊尊　天忍穂耳尊　彦火瓊瓊杵尊　彦火出見尊　鸕鷀草葺不合尊

四部旗　五神

句々廼馳神　軻遇突智命

埴安命　金山彦命

罔象女命

五神

天八降魂尊　天合魂尊

天八百日魂尊　天八十万日魂尊

天三降魂尊

霊植木俵龍形　鎮

先　俵乃中江　七十七文乃魁銭

土餅七十七引餅七十七金物七十七刃物一ッ

右五品止千本串波兼弓一（弓ニ非ズ）俵内仁入レ

修ム事肝要也

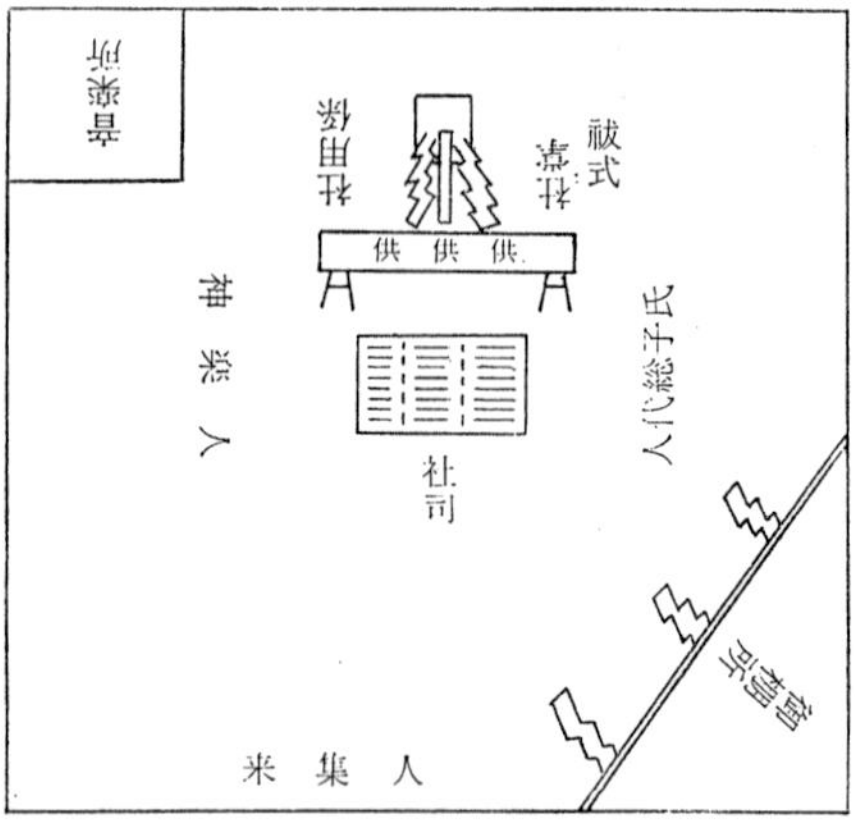

斎場之図

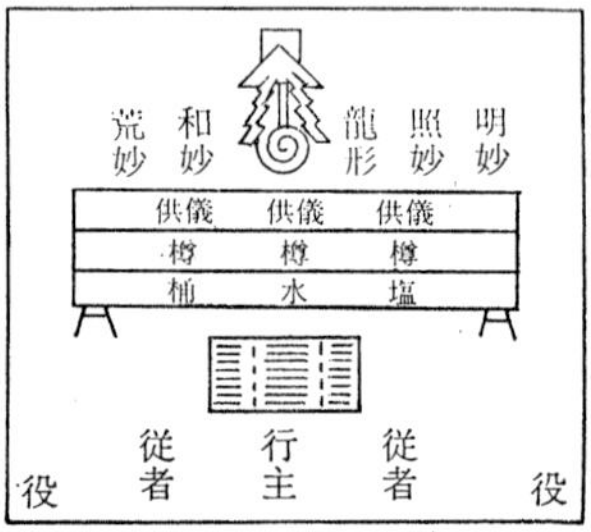

御棚之図

右の「山鎮祭記録」を見ると、最初に記された「備物之事」には入用神饌品目が示されている。次に調度品を記し、

「幣帛之事」の条では古習を重視する神事として幣図を描いて、その形と寸法を示している。次には天蓋に吊す旗の種類と神名を教示している。特に六十四神旗の神名は神職自体でも暗誦出来ていた人は少ないであろう。最後に棚飾りを図示して終わっている。

山鎮祭を例祭の前夜祭に行なう処では、同時に山鎮神楽が行なわれ、神木の山鎮は神楽が終わり次第に行なわれる。

山鎮祭は六年ごと、十二年ごとに一度執行する特殊行事であるから、その当たり年には前年から気持の上の用意が必要であった。特に祭費の捻出や調度品の取り揃えなどには数ヶ月前から度重なる会合があって、一人残らぬ総力を結集してこそ初めて感応成就するものであった。

山鎮祭（中垣内）　西村巖氏撮影

山〆の龍蛇

神楽は古くは神殿で畳二枚の上で舞った。いわゆる十二神祇系の神楽であった。釜ヶ原などでは二十四番の神楽と称しているが、それは十二番形式の神楽に表裏があって、一番の舞に幣の手・劔の手と、両種があるのをもって二十四番と称したのである。

舞殿の飾り付けは、中央に白蓋を吊し、四方に亦小天蓋を吊り、東南西北に四季を表徴する花鳥などを彫ったナゲシ張りを張り巡らす。龍蛇は四方の一隅に棚を作って安置する。

山鎮神楽を西畑などで行なわれた大元神楽と比較して、その構成の相違を見ておきたい。松田家文書の安政四丁巳歳（一八五七）九月九日の「本社年番神楽請込諸入用録」によると、次の如くである。

神楽次第

一湯立神楽
前晩ニ相調候、湯立神酒鬮米奉幣、役人方へ差出候事、神楽祈念鬮米、役人方へ差出候事、其外舞方之儀者、時には村外て宜敷申談相計ひ候事、
巳としハ四良丸ニ而、亥としハ当社ニ而相済候、是ハ先年ゟ申伝候、先格先例仕来ニ候事、
日限之儀、年番年ニハ十二日廿三日九日ニ相調候事茂有之候得共、当家壱人ニ而是非九日ニハ相成難き事ハ明白之事、

一当日神殿入
社家役人方列座、出席塩清目、
神酒、榊手水手引紙
一荘厳奉幣祝詞
神酒、奉幣、役人方へ差出候事、
右運方ハ鑰役之人相勤候事、是迠之式方なり、
一聚来神歌　各中
一神殿御祭り
御武運長久風雨順行五穀成就楮盛長氏子安栄祈念
祝詞奉幣神鬮　役人中へ奉幣

御殿下り拝殿ニ而瀬良氏を始役人中へ神酒配盃を相済ス、
一六神恵比須
一灑水
一日本紀
相済ミ節神酒を当村二井屋へ為頂事先例なり、
一天磐戸次第
一諸神勧請
一五龍地鎮次第
一山鎮式
御膳神酒散米弐升七合御供三重
舞引手布壱枚、魁銭七拾七文
其他備品ハ九月朔日ニ相揃柳井氏ゟ御仕向候事、
右山鎮式中入前ニ相調候三束共定例と鎮当年之通り相済候様、氏子場七ヶ村ゟ壱人宛立会候而山巻鎮之事、
一榊内外
一鬼神
一豊鎮式
一長刀
一敷大刀
一三鬼荒神

一天大将軍
一神送　神棚天蓋下仕配之事
　天蓋　綱共ニ一ッ瀬良氏へ
　天蓋　綱共ニ一ッ
　樽酒共ニ　一ッ
　散銭箱品物　半分　鑰役座の人へ
　天蓋綱共　一ッ
　樽酒共ニ一ッ　懸魚壱連
　木綿二反　山手引布一反
　御供散米其外品々　皆当家へ
　右之通り従来相調候様当度之規則書残山置候、

右の西畑の大元神楽の曲目を見ると、同じように山鎮祭をすることが神楽の主目的でありながら、西畑の神楽曲目の構成は岩国市行波の神舞系（古くは神舞とは云わず、荒神舞と称した）に近く、行波の重要曲目である八関と火納神事がないだけである。現在、松田宮司家に八関の言立てや柱松の絵図などが伝来されているところを見ると、安政年間以前の神楽に於いては、西畑地方でもかつては八関や松登りが行なわれたのかも知れない。旧藤谷村には、明治以前は詳らかではないが、明治期以降には次のような神楽があった。

日　宛　　十二座神楽
瀬戸ノ内　二十四座神楽
釜ヶ原　　二十四座神楽、始め十二座神楽

駄　床　二十四座神楽

このうち、現在行なわれているのは釜ヶ原のみで、駄床が何とか復活しようと考えている。旧藤谷村に於ける神楽は恐らく同じ十二神祇系でも、安芸国西部の佐伯郡地方の神楽と深いつながりがあるのであろう。それは神楽の曲目中に八咫や大江山が挿入されていることで想像がつく。大江山という曲目は、明治初年に石州矢上村の諏訪神社祠官静靱夫の創作したもので、石州から安芸山県郡地方へ伝授されて、次第に山県郡地方から佐伯郡地方へ波及し、更に小瀬川を渡って釜ヶ原地方へ伝来したものと思われる。

しかし、山鎮祭の神楽では、神がかりして神の声―託宣―を聞くことがその主目的の一つであったから、両者その伝来の系統を異にしていても、神楽曲目中に神がかりする場面がなければならなかった。それは終曲に近くなって行なわれる天大将軍という曲目でなされたのであった。

昭和五十三年十月九日の夜、釜ヶ原では十二年振りの午年に当たるため、山鎮神楽が行なわれた。山鎮神楽の行なわれる河内神社は、往還より数十段下に社殿があり、社殿の四周を小川で取り巻き、安芸の厳島社を模したと云われ、見るからに美しい神社である。

元禄四年（一六九一）の社寺付出帳には「三尺四尺、本躰木幅也」とあり、享保四年（一七一九）以来の宮座に関する記録には、年々九月と十一月の両季の大祭に一八名の頭座の者が二名ずつ河内神社の神事に世話役として奉仕する慣例であった。

大三郎の山鎮神楽は昭和五十四年未年に行なわれたが、ここでは神楽が終了次第、山〆を巻く慣わしである。

山鎮神楽が行なわれる日までになすべきことは多くあるが、この中でも家族の人数だけの樫の枝を山から採って来ることである。この枝は山〆の神木の周りに挿して、家族の安泰を祈願するためのものである。神楽の夜は夕方早くから境内で山の神の飯が炊かれる。これは五穀や野菜を入れて大釜で炊き上げるもので、米・麦・黍・蕎麦・大小豆・里芋・大根

山鎮神楽　天大将軍（釜ヶ原）　三原善伸氏撮影

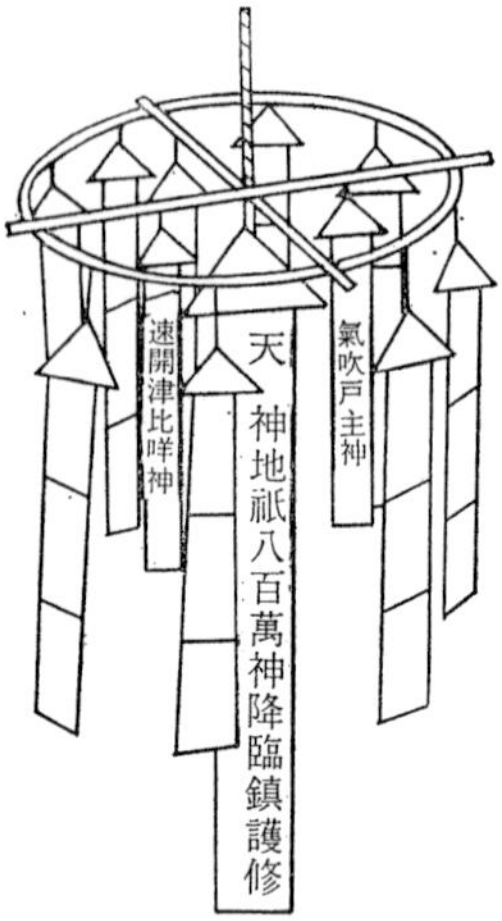

釜ヶ原山鎮神楽の天蓋の図
渡辺友千代氏作図

などを一緒にごったにして炊くのであるが、それが実にうまい五穀飯に煮えると云うことで、山の神様へのご馳走なのである。参拝の氏子一同もこの五穀飯を頂戴して命を延べるのである。

大三郎の山の神は境内左側の山の入り口にある樫の木に祀られているが、この神木に七尋半の龍蛇を巻き、周囲に氏子幣・ウズ幣・ヤゴ幣・銭形幣（下の垂れが銭形、上が矢羽根で稲穂を付ける）・五行幣・ミサキ幣七七本を飾り、五穀一合二勺ずつ（閏年には一合三勺ずつ）俵に入れ、小餅・泥餅・大豆餅・金毛各七七個、刃物一個をお供えする。神木へ山〆が巻かれると、山の神の鎮祭が行なわれる。気持よく神木にお帰りになって鎮まられたかどうかを伺う託宣を聞き、終わると、大三郎の上組と下組に分かれて神木にアヤギ七七把を挿す。自組の方に多く挿そうとして押しくらごをして大騒ぎを演じる。終わると、神木の前に張られた大弓を潜って家路につくのである。

釜ヶ原での神楽の曲目は、十二神祇の表裏二十四番形式のものと云われるが、一時中絶していたため、今では次の十六番だけが演舞可能だと云われる。

湯立　灑水　恵比須　七夕　劔舞　荒神　五郎王子　長刀舞
弓舞　煤はき　芝鬼神　〆口　天大将軍　岩戸開き　八咫大蛇
大江山

天大将軍を舞うには、昔は潔斎していなければならなかった。神楽の終極に舞うもので、神がかりする舞であるから、一名「死に入り」とも称し、失神状態に陥るまで激しく舞わなければならない舞であった。今回は山崎景司氏が奉仕された由であるが、神がかりに陥る寸前で舞を中止させたそうである。この地方の十二神祇系の神楽では将軍と太夫の二人舞であるが、釜ヶ原の二十四座神楽では将軍と太夫四人の五人舞である。

最初に太夫四人が小弓を持って舞い、終わって四方の座に着くと、将軍が大弓を持って出て舞う。太鼓の調子を速めて次第に激しく舞うと、大弓を棒に取り替える。そして天蓋落としにかかる。先ず四方の天蓋を東西南北の順に棒で敲き落とす。次に中央の白蓋を落とす。最後に山ノ神の棚の龍蛇を落とす。昔なら大抵この時に失神して、神がかりしたと云う。

龍蛇にアヤギを挿す（釜ヶ原）

龍蛇をもむ（釜ヶ原）

山鎮のあとの弓くぐり（釜ヶ原）

神がかりしたと見ると、四方の座で待機している四人の太夫が素早く出て、将軍を抱き上げて、太鼓の上に寝させるのだと云う。そして落とした天蓋や旗など全部を集めて、寝かせた将軍の上に載せると、神職が出て、米占による託宣の結果を氏子衆に知らせ、しかる後に神返しの呪法によって蘇生すると云われる。明治十五、六年頃には、将軍を舞う者への報酬は五〇銭であったと云われ、処によっては米一俵の処もあった。

釜ヶ原で午年の年祭神楽を行なう場合には、先ず第一番に釜ヶ原の田の中にある荒神様のお祭りをしなければならない慣わしで、夕食前に荒神祭りは必ず済ましておくことだと、固く云い継がれていると云う。又、釜ヶ原で山〆を巻くのは神楽の直後ではなく、十一月十日の霜月祭りに行なうことになっている。それまで龍蛇は河内神社に安置されている。

その他、美和町の旧藤谷組の佐坂には明治四十年頃まで八大龍王社があった。この社は吉川領の岩国紙輸送の海上安全祈願所で、江戸時代には吉川領主から度々祭祀料の奉納もあった社であるが、明治三十九年の神社維持令に基づいて、氏神河内神社に還され、現在は河内神社の境内社となっている。この八大龍王社に伝えられる雨乞踊りがあったが、今は復活も難しいほど、伝承者が少なくなった。この雨乞踊りに使われた龍頭は河内神社に現存している。

第三章　祝島の神舞

山口県の周防灘に浮かぶ祝島《いわいじま》の神舞《かんまい》が、昭和五十一年には八月二十五日から九月一日まで行なわれ、その神舞の記録作成のために、国分直一・国守進・伊藤彰の各氏とともに、その前日から渡島して、行事の聞き書きをし、記録作成に従事した。この時の神舞の見聞を記しておくこととする。

一　伊美別宮社の神霊迎え

祝島の神舞は、五年目ごとの旧暦八月一日から六日間、豊後の国東半島の国見町の伊美別宮社の神霊を迎え、同地の里楽師を招いて行なわれるのである。

八月二十五日午前七時頃、国東半島の伊美別宮社に宮司と神楽師（里楽師）を迎えるための伝馬船三艘が出発するので、我々十人ばかりの者は小船をチャーターして、伝馬船の後を海上一三里を往復することになった。海は静かなように思われたが、沖に出て行くほど大波がうねっていて、いささか船酔い加減になる。万葉集の歌を思い、手漕ぎの小舟で渡った日の難渋を思うことであった。三時間を要して伊美港に着いた。

波止場から別宮社まで注連が曳かれ、ここでも祭りらしい雰囲気があって、我々一同、神社へ参拝して、船の出るまで休息した。

伊美別宮社では神霊を三本の幣に移す神懸《かみかけ》神事が行なわれ、宮司以下三人各々これを奉持し、十二時半出港した。別宮

祝島の神舞　酒迎え（熊毛郡上関町祝島）　宮戸八幡の守友禰宜と三浦三軒の後裔氏本氏とが神船に赴いて神迎えの儀式をする　竹野勝也氏撮影

祝島の神舞　伊美別宮社の神主と神楽師による固屋入りの式（祝島）　竹野勝也氏撮影

社の見送り船は姫島付近で別れ、午後三時過ぎに祝島の三浦に着いた。この浦には背後の山中に荒神が祀られていて、古くは荒神浦と称し、祝島発祥の地である。伊美別宮社からの一行は、この浦の出作り小屋で一夜を明かすのである。

翌二十六日は旧暦の八月二日である。降雨があり、出発がやや遅れる。朝十時過ぎに満艦飾の漁船百隻ばかりが三浦まで出迎えに来ると、三艘の伝馬船は港を三回廻って出港した。

本村に近付くと、港外を三回廻る。この間、宮戸八幡宮の守友信博禰宜と草分けの三浦三軒の後裔と称する氏本氏らが神様船に乗り込み、酒迎《さかむか》えの儀式がある。

船から上陸した一行は、隊伍を整えて神楽殿に向かい、神棚に三本の神幣（神霊）を安置して、中の位の神楽が行なわれて遷座式を終わる。一行はそれぞれ宿舎に入る。

この夜、舞殿のある広場で盆踊りが行なわれる。島では式年神舞の年には盆が二回行なわれる慣例となっている。

舞殿は祝島の東方のヨウジャクと云う海浜から少し上った処に新設され、舞殿飾りや神饌の品目などには古来からやかましい定めがある。島ではすべて焼畑耕作であったから、稲米の収穫がない故に、麦である。従って、神酒も麦酒であり、餅は椋の実で作った椋餅である。

二　岩戸神楽と荒神の舞

神舞は古来第三日の朝から岩戸神楽二十四番が、第四日朝から夜戸《やと》神楽十三番が奉納される慣わしであった。岩戸神楽は、三日の八月二十七日の朝から行なわれた。

岩戸神楽二十四番の曲目は、

一番神楽　花神楽　結開《けっかい》　手草《たぐさ》　四豆手《よつで》　大神《だいじん》　祝詞　神主・荒神　地割・文撰　幣征男《へいしょうお》　弓征男《ゆみしょうお》　御祓　勧請祝詞　白頭大神《しらとうたいじん》・手力雄命・素盞嗚命・葉鬼・舞鉾・児屋根・戸取《ととり》明神・神送

夜戸神楽十三番の曲目は、

一番神　中能位《なかのい》　一番神楽　花神楽　幣手草　小太刀　四豆手《よつで》　二刀　梓弓　神角力　神主・荒神　将軍

岩戸神楽は、桐畑宮司が狩衣で奉仕する祓式の後、御礼《おんれい》がある。里神楽師全員が神座の前に列座して禊祓の後、太鼓の囃子に合わせて、一〇首の神歌を唱詠する。服装は烏帽子・千早・白袴に、白扇を持つ。他の地方の試楽である。

一番神楽　舟型烏帽子に裃姿で、腰に太刀を佩き、手に鈴と扇を持って、四人一列縦に並び、やや体を前に倒して進んで行く舞方は、儀式舞として一つの型を持つもので、この神舞の特徴の一つでもある。

神楽歌はおおむね古今集風のものが多く、神懸《かみかけ》歌なども古今集の歌を採用したものである。

一番神楽の出立ちの唱詠は次のように歌われると、江原勝氏の「神楽通本」に見えている（五〇七頁）。

〽しようこんによつて、こうしをすれば、千年のみどりは、ていみにてらす、梅花を折つて頭にさせば、じげつのゆうぎは、衣にぞうつ

この仮名書きの唱詠は長い口承の結果、不明の箇処が多く、ただの素人には理解しにくいであろう。この唱詠は『和漢

朗詠集』に次の如く出典するもので、この神舞の成立年代などにも関りを持つものであろう。

倚《テ》二松《ニ》根一摩《スレバ》レ腰《ヲ》、千年之翠満《ツ》レ手《ニ》、折《テ》二梅花《ヲ》一挿《サシハサメバ》レ頭《ニ》、二月之雪落《ツ》レ衣《ニ》

花神楽　他地方で「鈴合せ」「花揃え」などと云うものと同じで、四季歌・五色歌・十二支歌などをいろいろな舞の手を組み入れて行なう、儀式舞の中でも最も優雅な舞である。多くは四人舞であるが、ここでは五人である。

太鼓のトントントンで、五人が一列縦隊で出て来る。烏帽子・千早・白袴で、右手に鈴、左手に扇を上に向けて立てて持つ。右廻り、左廻りした後、一番が立って歌う。他の者はしゃがんでいる。

〽花ならぬ君に心の移ろいて　かきものならぬ身をやこがらす

抑々せいたいころもにて、白雲山のかたを駆け巡る、苔衣着たる岩をもさもなくに、きぬぎぬ山を帯にするかな、

いやー、花かとて折りに来たれど枝もなし

楽の方より〽枝つけ給へ四方の神々

次に前向き後ろ向きして、五人左足を前に出し、鈴と扇を交互に、鈴を振る。鈴を引き、扇を前に出す。五方へ前進して蹲む。次に五人とも前側に向き、内側に向く。鈴と扇を交互に前に出す。扇を抜き、十二の廻り歌を歌う。済むと、四季歌を歌う。一つの歌が済むたびに、東南西北の四方拝、進んで蹲んで拝む。再度、扇をあおぎながら拝み、座して拝む。

太鼓、急調子となる。

膳に花紙の入ったものを持ち、四方へ花を散らす。右左に大きく廻り、自席で中央に進んで花を散らす。花散らしが済むと、膳を左の脇に持ち、一番から漸次中央に出て、退場する。

結開　大口・水干、両手に笹竹。笹竹は案の上に置いておき、禊祓の後、これを両手に持ち、太鼓のトントントンの調子に合わせて舞処を二周する。神歌を歌いながら、両手の笹を廻しながら舞う。太鼓の調子がトンツク、トンツク、トンツクトントンとなると、笹を前に倒し、両足を交互に少しずつ前に上げて進む。面白い踏み方である。次に膝をついて坐

って廻る。大廻りに五方を立てる。上舞・中舞・下舞の順逆をして、仕舞とする。

手草　服装は烏帽子・千早・白袴。採物は結開に使用した笹竹を各々一本ずつ持つ。二人舞。

〽そも〳〵柳気力の押して枝まで動く、池に波あつて、氷ことごとく、むすびし水の氷れるは、春立つ今日の風やとくらん

いやー、御手草を手に取り給ひ拝むには、

太鼓より〽枝つけ給へ四方の神々

一番神楽と同じ舞い方で、交互に座替りして、正行を踏む。囃し言葉の〽いやー、と云う発声の仕方に特徴がある。

四豆手　服装は毛頭・千早・襷・白袴。採物は鈴と太刀。四人舞。

太鼓はトトトン、トトトンの六調子。右に鈴、左に太刀を持ち、〽千早振る、の神歌を誦しながら座替り、二歩前進して、〽たゞここはよき花園、の神歌で座替り、〽この矛はあだなる矛か空ゆけば、の神歌で、太鼓トントコ、トントン、トツック、トツコイの調子で、太刀を持って中心へ進む。

鈴と太刀を置き、襷を取り両手に持って舞う。次に襷を掛け、無手で舞い、四方外側へ鈴と鞘を置き、抜刀して左手に持ち、左廻り右廻りする。中腰となり、くるくる廻って膝立て。終わって、刀を鞘に納めて、退場。

大神　服装は烏帽子・狩衣・白袴。採物は幣と鈴。八人舞。

舞い方は一番神楽の順逆のネリとモドシまで、反閇で終わる。中央に二人、外側に三人ずつの形となる。先頭の者が、〽おゝ東に明星夜を明かす、と歌えば、次の者が〽西に太陽日を暮らす、と応誦する。次に亦一番が〽南にふだらく浮かべたり、と云えば、後の者〽北に大将軍の大殿つくり、しどろもどろとなる神は、地に落ちてこそ社とやなる、と応える。

以上で退場。

祝詞　宮司。

神主・荒神　神主の服装は烏帽子・狩衣・大口袴、採物は大幣に鈴。鬼の服装は毛頭・面・赤狩衣・大口袴、採物は鬼の杖。

この荒神の曲目は祝島の神舞の中でも最も重要な曲目であるため、広島県山県郡千代田町壬生の社家であった井上家所蔵の天正十六年（一五八八）「荒平舞詞」を始め、各地のこの類型の舞の詞章と比較検討する便宜を考えて、江原勝氏の「神楽通本」の「神主荒神」によって掲げる。この「神楽通本」は入江英親氏の『海を渡る祭』（慶友社、昭和五十年）にも収録されている。

神主、五調子で出てお前に舞下り、末神楽すむと、太鼓大乱れ、鬼の出となる。その間、神主は方当《ほう》て柳折、外にあちらこちらと時をかせぎ、鬼が出羽二回、扇の手二回、神主と取り組み、逆手の神主と取り組み、袖まき二回、背中打二回、大幣打二回。

方当て（東南西北の順）のせり合い、すんで割をする。順に廻り、逆廻りのときに幣をとり、引き込み引き出して争う。

しばらくして、遂に鬼が負けて坐る。

神主引歌〽神主を打ち驚かすとをのもの　鼓こえよし笛ぞかりせん

〽なりたかやせい静かなるしめのうち　なお静かなるみこやのうち

〽氏人の願をみつる神風や　心すずしきしめのうちかな

神主〽初花のしげくひらける瑠璃の地に　魔王のものの伏すぞあやしき

荒神〽初花のしげくひらける瑠璃の地に　まろが伏さでは誰かふすべき

神主〽山たけくいわをきびしく咲く花も　神主ならで誰かつむべき

荒神〽山たけくいわをきびしく咲く花も　まろがつまでは誰かつむべき

神主〽逢坂や関のあなたで出た文を　関のこなたで読むぞうれしき

荒神〽逢坂や関のあなたで出た文を　関のかなたでおふぞうれしき

神主〽山里は夜こそ寝られね寝ればこそ　松吹く風に驚かさるる

荒神〽山里は夜こそ寝られね寝ればこそ　空ふく風に驚かさるる

神主〽逢坂や関ふさがりて道なくば　御幣捧ぐる神主に問へ

荒神〽逢坂や関ふさがりて道なくば　のたけ持ちたるまろに問へかし

神主〽鶯は山かどひらき里に出て　よき初声を宇治にひろめん

荒神〽鶯はまだ巣の内にいるやらん　春は来つれど訪れもなし

神主〽千《ち》舎《しゃ》のうち千舎の牢屋にせりこめて　金の鎖でつなぎとめおく

荒神〽千舎のうち千舎の牢屋にせりこめて　こめられて　金の鎖はものと思はん　ものと思はん（神主へ体ごと当たる）

神主〽敷島に千道百道多けれど　中なる道は神の通ひ路

荒神〽敷島に千道百道多けれど　中なる道はまろが通ひ路

神主〽すごろくの十五に立ちし石なれば　かちめのさいは神主ぞうつ

荒神〽知らずしてうちあいにける石なれば　われまけつめし許せ神主（鬼の杖を両手で持って、神主へ一礼する）

神主言葉もつとも左様に御座候かや、十二の掛歌にさへ御負けなされ候、それに謹んで、神主、これよりさいはいだてを
もつて一句聞かせ申さん

年号始まつて昭和□年と云ふ年の月のならびは十二月、日の数三百六拾余日、中にも生ずる月は□月（初・中・下）旬日の御位を申さば、天文にては花開き、地文にてはふくゆうす、氏子の人に万福の来ると申せ共、神は六神層六万位日は、□県□社の広前に於て（舞添の時は「何々殿心願と有って」を入れる）、み神楽を修業し奉る、天には天のおゝそれのため、地には地神のおゝそれのため、天蓋、白開、玉の幡、がじつやうらくよこばさみ、四方に四季のみしめを引

祝島の神舞　舞添え神楽の荒神の舞（祝島）
荒神のつく杖は山づと杖で，戌亥の隅に立てると祈願成就となる　竹野勝也氏撮影

廻し、これよりも東方を拝み奉れば、大赤きま玉、丹かと見れば丹にてもなし、朱かと見れば朱にてもなし、動くを見れば人の如く、まつた動かざらん時は島こんりんざいの如く見え候が、かのみ神楽に障碍をなすは何者なるぞ、はやはや一句御開きなされ候、

神主　これにて聴聞仕る

荒神　そも〳〵荒神と申すは皇御孫命豊葦原中国水穂の里に天下り給ふ時先立ちの神なり。一つの神あり、却つて申さく、八衢の衢に似たり、この神のみ鼻の長さ七はた余り、背の長さ七尋、口かくれて、眼は八咫鏡の如く、ゆいてとわしむ、八百万神皆めがちに問ふ事を得ず、其時ちまたに答へて曰く、鈿女如何せん、皇御孫命を待ち奉る我名は是猿田彦の神にて候、げに〳〵神主、かようなるまつりごとを我に問わずして、しめ八将神のうちまつたく許し申しまじく候

神主　何がさて互に和合するからは、千文千、万文万、これは神代にての宝にて候、之を受取り本国真夜に御帰りなされ候
（幣を切って渡す）

荒神　神主方よりいろ〳〵の宝とあつてみさき方に賜はれ共、荒神がさとりに入り申さん、先は神主に御返し申す（神主のくれた幣の切ったものを扇であおいで神主に返す）

神主　さてもはやみなさま御人は迷深きに候かや、世には小さきものを宝には用ひ候、神統にては第一の宝、十二の黄金のみ鈴、御身受取り四方に向つてさつく〳〵と打振り舞候へば、御身十六丈の丈も五尺の身体とまかりなりて候、これを受取りなされ候

荒神　み神楽のまなびをもつて受取り申さん（太鼓六拍子、神主、末神楽を舞って荒神に鈴を渡し、荒神、末神楽を舞い終わる）

げに〳〵神主の仰せの如く、かのみ鈴を受取り、四方に向ってさつく〳〵と打振り舞い候はば、荒神が十六丈の丈も五尺の身体とまかりなつて候、まつた神主方へ引出ものを仕らん、荒神がついたる杖と申すは一ぱいわれを申さば、夜も明け日も暮れ候、之れを当所戌亥の隅におさめたるに於ては、天下泰平国家安全祈願成就にて候、之れは御受取りなされ候

神主さあらばみ杖を受取り、当所戌亥の隅におさめたるに於ては、天下泰平祈願成就にて候、神主あとより祭り鎮め申さん（太鼓五調子に引込む）

この荒神は周防や安芸で「荒平《あらひら》」「柴鬼神」「鬼返し」などの名称で呼ばれる舞と同種のものである。石見の大元神楽などの「手草・山ノ大王」なども通じるものであり、高千穂神楽の「柴荒神」なども亦これに類するものである。

ここでは神主と荒神との問答を主題として、次々とより高度の言葉で応酬し反対するのであるが、最後には神主の持つ鈴（宝）の威力によって、一六丈の荒神も五尺の体となり、荒神のつきたる杖を引出物として神主に渡す。この杖を戌亥の隅に納めたら天下泰平国家安全祈願成就にて候と、荒神は云い告げて退場する。これは春来る鬼、まれびとの来訪を意味するもので、その山づとの杖を戌亥の隅に立てることこそ、すなわち祖霊の来訪を神舞の重要な曲目としたのである。

現在では神楽の一曲が終わると、次には亦舞添神楽としての荒神が行なわれるので、初めて神楽を見る者には実に苦痛である。戦前には個人祈願は一〇名くらいしかなかったと云われるが、今度のように二四〇名もあると、一度に一二人ずつ行なっても二〇回の同じ荒神を舞わなければならないから、昔のように岩戸神楽・夜神楽が二日間で終わったものが、現在では三日間でもなお終わらぬ状態である。このことは今後問題となることであろう。

ただ私が見ていて感嘆したのは、毎日のように来て、一回おきにあるこの荒神舞を少しも退屈せずして観ていた老媼達であった。荒神がその杖で老媼の頭を軽く敲くたびに、両手を合わせて深く礼拝する姿であった。恐らくこの人達だけは、昔の神楽の神聖だったことを知っているのではないかと思った。

地割・文撰　既に中世の文献に見える五行祭文を劇化したもので、五龍王などとも云われて、各地の神楽に取り入れられていない処はないくらいである。備後地方では王子神楽と称して、これだけを一日かけて舞う処さえある。この舞はこれを見る者に知識と道徳の如何なるものかを知らしめるにあったと思われるが、愛が児孫に平等であるべきを教えながらも、末弟五郎に中央の竈の座を与えたことは、恐らく末子相続制と深い関係を有するものであろう。

幣征男・弓征男　ともに採物舞で、採物が幣と弓と異なるだけである。

勧請祝詞に次いで行なわれる、白頭大神・手力雄命・素盞嗚命・葉鬼・舞鉾・児屋根・戸取・神送りの八番は、いわゆる**岩戸**の舞を細分化した名称で、第一日の神舞は、この岩戸神事の鎮魂舞踊を行なうことを主眼としたものである。この故に各番とも力を込めて演じられるが、中でも最終の岩戸を開く戸取明神（手力雄）の演舞は勇壮無類のもので、手に汗を握る思いで観衆を魅了するものであった。一朝一夕にしてこの熟練さは習得出来るものではないであろう。

戸取の後、神送りの太刀舞が清々しく舞い納められて、初日の岩戸神楽二十四番は終わるのであるが、現在は舞添神楽が一番一番の間に挟まれるため、第三日と第四日の二日間を要した。

祝島では島を離れて都市に働く人達が多く、五年に一度の神舞に帰島しない人は都市でろくな生活をしていないものと思われるため、無理をしてでも帰島してこの神舞に遭うのだと云われる。この人達が皆、初穂料を納めて家内安全寿命長久の舞添神楽を依頼するが故に、一日の神楽が二日を要するようになったのである。

三　夜戸神楽

夜戸神楽十三番は、第五日の午後から第六日の正午までかかって行なわれた。昔は第四夜に行なわれたものである。

里楽とも云われる夜戸神楽十三番のうち、一番神楽・手草・花神楽・四豆手《よつで》の四番は岩戸神楽の曲目にあるものと同じである。舞初めの中能位《なかのい》は固屋《こや》入りの祭典の時にも舞われるもので、古今和歌集から採用した神楽歌を歌いながらの儀式舞である。この地の神舞では三人・五人と奇数構成によって儀式舞を行なうことに一つの特徴がある。中国地方の他地方ではおおむね偶数の二人・四人の組み合わせのものが行なわれているが、例えば入り合いの場合などはいろいろ問題で、支障がある。こうしたところにもこの神舞が一系統を有するものであろうと思われる。

夜戸神楽では、最終の神ノ角力、神主・荒神、将軍の三番が最も重視されるが、今時の役差番組と明治九年の役指帳を比較すると、明治初年のものはその順序が、神ノ角力、将軍、神主・荒神となっている。現今、何故にこの順序を前後させたのであろうか。恐らく最終曲の荒神が何を意味しているものか、夜神楽を昼間行なっても別に不思議とも思わなくなった結果であろうか、それは今の人々に理解出来なくなったためであろう。

夜戸神楽の曲目中で、他の神楽で見られないものに、無言の舞と神ノ角力がある。無言の舞は一人舞で、手に扇と鈴を採物とする十五分で終わるものであるが、ここでは神聖なものとして取り扱われている。非常にテンポの緩い舞で、恐らく往昔は巫女が舞ったのではないかと思う。そして神がかりがあったのではないかと思われる。元禄十年（一六九七）八月九日の「手形」や、正徳二年（一七一二）八月二日の「御付届申上候事」と云う文書（各守友博光氏所蔵）には、里楽師に交じって神子（巫女）の高市・森市・若狭などが含まれているからである。

無言の舞は備後一宮の吉備津神社の三月三日の児舞にも見られる（天明三年〈一七八三〉「一宮児舞帳」）。この方は舞楽に次いで四人の神子が舞うもので、ただ無言で舞うと云うこと以外には知ることが出来ない。明治末年以後廃絶した隠岐島の「オシメ神楽」に於いても、神がかりするノリクラは無言で舞うものであるから、無言と云うことに極力重きを置いたところに、尋常の舞と区別してかかったものであろう。

五日目の二十八日には、とうとう夜戸神楽全曲が舞いきれず、神ノ角力以後は翌日廻しの六日目の二十九日の午前十時から行なわれた。神の角力は田遊びや田楽には見られるが、神楽に組み入れられていることは珍しく、ここ以外では、長崎県の壱岐神楽・平戸神楽以外には見られないようで、この神楽の古さが思われる。相撲する両人と行司の三人舞で、東西の集落又は農耕と漁撈をも占うものであったのであろう。行司役は左手に扇、右手に鈴を持ち、相撲とる二人はクグリズボンに袖無し、襷を掛け、手に扇と鈴を持ち、双方手を組み、その下を潜り、背合わせして前方へ投げ、腹合わせして横投げ、後ろ投げなどして、最後にさかさまにしたりして勝負して終わる。神舞として大切な舞の一つであったのであろう。散楽風のものである。

将軍と云う曲目は西日本では広い範囲にあって、神がかりする処もあり、又、将軍弓くぐりと称し、この弓をくぐることによって生まれ浄まわりする意味もあった。祝島ではそうしたことは一般の人々には無関心であるが、四人出でて抜身の太刀をかざし、「いやー、天より将軍殿こそおり給へ」と云うのを見れば、それは神の降臨を願うものである。昔はこの後に荒神が出て来て（神の降臨である）、山づととしての杖を携え、この幸運の杖を子孫に授けて帰ることがあったのであるが、このことはもう忘れられている。

正午過ぎ、夜戸神楽は全部終了した。

還御の出船の日に舞われる「扇の舞」だけは、いかなる人も、たとえ病気で家に寝ているような人でも、家人に背負われてでもお参りして、扇の舞を見、そして涙を流して出船を送ったと云われる。それは五年先にはたして生きていられるかどうかと云うこともあったろうが、祝島の人々には、この神舞を通して心底から神を信じていた証しのようなものであったのであろう。

四　荒神舞と託宣の古儀

祝島の神舞神事が、豊後の伊美別宮社の神霊を迎え、同地の里楽師を招いて、いつ頃から行なわれたかは不明である。現存の記録では元禄十年丑（一六九七）七月廿八日の「御尋ニ付申上候事」と云う文書が最古のもので、この記録によると、まだ神舞の名称は見えず、「荒神舞」と称している。しかし、元禄十七年と宝永五年（一七〇八）の「覚」には「神舞」

とある。だが、爾後の正徳二年（一七一二）、享保六年（一七二一）から安政四年（一八五七）に至るまでの神楽年の文書にはいずれも「荒神舞」とあり、明治年間に入り、明治九年の文書以降は「神舞」と称している。いずれも古くからの呼称であろうが、荒神舞の呼称が主体となっており、神舞と云う名称は荒神舞と云う名称よりも新しいものと思われる。今日、神楽のことを神舞と云う名称で呼んでいる処は、宮崎県南部から鹿児島県の一部と、山口県の瀬戸内側とである。豊後でも神舞とは云わないようである。伊美別宮社の里楽師の奉納神楽を神舞と呼ぶようになったのは、恐らく地元の祝島に於いて名付けた名称であろう。

神舞神事の期間が八日間に延長されたのは昭和二十七年以来のことで、それ以前は六日間であった。古くは神舞の行なわれるのは第三日と第四日の二日間であった。すなわち、岩戸神楽二十四番の所要時間は約八時間であり、夜戸神楽十三番が約四時間で終わると云うから、二日間で充分であった。それは、明治九年の役差帳によると、神舞式―岩戸神楽二十四番が九月二十日に行なわれ、里楽―夜戸神楽十三番が九月二十一日に行なわれていることによっても知られる。当屋の献立表を見ても、明治十六年のものは第五日の夕食をもって〆切られている。それが今日のように八日間も行なわれるに至ったのは、個人祈願の舞添神楽が多くの時間を費やすようになったためだが、そのために本来の神舞式は整然とは行なわれず、これを観る一般観衆には昔日のような魅力は薄れてゆくのではないかと思われる。それは老人よりも若者にとってはよけいにそう思われるからである。

瀧坂神楽 四剣の舞（大津郡三隅町瀧坂）

祝島で行なわれる岩戸神楽二十四番形式のものは、山口県内では、大津郡三隅町瀧坂神楽、阿武郡川上村の遠谷神楽、萩市木間の神楽などに見られる。名称が異なったり、多少の相違はあるが、その主眼とするものは岩戸神楽の鎮魂舞踊にあったので、そうした意味からは、豊後系の神楽と山口県内の神楽とには著しい相違はないように思われる。

瀬戸内側に流布している十二神祇系の神楽に比すれば、その番数は半数しかない。他地区では岩戸神事全体を含めたものを一番としているのに対して、祝島では八番に細分しているが、祝島の二十四番の終わりの八番の白頭・手力雄・素盞嗚・八重垣・葉鬼・舞鉾・鈿女・戸取を、明治二十年の記録では、一括して岩戸の八大神と称していた。このように数えると、十二神祇も、二十四番のものも、又、三十三番のものも、その内容に於いてはさしたる違いはないことが知られる。祝島の二十四番の岩戸神楽とこれに続く十三番の夜戸神楽を比較して見ても、この中には、一番神楽・花神楽・手草・四豆手と云う両者共通の曲目四番が含まれているから、実際に合計すると三十三番と云うことになるのである。

祝島の神舞で、最初のものを神舞式として二十四番を奏し、後者を里楽と称して十三番を演舞するのはなぜであろうか。恐らくは、後者に神がかりの託宣の古儀があったのではなかろうか。今日では次回の年祭を大歳社の前で米占によって定めるが、昔は現在のような大歳社での祭事はなかったと云われる。さすれば、夜戸神楽終晩に於いて何らかの形で荒神の託宣があって、それが四年目に出るかあるいは五年後であるかを知り得たのではないかと思われる。

参考文献

入江英親『海を渡る祭―祝島と国東別宮社の神舞―』（慶友社、昭和五十年）
結城次郎「周防国祝島民俗相」（『旅と伝説』第九巻第三、五号）
伊藤芳枝「祝島の祭祀組織」（『日本民俗学』第七九号）
伊藤彰・牛尾三千夫・国分直一「周防祝島の神舞神事」（『えとのす』第八号）
岩田勝『神楽源流考』（名著出版、昭和五十八年）第一部「招迎される鬼」

資料　神楽通本

この「神楽通本」は、昭和三十八年二月に伊美別宮社の里楽師江原勝氏が書き留められたものである。

神楽通本

一、祓式

二、御礼

大神の三つのおん戸を押しひらき
　いずみとてこそとくはたれ
千早振るここぞ高間のはらなれや
　あつまり給へ四方の神々
若宮のえりめはいくつひだりより
　峯は九つ戸は一つ
武内の腰に差したつばがたな
　神のゆづりか我がものか
山神宮のみ手に持ちたる筆をそめ
　くこくの鳥を我ぞかき取る
今熊の今のお山をたれみたや
　さほおもしろき山のけしきかな
西の宮恵比須三郎みくらより
　入り来る鳥をかきよするかな
権現は水しやく天の千早えの
　あじろの浜に寄する白浪
天神は梅の古木に袖かけて
　まへばぞひらく天の岩や戸
荒神を祭りしづむる社には
　社取り立てごへいぞさす

三、一番神楽

しようこんによつて、こうしをすれば、千年のみどりは、ていみにてらす、梅花を折つて頭にさせば、じげつのゆうぎはころもにをつ（前に一足行てしやがむ）、立つて、

舞方　座がはり二回して、扇を中に出して、左に二回廻つて、順逆のねりとねり下しを二回づつして行つて、一週余りして己の座に差もどしてかがみ、一番と二番と扇を開き、末神楽が一、二がすんで、

扇を中に向つて出して、一週して、三番、四番が末神楽すんでホオあて、さいごのホオあてののち、二、四は舞下つて割ホオあてへんばい、自分の座で扇を中に打込み、前に向て座つて終い。

四、花神楽

（一番）花ならぬ君に心のうつろいて、かきものならぬ身をやこがらす。そも〳〵せいたいころもにて白雲山のかたをめぐる。こけごろも来る岩をもさもなくに、きぬぎぬ山を帯にするかな。いやー、花かとて折に来たれど枝もなし。

楽の方より　枝つけ給へ四方の神々。

内に向いて五調子三回、中によつてすわり、又外に向て五調子三回、前に行つてすわり、今度は後より五調子、前に行つてすわり、内に向つて五調子、中によつて扇をひらき十二月の廻歌を言つてホオあて、周囲に開いて四季の歌。

春来れば木の芽もめだつたずもいぬ
　　　苗代水に波や立らん

春　これよりも東方を拝み奉れば、きのえきのとの方なり、六万世界を過ぎて山あり。山の名をば東山と申す。ふもとにやしろあらわれ給ひては、花のけつかいたてまつる。まづうけのかみうけおさめ給ひては東方の大神や（花のけつかいたてまつるで右ひざをつき、左足を前にふみ出してかがみ、東方の大神やで扇をふつて立つ）。

夏　夏山のしげみにふすは駒かとて、駒ではあらで鹿の子なるらん。

これよりも南方を拝み奉れば、ひのえひのとの方なり、七万世界をすぎて山あり、山の名を南山と申す、東方と同じで、南方の大神や。

秋　秋はぎの元のこぐさをさらゆれば、色よき花のちるぞおしさよ。

これよりも西方……八万世界……西山と申す……西方の大神や。

冬　冬は水二見が浦の朝氷、とけぬまにこそかゞみとやなる。北山と申す……北山の大神や。

これより中央を天と名づけ、これよりも中央を拝みたてまれば、つちのえつちのとの方なり、十万世界をすぎて山あり、山の名をばしゆみせんと申す。ふもとにやしろあらわれ給ひては中央の大神や。

大こがわり正行あり。

一週位して扇をたゝみ、花を持ち一番がほどよき所よりさし戻し、東に向ひ、これよりも東方にみくま、まくまわて南方に向ひ、同じ西方北方、同半週位して差戻し、一廻してこれよりも中央にみくま、まくでまいてしまい、ぜんを左わきにかかえこんで、東からホオあて、しまつてへんばい、自己の場でおはり。

五、結開

みそぎばらひを上げて笹をとり、花神楽と同じ十二の廻歌から正行まで同じ。

笹を使つてホーアテ、上舞中舞下舞、順逆をして、お前で笹を使つてホーアテの様にすわり、すわつて仕舞とす。

六、手草

そもそも柳気力のおして枝までうごく、池に波の紋あつて、氷ことごくむすびし清水のこほれるは、春立つ今日の風やとくらん。

いやー、みちぐさを手に取りたまひおがむには、

楽の方　枝つけたまへ四方の神々

舞方　一番神楽の言葉と同じしようこんによつてなれども座がわりを交互。一番神楽と同じなれども、

祝島の時は正行をふむ。

七、四ッ手　刀の千早を掛る。

千早振るここぞ高間の原なれや。

ここぞたあかまあのはーらなれや。

座がわり二足行つて前向く。

このそのは良き花園とおゝせられし、よきはあなぞのとやおおせられし、座がわり。

このほこはあだなるほこか「あ」そーらゆけば、あだなるほーこーかや、そーらゆけば

逆に行き、自分の場で舞つて中により、鈴と刀を置き、たすきをとり、立つて行き、一週して差戻して自分の場でたすきの千早を掛る言ふ事は前と同じ、座がわりも同じ。千早をさけ終て一週して

自分の座で一回廻つて中に行き、たすきをむすんで掛け、一回廻つて中に行き、鈴と刀を取つて帰り、刀をぬき、中に向つて刀をつかひ行く。正行をふんでホーアテへんばい終り。

八、大神

舞方は一番神楽の順逆のねりおこしまでにて、へんばいおはり、

はじめ一番　おゝ東に明星夜を明す。

後の者　西に太陽日を暮す。一番　南にふだらくうかべたり　皆　北に大将軍の大殿つくり。

一同　大空にしどろもどろと鳴る神は、地に落ちてこそ社とやなる。

九、祝詞

一〇、

一一、神主荒神

神主　五調子で出てお前に舞下り、末神楽すむと大こが変り、鬼の出となる。其間、神主はホーアテ、外にあちらこちらと時をかせぎ、鬼が出時、順と逆のせりあひをして鬼が引込みかかる時、背中を打つて引出す（二回）。鬼が出て来てせりあひ、一

ばいを廻る。すんでホーアテのせり合ひすんで割をする、順にまわり、逆の時に幣をとり引込み引出争ふ、しばらく遂に鬼がまけてすわる。

神主引歌

神主文

神主を打ちおどろかすとをのもの、つゞみこえよし、ふえぞかりせん

なりたかや、せいしづかなるしめのうち、なほしづかなるみこやのうち

うじひとのねがいをみつる神風や、心すゞしきしめのうちかな

掛合ひ　神主　初花のしげくひらけるるりの地に、
　ま王のものの伏すぞあやしき

鬼は末句丈変る。「まろがふさでは誰かふすべき」

1山たけくいわをきびしくさく花も
　神主ならで誰かつむべき

「まろがつまでは誰かつむべき」

2大阪や関のあなたで出た文を、
　関のこなたでよむぞうれしき

「関のかなたでおふぞうれしき」

3山里は夜こそねられねねればこそ
松吹く風におどろかさるゝ
「空吹く風におどろかさるゝ」
4大阪や関ふさがりて道なくば
ごへいさゝぐる神主にとへ
「のたけ持たるまろにとへかし」
5うぐいすは山かどひらき里に出て
よき初声を宇治にひろめん
「うぐいすはまだ其内にいるやらん
春はまたれどおとずれもなし」
6ちしやのうちちしやのろーやにせりこめて
金のくさりでつなぎとめおく
「こめられて金のくさりはものと思わん」
7しきしまにちみちももみち多けれど
中なる道は神の通路
「中なる道はまろが通路」
すごろくの十五に立し石なれば
かちめのさいは神主ぞうつ
しらずしてうちあいにける石なれば

われまけつめしゆるせ神主

神主言葉　もっとも左様に御座候かや、それにつゝしんで神主、これよりさいはいだてをもって一句申聞せ申さん。

年号始まつて昭和□年と言ふ年の月のならびは十二月日の数三百六拾余日、中にも生ずる月は三月下旬日の御位を申さば、天文にては花開き、地文にてはふくゆうす。氏子の人に万福の来ると申せ共、神は六神層六万位日は、大日本大分県東国東郡国見町別宮社の広前に於て（舞添の時は何々殿心願と有ってを入れる）、み神楽を修業し奉る、天には天のおゝそれの為、地には地神のおゝそれの為、天がい、びやつかい、玉の旗、がじつやうらくよこばさみ、四方に四季のみしめを引廻し、これよりも東方を拝み奉れば大赤きま玉、丹かと見れば丹にてもなし、朱かと見れば朱にてなし、動くを見れば人の如く、まつた動かざらん時は島こんりんざいの如く見え候が、かのみ神楽にしようげをなすは何者なるぞ、はや〳〵一句御開きなされ候、神主之れにてちようもん仕る。

荒神　そもそも荒神と申すは、すめみまの命、豊あしはらのなかつくにみずほの里に天下り給ふ時、先立ちの神なり。

一つの神あり、却つて申さく、八ちまたのちまたににたり、此の神のみはなの長さ七はたあまり、そびらの長さ七ひろ、口かくれて眼は八たの鏡の如く、ゆいてとわしむ。八百万神皆めがちに問ふ事を得ず。其時ちまたに答へて曰く、うすめ如何せん、すめみまの命を待ち奉る我名は是猿田彦の神にて候、げに〳〵神主かようなるまつりごとを我にとわずしてしめ八しようじんの内、まつたく許し申しまじく候。

神主　何がさて、たがいに和合するからは千文千万文万、これは神代にての宝にて候。之を受取り本国真夜に御帰りなされ候（幣を切って渡す）。

荒神　神主方よりいろ〳〵の宝とあつてみさき方に賜はれ共、荒神がさとりに入り申さん、先は神主に御返し申す。

神主　さてもはや、みなさま御人《ごん》は迷深きに候かや、世には小さきものを宝には用ひ候。神統にては第一の宝、十二の黄金のみ鈴、御身受取り、四方に向つてさつくさつくと打振り舞候は、おみ十六丈の丈も五尺の身体とまかりなりて候、之を御受(取)りなされ候。

荒神　みかぐらのまなびをもつて受取り申さん。神主末神楽を舞つて荒神に鈴を渡し、荒神末神楽を舞ひおわり。

荒神　げに〳〵神主の仰の如く、かのみすゞを受取り、四方に向つてさつく〳〵と打振り舞ひ候はゞ、荒神が十六丈の丈も五尺の身体とまかりなつて候、まつた神主方へ引出ものを仕らん、荒神がついたる杖と申すは一ぱいわれを申さば夜も明け日も暮れ候。之れを当所いぬいの隅におさめたるに於ては、天下泰平国家安全所願成就にて候。之れは御受取なされ候。

神主　さあらばみつえを受取、当所いぬいの隅におさめたるに於ては、天下泰平所願成就にて候。神主

一二、あとより祭り鎮め申さん（五調子に引込む）。

一三、地割文撰

五調子で出て大みだれ、四人自分の座をきめ、刀をぬき、中に向つて刀を使ひ、刀を立てて座がわり二回座る、入口よりなゝめ筋にあたる人は立つて居り、中央の出るを待つて切合ひ、中央引（込）むと四人して刀を使い座る。中央両刀をつかひながら出て東方より切掛り、北方をすんで一週した頃文撰出て来るのに切掛り、三足後より引込む、文撰四人に言聞せ、中央呼び出し言つて引込む。

文撰　出る時、千早振るここぞ高間の原なれや
　あつまり給へ四方の神々

天神七代地神五代の始め第一くにとこたちの命と申奉る、次にくにさづちの命、次に豊国の命、次におもたるかしこねの命、次うゐいちんじすいちんじの命、次につぬぐいいくぐいの命、次にいざなぎいざなみの命、此の二柱の神はちえかしこく候へば、天より天のぬほこをさし下し海中深くかきさぐり見給へ共、ほこにあたるものとてなし。引上げ見ればしたゝりこりて島となる。おのころ島これなり。此島は東西に長く、南北に短し。その下べに天の川とて流れたり。この川の水はあしたにはこがねの色、夕べにはしろがねの色、三日三夜は五色と変じて流れたり。其時我は天地陰陽を考へ、日月日数に引合せ見るに、いざなぎいざなみの御子五つ柱の争ひたたかいちぶらと考へたり、すぐに其儀を帝に奏問申せば、帝きこしめし、すぐに御代を修めよとの勅定を蒙り、かしらにはたらゆうのかんむりを着し、みあしにはくろがねのくつをふみ、いそぎたづねのぼりて見れば、あんにたがわず五つ柱の争ひ今がなかばと見へ候。しばらく東西南北にしづまり給へ、所領細かにはいとうし奉る。

文撰　五人に言ふ事

東方　春がすみみねに心をまかせけり
　やろうやらじは小山田の関

それ東方こくぬちの命よく／＼聞し召し候へ。おんみご兄弟の争天までかくれもなき、之をしづめ

よとの勅定をかうむり、しばらく東西南北にしづまり給へ。所領細かにはいとうし奉る。

東方　春来れば木の芽も芽出つたづもいぬ
　　なわしろみづになみや立つらん

そも〳〵かむろぎかむろみの命はもろ〳〵の子を生み給ふ。中にも東方こくぬちの命とはそれがしが事なり。それがしは木の神にましませば、春三月九十日をつかさどり給ふ、かくつかさどり給ひしところ、いづこともしれず年少のじん、おと子、はにやすひこと御名を名のり、われら四人して持ちたる所、押へちぎようせんとほつす、其儀にたれかおとり申すべきと四方より四万余きの神勢をそろのへ、かく合戦中ばにいわれなき文撰博士とおんなを名のりきて、東西南北しづめ給ふによつて、なを〳〵以ていわれなし。早々博士退き給へ、つるぎのほさきにおあたり候。

文撰　なを〳〵しづまり給へ。

文撰　南方に向って、
　夏山の木々《桐とも言ふ》のこずえの高ければ
　　空にてせみはこえをしらべる

文撰　それ南方かこづちの命よく〳〵きこしめし候へ。
　以下東方と同じ。

南方　夏山のしげみにふすは駒かとて
　　駒ではあらで鹿の子なるらん

以下東方と同じなれ共、火の神にましませばと夏三月九十日が違ふ丈。

西方　秋きぬと目にはさやかにかゝらねど
　　風の便りにおどろかさるる

文撰　それ西方金山彦の命よくきこしめし候へ、以下同じ。

西方　秋はぎの元の小草をさらゆれば
　　色よき花のちるぞおしさよ

金の神ニ候へば秋三月九十日をつかさどり、以下同。

北方に向って
　　秋すぎて冬のはじめとなりぬれば
　　　きのふのあられ今日の初雪

それ北方水はめの命よく〳〵きこしめし候へ、冬三月九十日をつかさどり、以下同じ。
北方引歌　冬は水二見が浦のあさ氷
　　　　とけぬ間にこそ鏡とやなる
冬三月九十日をつかさどる、以下同じ。
文撰　この宮の軒のかわらも年老ひて
　　　　鬼のおもても青く見へたり
文撰　中央に向つて、それ中央はにやすひこの命よく〱きこしめし候へ、以下同じ。
中央　吹けば行く吹かねば行かぬうきくもの
　　　　風にまかする身こそ安けれ
そも〱かむろぎかむろみの命はもろ〱の御子を持ち給ふ。中にも中央はにやすひこの命とはそれがしなり。それがしはつちの神に候へば五こくをうるほし、草木をやしなふ。さて、東方こくぬちの命は木の神にましませば大風を出し、我を吹きうしなは(ん)とす。其時我は大木となりて風にも吹かれず、南方かこづちの命は火の神にましませば火を出し、我をやきうしなわんとす。その時我はいさご、はにやす、かわくさを以て火を消し止む。西方金山彦の命は金の神にましませば、つるぎを出し我をぬきうたんとす。其時我はやくさのなるいかづちとなつてつるぎをも打くだく。北方みづはめの命は水の神にましませば、大川を生じ水を出し我を流し失なわんとす。其時我は千じゆ万じゆの亀となり、水にも流れず。兄四人はしかね給ふによつて五つひろのおろちとなりて我をのまんとす。その時我は十ひろのおろちとなりて四方白川と吹きつくれば、四方より四万余きの神勢をそろのへ、我をいのりうしなわんとす。その時我は左の手にひる玉を持ち、右の手にみつ玉を持ち、じんづじざいのわざをなし、やくさのなるいかづちをならせば、兄四人は春の花ぞとちりうせにける。
四人にきりかゝり、一週したころ文撰出る。
文撰　浮雲の雲のたえまに空見れば
　　　　かすみにてらす月ぞのこれる
それ東方こくぬちの命よく〱きこしめし候へ。おん身は木の神にましませば、春三月九十日の内七十二日をおん身に領し、下十八日を大土用とこうし、弟子はにやすひこに去りのけ給へ、お身は木の神にましませば青き色なるみてぐらを堺にさしてお渡し申す。

南方夏　赤き色のみてぐら

西方秋　白き色のみてぐら

北方冬　黒き色のみてぐら

中央はにやすひこの命よく〳〵きこしめし候へ。御身には大刀つるぎ小刀つるぎ五徳のよろいより外にはなしと申せ共、四方より十八日をぬき出し、之れを合わせて七十二日、まった大づち七日、小づち九日、六はつせん、めつ日、もつ日、くえにち、とうぼうにち、はつぽうにち、これを合せて百二十日、げに〳〵昔が今にいたるまでおとご、くにまし、くにとるとは此の礼門にとかれたり。文撰にも日の配当あり、二期のひがんを母の神に去りのけ給ひ、母の神よろこび、きえつのまいをひらき、之をれうたぐらにつらねけり。十八年九つそへてまた七つ五つ三つはいちよかりける。二十五日に二十をそへてまた二十、十八、十五、十三もよし、此日と申すは井掘り元服門出でわたましによよし、此日争ひまじき事、文撰博士かしこみ〳〵て申す。

中央　むかしより神地に植しむすび松

　　今こそとくれ神の心も

あら〳〵めでたしやな、東方木の神は春の内より十八日、南方火の神は夏の内より十八日、西方金の神は秋の内より十八日、北方水の神は冬の内より十八日、之を合せて七十二日、まった大づち七日、小づち九日、六はつせん、めつ日、もつにち、九えんにち、とうぼうにち、之れを合せて百二十日、げに〳〵昔が今に至るまでおと子国まし国とるとは此れい門にとかれたり。返つて文撰博士に引出ものを仕らん。きちく、ぼくせき、野に住む鹿の草木をあらすが如くあひ当り、しろがねのふねを造り、こがねのせみをふくませ、おもてには猿田彦神ともに住吉の神、ろかいはわだつみのかみのいちをしなり。此の舟に満干二つの玉をつみ、よつきかな〳〵と声を三度そろえて八十島掛けて漕ぎ出でんとす。

これより正行。

正行のことば、そも〳〵南無や大慈に神まします（おろしあり）、大刀つるぎを肩に掛け、小刀つるぎを腰にさし、しつの剣を口にふくみ、うしとらまくらに伏し給や（おろしあり）。

正行をすんで刀を使つてホオあて、上舞中舞下舞（順逆一度づゝ）。一週してお前にかやりをして刀をつかつて二回往復して終り。
一四、幣征男　千早をかけて座がわり二回、逆に行つて幣を中に振り、自分の場で内かい外かいをして幣つかつて、ホオアテ、最後割ホオアテ、ヘンバイ終り。
一五、弓征男　千早を掛る。
千早の言ふ事、弓ひようじように、やなぐいさら〳〵重藤の、よろいも袖にもこがくれなる。

座がわり。二回目三回目共同言葉。逆に行つて、弓合せ二回、自分の座で内かい外かい三々九度をふみ、一週した頃鈴打をして自分の座まで下り、ひかへて廻り順に行き、自分座で鈴を置き、行き〳〵刀をぬく。正行。

正行の言ふ事
春は谷に青柳、小桜おどしのおんよろい。

夏は高見にせみの声、うの花おどしのおんよろい。

秋は野にこうたかがり、白波おどしのおんよろい。

冬はめざさにあられふる、黒かはおどしのおんよろい。

祝島では、そも〳〵南無や大慈をつける。

正行をすんでホオアテの弓を使つて四方の外は自分の座で中にもする。すめば行き〳〵刀をおさめ、弓と矢を引わけ、逆に向つてすわり、少し行つて差戻し、東方から弓を射る、ホオアテ四方すんで、行つて差戻り自分座で内ニ向つて弓矢をつかひ、御前に向つてすみ。
一六、おんはらひ

①きり立つるごへいは神の姿なり
いそがせ給へ伊勢の神々

②東は青西くれないに南赤
北は黒の染分けの山

③さかき葉や立舞袖のおひ風に
なびかぬ神はおわしまさじな

一七、白頭　千早ふるこゝぞ高間のはらなれや
あつまり給へ四方の神々

そも〱我朝のまつりごとをしらべ見る事一万三千七百五十余社なり、いざなぎいざなみの命はちえかしこくましませば、天より天のぬほことさし下し、海中深くかきさぐり見たまへ共、ほこにあたるものとてなし。引上見ればしたたりこりて島となる。おのころじまこれなり。さあらば我等も岩戸のおん前にて一とかなでもまわばやと存じ候。

末神楽を舞ひ終つて面と鈴を置いて五調子で引込む。

一八、手力雄の命　いなづまの光を行や天の原

かすみにてらす雲にかけはし

天大それ、それ天地かいびやくのはじめ、八百万の神等はあしのはによつて生じたる、よつて豊あしはらの里と名づけたり。しかるに天照皇大神は天の岩戸におんこもりなされ候。

まず〱榊の枝を大神宮に捧げ奉り、さあらば我等も岩戸のおん前にて一とかなでも舞はゞやと存じ候。

末神楽を舞つて仕終り。

祝島にてはへんばいホオアテあり（末神楽の前）。

一九、すさのをの命

歌　かきながら大山元の五十鈴川
八百万代のちかいなりけり

そも〱一女三男と仰付けられ候は、第一天照皇大神宮、第二大和の国春日大明神、第三摂津の国西の宮商人の主蛭子三郎これなり。第四出雲の国大社とはみづからが事なり。さて他国には神無月と申せ共、出雲の国に限り神在月とはこのいわれなり。此の所神の名多くましまし、第一国家のそ

うびようわかうけんざい、さんぜさつたの元木のほうらいのほうべんによつて、一句あそばれけり。朝日さす夕日の石に影させば、我がなす事を誰か知るらん。かように詠じ給へば、神のおん宝にはますみのかゞみ、くさなぎの剣、うつをの鈴を榊の枝にむすびつけ、三種の神器これなり。お前の海に入りさせ給ひて、我住むべき所に吹きよせければ、伊勢の国度会郡五十鈴川の川上にましますも川のおんあるじ鈴鹿ごぜんと申すは、さかき葉や立ち舞ふ袖の追風になびかぬ神はおはしまさじな、と詠じ給ふ。しかるに天照皇大神宮は天の岩戸におんこもりなされり。さあらば我等も岩戸のおんまへにて、弓ひようじようを捧げ奉らん。

五調子で出て、お前に掛り、言ふ事を言つてお前に向つて拍子をふみ、まわりを行き、東方に掛り、西方南方北方と掛り、又お前に向つて掛つて終り。

東西又は南北にやなぎ折あり

八重垣は長刀を持つて出て言ふ事を言つて引込む。

歌　日の本の国の始めを尋ぬれば

鉾のしづくやあしはらの里

是迄我朝を保つ事天地開びやくの始め六万八千七百五十余年、我神宝として鏡三面あり、太刀三振りあり。鏡一面は伊勢大神宮に納め奉り、一面は御朝内侍所ニ是れ有り、一面は紀州日の前の神社にいつき奉り、太刀一振りは大和の国吉野神社にいつき奉り、又一振は尾張の国あつたの神社にいつき奉り、又一振は翁が持たるぎよけんの事なり。さあらば、我等も岩戸の御前にて一かなでも舞はばやと存じ候。

二〇、葉鬼

一番が出てしばらく舞つてお前に掛り、これは東方に住む太郎の王子にて候。さる程、天照皇大神宮は天の岩戸におんこもりなされ候。こよいはいつもよりものすごく、四角八面に鬼神をめぐらし、いかに南方西方北方には鬼はおらぬか。二番出て、南方にすむ武王丸王子にて候。外同じ。出揃つてから杖の打合二回、ゆうらん終つて、一番がゆんらん中ばに吹き来る神風いそぎ真夜の都に立帰らんと言へば、一同ばあと存じ候と言ひ、杖にて地面をたたきまわつて四番より先に帰る(祝島にてはゆうらんの時割にてする)。

二一、舞鉾

歌　神風や吹かぬまにこそさもあらじ
　吹けばあくまもかなわじと見る

去る程にひの川上村雲の里に立入り見候へばしゆうたんす。みこと此の家にとどい給ひ、長答へていわく、近き頃やまたのおろちとて八ツの頭ある大蛇住み候が、夜の間に人を○(食脱カ)せんとす。すなわち、一千石の石舟をつくり一千石の酒をたたへ、棚をかまへ、姫を置き影をうつして待つ所に、あんにたがわず夜半すぎの頃、八ツ頭のある大蛇浮み出で、かの姫がここにあるぞとたたへたる酒少しもあまさずのみほし、たちまち大蛇えいふしたり。其時おきなが持ちたる御けんを持ち、ずた〱にきり、大骨にあたりきれざる時、尾を立様に割り見候へば、一ツのけんあり。そのけんと申

すは、天をさして舞上る。其時おきながつらねけり、八雲たつ出雲八重垣つまごめの八重垣つくる其の八重垣、とか様に詠じ給へば、かの御剣《けん》はやす〱とおきなが手に渡つて候。さあらば我らも岩戸のおん前にて一とかなでも舞はばやと存じ候。

舞方　末神楽中の柳折りは長刀をもつて三回する。
(祝島に行つた時は正行をふむ事)

二二、児屋根

歌　かきながす大山元の五十鈴川
　八百万代のちかいなりけり

天のかぐ山のまさきのかづらをとりてたすきとなし、かぐやまの榊をとりて手草となし、もひをたれ、うなじをかき、かみかゝりそ、さあらば我らも岩戸のおん前にて一とかなでもまわばやと存じ候。

末神楽の後、岩戸の上に幣ふりふり、さかきばや立もふ袖のおひ風になびかぬ神はおはしまさじなと言う。

二三、戸取　順逆の出をして二三回廻り、お前に掛り、
谷は八つ峰は九つ戸は一つ、鬼の住むとやあら
らぎの里。只今現じ候に、たちから雄の明神と
仰付られ候は如何なる神命にてまします。
問方　これは以前のおきなにて候。五社七社のおん
神をそろのへ、きりくさかきの舞をまひ給へ共、
岩戸の戸もひらかざらんによつて、手力雄の神を
かんじよう申して候。
手力雄　それ手力雄と一ぱある時は荒のみさきとも
なり、しづかなる時はおのをの身体とまかりなつ
て候。今月今夜は此の所に立寄り、戸取となつて
岩戸の戸をとり、四方の世上に光をやさせばやと
存じ候。
是より順逆を廻り、順の時に幣打ちあり、すんで
一二回廻つてお前に掛る。
戸取　神垣や戸ぼそをたたくたびごとに
和合のりやくいやまさりけん
問方　千早ふる天の岩戸にこもれ共
心は空に有明の月

戸取　月は露露は草木にやどりして
きゆれば元のみやなぎの里
問方　千早ふる天の岩戸に袖かけて
まえばぞひらく天の岩や戸も
戸取　幣を問方に渡し、岩戸に手を掛け中をうかが
い、すわつて拍手を打つて立ち、
大神宮の御心もやわらぐ様に見え候。いよ〳〵我
らがはげみをもつて岩戸の戸を取り、四方の世上
に光をやさせばやと存じ候。三四回位廻り岩戸に
掛り又行き、三四回位に掛けてある千早を取り、
尚二回位廻つて程よき時に戸をひらき、刀をぬき、
二三回使つて引込む。
二四、神送り　四方にきり掛り終り。

夜神楽の部

一、中の位
1あーん　秋来ぬと目にはさやかにかからねど
風のたよりにおどろかさるる
いやあ、大神の三つのおん戸をおしひらきーで、

向ふに出てしやがむ。楽当の方より「いづみとてこそとくわたれ」で後による。
2あーん　秋はぎの元の小草をさらゆれば
色よき花のちるぞおしさよ
いやあ、千早振るここぞ高間の原なれや、楽の方より「あつまりたまへ四方の神々」1番と同じ。
3あーん　秋の野は皆くれないになりにけり
いざきり〳〵すころも替せん
いやあ、荒神を祭りしづめる社には、楽の方より「やしろ取立て御幣ぞさす」
1番出てあぜりをして（三回）皆中を向きすわり、扇をひらき、ホーアテすんで一人対二人にて割ホーアテお前に向つて祭礼神楽を舞つて終ひ。
二、一番神　祭礼神楽の拝をして扇をたたみ、腰のねり順逆をしてうでを組み、中に飛込む順逆うでを組んでまわつて倒れる順逆すんで祭礼神楽一番にて終り。
三、一番神楽　岩戸神楽に同じ。

四、手草　持物が幣にて昼神楽と同じ。
五、花神楽　岩戸と同じ。
六、四豆手　同じ。
七、小太刀　二人四豆手と同じなれ共、かやりホーアテあり。
八、二刀　刀の千草すんでお前に舞下り、向ふに向つて出て刀と鈴を置き、たすきを持つて順に行き、差戻してお前に掛りたすきの千草を掛け、一週してお前向ひて行きたすきをむすんで掛る。そうしてたすきを持った格甲《好》にて一週、お前に掛り、刀を一本抜き、お前にきりかかり、一週半週位にて刀を一本取かへてお前にかゝり、刀を置き、別の刀をぬき、前と同じ事をしてお前にかかり、ぬいた刀を十字に掛持ち、鈴を持ち、東方よりへんばいホーアテをして一週お前に掛り、刀を両手に持つて正行ホーアテ、上舞中舞下舞にて終り。
九、梓弓　弓征男と同じなれ共、千早掛る時が交互に行会ふ事。
一〇、神角力　三人前にて祭礼神楽のあぜりに掛る前まで舞ひ、行司に扇鈴を渡し、両人向あつて礼をして掛る。

一一、神主荒神　岩戸神楽と同じ。

一二、将軍　ちゃん〳〵で出て、ホーアテ打込み二回からすとび二回（二人づゝにて）、すんで四人で中に打込み、二回にてへんばいをして終り。

あとがき

このたび名著出版の御好意により、私の神楽の本『神楽と神がかり』を世に問うことが出来たことは、何にもましてうれしいことである。

ことここに臻るまでには、長い間の恩師学友の指導と愛情の賜物があったからである。

わきてこの一冊の本の完成には、『神楽源流考』の著者、岩田勝学兄の、原稿浄書から編集に至るまでのすべての労苦を引き受けて下さったことである。もし岩田さんがいられなかったら、病中私一人の手ではこんなに早く成稿することは出来なかった。全く救いの神様であった。

又、岩田さんには巻末に跋文をお願いしたのであるが、この方は解説として五十枚の長文のものを書いて下さった。それは早川孝太郎さんの『花祭』下巻に、折口先生の寄せられた跋文に比すべき文章である。

解説は各章にわたって、微に入り細にわたって書かれており、よくぞこれまで私の書いたものを読み覚えていて下さって、私には恐ろしく寒気のする思いがした。うっかりものは書けないとも思った。そのように詳しい解説を書いて頂いたので、私のあとがきは大変に荷が軽くなったため、予定を変更して他のことを少し誌すこととする。

昭和十三年九月に私達は『島根民俗』を創刊したが、この同人の一人であった細川勝三さんは、浜田市朝日町で神楽衣裳の製造販売店を経営して居て、当時は自動車を自ら乗り廻す人はまだいたって少ない頃であったが、細川氏は小型の車を持っていたので、石見一円から安芸の山県郡地方へ、出雲の飯石郡地方へ、神楽の実地見学に、又採訪に私は連れて歩いてもらった。それは私が大田植田植歌を尋ねて歩くよりも一、二年先行するものであった。

その頃、昭和十二年二月、当時島根県女子師範学校の教頭であった国語学者石田春昭先生の浜田市若宮町のお住居に、石見神楽の愛好者が会合する機会があり、出雲から後藤蔵四郎先生も来られることがあった。後に刊行された『校定石見神楽台本』の大綱は石田春昭先生の手に成ったものであり、これに要した費用は細川勝三氏の援助によるものであった。

私が神楽を本格的に見て歩くようになったのは、終戦後昭和三十五年六月以来、広島・島根・山口三県の文化財審議会委員になってからのことである。各県の神楽を県文化財に指定するために、目ぼしい神楽は殆ど見て歩いたことになる。私がこの本に取り上げている神楽は皆この目で見た神楽で、見ない神楽のことは一頁も書いてはいない。そのことは信用して頂きたい。

私が備後地方の荒神神楽の調査のために、最初に訪れたのは、昭和三十九年四月七日、比婆郡東城町森の社家中島幸麻呂宮司の厳父中島固成翁（一八八〇～一九七三）の処であった。

当時は今と違って何の予備智識もなく、お話になることを聞き、一字一句も聞き逃さぬようにノートするのが精一杯で、その間私の方から質問するような余裕とてなかった。それは語られることが私には珍しいことばかりで、その時の私の気持は、かつて昭和十四年四月二十六日、隠岐島古海に石塚勝太郎老人を訪ねて、隠岐島前神楽の話を聞いた時以来の興奮であった。

元来荒神の神楽は「名」を主体として三十三年目毎に行なわれる、前神楽・本神楽・灰神楽と、四日四夜の神楽であり、更に三年後に御戸開きの一夜の神楽を行なって、千秋万歳とめでたく終わるものであることを話されたのであった。そして前神楽・本神楽と、二度の神がかりがあり、又、土公神遊び・小神遊び・竈《へっつい》遊びの三度の神遊びが行なわれることであった。四日四夜の神楽は後三日三夜となり、更に三日二夜と短縮されて行なわれるようになったが、翁の若かった頃、四日四夜の神楽が二、三度あったことを話された。

この日一日中翁の話はつきなかった。夕刻になって幸麻呂宮司が役所から帰られたので、幸麻呂宮司と私との話となったため、翁との聞き書きはここで一旦中止となった。その夜は中島家に泊めてもらい、古文書など見せて頂いた。

翌朝また翁は大事な話だと云って、次の話をして下さった。前神楽の神がかりと、本神楽の神がかりは、同じ神がかりでも、その方法および目的とする処の異なることを話された。前神楽の方は祖霊荒神の舞遊びであり、祖霊荒神の託宣があるが、三十三年目の新霊はこの前神楽には来り臨むことは出来ないのである。龍蛇の頭も神殿内が見えぬように外部に向けて吊らなければならぬ事、この事は堅く守らねばならぬ定めであると云われた。新霊達の訪れるのは本神楽の夜明け、王子舞が終わって、門田に於ける龍押しからである。龍押しが終わって再び神殿に入り、鱗打ちが済むと荒神の舞納めの神がかりが行なわれるが、この神がかりは新霊が祖霊に加入することが許された神がかりで、この時は託宣はないのである。

このような話から灰神楽—竈《へっつい》遊びの五段の能のことを話され、更に小神遊びに於ける託宣のことを話された。昔の役指帳の中には小神遊びでの託宣が誌されたものがあると云われた。

昨日から今日午前中へかけて、八十四歳になられる固成翁から、かずかずの貴重なお話を聞くことの出来た幸せを感謝し、この上、翁の御長寿をお祈りして、午後中島家を辞して、それより神石郡豊松村の鶴岡八幡宮の赤木勇夫宮司宅を訪れた。

豊松では、本山荒神の祭地が名頭およびその一族の墓地にあることを実証するために、赤木宮司に案内を乞うためであった。このことは本文第二部第一章に掲げている「油木・豊松の荒神信仰」に詳述しているので、ここでは言及しない。

翌昭和四十年度には、新成羽川ダム建設のため「油木・豊松民俗資料緊急調査」が、広島県教育委員会によって行なわれることになり、その予備調査に三月二日から県文化課の藤井昭・河瀬正利両氏と共に、油木町および豊松村を歩いた。油木の大正館に宿泊した時は、庭内の紅梅は二階の窓から手の届く処に咲いていた。

翌日、油木町役場の車で、水没地区内にあった岡山県川上郡湯野村西山の代々庄屋筋であった芳賀家の移転後の家屋を見に行った。この日、豊松の赤木宮司も同道された。芳賀家は既に明石市の方へ移転されて、その住居は空家となっていたが、農機具などはそのまま置き去られてあった。そして膳椀道具から鼓田の牛の幟なども戸棚の中に残されてあった。先代、先々代の当主が大切にせられたと思われるような品々が空家のあちこちに放置されているのを見た時、つくづく世の移りかわりのあわれを思わざるを得なかった。軒の簗地には黄色い連翹の花が咲き垂れ、谷川の向側の梅林には紅梅も交じえて花ざかりであった。この日はそのままで帰ったが、後日、赤木宮司は芳賀家の農機具など村の民俗資料館に譲り受けられることになった。

四月からいよいよ油木・豊松の民俗調査が開始されて、私は岡山県川上郡備中町の方から入って来られた宮本常一氏と、その研究室の助手神保教子・吉田節子さんらと合流した。宮本さんとは、この日以後、椋梨川（昭和四十一年）、土師（四十二年）、家船（四十三、四十四年）、宮島（四十五、四十六年）、塩（四十七、四十八年）の計六ヶ処、九ヶ年間、引き続いての民俗緊急調査に同行し、この間、宮本常一と云う人から受けた恩愛は計り知れなかった。

油木・豊松での私の受け持ちは信仰部面であったから、専ら荒神信仰と荒神神楽について探究することであった。

豊松では、荒神神楽の外に、「ミサキ神楽」も明治五年十一月十九日夜、三城和江司祭によって行なわれたことが、赤木氏所蔵の神楽帳に記されていた。

昭和四十年十一月二十四日から二十六日まで、広島県比婆郡東城町山中の蟶野《までの》（戸数一二戸）で行なわれた荒神神楽を、私はさんざんの労苦の末、漸く拝観を許されたのであるが、このことは本書第二部第七章の外にこれまで何度か書いたが、このような外来者の参観を堅く拒絶することが、神聖な神楽を遂行するためには原則であったのである。そのことを身をもって知ることが出来たのも大きな神楽の収穫であった。

この時は、拝観することをお願いしても、二度も三度も拒絶され、もう駄目だと諦めていた前々日になって、参観許可の電話があった。私は本田安次先生をお誘いしていたのであったが、参観出来ぬ旨を通報したばかりの処へ、又お出かけ下さるよう電報でお知らせしたのであった。

私は写真の撮影も録音も何もしないことを約束したので、ノート一冊持って、二十四日朝一番列車で、山陰線から伯備線廻りで新見駅に下車し、芸備線に乗り換えると、朝一番の新幹線に乗って来られた本田先生とぴったり出逢って驚いたことであった。芸備線に乗り換えると、私の隣の席にいた娘さんが、沖縄の買物袋を持っていたので、どちらへ行きますかと尋ねたら、蟶野で三十三年振りの神楽があるので沖縄から帰った処ですと話された。このように臍の緒を荒神森に埋めたものは、日本国中どこに居ても三十三年目の荒神神楽には、臍の緒は寄って来いと云われて、生家へ帰って来るのが昔からの慣わしであった。

汽車が東城に着いて下車すると、そこに五来重先生が居られた。迎えの難波宗朋先生の車で我々三人は蟶野の宮尾政登・広子夫妻の家で二十六日の午后まで三日間御世話になったのである。

蟶野名本山荒神社大神事は、奉仕神主沢田篤美宮司、大当屋宮内盛夫、小当屋中村正則両家であった。私は備後での荒神神楽は初めて拝観するのであるから、何もかも珍しく、ノートするよりもこの目で見ることの方が先になったので、書き落としたことも多かったが、実感と云うものが大事であったことを今に至っても時々思うことがある。

奉仕神職は注連主沢田宮司以下、川鳥の中島三郎宮司、小奴可の中島一史宮司、大佐の佐々木克治宮司、大佐の御崎好博宮司、および沢田禰宜の六人、舞太夫は藤原元美・横山汎・矢吹康孝・小林専一・武坂寿・和田忠・和田隆敏・横山友人の八人で、計一四人であった。

前神楽は小当屋で七座の神事（打立・曲舞・指紙・榊舞・猿田彦の舞・茣座舞・神迎え）から始まった。打立《うったて》は試楽を意味するもので、太鼓は川鳥の中島宮司、小太鼓大佐の佐々木宮司、笛小奴可の中島宮司、手拍子大佐の御崎宮司によって始められた。太鼓の調子は長唄・サンヤ調子・千早落し・曲舞・鬼囃子・舞上御神楽の順に行なわれたが、中島三郎宮司の太鼓の撥捌きと神歌唱詠の声の美しさは、これを聞く者には天国へ舞い上るような気分にさせられる程で、広島県下でなく中国五県の中にもこれだけ太鼓の打てる人とて、果たして何人あるだろうか。私は遥々来たことの喜びをこの打立一つを拝観しただけで満足したのであった。

最後の神迎えは、衣冠束帯の四人が、御幣使からそれぞれその方位の色幣を受けて、これを水平に開いた扇の上に立て、再拝拍手の後、右手に鈴、左手に扇を持ってサンヤ調子の節で舞う。続いて長唄の調子に移り、更に曲舞節となる。この神迎えこそ神楽の愛好者に是非一度見せてあげたい儀式舞であった。

七座の神事の後、小憩して土公神遊びがあり、夜食後、能舞の「国譲り」があって、その後、荒神遊びの神がかりがあった。

所役は祓主佐々木宮司、本座神柱は小奴可の中島宮司、助斎御崎宮司・沢田禰宜、太鼓川鳥の中島宮司、奉幣斎主沢田宮司であった。この夜私は初めて備後に於ける荒神神楽の神がかりを拝観することが出来たのであった。川鳥の中島宮司の神柱をして次第に神がかりに誘い込む太鼓の打ち方に、先ず感動し、神柱の神がかりのはげしさに、居並ぶ者の魂を震わしたのであった。神柱は一握りもある青竹を握りつぶすのであった。これだけの力がどこから出るのであろうか。全く神の威力の恐ろしさを信じないものはいなかったろう。

夜のしらじら明けに前神楽は終わり、翌日は夕刻から小当屋から大当屋へ神殿移りが行なわれて、いよいよ本神楽が始まった。再び七座の神事から繰り返され、終わって、小神遊び・本祭祝詞・白蓋曳き・能舞の数番が所演された。

この夜、桟敷の中に美しい女を見た。こんな清らかな美しい人がこの山中に居るのであろうか。多分人妻で旅から帰っ

て来た人の一人かとも思ったが、しかし決して旅やつれしていない人であった。私は釈迢空先生の「花祭り」一聯の歌の一首に、

優なりし舞ひ子も、かくて 山に経む。

山人妻に なづさふ 見れば

の歌をその時思ったことであった。

夜明けに至って王子舞があり、優に一時間以上もかかり、盤古大王の太鼓の上に座しての后との問答は、祭文としての語り口の名残があって、哀れでもあった。

王子舞が終わって夜が明け、朝食のお粥の御馳走に預った。少憩後、門田に於ける龍押しに移った。神職および舞太夫達は白衣・袴・鉢巻に草鞋姿、名内氏子も軽装で、笛太鼓の囃子につれて門田へ出て行った。風花が散り、寒い朝であった。門田の中央に張られた七五三縄を挟んで、向側には祖霊に扮する神職が荒神幣を手にして待機する。一方、新霊側は龍蛇の頭に龍頭幣を挿して小腋に抱えた神職の後に、名内の氏子、これに続いて勢いすさまじく門田の中央まで突進して来る。七五三を挟んで祖霊側と新霊側とで長々と問答があり、最後、四季唄の唱和があって、新霊側は祖霊側の神職を一人々々追いまくり捕らえて龍蛇で巻き付ける。終わると再度神殿に帰り、龍蛇を東西の柱に引き延えて、鱗打ちが行なわれる。ここで新霊は清まって祖霊に加入することが許されることになるのである。この後、続いて荒神の舞納めの神がかりに入り、大佐の佐々木宮司が神柱となり、軸に座られた。中島宮司の神勧請の太鼓祝詞に魅せられて、千早落しの曲となり、二、三分後に大声を発して神がかりがあった。神の威力を再度目の前で見ることが出来たのであった。

荒神の舞納めで千秋万歳終了して、龍蛇とユグリの中に納め物を入れて本山荒神へ神送りが行なわれた。荒神送りがめでたく終わり、小憩して灰神楽が始められた。

灰神楽は一名「へっつい遊び」とも称して、大当屋のキロリの四周へ四神幣を立てて、年神の能・土公祭文・宝廻し・

餅取り・恵比須の船遊びの五段の能が行なわれた。詳しいことは本文第二部第二、三章に記しているので述べないが、神楽の古態はこの灰神楽の五段の能にも見ることが出来た。

灰神楽が終わって直会が行なわれた。私はこの席で、今度の神楽拝観について御無理を申し上げたのにお聞き入れ頂いたことをお礼申し上げた処、二人の老人がこもごも云われたことは、その参観を拒否したのは私達二人であったと申された。反対した理由は、得体の知れぬ人が来て神がかりが不成功になったりした場合、三十三年目の大神事に汚点を残すことになっては、神様を始め名内の皆様にも申し訳ないと思ったから強く反対したのです、しかしよい神楽が出来、三人の先生にも参観して頂いたことを感謝しています、と申されたのであった。このように蟶野名一二戸の方々と神楽の庭に相会した幸せを感謝して、十二時過ぎ、風花の散る中を帰りの車に我々三人は三日間の宿泊をお世話下さった宮尾氏夫妻にお礼を述べてお別れした。

私達は午後一時半東城発の芸備線に乗車し、本田先生は広島に出られて飛行機で大分へ向かわれ、五来先生と私は新見まで同車して、岡山へ向かわれる先生と別れて、私は伯備線で米子へ出た。汽車が上石見まで行くと山の斜面の笹原の上には雪が白く積もっていた。

蟶野の荒神神楽以後、「比婆荒神神楽」の記録作成のために、昭和四十一年二月四日から六日まで、東城町の世直神社と公民館で神楽が執行された。この時、特にお願いして「大山能」を見ることが出来た。

昭和四十七年十二月一日から三日まで、東城町粟田の小室名の荒神神楽が行なわれ、この時は文化庁の榎本由喜雄氏を始め、吉野裕子さん、写真家の萩原秀三郎氏等が、地元では広島女子大の友久武文氏も参観された。

本神楽の行なわれた大当屋の赤木稠氏の家は大きな農家であったが、前面の庇の下から桟敷が架けられて、外部は板囲いがしてあった。ここでは神殿内には全然火の気はなかった。火にあたって神楽を拝観することは、お迎えした神様に相済まぬことだと云われ、火にあたりたければ外に出て斎燈で身体を温めたらよいと村の人々は云っていられた。

屋外には薄雪が降って居り、はげしい霜が下りて、参観している我々の背後の板囲いの隙間から身を切るような寒風が入って来るのであった。私の隣で見ていられた吉野裕子さんは、寒さで身体を震わせて居られ、唇も紫色に見えたので、外に出て斎燈の火で温もって来られたらとおすすめしたら、間もなく立って出て行かれた。

神柱の佐々木宮司は谷川に下りて水垢離をとられ、身体から雫を落としながら帰って来られた。白衣に着替えられ、荒神遊びの神がかりが始められた。それは丑満時を過ぎた頃であったであろうか。神柱の佐々木宮司は水垢離から帰って来られた時、もう半ば神がかりの状態に入っていられたように私はお見受けしていたが、太鼓祝詞の神勧請となるや、その瞬間、叫び声で失神された。助斎の神職、素早く敷俵に腰を下ろさせようとした。癇が強く、忽ち青竹の軸幣を三本握り潰して了った。

吉野裕子さんはとうとう外へ出たまま帰り来ず、帰って来た時は既に神柱は祭場から姿を消していた。わざわざ東京から神がかり託宣の如何なるものかを見に来られたのに、その目的を達することが出来なかったのは、私の責任のような気がして、これから後々吉野さんにお逢いする度にこの夜のことが思われて苦しかった。

昭和五十四年二月三日の官報告示によって、「比婆荒神神楽」は、岡山県の備中神楽、島根県の大元神楽、山口県岩国市行波の神舞と共に、国の重要無形民俗文化財に指定されたので、九月二十九・三十日、東城町竹森で現地公開が行なわれたので拝観に赴いた。この時のことは同年十二月三日から十四日まで八回にわたって中国新聞へ「比婆荒神神楽拝観記」を掲載したので、改めてここには述べないこととする。

その後、昭和五十六年十二月四日から六日まで比婆郡西城町栗で式年神楽が行なわれた。この時は東京から文化庁の星野紘氏を始め、坪井洋文・山口昌男・鈴木正崇・串田孫一氏夫人・田地春江、岡山から岩田勝、又、フランス人のモクレール＝シモンさん、地元から友久武文氏らが参観に来られた。

当夜の注連主は大佐の佐々木克治宮司で、前神楽には荒神遊びの神がかりは行なわれず、土公神遊びだけがあって早く終わり、夕食の御馳走に預って、一同町の安原旅館へ入った。

翌五日は夕方六時から前当屋から本当屋へ、神殿移りが行なわれるが、東京から来られた方々は聞き書きなどするため、朝食後出て行かれた。

午前十時過ぎに、甲奴郡上下町井永の弓神楽の保持者である田中重雄宮司が来られた。後に残っていた岩田勝・友久武文・モクレール＝シモンの諸氏と私とで、田中宮司を囲んで昔の本手神楽師の華やかだった頃の王子神楽の話を聴いた。初めて聴く話が多く、一晩でも聴き明かしたい程であった。昭和二十三年に行なわれた上下町の三十三年目の式年神楽には、三三人の神職が集まって執行されたとのこと。これが甲奴郡地方の三十三年目に行なう最後の神楽となったことなども話され、聴き役の我々を興奮させられた。

本神楽は午後七時から本当屋の石田家の大広間で行なわれた。七座の神事の曲舞と指紙の間に、「ロックー迎え」の神がかりがあった。備中では時々行なわれるが、備後で見るのは私も初めてであった。これは石田家に新しく竈戸を築かれたので、その祝いに行なわれたもので、台所から舞殿の神座まで二本の注連縄と白布が引かれ、一人の社人が小男の舞太夫を誘導しながら注連縄に沿うて舞殿まで連れて来ると、舞太夫は白布を振りかざしながら烈しく廻転して神がかりした。すかさず腰抱きによって介添えされ、助斎の神主の打ち払いによって神がかりは解けた。はげしい神がかりではなかったが、ロックー迎えの神がかりは初見であった。

この夜、しらじら明けの頃、王子舞に続いて龍押しがあり、ここでは門田に出ずして屋内で行なわれた。鱗打ちの後の荒神の舞納めの神柱には御崎好博宮司が奉仕され、はげしい神がかりは寒気を催すものであった。今まで東城側の神がかりは数回拝観したが、西城側の神がかりは初めてで、御崎宮司の重要性を人々に伝えておきたい。

千葉県佐倉市にある国立歴史民俗博物館の第四展示室は、今年三月十二日から一般に公開されたが、この展示室内に西城町の荒神神楽の神殿の模型が作られたことは、西城町栗の年番大神楽に、同館の坪井洋文民俗研究部長が来観せられた結果で、このような願ってもない晴れの機会が訪れたのであった。全く予期せざりし幸運と云うものであろう。

栗の神楽から一週間後の十二月十二日夜、東城町竹森で「御戸開き」の一夜の神楽があり、岩田勝氏を誘って拝観に行った。「御戸開き」と云うのは本神楽後三年目に行なわれるもので、最終の行事である。藩政期割元庄屋であった真安登美恵氏宅の八畳三間続きの大広間で行なわれた。岡田名本山荒神迎えは午后三時から始められた。岡田名荒神の隣に真安家の墓地がある。風花が散り、雪の来る日の近いことを思わせた。荒神迎えが終わって、中島幸麻呂宮司の古式の湯立行事が一時間も要して行なわれた。

七座の神事は、最初の試楽の打立から中島三郎宮司の見事な撥捌きで始められた。この地には、太鼓の名手、笛の名手が何人も居られる。横山汎氏の猿田の舞の太刀捌き・長刀捌きの名演技も、後何年見られるであろうか。居並ぶ老神職達とそのことを語り合ったことであった。

この夜、神楽の席につどえる者は竹森の人々だけで、部外者は岩田さんと私と二人だけであった。これが本当の昔の神楽と云うものであったような気がして、遠く石見野から来たことが、この地との繋がりをいよいよ濃くして有難かった。

翌朝、直会を頂戴して、岩田氏と二人、難波宗朋先生の車で東城に出て帰路についた。

昭和四十六年六月十二日から十三日にかけて、高田郡高宮町で広島県文化財臨地研究会が開かれて、私は十三日午前中に「高宮町原田の囃子田」について一時間ばかり話をした。話が終わってから初対面の挨拶に来られた方は、甲奴郡上下町井永の田中重雄宮司であった。その時、私の処の「弓神楽」を一度見て頂けないだろうかと申されたので、その年十月二十三日に真下三郎教授と調査に行った。その日は田中宮司宅で演奏されたが、第一席から第五席まで語られたのには全く驚いた。これだけの長文の五行祭文を暗誦することは、年長じては出来ないことである。記憶の旺盛な小童の頃から、その語りは如何にしてなされたのであろうか。田中家の蔵本「土公神縁起祭文」の末尾には、

一御本書曰、于時文化六己巳極月上六、同郡上下村八幡社司小川求馬□（不明）幼君十七書筆云云、于時弘化二三両年前冬当弥生下一為写書之早、

と記されているので、十七歳の時、親本を見ながら書写することによって記憶の助けとしたことが知れる。又、一方では親の演奏するのを側で聴きながら、自らも撥を打って調子をとりながら繰り返し繰り返しして記憶したのでもあろうか。どのような方法にしても、二十歳以前には一人立ちしたものと思われる。弓神楽は同年十二月二十三日付で県指定となった。

上下町近在の弓神楽と大同小異のものである比婆郡西城町の神弓祭の調査が、昭和五十三年九月十九日、西城町大佐の佐々木克治宮司宅を祭場として行なわれた。

奉仕神職は佐々木克治・御崎好博・白根孝穂・伊達正孝の四宮司によって行なわれ、大願主は大佐の黒田正氏であった。この神弓祭で最も感銘したものの一つは、御崎宮司の弓の唱行であった。弓を打ち鳴らしながら、一二首の神歌が美しいメロディで弓座と太鼓座の掛合いで歌われるものであった。

弓座　〽サンヤ　此弓の始めは如何に　サンヤ

太鼓座〽サンヤ　千早振神世四弓の　サンヤ

合唱　〽始めなりけり　エーェ始めなりけり〳〵

サンヤと歌い出す御崎宮司の歌声の美しさには、少しばかり哀感があり、これを聴く人々に何と云ってよいであろうか、ものの哀れに似たものを覚えさせ、それは花園を踏んで行くような錯覚さえ、神の世界に誘い入れる序章でもあった。

この日、第四席の土公神遊びでは、佐々木克治宮司が弓座に着き、最後に久真据えの神歌五首を唱して、盆の中の久米を揺り動かして神籤が伺われた。その結果を大願主に伝えられたが、それは「旧の十月・十一月は、仕事を見て仕事を見る

なと云った月で、怪我は切れものでなし」と云ぅ神占であった。第五席は白根宮司によって「結願神上ゲ」が行なわれ、正午から始まった神弓祭は午後五時五分に打上げとなって終わった。

以上、広島県の荒神神楽や、私祭神楽の弓神楽や神弓祭の参観記のようなものを書き留めたが、この外、中国地方他県のものにも触れたかったが、意外に紙数を要するので一応ここで止めることとする。

私はこれまで神楽能のことは取り上げなかった。それは本格的な能舞を見学する機会が少なかったことにもよるが、その多くは昔のおもかげを早く失ったものが多いからであった。最近になって能舞の方も大切に取り扱わなければならぬと、思い考えるようになったことの一つは、岩田さんの『神楽源流考』や、東城町教育委員会から刊行された『比婆荒神神楽』の中に収録されている杤木家神楽関係文書の再読三読した結果と、田中重雄宮司の『広島民俗』第一八号(昭和五十七年八月)に掲載された「五行祭盛衰記」と『広島民俗論集』(昭和五十九年)所載の「備後神楽の能舞」、又、昭和五十年七月十一日に国立劇場公演の「神楽の面芝居」に出場された豊栄神楽の評価を聞いたことからである。

この内でも岩田さんの『神楽源流考』の第二部の「祭文による強制」の各章である。「五龍王から五人の王子へ」以下、多くの資料を駆使して、五行祭文の問題に取り組み、今まで不問に付せられていた神楽の重要部面の一部を明らかにせられたことである。

一方に、田中重雄宮司はみずからが弓神楽の保持者であり、若宮遊びを始め、備後神楽の五行祭を永年に渉って見て来られたものを、これまで何度かお聴かせ頂いたことである。その智識の一部を語られたものが「五行祭盛衰記」であり、又、「備後神楽の能舞」であった。

このように、神楽の神事式と並行して、能舞系の神楽研究者の次々出られんことを切望するものである。

私の神楽研究は、恩師西角井先生の指導と共に、一方には本田安次先生の愛情に浴して今日まで来たことであった。本田先生は私等が昭和十三年九月、島根民俗学会を設立して、『島根民俗』を発行した当初から石巻の遠くから暖かい目で見て頂き、田植特輯号には「奥羽の田植神事」を御寄稿下さった。そして昭和十七年十一月『山伏神楽・番楽』を仙台の斎藤報恩会から刊行されるや、私にも恵送頂いた。その時の葉書が残っている。

拝啓　御変りはございませんか。こんど別送申し上げました様なものをこしらへましたので、お恥しいものですけれど御覧に供したく存じます。先は右御案内まで。　敬具

十一月二十八日　石巻市大手町　本田安次

昭和四十六年六月、井場書店からこの本を復刻されたが、この稀覯本は先生のお手元には使い古された一冊しかなく、先生のお近くにも所持している方がないと山路興造君から聞いたので、私の手元にある同本を御使用頂けるよう御送りしたことであった。その時の手紙も残っているので併せて掲げておきたい。

拝啓「山伏神楽・番楽」の初版を有難うございました。参考にさせていただきました。きのふ復刻版が出来たと云って本屋がとゞけて参りました。お蔭様でございました。こちらも一部御笑覧に供します。これから暑くなりさうです。くれ〴〵も御体を御大事に、とりあへず御礼まで申上げます。　敬具

六月四日朝　本田安次

牛尾三千夫様

侍史

その後、『能及狂言考』『霜月神楽之研究』『翁そのほか』以下、御著書出版の度毎に私にまで送本頂いた。それは最近刊の『東京都民俗芸能誌』上下二巻に至るまで二十数冊に及ぶ数である。

先生が中国地方の神楽参観に来られたのは、昭和二十九年七月二十三日、隠岐島前の焼火神社で「島前神楽」を見られ

たのが最初で、この帰路、出雲飯石郡赤名で「奥飯石神楽」を参観されている。昭和三十年八月に出雲佐太神社の「佐陀神能」の調査に来られ、昭和三十六年九月に「御座替神事」に再度来観され、同年十一月には石見の「大元神楽」参観の帰路にも、三度佐太を訪れていられる。

昭和三十六年二月二十日より二十二日まで、備中成羽町の上日名と布賀の二ヶ処で「備中神楽」を、郡司正勝・倉林正次・山路興造の三氏と共に来観され、布賀では出雲の石塚尊俊氏と石見から私も行き合流した。この時、まだ早稲田大学の学生であった山路興造君と初対面し、この帰りに拙宅へ伴った。この日以後今日まで二十四年間、家族の一人のような親しい付き合いとなった。

同年十一月二日から四日まで、石見那賀郡旭町の木田および山ノ内と、邑智郡桜江町八戸の「大元神楽」を、萩原龍夫・高橋正雄・山路興造氏らと共に参観された。

同三十九年十一月二十四日から六日まで、備後東城町蟶野に於ける荒神神楽に来られて同行した。昭和五十二年四月二、三日には山口県岩国市行波の式年神楽「神舞」の参観に、又、翌年十月十四日の荒玉神社例祭時の「神舞」にも再度参観された。

以上のうち、「佐陀神能」は昭和五十年五月に、又、「備中神楽」「比婆荒神神楽」「大元神楽」「岩国市行波の神舞」の四件は同五十四年二月に、国の重要無形民俗文化財に指定されたのも、皆先生の御推挽の結果であった。

今度の『神楽と神がかり』上梓に際しても、先生の変わらぬ御愛顧の賜物であった。謹みて御礼の辞を申し上げたい。

この外にも、郡司正勝・萩原龍夫・後藤淑・坪井洋文・石塚尊俊の諸先生達に、その御著書を通して学恩に浴したことを感謝したい。なお、早稲田大学演劇博物館の渡辺伸夫氏には、永年に渉って神楽資料を頂戴して来たことの御礼も申し上げたい。民俗写真家の萩原秀三郎氏には、事あるごとにその美しい写真をお願いして来た。今度も各地の神楽の写真を数多くお願いしたが、これは又 法子夫人の口添えにもよることであった。

萩原さん以外に多くの方々から、須藤功・坪井洋文・鈴木正崇・田中重雄・岩田勝・黒田正・田地春江・難波宗朋・宮本肇・加藤寶・竹野勝也・豊田和典・松浦康麿・渡辺友千代・西村巖・佐々木順三・佐々部啓晴・道下太郎・三原善伸の諸氏に写真の御提供をお願いした。その御厚情を感謝申し上げる。又、大庭良美氏にはいつもの通りスケッチ図を描いて頂いた。

昭和五十二年四月以降より、昭和六十年三月末まで、八年間に渉り、「大元神楽の研究」および「中国地方里神楽の研究」に対し、神社本庁学芸奨励金の支給を受けたことを、ここに銘記して深く感謝の意を表する。

本書の刊行をお引き受け頂いた名著出版社長中村安孝氏と元社員岡倉捷郎氏に、そして編集部の岩田博氏には当初から総ての事務処理をお願いした。三氏に対してここに深甚の謝辞を申し述べることである。

京都在住の山路興造君には、本書刊行の話のあった当初から、何呉となく世話になった。そして私の今の健康を気遣っていてくれる一人でもあり、夜遅く電話で私の声を聞いて安心している。彼も一日も早く芸能関係の論文集を上梓して、私を悦ばせてくれることを祈ってお礼に代えたいと思う。

最後に、病中の私がかろうじて脱稿することの出来たのも、我が妻由紀枝の目に見えぬ毎日の世話があったからである。娘八角子夫妻は現在横浜に在住しているが、そのうち帰って牛尾家を嗣ぐであろう。孫の桃子は小学校二年生で、「今日ピアノの演奏会で挨拶したのよ」と云う電話の可愛い声を先刻聞いた処で、このあとがきを終了したい。

昭和六十年六月二日　前栽に卯の花雪と咲き　老鶯しきりに鳴ける日に

飯尾山房にて　牛尾　三千夫

解説

岩田勝

一

『大田植と田植歌』（民俗民芸双書29、岩崎美術社、昭和四十三年五月、B6判二七五頁）から九年を経た昭和五十二年六月に、牛尾三千夫さんの第二冊目の著書『美しい村—民俗採訪記—』（石見郷土研究懇話会、B6判三五一頁）が刊行された。

この本には、中国山地採訪の旅を安芸山県郡の荒神原から八幡へ向うとき、

行手の山々谷々にしづかに朝日のさし渡る様を、今日はあくことなく眺めつゝ、孤独に居るものは又してもうつむき加減に歩み勝ちであつたが、ふと雑木の山に花咲ける樹のある事に気づいた。唇のしびれるやうな清澄な高原の朝の道に白々と花咲ける木は正しく辛夷（こぶし）の花であつた。（八頁）

とあって、かつて私も辿ったことがあるその山路を、すでにこのような抒情を抱いて歩かれた人があったのかと、私は思わず身を乗り出した。さらに、釈迢空の『海やまのあひだ』の冒頭の「島山」のみずみずしい孤独な情感を重ね合わせたような、

笹百合は山の斜面の草間に抜き出て高く咲き、ウツボグサは路傍に低く咲いて、ともすれば行き交う人に踏みしだかれる花である。（二七五頁）

などの文章に出逢い、著者が「このように行き過ぐる旅と云うものは大概かなしいものである」（三五〇頁）とされるとこ

ろに、それまで接した多くの民俗学・民俗芸能関係の著書や文章にみられない新鮮な共感を覚えたことであった。しかも、そのような詩心をもって、田植唄や麦搗唄・臼挽唄や、それらのなかの素朴で明るいバレ唄などの農民の生活そのものに観入し、心から共感しながら、なおそこからある距離をとりながら見つめておられ、詩心をもってする温かい目と学者研究者としての鋭い目をあわせ持っておられる、牛尾三千夫さんのまれな資質に、ある感動を覚えた。その感動をそのままにしておくのは惜しくて、すぐに一〇枚ばかりの書評を書き、その中心となる部分を抽いて、『中国新聞』昭和五十二年十二月十六日付け朝刊の文化欄に発表した。

この一冊の本は、拙著『神楽源流考』（名著出版、昭和五十八年）の第一二章のはじめにしるしておいたように、民俗、なかでも民俗芸能のなかにこそ本当の人間の生きざまを探りあてることができるということをまざまざと示された、私にとってまさしく開眼の書であった。私は昭和四十三年から約二年間、石見市山に近い浜田市に浜田郵便局長として勤務し、元市山村長で当時市山郵便局長であった山崎毅さんを介して牛尾三千夫さんの御示教を得られる機会が再三ありつつも、仕事の都合でついにお逢いできないままに広島に転任したのであるが、牛尾さんの民俗世界に接することのあまりに遅かったことを歎じつつ、民俗芸能の研究に本格的に入り込む、大げさにいえば私の人生にとっての大きな転機となったのであった。漸くに牛尾さんの知遇を得、その御高教を得る契機となったのはこの一冊の本との出逢いからであった。

それから六年を経て、牛尾さんの第三冊目の著書『続　美しい村―民俗採訪記―』（石見郷土研究懇話会、B6判三一一頁）が昭和五十八年三月に出版された。この第三冊目の著書に至って、はじめて神楽に関する論考四編を収められた。しかし、それらは、『中国新聞』朝刊、文化欄の「緑地帯」に昭和五十四年十一月三日から十四日まで八回にわたって連載された「比婆荒神神楽拝観記」、串田孫一氏の『アルプ』昭和五十七年四月号に発表された「かぐらの里」、本書第四部第二章にも収載されている「河内神と山〆神楽」、それに、岩国市教育委員会編『岩国行波の神舞行事』（昭和五十四年三月）に書かれたなかから神楽歌の項だけを抽いてまとめられた「岩国市行波神舞の神楽歌」であって、牛尾さんの神楽に関する多くの論考のわずか一部にとどまった。

本書の刊行後すぐに書いて送った私の書評は『日本民俗学』第一五一号（昭和五十九年一月）に掲載されたが、そのなかで私は牛尾さんにつぎのように希望しておいた。

しかし、概観したように、本書に収められたものの大方はうたにかかわっている。田植歌にしても、麦搗歌・草取歌・たたら歌にしても、さらに神楽歌にしても、うたの抒情をいつまでも耳朶に残しておられる方であるがゆえに、氏の文章にはいつもうたが基底音となって流れている。著者みずからもあとがきに、「柳田先生や折口先生の学問の裏側にはいつも詩がある。学問と芸術の価値には高下はない。今後民俗学に専念する人々も亦詩を解する人でありたい」といわれている。

それを如実に表わしているのは、巻頭の序歌「若宮遊び」四首である。

古への　若宮遊び　松神楽／生きながら／死してある身の／日々のさびしさ
荒神の　松にのぼりて、／灯をともす／即ち、神に近づくらしも
神の憑く、人となゝりそ、／若くして、／命を絶ちし／人ぞ恋しき

若くして釈迢空に師事した著者のこの三首のうたに、その意をただちに了解される方は少ないであろう。『国学院雑誌』昭和五十五年十一月号の論考「若宮遊びと松神楽」を、わずか三首のうたに見事にとらえ直されているのである。さらに、昭和五十六年十二月十二日の竹森の御戸開きを拝しての、

時移りて、／新霊《ミタマ》は祖霊《カミ》となり給ふ。／風花散り来／荒神の森

の一首には、著者の著名な「祖霊加入の儀式としての荒神神楽」（『まつり』第一二号、昭和四十二年）が、詩心をもって見事に凝集されているのをみることができる。

本書に収載されなかったこれらの論考を、わずか四首のうたによって示されているところは、まことに心憎い。だが、これらのうたを本当に味うには長大な注釈を必要とするのである。そのような難解な抒情に託されるよりも、筆者は、大田植と田植歌とならぶ著者のライフワークである神楽研究の成果が一日も早く集成され、公刊されることをのぞみたい。それは筆者だけの希求ではないはずである。

ところが、そのような望みが実現する機会が思わぬほどに早くやって来た。牛尾さんとは父子の間柄であるかのように見まがうほどの長いおつき合いの山路興造氏をはじめ、本田安次・萩原龍夫・友久武文などの各位の積極的なはたらきかけと、名著出版の意向とが合致して、牛尾さんのほぼ六十年に近い調査研究のうちから、神楽にかかわる分野と大田植・田植歌にかかわる分野の主要なものを系統的に編成し、それぞれを一冊にまとめて刊行しようとの意志をご本人が本気になって示されるに至ったのであった。

その第一冊目がこの『神楽と神がかり』である。これによって、本書の巻頭にも収載された序歌四首をじっくりと味わえる諸論考に容易に接することができるようになった。現役の研究者各位のみならず、これから神楽、さらにはひろく民俗芸能・宗教民俗・伝承文学・口唱文芸の調査研究にしたがおうとされる前途ある研究者たちにとって、欠くことのできない体系的な一書を提供されることになったことを喜びたい。

牛尾さんは豊かな詩心の持主ではあるが、嘱目した対象をとらえて考察されるのに、感性の翼に乗って思うままに飛翔されるようなことはない。あくまでも細部にまでわたってみずから納得し、かつ、実証し得た事柄でないと容易に筆にされることがない方である。そのために、それぞれの事象を把握し理解されるに至るまでの背景にある事情やみずからの体験を語ることには、けっして饒舌ではない。むしろみずからの主観や感情を吐露されることには、学問としての分野では禁欲的な態度を示してこられたといってよいであろう。

牛尾さんからのたってのご指名により、拙い解説を巻末に加えさせていただく所以である。

二

中国山地と隠岐を、民俗、とくに民俗芸能採訪のおもなフィールドとされてきた牛尾さんにとっては、うたの抒情のあふれる田植歌や麦搗歌・臼挽歌・たたら歌などは、牛尾さん生得の資質から調査研究に志向された分野であるのに対して、神楽に関する調査研究は、調査研究のそれ以前に、石見市山に中世以来続いている社家に生を享けたことから、いわば生まれながらにしての家業として運命づけられていたものといってよい。みずからが大元神楽の注連主《しめぬし》として、神がかりをとく打ちかえしの法の秘事を伝承する実修者の立場と研究者としての立場とはしばしば相剋することがあるなかで、神楽について本格的に書かれるようになったのは中年を過ぎて成熟の域に達してからのことであり、それなるがゆえに、みずからの実修の体験を踏まえた慎重な筆運びによられているところが多くみられる。

そのような牛尾さんは、本書に至ってはじめてみずからの経歴と研究歴のことを詳しくしるされた。本書の序章、第一部第四章の「私の村の大元神楽」、それにあとがきなどがそれである。これらは牛尾さんが世の常の学者研究者にとどまっていない面を示されたものとして貴重である。

それゆえ、牛尾さんの研究歴に付け加えるべきところはあまり多くはないが、本書成立の背景としていくつかのことを書き加えておきたい。

牛尾さんが国学院大学神道部に入学されたのは、折口信夫のあの著名な『古代研究』の第一部と第二部が刊行された昭和四年四月のことであった。牛尾さんは入学後早速に折口先生に傾倒されていくとともに、郷土研究会において常連の西角井正慶先生・北野博美さんなどとともに、早川孝太郎さんにも知己を得られた。序章には、昭和五年四月に刊行された

『花祭』上下二巻を手にとって見た瞬間の驚きを、五五年も前のことながらいまなお新鮮な感激をよび起こしてしるされている。

牛尾さんの早川孝太郎さんと早川夫人との長年にわたるおつき合いのことは、日本発見6『祭り』（暁教育図書、昭和五十四年）にも書かれている。折口先生の『花祭』への跋文が『春のことぶれ』の「雪祭り」の歌に凝集されていることと、早川さんの写生図の憎らしい程のうまさとを対照して、「一方は歌で、一方はスケッチで、両者ともに日本の芸能の美しさを、真底ぎりぎりの線まで澄み透らせて表現したものである」とされ、牛尾さんの神楽研究のライフワークは、すでにこの若年にしての『花祭』との出逢いによって大きく方向づけられたことを、つぎのように述べられている。

『花祭』上巻、開巻の写真・写生図を見ただけで、早川さんと云う人の持つ詩のようなものが感ぜられる。写真よりもスケッチの方が一層心を引きつけられる。しかし私は何時も思うことであるが、この『花祭』上下二巻の大冊を一頁も残さずに読んだ人が何人いたであろうかと云うことである。案外に読んでいないのではあるまいか。『花祭』後編には、神楽・田楽・地狂言などの資料も収められていて、折口先生の跋文には、「早川さんの調査によつて訳つたことであるが、こゝには元、三日三夜に亘る神楽があつたので、現在の花祭は其の一部分であると云はれてゐるのです」云々とあり、当時はまだ人々に知られていなかったが、備後東城町地方には今も四日四夜に渉る荒神神楽が行われている。このようなことは死後の霊魂に関する問題であるのでここにはふれない。

ここにはふれておられないところは、本書第二部第二章の「祖霊加入の儀式としての荒神神楽」に詳しくみることができる。この論考は、早川さんによって明らかにされた奥三河の神楽との深い関連づけのなかで書かれたものである。

昭和十六年十月に、早川さんが鈴木棠三さんと連れ立って松江に来られ、明後日の長男の結婚式に急いで帰京されたときのことは、『早川孝太郎全集』第六巻（未来社）の月報に牛尾さんが詩によって表現されている。この年の暮、早川夫人となられた宮崎智恵さんは石見津和野の人で、牛尾さんの早川未亡人との交遊は早川さんの死後も終生続いてきている。

『花祭』は、牛尾神楽学のいわば原点として位置しているのである。

牛尾さんは、国学院大学に入学した昭和四年から「水甕」東京支社の仲間に入って短歌の勉強をし、昭和五年九月には「水甕」学生歌会を母体として創刊された短歌雑誌『装塡』の同人となって活躍した。さらに『装塡』の国学院関係者を中心に柊会を組織して、西角井正慶（見沼冬男）先生の指導を月々受けた。『装塡』の毎年の新年号の巻頭には折口先生の歌を飾ったが、その使いは牛尾さんがした。「その時先生は、学問と芸術は同じ高さのものであると云はれた。そして歌は結局リズムであると云はれた。伊東屋の半ペラの原稿紙に歌を書きながら二十回前後も節を付けて小声で反唱せられるのであつた。いつもそのように歌のリズムを口誦して、然る後に歌を渡して頂くのであつた」。昭和九年新年号の『装塡』第三七号には、折口先生の「日なたの春」三首を頂いた。

牛尾さんの詩歌集『桔梗の空』（私家版、昭和五十八年七月）には、『装塡』に載せた若くみずみずしい歌の多くをみることができる。

南《ミンナミ》の帷《トバリ》をあげよ。光さへ、黄色くなりぬ。春近みかも

二葉屋の装飾窓《ショウウインド》にわがよれば、かなしきかもよ。シドネイの顔

昭和七年三月に国学院大学の業を卒えた牛尾さんは、そのまま東京にとどまり、西角井先生の上目黒の仮寓にお世話になることになった。その頃、歌作にはげむとともに、民俗芸術の会の例会にも、当時の民俗芸能研究のトップレベルの方方にまじってはげむ若き日の牛尾三千夫の姿が見られた。昭和七年の『民俗芸術』の例会記事によると、四月八日の例会の出席者には、折口信夫・小寺融吉・北野博美・中山太郎・大藤時彦の各氏とともに、西角井正慶・牛尾三千夫の名が見える。五月四日の例会には、常連の方々とともに、折口信夫・藤井春洋と、西角井正慶・牛尾三千夫の各一組の姿が見られ、六月九日の例会の出席者約四〇名のなかには、折口信夫・西角井正慶・牛尾三千夫などとともに、女性のなかに森村浅香などの名も見える。

序章に書かれているように、西角井先生は、早川さんの『花祭』の発刊を契機に、神楽の本を出すための作業を進められていた。昭和九年五月十日に壬生書院から刊行された『神楽研究』は六八九頁に上る大著で、定価は金八円であった。そのはしがきには、折口先生から「かぐらは神座《カムクラ》といふ熟語」であるとする一二頁にわたる著名な序文を賜わったことへの謝辞とともに、「牛尾三千夫君には原稿浄書の大部分を煩はした」との謝辞がしるされている。この本の「資料第二」に、全国の郷社以上の四千余社にそれぞれの神社における神楽のことをこまかく要目を立てて照会し、昭和五年末までに回答を得た数百通の返信を整理して、一一五頁にわたって掲載してあるが、千差万別の報告から神楽にかかわる内容だけをいちいち抽出して編集したのは、牛尾さんの作業なのであった。神社を対象として報告を求めたことから、村方の神楽に言及されているところは乏しく、かなり偏っているが、それでも中国地方では備後の弓神楽のことなどの貴重な報告がみられる。利用の仕方によっては神楽研究の宝庫ともいうべき内容である。牛尾さんの神楽研究の素地はすでに若年にしてこのようにして培われてきたものなのであった。

若き牛尾三千夫は、『神楽研究』発刊三日前の昭和九年五月六日夜、家の事情からやむなく石見の生家へ帰ることになった。新宿駅から中央線を迂回しての帰郷であったが、それは午後十時四十五分発であったことをいまでも強い感慨をもって記憶に残しておられる。その翌朝、諏訪の駅で買った新聞で中村憲吉の死を知った。『桔梗の空』に、「覊旅花―諏訪のあたり」でつぎのようにうたう。

　諏訪に来て、中村憲吉の　訃を知りぬ。この国原の　忘れ霜はも

帰郷の挨拶に参上したとき、折口先生から、

　やまさとへ　かへりすまむと　する人に、見せてわかれむ　ぎんさのやなぎ

の半折や「葛の花」などの短冊を頂戴し、「山の向うの備後の布野に中村憲吉が居るから、その憲吉を思うて歌を作れ」と何度も云われた、その人がもうこの世にいなくなったのである。

帰郷後、昭和九年十一月の『装塡』に「みやこわすれの花」一三首を載せる。

我が家に　みやこわすれの花咲けば、すゞろに秋はさびしくなりたり

爾後、年々の秋にみやこわすれの花は咲きつづけ、昭和十四年七月の『コギト』の「行春初夏」一六首には、つぎのような歌がみられるようになる。

中村憲吉の生家にて

ふるさとに　住みつくことの　耐へ難きを寂しき時に　おもひけらしも

青笹上大江子家にて

田唄すら歌はずなりし、五月田の　さぶしきことを　我に聴かせつ

すでにその頃、中国山地に美しい村を求めて、袴姿の下駄履きでウツボグサを踏みしだきながらどこまでも歩きつづける牛尾三千夫の姿がいずこでも見られた。それはある意味では裏返しのダンディズムでもあったろう。島根県邑智《おうち》郡市山村牛尾方を事務所とする島根民俗学会の『島根民俗』の初号（第一巻第一号）が牛尾三千夫編輯によって発刊されたのは、昭和十三年九月のことであった。

宮本常一は、昭和十四年十一月、松江から島根半島をまわって江津に行き、そこから跡市に森脇太一氏をたずね、牛尾さん同道で田中梅治翁を田所村鱒淵（現瑞穂町）に訪い、そこから安芸・石見・周防の山村各地をまわって故里に帰った。このはじめての中国山地の旅はよほど印象が強かったらしく、昭和十八年十二月の『村里を行く』のあと、『忘れられた日本人』『中国山地民俗採訪録』にも書いている。『村里を行く』には牛尾さんのことをつぎのようにしるす。

翌朝早く牛尾氏が来られた。初対面の挨拶をして（森脇氏宅で）また話し込んだ。牛尾氏は国学院大学の出身で折口先生のお弟子である。そして薫陶をうけて民俗学研究に傾倒し、地方の得がたい学徒である。しかして特に中国山中の村々に今も行なわれている大田植という一つの田に数十人も降り立って田植する行事について熱心に調査をす

めておられる。生家は神官で、父君を助けての余暇は下駄ばきのままでどこまでも歩いて行く。

翌昭和十五年九月にも、牛尾さんは渋沢敬三先生と宮本常一氏の東道役としてお世話をした。青笹の高橋梅吉老人のところで田植歌を聞いたあと、さらに鱒淵の田中梅治翁を訪い、翁の案内で出羽の牛市を見た。その翌日、宮島に向われる二人と安芸新庄で別れ、それから安芸・備後・備中・美作・伯耆・出雲と、中国山地の各地をまわって、十七日ぶりに市山に帰り着いた。田唄研究がますます本格化した「採訪記」(『続 美しい村—民俗採訪記—』所収)などの充実した旅がつづいた。

だが、当時は田植習俗・田植歌や、たたら習俗をはじめとする民俗、民俗芸能各般にわたる綿密な採訪と発表を主体とし、神楽については、中国山地と隠岐における調査採訪を着実に進められていたが、その成果の発表は『島根民俗』第一巻第一号(昭和十三年九月)の「大元神楽に於ける中の舞に就いて」などのいくつかの短章にとどまった。本格的な発表は、みずからが大元神楽の注連主としての実修体験を重ねられることになった戦後の成熟期を待たねばならなかった。

三

第一部 大元神楽とその周辺

大元神楽に関する牛尾さんの本格的なはじめての論考は、**第一章**の「**大元神楽に於ける託宣の古儀**」である。『日本民俗学』第一巻第一号(昭和二十八年五月)に発表され、のち、『日本祭祀研究集成』第五巻(名著出版、昭和五十二年)に再録された。

現在もなお大元神の託宣がおこなわれている大元神楽では、託太夫を予定しておきはするが、本来神楽の場でその地域の誰にいつ大元神が憑くのかは予測できないことを中心に、大元神の神がかりの態様を注連主としての実修者の立場から書かれている。牛尾さんの神楽研究の基礎固めの論考と称してよい。若年時からの研鑽の土台の上に、他地域の神楽との比較考察を念頭に置いた体験的論考である。

このあと、「神楽に於ける託宣の方式について」（『日本民俗学会報』第二号、昭和三十三年八月）で、備中荒神神楽と隠岐の大注連神楽の注連行事と大元神楽の三者における神がかりに入る態様を、神がからせる神歌と太鼓を中心として比較考察された。この論考は本書には収載されなかったが、そのより進展した詳密な考察を第八章の「隠岐島の神楽」と第二部の各章においてみることができる。

上掲の論考にさき立って、『島根民俗』復刊第二号（昭和二十六年二月）に書かれた、「大元神楽に於ける神懸りについて」には牛尾さんの特質がよく現われている。すでに稀覯に属するので、**第三章**の「**大元神楽に於ける神がかりと託宣**」のなかにその大半が載せてある。牛尾さんは、大元神楽の注連主として本格的な活動に入られて間もなくの昭和二十四年に、はじめて大元神の神がかりの託宣を得られてからの臨場体験のいくつかを、一種の感動とともにしるされている。この短章の最後のところに「（未完）」とあって、なお書き継がれる予定であったところ、諸種の事情から発表の場を逸せられたものであるが、これだけで結構まとまっている。私自身としては、大元神楽の核心はむしろこの文章によく現われていると思っている。本書の読者は、この一文につづいて、**第四章**の「**私の村の大元神楽**」（書き下し）、**第六章**の「**西石見山村の神楽**」（和歌森太郎編『西石見の民俗』吉川弘文館、昭和三十七年、所収。原題「信仰としての神楽」）へと読み進めれば、萩原秀三郎氏撮影の神がかりの場面とあわせて、大元神楽の庭への臨場感が強く湧いてくることであろう。

昭和五十四年二月三日、邑智郡大元神楽は、備中神楽・比婆荒神神楽・岩国市行波《ゆかば》の神舞とともに、国の重要無形民俗文化財として指定された。はしなくもこの年度には中国山地の代表的な神楽に国の指定が集中したのであるが、本書に収載の論考にみられるところからも判るように、牛尾さんのこれらの神楽についての長年にわたる調査研究の成果とその研究成果をこの上なくよく評価されていた本田安次先生の推挽がそれに大きく寄与したものと承っている。

国の指定となれば、指定された以降の三年間に、伝承者の養成、現地公開、記録作成とその刊行が義務づけられることになる。牛尾さんがすでに深くかかわっていた岩国市行波の神舞については、昭和五十四年三月に岩国市教育委員会と岩国市行波の神舞保存会による報告書『岩国行波の神舞行事』(B5判一五四頁)ができ上っており、現地公開と記録作成は、前回の昭和五十二年から七年目の昭和五十八年四月でないと行ない得ない神事であったので、牛尾さんは当面邑智郡大元神楽と比婆荒神神楽の現地公開・記録作成などに同時並行して関係されることになった。このうち、東城町教育委員会を中心とした比婆荒神神楽の作業の方が早く進み、昭和五十四年九月二十九日から三十日にかけての比婆郡東城町竹森における三十三年の大神楽と、それから三年目の昭和五十六年十二月十二日から十三日にかけての御戸開きの神楽の、二度にわたる現地公開のいずれにも臨まれ、東城町教育委員会による報告書『比婆荒神神楽』(A5判八四一頁、昭和五十七年九月)に「中国地方の神楽と比婆荒神神楽」を執筆された。

しかし、牛尾さんがそれ以上に努力されたのは、みずからが邑智郡大元神楽保存会会長でもある邑智郡大元神楽の現地公開と、その記録・報告書の作成であった。現地公開は、肝心な太鼓役の支障などから、指定の第二年度末の昭和五十六年三月二十一日から二十二日にかけて、邑智郡桜江《さくらえ》町小田の八幡宮社殿を神殿にして行なわれた。この神楽における天蓋曳きの最中の神がかりと大元神の託宣のことは、第三章の「大元神楽に於ける神がかりと託宣」に迫真の姿でえがかれており、その始終は早稲田大学演劇博物館による一二時間以上にわたる録画によって、いつでも再現することができる。桜江町教育委員会発行の報告書『邑智郡大元神楽』(B5判二一八頁、昭和五十七年三月)は、牛尾さんの責任による邑智郡大元神楽保存会の編集にかかわるものであった。現地の竹内幸夫氏に山路興造氏と私がお手伝いしたが、主体となるところは牛尾さんみずからが執筆された。本書にはこの報告書に執筆されたなかから、**第二章**の「**大元神楽式**」、**第三章**の「**大元神楽に於ける神がかりと託宣**」、それに**第五章**の「**大元神楽関係資料**」を一部編改して収載されている。「大元神楽式」には、後継の神職の方々のために神楽式の細部にわたってその挙措動作をもれなく書き残されている。これまで大半が口伝によっていたところを、はじめて文字に記録されている。このような実修者の立場からする細密な記述は、これまでの神楽研究書には望むべくもなかった貴重な記録といえる。

牛尾さんの大元神楽に関する論考や記録・報告の類をここまで辿ってくるだけでも、従前の神楽研究にみられない一つの特徴が見出される。それは、神楽の場に演じられる神楽能に言及されるところはわずかであり、神楽の主体を神事・神事舞、あるいは神楽事の部面において把捉されていることである。すなわち、神楽のまつりの本来の意図が、その場に迎えた大元神や荒神がいずれかの人に神がかり、その託宣を得ることと、終われば速かに他界に鎮送することにあることを考察の基底にふまえておられるのである。本書に収載されなかった「神がかりと芸能」（本田安次編『芸能』講座日本の民俗8、有精堂、昭和五十四年、所収）と表題される論考でも、神楽能のことにふれられることはなく、神がかりの態様そのものを芸能―その古義において―としてとらえられている。本書を『神楽と神がかり』と題された所以である。

第四章の「私の村の大元神楽」にみるように、幕末期からの社家であった祖父の菅麿宮司も、父の楯夫宮司も、いずれの神楽事も社家みずからが当然に執り行なうべきであった時代に活動されていたため、家職として、神事だけでなく、神楽能のどの曲も舞えるべく、幼時からのきびしい鍛錬を経てきておられた。太鼓にすぐれていた祖父も父も、厳冬時には炬燵を太鼓代りに打ち続けておられたといわれるが、神楽の進行全体を左右する太鼓は、どの打ち方でもテンポを狂わしてはならなかったし、なかでも神がかりをよぶ太鼓には一寸の失敗も許されないことであった。さらに、代々注連主を勤めてきたことから、神がかりをとく打ち返しの秘法は、父子相伝の秘事なのであった。いずれの神楽能も舞え、太鼓に熟達していたとしても、この地方の神職にとってもっとも肝要で失敗を許されない一事は、大元神の神がかりの託宣を得ることなのであった。

五龍王もしくは王子舞は、神楽研究者の多くはいまなお神楽能として理解しているようであるが、牛尾さんはこれはあくまでも神事の神楽事であるとされ、中国地方の託宣形式が残っている神楽では、五龍王もしくは王子舞は神がかりの託宣とあたかもセットになるようにその前に行なわれるべき神楽事であることを、本書の随所に強調されている。

大元神楽の周辺の神楽についても、**第七章**の「**佐陀神能と出雲神楽**」(書き下し)においても、神がかりの託宣形式とそれをはやす神歌と太鼓・笛に主体を置いてとらえられており、**第八章**の「**隠岐島の神楽**」(書き下し)でも、神子が神がかっていく注連行事の神歌と音楽のことを、昭和十四年四月の知夫里島古海《うるみ》の隠岐神楽のもっとも確かな伝承者であった石塚勝太郎翁からの聞き書きによって記述されている。

牛尾さんはこのとき石塚翁から葬祭神楽のことなども聞かれた。それらは『美しい村―民俗採訪記―』に収載の「古海の一夜」(『島根民俗』第二巻第三号、昭和十五年四月)という、牛尾さんのはじめての民俗採訪記に書かれている。この採訪記の一部は特に本書に再録されている。

第二部　荒神神楽とその周辺

牛尾さんが昭和三十五年六月に広島県文化財保護審議会委員になられてからまず手がけられた主なものは、安芸の花田植、備後の供養田植であり、さらにつづいて荒神神楽のことであった。

牛尾さんの荒神神楽に関する本格的な調査報告は、広島県教育委員会編『広島県文化財調査報告』第六集(昭和四十一年三月)の「荒神神楽」に比婆荒神神楽の祭式の綿密的確な記述があり、ついで同編『油木・豊松民俗資料緊急調査報告』(昭和四十一年三月)の「油木・豊松の荒神信仰」に実地調査の報告をこえた荒神信仰の実証的な解明がみられる。それまでの学者研究者がわずかに表面的・観念的にとらえているにすぎなかった荒神信仰と荒神神楽の祭祀形態とその本質的な意義が、これらの綿密にほり下げた報告によってはじめて本当の姿を現わしたものといってよい。**第一章**の「**油木・豊松の荒神信仰**」にはその調査報告の前半部が収められている。

名ごとに、三十三年目もしくは十三年目の式年に、四日四夜か三日三夜にわたって行なわれる荒神の大神楽は、その名の同族の者たちのほかには、他者の介入を許さずに行なわれてきた。それなるがゆえに、現在までも名ごとの本山荒神の神がかりの託宣を伝承してきたのであったが、牛尾さんは地元に再三にわたって懇請され、大元神楽の注連主を勤める神職なるがゆえに、大神楽の司祭者の神職の客分として、漸くに昭和四十年十一月二十四日から二十六日までの三日三夜にわたって行なわれた比婆郡東城町蟶野《きての》における三十三年目の大神楽の他見を許されたのであった。

第二章の「**祖霊加入の儀式としての荒神神楽**」（『まつり』第一二号、昭和四十二年三月）は、その実見とそれまでの調査に基づいて、感動のさめやらぬままに一気に書かれたもので、荒神神楽の核心を〃祖霊加入の儀式〃として見事に構造化してとらえられており、荒神神楽の研究を一挙に前進させることになった論考であった。そこには、若いときから辿ってきた折口・西角井・早川の各先学の葛の花の踏みあとをこえて、中国山地と隠岐の各地を三〇年以上にわたってみずから踏みしだいて行かれた成果が一度に花開いた感がある。

前神楽で荒神が神がかる荒神遊びでは、祖霊荒神の託宣のみであって、本神楽の最後の荒神の舞納めで荒神が神がかっても託宣がなされないのは、死後三十三年を経た新霊が新たに祖霊の座に加わった神遊びであるからである、とされるところは、神楽そのものの解明に重要な視点をひらかれたところである。その場合、祖霊もしくは祖霊荒神というのは、柳田国男のいわゆる〃祖霊神学〃における祖霊とは異質な内容を包含する概念であることに注意していただきたい。用語の解説は省かれていても、行文全体の脈絡のなかでそれは把握できるはずである。

第三章の「**備後の荒神神楽**」（五来重編『修験道の美術・芸能・文学』〔II〕、名著出版、昭和五十六年、所収。原題「備後の荒神神楽について」）では、荒神神楽の祭式の箇所は第二章のそれに重複するところがあるのにこだわらずに逐一記述されている。それは、第二章を発表してから一四年を経る間に、地域の人びとの生活形態と神観念に大きな変容がみられたが、そのことが祭式自体と神職の意識にどのような影響を及ぼしているかを、それまでの数度にわたる実見と調査をふまえてあらためて確認を試みられたことからであって、国の重要無形民俗文化財に指定された時点における祭式の次第の忠実な記録なのである。第二章と対比して読み進められるべき、荒神神楽研究の現段階における最良のテキストとしての論考である。

第四章の「**備中神楽**」（書き下し）は昭和三十六年の採訪にかかわるもの。**第五章**の「**備後府中荒神神楽**」（『広島県文化財ニュース』第七六号、昭和五十三年三月）は、備中と備後の両者の接点に位置する神楽であって、神がかりの託宣は失われているが、焼石神事はトランス状態に近づかなければなし得ないわざである。

第六章の「**若宮遊びと松神楽**」（『国学院雑誌』第八一巻第一一号、昭和五十五年十一月）は、備後中部の甲奴郡を中心とした一帯に行なわれている弓神楽（第三部第四章）の調査採訪の過程で、この地方の若宮ヅキと呼ばれる家々では、氏神社（おもに八幡宮）に死者を若宮として死後二、三年のうちに祀り、死者は仏の支配を離れ、祖霊として祖先神の系列に加わる態様がひろくみられることに注目され、かねてから調査を続けて来られたところをまとめられている。その新若宮として祝いこめる神楽のまつりが若宮遊びである。若宮遊びは、備後北部の荒神神楽・神弓祭にも、隠岐の葬祭神楽にもつながるので、神遊びとしての鎮魂のさまを現に伝えてきている。本文の若宮の写真は、各地の若宮に牛尾さんを案内された田中重雄宮司（弓神楽の伝承者）が本書のためにあらためて撮影されたものである。田中さんの著書『上下町神社と祭り』（上下町郷土史研究会、昭和五十九年、Ａ５判三〇〇頁）の巻頭には、牛尾さんの「若宮遊び」三首が転載されている。

この地方で明治初年頃まで行なわれていた松神楽は、死霊鎮魂の神楽でありながら、一方では生きながら幽冥界に入る儀式でもあったことを、備後北部の松の能、周防行波の柱松、隠岐の三十番神布廻り、備後三原地方の妙見神楽、さらには立山の布橋大灌頂や奥三河の神楽の白山行事などともひろく対比して、松神楽による鎮魂の二面性を説かれている。「若宮遊びと松神楽の関係は、今後の問題として考究すべきところの多い」課題である。

第七章の「**比婆荒神神楽とその将来**」は、さきに挙げた報告書『比婆荒神神楽』（昭和五十七年九月）に書かれた「中国地方の神楽と比婆荒神神楽」の第五節を再編されたものである。昭和五十六年十二月十二日の竹森の御戸開きの直会の場で、後継者の養成のことを切々と話された、その内容を再現してある。巻頭の序歌の「時移りて」は、この御戸開きの風花の舞う荒神迎えのときのことであった。

第三部　安芸・備後の神楽

第一章の「安芸・備後の神楽　概観」は、広島県教育委員会編『広島県文化財調査報告』第一二集（昭和五十三年三月）の第一編「広島県の無形民俗文化財」において、神楽、はやし田・供養田植、風流踊について概説されたうちの神楽の項を中心に、『広島県史』民俗編（昭和五十三年一月）に書かれた神楽の項から一部を補って編成されている。

安芸・備後では神楽はさまざまな系統のものが錯綜しており、神楽の分布を明らかにするには、まず系統による分類が行なわれる必要があった。その作業は、新藤久人氏の『芸北神楽と秋祭』（年中行事刊行後援会、昭和三十四年）における芸北神楽を阿須那系高田神楽と矢上系山県神楽の二系統とする分類に始まり、昭和四十一年三月の『広島県文化財調査報告』第六集においてひととおりの体系化が試みられた。しかしそこでは、「広島県の神楽の原型は出雲神楽ないし石見神楽である」とされ、「そもそも神楽は出雲大社の出雲神楽を元祖として、のち佐陀神社の佐陀神楽となり、さらに石見に伝えられて阿須那と矢上の両派に分かれ、それぞれ便宜なルートを通って広島に招来された」として、現在からみればまことに驚くほどの飛躍した系統分類がなされている。

広島県文化財保護審議会委員としての牛尾さんによる神楽の調査が精力的に行なわれだしたのは、荒神神楽を手始めとして、この第六集以降のことであった。それから一三年を経た昭和五十四年の第一二集において、漸く牛尾さんによる実地に即した系統分類がなされるに至った。それは、安芸・備後の周辺の出雲・隠岐・石見・周防・備中・美作の神楽の大半を知り得ている者にしてなし得た作業なのであった。一方、第六集の当時において報告書の作成に中心的な役割を担われた真下三郎氏の『広島県の神楽』（第一法規、昭和五十六年）では、依然として第六集の当時のままの系統分類にとどまっていて、まことに対照的である。

牛尾さんは、広島県のほか、昭和三十七年十二月から島根県の、昭和四十六年十二月から山口県の、それぞれ文化財保護審議会委員を勤めてきておられるが、広島県教育委員会の意向により、昭和五十七年三月をもって広島県文化財保護審議会委員を退任された。しかし、それ以降においても、むしろそれまで以上に牛尾さんへの敬愛の情を示される安芸・備後の人びととのかかわりは密接である。二、三の事例を挙げると、牛尾さんは昭和五十七年春の叙勲に、在野の人でありながら勲五等瑞宝章を受けられた。その祝賀会が六月に東京原宿で開かれ、八月には広島県三次市で開かれたが、三次に参集したのは、大学や教育委員会の関係者よりも、日々農業に従いながら田植歌と神楽にかかわってこられた田夫野人を自称されるような方々の方が大半を占めていた。それは牛尾さんが文化財保護審議会委員の肩書ぬきで、長年のあいだ美しい村を求めて旅されてきたその人づきあいのさまを象徴しているような会合であった。

第二部第七章にみられる比婆荒神神楽への苦言も、いく度も膝つき合わせて語り合ってきた間柄なるがゆえに卒直に言えることであるし、昭和五十四年の竹森以降、比婆荒神神楽への数度にわたる牛尾さんへの招請は、いずれも文化財保護審議会委員としてでなく、比婆荒神神楽を長年愛しつづけ、叱咤しはげましつづけてきたこのうえなきよき理解者としてであった。昭和六十年三月十二日から公開された国立歴史民俗博物館の第四展示室（日本人の民俗世界）には、比婆荒神神楽の神殿が実際どおりに展示されている。わが国の数多くの神楽からただ一つだけその神殿が展示されることになったことについて、地元の西城町郷土研究会の黒田正氏は「国立歴史民俗博物館と比婆荒神神楽」（『郷土』第三二号、昭和六十年三月）において、牛尾さんが「多年にわたってこの神楽に熱愛の目をそそぎ、はぐくみ下さった」ご尽力のたまものとされている。

第二章の「**備後比婆郡斎庭神楽**」は、芸能史研究会編『日本庶民文化史料集成』第一巻（神楽・舞楽）（三一書房、昭和四十九年）の「備後比婆荒神神楽本」と「備後比婆荒神神楽執行諸記録」の各解題を再編されている。おなじ比婆郡でも旧恵蘇《えそ》郡の神楽は、旧奴可《ぬか》郡の荒神神楽と関連を持ちながら、奥出雲とのかかわりが深い。

ちなみに、この神楽・舞楽編には、牛尾三千夫翻刻・校注・解題にかかわる史料として、斎庭神楽のもののほかに、

「石見大元神楽本」（第一部に関連）、「備後名荷《みょうが》神楽本」（第三章）、「備後弓神楽祭文集」「備後弓神楽執行諸記録」（第四章）、「周防行波神楽本」（第四部第一章）が収載されている。本書の諸論考の基礎となった史資料として参照いただきたい。

第三章の「**名荷神楽**」は、広島県教育委員会編『塩の民俗資料緊急調査報告』（昭和四十九年三月）における担当調査報告から、名荷神楽とこれに関連する箇所を抽記再編されている。藁人形による御縄神事（御神託）の洗練された神歌と楽は、牛尾さんが感興にのるとしばしば興趣が尽きないように語られる。

備後上下地方の弓神楽については何度も書かれているが、**第四章**の「**弓神楽**」（『民俗芸能』第五八号、昭和五十三年二月）がいちばんまとまっている。田中重雄氏の「備後上下の弓神楽」（『まつり』第二六号、昭和五十年六月）と相俟って、弓神楽がひろく全国的に知られる契機となった論考である。弓神楽が行なわれている風土のことは、第二部第六章の「若宮遊びと松神楽」によって知ることができる。弓神楽の伝承者の甲奴郡上下町井永の田中重雄、府中市阿字町の松浦主人、神石郡三和町の田中安一の各宮司との出逢いは、牛尾さんのうたの世界を大きくひろげることになった。

昭和五十七年十月三日、関西外国語大学における国際シンポジウム「南方シャーマニズム」において、田中重雄宮司らによって弓神楽が演じられ、その解説は牛尾さんが担当された。しかし、その際における桜井徳太郎氏をはじめとするシャマニズム研究者の神楽と神がかりへの理解のずれはかなり大きかった模様である。

第五章の「**神弓祭**」も、上下地方の弓神楽とおなじく、あずさ弓による神遊びの原点を伝える貴重な伝承である。大正十四年の『神弓祭次第書』などの神遊びの神歌の一部が本書ではじめて公表されている。式年の荒神神楽の行なわれる地域では、年々の神弓祭は欠くことができないまつりであった。

第四部　周防の神楽

牛尾さんの周防の田植歌と神楽の調査採訪は戦前からのことであるが、本格的な取り組みは昭和四十六年に山口県文化財保護審議会委員となられてからのことであった。

第一章の「**行波の神舞**」は、岩国市教育委員会編『岩国行波の神舞行事』（昭和五十四年三月）に書かれた調査報告から再編されている。第二部第六章の松神楽の意味を、本章において具体的に知ることができる。昭和五十八年四月二日から三日にかけて行なわれた行波の神舞の全容は、牛尾さんの調査報告にしたがって編集された、早稲田大学演劇博物館による録画にみることができる。

第二章の「**河内神と山〆神楽**」は、名勝弥栄峡総合学術調査団編『弥栄峡の民俗』（昭和五十四年三月）に書かれたもので、『続 美しい村―民俗採訪記―』にも収められている。周防山代地方は藩政期に藩権力の介入が強くなかっただけに、防長二国を通じて中世からの祭祀の土くささをなお濃厚に残している地域である。

『美しい村―民俗採訪記―』のあとがきに、この本に備後比婆郡東城町蟶野の荒神神楽拝観記と周防玖珂郡美和町二ツ野の民俗調査記とを是非とも加えておきたかったといわれ、「この二ツ野の人々の親切と、そして幾百幾千と木々に残る熟柿の陽に透き徹る色の美しさは、忘れることが出来ない。時間がなくてこの集に書き加へられなかったのが、返す〳〵も残念である」と書かれている。それはあらためてうたとしての『続々 美しい村』において果たされることを期待しよう。昭和四十八年の二ツ野では、特に乞うて荒平舞を見ておられる。

第三章の「**祝島の神舞**」は、上関町教育委員会編『周防祝島の神舞行事』（昭和五十三年三月）に書かれた調査報告である。ここの八日にわたる神事のことは、『えとのす』第八号（昭和五十二年六月）にも「周防祝島の神舞神事」として、伊藤彰・国分直一両氏と共同執筆されている。

四

本書にみられる牛尾さんは、神楽の庭にくりひろげられる舞や歌や音楽によるパフォーマンスをできる限り正確にとらえ、逐一記録に残したうえで、それらの意図するところを文献資料をもふまえて解明される学者研究者としての姿である。本書ではそのような視点から、神楽の中核にある神がかりの意味と作用とに収斂しながら調査研究の成果を集成し、体系づけられた。

牛尾さんは、このように対象からある距離を保ちうる研究者としての眼と耳を持っておられる一方で、対象をうたの世界に包みこむ詩人の眼と耳をあわせ持たれている。それは「かぐらの里」や「古海の一夜」などの採訪記・拝観記・旅行記にうかがわれるが、それらの集成でもある「神楽拝観記—中国地方の神楽」において詩人としての牛尾さんの姿をよくうかがうことができる。これは『あるく・みる・きく』第二〇一号（昭和五十八年十一月）の三三頁に及ぶ特集であるが、牛尾さんに師事する人たちによる適切に選択された写真を含め、うたとしての拝観記として、本書に併せて読まれるべきものである。

だが、牛尾さんの神楽への取り組みを知るには、本書とうたとしての拝観記だけではなお不足である。神楽の庭に大元神楽の注連主であるという神楽の実修者としての姿に接することによって、牛尾さんの全容を知ることができるのである。

私が神楽の実修者としての牛尾さんの凛とした姿をいまだに強く印象づけられているのは、昭和五十六年三月の大元神楽の現地公開のときのことである。巻頭の写真にもみられる山勧請で、あたかも大元神の動きであるかのように一束幣《いっそくべい》を打ち振る注連主の姿、現地公開に至るまでの感慨をこめた祝詞の奏上、中央の座における天蓋曳き、神がかり直後の迫力のある指示、大元神への伺い、神がかりをとくうちかえし、御綱祭における神明帳の読み上げと、他界に接しうる注連主のつぎつぎの行儀に感服するうちに、成就神楽で神殿での行事の一切を終えたが、夜のしらじら明けに、蛇綱がもとの大元祠へ鎮送されていくのを見送りつつ、大元神の託宣を得ることができた現地公開の成功に安堵して神殿に佇まれている注連主の最後まで威厳のある姿は、ひときわ印象的であった。

さらに、私は数次にわたって牛尾さんとご一緒に神楽を拝観できる機会を得たが、そのいずれの場合でも、始まりから終わりまでの夜を徹しての長時間に及ぶあいだ、終始正坐の姿勢を崩されることなく、神職や神楽大夫の一挙一動をまんじりともせず追跡され、記録を続けられた。いずれも石見市山からローカル列車やバス、タクシーを長時間乗り継いで到着されたうえでの夜を徹してのことであって、高齢の域にある方のどこにあれだけの神楽追求のエネルギーが生じるのかと、いつも感服したことであった。牛尾さんは、精進潔斎の状態を続けたり、幾日でも徹宵して神事に当ったりすることは、神職として当然のこととして長年にわたって鍛錬してきていることであり、それ以上に、他見を許さない神聖な神楽のまつりを主宰神職の客人として特に許しを得て拝観させていただくからには、それが客人としての礼儀であるとされる。昭和五十六年十二月十二日の比婆郡東城町竹森の御戸開きの神楽につどえる者は、この神事に関係する名中の人びとのほかには、客人としては牛尾さんと私の二人だけであった。牛尾さんはこのときのことを前掲の「神楽拝観記―中国地方の神楽」につぎのように書かれている。

　岡田名荒神迎えに行く午後三時頃には、風花が散っていて、雪の来る日の近いことを思わせた。古風の湯立行事が一時間を要して行なわれ、七座の神事、能舞が夜もすがら行なわれた。これが本当の昔の神楽というものであったような気がして、遠く石見野から来たことがこの地との繋りをいよ〳〵濃くして有難かった。翌朝直会をいただいて岩田氏と二人、難波宗朋先生の車で東城に出て帰路についた。

行を共にさせていただいた私には、あの「時移りて」の序歌は、風花の散る竹森で本当の昔の神楽というものに接したような気がした牛尾さんの感動を詩心をもって凝縮した絶唱のように実感される。

さきに第二部第七章でふれたように、十三日朝の直会の場において、このようなうたの境地にまで達しられていた牛尾さんが、若手神職と舞太夫の後継者への危惧と憂慮を卒直に指摘され、これからの養成に当って肝要な事柄を諄諄と説かれた際、参集の関係者がいずれも牛尾さんの神楽への真剣な取り組みを実際に知っている方々であったがゆえに、そこには一種名状しがたいような感動を呼んだことであった。私自身にとっても、神楽への対し方を実地に身をもって教えていただいた貴重な体験であった。

私はふと、このように、大元神楽の注連主であり、おなじく神がかりを保持する荒神神楽の長年叱咤しはげましつづけてきたこよなき理解者であり、しかも在野の学者であり、いつも美しい村を追い求める詩人でありつづけることができる人は、おそらく牛尾さんが最後の人ではないだろうかと思ったりした。

いま本書が成るに当って、不在勝ちな牛尾さんを飯尾山房に孤独に耐えながら健康を気づかい支えつづけてこられた端麗な由紀枝夫人と、遠く横浜に在る一人娘の八角子さんの安堵されるさまを思い、『詩経』国風の周南、桃夭篇第一章「桃之夭夭、灼灼其華、之子于帰、宜其室家」からみずから名づけられ、休暇ごとに帰ってくるのを待ちわびておられる小学二年生になった桃子ちゃんから、おじいさんのご本ができておめでとうと、電話されてくるのを心待ちにしておられる牛尾さんの境地を思う。

いつまでもご健在で、神楽編につづく田植歌編刊行ののち、『続々 美しい村』と詩歌集の続編をさらに刊行されることを期待しながら、不敏な後学による解説を終わることとしたい。

索引

一　この索引の外に、人名索引を付ける。
二　この索引には、神楽の神事・神事舞・神楽事・能舞の名称・曲名のいずれをも含める。それらの項目の下には＊印を表示してある。
三　配列は発音にしたがい、五十音順による。

ア

イ（ヰ）

ウ

エ（ヱ）

オ（ヲ）

カ

ケ

コ

ナ

ニ

ヌ

ネ

ノ

ハ

ヒ

フ

ヘ

ホ

マ

ミ

ム

メ

モ

ユ

ヨ

リ

人名索引

ア

イ

ウ

エ

オ（ヲ）

カ

牛尾三千夫（うしお・みちお）

明治40年4月，島根県邑智郡市山村飯尾山（現桜江町）に生まれる。

昭和7年3月，国学院大学神道部卒業。

現在　市山飯尾山八幡宮外三社宮司。

島根・山口各県文化財保護審議会委員。

日本民俗学会評議員，日本歌謡学会理事，日本口承文芸学会理事。

著書『大田植と田植歌』（岩崎美術社，昭和43年），『美しい村一民俗採訪記一』（石見郷土研究懇話会，昭和52年），『続・美しい村一民俗採訪記一』（同上，昭和58年），ほか。

現住所　〒699-42 島根県邑智郡桜江町市山474

新装版　牛尾三千夫著作集①　神楽と神がかり

2017年（平成29年）11月15日　発行

著　者　　牛尾三千夫
発行所　　株式会社　名著出版
〒571-0002　大阪府門真市岸和田2-21-8
電話 072-887-4551　　FAX072-887-4550
発行者　　中村　榮
印刷・製本　株式会社　デジタルパブリッシングサービス

ISBN978-4-626-01808-3　　C3339